제3판

게임이론

쉽게 이해할 수 있는 전략분석

Roger A. McCain 지음
이규억 옮김

Σ 시그마프레스

게임 이론 쉽게 이해할 수 있는 전략분석, 제3판

발행일 | 2017년 1월 2일 1쇄 발행
2018년 1월 25일 2쇄 발행
2019년 7월 5일 3쇄 발행
2021년 8월 20일 4쇄 발행

저자 | Roger A. McCain
역자 | 이규억
발행인 | 강학경
발행처 | (주)시그마프레스
디자인 | 송현주
편집 | 김은실

등록번호 | 제10-2642호
주소 | 서울특별시 영등포구 양평로 22길 21 선유도코오롱디지털타워 A401~402호
전자우편 | sigma@spress.co.kr
홈페이지 | http://www.sigmapress.co.kr
전화 | (02)323-4845, (02)2062-5184~8
팩스 | (02)323-4197

ISBN | 978-89-6866-456-4

GAME THEORY : A Nontechnical Introduction to the Analysis of Strategy
3rd Edition

* 책값은 뒤표지에 있습니다.
* 이 도서의 국립중앙도서관 출판예정도서목록(CIP)은 서지정보유통지원시스템 홈페이지(http://seoji.nl.go.kr)와 국가자료공동목록시스템(http://www.nl.go.kr/kolisnet)에서 이용하실 수 있습니다.(CIP제어번호 : CIP2016029753)

한국어판 저자 서문

나의 책이 한국어로 번역되어 출판된다는 소식을 듣고 기쁜 마음을 금할 수가 없다. 내가 그동안 연구하고 강의한 결실이 미국이나 다른 영어권의 학생들만이 아니라 언어와 문화가 다른 한국에도 전해질 수 있다는 사실이 매우 영광스럽다. 게임이 시간과 공간의 차이를 넘어 모든 인간에게 공통적인 것인 한, 이 책은 게임 이론을 이해하고 적용하는 데 중요한 길잡이가 될 수 있을 것이다. 아울러 대학원생 시절에 게임 이론을 창시한 대학자 중 한 분인 오스카 모겐스턴 교수로부터 직접 지도를 받은 이규억 교수가 번역해 주어 이 한국어판이 더욱 큰 가치를 가질 것이라고 믿는다.

2000년에 전 세계 게임 이론 연구자들의 조직인 게임 이론 학회(Game Theory Society)가 결성되었고 초대회장으로 로버트 아우만 교수가 선출되었다. 그는 2004년 이 학회 연설에서[1] 게임 이론의 주제를 상호작용적 결정 이론이라고 할 수 있을 것이라고 하였다. 여러 해 전에는 토머스 셸링이 게임 이론의 방향을 상호의존적 결정의 이론으로 재조정해야 할 것이라고 주장하였다.[2] 이 두 사람은 2005년에 공동으로 노벨 경제학상을 받았다. 게임 이론의 학자에게 두 번째로 노벨상이 수여된 것이다.

아우만과 셸링은 비전과 상을 공유하였지만 그들의 업적과 방법은 전혀 달랐다. 아우만은 최고의 수학자이며 그의 저술은 수학적 기호와 심원한 정리의 증명으로 가득 차 있다. 셸링은 국제 관계에서 얻은 경험을 활용하면서 아우만보다 정식성은 떨어지지만 훨씬 생동감 있게 자신의 논리를 전개한다. 이 차이는 아우만이 게임 이론 학회의 제1차 총회에서 강조한 바 있는 게임 이론의 학제적 넓이를 감안한다면[3] 놀랄 것이 아니다.

그러나 이들이 — 게임 이론의 정의와 노벨상 이외에 — 공유하는 것은 놀랍고, 통찰력이

1) 이 연설문의 개정판 : Robert Aumann and J. Dreze, "When all is said and done, how should you play and what should you expect," Discussion Paper 2005-21, Départment des Sciences Économiques de l'Université catholique de Louvin, p. 25.

2) Thomas Schelling (1960), *The Theory of Conflict* (Harvard University Press), p. 83.

3) Robert J. Aumann (2003), "Presidential address," *Games and Economic Behavior,* v. 45, pp. 2-14.

풍부하며, 중요한 개념을 파악하게 하는 예를 통해서 설명한다. 예가 없다면 그들의 논리는 전혀 분명하지 않을 것이다. 포커 게임의 예와 셜록 홈즈에 관한 코넌 도일의 이야기에 나온 사례는 초기 게임 이론의 가장 중요한 저작인 폰 노이만과 모겐스턴의 **게임과 경제 행동의 이론**(The Theory of Games and Economic Behavior)에서 중요한 역할을 하였다. 비협조 게임 이론은 앨버트 터커의 죄수의 딜레마로부터 강한 추진력을 얻었다. 경제학에 대하여 게임 이론을 응용한 초기에는 프랜시스 에지워스와 오귀스탱 쿠르노 같은 19세기 경제학자들의 연구를 계승하여 게임 이론의 외부로부터 예를 도출하였다. 게임 이론에 대하여 강력한 수학적 정리나 현실 세계로부터 도출한 응용사례를 담고 있는 책과 논문이 많이 있지만, 그 가운데 가장 중요하고 영향력이 있는 것들은 거의 언제나 특별한 통찰을 얻을 수 있는 사례를 보여 준다.

이것은 학생들에게 좋은 소식이다. 수학은 이해하기 어려울 수 있고, 학생들이 중요한 아이디어의 저변에 있는 경험에 경탄하더라도 그것은 학생 자신의 경험이 아니라 저자나 교수의 경험일 뿐이다. 게임 이론처럼 가장 중요한 아이디어가 예에 들어 있을 때, 학생들은 여러 해 동안 수학을 준비하지 않거나 또는 실험실이나 현장에서 경험을 쌓지 않고서도 진도를 빨리 나갈 수 있다. 이 책을 쓸 때 나의 의도는 예가 앞서고 예를 이용하여 가장 중요한 개념을 전달하는 것이었으며, 수학은 부차적 위치를 차지할 뿐이었다. 약간의 수학은 불가피하다. 대수와 (특히) 확률은 가장 단순한 몇 가지 예에 필수적이다. 그러나 이 예들과 거기에 내포된 개념은 중요한 것이다.

어떤 의미에서 게임 이론은 매우 젊은 학문이다. **게임과 경제 행동의 이론**이 출판된 지 이제 겨우 60년이 지났다. 10년 전에는 게임 이론 학회가 존재하지도 않았다. 그러나 다른 의미에서 게임 이론은 학식 있는 사람들에게 가장 오래된 중대 관심사 가운데 하나였다. 손자와 카이사르는 전략과 대결에 관해서 세심하고 체계적으로 생각하였다. 로마의 장군 '굼벵이' 파비우스는 카르타고의 한니발 장군이 이끄는 우세한 침략군에 면밀하게 연구한 전략으로 대항하였다. 첫째, 파비우스는 한니발이 멀리 본국에서 가져온 물자를 소진할 때까지 전투를 피하면서 지연 작전을 전개해야 한다는 것을 이해하였다. 둘째, 그렇게 하기 위해 파비우스는 마치 '마지막 문제'에서 셜록 홈즈가 라이벌 모리아티를 상대로 전략을 '연출'하듯이 '게임'에서 성공해야 했다.

역사학자들은 로마 황제 '배교자' 율리아누스, 노르만족의 군주 로베르 기스카르 등이 모두 적국을 침공하기 위해 배를 사용한 다음 태워 버렸다는 사실을 우리에게 알려 준다.[4] 이들의 공통적인 전략은 셸링이 1960년에 설명한 원리에 의거하여 이해될 수 있다.

게임의 상호 의존적 의사결정 문제에 대한 관계는 실험의 물리적·화학적 과정에 대한 관계와 같다. 그러나 거꾸로, 게임 이론가들은 이해를 분명히 하기 위해 처음부터 실험을 사용했으며 실험 게임 이론은 현재 점점 중요해지고 있는 분야이다. 이것도 학생들에게는 좋은 소식이다. 화학이나 물리학 강좌처럼 게임 이론 강좌는 실험을 포함하며, 읽고 토론하고 이해할 수 있는 예들도 살릴 수 있다. 우리들 대부분에게는 그것이 가장 재미있는 부분이다.

그리고 그것이 재미없어야 할 이유가 있는가? 물론 게임 이론은 진지한 학문 분야이다. 셸링과 아우만에게 수여된 노벨상은 '게임 이론 분석을 통해 갈등과 협조에 관한 이해를 높인' 공로를 기린 것이다.[5] 이보다 중요한 것이 거의 없다. 그러나 동시에 우리는 카이사르, 손자, 셜록 홈즈와 텍사스 포커 게임의 최근 대승자 등의 관심사를 함께 묶은 분야를 탐구하고 있다. 이것이 어찌 재미없을 수 있겠는가?

로저 A. 맥케인

4) Winston A. Reynolds (1959), "To burn one's boats or burn one's bridges?", *American Speech,* v. 34, No. 2 (May), pp. 95-100.

5) Nobel e-Museum (2005), "Press release: The bank of sweden prize in economic sciences in memory of Alfred Nobel 2005." http://nobelprize.org/economics/laureates/2005/press.html.

3판 저자 서문

초판부터 이 책의 주목적은 예시에 의한 설명과 카플러스의 순환학습방법(Karplus Learning Cycle)을 가능한 대로 최대한 사용하면서 게임이론을 가장 알기 쉬운 방법으로 설명하는 것이었다. 이 목적을 고려하여 초판은 제4장에서 내시(Nash) 균형을 핵심개념으로 소개하고 이후의 장에서 이 균형개념을 부연하였다. 열등전략의 순차적 제거(iterative elimination of dominated strategies : IEDS)는 논의하였지만 합리화가능 전략(rationalizable strategy)은 다루지 않았다. 개정판은 주로 구성 면에서 구판과 달라졌지만 합리화 가능 전략을 고급 주제로 소개하고 기타 세부적으로 수정한 것이 적지 않다. 그러나 나는 개정판을 강의하면서 초급 학생들이 합리화가능 전략을 열등전략의 순차적 제거보다 훨씬 더 쉽게 이해하고 내시 균형이라는 중심개념에 더욱 쉽게 접근한다고 확신하게 되었다. IEDS와 합리화 가능 전략은 중첩되는 영역이 많고 합리화 가능 전략이 이 영역을 좀 더 완전한 방법으로 포괄하므로 개정판은 합리화 가능 전략으로 중점을 옮긴다. 개정판에서 (역시 제4장에서 소개한) 책의 핵심은 내시 균형과 합리화 가능 전략이 공유한다. 그래서 제4장은 광범하게 수정되었고 여러 다른 장에서도 연쇄적으로 수정이 이루어졌다. 다수의 예는 새로운 것들이다. 그리고 협조해에 관한 두 번째 장인 제17장은 삭제되고 거시경제학의 발전에 연유하여 협상론에 대한 관심이 커지는 것에 대응하여 협상론에 관한 새 장으로 대치되었다.

이 책의 초판은 영화 '뷰티풀 마인드'가 상연된 직후 만들어졌고 몇 문장들은 그 영화가 야기한 관심을 반영한 것이었다.[1] 이것들은 과거의 개정판에서 실렸지만 이 3판에서는 세월이 지나면서 그러한 개별적인 예들에 대한 관심이 줄어들었다는 판단하에 제거되었다. 몇 개의 다른 예들도 비슷한 아유로 제거되었고 2002년 이후의 상황을 반영하는 예들이 추가되었다.

---

1) 역자 주 : 제4장의 각주 1을 참조하라.

| 요약 차례 |

차례

제1장 대결, 전략과 게임

제2장 기본 개념

제3장 우월 전략과 사회적 딜레마

제4장 내시 균형과 합리화 가능 전략

제5장 2개 이상의 내시 균형을 갖는 게임

제6장 복점전략과 가격

제7장 3인 게임

제8장 확률과 게임 이론

제9장 혼합전략 내시 균형

제10장 *N*인 게임

제11장 정규형 게임의 부가적 주제

제18장 게임, 실험과 행동 게임 이론

제19장 진화와 적응적 학습

제20장 투표 게임

제21장 경매

제22장 게임 이론, 법, 사회적 장치의 설계

제1장

대결, 전략과 게임

게임 이론은 무엇인가? 그리고 그것은 전략이나 대결과 어떤 관계인가? 물론 전략과 대결은 게임을 포함하여 인생의 여러 측면에서 발생한다. 대결에는 승자와 패자가 있고 게임에서도 흔히 승자와 패자가 생긴다. 이 책은 전략에 대한 사고방법, 즉 게임의 수학적 연구로부터 파생한 사고방법에 대한 입문서이다. 이 장의 첫 단계는 게임 이론은 무엇이며, 그것이 전략이나 대결과 어떤 관계인가라는 물음에 답하는 것이다. 이 답을 찾기 위해 몇 개의 예로 시작한다. 첫 번째는 우리가 흔히 전략이나 대결과 결부시키는 인간 행동, 즉 전쟁의 예이다.

1. 스페인 반란 : 히르툴레이우스 격파하기

다음은 콜린 맥컬러프가 로마 공화국의 역사에 바탕을 두고 소설로 구성한 이야기이다.

기원전 75년경 스페인(라틴 어로는 히스파니아)이 로마에 항거하여 반란을 일으켰지만 스페인 반군의 지도자들은 로마 군인과 로마를 선망하는 스페인 사람들이었다. 스페인 태생의 지도자인 퀸투스 세르토리우스(Quintus Sertorius)는 스페인을 근거지로 하여 로마를 지배하려고 하였다. 로마는 반란을 진압하기 위해 2개의 군단을 보냈다. 그 가운데 하나는 나이가 많은 귀족으로 부하들의 존경을 받는 메텔루스 피우스(Metellus Pius)가 지휘하였으며, 다른 하나는 아직 젊고 경험이 없지만 자신의 병사들에게 스스로 급료를 주려고 할 만큼 매우 부유한 폼페이(Pompey)가 지휘하였다. 폼페이는 메텔루스 피우스의 상관이었는데, 그는 젊을 뿐 아니라 사회적 계층이 낮았기 때문에 피우스는 내심 불만을 품고 있었다. 폼페이는 뉴카르타고에서 포위되어 있는 소규모의 로마 수비대를 구원하려고 로마에

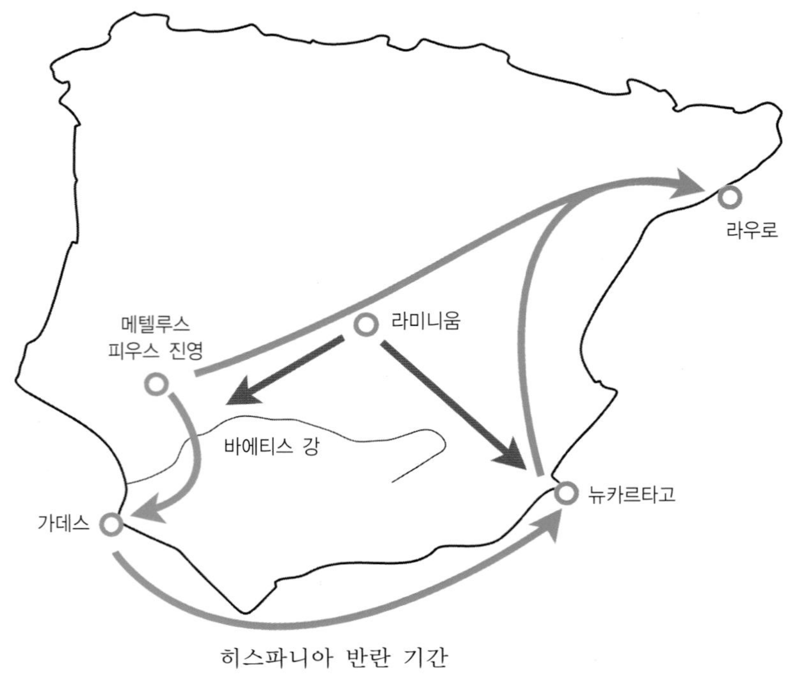

그림 1.1 **히르툴레이우스와 피우스의 전략을 나타내는 스페인 지도**

서부터 진군했지만, 세르토리우스가 점령한 라우로에서 포위당하여 더 이상 서쪽으로 나아갈 수 없게 되었다(그림 1.1 참조). 그래서 폼페이와 세르토리우스는 동부 스페인에서 대치하였다. 메텔루스 피우스는 자신이 지사로 있는 서부 스페인에 자신의 군단을 주둔시키고 있었다. 이것은 두 로마 군단이 합치는 것을 원치 않는 세르토리우스에게 안성맞춤이었고, 그는 부사령관인 히르툴레이우스(Hirtuleius)를 피우스 진영의 북동쪽에 있는 라미니움 수비대로 보내어 피우스가 동쪽으로 나와 폼페이와 합류하지 못하도록 하였다.

피우스가 선택할 수 있는 전략은 2개로 지도에서 파란색의 화살표로 나타나 있다. 그가 히르툴레이우스를 공격하여 라미니움을 탈환할 수 있으면 동부 스페인으로 진격할 길을 열고 적의 한 군단을 격파할 것이다. 이것이 성공하면 피우스는 라우로로 진군하여 폼페이와 함께 세르토리우스에게 대항할 수 있을 것이다. 그러나 그가 성공할 가능성은 낮았다. 스페인 반란군이 라미니움 주위의 거친 지세에서 방어하면 매우 위험한 세력이 되어 피우스의 군단을 격파할 수 있을 것이다. 대안으로 피우스는 가데스에서부터 뉴카르타고로 항해하여 폼페이가 풀 수 없었던 포위망을 제거하고 라우로로 진격하여 포위당한 폼페이의 대군단을 구출할 수 있을 것이다. 피우스에게는 이것이 더 나은 결과이다. 그러면

2개의 로마 군단을 통합하여 반란군을 격파할 발판을 마련할 뿐 아니라, 애송이 폼페이는 노련한 로마 귀족인 피우스에 의해 구출되지 않으면 임무를 수행할 수 없다는 것이 드러날 것이다.

훌륭한 군인인 히르툴레이우스는 피우스를 포위하거나 격파하라는 명령을 완수하기 위한 전략을 선택해야 하는 어려운 문제에 부딪힌다. 히르툴레이우스는 곧바로 뉴카르타고로 진군하여 이미 그곳에 있는 소규모의 스페인 병력과 함께 피우스와 대결할 수 있다. 그가 피우스를 격파할 가능성은 매우 커 보이지만, 피우스는 히르툴레이우스가 뉴카르타고를 향해 진군한다는 것을 알면 북쪽으로 이동하여 싸우지 않고 라미니움을 탈환하고 북동부로 탈주할 수 있을 것이다. 그러면 히르툴레이우스는 임무에 실패할 것이다. 대안으로 히르툴레이우스는 피우스가 진영을 벗어나 행군할 때까지 라미니움에 남아 있다가 바에티스 강의 얕은 여울에서 그를 차단할 수 있다. 이 경우에 히르툴레이우스는 그의 병사들이 지친 몸으로 도착하여 로마군에게 좀 더 유리한 지세에서 싸워야 하므로 승산이 작다. 그러나 그는 라미니움을 잃지 않을 것이며, 로마군은 고립된 상태를 벗어나려고 싸워야 할 것이다.

그러므로 두 사령관은 각각 결정을 내려야 한다. 이 결정을 그림 1.2와 같이 나무그림으로 형상화할 수 있다.[2] 히르툴레이우스는 먼저 그의 병력을 뉴카르타고로 인솔할 것인지, 라미니움에 남아 있다가 바에티스 강에서 피우스를 차단할 것인지를 결정해야 한다. 왼쪽에서 히르툴레이우스의 결정으로부터 출발하여 히르툴레이우스의 결정에 따라 피우스가 어떻게 결정해야 할 것인가를 본다. 결과는 어떠한가? 히르툴레이우스의 입장에서 불리한 상황은 간단하다. 피우스를 막지 못하면 그는 임무에 실패한다. 그는 뉴카르타고에서 피우스를 차단하면 승산이 크다. 피우스를 바에티스 강의 여울에서 차단하면 그가 질 가능성이 최소한 반반이다. 피우스가 라미니움을 탈환하여 포위망을 벗어나면 그는 성공하는

중요 개념 

게임 이론(Game Theory) : 게임 이론은 상호작용하는 합리적인 개인들에 의한 전략의 선택을 연구하는 것, 다시 말해 *쌍방향 결정 이론*(interactive decision theory)이다.

게임 이론적 분석에서 핵심적인 단계는 어떤 전략이 타인이 선택한 전략에 대한 한 개인의 *최선반응*(best response)인가를 발견하는 것이다. 최선반응은 신고전파 경제학의 선례를 좇아, *다른 플레이어가 선택하였거나 선택할 것으로 기대되는 전략이 주어졌을 때 한 플레이어에게 최대의 이득을 주는 전략으로 정의된다.*[1]

게임 이론은 과학적 비유, 즉 경제적 경쟁, 전쟁, 선거 등 우리가 통상 게임으로 생각하지 않는 많은 상호작용이 마치 게임처럼 취급되고 분석될 수 있다는 발상에 기초를 둔다.

1) 역자 주 : 게임 이론에서는 게임에 참가하는 의사결정 주체를 플레이어(player)라고 한다.
2) 역자 주 : 대부분의 책에서는 이것을 게임나무(game tree)라고 한다.

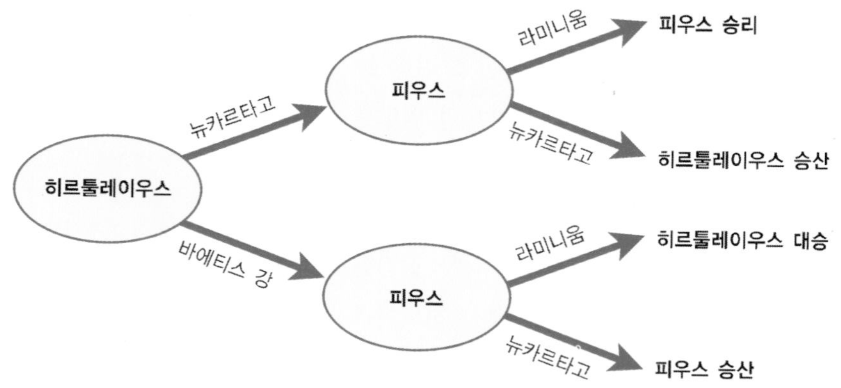

그림 1.2 스페인 반란의 나무그림

것이다. 그러나 그가 뉴카르타고로 가서 포위당한 로마군을 구출하면 상관의 허점을 드러내는 즐거움도 얻는다. 그렇더라도 그가 뉴카르타고로 가면 승리를 확신할 수 없다.

그림 1.2는 히르툴레이우스의 문제를 나타내는 나무그림이다.

히르툴레이우스가 뉴카르타고로 가면 피우스는 라미니움으로 갈 것이며 승리할 것이다. 히르툴레이우스가 라미니움에 머물러 있으면 피우스는 뉴카르타고를 노리고 공격할 것이다. 따라서 히르툴레이우스가 선택할 수 있는 최선의 전략은 라미니움에 머물러 있으면서 피우스를 바에티스 강에서 차단하는 것이다.

실제로 피우스가 히르툴레이우스가 예상했던 것보다 훨씬 빨리 움직인 결과, 히르툴레이우스의 지친 병사들은 휴식을 취한 로마군과 싸워야 했다. 반란군은 크게 패하여 도주하였고 피우스에게 가데스로 가는 길을 열어 주었다. 피우스의 군단은 그곳에서 배로 뉴카르타고로 가서 포위를 풀어 버리고 라우로로 가서 포위망에 갇혀 있는 폼페이를 구출하였다. 피우스는 영웅으로 로마에 돌아왔다. 폼페이도 시간이 지나면서 명성을 쌓을 수 있었고 결국 로마의 제일인자가 되었으나 율리우스 카이사르(Julius Caesar)가 제거해야 할 대상이 되었을 뿐이다. 이것은 또 다른 이야기이다.[3]

우리는 피우스와 히르툴레이우스의 전략을 나무그림을 가지고 분석하면서 게임 이론의 개념들을 사용하고 있다.

---

3) Colleen McCullough, *Fortune's Favorites* (Avon PB, 1993), pp. 621-625.

2. 게임과의 관계

스페인 반란에 관한 이야기는 대결할 때의 전략에 대해 우리가 통상적으로 생각하는 것을 잘 나타내는 예이다. 히르툴레이우스는 먼저 가야 했고, 피우스가 자신의 결정에 어떻게 반응할 것인가를 추측해야 했다. 두 장군은 각각 어떻게든지 상대방보다 한 수 위가 되기를 원한다. 상식에 의하면 이것이 전략의 전부이다.

그림 1.3 님

피우스와 히르툴레이우스의 대결과 흡사하게 움직이는 게임이 있다. 이러한 종류의 매우 단순한 게임을 님(Nim)이라고 한다. 실제로 님은 작고 단순한 형태부터 크고 복잡한 형태에 이르기까지 다양하다. 그러나 여기에서는 가장 단순한 형태만을 보기로 한다. 동전 3개가 그림 1.3과 같이 두 행에 놓여 있다. 동전 1개는 첫째 행, 2개는 둘째 행에 놓여 있다. 2명의 플레이어가 차례로 한 번에 최소한 동전 1개를 집는다. 매번 플레이어는 한 행에서 원하는 수만큼 동전을 집을 수 있지만 어떤 경우에도 두 행에서 동전을 집을 수는 없다. 마지막으로 동전을 집는 플레이어가 이기므로 플레이어의 목적은 상대방으로 하여금 꼭 1개의 동전만을 남겨 놓도록 하는 것이다.

이 게임은 몇 가지 질문을 던지며 우리는 거기에 답하려고 한다. 각 플레이어는 어떻게 게임을 연출해 가는 것이 최선인가? 도대체 그러한 최선의 전략이 존재하는가? 먼저 연출하는 자가 이길 수 있다고 확신할 수 있는가? 아니면 두 번째로 연출하는 자가 이길 것인가? 예컨대, 누군가가 당신에게 님의 게임에 돈을 걸도록 한다면 당신은 이 문제들에 대한 답을 알고 싶어 할 것이다.

2명의 님 플레이어를 애나와 바바라라고 하자. 애나가 먼저 연출한다. 두 플레이어의 전략을 다시 한 번 그림 1.4의 나무그림으로 나타낸다. 애나는 왼쪽의 원에서 시작하며, 각 원은 플레이어가 그 원에 도달할 때 보게 될 동전의 수를 보여 준다. 그러므로 먼저 연출하는 애나는 동전 3개를 모두 볼 것이다. 그러면 애나는 이 첫째 단계에서 다음과 같은 세 가지 연출 중에서 선택할 수 있다.

1. 첫째 행에서 동전 1개를 집는다.
2. 둘째 행에서 동전 1개를 집는다.

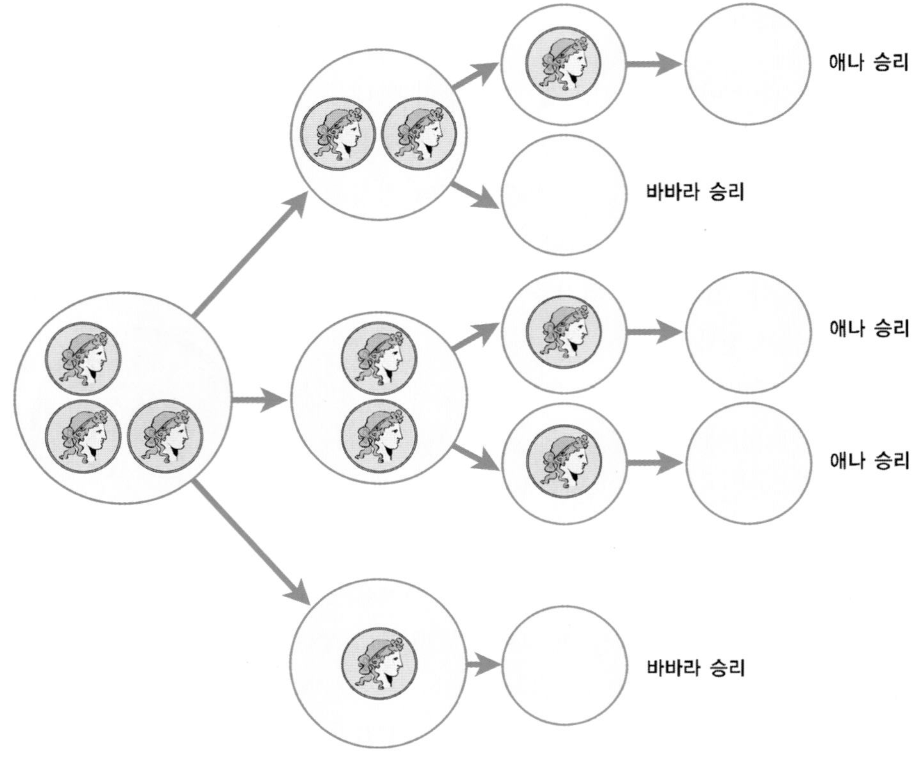

그림 1.4 님의 나무그림

3. 둘째 행에서 동전 2개를 집는다.

첫째 원에서 나온 화살표 3개는 위에서 아래로 각각 앞의 세 가지 전략에 해당한다. 그래서 애나가 첫 번째 전략을 선택하면 바바라는 둘째 열의 처음 원에 나란히 있는 2개의 동전을 보게 될 것이다. 이 경우에 바바라는 2개 중에서 1개를 집어 애나가 다음 차례에 1개를 집도록 하거나, 2개를 모두 집어 애나에게 하나도 남기지 않는 두 가지 전략 중에서 선택할 수 있다. 물론 바바라는 동전 2개를 집어 애나에게 동전을 남기지 않음으로써 이길 것이다.

비슷한 방법으로 그림에서 애나가 다른 두 가지 전략을 선택하는 경우에 각각 바바라에게 어떤 전략을 선택하도록 할 것인가를 볼 수 있다. 세 번째 전략을 보면 바바라에게 하나의 가능성만을 남겨 놓는다는 것을 알 수 있는데, 그 하나의 가능성은 바바라가 이긴다는 것이다. 애나의 관점에서 그림의 중간에 있는 두 번째 전략이 가장 흥미롭다. 둘째 열의 가운데 원에 나타나 있듯이 애나가 이 전략을 택하면 바바라에게 각 행에 1개의 동전이 남게 된다. 바바라는 어느 1개만을 집어야 하며 이것이 바바라의 유일한 선택이다. 그러나 어느 것을 집더라도 애나에게 1개의 동전을 남겨 놓아 바바라는 다음번 자기 차례에 집을 것이 없어지므로 애나가 게임에서 이긴다. 따라서 애나의 최선전략은 둘째 행에서 1개의 동전을 집는 것이며, 일단 애나가 그렇게 하면 그녀의 승리를 막기 위해 바바라가 할 수 있는 일이 전혀 없다는 것을 알 수 있다.

이제 우리는 위에서 제기한 문제에 대한 답을 안다. 님 게임을 위한 최선전략이 존재한다. 애나를 위한 최선전략은 '처음에 둘째 행에서 동전 1개를 집은 다음 바바라가 남긴 동전 가운데 아무거나 집는 것'이다. 바바라를 위한 최선전략은 '애나가 한 행에만 동전들을 남겨 놓으면 그것을 모두 집고 한 행에 하나를 남겨 놓으면 이를 집는 것'이다. 우리는 애나가 최선전략을 실행하면 이긴다고 확신할 수 있다.

존 폰 노이만
(John von Neumann, 1904~1957)

헝가리 부다페스트 출생인 존 폰 노이만은 수학과 화학 두 분야에서 박사 학위를 받았으나, 수학자이며 현대적 계산학을 정립한 학자 중 한 사람으로서 더 잘 알려져 있다. 오스카 모겐스턴과 함께 게임 이론을 창시한 *게임과 경제 행동의 이론*을 썼다.

3. 게임 이론의 출현

20세기 초에 수학자들은 비교적 단순한 게임을 연구하기 시작하였고 나중에는 체스와 같이 훨씬 복잡한 게임도 분석하였다. 이 연구들이 게임 이론의 효시이다. 위대한 수학자인 존 폰 노이만은 포커와 같은 게임으로 연구를 확대하였다. 포커는 님, 체스와 근본적으로 다르다. 님에서는 각 플레이어가 항상 다른 플레이어가 취한 조치를 알고 있다. 님보다 훨씬 더 복잡하지만 체스에서도 그렇다. 대조적으로 포커에서는 상대방이 '허풍(bluffing)'을 떠는지 아닌지 알지 못한다. 님과 체스 같은 게임은

오스카 모겐스턴[4)]
(Oskar Morgenstern, 1902~1977)

저명한 수리경제학자인 모겐스턴은 독일 태생이며, 오스트리아의 빈에서 나치 점령 전까지 활동하였다. 그 후 프린스턴대학교의 교수가 되었고 게임 이론의 효시가 된 *게임과 경제 행동의 이론*을 존 폰 노이만과 공저하였다. 국방경제학, 우주 개발의 경제학 및 경제적 예측에 관한 연구 업적도 널리 알려져 있다.

4) 역자 주 : 모겐스턴은 후에 뉴욕대학교로 옮겼다. 역자는 1974년에 그가 1950년에 낸 역작 경제 예측의 정확성에 관하여(On the Accuracy of Economic Observations)의 후속 연구를 수행할 당시 그의 연구와 저술을 보조하는 연구 조교로서 그의 통찰력과 학식의 혜택을 받을 수 있었다. 당시 그의 연구 주제나 역자의 학위논문 주제는 게임 이론과 직접적인 연관이 없었지만, 역자는 평소의 대화나 강의를 통해 게임 이론의 시각에서 인간 세계를 조망한 그의 경험과 통찰을 접할 수 있었다. 여기서 그의 이름은 그가 미국인으로 귀화하였기 때문에 영어 발음으로 적는다.

완전정보의 게임(Game of Perfect Information) : 각 플레이어가 자기의 전략 선택 결과에 영향을 줄 다른 플레이어의 이제까지의 전략 선택을 아는 게임이다.

불완전정보의 게임(Game of Imperfect Information) : 어떤 플레이어가 때때로 다른 플레이어들이 전략을 동시에 선택했거나 감추었기 때문에 그들의 전략 선택을 모르는 게임이다.

허풍이 없고 각 플레이어는 항상 다른 플레이어가 취한 조치를 알고 있으므로 **완전정보의 게임**이라 불린다. 허풍이 있을 수 있는 포커 같은 게임은 **불완전정보의 게임**이라고 불린다.

폰 노이만의 분석은 게임의 수학적 연구를 향한 첫 단계였다. 좀 더 중요한 출발은 폰 노이만이 수리경제학자인 오스카 모겐스턴과 협력하면서 이루어졌다. 이들은 1940년대에 게임과 경제 행동의 이론(The Theory of Games and Economic Behavior)이라는 제목의 책을 공저하였다.[5] 이 책의 배경에 있는 발상은 경제적 경쟁이나 무력 대결과 같이 우리가 게임이라고 생각하지 않는 인간 생활의 여러 측면들이 마치 게임인 것처럼 분석될 수 있다는 것이다. 현재 게임 이론가들은 인간이 하는 모든 종류의 전략 선택을 게임을 위한 전략처럼 다룬다. 2005년 노벨 경제학상을 함께 받은 두 게임 이론가, 로버트 아우만(Robert Aumann)과 토머스 셸링(Thomas Schelling)에 따르면 게임 이론은 상호작용적 결정의 이론(theory of interactive decision)으로 간주된다.

이미 지적하였듯이 게임 이론은 전략의 합리적 선택을 연구한다. 이 합리성(rationality)의 개념은 신고전파 경제학(neoclassical economics)과 공통점이 많다.[6] 따라서 합리성은 신고전파 경제학과 게임 이론 간의 중요한 연결 고리이다. 모겐스턴은 경제학자였지만 폰 노이만도 신고전파 경제학을 잘 알고 있었으므로 이들이 신고전파 경제학의 전통을 따른 것은 자연스러운 일이었다.

신고전파 경제학은 인간이 경제적 선택에서 절대적으로 합리적이라는 가정에 입각한다. 이 가정은 구체적으로 사람들은 대면하는 상황에서 자기의 보수 — 이윤, 소득 또는 주관적 편익 — 를 최대화한다는 것이다. 이 가설은 경제학의 연구에서 두 가지 목적에 기여한다. 첫째, 가능성의 범위를 다소 좁힌다. 절대적으로 합리적인 행동은 불합리한 행동보다 쉽게 예측할 수 있다. 둘째, 경제 체계의 효율성을 평가하는 기준을 제공한다. 어떤 체계가 어떤 사람들에 대한 보상을 줄이면서 그것을 상쇄할 만큼 다른 사람들에 대한 보상을 늘릴 수 있는데도 그렇게 하지 않는다면(즉, 넓게 말해 비용이 편익보다 크다면) 무

---

5) 역자 주 : 이 책의 초판은 1944년에 출간되었다.

6) 역자 주 : 애덤 스미스와 데이비드 리카도의 고전파 경제학을 계승한 신고전파 경제학은 19세기 후반에 윌리엄 스탠리 제번스, 칼 멩거, 레옹 왈라스가 각각 '한계효용(marginal utility)'이라는 혁명적 개념을 독립적으로 도입하면서 이론적 기반을 갖추었고, 1890년에 출간된 알프레드 마샬의 경제학 원리(Principles of Economics)가 초기의 신고전파 경제학을 집대성한 이래 그 전통을 잇는 학파가 현대 경제학의 주류를 형성해 왔다.

엇인가 잘못된 것이다. 대기와 물의 오염, 물고기의 남획, 연구에 대한 불충분한 자원 배정 등은 모두 그러한 의미에서 비효율성의 예이다.

게임 이론적 분석에서 결정적인 단계는 어떤 전략이 타인이 선택한 전략에 대한 한 개인의 최선반응인가를 발견하는 것이다. 우리는 신고전파 경제학의 선례를 좇아 최선반응을, 한 플레이어가 선택하였거나 선택할 것으로 기대될 수 있는 전략이 주어졌을 때 다른 플레이어에게 최대의 이득을 주는 전략으로 정의한다. 3명 이상의 플레이어가 있다면 다른 모든 플레이어들의 전략이 선택되었을 때 나머지 한 플레이어에게 최대의 이득을 주는 전략을 그의 최선반응이라고 한다. 이것은 게임 이론에서 매우 통상적인 개념이며 다음의 여러 장에서 사용될 것이다. 그러나 이것만이 게임 이론에서 사용되는 합리성의 개념은 아니며, 게임 이론은 사람들이 합리적이라고 항상 가정하지는 않는다. 다음의 몇 장에 걸쳐 다른 시각도 탐구할 것이다.

4. 게임 이론, 신고전파 경제학과 수학

신고전파 경제학에서 합리적 개인은 재산권, 화폐, 그리고 매우 경쟁적인 시장이라는 구체적인 제도를 상대한다. 이것들은 사람들이 이득을 최대화하려고 할 때 고려하는 '상황' 중의 일부이다. 재산권, 화폐경제, 이상적으로 경쟁적인 시장 등에 함축된 의미는 개인이 자신과 타인의 상호작용을 고려할 필요가 없다는 것이다. 각 개인은 자신의 상황과 '시장의 조건'만을 고려하면 된다. 그러나 이것은 두 가지 문제를 초래한다. 첫째, 이론의 범주를 제한한다. (독점이 없더라도) 경쟁이 제한되거나 재산권이 완전히 정의되지 않은 경우에는 일반적인 신고전파 경제학 이론이 적용될 수 없으며, 신고전파 경제학은 그러한 문제들을 다루기 위해서 일반적으로 수용될 수 있는 이론의 틀을 제공하지 못하고 있다. 화폐경제의 외부에서 이루어진 결정도 신고전파 경제학에 문제를 일으킨다. 게임 이론은 바로 이 문제를 다루려는 목적을 갖고 태어난 것이다. 게임 이론은 사람들이 '시장을 통하지 않고' 직접적으로 상호작용할 때의 경제적이고 전략적인 행동에 관한 이론을 제공하려는 것이다.

신고전파 경제학에서 합리적 선택은 개인이 자기의 보상을 최대화한다는 것이다. 이것은 주어진 상황에서 보상을 최대화하는 활동을 선택하는 수학적 문제로 볼 수 있다. 그래서 우리는 경제 영역의 합리적 선택을 수학 문제에 대한 '해(solution)'로 생각할 수 있다. 게임 이론에서는 결과가 한 개인의 전략과 '시장의 조건'만이 아니라 직접적으로 타인이 선택한 전략에도 의존하므로 상황이 복잡하다. 그래도 우리는 여전히 전략의 합리적 선택을 상호작용하는 의사결정자 집단의 보상을 최대화하는 수학적 문제로 생각할 수 있으며, 그러므로 합리적 결과를 게임의 '해'라고 말하는 것이다.

5. 죄수의 딜레마

폰 노이만은 프린스턴대학교의 고등연구소에 있었고 모겐스턴은 프린스턴대학교에 있었다. 이들이 협력한 결과로 프린스턴은 곧 게임 이론으로 바빠지게 되었다. 프린스턴대학교의 수학과 과장인 앨버트 터커(Albert Tucker)는 스탠퍼드대학교에 방문교수로 있었는데, 일단의 심리학자들에게 수학을 많이 사용하지 않고 게임 이론의 요체를 알려 주려고 했다. 그가 제시한 예는 '죄수의 딜레마(Prisoner's Dilemma)'라고 불리는 것이었다(표 1.1 참조).[7] 이 예는 게임 이론에서 가장 많이 연구된 것이며, 20세기에 작성된 1쪽짜리 논문 중 가장 영향력이 크다고 할 수 있을 것이다. 독자는 이 게임을 다른 과목의 강의에서 이미 보았을지 모른다. 그러나 죄수의 딜레마는 앞의 두 예와 조금 다른 방법으로 제시된다.

터커는 다음과 같은 짧은 이야기로 시작했다. 강도 앨과 밥이 범행 현장의 근처에서 체포되어 각각 독방에서 경찰의 혹독한 심문을 받는다. 각자는 자백하고 공범을 연루시킬 것인가를 결정해야 한다. 아무도 자백하지 않으면 모두 불법무기 소지죄로 1년의 형을 받을 것이며, 2명이 모두 자백하고 공범을 연루시키면 각각 10년 형을 받을 것이다. 그러나 한 강도는 자백하고 공범을 연루시키지만 다른 강도가 자백하지 않으면 경찰에 협조한 강도는 방면되고 다른 강도는 20년의 최고형을 받는다.

이 경우의 전략은 자백하거나 자백하지 않는 것이다. 이득(실제로는 형벌)은 복역하는 형량이다. 우리는 이것을 모두 게임 이론에서 상당히 표준적인 '이득표(payoff table)'로 나타낼 수 있다. 표 1.1은 죄수의 딜레마 게임에 대한 이득표이다.

표 1.1 죄수의 딜레마

		앨	
		자백한다	자백 안 한다
밥	자백한다	10년, 10년	0, 20년
	자백 안 한다	20년, 0	1년, 1년

이 표는 다음과 같이 읽는다. 각 죄수는 두 가지 전략 중 하나를 선택한다. 요컨대, 밥은 하나의 행을 선택하고 앨은 하나의 열을 선택한다. 각 칸의 숫자는 그에 상응하는 한 쌍의 전략이 선택될 때

---

7) S. J. Hagenmayer, Albert W. Tucker, 89, famed Mathematician, *The Philadelphia Inquirer* (Thursday, February 2, 1995), p. B7.

두 죄수에게 나타나는 결과를 보여 준다. 각 칸의 왼쪽에 있는 수는 행을 선택하는 자(밥)의 이득, 오른쪽에 있는 수는 열을 선택하는 자(앨)의 이득이다. 따라서 (첫째 열을 내려가면서 읽으면) 2명이 모두 자백하는 경우에는 각각 10년의 형기를 받지만, 앨이 자백하고 밥이 자백하지 않는 경우에 밥은 20년의 형기를 받지만 앨은 풀려난다.

그렇다면 어떻게 이 게임을 풀 것인가? 두 죄수가 모두 형량을 최소화하기를 원한다면 어떤 전략이 '합리적'인 것일까? 앨은 다음과 같이 추론할 수 있을 것이다. "두 가지 경우가 생길 수 있다. 즉, 밥이 자백할 수도 있고 입을 다물 수도 있다. 밥이 자백한다고 가정하자. 그러면 나의 형량은 내가 자백하지 않으면 20년, 자백하면 10년이 되므로 이 경우에는 자백하는 것이 최선이다. 한편 밥이 자백하지 않는 경우에 나의 형량은 내가 자백하지 않으면 1년, 자백하면 0이다. 어느 경우에도 자백하는 것이 최선이다. 따라서 나는 자백할 것이다."

그러나 밥도 같은 추론을 할 수 있고 또 그렇게 할 것이므로 이들은 모두 자백하고 각각 10년을 복역하게 된다. 만일 이들이 '불합리하게' 행동하여 침묵을 지킨다면 각각 1년의 형량만을 받을 수 있을 것이다.

6. 죄수의 딜레마에 관한 문제점

이기적이고 '합리적인 것'처럼 보이는 행동이 각자 자기 이익을 추구한다는 목적의 관점에서 보면 열등한 결과를 초래한다는 이 놀라운 관찰은 현대의 사회과학에 폭넓게 영향을 미쳐 왔다. 현대 세계에는 군비 경쟁, 도로 혼잡, 오염으로 인한 수산자원의 고갈, 지하수자원의 과잉 개발에 이르기까지 이와 매우 유사한 상호작용의 사례가 많다. 이것들은 모두 세부적으로는 다르지만 개인적 관점에서 합리적인 행동(이라고 가정하는 것)이 각자에게 열등한 결과를 초래하는 상호작용이며, 죄수의 딜레마는 그러한 각각의 상호작용에서 일어나는 현상을 부분적으로 보여 준다. 이것이 죄수의 딜레마가 가진 영향력의 원천이다.

그러나 우리는 죄수의 딜레마가 이러한 상호작용의 매우 단순화되고 추상적인 ('비현실적'이라고 할 수도 있을) 개념화라는 것도 인정해야 한다. 죄수의 딜레마에 대하여 다음과 같은 많은 문제점이 제기될 수 있으며, 이것들은 각각 방대한 학술적 문헌을 생산한 원천이 되어 왔다.

- 죄수의 딜레마는 2인 게임이지만 그 발상은 사실상 다자 간의 상호작용에 많이 응용된다.
- 두 죄수 간에 의사소통이 없다고 가정하였으나, 그들이 의사를 교환하고 전략을 조정하면 전혀 다른 결과를 기대할 수 있을 것이다.
- 죄수의 딜레마에서 두 죄수 간의 상호작용은 한 번만 발생한다. 상호작용이 반복되면 전혀 다른 결과가 초래될 수 있을 것이다.
- 앞의 결론을 유도하는 추론의 설득력이 강하지만 그것이 문제에 논리적으로 접근하는 유일한 방법은 아니다. 결국 그것은 사실상 가장 합리적인 답이 아닐지 모른다.

7. 정규형 게임과 전개형 게임

이 예와 앞의 두 예 사이에는 중요한 유사점과 함께 차이점이 있는데 예를 제시한 방법 간에 차이를 볼 수 있다. 죄수의 딜레마는 나무그림이 아니라 수의 표로 나타냈다. 게임을 표현하는 이 두 가지 방법은 게임 이론의 역사와 마찬가지로 이 책에서도 서로 다른 중요한 역할을 할 것이다.

전개형(Extensive Form) : 각각의 전략적 결정을 분기점으로 나타내는 나무그림으로 게임을 표현한 것이다.

정규형(Normal Form) : 게임을 숫자의 표로 나타낸 것으로, 표의 가장자리에 전략을 적고 표의 각 칸에 참가자에 대한 이득을 적는다.

게임을 나무그림으로 표현할 때, 게임을 **전개형**으로 나타낸다고 한다. 다시 말해, 전개형 게임은 각 결정을 나무그림에서 분기점(branch point)으로 나타낸다. 전개형의 대안은 죄수의 딜레마에서 보았던 표현방법이다. 이것은 **정규형**이라고 불린다.[8)] 정규형 게임은 각 플레이어가 선택할 수 있는 여러 전략들을 가장자리에 나타낸 숫자의 표로 제시된다.

정규형의 표현은 전개형보다 직감적으로 이해하기 어려울지 모른다. 그러나 정규형의 영향은 매우 크며 다음의 몇 장에서는 주로 정규형을 사용할 것이다.

8. 기업 사례

이제까지 우리는 범죄의 은닉, 오락 게임 등 세 가지 예를 보았다. 기업에 대한 응용사례

8) 역자 주 : '전략형(strategic form)'이라고도 불린다.

도 많으므로 이 장을 마치기 전에 기업의 예를 보기로 하자.[9] 우리는 게임의 비유를 적용할 것이며 게임을 정규형으로 나타낼 것이다. 기업 사례는 죄수의 딜레마와 매우 비슷하다.

1964년 이전 미국에서는 TV 담배 광고를 흔히 볼 수 있었으나 1964년 공중보건부 장관의 보고서 이후 미국의 4대 담배 회사인 아메리칸 브랜즈(American Brands), 레이놀즈(Reynolds), 필립 모리스(Philip Morris), 리겟 앤드 마이어스(Ligget & Myers)는 연방정부와 광고 문제에 대해 합의하려고 협상하였다. 합의는 1971년에 이루어졌고, 담배 회사들이 TV 광고를 하지 않는다는 약속을 포함하였다. 이 사실을 게임 이론을 이용하여 설명할 수 있는가?

아래의 2인 광고 게임은 담배 회사들이 처한 상황과 흡사하다. 2개의 담배 회사를 '담바고'와 '타박스'라고 하자. 각 회사의 전략은 광고를 안 하든가, 광고를 하는 것이다. 어느 회사도 광고하지 않으면 두 회사는 시장을 양분하고 낮은 원가(광고비=0)로 같은 금액의 높은 이윤을 얻는다고 가정한다. 두 회사가 모두 광고를 하면 이들은 여전히 시장을 양분하지만 비용이 높아져서 같은 금액의 낮은 이윤을 얻는다. 표 1.2는 10을 최고로 하는 1부터 10까지의 척도로 이윤의 등급을 매긴 이득표이다. 이 표는 죄수의 딜레마와 같은 방법으로 읽는다. 타박스는 행, 담바고는 열을 선택하며 첫 번째 숫자는 타박스, 두 번째 숫자는 담바고의 이득이다.

표 1.2 광고 게임

		담바고	
		광고 안 한다	광고한다
타박스	광고 안 한다	8, 8	2, 10
	광고한다	10, 2	4, 4

우리는 이 게임이 죄수의 딜레마와 매우 비슷하다는 것을 알게 될 것이다. 각 회사는 다음과 같이 추론할 것이다. "경쟁자가 광고하지 않을 때 내가 광고하면 8 대신 10의 이윤을 얻을 것이므로 광고하는 편이 낫다. 한편, 경쟁자가 광고할 때 나도 광고하면 2 대신 4를 얻을 것이므로 광고하는 편이 낫다. 어느 경우에도 나는 광고하는 편이 낫다." 그래서 두 회사는 모두 광고를 하고 8 대신 4의 이윤을 얻는다.

이것은 자기 이익을 추구하는 각자의 합리적인 행동이 둘이 모두 싫어하는 결과를 초래한다는 점에서 죄수의 딜레마와 유사하다. 서로 다른 방에서 심문을 받는 죄수와 마찬가

9) 게임 이론은 기업과 경제학에 중요하며, 다른 사회과학과 철학의 여러 분야에 걸친 연결 고리로서도 가치가 있다. 따라서 이 책의 각 장에서 기업뿐만 아니라 다른 분야에서도 각각 최소한 하나의 중요한 사례를 소개하려고 한다. 예외로서 산업전략과 가격에 관한 장은 거의 기업과 경제만을 다룰 것이며, 게임과 정치에 관한 장은 기업에 대한 응용을 포함하지 않을 것이다.

지로, 경쟁하는 회사들이 서로 믿고 자신들에게 더 좋은 전략을 선택하기는 어려울 것이다. 그러나 담배 광고 사례에서의 연방정부처럼 제삼자가 개입하면 그들은 기꺼이 광고비 지출의 억제에 합의한다.

9. 과학적 비유

이제 "게임 이론은 무엇인가?"라는 질문으로 돌아가자. 폰 노이만과 모겐스턴의 저서(앞서 소개한 게임과 경제 행동의 이론) 이래 게임은 적대 관계에 있거나 아무리 좋게 보더라도 선악이 섞여 있는 동기를 가진 2명 이상의 사람들의 전략이 서로 영향을 주고받음으로써 결과가 결정되는, 매우 광범한 인간의 상호작용을 나타내는 과학적 비유였다. 게임 이론은 인간 행동을 연구하는 독특하고 학제적인 접근방법, 전략의 합리적 선택을 연구하고 사람들 간의 상호작용을 마치 모든 사람들이 규칙과 이득을 알고 '이기려고 하는' 게임인 것처럼 다루는 접근방법이다. 게임 이론에 가장 많이 관계되는 학문 분야는 수학, 경제학, 기타 사회과학과 행동과학이다. 게임 이론에서 논의되는 문제에는 다음과 같은 것들이 포함된다.

(1) 결과가 여러 사람들이 선택한 전략에 의해 결정되고 정보가 완비되어 있지 않은 때에 전략을 '합리적으로' 선택한다는 것은 무엇을 의미하는가?
(2) 모든 플레이어가 서로 이득(또는 손실)을 얻을 수 있는 '게임'에서 공통의 이득을 실현하기 위해(또는 공통의 손실을 피하기 위해) 협조하는 것이 '합리적'인가, 아니면 공통의 이익이나 손실에 개의치 않고 개인적 이득을 추구하려고 공격적으로 행동하는 것이 '합리적'인가?
(3) (2)번 질문에 대한 답이 '때때로 그렇다'라면, 어떤 상황에서 공격이 합리적이고 어떤 상황에서 협조가 합리적인가?
(4) 특히 이 문제와 관련해서 지속적인 관계는 치고 빠지는 일시적 관계와 다른가?
(5) 합리적인 이기주의자들의 상호작용으로부터 협조의 도덕적 규칙이 자생적으로 나올 수 있는가?
(6) 이 경우에 실제의 인간 행동이 어떻게 '합리적' 행동에 해당하는가? 만일 다르다면 어떤 방향으로 다른가?
(7) 사람들은 '합리적'이라고 할 정도 이상으로 협조적인가, 공격적인가, 아니면 협조적이면서 동시에 공격적인가?

10. 요약

우리는 이 장에서 "게임 이론은 무엇인가, 그리고 게임 이론은 전략 및 대결과 어떤 관계인가?"라는 문제를 다루었다. 몇 개의 예를 통해 게임 이론이 과학적 비유에 입각하여 인간 행동을 연구하는 독특하고 학제적인 접근방법이라는 것을 보았다. 이 비유는 전쟁, 기만, 경제적 경쟁에서 볼 수 있는 것과 같은 대결과 전략의 선택이 '마치 게임처럼' 다루어질 수 있다는 것이다. '게임'을 표현하는 주된 방법에는 두 가지가 있다.

- **정규형** : 플레이어가 선택할 수 있는 여러 전략들이 가장자리에 표시된 수의 표
- **전개형** : 각 전략적 결정이 분기점으로 표시된 나무그림

게임 이론은 사람들이 최선반응 전략을 선택한다는 의미에서 합리적으로 행동한다고 통상적으로 가정한다. 이 가정은 신고전파 경제학에서 사용하는 합리적 행동의 개념과 같이, 사람들이 이윤, 게임의 상금이나 주관적 편익 등 무엇인가를 최대화하거나 또는 복역 기간과 같은 벌을 최소화하는 것처럼 행동할 때 합리적으로 행동한다는 것이다. '최선반응'은 한 플레이어가 선택하였거나 선택할 것으로 기대될 수 있는 전략이 주어졌을 때 다른 플레이어에게 최대 이득을 주는 전략이다. 이러한 개념들은 게임 이론을 연구하기 위한 출발점이다. 다음 장에서는 이 개념들 중 몇 가지, 특히 정규형 게임과 전개형 게임 간의 관계를 탐구할 것이다.

Q1. 연습문제

Q1.1 스페인 반란 맥컬러프는 스페인 반란에 대한 이야기에서 다음과 같이 적고 있다. "히르툴레이우스가 할 수 있는 것은 한 가지밖에 없다. 즉, 편한 지형으로 내려가서 메텔루스 피우스가 바에티스 강을 건너기 전에 저지하는 것이다." 맥컬러프는 옳은가?

Q1.2 님 동전을 첫째 행에 1개, 둘째 행에 2개, 셋째 행에 1개 혹은 2개 혹은 3개를 놓은 님 게임에서 (a) 셋째 행에 몇 개의 동전이 있는가에 따라 게임의 결과가 달라지는가? (b) 각각의 경우에 누가 이기는가?

Q1.3 홀짝 게임(Matching Pennies) 홀짝 게임은 초등학생들이 흔히 하는 게임이다. 한

플레이어를 '짝수', 다른 플레이어를 '홀수'라고 부르자. 각 플레이어는 동전의 앞면이나 뒷면을 위로 하여 보여 준다. 둘이 보여 주는 동전의 면이 같으면 '짝수'가 동전 2개를 모두 차지하고, 둘이 보여 주는 동전의 면이 다르면 '홀수'가 동전 2개를 모두 차지한다. 홀짝 게임을 정규형으로 나타내는 이득표를 작성하라.

Q1.4 해피타임 짐의 진 밀과 톰의 터키 태번은 거의 같은 손님들을 놓고 경쟁한다. 두 술집은 각각 해피타임 동안 공짜 안주를 주거나 주지 않을 수 있다. 두 술집이 모두 공짜 안주를 주지 않으면 각각 30의 이윤을 얻지만, 모두 공짜 안주를 주면 안주 구입 비용을 치러야 하므로 각각 20의 이윤을 얻는다. 그러나 공짜 안주를 한 술집만 주고 다른 술집이 주지 않는다면 공짜 안주를 주는 술집이 손님들의 대부분을 받아 50의 이윤을 얻지만 다른 술집은 20의 손실을 본다. 이 장에서 다룬 개념들을 사용하여 이 예를 논하라. 두 술집 주인 간의 경쟁은 어떤 점에서 게임과 유사한가? 각자가 선택할 전략은 무엇인가? 이 게임을 정규형으로 나타내라.

제 2 장

기본 개념

> **이 장의 내용을 가장 잘 이해하려면** 먼저 제1장을 잘 이해할 필요가 있다. 각 장마다 이러한 글상자를 두어 건너뛰어도 될 만한 것과 그렇지 않은 것을 독자에게 알려준다.

우리는 제1장에서 상당히 다른 두 종류의 예를 보았다. 히르툴레이우스와 피우스의 예 그리고 님 게임은 전개형, 즉 나무그림으로 표현되었다. 죄수의 딜레마와 광고 게임은 정규형, 즉 표의 형태로 표현되었다. 이 게임들 간에는 다른 차이도 있으며, 나무그림으로 나타낼 것인지 표로 나타낼 것인지의 선택은 부분적으로 편의상의 문제이다.

게임 이론의 초기 발전 단계에는 게임의 정규형 표현이 더 많이 사용되었고 매우 큰 영향을 미쳤다. 최근 연구에서도 게임의 전개형 표현이 중요한 역할을 한 경우가 적지 않다. 이 역사의 전철을 밟아, 다음의 몇 장에서는 정규형으로 표현한 게임에 초점을 두고 그 뒤의 장에서 전개형 게임을 분석할 것이다.

1. 정규형의 표현 : 기업의 사례

우리는 게임이 전개형과 정규형의 두 가지 다른 방법으로 표현될 수 있다는 것을 보았다. 때때로 특정한 게임을 어느 한 방법으로 나타내는 것이 더 편리하다고 하더라도 절대적으로 그렇다고 할 수 있는 근거는 없다. 모든 게임은 어떤 형태로든 나타낼 수 있다. 물론 이는 분명하지 않다. 그것은 존 폰 노이만의 중요한 발견이었다. 그리고 거기에는 묘수가 있다. 다음에 소개하는 것은 기업의 사례이다.

맥킨지(McKinsey) 경영자문 회사의 연구에 의하면, 과거에 규제를 받았던 회사들이 규

중요 개념

정규형 게임과 전개형 게임 : *전개형 게임*은 각 전략적 결정이 분기점으로 표시된 나무그림으로 표현된다. *정규형 게임*은 플레이어가 선택할 수 있는 여러 전략들이 가장자리에 배열되어 있고 각 칸에 플레이어들의 이득을 적은 표로 나타낸다.

우발 상황(Contingency) : 다른 플레이어가 특정한 전략을 채택하는 사건처럼 발생할 수도 있고 발생하지 않을 수도 있는 사건이다.

상황의존 전략(Contingent Strategy) : 우발 상황이 발생했다는 것이 알려진 때에만 채택되는 전략이다.

정보집합(Information Set) : 1개 이상의 가지를 포함하는 결정마디를 말한다.

제 해제로 어려운 과도기를 겪는다고 한다.[1] 이 회사들은 흔히 '공익사업(public utility)'의 독점기업이다.[2] 20세기의 대부분에 걸쳐 공익사업은 가격을 규제받고 이윤이 '적정 수익률(fair rate of return)'로 제한되었지만[3] 새로운 경쟁업체의 진입이 법에 의하여 금지되는 독점으로 운영되도록 허용되었다. 그러나 규제가 해제되자 이 기업들은 새로운 경쟁자의 진입에 직면하였다. 독점기업은 진입자에게 가격전쟁으로 대응하려는 유혹을 받지만, 맥킨지에 의하면 이것은 일반적으로 손해되는 전략이다.

이것을 예시하기로 하자. '방울새' 사는 통신 서비스의 독점공급자인데, 통신 시장에 대한 규제가 해제되었고 '파랑새' 사가 이 시장으로 진입하려고 준비 중이다. 파랑새가 진입하면 방울새는 두 가지 선택안을 갖는다. 우선, 방울새는 기존의 시장 점유율을 가능한 한 유지하고 파랑새의 시장 진입을 응징하며 파랑새를 축출하려고 가격을 내려 가격전쟁을 시작할 수 있을 것이다(방울새가 이렇게 할 경우 법적 문제가 생길 가능성은 무시한다). 대안으로서, 방울새는 진입을 '수용'하고 가격을 높게 유지하여 자신의 생산량을 줄일 수 있다. 어느 경우든 방울새는 이윤이 적어질 것으로 예상한다. 10을 최고로 하는 척도로 이윤의 등급을 매긴다면, 파랑새가 진입하지 않는 경우에 방울새의 이득은 10, 파랑새가 진입하고 방울새가 시장을 공유하면 5, 파랑새가 진입하고 방울새가 가격전쟁을 시작하면 2이다. 5의 이득은 파랑새가 시장에서 축출되면 얻어지는 독점이윤의 현재 가치를 포함한다. 파랑새의 이득은 진입하지 않으면 0, 진입하고 방울새가 시장을 공유해 주면 3, 가격전쟁이 일어나면 −5이다. 파랑새는 자금력이 상대적으로 약한 기업으로서 시장을 공유하더라도 방울새만큼 이윤을 얻지 못하며, 가격전쟁이 일어나면 지고 말 것이다. (시장이 공유되는 경우에 이 산업의 총 이윤은 10에서 8로 줄어드는 한편, 게임에 참가하지 않는 소비자들은 낮은 가격으로 편익을 받는다.)

---

1) A. Florissen, B. Maurer, B. Schmidt, and T. Vahlenkamp (2001), The race to the bottom, *McKinsey Quarterly*.

2) 역자 주 : 공익사업의 전형적인 예는 교통, 통신, 전기, 가스 등 네트워크로 성립되는 산업이다.

3) 역자 주 : 이것은 투하 자본에 대한 일정 비율로 정해졌다.

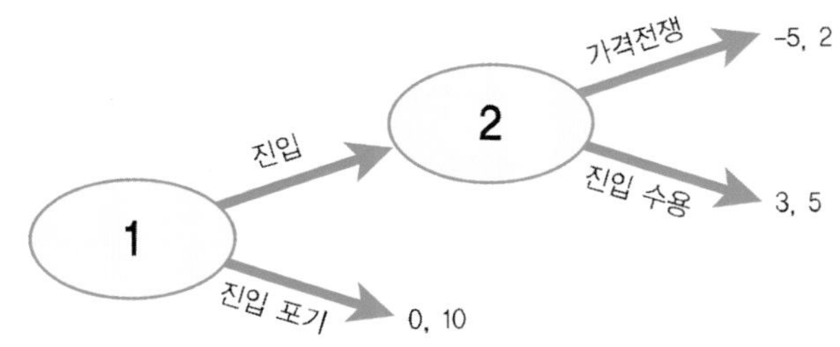

그림 2.1 **전개형의 시장 진입 게임**

이 '게임'은 한 참가자(파랑새)가 먼저 전략을 선택해야 하고, 다른 참가자(방울새)는 전략을 선택하기 전에 기다렸다가 경쟁자(파랑새)가 어떻게 하는가를 볼 수 있다는 점에서 죄수의 딜레마나 광고 게임과 다르지만, 스페인 내란이나 님과 비슷하다. 이 게임은 그림 2.1과 같이 전개형으로 나타내는 것이 자연스러운 것 같다.

그림에서 파랑새의 선택은 마디 1, 방울새의 선택은 마디 2에 나타나 있다. 마디의 오른쪽에 있는 수는 이득을 나타내는데 파랑새의 이득이 먼저 적혀 있다. 이 경우에 파랑새는 '전략적으로 생각하려고' 할 것이다. 즉, 자신이 진입하기로 결정하면 방울새가 어떻게 반응할 것인지 예상하려고 할 것이다. 방울새는 파랑새가 진입하는 '시나리오'나 **우발 상황**에 대비하여 계획하려고 할 것이다. 마디 2만 보면 방울새는 수용의 전략으로부터 5의 이득을 얻지만 가격전쟁의 전략으로부터는 2의 이득만을 얻는다. 따라서 방울새는 이득을 최대화한다면 진입을 수용할 것이며, 파랑새는 이것을 예상할 수 있으므로 진입하지 않고 0의 이득을 얻기보다 3의 이득을 얻기 위하여 진입을 선택할 것이다. (다른 장에서 이러한 종류의 상식적인 추론이 게임 이론에서는 매우 중요하지만 좀 더 복잡한 예에서 항상 그러한 상식적인 결과가 나타나지는 않는다는 것을 볼 것이다.)

> 우발 상황 : 다른 플레이어가 특정한 전략을 채택하는 사건처럼 발생할 수도 있고 발생하지 않을 수도 있는 사건이다.

나무그림은 '전개형'이라고 불리는데 아래에서 전개형으로 나타낸 시장 진입 게임을 검토한다. 이와 같은 게임을 전개형으로 표현하는 것이 자연스럽게 보이고, 그것은 아마 '게임'과 전략에 관한 우리의 상식적 사고방식과 일치할 것이다. 그러나 폰 노이만과 모겐스턴이 그들의 효시적 저서에서 지적했듯이 이 게임은 '정규형', 즉 죄수의 딜레마 같은 숫자들의 표로 나타낼 수 있다. 모든 게임을 같은 방법으로 관찰함으로써 얻어지는 것이 있는데, 폰 노이만과 모겐스턴은 모든 게임을 보는 공통의 틀로서 정규형을 선택하였다.

상황의존 전략 : 우발 상황이 발생했다는 것이 알려진 때에만 채택되는 전략이다.

그러나 거기에는 묘수가 있다. 시장 진입 게임에서 방울새의 전략은 다음과 같은 **상황의존 전략**이다.

(1) 파랑새가 진입하면 수용한다.
(2) 파랑새가 진입하면 가격전쟁을 시작한다.

'상황의존 전략'은 특정한 '우발 상황'이 발생해야만 채택되는 전략이다. 위의 (1)과 (2)에서 고딕체로 쓰인 부분은 파랑새의 전략이 관련성을 가진 상황을 지적한다. 모든 게임은 시장 진입 게임과 같이 정규형으로 나타낼 수 있으나, 그렇게 하기 위해서 그 전략을 상황의존 전략으로 다루어야 할 것이다.

체스처럼 시장 진입 게임에서 각 참가자는 자신의 결정에 관련되는 상대방의 전략을 모두 안다. 예컨대, 파랑새가 진입할 것인지 여부를 먼저 결정해야 하고, 방울새는 보복할 것인지 여부를 결정할 때 파랑새가 어떻게 결정했는지를 안다.

파랑새의 전략은 두 가지이다.

(1) 진입한다.
(2) 진입하지 않는다.

그러므로 정규형 게임은 표 2.1과 같다. 그러나 게임 이론가들은 흔히 정규형에서 '파랑새가 진입하면'과 같은 상황의존적 문구를 생략하고, 방울새의 전략을 단지 '가격전쟁을 시작한다'와 '진입을 수용한다'로만 표현하듯이 '줄여서' 쓴다. 이러한 관행은 앞의 게임과 같은 단순한 경우에는 혼란을 일으키지 않지만 복잡한 게임에서는 혼란을 일으키기 쉬우므로, 좀 더 주의를 기울이고 게임을 정규형으로 나타낼 때 사용되는 전략이 상황의존 전

표 2.1 정규형의 시장 진입 게임

		방울새	
		만일 파랑새가 진입하면 수용한다. 파랑새가 진입하지 않으면 평소대로 영업한다.	만일 파랑새가 진입하면 가격전쟁을 시작한다. 파랑새가 진입하지 않으면 평소대로 영업한다.
파랑새	진입한다	3, 5	−5, 2
	진입 안 한다	0, 10	0, 10

략이라는 것을 염두에 두는 것이 바람직하다. '만일'의 단서가 없는 '수용한다'와 '가격전쟁'은 흔히 **행동전략**(behavior stategy)이라고 불리고 '진입한다'와 '진입 안 한다'도 행동전략일 것이다.

이 게임은 어떻게 결말이 날까? 첫째, 각 회사를 위한 '최선반응'은 무엇인가? 파랑새가 진입하면 '수용'하는 것이 더 좋은 전략이다. 그래서 가격전쟁이 없을 것이며, 파랑새는 이를 예상하고 진입할 것이다. 그러나 맥킨지의 연구는 규제에서 풀린 기업들이 시장에서 경쟁한 경험이 없기 때문에 이러한 상황에서 틀린 결정을 내려 기업의 이윤이 모두 적어질 수 있다고 경고한다.

상황의존 전략은 기업 경영의 상황에서 중요한 역할을 수행한다. 예컨대, 다음의 인용문을 보라. "모든 항공사는 자사의 제트기 1대가 추락하는 경우에 대비하여 우발 상황 계획을 준비해야 하는 소름끼치는 임무를 갖고 있다."[4) **우발 상황 계획**은 특정한 우발 상황이 발생하면 시행될 계획이다. 우발 상황 계획은 기업뿐만 아니라 (이 발상의 원천인) 군사, 정치와 같은 많은 다른 분야에서도 중요하다. 2인 이상의 의사결정자들이 서로 상대방을 다루기 위해 우발 상황 계획을 작성할 때 상황의존 전략이 형성된다.

우발 상황 계획(Contingency Plan) : 우발 상황이 발생했다는 것이 알려진 때에만 시행되는 계획이다.

2. 정규형 일반

제1장에서 소개한 '죄수의 딜레마'와 '광고 게임'의 예는 무엇 때문에 게임 이론이 큰 영향을 미쳐 왔는가를 보여 줌과 아울러, 좀 더 복잡한 경우에 생기는 몇 가지 문제들을 부각시켰다. 그러나 그러한 예들을 표로 제시하는 방법은 아마도 대부분의 사람들이 게임에 대하여 관습적으로 생각해 온 방법이 아닐 것이다. 게임 이론의 창시자들은 수의 표로 나타낸 게임을 '정규형' 게임이라고 불렀다. **정규형**으로 나타낸 게임은 각 참가자의 이득이 자신의 전략만이 아니라 타인이 선택한 전략에도 의존한다는 게임과 기타 유사한 상호작용의 중요한 면을 강조한다. 많은 게임들이 그다지 복잡하지 않음에도 불구하고 매우 복잡하다는 첫인상을 주

정규형(Normal Form) : 정규형 게임은 각 참가자가 사용할 수 있는 전략을 참가자들이 각 쌍(또는 3개 한 집합 등)의 전략을 선택한다면 생길 이득과 함께 표로 나타낸 것이다.

4) "Airline Management Style Honed by Catastrophe," by Laurence Zuckerman, *The New York Times* (Thursday, November 15, 2001), p. C1.

기 때문에 다루기가 어려운 것처럼 보인다.

폰 노이만과 모겐스턴이 공저한 게임과 경제 행동의 이론에서 제시한 중요한 발견은 모든 게임이 정규형으로 표현될 수 있다는 것이다. 그렇게 하려면 전략을 상황의존 전략으로 볼 필요가 있을 것이다. 체스나 전쟁처럼 여러 단계에 걸쳐 연출되는 복잡한 게임에서 거의 모든 전략은 자연스럽게 상황의존 전략, 즉 적이 이미 어떤 전략적 공약을 하였을 경우에만 관련성을 갖는 전략으로 간주될 것이다. 체스에서 생길 수 있는 우발 상황의 수와 이에 따른 상황의존 전략의 수는 말 그대로 생각할 수 없을 만큼 많으며, 현재나 가까운 장래의 어떤 컴퓨터라도 계산할 수 없을 정도이다. 그럼에도 불구하고 원칙적으로 체스도 정규형으로 나타낼 수 있다.

모든 전략은 원리상 상황의존 전략이다. 예컨대, 시장 진입 게임에서 '방울새가 보복을 하건 안 하건 진입한다'와 '방울새가 보복을 하건 안 하건 진입하지 않는다'라는 파랑새의 전략도 상황의존적이다. 파랑새가 먼저 전략을 선택해야 하고, 방울새가 보복할 것인지 아닌지를 알지 못하므로 파랑새에게는 각 전략에 대하여 1개의 우발 상황만 존재한다. 따라서 통상적으로 선행자에 대한 우발 상황은 무시한다. 그러나 엄밀하게 말하면 우발 상황이 존재한다는 것을 기억해야 한다. 이러한 유형의 엄밀성은 게임 이론이 그 원천인 수학으로부터 물려받은 성격이고, 이는 컴퓨터 프로그래밍에서도 볼 수 있다. 우리는 이것을 다음과 같이 말할 수 있을 것이다 — 전략은 가정과 귀결의 규칙(if-then rule)이며, '가정' 부분이 특정한 예에서 아무런 차이를 만들지 않는다고 하더라도 거기에는 항상 무엇인가가 있을 것이다. 당신은 당신이 규칙을 철저하게 지키지 않을 때 컴퓨터가 당신에게 무슨 결과를 주는지를 경험을 통해서 알 것이다.

우리는 편리하게 전개형으로 나타낸 게임을 정규형으로 변환하는 방법을 알 필요가 있을 것이다. 예컨대, 스페인 반란을 다시 보자. 히르툴레이우스가 뉴카르타고로 진군했다면 피우스가 그것을 알고 아무런 저항을 받지 않으면서 라미니움으로 갈 수 있었을 것이다. 그러나 피우스는 히르툴레이우스가 이미 뉴카르타고로 가기로 돌이킬 수 없는 결정을 하였다는 것을 아는 경우에만 라미니움으로 갈 것이다. 그래서 피우스의 상황의존적 전략은 '히르투레이우스가 뉴카르타고로 가면 라미니움으로 간다. 그러나 그렇지 않으면 뉴카르타고로 간다'이다. 이 경우에 '라미니움으로 간다'와 '뉴카르타고로 간다'는 행동전략이다.

스페인 반란을 정규형으로 전환해 보자. 첫 단계로서, 두 장군은 얼마나 많은 전략을 갖고 있는가? 분명히 히르툴레이우스는 2개만 갖고 있다. 나무그림을 보면 피우스가 몇 개의 전략을 갖고 있는지 그다지 분명하지 않다. 피우스는 4개의 전략을 갖고 있으며 그것들은 모두 상황의존 전략이다. 히르툴레이우스가 뉴카르타고로 간다면 피우스가 선택할 수 있는 전략은 2개이고, 히르툴레이우스가 바에티스 강으로 간다면 피우스는 다른 2개의 전략 중에서 선택할 수 있다.

표 2.2는 이 정보를 이용하여 스페인 반란 게임을 정규형으로 나타낸 것이다.

이 경우에 조건절인 '히르툴레이우스가 뉴카르타고로 가면'과 '히르툴레이우스가 바에티스 강으로 가면'을 생략한다면, 우리는 피우스가 2개의 전략만 갖고 있다고 가정하고 그의 우월한 정보를 고려하지 않을지 모른다. 그러면 복잡한 이 게임에 혼란을 일으킬 것이다.

비록 본질적인 것은 아니지만, 죄수의 딜레마와 광고 게임처럼 게임의 결과를 수로 나타내는 것이 게임 이론에서 유용할 때가 있다. 우리는 결과가 상대적으로 바람직한 것인지 아닌지를 나타내기 위해 다소 자의적으로 수를 선택할 것이다. 히르툴레이우스와 피우스의 예에서 어떻게 그렇게 할 수 있는지를 보자.

표 2.2에서 첫째 행의 오른쪽 칸에 있는 결과는 '피우스가 이긴다'이다. 이것은 히르툴레이우스에게는 최악의 결과이고 피우스에게는 최선의 결과이다. 피우스에게 5의 이득, 히르툴레이우스에게 −5의 이득을 배정하자. 이것이 표 2.3 첫째 행의 오른쪽 칸에서 피우스의 이득이 왼쪽, 히르툴레이우스의 이득이 오른쪽에 적혀 있다. 전과 같이 행을 택하는 플레이어의 전략이 왼쪽에 적혀 있으므로 피우스의 이득을 왼쪽에 적는다. 표 2.2에서 둘째 행의 오른쪽 칸에 있는 결과는 '히르툴레이우스에게 승산이 있다'이다. 이것을 (상대적 척도로 재어) 피우스에게 −3, 히르툴레이우스에게 3을 배정하여 나타낸다. 셋째와 넷째 행에서는 이러한 수의 배정이 부분적으로 거꾸로 되어 표 2.3과 같이 나타난다.

또 하나의 예로서 새로운 종류의 게임을 하나 더 보기로 하자. 이 예는 독재자 게임(Dictator Game)의 단순한 형태이다. 아만다는 독재자이다. 아만다는 캔디바 1개를 동생 바바라와 나눠 먹어야 한다(나눠 먹지 않으면 엄마한테 꾸중을 들을 것이다). 아만다는 반반으로 나누거나 90%를 차지할 수 있다. 바바라의 선택은 언니가 주는 것을 수용하거나 거절하는 것뿐이다. 이 게임의 나무그림은 그림 2.2와 같다.

독재자 게임에서 아만다의 전략은 50 : 50과 90 : 10이다. 아만다의 결정은 A로 나타나 있다. 각 경우에 바바라의 전략은 수용하거나 거절하는 것이다. 바바라의 선택은 B로 나타나 있다. 첫째 이득은 바바라, 둘째 이득은 아만다의 것이다. 이 게임의 정규형은 표 2.4에 나타나 있다. 상황이 바바라에게 그다지 좋지 않은 것처럼 보인다. 이제 독자는 왜 이 게임이 독재자 게임으로 불리는지 알 수 있을 것이다. 그러나 여기서 주안점은 전략을 상황의존적으로 표현함으로써 게임을 전개형에서 정규형으로 변환하는 방법을 보는 것이다.

표 2.2 정규형의 스페인 반란

		히르툴레이우스	
		(피우스의 전략에 관계없이) 바에티스 강으로 간다.	(피우스의 전략에 관계없이) 뉴카르타고로 간다.
피우스	히르툴레이우스가 뉴카르타고로 가면 라미니움으로 간다. 히르툴레이우스가 바에티스 강으로 가면 라미니움으로 간다.	히르툴레이우스가 크게 이긴다.	피우스가 이긴다.
	히르툴레이우스가 뉴카르타고로 가면 뉴카르타고로 간다. 히르툴레이우스가 바에티스 강으로 가면 뉴카르타고로 간다.	피우스에게 승산이 있다.	히르툴레이우스에게 승산이 있다.
	히르툴레이우스가 뉴카르타고로 가면 라미니움으로 간다. 히르툴레이우스가 바에티스 강으로 가면 뉴카르타고로 간다.	피우스에게 승산이 있다.	피우스가 이긴다.
	히르툴레이우스가 뉴카르타고로 가면 뉴카르타고로 간다. 히르툴레이우스가 바에티스 강으로 가면 라미니움으로 간다.	히르툴레이우스가 크게 이긴다.	히르툴레이우스에게 승산이 있다.

표 2.3 결과를 수로 나타낸 정규형의 스페인 반란

		히르툴레이우스	
		(피우스의 전략에 관계없이) 바에티스 강으로 간다.	(피우스의 전략에 관계없이) 뉴카르타고로 간다.
피우스	히르툴레이우스가 뉴카르타고로 가면 라미니움으로 간다. 히르툴레이우스가 바에티스 강으로 가면 라미니움으로 간다.	−5, 5	5, −5
	히르툴레이우스가 뉴카르타고로 가면 뉴카르타고로 간다. 히르툴레이우스가 바에티스 강으로 가면 뉴카르타고로 간다.	3, −3	−3, 3
	히르툴레이우스가 뉴카르타고로 가면 라미니움으로 간다. 히르툴레이우스가 바에티스 강으로 가면 뉴카르타고로 간다.	3, −3	5, −5
	히르툴레이우스가 뉴카르타고로 가면 뉴카르타고로 간다. 히르툴레이우스가 바에티스 강으로 가면 라미니움으로 간다.	−5, 5	−3, 3

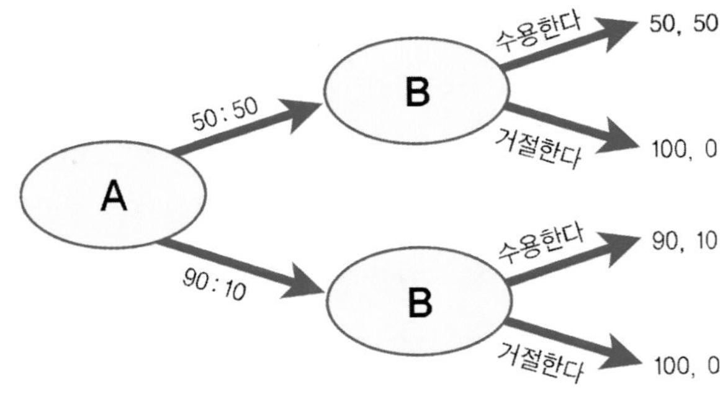

그림 2.2 독재자 게임

표 2.4 정규형의 독재자 게임

		아만다	
		(바바라가 수용하건 거절하건) 50 : 50을 제안한다.	(바바라가 수용하건 거절하건) 90 : 10을 제안한다.
바바라	아만다가 50 : 50을 제안하면 수용한다. 아만다가 90 : 10을 제안하면 수용한다.	50, 50	10, 90
	아만다가 50 : 50을 제안하면 수용한다. 아만다가 90 : 10을 제안하면 거절한다.	50, 50	0, 100
	아만다가 50 : 50을 제안하면 거절한다. 아만다가 90 : 10을 제안하면 수용한다.	0, 100	10, 90
	아만다가 50 : 50을 제안하면 거절한다. 아만다가 90 : 10을 제안하면 거절한다.	0, 100	0, 100

3. 제로섬 게임과 비일정합 게임

표 2.3을 보면 스페인 반란게임의 각 칸에서 이득의 합이 0이라는 것을 알 수 있다. 히르투레이우스가 이기면 피우스가 지고 역의 경우도 마찬가지이므로 스페인 반란을 이렇게 다루는 것이 타당하다. 두 장군의 이득은 절대적으로 대치되며 우리는 이것을 한 장군의 이득을 다른 장군의 이득의 음수로 표시하여 나타낸다. 그래서 이득의 합은 항상 0이다. 따라서 우리는 스페인 반란 게임을 **제로섬 게임**으로 생각할 수 있다.

폰 노이만은 모겐스턴과 함께 연구하기 전에 포커와 같은 도박 게임을 수학적으로 분석제로섬 게임(Zero-Sum Game) : 이득의 합이 항상 0인 게임. 즉 한 플레이어가 얻는 만큼 다른 플레이어가 잃는 게임이다.

일정합 게임(Constant-Sum Game)/비일정합 게임(Non-Constant-Sum Game) : 플레이어들이 어떤 전략을 선택하든 상관없이 모든 플레이어들의 이득의 합이 일정한 상수인 게임이 *일정합 게임*이다. 상수가 0이거나 다른 어떤 수일 수 있으므로 제로섬 게임은 일정합 게임의 한 종류이다. 이득의 합이 상수가 되지 않고 선택하는 전략에 따라 변하는 게임은 *비일정합 게임*이다.

하였다. 이것은 비유법을 사용하지 않은 게임 이론이었다. 이 게임에 대하여 이득의 합이 0으로 된다고 가정하는 것은 자연스러웠다. 한 사람이 얻는 만큼 다른 사람은 잃는다. 그래서 폰 노이만은 제로섬을 도박 게임의 이론을 위한 기본 가정으로 삼았다.

그러나 폰 노이만과 모겐스턴이 같은 종류의 추론을 '경제적 행동과 도박 외의 다른 인간의 결정, 레크리에이션 게임과 전쟁에 적용하기 시작한 때, 이득의 합이 0으로 되지 않고 플레이어들을 위한 총 이득이 그들이 선택하는 전략에 의하여 결정될 수 있는 중요한 예들이 많은 것처럼 보였다. 우리는 이미 몇 개의 예를 보았다. 죄수의 딜레마, 광고 게임, 시장진입 게임 등은 모두 이 종류의 게임들이다. 그것들은 비제로섬(nonzero-sum) 게임 또는 **비일정합 게임**이라 불린다. 그것들은 이익-이익(win-win)이나 손실-손실(lose-lose) 또는 훨씬 더 복잡한 결과를 갖는 게임이다.

제로섬 게임에는 비일정합 게임보다 단순한 면이 있다. 이 게임들은 플레이어들의 이해가 절대적으로 대치되는 상호작용을 나타내므로 우리는 이익-이익 또는 그에 유사한 결과가 게임의 합리적인 플레이어들에 어떻게 영향을 줄 수 있는가를 고려할 필요가 없다. 이 면에서 단순한 것은 제로섬 게임만이 아니다. 비정규 형태의 독재자 게임인 표 2.4를 보라. 우리는 이득의 합이 항상 100%임을 안다. 그러므로 제로섬 게임처럼 플레이어들의 이해는 절대적으로 대치된다. 이익-이익이나 손실-손실의 가능성은 없다. 그래서 독재자 게임은 **일정합 게임**의 한 예이다.

제로섬 게임과 일정합 게임이 비일정합 게임보다 단순하지만 비일정합 게임이 일반적인 경우이다. 비일정합 게임에 적용할 수 있는 것은 모두 제로섬 게임을 포함한 일정합 게임에도 적용할 수 있다. 그러므로 우리는 나중에 한 장에서 제로섬 게임으로 돌아와서 그 게임들을 위한 몇 개의 특별한 방법을 고려할 것이지만 다음의 몇 개 장에서 비일정합 게임에 초점을 둘 것이다.

4. 전개형으로 나타낸 죄수의 딜레마

게임을 정규형에서 전개형으로 변환하는 예로서 전개형으로 나타낸 죄수의 딜레마를 보자. 죄수의 딜레마에서 두 죄수는 동시에 결정을 해야 하며 우리는 그것을 감안해야 한다. 죄수의 딜레마는 표 2.5에 정규형으로, 그림 2.3에 전개형으로 나타나 있다. 우리는 앨이 마디 1에서 자백을 하거나 안 한다는 결정을 하고, 밥이 마디 2에서 결정을 한다고 가정할 수 있을 것이다. 이제까지의 예와 다른 점을 주목하라. 2개의 다른 경우를 대상으로 한 밥의 결정이 하나의 타원으로 둘러싸여 있다. 이것은 게임 이론의 부호로서, 밥이 결정할 때 앨이 어떻게 결정했는지를 모른다는 사실을 나타낸다. 밥은 앨의 결정을 모르는 상태에서 결정해야 한다. 그림으로 말하면, 밥은 자기가 타원의 위쪽에 있는지 아래쪽에 있는지 알지 못한다.

표 2.5 죄수의 딜레마(제1장의 표 1.1을 재현)

		앨	
		자백한다	자백 안 한다
밥	자백한다	10년, 10년	0, 20년
	자백 안 한다	20년, 0	1년, 1년

이 예를 그림 2.1의 진입 게임과 대조하라. 그림 2.1에서 마디 2로부터 1쌍의 화살표만 파생하는 것은 게임 이론의 부호로 보면, 파랑새가 결정하기 전에 방울새의 결정을 안다는 것을 뜻한다. 시장 진입 게임에서 파랑새는 방울새가 무엇을 결정했는지를 알지만, 죄수의 딜레마에서 밥은 앨이 무엇을 결정했는지 (또는 할 것인지) 모른다는 것을 상기하라.

마디 2는 밥이 갖고 있는 (제한된) 정보에 대하여 알려 주므로 **정보집합**이라고 불린다. 거꾸로, 게임의 전개형은 게임의 각 단계에서 한 참가자가 얻

> 정보집합 : 1개 이상의 가지를 포함하는 결정마디를 말한다.

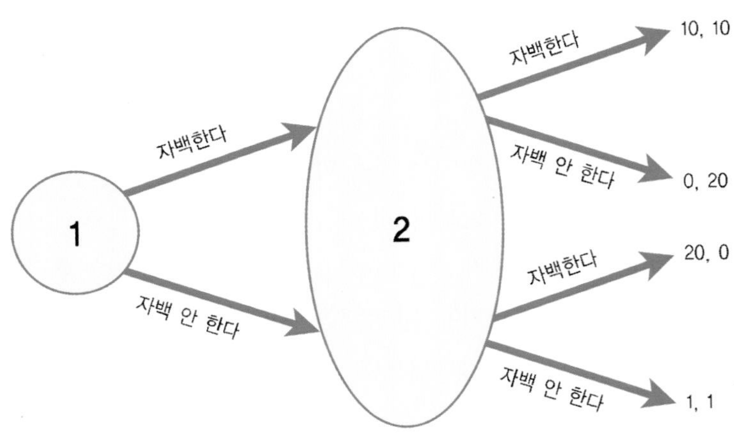

그림 2.3 전개형 죄수의 딜레마

을 수 있는 정보를 보여 주는 방법으로 유용하다. 정보의 이용 가능성이 중요한 경우에 우리는 흔히 게임을 전개형으로 표현하기를 원할 것이다. 그러나 죄수의 딜레마와 같이 가용 정보가 없는 게임의 경우에는 게임에 대하여 알 필요가 있는 모든 정보가 전개형 게임에 포함된다.

죄수의 딜레마는 두 가지 다른 방법에 의하여 전개형으로 나타낼 수 있다. 앞에서는 앨이 먼저 결정하고 밥은 앨이 무엇을 결정했는지 모른 채 나중에 결정하는 경우로 나타냈다. 결정이 동시에 이루어지기 때문에 밥이 먼저 결정하고 앨이 나중에 결정하는 것으로 나타내도 마찬가지이다. 중요한 것은 앨과 밥이 갖고 있는 정보, 아니 오히려 갖고 있지 않은 정보라고 해야 할 것이다. 어떻게 표현하든지 두 사람이 모두 상대방의 결정을 모르고 결정한다는 점을 나타내는 것은 마찬가지이다.

여기서 착상한 것이 가시적 부호이다. 어떤 이유로든 한 플레이어가 다른 플레이어의 결정을 모른다면 그는 자기가 실제로 나무의 어떤 가지에 있는지 알지 못한다. 우리는 이것을 나타내기 위해서 그가 택할 가지를 모두 결정나무의 한 마디 속에 넣는다. 게임 이론가들은 2개 이상의 가지가 하나의 마디 속에 묶일 때는 플레이어가 정보를 갖고 있지 않다는 것, 즉 플레이어는 자기가 실제로 어떤 가지에 있는지를 모른다는 것을 보여 준다.

5. 전사로부터의 예

이번에는 전쟁의 역사로부터 도출한 예를 보자. 이미 20세기 초에 장거리 대포는 유럽의 전쟁에서 결정적인 영향력을 가졌다. 대포는 철도로 수송되었는데, 때때로 대포를 운반하기 위해 특수하게 만들어진 철도를 사용하기도 하였지만 일반 화물 철도에도 의존하였다. 그 결과, 위기 시에 가능한 대로 적보다 먼저 대포를 운반하는 것이 중요했다. 한 나라가 먼저 대포를 전투 위치로 이동시켰다고 가정하자. 이 나라는 적의 철도를 파괴할 수 있으며, 따라서 적의 대포가 제 위치에 놓이는 것을 막을 수 있을 것이다. 결과적으로 이 나라는 다음의 전쟁에서 즉시 우위를 확보할 것이다.

이러한 화력의 지배와 기동성의 제한이 결부되어 제1차 세계대전이 시작되자마자 갑자기 전면전으로 확산되었다. 유고슬라비아의 민족주의자인 가브릴로 프린치프(Gavrilo Princip)가 오스트리아의 황태자 프란츠 페르디난트(Franz Ferdinand) 대공을 암살하면서 위기가 닥쳤다.[5) 전쟁이 일어날 수 있다는 것을 알고 한편에서는 오스트리아와 독일, 다른 한편에서는 프랑스와 그 동맹국들이 모두 적보다 늦게 병력을 동원하여 자국이 불리해지지

않도록 서둘러 전시 체제로 돌입하였다.[6)]

표 2.6 **전시동원**

		독일	
		동원한다	동원 안 한다
프랑스	동원한다	−10, −10	−9, −11
	동원 안 한다	−11, −9	0, 0

표 2.6은 프랑스와 독일 간의 전시동원(Mobilization) 게임을 나타낸다. 재앙의 규모를 1부터 10까지의 척도로 재면 1914~1918년 동안의 처절한 유럽 전쟁은 확실히 10이었다. 따라서 두 나라가 모두 전시동원을 하면 각국의 이득을 −10으로 나타낸다. 어느 나라도 전시동원을 하지 않고 평화가 지속된다면 각국의 이득은 0이다. 한 나라만 동원하고 다른 나라는 동원하지 않는다면 동원한 나라가 −9의 이득으로 피해를 조금 덜 입는다. 그리고 동원하지 않은 나라는 피해를 조금 더 입어 −11의 이득을 갖는다.

죄수의 딜레마처럼 두 나라는 동시에 결정해야 한다. 각국은 적국이 전시동원할 것인지를 알지 못한 채 전시동원 여부를 결정해야 한다. 이러한 정보의 결여가 게임의 그림을 전개형으로 구성하는 데 결정적인 중요성을 갖는다.

역시 죄수의 딜레마처럼 프랑스와 독일이 동시에 결정해야 하므로 어느 나라가 먼저 전시동원을 하는 것으로 나타내더라도 상관이 없다. 우리는 프랑스가 전시동원하는지 여부를 독일이 모른다는 사실을 나타내기 위해 독일이 선택할 수 있는 대안을 하나의 타원으로 표현한다. 이것이 그림 2.4에 나타나 있다.

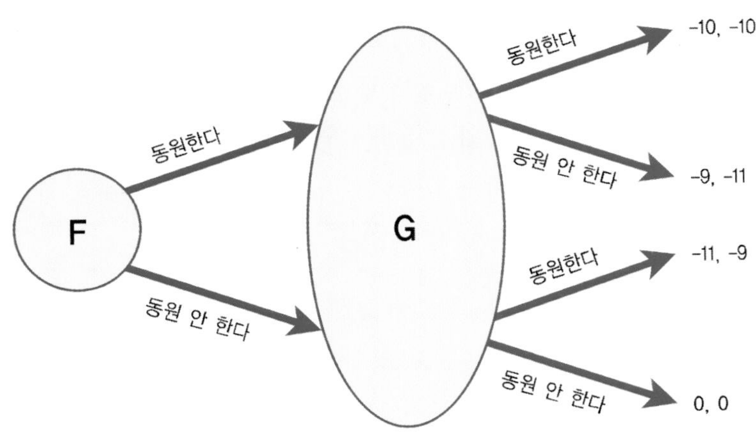

그림 2.4 **전시동원**

5) 역자 주 : 유고슬라비아는 제1차 세계대전 후 최초로 성립하였고, 엄밀하게 말하면 당시의 국명은 세르비아(Serbia)이다.

6) 역자 주 : 제1차 세계대전은 오스트로-헝가리 제국, 독일, 오스만 제국의 중부 유럽국 세력과 프랑스, 러시아, 영국, 이탈리아, 미국 등 연합국 세력 간에 벌어졌다.

일반적으로, 한 플레이어가 다른 플레이어의 과거나 현재의 결정을 모르면서 선택해야 하는 경우에 그 플레이어가 정보를 갖고 있지 않다는 사실을 나타내기 위해 그가 취할 수 있는 모든 선택을 나무그림의 같은 마디에 결부시킨다. 이렇게 하는 것이 전개형 게임에서 정보와 정보의 결여를 나타내는 방법이다.

6. 요약

게임 이론의 초기 발견 중 하나는 모든 종류의 게임이 정규형, 즉 전략을 가장자리에 나열하고 참가자들의 이득을 각 칸에 숫자로 적은 표로 나타낼 수 있다는 것이다. 어떤 게임에서는 전략이 상황의존 전략, 즉 다른 플레이어가 이미 어떤 구체적인 행동을 취했어야만 고려되는 전략이다. 상황의존 전략과 우발 상황 계획의 작성은 그 자체로 중요하지만, 플레이어가 자신이 가진 정보로부터 이점을 얻을 수 있는 게임의 상황에서는 더욱 중요하다. 한편, 죄수의 딜레마처럼 다른 플레이어에 대한 정보가 없는 게임을 전개형으로 나타낼 때, 각 플레이어가 각 단계에서 어떤 정보를 갖고 있는지를 보여야 한다. 한 플레이어가 다른 사람이 이미 무슨 결정을 했거나 지금 하고 있는지를 알지 못할 때, 우리는 두 경우에 대한 결정의 결과를 같은 마디에 넣는다. 이것은 나무그림에서 2개 이상의 가지와 1개의 타원으로 나타난다. 이 타원은 의사결정자가 무슨 정보를 갖고 있는가를 보여 주므로 '정보집합'이라고 불린다. 좀 더 정확하게 말하면 그것은 의사결정자가 갖고 있지 않은 정보, 즉 다른 의사결정자가 어떤 결정을 선택할 것인가를 나타낸다.

결론적으로 게임의 전개형과 정규형은 게임을 보는 선택적 방법이며 각각 어느 게임에도 적용될 수 있으므로, 우리는 개별적인 경우에 가장 적합한 표현방법을 사용할 수 있다. 다음의 몇 장에서는 정규형에 초점을 둘 것이다.

Q2. 연습문제

Q2.1 자매 간 경쟁 자매인 아이리스와 줄리아는 인근 대학의 학생인데, 이 대학에서는 모든 과목의 성적을 곡선 위에 나타낸다. 이 자매는 수강 과목에서 최고의 성적을 올리므로 둘이 같은 과목을 수강하지 않는 한 각각 곡선의 정점을 차지할 것이다. 이번 학기에 아이리스와 줄리아는 한 과목을 더 수강해야 하며 수학과 문학 중에서 선택할 수 있다. 둘 다 수학을 아주 잘하지만 문학은 아이리스가 낫다. 자매는 모두

성적의 평균치를 최대화하기를 원한다. 자매 간의 우애 있는 대결을 정규형의 게임으로 다룬 표 2.7a는 그들의 성적 평균치를 보여준다.

a. 이 게임을 위한 전략은 무엇인가?
b. 자매가 동시에 결정한다고 가정하고 이 게임을 전개형으로 나타내라.
c. 아이리스가 먼저 결정하고, 줄리아가 전략을 선택할 때 아이리스의 결정을 안다는 가정하에 이 게임을 전개형으로 나타내라.
d. 아이리스는 자신의 성적 평균치에 개의치 않지만 줄리아의 콧대를 누르고 싶어 줄리아와의 차이를 최대화하기를 원한다(그러나 줄리아는 여전히 성적 평균치를 최대화하고자 하고 아이리스의 성적에 개의치 않는다). 이 가정하에 정규형 게임의 표를 작성하라. 아이리스가 먼저 선택한다면 무슨 전략을 선택할 것인가?

표 2.7a 아이리스와 줄리아의 평균평점

		아이리스	
		수학	문학
줄리아	수학	3.8, 3.8	4.0, 4.0
	문학	3.8, 4.0	3.7, 4.0

Q2.2 **대탈출** 한 죄수가 탈옥을 시도하고 있다. 그는 교도소의 벽을 넘거나 감방의 마루 밑으로 굴 파기를 시도할 수 있다. 교도소장은 경비원을 담 위에 배치하여 벽을 타는 것을 방지하거나 감방을 규칙적으로 검사하여 굴 파는 것을 방지할 수 있지만, 경비원의 수가 적어 두 가지 중 어느 하나만을 할 수 있을 뿐 두 가지를 모두 할 수는 없다.

a. 이 게임의 전략과 이득은 무엇인가?
b. 숫자를 사용하는 방법과 사용하지 않는 방법으로 각각 이득을 표시하라.
c. 이 게임을 정규형으로 나타내라.
d. 죄수와 교도소장이 동시에 결정한다는 가정하에 이 게임을 정규형으로 표현하라.
e. 교도소장이 먼저 결정하고, 죄수가 결정을 내릴 때 교도소장의 결정을 안다는 가정하에 이 게임을 전개형으로 표현하라.

Q2.3 **서양장기** 그림 2.5a는 서양장기 게임을 단순화한 형태이다. 축소판 서양장기는 낯익은 게임인 서양장기를 작은 규모로 한 것이다. 이 게임은 가로에 네 칸, 세로에 세 칸만 있는 장기판 위에서 이루어진다. 각 플레이어는 2개의 돌만 갖고 있다. 각 칸과 돌은 파란색 아니면 검은색으로 칠해져 있다. 통상적인 서양장기처럼 돌은 대각선 위에서 파란색 칸으로만 움직인다. 검은 돌이 먼저 움직인다. 역시 통상적인

서양장기처럼 적의 돌 뒤에 파란색 칸이 비어 있으면 적의 돌을 '뛰어넘을' 수 있다. 이것이 그림 2.5b에 나타나 있다.

이 게임은 두 가지 경우에 끝난다. (1) 한 플레이어가 자기 차례에 움직일 수 없게 되거나 (2) 한 플레이어가 자기의 돌을 상대편의 마지막 줄에 있는 칸으로 옮겨 '장군'을 부르면 이긴다. 그림 2.5b에서는 검은 돌이 '장군'을 부르고 이긴다.

a. 축소판 서양장기의 게임을 연장형으로 그려라.

b. 이 게임을 정규형의 표로 표현하라.

그림 2.5a 축소판 서양장기

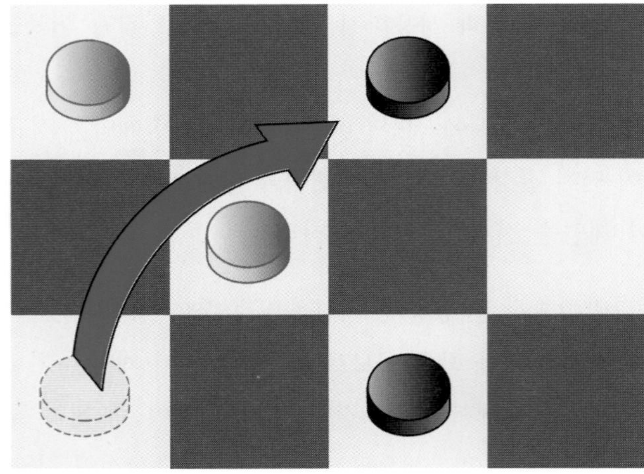

그림 2.5b 검은 돌이 뛰어넘고 이긴다

c. 두 플레이어가 각각 최선전략을 선택하면 검은 돌 아니면 파란 돌이 이길 것이라고 결정할 수 있는가? 어떤 색의 돌이 이기는가?

Q2.4 여왕임이 좋다? 영국의 엘리자베스(Elizabeth) 1세 여왕은 어려운 전략적 문제에 부딪혔다. 한편으로, 만일 결혼한다면 당시의 관습에 따라 남편이 왕의 전권을 갖게 되므로 더 이상 권력을 유지하지 못할 것이다. 엘리자베스는 아버지 헨리 왕이 몇 명의 왕비들을 투옥하거나 처형하는 등 무자비하게 대하는 것을 보았었다. 다른 한편으로, 자신이 결혼하지 않고 왕위 계승자를 남기지 않으려 한다는 것을 귀족들이 알면 반역을 서슴지 않을 것이다. 이것이 엘리자베스 여왕이 연인인 더들리(Dudley) 경을 그렇게 오랫동안 애태우도록 내버려 두었던 이유이다.[7)]

a. 이 문제를 엘리자베스 여왕과 귀족들을 플레이어로 한 게임으로 보자. 두 플레이어의 전략은 무엇인가?
b. 이 게임을 전개형과 정규형으로 나타내라. 이 게임에 정보집합이 존재하는가?

Q2.5 님의 재연출 제1장에서 본 님 게임을 연장형에서 정규형으로 변환하라.

---

7) 역자 주 : 결국 두 사람은 결혼하지 않았다. 더들리 경의 사망 소식을 들은 여왕은 오랫동안 칩거하여 나오지 않았고, 그한테 받은 편지들을 죽을 때까지 곁에 두었다고 한다.

제 3 장

우월전략과 사회적 딜레마

> **이 장의 내용을 가장 잘 이해하려면** 제1장과 제2장의 내용을 학습하고 이해하는 것이 필요하다.

앞의 두 장은 많은 전략의 문제를 마치 게임인 것처럼 연구할 수 있다는 것을 지적하고 전략과 게임을 나타내는 방법을 탐구하면서 주로 개념에 초점을 두었다. 그러나 게임 이론은 게임에 참여한 사람들 간의 상호작용에 특별히 관심을 갖는다. 이 관점에서 우리는 그러한 상호작용에 집중할 것이다.

우리는 안정적이고 예측할 수 있는 상호작용의 유형을 발견하기를 원한다. 경제학에서는 안정적이고 예측할 수 있는 상호작용의 유형을 일반적으로 '균형(equilibrium)'이라고 한다. 게임 이론가들이 이 개념을 이용하므로 우리도 게임에서 플레이의 '균형' 유형을 연구하고 있다고 말할 수 있다.

첫 번째 예로 환경 정책과 환경경제학의 사례를 사용할 것이다. 이것은 특히 적절하다. 'economics(경제학)'와 'ecology(생태환경)'의 어원은 모두 '가계(household)'를 의미하는 그리스 어인 '*oikos*'이다. 이 말에는 다음과 같은 발상이 담겨 있다. 가계 안에서 가계의 구성원들은 끊임없이 상호작용을 하며 이들의 상호작용은 가계를 움직인다. 우리가 '경제'나 '환경'이라는 단어를 사용할 때 함축하는 의미는 경제 문제나 환경 문제에서 상호작용이 가계 내부와 똑같이 일정하고 결정적으로 중요하다는 것이다.

1. 쓰레기 버리기 게임

이 게임을 분석하기 위해 상례대로 이야기부터 시작한다. 이 이야기에서 등장인물은 2명

중요 개념

우월전략(Dominant Strategy) : 다른 플레이어가 어떤 전략을 선택하건 관계없이 한 전략이 다른 전략보다 많은 이득을 초래하면 첫째 전략이 둘째 전략보다 우월하다. (게임의 특정한 플레이어의) 한 전략이 그의 다른 모든 전략보다 우월하면 그것을 (그 플레이어의) 우월전략이라고 한다.

우월전략 균형(Dominant Strategy Equilibrium) : 게임에서 각 플레이어가 우월전략을 갖고 있으며 각 플레이어가 우월전략을 연출하면 (우월)전략과 이에 상응하는 이득의 조합이 그 게임의 우월전략 균형을 구성한다.

협조 해와 비협조 해(Cooperative and Noncooperative Solution) : 게임의 협조 해는 예컨대 플레이어들이 시행 가능한 계약에 서명함으로써 전략의 선택을 조정하기로 공약할 수 있다면 선택할 전략과 그 이득의 목록이다. 시행 가능한 협약이 없다면 플레이어들이 선택할 전략과 이득의 목록 비협조 해이다.

사회적 딜레마(Social Dilemma) : 우월전략 균형을 가지며 우월전략 해가 협조 해와 다른 게임이 사회적 딜레마이다.

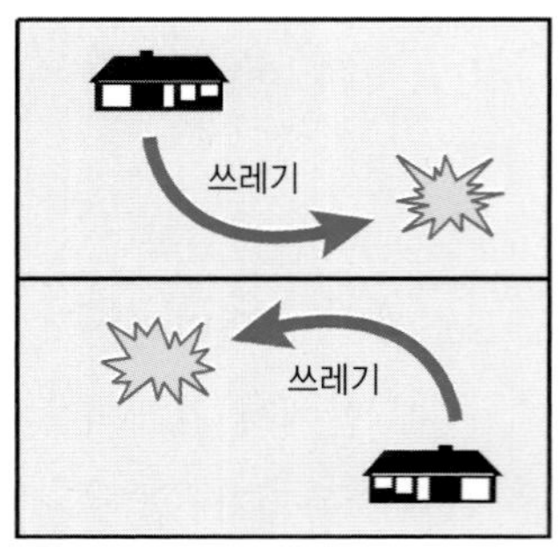

그림 3.1 존스와 스미스의 쓰레기 전략

의 주택 소유자이다. 이들을 존스와 스미스라고 하자. 이들은 시 당국이 정기적으로 쓰레기를 수거하지 않는 외딴곳에 나란히 주말 주택을 소유하고 있다. 이들은 청소 회사와 계약하여 쓰레기를 수거하도록 할 수 있지만 그러면 상당한 비용이 든다. 각자가 수거비로 연간 $500를 내야 할 것이다. 이들은 각자 쓰레기를 처분하기 위해 다른 전략을 선택할 수 있다. 존스는 자기 집의 뒤편 스미스의 집 옆에 쓰레기를 버릴 수 있고, 마찬가지로 스미스는 존스의 집 옆에 쓰레기를 버릴 수 있다(그림 3.1은 이들의 주택과 전략들을 보여 준다).

두 사람은 동시에 결정할 것이므로 각자 상대방이 어떤 전략을 선택하는지 모른다. 따라서 이 게임은 정규형으로 나타낼 수 있다. 두 사람은 각각 쓰레기 수거를 위해 청소차를 부르는 비용을 치르거나 쓰레기를 이웃집 옆에 버린다는 두 가지 전략 중에서 선택한다. 그러나 이 게임에서 이득은 무엇인가?

두 사람이 각자의 주말 주택에서 얻는 편익은 주관적인 것으로 한적하고 경치 좋은 곳에서 지냄으로써 얻는 만족이다. 그러나 우리는 쓰레기 수거의 화폐비용과 비교하기 위해 이 편익을 화폐가치로 나타낼 필요가 있다. 이렇게 하기 위해서 경제학의 개념을 빌려 온다. 주택 소유자는 자신의 재산을 이용하여 돈을 벌어들임으로써 편익을 받을 수 있을 것이다. 예컨대, 각자 자기의 주말 주택을 휴가기간 중 사용하지 않고 남에게 임대할 수 있을 것이다. 그러므로 우리는 한 개인이 자신의 재산으로부터 얻는 주관적 만족의 화폐가치를 측정할 수 있다. 그것은 그가 자신의 주말 주택을 사용하는 것을 포기하는 대가로 받으려고 하는 최소한의 임대료이다.

물론 주관적 편익은 이웃 주민이 자기 집 옆에 쓰레기를 버리는지 여부에 따라 다르다.

우리는 이것을 감안하여 각자가 주말 주택에서 지냄으로써 얻는 만족의 가치를 평가한다. 각자 이웃이 쓰레기를 자기 집 옆에 버리지 않으면 연간 $5,000, 쓰레기를 버리면 연간 $4,000로 평가한다고 가정하자. 다시 말해 쓰레기가 없다면 존스와 스미스는 모두 1년에 $5,000 미만의 임대료를 받고는 집을 비우지 않을 것이다. 그러나 자기 집 옆에 쓰레기가 있으면 1년의 임대료로 $4,000를 받으려 할 것이다.

우리는 이 정보를 이용하여 쓰레기 버리기 게임을 표 3.1과 같이 정규형으로 나타낼 수 있다.

표 3.1 정규형으로 나타낸 쓰레기 버리기 게임

		스미스	
		쓰레기를 버린다	청소차를 부른다
존스	쓰레기를 버린다	4,000, 4,000	5,000, 3,500
	청소차를 부른다	3,500, 5,000	4,500, 4,500

표 3.2 스미스의 최선반응

존스의 전략	스미스의 최선반응
쓰레기를 버린다	쓰레기를 버린다
청소차를 부른다	쓰레기를 버린다

표 3.3 존스의 최선반응

스미스의 전략	존스의 최선반응
쓰레기를 버린다	쓰레기를 버린다
청소차를 부른다	쓰레기를 버린다

우월전략 : (게임의 특정 플레이어에게) 한 전략이 모든 다른 전략들보다 우월하면 그것을 (그 플레이어를 위한) 우월전략이라고 한다.

우월전략 균형 : 게임에서 각 플레이어가 우월전략을 갖고 있으면, 그 (우월)전략들과 그것들에 상응하는 이득의 조합이 그 게임을 위한 우월전략 균형을 구성한다고 일컫는다.

게임 이론은 '합리적' 행동에 초점을 둔다. 합리적 행동이란 각 플레이어가 상대방이 선택하였거나 선택할 것으로 예상되는 전략에 대하여 '최선반응'을 선택한다는 것을 의미한다. 먼저 존스가 선택할 수 있을 전략에 대한 스미스의 최선반응을 보자. 이것은 표 3.2에 나타나 있다.

표 3.2를 보면 존스가 어떤 전략을 선택하더라도 스미스로서는 '쓰레기를 버린다'가 항상 최선반응이다. 이제 스미스가 선택할 수 있을 전략에 대한 존스의 최선반응을 보자. 이 게임은 대칭적이므로 존스의 최선반응도 스미스의 최선반응과 같다는 것은 놀라운 일이 아니다. 이것을 표 3.3에서 볼 수 있다.

쓰레기 버리기 게임에서는 두 플레이어가 상당히 쉽게 결정하는 것처럼 보인다. 그 이유는 '쓰레기를 버린다'는 전략이 **우월전략**이기 때문이다. 우월전략은 다른 플레이어가 선택할 수 있을 어떤 전략에 대해서도 최선반응인 전략이다. 쓰레기 버리기 게임에서는 '쓰레기를 버린다'가 각 플레이어의 우월전략이다. 쓰레기 버리기 게임에서는 두 플레이어가 우월전략을 가지므로 이 게임은 **우월전략 균형**의 좋은 예이다. 게임에서 각 플레이어가 자신의 우월전략을 선택할 때 그 결과가 우월전략 균형이다. 우리는 또 '쓰레기를 버린다'는 전략이 '청소차를 부른다'는 전략보다 우월하다고 말한다. 다른 플레이어가 어떤 전략 열등전략(Dominated Strategy) : 다른 플레이어가 어떤 전략을 선택하건 관계없이 첫 번째 전략이 두 번째 전략보다 많은 이득을 주면 두 번째 전략이 첫 번째 전략보다 열등하며, 그것을 열등전략이라고 한다.

을 선택하건 관계없이 첫째 전략이 둘째 전략보다 더 많은 이득을 초래하면 둘째 전략이 첫째 전략보다 열등하며 **열등전략**이라고 불린다. 쓰레기 버리기 게임에서는 '청소차를 부른다'는 전략이 열등전략이다.

2. 우월전략

게임에 우월전략이 있을 때, 그것은 특정한 전략을 선택하기 위한 매우 강력한 이유를 제공한다. 독자들은 쓰레기 버리기 게임이 죄수의 딜레마와 매우 비슷하다는 것을 알았을 것이다. 죄수의 딜레마에서는 '자백한다'가 앨과 밥의 우월전략이고 (자백한다, 자백한다)가 우월전략 균형이다. 마찬가지로 제1장의 광고 게임은 우월전략 균형의 예이다. 쓰레기 버리기 게임과 다른 2개의 게임은 모두 사회적 딜레마의 예이다. **사회적 딜레마**는 모든 플레이어들에 대한 우월전략 균형의 결과가 그들이 협조전략을 택할 때보다 나쁜 게임이다.

3. 사회적 딜레마와 협조 해

수학적 관점에서 우월전략 균형은 게임에 대한 '해'이다. 즉, 그것은 게임의 플레이어들이 어떤 의미에서든 '합리적'인 선택을 하면 어떤 전략이 선택될 것이며 그 결과가 무엇일지를 알려 준다. 그러나 사회적 딜레마의 플레이어들의 관점에서는 우월전략 균형 자체가 오히려 문제이다. 쓰레기 버리기 게임으로 돌아가 보자. 우리는 스미스와 존스가 모두 우월전략 균형보다 각자가 청소차를 부르는 상황을 선호할 것이라고 확신할 수 있을 것이다. 두 사람이 모두 청소차를 부르면 더 좋은 결과를 얻으므로 (청소차를 부른다, 청소차를 부른다)의 결과를 쓰레기 버리기 게임의 **협조 해**라고 한다.

협조 해 : 게임의 협조 해는 예컨대 플레이어들이 시행 가능한 계약에 서명함으로써 전략의 선택을 조정하기로 공약할 수 있다면 선택할 전략과 그 이득의 목록이다.

이 예에서 스미스와 존스가 만나 계약을 교섭한다고 가정하자. 계약의 내용은 각자가 청소차를 부르고 쓰레기를 상대방 집 옆에 버리지 않는다는 것이다. 계약서에 서명한 다음 그들은 청소차를 부르는 전략에 구속된다. 어느 한 사람이 '속인다면' 다른 사람이 소송을 제기하고 속인 사람에게 계약의 이행을 강제할 수 있다. 이와 같이 계약 제도가 사회적 딜레마의 해법을 제공하는 경우가 있다. 위의 예에서 2명의 주말 주택 소유자들은 계약에 의해서 우월전략 균형보다 좋은 협조적 해에 도달할 수 있다.

사실상 주택 소유자 간에 이러한 종류의 '계약(covenant)'을 맺는 것을 흔히 볼 수 있다. 교외의 많은 집단 주택 지역은 쓰레기의 무단 방치 및 공중에게 불쾌감을 주는 유사한 행위를 금지하는 계약을 시행한다. 물론 정식 행정구역으로 성립된 거주 지역에서는 법률이 같은 기능을 한다.

일반적으로 우리는 게임의 협조 해를, 게임의 플레이어들이 계약에 의해서건 다른 시행 수단에 의해서건 상호 조정한 전략을 선택한다고 공약할 수 있을 경우에 선택할 전략과 이득의 목록이라고 정의한다.

> **비협조 해** : 게임의 비협조 해는 플레이어들이 각자의 전략을 조정하여 공통전략을 실행하기로 공약할 수 없는 경우에 선택할 전략과 이득의 목록이다.

대조적으로, 앞에서 본 우월전략 균형은 **비협조 해**이다. 게임의 비협조 해는 게임의 플레이어들이 전략을 조정할 구속적 협약을 맺을 수 없을 경우에 선택할 전략과 이득의 목록이다. 비협조 해에서 각 플레이어는 다른 플레이어가 선택한 전략에 대한 자신의 최선반응을 선택하며 다른 플레이어도 똑같이 행동한다고 가정하므로, 각 플레이어는 다른 플레이어의 최선반응 전략에 대한 최선반응을 선택한다. 이것은 예컨대 쓰레기 버리기 게임에서는 사실이다. 각 플레이어는 다른 플레이어가 '쓰레기를 버릴 것'이라고 가정하며, 따라서 각각 다른 플레이어의 '쓰레기 버리기'에 대한 최선반응을 선택한다.

사회적 딜레마는 우월전략 균형이 존재하고 그것이 협조 해에 반대된다는 사실이다. 예컨대, 죄수의 딜레마에서 분명히 두 죄수는 전략을 조정하여 자백하지 않고 1년만 복역하는 것을 선호할 것이다. 죄수들이 받은 '혹독한 심문'은 그들이 전략을 조정하는 것을 막기 위해 특별히 가해진 것이다. 광고 게임에서도 역시 광고하지 않는 것이 협조 해이다. 정부가 광고 금지 정책을 시행한다고 위협할 때, 담배 회사들은 정책에 순응하는 것이 득이 될 상황에 있었다. 그 이유는 정부가 광고 금지 정책을 시행하면 두 회사가 동시에 광고를 하지 않는 방향으로 전략의 선택을 조정할 것이기 때문이다.

4. 가격 책정 딜레마

경제학에서 게임 이론의 가장 중요한 응용은 과점의 연구이다. 과점, 즉 기업의 수가 매우 적은 산업에서 기업들은 독점가격을 유지할 수 있으므로 기업들 전체를 위한 이윤을 최대화할 수 있다. 그런데 이 상황에서 독점가격을 계속 부과하는 경쟁자보다 가격을 낮추어 그의 고객을 탈취하려는 기업의 '기만' 유인이 형성된다. 예컨대, 표 3.4에 나타난 가격책정 딜레마를 보라. 이득은 100만 달러 단위의 이윤이다. 복점기업인 마그나와 그로스는 각각 가격을 유지하여 이윤을 얻을 수 있지만 각각 다른 기업이 가격을 유지할 때 가격을 인하함으로써 더 많은 이윤을 얻을 수 있다. 이 기업들은 동질적 제품을 생산하므로 게임은 대칭적이다. 우리는 이 과점 게임에서 가격인하가 우월전략이라는 것을 안다. 과점가격 책정에 대한 이 접근 방법은 너터(Warren Nutter) 교수가 제시하였고 때때로 경제학에서 가정되는 '다수의 영세 기업들'이 없는 경우에도 가격경쟁이 강력한 힘일 수 있다는 것을 예시한다. 우리는 다음의 몇 장에서 이 예로 여러 번 돌아올 것이다.

사회적 딜레마는 매우 중요한 게임 유형이지만 우월전략과 열등전략은 다른 종류의 게임에서도 중요할 것이다. 게임 중에는 우월전략 균형을 갖지 않는 것이 있다. 우월전략 균형을 가진 게임으로 사회적 딜레마가 아닌 것도 있다. 그리고 우월전략 균형이 열등할 필요도 없다. 다른 전략조합보다 열등하지 않은 우월전략 균형을 보여 주는 비즈니스의 예가 있다.

표 3.4 가격결정 딜레마에서의 이득

		그로스	
		가격유지	가격인하
마그나	가격유지	5, 5	0, 8
	가격인하	8, 0	1, 1

5. 협조적 제품 개발

옴니소프트와 마이크로컵은 연구와 제품 개발을 공동으로 수행하는 프로젝트를 고려하고 있다. 각 회사는 적극적으로 이 프로젝트에 많은 자원을 투입하거나 소극적으로 최소한의 자원만 투입하는 두 가지 전략 중에서 선택할 수 있다. 이러한 종류의 게임에서 생길 수 있는 난점은, 누구도 상대방이 약속한 대로 노력과 자원을 투입하는지를 감시하거나 약속을 이행하라고 강제할 수 없다는 것이다. 그러나 이 경우에 우리는 이 프로젝트가 '파생' 기술(spinoff technology)을 창조하기 때문에 협조적 프로젝트가 성공하지 않더라도 두 기업이 이 기술을 이용하여 이윤을 얻을 수 있다고 가정한다. 이 가정은 큰 차이를 만든다.

이 게임의 이득은 표 3.5에 나타나 있다.

표 3.5 협조적 제품 개발

		옴니소프트	
		적극적 투자	소극적 투자
마이크로컴	적극적 투자	5, 5	2, 3
	소극적 투자	3, 2	1, 1

이 게임을 보면 우월전략이 있다는 것을 알게 된다. 옴니소프트의 전략이 적극적으로 투자하는 것이라고 가정하자. 그러면 마이크로컴은 '적극적 투자' 전략을 선택함으로써 $50억을 얻고 '소극적 투자' 전략을 선택함으로써 $30억만 얻을 수 있다. 옴니소프트의 전략이 소극적 투자인 경우에 마이크로컴은 '적극적 투자'를 선택하면 $20억을 얻고 '소극적 투자'를 선택하면 $10억만 얻을 수 있다. 따라서 '적극적 투자'가 마이크로컴의 우월전략이다. 대칭적으로 옴니소프트의 우월전략도 '적극적 투자'이다. 두 플레이어가 모두 우월전략을 가지므로 이 게임의 해는 우월전략 균형이다. 우월전략 균형은 두 기업이 각각 '적극적 투자'를 선택하는 것이다. 이것이 최선의 가능한 결과로서 각 기업은 $50억의 이윤을 얻는다.

이 예는 우월전략 균형이 바로 두 회사가 모두 원하는 결과라는 점에서 몇 가지 다른 예와 대조된다. 두 회사가 합병하더라도 이 결과를 개선할 수 없을 것이다. (적극적 투자, 적극적 투자)의 균형이 이 게임의 우월전략 균형일 뿐 아니라 '협조 해', 즉 플레이어들이 전략의 조합을 선택할 수 있다면 선택할 결과이기도 하다. 협조 게임은 사람들과 사회에 문제를 제기하지 않기 때문에 우월전략 균형이 협조 해이기도 한 이러한 게임은 게임 이론의 문헌에서 큰 역할을 하지 않는다. 게임 이론은 문제의 발견과 해결을 지향하는 실용적 연구 분야이다. 그러나 협조 해가 우월전략 균형인 게임은 논리적으로 가능하고 기업계에서 상당히 보편적일 수 있다. 왜냐하면, 결국 비협조 균형은 이윤 증대에 대한 장벽이고 [경제학자 조지 스티글러(George Stigler)가 관찰한 바와 같이] '기업'은 이윤 증대에 대한 장벽을 제거하기 위해 우리가 알고 있는 모든 수단을 강구하기 때문이다.

6. 2개 이상의 전략이 있는 게임

이 책에서 다루어 온 예의 대부분은 '2×2 게임', 즉 2명의 플레이어가 각각 2개의 전략 간에 선택해야 하는 게임이다. 그러나 정치 게임처럼 실제로 대부분의 상호작용은 2명 이상의 플레이어나 2개 이상의 전략을 포함하며 때때로 그 수가 매우 많다. 뒤의 장에서는 플레이어가 2명 이상인 게임을 다룰 것이다. 이미 본 바와 같이 2개 이상의 전략이 있는 게임을 정규 형태로 나타내면 2×2 게임보다 별로 복잡하지 않다. 표에 2개 이상의 행과

표 3.6 세 개의 전략이 있는 쓰레기 버리기 게임

		스미스		
		쓰레기를 버린다	청소차를 부른다	쓰레기를 태운다
존스	쓰레기를 버린다	4,000, 4,000	5,000, 3,500	4,750, 3,750
	청소차를 부른다	3,500, 5,000	4,500, 4,500	4,250, 4,750
	쓰레기를 태운다	3,750, 4,750	4,750, 4,250	4,650, 4,650

표 3.7 스미스의 최선반응

존스의 전략	스미스의 최선반응
쓰레기를 버린다	쓰레기를 버린다
청소차를 부른다	쓰레기를 버린다
쓰레기를 태운다	쓰레기를 버린다

열이 있을 뿐이다.

예로서 쓰레기 버리기 게임을 다시 보자. 이 게임에 쓰레기를 태운다는 세 번째 전략을 추가한다. 그러면 주택 소유자들은 '청소차를 부른다', '쓰레기를 버린다', '쓰레기를 태운다'의 세 전략 가운데 선택해야 할 것이다. 쓰레기 소각은 두 집의 가치에 같은 효과를 준다. 한 사람만 쓰레기를 태우면 두 집의 가치가 $250 떨어지고, 두 사람이 모두 태우면 $350 떨어진다. 이득은 표 3.6과 같다. 이것은 행과 열이 1개씩 많다는 점에서만 앞의 예와 다르다.

여느 때와 마찬가지로 우리는 한 플레이어가 선택할 수 있는 전략에 대한 다른 플레이어의 최선반응을 보려고 한다. 각자의 최선반응은 표 3.7에 나타나 있다. 여전히 '쓰레기를 버린다'가 우월전략이다. 대칭적 추론에 의해서 그것은 존스를 위해서도 우월전략이다. 그러므로 우리는 다시 한 번 우월전략 균형과 사회적 딜레마를 본다.

7. 정치 게임

전략적 선택은 기업, 폐기물 처분, 오락 게임, 전쟁만이 아니라 통상적인 평화 시의 정치에서도 이루어진다. 정치의 예를 보자.

이 예를 위하여 두 후보, 흑 상원의원과 백 주지사를 상정한다. 이 후보들은 이념에 대한 특별한 개인적 선호를 갖고 있지 않지만, 흑 상원의원은 민주당원으로서 공화당원인 백 주지사보다 정치적으로 좌파의 입장을 택하는 것이 신뢰성을 가질 수 있다. 반대로, 백 주지사는 흑 상원의원보다 정치적으로 우파의 입장을 취하는 것이 더 신뢰성을 가질 수 있다. 좌파나 우파의 정치적 입장을 채택하는 것은 이들이 선택할 수 있는 전략 중 2개에 불과하다. 이들은 '중도적'인 정치적 입장을 택하는 셋째 전략도 갖고 있다.

따라서 이 게임에서 각 플레이어는 3개의 전략을 갖고 있다. 우리는 3개의 전략을 가진 정규형 게임을 매우 간단하게 나타낼 수 있다. 표에는 2개 대신 3개의 행과 열이 있게 된다.

이 게임의 이득은 무엇인가? 우리는 각 후보가 자신이 어떤 입장을 취할 것인가에 별로 개의치 않는다고 가정한다. 그들의 목적은 특정한 이념을 실현하는 것이 아니라 당선되는 것일 뿐이다. 독일어권 정치경제학자들은 이 동기를 '투표 최대화(Stimmungsmaximierung)'라고 한다. 이것은 조금 과장된 것일지 모른다. 후보들이 원하는 것은 가능한 최대의 득표가 아니라 과반수의 득표이다. 그러나 '압도적 승리'는 승리한 후보에게 커다란 이점이 될 수 있다. 어쨌든 우리는 정치 게임의 이득을 후보자가 기대하는 득표율로 나타낼 수 있다.

물론 그것은 투표자들의 성향에 의해 결정될 것이다. 우리는 투표자들의 성향이 중도가 40%, 좌파와 우파가 각각 30%씩 대칭적으로 분포되어 있다고 가정한다. 이득은 표 3.8과 같다. 두 후보가 모두 '중도적' 입장을 택하면 투표자들이 50 : 50으로 나뉘며, 승자는 계표상의 무작위적 오류에 의해 결정된다고 가정한다. 이 경우 각 후보가 승리할 확률은 같다. 만일 두 후보가 서로 다른 입장을 취하면 대부분의 투표자들은 자신의 성향에 근접한 후보를 선택할 것이다. 첫째, 공화당 후보가 좌파 입장을 취하더라도 좌파 투표자들이 모두 그를 지지하지는 않을 것이다. 그리고 마찬가지로 민주당 후보가 우파 입장을 취하더라도 우파 투표자들이 모두 그를 지지하지는 않을 것이다. 둘째, 아무도 중도적 입장을 취하지 않으면 중도적 투표자들은 후보별로 반반씩 갈린다.

표 3.8 후보별 득표율

		백 주지사(공화당원)		
		좌파	중도	우파
흑 상원의원(민주당원)	좌파	55, 45	30, 70	50, 50
	중도	75, 25	50, 50	70, 30
	우파	50, 50	25, 75	45, 55

흑 상원의원의 최선반응은 표 3.9와 같고 '중도' 전략이 우월전략이다. 이 게임은 완전히 대칭적이지는 않지만 대칭적으로 추론할 수 있으며, '중도'가 백 주지사를 위해서도 우월전략이라는 것을 알 수 있다. 두 후보가 모두 우월전략을 갖고 있으므로 우월전략 균형이 성립한다.

표 3.9 흑 상원의원의 최선반응

백 주지사의 전략	흑 상원의원의 최선반응
좌파	중도
중도	중도
우파	중도

이 게임은 사회적 딜레마가 아니다. 두 후보가 어떤 전략을 선택하건 총 투표는 100%로 같으므로 우월전략 균형과 협조적 해가 다르지 않다. 그러나 이것은 후보의 관점이지 투표자의 관점에서 본 것이 아니다. 이 우월전략 해는 투표자의 관점에서

별로 좋은 것이 아닐 수 있다. 선거의 결과에 하나의 정치적 견해에 불과한 '중도적' 관점만 대변될 뿐이다. 합쳐서 투표자의 60%에 해당하는 좌파와 우파 투표자들의 관점에서는 자신들이 전적으로 소외된 것처럼 보일 것이다. 현실의 미국 정치에서 그러한 불평을 들을 수 있다. 많은 좌파나 우파 미국인들은 정치판이 자신들에게 불리하게 돌아간다고 인식한다. 이는 일반적으로 미국 정치에서 중도 전략이 우월전략이라는 사실을 나타내는 징후라고 할 수 있을 것이다.

8. 교과서 쓰기 게임

우월전략 균형은 매우 강력한 개념이지만 모든 게임이 우월전략 균형을 갖는 것은 아님을 알게 될 것이다. 다음의 예는 3개의 전략을 가진 게임으로서 우월전략 균형이 없는 게임이다.

헤팔럼프 교수와 보잉보잉 박사는 게임 이론 교과서를 경쟁적으로 쓰고 있다. 이들의 책은 분량 이외의 모든 면에서 질적으로 같다.[1] 두 사람은 교수들이 잘 쓴 책 2권 중에서 골라야 한다면 통상적으로 두꺼운 책을 선택한다는 것을 알고 있다. 각 저자는 더 많은 독자를 얻고 싶어 하지만 더 많은 분량을 쓰려면 더 많이 노력해야 하므로 누구도 더 많은 독자를 얻기 위해서 필요 이상으로 길게 쓰려고 하지 않는다. 각 저자는 400쪽, 600쪽, 800쪽의 세 가지 전략 중에서 선택할 수 있다. 이득은 표 3.10에 나타나 있다. 이득은 연간 $1,000 단위로 나타낸 저작료일 수도 있고 — 저자들이 저술 작업을 벗어나기를 원하건 아니건 — 첫째라는 것으로부터 얻는 어떤 주관적 편익도 반영될지 모른다.

표 3.10 교과서 쓰기 게임

		헤팔럼프 교수		
		400쪽	600쪽	800쪽
보잉보잉 박사	400쪽	45, 45	15, 50	10, 40
	600쪽	50, 15	40, 40	15, 45
	800쪽	40, 10	45, 15	35, 35

표 3.11 보잉보잉 박사의 최선반응

헤팔럼프 교수의 전략	보잉보잉 박사의 최선반응
400	600
600	800
800	800

표 3.11은 헤팔럼프 교수의 전략 선택에 따른 보잉보잉 박사의 최선반응을 보여 준다. 보잉보잉 박

1) 이것은 단순화를 위한 비현실적인 가정이다. 이 가정을 세우는 이유는 물론 우리의 책이 매 쪽마다 모든 면에서 다른 어떤 게임 이론 교과서보다 훨씬 낫기 때문이다. 이제 독자들은 우리가 요점을 전달하기 위해서 필요하다면 비현실적인 단순화 가정을 세우기를 주저하지 않는다는 것을 알아차렸을 것이다. 물론 교과서 간에는 문장력, 품질, 저자의 유머 감각 등 여러 면에서 차이가 있다.

사는 헤팔럼프 교수가 600쪽 또는 800쪽을 선택하는 경우와 400쪽을 선택하는 경우에 다른 전략을 선택할 것임을 알 수 있다. 보잉보잉 박사의 생각은 가능한 한 헤팔럼프 교수보다 꼭 한 단계만 길게 쓴다는 것이다. 따라서 헤팔럼프 교수가 선택할 수 있는 모든 전략에 대하여 보잉보잉 박사가 선택할 수 있는 최선반응이 없다. 다시 말해 보잉보잉 박사의 우월전략이 없다. 그리고 게임이 대칭적이므로 헤팔럼프 교수의 우월전략도 없다고 추론할 수 있다.

이처럼 교과서 쓰기 게임은 우월전략이 없는 게임이다. 이러한 게임의 '해'를 찾는다면 그것은 다른 종류의 해여야 할 것이다. 다음 장에서는 이것을 탐구할 것이다. 그래서 지금은 이 예를 잠시 제쳐 두고 제4장에서 다시 다루기로 한다.

9. 요약

게임 이론 분석의 한 가지 목표는 플레이어 간에 안정적이고 예측할 수 있는 상호작용의 유형을 발견하는 것이다. 우리는 그것을 경제학의 선례를 따라 '균형'이라고 부른다.

우리는 플레이어들이 합리적이라고 가정하므로 그들의 전략 선택이 최선반응 전략, 즉 다른 플레이어의 전략에 대한 최선반응이어야 안정적일 것이다. 다른 플레이어가 선택할 수 있는 모든 전략에 대한 하나의 최선반응이 있다면 그것을 우월전략이라고 한다. 게임의 플레이어들이 각각 우월전략을 갖고 있고 그것을 연출하면 우월전략 균형이 성립한다.

우월전략 균형은 각 플레이어가 전략의 선택을 조정하지 않고 독립적으로 행동하는 비협조 균형이다. 만일 게임의 플레이어들이 전략의 선택을 조정하기로 공약할 수 있으면 그들이 선택하는 전략을 협조 균형이라고 한다. 협조 균형은 우월전략 균형과 같을 수도 있고 다를 수도 있다.

우월전략 균형을 가진 게임 중 중요한 부류가 사회적 딜레마이다. 낯익은 죄수의 딜레마는 이 부류의 전형적인 예이다. 죄수의 딜레마가 다른 모든 사회적 딜레마와 공통적인 점은 우월전략 균형이 협조 균형과 다르다는 것이다.

우리는 환경 관리, 광고, 전시동원, 기업, 파트너십, 정치 등에 대한 응용을 보았다. 분명히 우월전략 균형은 광범하게 적용되는 것 같다. 그러나 우리는 동시에 모든 게임이 반드시 우월전략이나 우월전략 균형을 갖지는 않는다는 것도 알았다.

Q3. 연습문제

Q3.1 게임의 해법 비협조 게임에 대한 해의 개념으로서 우월전략 균형의 장점과 단점을 설명하라.

표 3.12a 노력 딜레마

		존스	
		열심히 일한다	게으름 피운다
스미스	열심히 일한다	10, 10	2, 14
	게으름 피운다	14, 2	5, 5

Q3.2 노력 딜레마 한 무리의 사람들이 각자의 노력에 따라 성과가 결정되는 어떤 작업을 할 때 '사회적 딜레마'가 발생한다. 선택할 수 있는 전략은 '열심히 일한다'와 '게으름 피운다'이다. 노력 딜레마에서 한 사람의 게으름은 다른 사람(들)에게 더 많이 노력하도록 하는 부담을 지운다. 따라서 이득표가 표 3.12a와 같은 것이 될 수 있다.

a. 이 게임에 우월전략이 있는가? 있다면 무엇인가?

b. 이 게임은 우월전략 균형을 갖는가?

c. 이 게임에서 협조 균형은 무엇인가?

d. 20세기 중엽에 미국의 태평양 연안 북서부 지역에 있는 30여 개의 합판 회사를 노동자들이 소유한 적이 있었다. 노동자인 소유자는 회사를 다수결에 의해 관리하였으며 경영자들을 고용하고 해고하였다. 그러나 이 기업의 경영자들은 일반적으로 작업을 배정하고 감독할 재량권을 가졌으며 유사한 이윤 추구 기업의 경영자보다 훨씬 강한 힘을 행사하였다. 위의 예는 이것을 설명할 수 있는 논리를 제공하는가?

Q3.3 공공재(public good) 경제학에서 '공공재'는 다음의 두 가지 성격을 가진 재화나 서비스로 정의된다. (1) 재화로부터 편익을 얻는 사람들에게 요금을 부과하고 그것을 지불해야만 재화의 편익을 얻도록 하는 것이 실제로 가능하지 않다(재화가 '비배제적'이다). (2) 재화의 공급 비용이 수혜자의 수에 관계없이 같다(재화가 '비경쟁적'이다). 여기에 2인 게임 형태의 예가 있다. 조와 어빙은 각각 공공재를 1단위 생산하는 것과 생산하지 않는 것 중에서 선택할 수 있다. 공공재가 생산되지 않으면 각각 5의 이득을 얻는다. 조나 어빙 한 사람이 1단위의 공공재를 생산하면 둘의 이득은 2만큼 증가하지만 재화를 생산하는 사람은 자기의 이득을 3만큼 줄이는 비용을 지불한다. 그래서 예컨대 조가 생산하고 어빙이 생산하지 않으면 조의 이득은

5 + 2 − 3 = 4이고 어빙의 이득은 5 + 2 = 7이다.

a. 이것을 이득표로 표현하라.

b. 게임을 우월전략에 관해서 분석하라.

c. 이것은 사회적 딜레마인가? 가부간에 이유를 밝혀라.

Q3.4 **독가스** 메인랜드와 아일랜드는 자주 전쟁을 치르는 적대 관계이며 각각 독가스를 생산하고 실전에 배치할 수 있다. 어느 전투에서든 가스를 사용하여 얻는 이득은 표 3.12b와 같다.

표 3.12b 독가스

		아일랜드	
		사용	비사용
메인랜드	사용	−8, −8	3, −10
	비사용	−10, 3	0, 0

a. 이 게임에 우월전략이 있는가? 있다면 무엇인가?

b. 이 게임은 우월전략 균형을 갖는가?

c. 이 게임에서 협조 해는 무엇인가?

d. 이 게임은 사회적 딜레마인가? 그렇다면 왜 그러한가?

e. 역사적으로 독가스는 제1차 세계대전에서 사용되었으나, 제2차 세계대전에서는 독일이 제1차 세계대전 때와 마찬가지로 프랑스, 영국과 대적하였음에도 불구하고 독가스가 사용되지 않았다. 그 원인에 대한 일치된 설명은 다음과 같다. 만일 어느 한쪽이 전투에서 독가스를 사용하면 다른 쪽이 그 후의 전투에서 계속 독가스로 보복할 것이므로 먼저 사용한 쪽이 결과적으로 나빠진다는 것이다. 이 역사적 사실에 비추어 사회적 딜레마의 분석에서 우월전략 균형이 가진 한계를 논하라.

Q3.5 **입후보** 매우 성공적인 공화당원인 리처드 닉슨은 다음과 같이 말했다. "공화당원이 선거에서 이기는 길은 예비 선거에서는 우파를 노리고 총선거에서는 중도파를 노리는 것이다." 이 장에서 본 정치 게임의 예는 '총선거에서 중도를 지향하라(run to the center in the general election)'는 권고를 뒷받침한다. '예비 선거에서 우파를 지향하라(run to the right in the primary)'는 것을 어떻게 설명할 수 있는가?

주 : (닉슨의 고향인) 캘리포니아를 포함하여 미국의 많은 주에서는 정치 제도상 예비 선거는 주요 정당의 후보자를 결정하기 위해 실시되며, 그 정당의 당원으로 등록된 자만 투표할 수 있다. 예비 선거에서 선출된 후보가 총선거에서 경쟁한다.

힌트 : 공화당원으로 등록된 사람들의 정치적 성향의 분포는 일반 국민의 분포와 다를 것이다.

Q3.6 해피타임 제1장의 문제 4를 참조하라.

a. 이 게임에 우월전략이 있는가? 있다면 무엇인가?

b. 이 게임은 우월전략 균형을 갖는가?

c. 이 게임에서 협조 해는 무엇인가?

d. 이 게임은 사회적 딜레마인가? 그렇다면 왜 그런가?

표 3.12c 훈련

훈련 비율	순 생산성
0	5
50%	7.5
100%	10

Q3.7 훈련 게임 두 회사가 같은 비숙련 노동자를 채용한다. 각 회사는 자신의 노동자들을 훈련하거나 훈련하지 않을 수 있다. 훈련이 생산성을 증대시키지만 경쟁자가 훈련 받은 노동자를 빼 갈 수 있다는 의미에서 넘침 효과(spillover)가 있다. 그래서 노동자들이 훈련을 받을수록 임금을 뺀 순 생산성(net productivity)은 높아지지만 두 회사의 순 생산성은 같아진다. 두 회사의 전체 노동자 가운데 훈련받은 노동자의 비율과 순 생산성 간의 관계는 표 3.12c에 나타나 있다(각 회사는 자신의 노동자 전원을 훈련시키거나 아무도 훈련키지 않는다. 따라서 훈련받은 노동자의 비율이 0, 50%, 100%의 세 가지만 가능하다). 각 회사의 이윤은 표에 나타난 순 생산성에서 훈련 비용을 뺀 것이다. 훈련 비용은 회사가 노동자들을 훈련시키면 3, 그렇지 않으면 0이다.

a. 이 게임에서 플레이어들은 누구인가?

b. 그들의 전략은 무엇인가?

c. 이것을 정규형의 게임으로 나타내라.

d. 이 게임에 우월전략이 있는가? 있다면 무엇인가?

e. 우월전략 균형이 있는가? 있다면 무엇인가?

제 4 장

내시 균형과 합리화 가능 전략

앞의 제3장에서 우월전략과 우월전략 균형을 가진 몇 개의 게임을 보았다. 우월전략 균형이 존재할 때 그것은 전략의 비협조적 선택에 관하여 매우 강력한 분석을 제공한다. 그러나 어떤 게임은 우월전략 균형을 갖지 않는다는 것도 보았다. 그러한 게임을 분석하기 위해서는 내시 균형이라는 다른 균형 개념이 필요하다. 내시 균형이라는 명칭은 그것을 발견한 수학자인 존 내시(John Nash)의 이름을 딴 것이다. 내시의 일생에는 슬픈 측면이 있었으며 그의 전기와 그것을 바탕으로 한 영화가 만들어졌다.[1] 이제까지 게임 이론에 존 내시보다 더 큰 영향을 미친 사람은 없다.

앞에서 그랬듯이 우리는 예로서 시작하기를 원한다. 사실, 우리는 이미 제3장 8절에서 교과서 쓰기 게임의 예를 보았다.

이 장의 내용을 가장 잘 이해하려면 먼저 제1장~제3장을 잘 이해하고, 특히 제3장의 마지막 예를 다시 볼 필요가 있다.

존 내시
(John Forbes Nash, 1928~)

수학자인 존 내시는 1928년 6월 13일 미국 웨스트버지니아의 블루필드에서 태어났으며, 프린스턴에서 살고 있다. 그는 프린스턴대학교 대학원생이었을 때, 오늘날 '내시 균형'이라고 불리는 비협조 균형의 개념이 이득의 합이 일정하지 않은 게임에 적용될 수 있다는 것을 증명하였고, 이 공로로 1994년 노벨 경제학상을 받았다. 그는 또 협조 게임을 위한 수리적 협상 이론을 개발한 것 외에 수학에 많은 기여를 하였다. 내시는 2001년 개봉된 영화 〈뷰티풀 마인드〉에서 묘사한 대로 오랫동안 정신질환으로 고통을 받았다.

---

1) 이 책은 S. Nasar, *A Beautiful Mind*(New York : Simon and Schuster, 1998)이다. 영화(2001)의 제목도 같다.
역자 주 : 이 영화는 2001년 여러 부문에 걸쳐 오스카상을 받았고 우리나라에서도 상영되었다.

표 4.1 교과서 쓰기 게임
(제3장의 표 3.10을 재현)

		헤팔럼프 교수		
		400쪽	600쪽	800쪽
보잉보잉 박사	400쪽	45, 45	15, 50	10, 40
	600쪽	50, 15	40, 40	15, 45
	800쪽	40, 10	45, 15	35, 35

표 4.2 교과서 저자들의 최선반응
(제3장의 표 3.11을 재현)

한 저자의 전략	다른 저자의 최선반응
400	600
600	800
800	800

중요 개념

내시 균형(Nash Equilibrium) : 정규형 게임에서 각 플레이어가 목록에 있는 다른 전략들에 대한 최선반응인 1개의 전략을 갖는다면 그러한 전략의 목록이 내시 균형이다.

합리화 가능 전략(Rationalizable Strategy) : 한 전략이 다른 플레이어가 합리적으로 연출할 수 있는 전략에 대한 최선반응으로 합리화될 수 있으면 그것은 합리화 가능 전략이다. 내시 균형 전략은 항상 합리화 가능 전략이다.

무관전략(Irrelevant Strategy) : 한 전략이 게임에서 다른 플레이어의 어떤 전략에 대하여도 최선반응이 아니라면 그것은 무관전략이다.

무관전략의 단계적 제거(Iterative Elimination of Irrelevant Strategy, IEIS) : 우리가 단계마다 무관전략을 제거하면서 단계별로 게임을 축소하면 남는 게임은 게임을 위한 합리화 가능 전략이다.

1. 교과서 쓰기 게임, 계속

이 게임의 플레이어들이 게임 이론의 교과서를 경쟁적으로 쓰고 있는 2명의 교수라는 것을 상기하라. 각 저자는 자신의 책이 경쟁자의 책보다 분량이 많으면 더 많은 이득을 기대한다. 각 저자의 전략은 400쪽, 600쪽, 800쪽의 책을 쓰는 것이다. 이득은 표 4.1과 같다. 이 표는 표 3.10과 같지만 편의상 여기에 옮긴다.

우리는 이미 보잉보잉 박사의 최선반응이 헤팔럼프 교수가 선택하는 전략에 의존하고, 헤팔럼프 교수의 최선반응이 보잉보잉 박사의 최선반응에 의존하기 때문에 이 게임은 우월전략 균형을 갖지 않는다는 것을 안다. 표 4.2는 다른 저자가 선택할 전략에 따른 각 저자의 최선반응을 보여 준다. 이 표는 어느 저자가 어느 저자에 반응하고 있는지가 상관없다는 점을 제외하면 표 3.11과 같다.

표 4.2를 보면 800쪽 전략이 흥미로운 성질을 가졌다는 것을 알 수 있다. 각 저자가 800쪽 전략을 선택하면 상대방의 전략에 대한 최선반응을 선택하는 것이다. 헤팔럼프 교수는 보잉보잉 박사의 전략에 대한 최선반응을 선택하고, 보잉보잉 박사는 헤팔럼프 교수의 전략에 대한 최선반응을 선택한다. 그러나 이는 다른 전략조합에 대해서는 그렇지 않다. 예컨대, 보잉보잉 박사가 600쪽을 쓰고 헤팔럼프 교수가 400쪽을 쓴다면 보잉보잉 박사는 헤팔럼프 교수의 전략에 대한 최선반응을 선택하는 것이지만, 헤팔럼프 교수는 (표 4.1 오른쪽 열의 가운데 칸에서 볼 수 있듯이) 책의 분량을 800쪽으로 늘림으로써 더 많은 이득 45를 얻을 수 있다. 그러나

이때 보잉보잉 박사도 더 좋은 결과를 얻을 수 있다. 헤팔럼프 교수의 800쪽 전략에 대한 보잉보잉 박사의 최선반응은 자신의 책도 800쪽으로 늘리는 것이다. 따라서 표 4.1의 왼쪽 열이나 오른쪽 열의 가운데 칸은 어느 플레이어에게도 최선반응이 아니다. 그러므로 각 플레이어가 800쪽 분량을 선택하는 가장 아래 행의 오른쪽 칸만이 '흥미로운 성질'을 갖는다.

이 '흥미로운 성질'은 (800, 800)이 교과서 쓰기 게임의 내시 균형이라는 것을 의미한다. 내시 균형은 다른 플레이어의 모든 전략에 대한 각 플레이어의 최선반응인 1개의 전략을 적은 목록으로 정의된다. 위의 경우에 플레이어가 헤팔럼프 교수와 보잉보잉 박사 2명뿐이므로 목록에는 각 플레이어를 위한 전략 1개씩 모두 2개의 전략만 있다.

교과서 쓰기 게임에서는 내시 균형이 우월전략 균형은 아니지만, 합리적이고 이기적이며 비협조적인 연출로부터 예측할 수 있는 결과이다.

아마 독자들은 대부분의 교과서가 왜 그렇게 두꺼운지 의아하게 생각했을 것이다. 그렇다면 적어도 당신은 게임 이론이 현실 세계와 연관되어 있다는 것을 알 수 있다. 실제로 어떤 교과서를 독자들이 선호한다면 그 이유는 책의 분량보다 책에 포함된 논제와 예에 있다. 교과서 저자는 인기 있는 논제나 재미있는 예가 누락되면 그 책이 강의에 적합하지 않다고 결정하는 교수들이 있고 독자를 잃을 것이라고 항상 걱정한다. 따라서 규칙은 "염려스러우면 넣어라(when in doubt, put it in)"이다.[2] 그러나 논제와 예가 많다는 것은 쪽수가 많다는 것을 뜻한다.

2. 내시 균형

교과서 쓰기 게임은 우월전략은 없지만 내시 균형을 가진 게임의 예이다. 우월전략 균형처럼 내시 균형은 각 연출자의 입장에서 본 합리적 행동을 반영한다. 상대 플레이어가 선택한 전략을 고수하는 한, 각 플레이어는 내시 균형 전략 이외의 전략을 선택하여 더 많은 이득을 얻을 수 없다. 각자의 전략은 조정되지 않고 독립적으로 선택된다. 그리고 내시 균형은 우월전략 균형처럼 비협조적이다. 표 4.1을 다시 보면, 두 저자가 모두 400쪽 또는 심지어 600쪽을 쓴다면 더 많은 이득을 얻을 것이다. 이 게임의 협조 해는 두 저자가 모두 400쪽 분량의 교과서를 쓰는 것이다.

2) 물론 이 책의 저자는 독특한 예외로서, 독자들이 게임 이론을 통달하는 데 필요한 예와 논제만을 선정하였다. 나는 다만 그것이 정말로 정말로 중요하다고 믿을 뿐이다.

그러나 내시 균형의 개념은 우월전략 균형보다 일반적이다. 모든 삽살개가 개인 것처럼 모든 우월전략 균형은 내시 균형이라는 것에 주목하라. 예컨대, 죄수의 딜레마를 다시 보라. 각 플레이어에게 '자백한다'가 우월전략이고 우월전략 균형이 존재한다. 그러나 한 죄수가 '자백한다'를 선택하면 다른 죄수에게도 '자백한다'가 최선반응이다. 각 죄수는 상대방이 선택한 전략에 대한 최선반응을 선택하며, 따라서 이것은 내시 균형이다. 그러나 모든 개가 삽살개가 아닌 것처럼 모든 내시 균형이 우월전략 균형은 아니다. 어떤 내시 균형은 한 플레이어의 최선반응 전략이 다른 플레이어가 선택한 전략에 의존한다는 점에서 우월전략 균형과 같지 않다.

이제 이러한 시각에서 2개의 경쟁적 방송국의 방송편성 게임을 보기로 하자.

3. 라디오 게임

우리는 모든 게임이 우월전략 균형을 갖는 것은 아니라는 것을 보았다. 여기에 또 하나의 예로서 두 방송국이 방송편성 방식을 선택하는 라디오 게임이 있다. 예컨대, 플레이어는 두 방송국, W***와 K†††이고 그들의 전략은 톱 40, 클래식 록 또는 이 두 가지 혼합 가운데 그들이 각각 선택하는 방송편성 방식이다. 그들의 시청자들은 다소 다르지만 중첩되고, 그들에 대한 평판은 서로 다르며 각각의 디스크자키가 다르다. 그들의 이득은 대칭적이 아니다. 이득은 각각의 순 광고수입에 비례한다. 게임은 표 4.3과 같다. 첫째 이득과 둘째 이득은 각각 W***와 K†††의 이득이다.

두 방송국을 위한 최선반응은 표 4.4와 표 4.5에 나타나 있다.

우리는 각 방송국을 위한 최선반응이 다른 방송국이 선택한 전략에 따라 다를 수 있다는 것을 본다. 이 게임에서 어떤 방송국도 우월전략을 갖고 있지 않다. 이제 W***가 혼합을 선택하고 K†††가

표 4.3 라디오 게임

		K†††		
		톱 40	클래식 록	혼합
W***	톱 40	30, 40	50, 45	45, 40
	클래식 록	30, 60	35, 35	25, 65
	혼합	40, 50	60, 35	40, 45

표 4.4 W*의 최선반응**

K†††의 전략	W***의 최선반응
톱 40	혼합
클래식 록	혼합
혼합	톱 40

표 4.5 K†††의 최선반응

W***의 전략	K†††의 최선반응
톱 40	클래식 록
클래식 록	혼합
혼합	톱 40

톱 40을 선택한다고 가정하라. 그 경우에 우리는 각 방송국이 다른 방송국이 선택한 전략에 대한 최선반응을 선택하고 있다는 것을 본다. 표 4.4(또는 표 4.3)를 보면 K†††가 톱 40을 선택할 경우에는 혼합이 W***의 최선반응이다. 반대로 표 4.5(또는 표 4.3)를 보면 W***가 혼합을 선택하면 톱 40이 K†††의 최선반응이다. 요컨대 (혼합, 톱 40)가 라디오 게임의 내시 균형이다. 그리고 이것은 어떤 다른 전략의 조합에도 성립하지 않는다. 예컨대, 두 방송국이 모두 혼합을 선택하는 오른쪽 하단의 칸을 보라. 그러면 각 방송국은 톱 40로 전환함으로써 더 많은 이득을 얻을 수 있다. 각 칸을 조사하면, 우리는 W***가 혼합을 선택하고 K†††가 톱 40을 선택하는 왼쪽 하단의 칸을 제외하고, 적어도 한 플레이어가 다른 전략으로 전환함으로써 더 많은 이득을 얻을 수 있다는 것을 알 것이다.

이 내시 균형은 비록 우월전략 균형은 아니지만 라디오 게임에서 합리적이고 자기이익을 추구하며 비협조적인 플레이어들의 예측 가능한 결과이다.

4. 내시 균형을 찾는 발견적 방법

내시 균형을 찾기 위해서 모든 전략의 조합을 점검하는 것은 전략의 수가 클수록 지루해질 수 있다. 균형이 아닌 전략을 제거하고, 균형이 있다면 그것을 찾기 위한 시각적인 간편한 방법이 있다. '발견적(heuristic)'이란 단어가 생소한 독자는 문제 해결의 **발견적 방법**을 수학적 해법만큼 정형적이거나 확정적이 아니지만 빠르고 일반적으로 믿을 만한 방법이라고 이해하면 될 것이다. 앞의 예의 경우에 이것은 약간의 줄긋기와 가시화를 포함하는 비정형적인 방법이다.

내시 균형의 배경에는 최선반응의 전략만이 선택될 것이라는 발상이 있다. 최선반응을 부각시키는 한 방법은 각 전략에 대한 최선반응의 이득에 밑줄을 긋는 것이다. 이것은 표 4.6에 교과서 쓰기 게임을 대상으로 예시되어 있다. 우리가 보는 바대로 내시 균형은 두 이득에 밑줄이 그어진 칸으로

> **발견적 방법**(Heuristic Method) : 문제 해결의 발견적 방법은 빠르고 일반적으로 믿을 만하지만 특이한 경우에는 실패할 수 있기 때문에 정형적이거나 확정적이지는 않다.

표 4.6 밑줄 표시된 교과서 쓰기 게임
(제3장의 표 3.10을 재현)

		헤팔럼프 교수		
		400쪽	600쪽	800쪽
보잉보잉 박사	400쪽	45, 45	15, <u>50</u>	10, 40
	600쪽	<u>50</u>, 15	40, 40	15, <u>45</u>
	800쪽	40, 10	<u>45</u>, 15	<u>35</u>, <u>35</u>

표 4.7 라디오 게임
(제4장의 표 4.3을 재현)

		K†††		
		톱 40	클래식 록	혼합
W***	톱 40	30, 40	50, <u>45</u>	<u>45</u>, 40
	클래식 록	30, 60	35, 35	25, <u>65</u>
	혼합	<u>40</u>, <u>50</u>	<u>60</u>, 35	40, 45

나타난다.

표 4.7에서 라디오 게임을 위한 밑줄을 보자.

연습문제 : 제3장의 예제와 연습문제로 돌아가서 밑줄을 그어라. 책에 표시하는 것을 걱정하지 마라. 당신은 어차피 그대로 둘 것이다.

5. 합리화 가능 전략

라디오 게임도 합리성의 공통 지식(common knowledge of rationality)이라는 게임 이론의 기본적 가정을 잘 예시한다. 즉, 우리는 각 의사결정자가 합리적이란 것뿐만 아니라 그는 자기가 합리적이라고 다른 의사결정자가 안다는 것을 알고 있다고 연속적으로 가정한다. 우월전략이 있는 게임에서 이것은 별로 중요하지 않다. 앞 장에서 우리가 보았듯이 우월전략이 있는 게임에서 플레이어의 의사결정은 비교적 쉽다. 한 의사결정자를 A, 그의 상대방을 B라고 부르자. A는 합리적이라 B에 의하여 선택된 전략에 대한 최선전략을 선택하기를 원한다. A는 자기의 최선반응이 B가 선택하는 전략에 무관하게 일정하므로 자신의 선택을 결정하기 위해서 B에 대하여 아무것도 알 필요가 없다. 그는 심지어 B가 합리적인지 여부도 알 필요가 없다.

라디오 게임과 같은 게임에서는 이것이 더 이상 맞지 않는다. 우리가 표 4.4와 표 4.5에서 보는 것처럼 어느 플레이어도 우월전략을 갖지 않는다. W***를 위해서는 K†††가 선택하는 전략에 따라 톱 40 또는 혼합이 최선반응일 수 있다. 거꾸로 세 전략 중 어느 것이라도 K†††를 위한 최선반응일 수 있다. 그래서 전략을 선택하기 위해서 W***의 경영자는 K†††의 경영자가 어느 전략을 선택할 것인가에 대하여 추측해야 한다. 더욱이 W***의 경영자는 K†††의 경영자가 W***의 경영자가 선택할 전략에 대한 추측을 근거로 하여 결정할 것이라고 알고 있다. 우리는 어떻게 이 순환을 벗어날 수 있는가?

이 경우에 문제가 조금 단순화될 수 있다. 몇 개의 전략들이 제거될 수 있다. K†††의 경영자는 "W***가 톱 40이나 혼합을 선택할지 모르나 클래식 록은 절대로 선택하지 않을 것이다. 결국, 클래식 록은 내가 선택할 수 있는 어떤 전략에 대하여도 최선 전략이 아니다. 그러므로 W***의 경영자가 합리적이라 그것을 선택하지 않을 것이다."라고 추론할 수 있다. 더욱이 K†††의 경영자는 한 걸음 더 나아가 "실제로 W***에는 톱 40이 혼합에 대한 최선반응이지만 W***는 그것을 역시 선택하지 않을 것이다. 그러나 W***가 클래식 록을 선택하는 경우만 혼합이 나의 최선반응이고 W***의 경영자는 합리적이라 내가 그것을 알고 있다고 알 것이므로 톱 40의 선택은 W***에는 최선반응이 아닐 것이다."라고 추론할 수도 있다. 그러므로 K†††의 경영자는 "정말로 W***는 혼합을 선택할 것이므로 나는 혼합에 대한 나의 최선반응인 톱 40을 선택할 것이다."라고 결론을 내릴 수 있다. 그리고 W***의 경영자는 K†††의 경영자가 합리적이라고 알고 있으므로 이것을 안다. 그래서 W***의 경영자는 "K†††의 경영자는 내가 혼합을 결정할 것이라고 생각하고 그의 최선반응인 톱 40을 선택할 것이다. 따라서 나의 최선반응은 혼합이다."라고 추론할 수 있다. 마찬가지로 K†††의 경영자는 "W***의 경영자는 내가 톱 40을 선택할 것으로 기대하므로 그의 최선 선택인 혼합을 선택할 것이다. 따라서 나는 혼합에 대한 나의 최선반응인 톱 40을 선택할 것이다."라고 추론할 수 있다. 그리고 그들은 각자의 전략을 연출할 때 그들이 옳았다는 것을 발견한다.

"그는 내가 전략 i를 선택할 것으로 생각하므로 전략 i에 대한 그의 최선반응인 전략 j를 선택할 것이다. 따라서 나는 전략 j에 대한 최선반응인 전략 k를 선택할 것이다."라는 노선의 추론에 의하여 정당화될 수 있는 전략은 **합리화 가능 전략**이라고 불린다. 이것은 게임 이론의 전문용어이다. 그것은 우리가 생각해 내는 어떤 논리에 의해서나 정당화될 수 있는 전략을 의미하지 않는다. 전략이 합리화 가능 전략이 되려면 그 논리가 각 의사결정자가 합리적이고 다른 의사결정자도 합리적이라는 것을 알고 있다고 전제해야 한다. 그러므로 추론은 나는 내가 대면할지 모르는 하나의 전략에 대한 최선반응이라는 관점에서 내가 선택하는 것이 합리적일 수 있을 특정한 전략을 선택할 것이라는 가정으로부터 출발한다. 그러면 나는 상대방이 그것에 대한 최선반응을 선택할 것이라고 추론하고, 그의 최선반응에 대한 나의 최선반응을 선택한다. 그래서 라디오 게임에서 두 방송국은 '혼합, 톱 40'을 선택함으로써 모두 합리화 가능 전략을 선택한 것이다.

6. 합리화 가능 전략을 찾는 방법

합리화 가능 전략은 복잡해 보이고 추적하기가 어려울 수 있으나 실제로는 처음 느꼈던 것보다 더 단순하다. 라디오 게임과 같은 정규형 게임에서 모든 합리화 가능 전략들을 찾아내는 간단한 방법이 있다. 그것을 보기 위해서 우리는 몇 가지 용어를 더 알 필요가 있다.

어느 전락이라도 플레이어들이 선택할 수 있는 어떤 전략에 대한 최선반응일 수 있거나 그렇지 않을 수 있다. 전략 I가 플레이어들이 선택할 수 있는 **어떤 전략에 대하여도** 최선반

표 4.8 축소 라디오 게임

		K†††		
		톱 40	클래식 록	혼합
W***	톱 40	30, 40	50, 45	45, 40
	혼합	40, 50	60, 35	40, 45

표 4.9 제2단계의 축소 라디오 게임

		K†††	
		톱 40	클래식 록
W***	톱 40	30, 40	50, 45
	혼합	40, 50	60, 35

표 4.10 제3단계의 축소 라디오 게임

W***에 대한 첫째 이득, K†††에 대한 둘째 이득		K†††	
		톱 40	클래식 록
W***	혼합	40, 50	60, 35

표 4.11 제4단계의 축소 라디오 게임

W***에 대한 첫째 이득, K†††에 대한 둘째 이득		K†††
		톱 40
W***	혼합	40, 50

응이 아니라면 그것은 무관전략이다.[3)]

라디오 게임의 둘째 행인 방송국 W***를 위한 클래식 록의 전략을 다시 보자. 우리는 이 전략이 방송국 K†††가 선택할지 모르는 어떤 전략에 대하여도 최선 선택이 아니라는 것을 본다. 그러므로 표 4.3에 나타나 있는 라디오 게임에서 클래식 록은 W***의 관점에서 무관전략의 한 예이다.

우리는 W***가 합리적 의사결정자로서 클래식 록을 절대로 선택하지 않을 것을 알므로 그 전략을 게임에서 제거하고 더 작은 새로운 **축소 게임**(reduced game)을 얻을 수 있다. 축소 게임은 표 4.8과 같다. 우리는 이 축소 게임에서 혼합이 K†††에게 무관전략이라는 것을 본다. 다시 한 번 우리는 K†††를 위한 전략에서 혼합을 제거하고 표 4.9에 나타난 제2단계의 축소 게임을 본다. 이제 우리는 이 제2단계의 축소 게임을 검토하고 이 게임에서 톱 40이 W***에게 무관전략이라는 것을 안다. 다시 한 번 우리는 그것을 제거하고 표 4.10의 제3단계의 축소 게임을 도출한다. 우리는 제3단계의 축소 게임에서 클래식 록이 K†††에게 무관전략이라는 것을 또 한 번 발견한다. 그래서 우리는 다시 그것을 제거하고 표 4.11에 나타난 제4단계의 축소 게임을 도출한다.

물론, 이 제4단계의 축소 라디오 게임에는 무관전략이 없어 우리는 더 이상 나갈 수 없다. 우리가 이 예에서 보여 준 것을 무관전략의 단계적 제거(IEIS)라고 한다. 우리가 정규형 게임에 IEIS를 적용할 때 남아 있고 제거될 수 없는 전략들은 게임을 위한 합리화 가능 전략들이다. 그러면 우리는 라디오 게임이 W***를 위한 혼합과 K†††를 위한 톱 40라는 2개의 합리화 가능 전략만을 갖는다는 것을 볼 수 있다.

물론, 이 전략들은 라디오 게임을 위한 내시 균형 전략이다. 그리고 이것은 일반적으로

3) 이 특성을 가진 전략에 대하여 게임 이론에서 널리 사용되는 용어가 없다. 이 책에서 '무관전략'이라는 용어의 의미로 채택될 것이다.

성립한다. 내시 균형 전략은 항상 합리화 가능하다. 그러나 우리는 더 복잡한 게임에서 역도 성립한다는 것을 보게 될 것이다.

7. 열등전략

이 장과 앞의 여러 장에서 우리는 플레이어들에 의하여 선택된 어떤 전략에 대하여도 한 전략(전략 A)이 다른 전략(전략 B)보다 더 많은 이득을 주는 다수의 게임을 연구해 왔다. 그러면 우리는 전략 A가 전략 B보다 **우월**하고 전략 B는 **열등**하다고 말한다. 때때로 우리는 전략 A가 전략 B보다 **강하게** 또는 **엄밀하게** 우월하고 전략 B는 **강하게** 또는 **엄밀하게** 열등하다고 말함으로써 전략 A에 대한 이득이 전략 B에 대한 이득보다 크다는 것을 강조한다.

여기에 염두에 두어야 할 중요한 점이 있다. **열등전략은 항상 무관하다.** 이것은 전략 A에 대한 이득이 항상 전략 B에 대한 이득보다 크고, 따라서 어떤 전략에 대하여도 전략 A가 항상 전략 B보다 더 좋은 반응일 것이므로 진실임에 틀림없을 것이다. 전략 B는 절대로 최선반응이 될 수 없을 것이다. 그러나 우리가 보아 왔듯이 어떤 다른 단일 전략보다도 열등하지 않은 무관전략이 있을 수도 있다.

열등전략은 항상 무관하므로 열등전략은 IEIS의 과정에서 제거될 것이다. 1953년에 존 내시와 로이드 셰플리(Lloyd Shapley)[4]는 이 아이디어를 이용하여 모든 열등전략의 단계적 제거에 의하여 단순화된 포커 게임의 해를 얻었다. 그 후 다년간 이것은 게임 이론에서 표준적 방법이었다. 1980년대에서 이르러서야 번하임(Robert Bernheim)과 피어스(D. G. Pearce)가 합리화 가능 전략을 정의하고 그것들을 발견하기 위하여 IEIS의 방법을 도출하였다. IEIS는 합리화 가능 전략에 연관되어 있고 게임을 좀 더 완전하게 단순화하기 때문에 더 좋은 방법처럼 보이지만 열등전략의 단계적 제거는 여전히 게임 이론의 일부 문헌에서만 사용되고 있다.

---

4) 역자 주 : 그는 게임 이론을 '갈등과 협력에 관한 수학적 연구'라고 정의한 미국의 수학자(1923~2016)로서 2012년에 노벨 경제학상을 받았다. 역시 노벨 경제학상을 받은 이스라엘의 게임 이론가인 아우만(Robert Aumann)은 그를 '역대 최고의 게임 이론가'라고 평가한 바 있다.

8. 또 하나의 과점 가격책정 게임

표 4.12 또 하나의 너터 가격책정 게임

		그로스		
		저	중	고
마그나	저	20, 20	80, 10	90, 5
	중	10, 80	60, 60	150, 15
	고	5, 90	15, 150	100,000

독자들의 이해를 강화할 또 하나의 예가 있다(표 4.12 참조). 이것은 제3장 4절에 있는 가격책정 딜레마와 비슷하고 그 예처럼 워런 너터 교수의 발상에 입각한다. 그러나 이것은 좀 더 복잡하다. 가격책정 게임이 경쟁가격과 독점가격의 두 가격만을 전략으로 허용하였지만 이 예는 중간 가격의 책정을 허용하므로 모두 3개의 전략이 있을 것이다.

플레이어들은 역시 그로스와 마그나이다. 그들의 전략은 높은 (독점)가격, 낮은 (경쟁) 가격 또는 그 사이에 있는 중간 가격을 부과하는 것이다. 그들이 서로 다른 가격을 부과하면 가격이 더 낮은 기업이 시장의 대부분을 차지할 것이고 따라서 더 많은 이윤을 얻을 것이다. 가격을 (예컨대, 다른 판매자가 높은 가격을 부과할 때 중간 가격으로부터 낮은 가격으로) 더 인하하면 이윤이 감소할 것이다. 이 게임은 역시 대칭적이다. 우리는 이 게임에 우월전략이 없다는 것을 안다. 다른 기업이 중간 가격이나 낮은 가격을 부과하는 것이 각 기업을 위한 최선반응이다. 그러나 다른 기업이 높은 가격을 부과하면 중간 가격을 부과하는 것이 최선반응이다.

이 게임에 IEIS를 적용하여 합리화 가능 전략들을 찾아보자. 우리는 두 기업을 위하여 높은 가격은 절대로 최선반응이 아니라는 것 – 높은 가격은 무관전략이라는 것 – 을 안다. 우리는 축소 게임을 만들기 위하여 각 기업에 대하여 이 전략을 제거할 수 있다. 게임이 대칭적이고 두 플레이어들에 대하여 이 전략이 무관하므로 그것을 제거하는 순서는 상관이 없다. 일단 우리가 각 플레이어에 대하여 높은 가격의 전략을 제거하면 표 4.13의 축소 게임을 얻는다.

우리는 아직 끝나지 않았다. 표 4.13을 보면 우리는 중간 가격 전략이 각각의 회사에 대하여 무관하다는 것을 안다. 사실, 낮은 가격 전략은 축소 게임에서 우월전략이다. 거꾸로 중간 가격 전략은 열등전략이고 우리는 열등전략은 항상 무관하다는 것을 상기한다. 여하간 우리는 각 플레이어에 대하여 열등전략을 제거하면 표 4.14에 나타난 축소 게임을 도출할 수 있다.

표 4.13 축소된 너터 가격책정 게임

		그로스	
		저	중
마그나	저	20, 20	80, 10
	중	10, 80	60, 60

우리가 표 4.14에서 보는 것은 이 게임에서 유일한 합리화 가능 전략은 저가 책정 전략이고 합리화 가능 전략이 역시 이 게임을 위한 내시 균형에 해당한다는 것이다. 이것은 가격 경쟁에 대한 중요한 통찰인 것 같다. 한 기업이 경쟁자보다 조금 낮은 가격을 부과하여 이득을 얻을 수 있는 경우에 이윤을 얻는 최저가격, 즉 경쟁가격이 합리화 가능한 전략이고 그 결과로서 그것은 언제나 내시 균형이 될 것이다.

표 4.14 더욱 축소된 너터 가격책정 게임

		그로스
		저
마그나	저	20, 20

9. 소매점 위치선정 게임

위의 두 예는 몇 개의 중요한 점에서 단순하며 우리는 이후의 예에서 더 복잡한 게임이 더 복잡한 결과를 가질 수 있다는 것을 볼 것이다. 아래에 복잡성을 보여 주는 첫째 예가 있다. 그것은 소매점 위치선정 게임이다. 플레이어들은 2개의 백화점, 나이스스터프와 워차니즈이다. 각 플레이어는 미디엄 시나 그 교외에 새 점포의 위치를 선정하려고 계획하고 있다. 그들의 전략은 한 점포 또는 두 점포들이 선정할 수 있을 4개의 위치이다. 전략과 이득은 표 4.15와 같다. 이득은 100만 달러 단위의 연간 이윤으로 생각할 수 있을 것이다.

나이스스터프와 워차니즈를 위한 최선반응은 표 4.16과 표 4.17에 적시되어 있다. 첫걸음으로서 우리는 이 게임에서 최선반응의 이득에 밑줄을 그어 내시 균형을 찾을 수 있다. 우리는 이 게임이 2개의 내시 균형을 갖는다는 것을 발견한다! 두 회사 중 하나가 업스케일 몰에 위치를 잡고 다른 회사가 센터 시티에 위치를 선정할 경우에 내시 균형이 성립한다.

이제 IEIS의 방법을 사용하여 이 게임을 위한 합리화 가능 전략들을 조사하자. 표 4.16으로부터 우리는 스너그버그가 나이스스터프에게 무관전략이라는 것을 안다. 그래서 우

표 4.15 소매점 위치선정 게임

		워차니즈			
		업스케일 몰	센터 시티	스너그버그	업타운
나이스스터프	업스케일 몰	3, 3	10, 9	11, 6	8, 8
	센터 시티	8, 11	5, 5	12, 5	6, 8
	스너그버그	6, 9	7, 10	4, 3	6, 12
	업타운	5, 10	6, 10	8, 11	9, 4

표 4.16 나이스스터프를 위한 최선반응

워차니즈의 선택	나이스스터프를 위한 최선반응
업스케일 몰	센터 시티
센터 시티	업스케일 몰
스너그버그	센터 시티
업타운	업타운

표 4.17 워차니즈를 위한 최선반응

나이스스터프의 선택	제4를 위한 최선반응
업스케일 몰	센터 시티
센터 시티	업스케일 몰
스너그버그	업타운
업타운	스너그버그

리는 이것을 제거하여 표 4.18에 나타난 축소 게임을 도출한다.

표 4.18에 나타난 제1단계 축소 게임에서 우리는 이제는 업타운이 워차니즈에게 무관전략이라는 것을 안다. 그래서 우리는 이것을 제거하여 표 4.19에 나타난 제2단계 축소 게임을 도출한다.

이 제2단계 축소 게임에서 우리는 업타운이 나이스스터프에게 무관전략이라는 것을 본다. 그래서 우리는 이것을 제거하여 표 4.20의 제3단계 축소 게임을 도출한다.

제3단계 축소 게임에서 우리는 스너그버그가 워차니즈에게 무관전략이라는 것을 안다. 그래서 우리는 이것을 제거하여 표 4.21의 제4단계 축소 게임을 도출한다.

제4단계 축소 게임을 조사하여 우리는 그것이 더 이상 축소

표 4.18 소매점 위치선정 게임, 제1단계 축소

		워차니즈			
		업스케일 몰	센터 시티	스너그버그	업타운
나이스스터프	업스케일 몰	3, 3	10, 9	11, 6	8, 8
	센터 시티	8, 11	5, 5	12, 5	6, 8
	업타운	5, 10	6, 10	8, 11	9, 4

표 4.19 소매점 위치선정 게임, 제2단계 축소

		워차니즈		
		업스케일 몰	센터 시티	스너그버그
나이스스터프	업스케일 몰	3, 3	10, 9	11, 6
	센터 시티	8, 11	5, 5	12, 5
	업타운	5, 10	6, 10	8, 11

표 4.20 소매점 위치선정 게임, 제3단계 축소

		워차니즈		
		업스케일 몰	센터 시티	스너그버그
나이스스터프	업스케일 몰	3, 3	10, 9	11, 6
	센터 시티	8, 11	5, 5	12, 5

표 4.21 소매점 위치선정 게임, 제4단계 축소

		워차니즈	
		업스케일 몰	센터 시티
나이스 스터프	업스케일 몰	3, 3	10, 9
	센터 시티	8, 11	5, 5

될 수 없다는 것을 안다. 이 게임에는 무관전략이 없다. 그러므로 두 전략 – 업스케일 몰과 센터 시티 – 이 이 게임에서 두 플레이어를 위한 합리화 가능 전략이다. 사실, 우리는 두 전략이 내시 균형에 해당하고 내시 균형에 해당하는 전략은 항상 합리화 가능하므로 두 전략은 합리화 가능하다고 처음에 확신할 수 있었을 것이다. 무관전략의 제거는 우리가 이 게임에 다른 합리화 가능 전략이 없다는 것을 확인하도록 해 준다.

2개 이상의 내시 균형을 갖는 이와 같은 게임에 대하여 우리는 두 가지 새 문제에 부딪친다. 첫째, 합리화는 우리에게 플레이어들이 내시 균형을 발견할 것이라고 확신시키기에 충분하지 않을 것이다. '업스케일 몰'과 '센터 시티'라는 두 전략의 어떤 조합도 합리화 가능할 것이다. 예컨대, 나이스스터프의 경영자는 "워차니즈는 내가 업스케일 몰을 선택할 것으로 생각할 것이고 그것에 대한 그의 최선 선택은 센터 시티이므로 나는 그것에 대한 최선반응인 업스케일 몰을 선택할 것이다."라고 추론할 수도 있다. 동시에 워차니즈의 경영자는 "나이스스터프는 내가 업스케일 몰을 선택할 것이라고 생각할 것이므로 그것에 대한 그의 최선 선택인 센터 시티를 선택할 것이다. 따라서 나는 센터 시티에 대한 나의 최선반응인 업스케일 몰을 선택할 것이다."라고 추론한다. 그래서 둘은 모두 업스케일 몰을 선택하고 시장을 분할하여 고정비용을 겨우 보전할 수 있을 것이므로 모두 어느 내시 균형에 비하여도 더 낮은 이득을 갖는다. 물론, 일단 그들이 게임을 연출해 보면 각자는 자신의 합리화가 틀렸다는 것을 발견할 것이지만 (합리화 가능 전략의 방법에 따르면) 전략이 이미 선택되었으므로 만시지탄일 것이다.

둘째, 위의 문제가 해결되어 두 플레이어가 상이한 전략을 연출하고 내시 균형에 도달하더라도 우리가 관찰하는 내시 균형은 어느 것일까? 이것은 게임 이론가에 대한 질문이지만, 게임 안의 플레이어들이 합리화에 의해서 게임을 풀 수 없다는 것을 알 만큼 세련되었다면 그들에 대한 질문이기도 하다. 이 합리화 전략 접근방법은 두 플레이어들이 각자의 오류를 시정할 기회를 갖고 있지 않다는 것을 상기하라. 일반적으로 오류가 시정될 수 있을 때는 내시 균형이 안정적이나 다른 경우에는 불안정하다. 우리는 다음 장에서 이에 대하여 부연할 것이다. 오류 시정의 한 방법은 서로 이야기하는 것이다! 합리화 가능 전략과 내시 균형은 플레이어들이 피차간에 의사를 전달할 방법이 없을 때 적용될 수 있다. 그들이 의사소통할 수 있다면 새 가능성들이 발생하는데 우리는 제11장에서 그것을 논의할 것이다.

10. 내시 균형과 합리화 가능 전략

요컨대, (1) 모든 게임이 우월전략 균형을 갖는 것이 아니므로 우리는 우월전략 균형을 갖는지 여부와 무관하게 많은 게임들에 적용될 수 있는 좀 더 일반적인 개념인 내시 균형을 사용할 수 있다. (2) 우리는 합리화 가능 전략에 주의를 집중할 수도 있다. (3) 우리는 무관전략의 단계적 제거(IEIS)라는 단순한 방법에 의해서 합리화 가능 전략들을 모두 발견할 수 있다. (4) 내시 균형 전략은 항상 합리화 가능하며 어떤 게임들에 대하여는 내시 균형 전략이 유일한 합리화 가능 전략이다. (5) 이것은 플레이어들 자신이 게임에 대한 이득표 이외의 정보가 없이 내시 균형에 도달할 수도 있다는 것을 시사하므로 도움이 된다. (6) 그러나 2개 이상의 내시 균형이 있을 때 다수의 합리화 가능 전략들이 존재하며 합리화 가능 전략의 조합 중에 내시 균형이 아닌 것들이 있다. (7) 그럼에도 불구하고 플레이어들이 자기의 오류를 시정할 수 있으면 내시 균형만이 안정적이다.

다음 장에서 우리는 2개 이상의 내시 균형을 갖는 소매점 위치선정 게임과 같은 게임으로 돌아 갈 것이며, 우리는 이 유형의 게임들이 우리의 일상경험에 통상적이라는 것을 알 것이다.

우리가 이미 보았던 것처럼 모든 우월전략 균형은 내시 균형이지만 역은 성립하지 않는다. 그리고 더욱이 모든 사회적 딜레마는 정의상 우월전략 균형을 갖지만 역은 성립하지 않는다. 우리는 모든 내시 균형은 합리화 가능 전략을 포괄하지만 역은 성립하지 않는다는 것을 첨언할 수 있다. 이 모든 것들이 그림 4.1의 벤다이어그램[5)]에 요약되어 있다.

11. 요약

우월전략 균형을 갖지 않는 게임이라도 각 플레이어가 다른 플레이어가 연출하는 전략에 대한 최선반응을 선택하면 모든 플레이어들의 전략 선택은 안정적이고 예측할 수 있으며 합리적일 것이다. 이 경우에 우리는 그것을 내시 균형이라고 한다. 우월전략 균형은 일종의 내시 균형이지만 우월전략 균형이 아닌 내시 균형이 있다는 것을 기억하라. 내시 균형

---

5) 역자 주 : 벤다이어그램은 원으로 집합과 집합 사이의 이론적 관계를 나타내는 도식으로, 영국의 철학자 겸 수학자인 존 벤(John Venn, 1834~1923)이 1881년에 도입하였다.

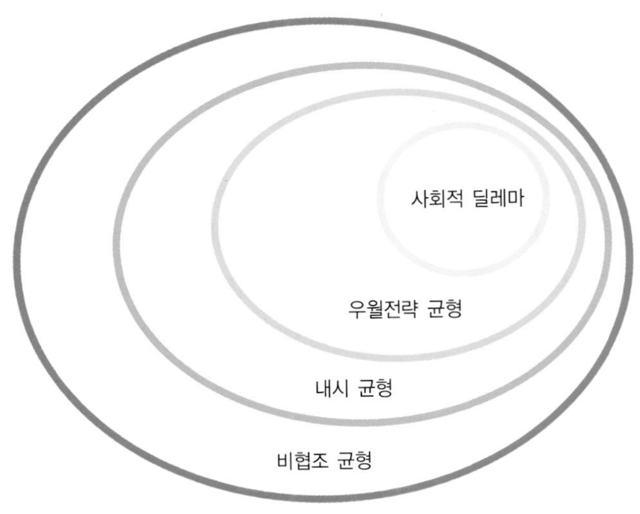

그림 4.1 비협조 해의 개념

은 비협조 균형이고, 따라서 게임의 협조 균형과 같을 수도 있고 다를 수도 있다.

내시 균형은 피차 상대방에 대한 최선반응이 아닌 전략의 조합들을 모두 제거함으로써 찾을 수도 있다. 이것은 각 행이나 열의 최선반응에 밑줄을 그음으로써 가시화될 수 있다.

내시 전략은 합리화 가능하다는, 즉 각 사람은 다른 사람이 합리적이라는 것을 알고 다른 사람은 이 사람이 합리적이라는 것을 안다는 아이디어를 사용하여 합리적이라고 정당화된다는 성질을 갖는다. 전략이 무관하면 절대로 선택되지 않을 것이고 합리화 가능하지 않다. 우리는 IEIS에 의하여 모든 합리화 가능 전략을 발견할 수 있다. 단순한 게임에서 이것은 내시 균형을 도출하고 다른 전략조합은 채택되지 않는다. 이 경우에 그것은 내시 균형을 발견하는 또 하나의 방법이며 더욱이 우리에게 합리적 플레이어들은 게임 안에 있는 정보만을 갖고 내시 균형에 도달하는 방법을 발견할 것이라는 것을 확신시켜 준다. 그러나 좀 더 복잡한 게임에서는 그렇지 않을 수도 있다. 플레이어들이 자기의 과오를 시정할 수 없으면 어떤 경우에는 합리화 가능 전략이 내시 균형이 아닐 수 있다.

내시 균형은 게임의 매우 일반적인 '합리적 해'이지만 우리가 보아 왔듯이 유일하지 않을 수 있는데 그것은 몇 가지 문제들을 야기한다. 우리는 다음 장에서 그것들을 논의할 것이다.

Q4. 연습문제

Q4.1 게임의 해법 비협조 게임에 대한 해의 개념으로서 내시 균형의 장점과 단점을 설명하라.

Q4.2 새로운 위치선정 게임 모든 위치선정 문제의 해가 비슷한 것은 아니다. 다음에 다른 문제가 있다. 이 예에는 2개의 백화점 – 게이시즈와 밈블즈 – 이 있다. 각 점포는 고섬 시에 한 점포를 위한 위치를 선정해야 한다. 각 점포는 업타운, 센터 시티, 이스트 사이드, 웨스트 사이드의 네 전략 가운데 하나를 선택할 것이다. 이득은 표 4.22a와 같다.

표 4.22a 새로운 위치선정 게임

		게이시즈			
		업타운	센터 시티	이스트 사이드	웨스트 사이드
밈블즈	업타운	30, 40	50, 95	55, 95	55, 120
	센터 시티	115, 40	100, 100	130, 85	120, 95
	이스트 사이드	125, 45	95, 65	60, 40	115, 120
	웨스트 사이드	105, 50	75, 75	95, 95	35, 55

a. 이 게임은 내시 균형을 갖는가? 있다면 어떤 전략들인가?
b. 이 게임에서 합리화 가능 전략들을 결정하기 위하여 IEIS를 적용하라.
c. 이 게임을 이 장의 위치선정 게임과 비교하고 차이를 지적하라.
d. 두 경우에 백화점의 위치선정에 영향을 주는 혼잡의 상대적 중요성에 대해서 무엇을 말할 수 있는가?

Q4.3 자매 간 경쟁 제2장의 문제 1을 참조하라.

a. 이 게임을 비협조 해의 관점에서 논하라.
b. 이 게임은 우월전략 균형을 갖는가?
c. 이 게임의 모든 내시 균형을 결정하라.
d. 내시 균형 가운데 어떤 것은 다른 것보다 발생할 가능성이 커 보이는가? 왜 그런가?

Q4.4 헤어스타일 섀그모프와 쉬어딜라이트는 쇼핑몰의 같은 줄에 있는 미용실이며 각각 틈새시장을 찾고 있다. 각 미용실은 펑커, 현대적 세련, 전통의 세 가지 스타일 중에서 선택할 수 있다. 이 스타일들이 그들의 전략이다. 그들은 상호가 암시하듯이 업주의 개성에 따라 이미 서로 다른 이미지를 갖고 있다. 이득표는 표 4.22b와 같다.

표 4.22b 미용사의 이득

		쉬어딜라이트		
		펑커	세련	전통
섀그모프	펑커	35, 20	50, 40	60, 30
	세련	30, 40	25, 25	35, 55
	전통	20, 40	40, 45	20, 20

a. 이 게임에 우월전략이 있는가?

b. 우월전략 균형이 있는가?

c. 내시 균형이 있는가?

d. 몇 개인가? 무엇인가? 당신은 그것을 어떻게 알았는가?

Q4.5 식당 게임 파르뷰 쇼핑몰에 2개의 식당 '카사 소노라'와 '다나카 앤 리'가 있다. 주방장들은 서로 다른 요리 전통으로 훈련받았지만 각각 다양한 스타일로 요리할 수 있고, 그것이 표 4.22c에 정규형으로 나타난 전략들이다. 각 스타일에 대한 시장은 부분적으로 다르지만 중첩될지 모른다. 예컨대, 광둥 요리와 멕시칸 요리가 가족 저녁 시장을 분점하기 쉬운 한편, 타파스와 스시는 '맥주와 함께 무언가를 먹는' 사람들에게 인기가 있을 수 있다. 표 4.22c는 두 식당의 이윤성을 1부터 5까지의 척도로 측정한 최선의 추측치를 보여 준다.

표 4.22c 식당의 이득

		카사 소노라		
		멕시칸	타파스	BBQ
다나카 앤 리	몽골리언	4, 1	3, 4	2, 2
	광둥	1, 1	2, 4	2, 3
	스시	5, 2	2, 1	3, 3

a. 이 게임을 내시 균형의 개념을 사용하여 분석하라.

b. 어느 전략이 합리화 가능한지를 결정하기 위하여 IEIS를 적용하라.

c. 내시 균형 개념의 장점과 단점에 대하여 논하고 당신의 논의를 이 게임에 대하여 예시하라.

Q4.6 운동경기 연맹 톱노치대학교와 사우스포주립대학교는 운동경기에서 경쟁자들이다. 이들은 각각 새 운동경기 연맹에 가입할 것을 고려하고 있다. 이것은 자 대학팀의 경기 대부분을 그 연맹에 소속하는 팀들을 상대로 일정을 짠다는 것을 의미한다. 그들은 계속하여 상대방과 시합하기를 원하며 이것은 그들이 같은 연맹에 속

하면 쉬워질 것이나 각각 다른 경쟁관계도 유지하기를 원한다. 그들의 전략은 그들이 선택할 대상인 산악지역 연맹(A), 북부 연맹(B), 중부 연맹(C). 중서부 연맹(D)의 네 연맹이다. 이득은 1부터 10까지의 통상적인 척도로 측정하였고 표 4.22d와 같다.

a. 내시 균형이 존재한다면 어떤 것인가?
b. 어느 전략이 합리화 가능한지를 결정하기 위하여 IEIS를 적용하라.

표 4.22d 운동경기 연맹 선정 게임

		사우스포			
		A	B	C	D
톱노치	A	8, 7	6, 6	4, 7	2, 8
	B	5, 4	10, 9	4, 5	3, 6
	C	6, 9	5, 4	9, 10	7, 3
	D	5, 8	4, 7	5, 6	6, 4

Q4.7 개의 저녁 밥 아르퓸니스와 우프스터프는 애완동물 식품 경쟁회사들이며 광고매체를 선정하고 있다. 그들의 전략은 그들이 선택할 광고매체 – 페이스북, 라디오, 텔레비전 – 이다. 그들의 이득은 표 4.22e에 제시되어 있다.

표 4.22e 애완동물 식품 광고 게임

		우프스터프		
		페이스북	라디오	텔레비전
아르퓸니스	페이스북	6, 6	2, 4	3, 3
	라디오	3, 3	3, 8	7, 2
	텔레비전	4, 2	9, 2	2, 7

a. 내시 균형이 존재한다면 어떤 것인가?
b. 어느 전략이 합리화 가능한가?

제5장

2개 이상의 내시 균형을 갖는 게임

여러 가지 점에서 제4장은 이 책의 핵심적인 장이다. 제4장의 주제인 내시 균형은 모든 비협조 게임의 분석에서 중요한 역할을 하며 협조 게임의 예에도 들어갈 수 있다. 따라서 이 책이 전개되면서 이 개념이 반복적으로 사용될 것이다. 그러나 우리가 보아 왔듯이 어떤 게임들은 2개의 내시 균형을 가지며 한 게임이 2개 이상을 갖는 것도 상당히 가능하다. 우리는 이 장에서 몇 개의 그런 예가 게임 이론에서 자주 사용되어 왔고 '고전적 경우'라고 불릴 수 있게 된 몇 개의 비교적 단순한 예들을 포함하여 몇 개의 그런 예들을 탐구할 것이다.

이 장의 내용을 가장 잘 이해하려면 제1장~제4장의 내용을 잘 이해할 필요가 있다.

중요 개념 

조정 게임(Coordination Game) : 두 플레이어들이 모두 같은 전략을 선택할 때 2개 이상의 내시 균형을 갖는 게임을 *조정 게임*이라고 한다.

반조정 게임(Anticoordination Game) : 두 플레이어들이 적절하게 서로 다른 전략들을 선택할 때 2개 이상의 내시 균형이 존재하는 게임을 *반조정 게임*이라 고 한다.

초점 균형(Focal Equilibrium) : 조정 게임에서 어떤 실마리가 참가자들에게 한 균형이 다른 균형보다 실현될 가능성이 크다고 믿게 할 수 있으면, 가능성이 더 큰 균형이 *초점 균형*이다.

1. 우측 주행!

우리는 소매점 위치선정 게임이 2개의 내시 균형을 가지며 두 회사 가운데 하나가 업스케일 몰, 다른 하나가 센터 시티를 선정하는 것을 보았다. 1개 이상의 내시 균형을 갖는 다소 더 단순한 다른 게임을 보자. 이것은 죄수의 딜레마와 조금 비슷한 또 하나의 2×2 게임 – 각각 2개의 전략을 갖는 2인의 플레이어 – 이다. 이 책의 독자 대부분은 어느 시점에선가 이 게임의 연출을 경험할 것이다.

표 5.1 퀴즈 게임에서 파멜라가 얻는 이득

		벤츠	
		우측	좌측
뷰익	우측	5, 5	−100, −100
	좌측	−100, −100	5, 5

조정 게임 : 두 플레이어가 모두 같은 전략을 선택할 때 2개 이상의 내시 균형을 갖는 게임을 *조정 게임*이라고 한다.

어떤 나라에서는 통상적으로 자동차가 도로의 우측으로 주행하는 반면, 자동차의 좌측 주행이 관습인 나라(예컨대, 영국, 인도와 일본)도 있다. 이것을 게임 이론과 내시 균형의 관점에서 생각하자. 벤츠와 뷰익이 평소 한적한 2차선 도로에서 마주보면서 접근하고 있다. 각 자동차 운전자는 좌측 도로 운행과 우측 도로 운행의 두 가지 전략 사이에서 선택해야 한다. 둘이 같은 전략을 선택하면 다행이지만 그렇지 않으면 충돌 위험이 존재한다(그들이 서로 상대방에 접근할 때 한 운전자의 우측이 다른 운전자의 좌측이란 것을 상기하라. 그래서 그들이 각각 자기의 관점에서 같은 측으로 운전함으로써 서로 안전하게 통과한다. 그렇지 않으면 그들은 충돌한다). 이 게임을 나타내는 표 5.1에서 이득은 대체로 결과에 비례한다.

그러나 우리는 여기서 죄수의 딜레마와의 차이를 발견한다. 죄수의 딜레마는 유일한 우월전략 균형을 갖는 반면, 우측통행 게임은 그렇지 않다. 이 게임에서는 두 플레이어가 같은 전략을 선택할 때마다 균형이 성립한다. 그들은 내시 균형을 연출하면 최선이지만 그렇지 않으면 최악이다. 이 묘사에 부합하는 게임은 **조정 게임**으로 알려져 있다.

(우측, 우측)과 (좌측, 좌측)이 모두 내시 균형이므로 두 전략은 두 플레이어를 위하여 합리화 가능하다. 그래서 사실, 어떤 전략 조합도 합리화 가능하다. 요컨대, 이 게임에서는 합리화가 도움이 되지 않는다. 합리성의 공통 지식은 충분하지 않다. 운전자들은 이 조정 게임에서 좋은 결정을 하기 위하여 게임의 규칙과 이득 외에 어떤 추가적 지식이 필요할 것이다.

그러나 이 경우에 문제가 그다지 쉽지 않다. 물론 우리는 몇 나라에서 좌측 운행이 관습이란 것을 안다. 이 경우에 관습이나 법은 그들이 필요로 하는 정보의 원천일 수 있다. 운전자들은 그들이 어느 나라에 있는가라는 것만 알 필요가 있다! 거꾸로 – 더욱이 – 2개의 내시 균형이 존재한다는 것은 어느 나라에서는 좌측 운행이 관습이고 다른 나라에서는 우측 운행이 관습이라는 사실에 대한 설명을 제공한다. 어느 관습이나 내시 균형이므로 안정적이다.

이 경우에 어느 한쪽으로 운행하는 관습은 두 운전자가 어느 한 내시 균형에 주의를 집중하도록 할 수 있는 정보를 제공한다. 그래서 관습적 균형이 흔히 **초점 균형**이나 초점이라 불린다. 이 발상이 토머스 셸링에 연원을 두기 때문에 **셸링 점**(Schelling point) 또는 **셸링 초점 균형**이라고 한다.

초점 균형 : 2개 이상의 내시 균형을 갖는 게임에서 게임의 외부에 있지만 모든 플레이어가 사용할 수 있는 정보에 의하여 주의를 집중시키는 균형이 초점 균형 또는 때때로 셸링 점으로 불린다.

2. 나무 옮기기 게임

토머스 셸링
(Thomas C. Schelling, 1921~)

미국 캘리포니아 주 오클랜드 태생인 토머스 셸링은 버클리 소재 캘리포니아대학교를 졸업하고 하버드대학교에서 경제학 박사 학위를 받았다. 정부(1945~1953)와 랜드연구소(1958~1959)에서 일한 경험이 그의 발상에 중요한 영향을 미친 것으로 보인다. 그는 예일대학교와 하버드대학교에서 31년간 교수로 있다가 마지막으로 메릴랜드대학교로 돌아왔다. 경제학과 전략적 행동에 대한 그의 많은 저술 가운데 *대결의 전략*(The Strategy of Conflict)(1960)은 게임 이론에 대하여 결정적인 기여를 한 것으로 높게 평가받고 있다.

1개 이상의 내시 균형을 가진 다른 예를 보고 셸링 초점에 대해서 좀 더 생각해 보자. 이것은 죄수의 딜레마와 다소 비슷하게 두 플레이어가 각각 2개의 전략을 가진 2×2 게임이며 자동차 운전도 포함한다! 이것을 나무 옮기기(Heave-Ho) 게임이라고 부르기로 하자. 이 게임에서 짐과 칼은 자동차로 시골길을 가다가 길바닥에 떨어진 나무에 가로막혀서 멈추었다. 나무를 길 옆으로 치우면 전진할 수 있고 그렇지 않으면 되돌아가야 한다. 나무를 치우려면 둘이 있는 힘을 다해 나무를 들어내야 한다. 그래서 각 운전자가 선택할 전략은 '옮긴다'와 '안 옮긴다'의 두 가지이다.

표 5.2 나무 옮기기 게임

		짐	
		옮긴다	안 옮긴다
칼	옮긴다	5, 5	−10, 0
	안 옮긴다	0, −10	1, 1

둘이 함께 들면 나무를 길 옆으로 치울 수 있다. 이 경우 각 운전자가 5의 이득을 얻는다고 가정한다. 한 사람이 혼자 들면 다쳐서 −10의 이득을 얻고, 다른 사람은 다친 사람을 병원으로 데리고 가는 사소한 불편을 겪는 것에 불과하여 0의 이득을 얻는다. 아무도 나무를 옮기지 않으면 그들은 돌아가야 하며 각각 1의 이득을 얻는다고 가정한다. 이들의 이득은 표 5.2와 같다.

이 이득표를 보면, 그리고 혹시 몇 개의 밑줄을 그으면 2개의 내시 균형, (옮긴다, 옮긴다)와 (안 옮긴다, 안 옮긴다)가 존재한다는 것을 알게 된다. 그러나 이 2개의 균형은 분명하고 중요한 한 가지 점에서 서로 다르다. 첫째 균형은 둘째 균형에 비하여 각 운전자에게 더 많은 이득을 준다는 것이다. 그것은 사실상 다른 어떤 전략조합보다 많은 이득을 준다. 우리는 이것을 (옮긴다, 옮긴다)의 균형이 **이득우월**이라고 표현한다. 이 특유한 성격이 (옮긴다, 옮긴다)의 균형을 셸링 초점으로 만드는 것으로 보인다. 이것이 가장 좋은 균형이라

이득우월 균형(Payoff Dominant Equilibrium)/**위험우월 균형**(Risk Dominant Equilibrium) : 2개 이상의 내시 균형이 있고 (1) 한 균형이 다른 균형(들)에 비해 각 플레이어에게 더 많은 이득을 주면 *이득우월 균형*이라고 한다. (2) 그리고 한 균형이 각 플레이어에게 최소의 최대손실을 주면 *위험우월 균형*이라고 한다.

실험탐구 역사적 건물을 초점으로

역사나 경험과 마찬가지로 자연적이거나 사회적으로 두드러진 명소는 셸링 초점의 근거가 될 수 있다. 1960년대에 셸링이 예일대학교에서 강의할 때 학생들에게 다음과 같은 심리 실험을 하였다. 당신은 특정한 날에 뉴욕 시에서 친구를 만나야 하지만 시간이나 장소를 모르고, 당신의 친구도 그것을 모른다. 당신은 몇 시에 어디로 친구를 만나러 갈 것인가? 대부분의 학생들은 정오에 그랜드센트럴 역의 시계 밑에서 친구를 찾으려 할 것이라고 분명하게 답했다.[1] 20세기 중반 뉴헤이븐[2]의 학생들에게 그랜드센트럴 역의 시계 밑은 편리한 만남의 장소였다. 이 관습이 불확실성을 없애기에 충분하여 학생들이 같은 장소로 나와 만날 수 있었을 것이다(뉴욕 인근이나 다른 지역의 주민들은 다른 장소를 생각할 수 있을 것이다. 예컨대, 미국의 다른 지역에서 온 관광객은 그랜드센트럴 역 대신에 엠파이어스테이트 빌딩을 생각할 수도 있을 것이다.[3] 전후 관계가 중요하다). 그리고 물론 정오는 2개의 시곗바늘이 똑바로 위를 향해 있기 때문에 바로 눈에 띈다. 다시 한 번 엠파이어스테이트 빌딩이라는 명소가 불확실성을 없애기에 충분하여 학생들이 같은 시간에 만날 수 있었을 것이다. 다음과 같이 말해도 되었을 것이다. "다음 달 첫날에 맨해튼에서 만나자. 시간과 장소는 말 안 해도 뻔하잖아?"

는 것이 모든 플레이어에게 너무나 명백하므로 각 플레이어는 다른 플레이어가 옮길 것이라고 가정하고 자기도 옮기는 전략을 선택할 것이다.

그러나 경험이 이러한 합리적 추론을 앞설 수도 있다. 가령, 짐이 과거의 경험으로 보아 칼이 게을러서 절대로 있는 힘을 다하지 않는다는 것을 안다고 가정하자. 그리고 칼도 짐이 자기를 어떻게 생각하는지 안다고 가정하자. 칼이 빤들거리고 나무를 옮기지 않으리라 예상하는 짐도 혼자만 힘쓰다 다쳐서 −10의 이득을 얻는 것을 피하려고 나무를 옮기지 않을 것이다. 그리고 칼은 이것을 예상할 수 있다. 칼은 자신에 대한 짐의 판단이 틀리다고 생각하더라도 역시 다치지 않으려고 옮기지 않을 것이다. 그러므로 우리는 칼과 짐이 서로 상대방을 어떻게 생각하는지를 알지 못하는 한 (옮긴다, 옮긴다)가 균형으로 성립할 것이라고 확신할 수 없다.

이 게임의 또 다른 가능성은 두 플레이어가 모두 (안 옮긴다, 안 옮긴다)를 선택함으로써 −10의 이득(즉, 손실)을 얻을 위험을 피하려고 할 수 있다는 것이다. 이는 큰 손실을 피하는 것이므로 **위험우월** 내시 균형이라고 불린다. 이 성질도 주목을 끌 수 있으며 (안 옮긴다, 안 옮긴다)를 셸링 초점으로 만들 수 있다. 실험 연구를 해 보면 이득우월 전략과 위험우월 전략은 다른 게임에서 선택될 수 있다.

나무 옮기기 게임은 순수한 조정 게임의 예이다. 두 플레이어는 전략 선택을 조정할 수 있어야만 최선의 이득을 얻는다. 이것은 매우 쉬워 보이지만, 이미 보았듯이 각자 조정이

1) 역자 주 : 뉴욕의 그랜드센트럴 역은 우리나라의 서울역처럼 철도 교통의 중심이 되는 역이다.

2) 역자 주 : 예일대학교가 있는 코네티컷 주의 도시이다.

3) 역자 주 : 엠파이어스테이트 빌딩은 1920년에 시공되어 1931년에 정식으로 준공된 이래, (2001년에 테러로 붕괴된) 세계무역센터가 1972년에 건립되기까지 세계 최고의 빌딩이었다.

성공하지 않으리라 예상하면 성공하지 않을 수 있다. 조정 게임의 성패는 부분적으로 자기확인적 예언(self-confirming prophecy)일 수 있다.

3. 또 하나의 자동차 주행 게임

자동차 운전은 우리에게 몇 개의 유용한 예를 제시하였고 아래에 한 예가 더 있다. 우리는 그것을 계속 주행 게임이라고 부를 것이다. 2대의 자동차가 돼지마을로와 딸꾹질가의 교차 지점에서 만난다. 운전자들은 '기다린다'와 '진행한다'의 두 가지 전략을 갖는다. 이득은 표 5.3과 같다. 우리가 보는 것처럼 두 운전자가 모두 정지하면 이득이 0이므로 문제를 지속시킬 따름이다. 그러나 모두 주행하면 이득이 −100이므로 충돌할 것이다. 한 운전자가 주행하고 다른 운전자가 기다리면 주행하는 운전자가 교차 지점을 먼저 통과하면서 5의 이득으로 '이긴다'. 한편, 다른 운전자는 1의 이득을 얻으면서 교차 지점을 두 번째로 (그러나 안전하게) 통과한다.

표 5.3 주행 게임

		벤츠	
		기다린다	진행한다
뷰익	기다린다	0, 0	1, 5
	진행한다	5, 1	−100, −100

이 게임에는 2개의 내시 균형이 있는데, 각각 한 차는 기다리고 다른 차는 진행하는 전략의 조합이다. 이 게임에서 두 플레이어는 내시 균형을 연출하기 위하여 상이한 전략들을 조정된 방법으로 선택하는 것이 필요하며 균형에서 똑같이 최선의 상태에는 있지 않으나 비균형 전략조합보다 좋아진다. 게임 이론에 대한 최근의 몇 문헌에서 이와 같은 게임들을 **반조정 게임**이라고 한다. 다시 한 번 플레이어들은 그들의 전략을 적절하게 조정하기 위하여 게임 외부로부터 정보를 조금 필요로 할 것이나 반조정 게임을 위하여 각 플레이어가 한 사람에는 진행, 다른 사람에는 정지 신호를 보내는 서로 다른 정보를 얻는 것이 필요하다. 이 정보의 가능한 한 원천은 돼지마을로와 딸꾹질가의 교차 지점에 있는 교통 신호등일 수 있을 것이다.

> 반조정 게임 : 두 플레이어가 적절하게 서로 다른 전략들을 선택할 때 2개 이상의 내시 균형이 존재하는 게임을 *반조정 게임*이라고 한다.

교통 신호등은 중요한 게임 이론적 발명품이다. 레스터 와이어(Lester Wire, 1887∼1958), 윌리엄 포츠(William Potts, 1883∼1947), 개럿 모건(Garrett Morgan, 1877∼1963)을 포함하여 교통 신호등이나 유사한 시그널의 독립적 발명가들이 다수 있었다. 물론, 게임 이론이 아직 발전하지 않았었기 때문에 이 발명가들은 게임 이론의 시각에서 생각하지 않았으나 이것은 게임 이론의 관점에서 가장 잘 이해될 수 있는 문제를 해결하는 기술의 좋은 예이다.

우리가 표 4.15의 소매점 위치선정 게임을 돌아보면, 우리는 그것도 비조정 게임이라는 것을 안다. 이것은 아마 센터 시티와 업스케일 몰이 2개의 가장 유리한 위치이지만 두 점포들이 모두 그 가운데 한 곳에 위치를 선정하면 그들의 직접적인 고객유치 경쟁이 모두의 이윤을 낮출 것이기 때문일 것이다. 우리는 제11장에서 이 게임을 다시 조사하고 두 점포가 대면하는 문제에 대한 해법을 제시할 것이다.

4. 고전적 예 : 사슴 사냥

2×2 게임은 죄수의 딜레마부터 시작하여 게임 이론적 연구에서 매우 광범위하게 탐구되어 왔다. 복수의 내시 균형을 가진 2×2 게임의 예는 죄수의 딜레마와 대조되며 몇 가지 예는 현재 진행 중인 연구에서 중요하다. 그것들은 우리가 살펴볼 '고전적 예'에 속한다. 사슴 사냥은 플레이어 2인과 전략 2개가 있는 고전적 게임으로 철학자와 게임 이론가들의 관심을 끌어 왔다. 그것은 장 자크 루소에 연유한다.[4)]

우리는 많은 사냥꾼들이 사슴 사냥과 토끼 사냥 중에서 선택할 수 있다고 가정한다. 그들은 모두 사슴 사냥의 전략을 선택해야만 사슴을 잡을 수 있다. 루소는 **불평등론**(Discourse on Inequality)(G. D. H. 콜 번역)에서 "한 마리의 사슴을 잡으려면 각자는 자기 위치를 충실하게 지켜야 성공한다는 것을 안다. 그러나 토끼 한 마리가 우연히 그들 가운데 누군가가 잡을 수 있는 곳을 지나가면 그는 거리낌 없이 토끼를 쫓아갈 것이 틀림없고, 토끼를 잡은 그는 자기의 행동 때문에 동료들이 사슴을 놓쳤더라도 거의 개의치 않았다."라고 쓰고 있다.

(단순화를 위해서) 이것을 정규형 2인 게임으로 생각하는 것이 관습적이다. 사냥꾼이 2명 있는데 각자 홀로 사냥하더라도 저녁거리로 토끼를 잡을 수 있다고 상당히 자신하고 있다. 그러나 그 나라의 토끼들은 꽤 말랐기 때문에 둘이 협력해서 사슴을 잡으면 가족들을 더 잘 먹일 수 있다. 문제는 사슴을 잡는 데 그들 둘이 필요하며 혼자 사슴을 사냥하면 실패하고 굶게 된다는 것이다. 게임 이론가들은 흔히 이것을 표 5.4의 이득표로 나타낸다.

우리는 이 게임을 검토하고 2개의 내시 균형, (사슴, 사슴)과 (토끼, 토끼)가 있다는 것을

4) 역자 주 : 루소(Jean Jacques Rousseau, 1712~1778)는 제네바 태생으로 18세기 계몽주의의 대표적 철학자이자 낭만주의 작가, 화가였다. 평등과 자유에 입각한 주권재민의 사회계약으로 대표되는 그의 정치사상은 프랑스 혁명과 미국 혁명의 지도 이념이 되었다고 평가받는다.

안다. 이것은 조정 게임의 또 하나의 예이다. (사슴, 사슴)의 균형은 이득우월이지만 앞서 보았듯이 (토끼, 토끼)는 위험우월이다 – 그것은 완전한 공복으로 귀가할 위험을 배제한다.

표 5.4 사슴 사냥

		사냥꾼 2	
		사슴	토끼
사냥꾼 1	사슴	10, 10	0, 7
	토끼	7, 0	7, 7

만일 두 사냥꾼이 과거의 경험으로 항상 토끼를 사냥했다면 이 경험은 (사슴, 사슴)이 이득우월적이라도 (토끼, 토끼)를 매우 안정적으로 만드는 셸링 초점을 만들 수 있다. 사슴 사냥 게임은 대규모의 더 생산적인 방법은 (거의?) 모든 참가자들이 그것을 사용하기로 약속해야 성공할 텐데 각자는 남들이 잠재적으로 더 생산적인 방법으로 바꾸기를 거절하는 위험의 부담을 거절할 수 있다는 의미에서 현대 경제 발전에 대한 비유로 볼 수 있을지 모른다.

5. 고전적 예 : 남녀 대결

우리가 고려할 또 하나의 '고전적 예'는 '남녀 대결(Battle of the Sexes)'이다. 죄수의 딜레마처럼 이것도 짧은 이야기로 시작한다. 말린과 기예르모는 토요일 밤에 외출하려고 한다. (진부하지만) 기예르모는 야구 경기를 즐기는 반면 말린은 쇼를 더 좋아한다. 기예르모와 말린은 함께 외출하기를 원한다. 그런데 전화 회사가 파업 중이라 이들은 서로 연락할 수가 없다. 말린의 인터넷 서버가 작동하지 않고 기예르모의 휴대전화는 배터리가 떨어졌다. 그래서 이들은 오직 같은 장소에서 만나기를 바라고 시도할 뿐이다. 각자 '경기를 보러 간다'와 '쇼를 보러 간다'는 두 가지 전략 중에서 선택할 수 있다. 이 게임의 이득은 표 5.5에 정규형으로 나타나 있다.

표 5.5 남녀 대결

		말린	
		경기	쇼
기예르모	경기	5, 3	2, 2
	쇼	1, 1	3, 5

이 게임은 (경기, 경기)와 (쇼, 쇼), 2개의 내시 균형을 갖는다. 두 플레이어가 같은 전략을 연출할 때 더 좋아지므로 이것은 조정 게임의 또 하나의 예이다. 다시 한 번 어떤 균형이 발생할 가능성이 큰가를 결정하는 문제가 있다. 이 경우에 두 플레이어의 관점에서 어떤 균형도 다른 균형보다 낫지 않으므로 의지할 만한 셸링 초점이 없다. 어떤 다른 종류의 신호나 정보가 없으면 정말로 답이 없다. 이러한 수수께끼 같은 성질에도 불구하고 – 아니 오히려 이러한 성질 때문에 – 남녀 대결 게임은 게임 이론의 연구에서 계속적으로 중요한 역할을 하고 있으므로, 이 책에서 다시 보게 될 것이다.

6. 고전적 예 : 겁쟁이 게임

지금까지 보아 온 것과 비슷하면서도 다른, 또 하나의 널리 연구된 2×2 게임으로 겁쟁이(Chicken) 게임이 있다. 겁쟁이 게임은 1950년대의 어떤 폭주족 영화이거나 아마 영화화의 가능성을 시사한 뉴스에 근거를 둔다. 플레이어들은 마이크와 닐이라는 2인의 폭주 운전자들이다. 게임은 두 운전자들이 정면충돌의 위험을 무릅쓰고 마주하여 자동차를 모는 것이다. 둘 가운데 하나가 마지막 순간에 비껴가면 그는 패배자, 즉 겁쟁이이다. 그러나 아무도 비껴가지 않으면 충돌로 다치거나 죽을 것이므로 둘 다 훨씬 더 많이 잃게 된다. 세 번째 가능성으로, 둘 다 비껴간다면 모두 잃는 것도 없고 얻는 것도 없다. 표 5.6은 게임의 이득을 보여 준다.

표 5.6 겁쟁이 게임

		마이크	
		직진한다	비껴간다
닐	직진한다	−10, −10	5, −5
	비껴간다	−5, 5	0, 0

조금만 살펴보면 이 게임이 각각 한 사람은 비껴가고 다른 한 사람은 직진하는 2개의 내시 균형을 갖는다는 것을 알 수 있다. 그러나 역시 2개의 내시 균형이 있고 셸링 초점을 정의할 신호나 실마리가 없다면 두 균형 중 어느 것의 가능성이 더 큰지 알 방법이 없다. 이것은 게임 이론가에게 문제가 될 뿐 아니라 폭주족들에게도 문제가 된다. 실제로 그들이 충돌의 파멸에 함께 빠질 위험이 존재한다.

겁쟁이 게임은 1950년대부터 1980년대까지 미국과 소련 간의 긴장기간 동안 미국의 핵 정책에 어느 정도 영향을 주었던 것 같다. 확실히 핵의 교착 상태는 겁쟁이 게임과 유사한 것 같다. 그것은 또 유사한 위험도 함축한다. 내시 균형에 해당하는 모든 전략이 합리화 가능하다는 것을 상기하라. 그리고 이것은 이 게임에서 각각의 전략이 합리화 가능하다는 것을 의미한다. 만일 두 폭주 운전자들이 합리화에 의존한다면 비내시 균형인 '직진한다, 직진한다'를 선택하는 것도 당연할 것이다. 그들은 시정하기에 너무 늦었을 때가 되어서야 그들의 오류를 발견할 것이다. 마찬가지로 '핵 교착' 게임에서 각국은 상대국이 대응하지 않을 것으로 기대하고 공격을 선택할지 모른다. 그들은 시정하기에 너무 늦었을 때가 되어서야 그들의 오류를 발견할 것이다. 이 기간에 추구한 '상호 보장된 파괴'의 정책은 대응을 자동화하여 한 나라가 공격하면 다른 나라가 회피하는 가능성을 현실적으로 완전히 배제하기 위해서 수립되었던 것 같다. 이것은 '겁쟁이' 게임을 어느 쪽도 공격하지 않는, 평화가 유일한 합리화 가능 전략인 단일한 내시 균형을 갖는 다른 게임으로 변형시킬 것이다.

겁쟁이 게임은 반조정 게임의 또 하나의 예이다. 2인의 폭주 운전자들은 내시 균형을 실현하기 위해서 상반되는 전략을 선택해야 한다. 여하간 겁쟁이 게임은 남녀 대결의 게임처럼 내시 균형이 항상 유일하지는 않기 때문에 게임 이론에서 발생할 수 있는 문제들의 예로서 계속 연구되고 있다.

7. 고전적 예 : 매 대 비둘기

2개의 내시 균형을 가진 2×2 게임의 또 다른 예를 동물 행동과 그것의 진화론적 기초를 연구하는 생물학자들이 제시하였다. 그것은 '매 대 비둘기(Hawk vs. Dove)'로 불린다. 이 게임의 배경에 있는 발상은 어떤 동물은 물이나 먹이를 차지하려는 싸움에서 상당히 공격적인 반면, 다른 동물은 공격하려는 몸짓만 하고는 도망간다는 것이다. '매'는 공격적으로 싸우는 전략을 상징하고 '비둘기'는 싸움을 피하는 전략을 상징한다.

집단생물학(population biology)의 가정은 동물들이 다소 우연히 서로 만나서 어떤 자원을 놓고 공격이나 도주의 전략을 사용하면서 다툰다는 것이다. 어떤 동물들이 서로 만나는가에 따라 만날 때마다 상이한 매 대 비둘기 게임이 끝까지 연출된다. 공격적인 '매' 2마리가 만나면 둘 다 다칠 때까지 싸우므로 어느 1마리가 먹이를 차지하게 되더라도 결국 모두 지는 셈이다. '비둘기' 2마리가 만나면 둘 다 공격적인 몸짓을 조금 하다가 도망갈 것이고 어느 놈이든 더 늦게 도망가는 놈이 먹이를 차지하게 될 것이다. '매'와 '비둘기'가 만나면 '비둘기'가 도망가고 '매'는 거의 또는 전혀 비용을 들이지 않고 먹이를 차지하게 된다.

이 게임의 이득은 표 5.7에 나타나 있다. 이 이득은 먹이를 얻는 편익과 싸우거나 싸울 것처럼 하는 비용의 평균치에 대한 가정에서 도출된 것이다. 그러나 우리는 그것을 지금 자세히 설명하지는 않을 것이다(이 구체적인 수들이 함축하는 의미를 제10장에서 볼 것이다).

역시 이 게임에도 새들이 서로 다른 전략을 채택하는 2개의 내시 균형이 있다. 이 점에서 겁쟁이 게임과의 유사성에 주목하라.

표 5.7 매 대 비둘기

		새 B	
		매	비둘기
새 A	매	−25, −25	14, −9
	비둘기	−9, 14	5, 5

물론 매와 비둘기는 몇 가지 중요한 점에서 인간인 게임 플레이어와 같지 않다. 게임 이론에서의 합리적 인간은 자

기 행동의 결과를 고려하고, 자신의 이득을 최대화하려고 하며, 그에 맞게 전략을 선택하는 반사적 동물이다. 그러나 매와 비둘기는 그렇지 않다. 매와 같은 공격적 행동이 전략이라거나 매가 그것을 선택한다는 것은 무엇을 의미할 수 있는가? 집단생물학에서 나온 매 대 비둘기 게임은 사실상 2인 게임이 아니기 때문에 이 문제는 뒤로 미루어져야 할 것이다. 다수의 플레이어가 연출하는 게임을 탐구하기 시작한 다음에 제10장에서 이 문제로 돌아갈 것이다.

현재로는 매 대 비둘기 게임이 게임 이론과 관련이 없을 것 같은 학문 분야인 생물학에서 나온 예로서 흥미로운 것이다. 그것은 2개의 내시 균형이 있고 셸링 초점을 정의하도록 도움을 주는 정보가 없는 2×2 게임의 또 하나의 예이다.

8. 도피 게임

내시 균형의 한 예를 더 고려하자. 순경 피트는 강도 용의자 프레드를 추적하고 있다. 프레드는 부두의 막다른 골목에 다다랐고 피트는 아직 뒤에 보이지 않는다. 프레드는 북쪽이나 남쪽으로 갈 수 있다(이것이 그의 전략이다). 남쪽으로 가면 다른 경찰서의 관할 지역으로 가는 연락선을 타고 도주할 수 있다. 북쪽으로 가면 애인의 아파트에 숨어서 기다리다가 애인이 운전하는 차를 타고 다른 관할 지역으로 가서 둘이 함께 도망칠 수 있다. 프레드가 방향을 결정하고 도주한 뒤에 피트가 막다른 골목에 다다른다. 피트도 프레드와 마찬가지로 북쪽이나 남쪽으로 방향을 결정해야 한다. 피트가 남쪽으로 가고 프레드도 남쪽으로 가면 피트가 먼저 부두에 도착하여 프레드가 배를 타기 전에 체포할 수 있다. 피트가 북쪽으로 가서 애인의 아파트에 숨어 있는 프레드를 잡고 프레드의 애인까지 방조자로 체포하면 2명의 범인을 잡은 공으로 적지 않은 상여금까지 탈 수 있다. 그러나 그가 범인과 반대 방향으로 가면 범인을 놓치고 경찰서는 실망할 것이다. 만일 프레드가 남쪽으로 도주하였는데 피트가 북쪽으로 프레드의 애인을 찾아가면, 그는 그녀를 괴롭혔다는 이유로 견책을 당할 것이다.

표 5.8 도피 게임의 이득

		피트	
		북쪽	남쪽
프레드	북쪽	−1, 3	4, −1
	남쪽	3, −4	−2, 2

이 게임의 이득은 표 5.8에 나타나 있다.

표 5.8을 자세히 보면 이 게임에서는 어떤 전략을 짜도 내시 균형이 아니라는 것이 나타난다. 우리가 어느 칸에서부터 시작하더라도 두 플레이어 가운데 누군가 한 사람은 전략을 바꾸기를 원할 것이다. 불쾌한 진실은 순수전략으로는

내시 균형이 전혀 없는 게임들이 있다는 것이다. 우리가 이제까지 다루어 온 전략의 목록들은 순수전략이다. 별로 순수하지 않은 좀 더 복잡한 종류의 게임에서 순수전략들을 결합할 수 있다. 그러나 우리는 제9장까지는 이것을 다루지 않을 것이다.

이 예는 비협조 게임에 대한 해로서의 내시 균형이 갖는 또 하나의 결점을 보여 준다. 해의 올바른 수는 1개이다. 내시 균형의 예에서 우리는 1개 이상을 가질 수 있거나 (이제는 해가 전혀 없는 것처럼 보인다). 우리는 이 새로운 문제에 대한 해가 있지만 그것은 몇 개의 추가적인 도구와 약간의 수학을 요구할 것이다.

9. 요약

이 장은 2개 이상의 내시 균형을 가진 게임들에 초점을 두었다. 내시 균형은 게임에 대한 매우 일반적인 '합리적인 해'이지만 그 관점에서 몇 개의 단점을 갖는다.

- 내시 균형은 유일하지 않을 수 있다. 어떤 게임은 2개 이상의 내시 균형을 갖는다. 이것은 조정 게임과 반조정 게임 그리고 다른 더 복잡한 게임들을 포함한다. 그러한 경우에 게임의 플레이어들은 어느 내시 균형이 발생할 것인지를 결정하기가 어렵다는 것을 발견할지 모른다. 이것은 그들이 이용할 수 있는 정보에 달려 있다. 한 균형이 다른 균형보다 가능성이 훨씬 더 크다는 것을 알 수 있게 해주는 신호나 실마리가 있다면 그 균형은 셸링 초점 균형이라고 불린다. 그러나 복수의 균형이 있는 게임들이 모두 셸링 초점 균형을 갖고 있지는 않은 것 같다.
- (한정된 수의 전략만 가진) 게임들이 모두 내시 균형을 갖는 것은 아니다. 이제까지 우리는 통상 2, 3, 또는 4개 이상이 안 되는 한정된 수의 전략 명단을 가진 게임들만 관찰해 왔다. 이 한정된 수의 전략 명단 가운데 내시 균형이 존재하지 않을 수도 있다.

우리는 이 가능성을 제시하기 위하여 많은 예들을 고려해 왔다. 끝으로, 우리는 한 집단의 '고전적 예', 2개의 내시 균형을 가진 2인 2전략(2×2) 비일정합 게임을 고려했다. 이 조정 게임과 반조정 게임은 광범한 가능성을 포함한다. 사슴 사냥, 남녀 대결, 겁쟁이, 매대 비둘기 게임 등은 우리가 실제 생활에서 흔히 대처해야 하는 어려움의 범위를 나타내는 것처럼 보인다.

Q5. 연습문제

Q5.1 **보완적 서비스의 위치선정** 여기 또 하나의 위치선정 문제가 있다. 존은 새 영화관을 지으려고 계획 중이고 칼은 맥주집을 계획하고 있다. 이들은 경쟁자 대신 보완적 서비스라는 것을 주목하라 – 어떤 고객들은 영화 관람 전이나 후에 맥주집에서 저녁을 먹거나 맥주를 마실 것이다. 각자는 자기의 건축 계획을 위해서 몇 개의 교외 쇼핑몰 가운데 선택할 수 있다. 그러나 솔트릭코트에는 이미 맥주집이 있고 비터스프링스의 점포들은 이미 영화관을 갖고 있다. 이득표는 표 5.9a이다.

a. IEIS 방법을 사용해서 이 게임을 단순화하라.

b. 이 게임은 어떤 내시 균형을 갖는가?

c. 이 게임을 조정 게임이나 반조정 게임으로 볼 수 있는가? 설명하라.

표 5.9a 보완적 서비스를 위한 위치선정의 이득

		칼		
		스윗타운 몰	사워빌 몰	비터스프링스
존	스윗타운 몰	10, 10	6, 5	2, 12
	사워빌 몰	4, 3	12, 10	3, 8
	솔트릭코트	11, 4	5, 3	10, 12

Q5.2 **가위바위보** 흔한 초등학생 게임인 가위바위보 또는 (내가 어렸던 때의) 보바위가위를 보자. 두 어린이, 수잔과 테스가 동시에 가위바위보를 한다. 승패의 규칙은 다음과 같다.

- 보자기가 바위를 덮는다(보가 바위를 이긴다).
- 바위가 가위를 부순다(바위가 가위를 이긴다).
- 가위가 보자기를 자른다(가위가 보를 이긴다).

이득표는 표 5.9b와 같다.

a. 이 게임을 비협조 해의 관점에서 논하라.

b. 이 게임은 우월전략 균형을 갖는가?

c. 내시 균형을 갖는가? 그렇다면 어떤 전략들인가?

d. 두 어린이들이 어떻게 게임을 연출할 것으로 생각하는가?

표 5.9b 가위바위보

		수잔		
		가위	바위	보
테스	가위	0, 0	1, −1	−1, 1
	바위	−1, 1	0, 0	1, −1
	보	1, −1	−1, 1	0, 0

Q5.3 대탈출 제2장의 연습문제 Q2.2를 참조하라.

a. 이 게임을 비협조 해의 관점에서 논하라.

b. 이 게임은 우월전략 균형을 갖는가?

c. 이 게임은 내시 균형을 갖는가? 그렇다면 어떤 전략들인가?

d. 어떻게 죄수와 교도소장은 각각 합리적으로 전략을 선택할 수 있는가?

제 6 장

복점전략과 가격*

> **이 장의 내용을 가장 잘 이해하려면** 제1장~제4장의 내용을 학습하고 이해할 필요가 있다. 경제원론을 어느 정도 아는 것도 도움이 될 것이다.

존 폰 노이만과 오스카 모겐스턴이 그들의 위대한 저서, **게임과 경제 행동의 이론**에서 추구한 목적의 하나는 경제 이론의 풀리지 않은 문제인 과점 가격결정을 해명하려는 것이었다. '과점'은 '극소수의 판매자들'을 의미한다. 이는 단순한 수요 · 공급 접근방법이 너무 단순할 것임을 시사한다. 판매자의 수가 적다면 판매자는 어느 정도 독점자처럼 생산을 줄이고 가격과 이윤 마진을 올릴 능력을 가질 수 있다. 그러나 그 능력은 어느 정도인가? 과점자들은 가격을 독점 수준까지 올릴 것인가? 그들의 관점에서 그것은 게임의 '협조' 해일 것이다. 그러나 그들이 '비협조적'으로, 즉 경쟁적으로 행동하면 가격이 독점 수준 밑으로 떨어질 수 있고, 심지어 경쟁 수준으로 내려갈 수도 있다.

이 문제는 이미 오래된 것이다. 판매자가 2명밖에 없는 시장인 복점은 과점의 가장 극단적인 형태이므로 많은 연구들은 복점 가격결정에 초점을 맞추었다. 그 문제를 풀 수 있다면 아마 2, 3 또는 N인의 판매자로 넘어가는 것이 상당히 쉬울 것이다. 이 장에서는 몇 개의 전통적인 복점 모형을 개관하고, 그것들을 게임 이론의 용어로 재해석한 다음, 몇 개의 연장된 연구를 탐구할 것이다.

---

* 이 장을 생략해도 이후의 장들을 이해하는 데 어려움이 없다.

중요 개념

복점(Duopoly) : 2개의 기업만 고객을 놓고 경쟁하는 산업을 복점이라고 한다.

쿠르노 균형(Cournot Equilibrium) : 두 기업이 각각 특정한 수량의 생산물을 시장에 내놓고 시장에서 결정된 가격으로 팔 때, 생산량이 전략이며 결과로 생기는 내시 균형이 쿠르노 균형이다.

베르트랑-에지워스 균형(Bertrand-Edgeworth Equilibrium) : 두 기업이 각각 가격을 정하고 가격이 더 낮은 기업이 시장을 지배할 때, 가격이 전략이며 결과로 생기는 내시 균형이 베르트랑-에지워스 균형이다.

반응함수(Reaction Function) : 한 기업에 의한 최선 반응은 다른 기업이 선택한 전략(가격이나 판매량)의 수학적 함수일지 모른다. 이 함수를 반응함수라고 한다.

1. 쿠르노 모형

복점가격을 이해하려는 최초의 시도는 프랑스의 수학자 오귀스탱 쿠르노에 의해 1838년에 처음 이루어졌다. 쿠르노는 각 기업이 시장에 내놓기 위한 생산량을 결정하고 가격은 총 공급량에 의해서 결정될 것이라고 가정했다. 20세기의 경제학에서 쿠르노 모형은 산업 수요곡선의 개념과 결부되었다(영국의 몇몇 경제학자들도 몇 년 뒤에 아마도 독립적으로 같은 개념을 제시한 것으로 보이긴 하나 쿠르노가 최초로 만들어 냈다). 그림 6.1은 이를 예시한 것이다.

'산업'은 같거나 상호 간에 바로 대체할 수 있는 제품을 파는 기업들의 집단이다. 그래서 산업 내 모든 기업들의 총 생산량을 수평축에 나타내고 산업에서 현재 시행되고 있는 가격을 수직축에 나타낸다. 하향 곡선이 **수요곡선**으로, 이는 두 가지로 해석될 수 있는데 모두 정확한 것이다. 첫째, 산업 내 모든 기업들의 총 생산량이 주어지면 이에 상응하는 수요곡선상의 점은 산업 내에서 시행될 가격을 나타낸다. 이것이 쿠르노 모형에서 사용된 해석이다. 둘째, 산업 내의 가격

수요곡선/함수(Demand Curve/Function) : 한 재화의 가격과 각각의 가격에 팔릴 수 있는 수량 간의 관계가 *수요 관계*이다. 수요 관계를 도표에서 *수요곡선*으로 또는 수학적으로 *수요함수*로 나타낼 수 있다.

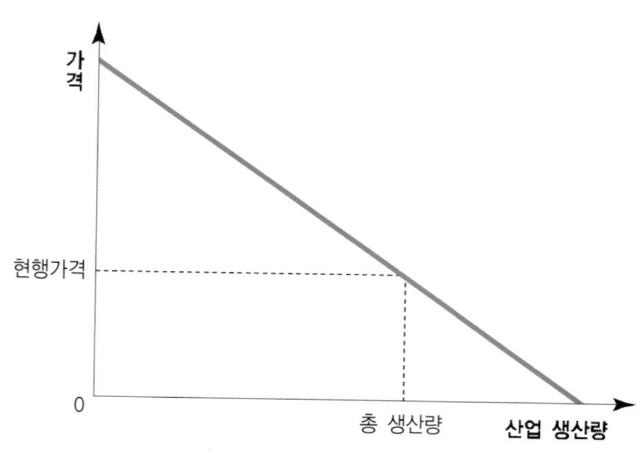

그림 6.1 **산업 수요곡선**

이 주어지면 수직축과 수요곡선 간의 거리가 산업에서 팔릴 수 있는 최대량을 나타낸다. 어떻게 해석하더라도 수요곡선은 더 높은 가격이 더 적은 판매량에 상응한다는 생각을 표현한다.

우리의 복점 산업은 2개의 컴퓨터 기업, 마이크로스플랫(MS)과 페어(Pear)로 구성된다. 쿠르노 접근방법은 복점 내의 두 기업이 각각 얼마를 팔 것인가를 결정하고 그 수량을 시장에 내놓으며, 그 결과로 수요곡선을 따라서 나타나는 가격에 판다고 가정한다[두 기업이 '동질재(homogenous product)'를 판다는 것, 즉 그들의 제품이 완전대체재라고 가정한다는 것을 주목하라]. 그러므로 각 기업은 다른 기업의 생산량을 **추정**해야 한다. 그림 6.2에서 페어는 MS가 Q_1의 생산량을 시장에 내놓을 것으로 추정한다고 가정하자. 그러면 페어는 산업 수요곡선에서 Q_1 오른쪽 부분을 사실상 자신의 수요곡선으로 본다고 가정할 수 있다. 페어는 MS의 계획에 관한 자신의 추정에 의거하여 자기 수요곡선의 원점(0)이 산업 수요곡선 수평축의 Q_1에 해당한다고 이해한다. 사실, 페어의 수요는 MS가 그 이윤을 최대화한 후 남은 잔여분이다. 그러면 페어의 문제는 시장가격이 자신에게 최대의 가능한 이윤을 주도록 그 생산량을 조정하는 것이다.

추정(Conjecture) : 사실의 문제에 관한 판단으로, 확정적이 아니고 틀릴 수도 있지만 관련성이 있어 보이는 모든 증거에 입각하여 이루어지는 것이다.

기초적인 경제학 교과서는 흔히 도표를 이용하지만 쿠르노는 미분을 사용해서 이 문제에 접근했다. 우리는 경제 원론의 독점 이론을 조금 사용할 필요가 있을 것이다. 우리는 동질재의 각 단위는 같은 가격에 팔려야 한다는 1물1가의 원칙(law of one price)을 적용할

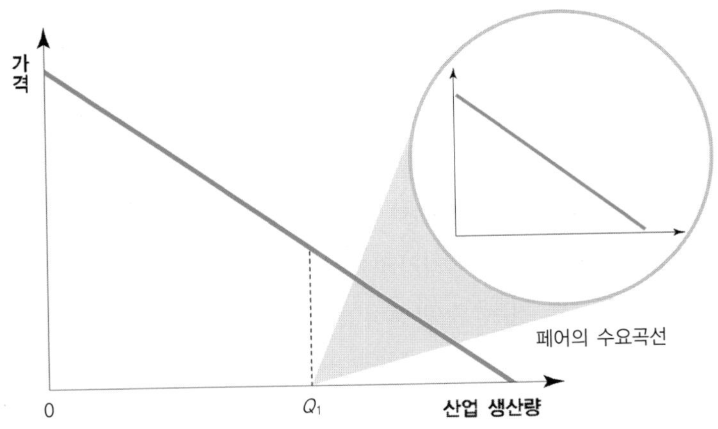

그림 6.2 기업 2의 추정과 추산된 수요곡선

한계수입(Marginal Revenue)/**한계비용**(Marginal Cost) : 독점 이론에서 한계수입은 한 단위의 생산물을 추가로 팔아서 생기는 수입의 증가분이다. 한계비용은 한 단위의 생산물을 추가로 팔 때 생기는 비용의 증가분이다.

오귀스탱 쿠르노
(Augustin Cournot, 1801~1877)

오귀스탱 쿠르노는 프랑스 그레이의 프랑쉬콩트에서 태어났다. 그는 브장송의 콜레주 르와얄, 파리의 에콜 노르말 슈페리외와 소르본느에서 수학을 배웠고, 위대한 수학자 푸아송(Poisson)의 인정을 받았다. 그는 1838년에 교육감으로 있으면서 *부의 이론의 수리적 원리에 대한 연구*(Recherches sur les principes mathematiques de la théorie des richesses)를 저술했는데, 이 책에서 그는 수리경제학을 논하고 처음으로 수요함수를 제시하였다. 그의 복점 이론은 내시 균형의 한 예로 인정되어 어떤 게임 이론가들은 그것을 쿠르노-내시 균형이라고 한다.

것이다. 우리는 또 한계수입과 한계비용의 개념을 필요로 할 것이다. 우하향의 수요곡선을 가진 기업은 생산물을 한 단위 더 팔기 위해 가격을 조금 낮춰야 할 것이다. 판매의 증가에 대해서 (모든 단위의) 가격 감소를 상쇄하면 수입의 증가분은 그 한 단위가 팔린 가격보다 작을 것이다. **한계수입**은 생산물을 한 단위 더 팔아서 얻는 수입의 증가분이다. **한계비용**은 한 단위의 생산물을 추가로 팔 때 생기는 비용의 증가분이다. 페어는 잔여수요곡선을 가진 독점자로 행동할 것이고 한계비용과 한계수입이 같도록 그 생산량과 판매량을 조정할 것이다.

물론 MS도 비슷한 방법으로 페어가 얼마나 생산할 것인가 추정을 시도하고 자신의 수요곡선과 이윤 최대화 생산량을 결정해야 할 것이다. 쿠르노의 발상은 두 기업이 같은 방식으로 생각하고, 상대 기업이 판매할 수량에 대하여 추정을 하며, 산업 수요의 잔여분을 자신의 수요로 간주하고, 거기에 따라서 자기의 이윤 최대화 생산량을 결정한다는 것이다.

2. 베르트랑 모형과 정규형 게임

베르트랑(1883)은 쿠르노의 책에 대한 비평에서 판매자들이 가격으로 경쟁하기보다 생산량에 초점을 두려고 하는 이유가 무엇이냐고 물었다. 게임 이론의 용어로 말한다면, 베르트랑은 생산량이 아니라 가격이 판매자들이 선택할 전략이라고 제안했다. 제3장과 제4장에서 우리는 가격이 베르트랑의 주장대로 전략인 복점 가격결정 게임의 예들을 보았다. 그 예들에서 우리는 이윤을 내는 최저가격에서 유일한 내시 균형이 있다는 것 – '경쟁' 가격만이 합리화 가능하다는 것 – 을 발견하였다. 이 종류의 게임에서 한계비용을 초과하는 가격의 마진이 조금이라도 있는 한 최선반응은 항상 가격을 다른 기업보다 낮추는 것이다.

베르트랑과 쿠르노를 비교하기 위해서 우리는 가격과 생산량이 같은 수요곡선에 의하여 결정되는 경우에는 가격이, 다른 경우에는 생산량이 전략인 예를 만들 것이다. 기초적인 경제학 교과서는 흔히 도표를 이용하지만 쿠르노는 미분을 사용해서 이 문제에 접근했다. 우리는 게임을 3개의 전략만 가진 정규형 게임으로 단순화할 것이다.

요셉 베르트랑
(Joseph Bertrand, 1822~1900)

요셉 베르트랑은 프랑스의 저명한 수학자로서 경제학과 심리학을 포함한 인간과학에 수학을 적용하는 것에 반대했다. 레옹 왈라스의 *사회적 부의 수학 이론*(Théorie Mathématique de la Richesse Sociale)의 서평에서 베르트랑은 쿠르노가 훨씬 전에 수리경제학에 관해 저술한 책을 논했다. 베르트랑의 견해로 그것은 상당히 틀린 것이었으나 베르트랑은 대신 수량이 아니라 가격이 전략변수여야 한다고 제시했다. 이 접근방법은 현재까지 수리경제학의 일부 연구에서 계속 사용되고 있다.

우리의 예에서 산업수요(두 기업의 제품에 대한 총수요)는 그림 6.3과 같다. 이 수요곡선은 두 기업들의 총 생산량과 가격을 각각 Q와 p라고 할 때 $Q=9{,}500-5p$ 또는 $p=1{,}900-0.2Q$의 대수 형태로 표현될 수 있다. 물론, 이윤은 비용과 수요에 의하여 결정된다. 이 예에서 각 기업에 대하여 비용은 $100\times Q$(단 Q는 기업 자체의 생산·판매량)이다. 따라서 한계비용은 판매량에 무관하게 100이다. 이와 같은 직선 수요곡선에 대하여 특정한 생산량의 한계수입은 생산량이 0일 때는 가격과 같으나 생산량이 증가하면서 가격보다 2배로 빨리 감소한다. 즉, 산업 한계수입은 $\text{MR}=(1{,}900-0.4Q)$이다. 최대이윤을 위한 공식을 사용하여 우리는 독점 이윤최대화를 위한 생산량은 4,500이고 가격은 1,000이라는 것을 발견한다.

문제를 좀 더 간단하게 하기 위해서 우리는 MS와 페어의 전략을 각각 3개의 전략, 400, 700, 1,000의 가격으로 제한할 것이다. 우리가 보았던 것과 같이 1,000은 독점가격이다 – 두 회사가 모두 이 가격을 매기면 총 이윤이 최대일 것이다. 우리의 예에서 이것은 표

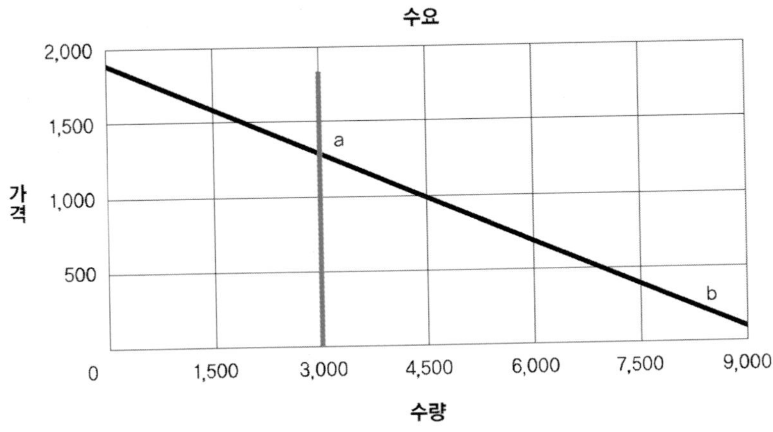

그림 6.3 과점수요의 예

표 6.1 전략으로서의 가격과 MS 및 페어의 이득

		페어		
		400	700	1,000
MS	400	1.13, 1.13	2.25, 0	2.25, 0
	700	0, 2.25	1.80, 1.80	3.60, 0
	1,000	0, 2.25	0, 3.60	2.03, 2.03

표 6.2 전략으로서의 수량과 MS와 페어의 이득

		페어		
		2,000	3,000	4,000
MS	2,000	2, 2	1.6, 2.4	1.2, 2.4
	3,000	2.4, 1.6	1.8, 1.8	1.2, 1.6
	4,000	2.4, 1.2	1.6, 1.2	0.8, 0.8

표 6.3a 페어의 최선반응

MS의 전략	페어의 최선반응
2,000	3,000
3,000	3,000
4,000	2,000

표 6.3b MS의 최선반응

페어의 전략	MS의 최선반응
2,000	3,000
3,000	3,000
4,000	2,000

6.1에 나타난 이득을 도출한다. 그러므로 우리는 표 모양을 사용할 수 있다. 즉, 이 게임을 앞의 여러 장과 같이 정규형으로 나타낼 수 있다. 이득의 단위는 100만이다. 우리는 통상 그랬듯이 두 회사들이 모두 경쟁가격, 이 경우에는 400을 매길 때만 유일한 내시 균형이 발생한다는 것을 본다.

같은 예가 쿠르노 분석에서 어떻게 나타날 것인지를 보자. 이 분석을 위해서는 생산량이 전략이다. 다시 한 번 제한된 수의 전략, 2,000, 3,000, 4,000만을 가정함으로써 단순화할 것이다. 각 기업은 이 세 수량 가운데 한 가지만을 생산하기로 선택할 것이고 산업 수요곡선상의 총 판매량은 두 수량의 합이다. 예컨대, MS가 2,000을 생산·판매하기로 선택하고 페어가 3,000을 생산·판매하기로 선택하면 산업 총량은 5,000이고 이 산업에서의 가격은 $900가 될 것이다. 이렇게 추론하여 표 6.2는 두 기업이 선택할지 모르는 산출량 전략의 각 쌍으로부터 생길 이득을 보여 준다.

다시 한 번 이득은 100만 단위의 이윤이고 첫째 수는 MS의 이득이다. 우리는 내시 균형이 두 기업이 3,000씩 팔 때 발생한다는 것을 안다. 우리가 이 게임을 위한 최선반응 함수를 작성하면 표 6.3a와 6.3b를 얻는다.

항상 그런 것 같지는 않을지 모르나 기업들이 대칭적이므로 두 표는 같다. 우리는 전략이 가격인지 수량인지에 따라 같은 게임(즉, 같은 비용·수요 조건)이 상당히 다른 결과를 갖는다는 것을 본다. 그러나 이것은 그다지 만족스러운 결과가 아니다. 가격과 수량이 모두 기업의 시장전략에서 역할을 연출해야 하는 것이 아닌가? 그렇지만 에지워스라는 아일랜드 경제학자에 의한 추가적 비판에 힌트가 있다.

3. 에지워스

프랜시스 에지워스
(Francis Ysidoro Edgeworth, 1845~1926)

에지워스는 아일랜드의 에지워스타운에서 아일랜드 인 아버지와 카탈로니아 인 어머니 사이에서 태어났다. 그는 가정교사에게 그리고 더블린의 트리니티대학과 옥스퍼드대학에서 교육을 받았고 오랫동안 법학, 수학, 통계학을 독학한 다음 매우 저명한 경제학자와 통계학자가 되었다. 에지워스는 교환이 아무런 확정적인 결과를 도출하지 않을지 모른다고 주장했고, 쿠르노에 대한 1897년의 비판은 베르트랑의 비판과 같은 선에 있었으나 확정적 결과가 없을지도 모른다는 결론에도 도달했다.

프랜시스 에지워스(1897)는 쿠르노에 대한 베르트랑의 비판에 동의했으나 두 가지 문제점을 지적하였다. 첫째, 판매자들의 생산용량이 한정될 수 있다. 위의 예에서 100의 가격에서 팔릴 총 생산량은 9,000이다. 각 기업이 4,000밖에 생산할 수 없으면 가격이 8,000의 총 생산량이 매진될 수 있는 300보다 낮게 떨어지지 않을 것이다. 그것은 '단기 수요 · 공급' 균형가격이다. 둘째, 에지워스는 300의 수요 · 공급 균형가격이 안정적이지도 않다고 주장하였다. 각 판매자가 팔 수 있는 만큼 모두 팔고 있으므로 높은 가격을 매기는 판매자가 낮은 가격을 매기는 판매자에게 고객을 빼앗기지 않으며, 가격을 올림으로써 이윤을 올릴 수 있다. 따라서 수요 · 공급 균형 수준에 있건 그보다 높건 어떤 가격도 안정적이 아니다. 에지워스의 결론은 안정적인 가격이 없을 것이며, 가격은 예상할 수 없고, 가격이 독점가격에서 수요 · 공급 균형가격까지의 전체 구간에서 어떤 수준으로도 떨어질 수 있다는 것이다.

에지워스의 추론은 그림 6.4에 나타나 있다. 아래쪽으로 기운 선 D는 두 기업이 공유하는 시장 수요곡선이다. 각 기업은 단위당 c의 비용으로 생산용량의 한계인 Q_0 단위의 수량까지 생산할 수 있다. 산업 전체의 생산용량은 $2Q_0$이다. 따라서 산업 '공급곡선'은 c에서의 비용선과 $2Q_0$에서의 수직선으로 이루어진 직각선이고, 수요 · 공급 균형가격은 p_0이다.

이제 두 기업이 모두 p_1의 가격을 매긴다고 가정하자. 이 가격에서의 산업 판매량은 Q_1이므로 각 기업은 이 수량을 양분하여 각각 $Q_1/2$ 단위의 생산량을 판매한다. 그러나 두 기업 가운데 하나가 가격을 p_1 바로 밑으로 낮추면, 이 기업은 판매량을 $(Q_1 - Q_0)/2$만큼 늘려 자신의 생산용량 Q_0을 모두 팔 수 있다. 가격을 아주 조금 낮추는 대가로 판매량이 크게 늘어 이윤이 올라갈 것이므로, p_0보다 높은 모든 가격에 대한 최선반응은 일반적으로 그보다 아주 조금 낮은 가격일 것이다. 따라서 p_0보다 높은 어떤 가격도 내시 균형이 아닐 것이다. 그러나 p_0도 내시 균형이 아닐지 모른다. p_0에서는 각 기업이 생산용량의 한계까지 팔고 있다. 한 기업이 가격을 p_0 이상으로 올리더라도 다른 기업이 이미 생산용

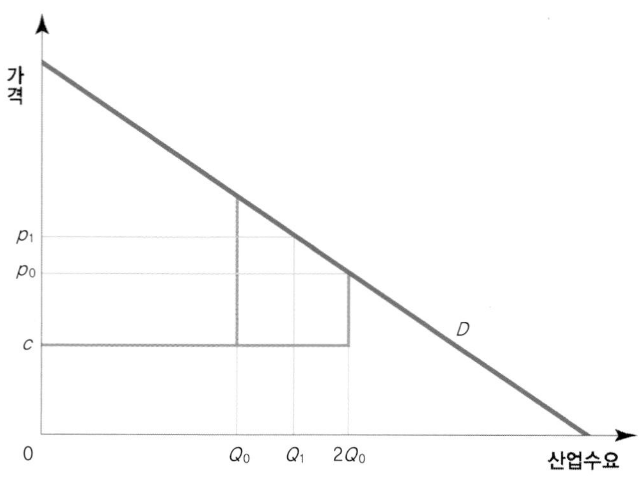

그림 6.4 에지워스의 추론

량의 한계에 있으므로 생산량을 늘려 이 상황을 이용할 수 없다. 따라서 가격을 올리는 기업이 시장에 남아 있는 수요를 대상으로 본질적으로 독점자로서 행동하고, 자신의 생산량을 Q_0 밑으로 제한함으로써 이윤을 최대화할 수 있다. 에지워스는 생산용량이 제한된 복점에 대하여는 예측할 수 있는 가격이 없을 것이라는 결론을 내렸다. 이것을 게임 이론의 시각에서 해석하면, 각각의 순수(가격)전략이 대응전략을 유발하고 상대방도 역시 여기에 대응하고자 하기 때문에 순수전략으로는 내시 균형이 없다는 것이다.

미시경제학 이론에서 우리는 단기를 생산시설이 고정되어 있을 만큼 짧은 기간으로 정의한다. 따라서 단기에는 가격이 기업이 이용할 수 있는 유일한 경쟁전략이다. 우리는 쿠르노와 베르트랑 사이의 논쟁을 쿠르노 모형이 생산시설이 가변적인 장기에 적용될 수 있는 한편, 베르트랑의 분석은 단기에 적용될 수 있다고 말함으로써 해결할 수 있을지 모른다. 그러나 에지워스가 옳다면 단기가격은 안정적 균형을 갖지 않는다.

당분간 우리는 생산용량 제한을 무시하고 이 장의 첫부분에서 세웠던 단순화 가정 가운데 몇 개를 제거한 쿠르노 모형으로 돌아갈 것이다.

4. 반응함수

앞의 2절에서 우리는 정규형 게임 분석을 적용하기 위하여 각 기업을 극소수의 가격이나 수량 전략으로 제한하면서 쿠르노 모형과 베르트랑 모형을 비교했다. 물론, 우리는 $750.98

나 $550.55와 같이 어떤 수의 가격과 수량도 허용해야 한다. 우리는 판매량이 전략 변수라는 쿠르노 가정으로 돌아간다. 이 예를 위하여 우리의 복점 게임에서 두 회사는 이윤을 얻는 범위 안에서 어떤 가격과 수량도 선택할 수 있다. 일반적으로 그것은 무한히 많다. 쿠르노의 예에서 각 기업은 0 또는 어떤 정수의 산출량도 생산할 수 있다.

두 기업은 함께 시장에서 총수량을 결정하고 가격은 수요선상에서 그에 해당되는 점이다. 따라서 어느 한 기업에 대한 수요곡선은 다른 기업이 그 공급량을 팔고 나서 남은 것이다. 예컨대, 기업 1이 3,000단위의 제품을 판다고 가정하자. 그러면 기업 2에 대한 0점은 총 산출량 3,000단위이고 기업 2에 대한 수요곡선은 산업 수요곡선의 *ab* 부분(그림 6.3)에 해당한다. 따라서 MS가 3,000단위의 제품을 팔면 페어의 수요곡선은 대수 형태로 $Q_p = 9{,}500 - Q_M - 5p$ 또는 $p = 1{,}900 - 0.2Q_M - 0.2Q_p$로 나타낼 수 있는데, 여기서 Q_M은 MS의 산출량 3,000단위이고 Q_p는 페어의 산출량이다. 우리는 $p = 1{,}300 - 0.2Q_p$를 얻는다.

그러므로 각 기업은 다른 기업이 선택하는 산출량이 주어지면, 다른 기업이 그가 선택한 산출량을 판 다음 남은 수요에 따라 자기의 이윤을 최대화하는 산출량을 선택할 것이다. 우리는 비용이 $100 \times Q$라고 가정해 왔는데 Q는 기업 자신의 산출량과 판매량이다. 따라서 한계비용은 판매량에 관계없이 일정하게 100이다. 페어의 잔여 수요곡선은 가격을 종속변수로 하고 $p = (1{,}900 - 0.2Q_M) - 0.2Q_p$로 쓸 수 있다. 그래서 페어의 $MR = (1{,}900 - 0.2Q_M) - 2 \times 0.2Q_p$이며, 조금 단순화하면 $MR = (1{,}900 - 0.2Q_M) - 0.4Q_p$. 그러므로 $MR = MC$는 $(1{,}900 - 0.2Q_M) - 0.4Q_p = 100$을 의미하고, 조금 대수적 조작을 하면 이것은 $Q_p = 4{,}500 - 0.5Q_M$과 같다. 이것은 페어를 위한 이윤 최대화 산출량을 MS의 판매량의 함수로 나타낸 것이다. 이 함수는 페어의 **반응함수**라고 불린다.

> **반응함수** : 산술적 척도로부터 전략이 선택되고 각 플레이어의 최선반응이 다른 플레이어가 선택한 전략의 함수로 표현될 때 이 함수는 *반응함수*라고 불린다.

MS도 페어가 어떤 산출량을 생산할 것으로 추측하더라도 자기의 이윤을 최대화하기 위해 산출량을 선택할 것이므로 우리는 그의 반응함수를 같은 방법으로 찾을 수 있다. 기업들의 비용과 수요함수가 대칭적이므로 반응함수도 대칭적이다. MS의 반응함수는 $Q_M = 4{,}500 - 0.5Q_p$이다.

그림 6.5는 두 기업의 반응함수를 보여 준다. 파란 선은 MS의 산출량에 대한 페어의 반응이며 수직축에 나타나 있고, 수평축에 나타난 검은 선은 페어의 산출량에 대한 MS의 반응을 보여 준다. 두 반응함수의 교차점은 이 예를 위한 쿠르노-내시 균형, 즉 각자가 상대방의 전략에 대한 최선반응을 선택하고 있는 점이다. 그 점에서 각 기업은 3,000단위

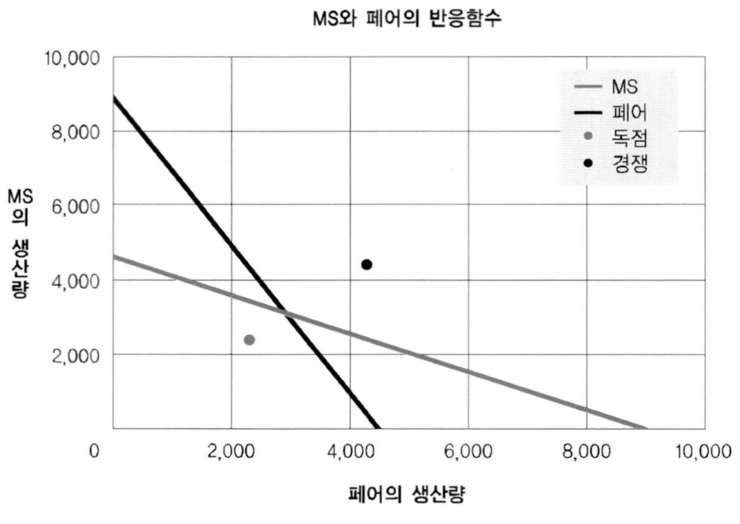

그림 6.5 반응함수

의 제품을 팔아 산업의 총 생산량은 6,000단위이다. 이것은 700의 가격에 해당한다. 이 게임에서 독점가격은 1,000일 것이며 이에 해당하는 판매량은 4,500일 것이다. 이 산업이 '완전경쟁적'이라면 가격은 한계비용 100과 같을 것이고 이것은 9,000의 산업 생산량을 의미한다. 그림에서 독점 생산량은 삼각형, 경쟁 산출량은 사각형으로 표시되어 있으며, 각각 두 기업 사이에 균등하게 나누어져 있다. 이것들은 반응함수 위에 있지 않으므로 내시균형이 아니다.

이 반응함수 기법은 게임에서 둘 이상의 플레이어들이 그들의 전략을 수식으로 표시된 척도로부터 선택할 때는 항상 사용될 수 있다.

때때로 모형이 너무 단순할 수 있다. 도전은 꼭 적당할 만큼 복잡하게 모형을 만드는 것이다. 대부분의 최근 연구에서는 복점 모형이 제품 차별화라는 한 가지 복잡성을 더 허용하기 위해 확장되어 있다.

5. 제품 차별화

이 장에 있는 모든 가격결정 모형에서 우리는 경쟁기업들이 같은 제품을 판다고 가정한다. 그러나 많은 산업에 이 가정이 적용될 수 없다. 다른 기업들이 완전대체재가 아닌 제품을 팔 수 있으므로 소비자는 한 제품을 다른 제품보다 선호한다. 이것을 **제품 차별화**라고 하며, 많은 기업의 시장전략에서 가격결정만큼 중요할 수 있다.

> **제품 차별화(Product Differentiation)** : 서로 다른 기업들이 완전대체재가 아닌 제품이나 서비스를 팔고, 여러 제품 가운데 자기 제품이 가진 특징을 판매 촉진의 근거나 시장 전략의 한 측면으로 삼을 때, 이것을 *제품 차별화*라고 한다.

이제 두 경쟁기업이 차별화된 제품을 판다고 가정하라. 그러면 쿠르노 모형과 베르트랑 모형을 도출한 가정은 더 이상 적용될 수 없다. 한 기업이 생산을 제한하더라도, 이 기업은 일차로 다른 기업보다 자기의 제품을 선호하는 고객들에게 팔 수 있을 것이고, 따라서 아마 가격을 더 높게 매길 수 있을 것이다. 이것은 쿠르노 모형에 배치된다. 한편, 이 기업이 한계비용 이상의 가격을 매기면 다른 기업이 더 낮은 가격을 매길 때도 고객의 일부를 유지할 것이다. 이것은 베르트랑 모형과 어긋난다.

제품 차별화는 사실상 각 기업이 자신의 산출물에 대한 수요곡선을 갖는다는 것을 의미한다. 그래서 쿠르노 모형과 베르트랑 모형의 구별이 사라진다. 가격을 선택함으로써 기업은 동시에 판매량도 지정하고 역의 경우도 성립한다. 결국 이 기업의 전략은 수요곡선의 점이다. 그러나 한 기업에 대한 수요곡선은 다른 기업이 요구하는 가격에 좌우된다. 나의 경쟁자가 가격을 올리면 그의 고객 일부가 나에게로 올 것이고 따라서 내 자신의 수요곡선이 유리하게 이동할 것으로 기대할 수 있다. 그래서 다시 한 번 나는 경쟁자의 가격을 추정하고 그것에 대한 나의 최선반응으로서 내 자신의 가격과 수량을 결정하려고 시도해야 한다.

논의를 단순하게 유지하기 위해서 우리는 두 기업이 동등하다고 계속 가정할 것이다. 그림 6.6은 기업 1에 대한 개별 수요곡선을 보여 준다. 기업 2가 제품의 가격을 \$100로 매기면 파란 선이 수요곡선이고, 기업 2가 제품의 가격을 \$200로 매기면 검은 선이 기업 1의 수요곡선이다.

그림 6.7은 기업 2가 가격을 올림에 따라 기업 1의 제품에 대한 수요량이 어떻게 변하는지를 보여 준다.[1] 기업 1이 제품의 가격을 \$100로 매긴다고 가정하라. 기업 2의 가격은 수평축, 기업 1의 수요량은 수직축에 나타나 있다.

그러므로 각 기업은 경쟁자의 가격과 공급량에 관하여 (그리고 따라서 자신의 수요곡선

1) 수요량은 공식 $Q = 10{,}000 - 50p + 20z$에 따라 계산되는데, 여기서 Q는 기업의 수요량, p는 기업의 가격, z는 경쟁기업의 가격이다. 이와 같은 선형 수요곡선의 경우에 기업 1의 제품에 대한 수요의 탄력성은 기업 2의 가격에 좌우된다. 경제학 문헌에서 적절한 상수 α, β, γ에 대하여 $Q = \alpha p^{\beta} z^{\gamma}$라고 더 간단하게 가정하는 것이 일반적이다. 그러나 더 단순한 경우에 가격 $p = \frac{1}{(1+\beta)} MC$가 우월전략이 되는데, MC는 기업의 한계비용이다. 이 선형함수는 좀 더 단순하지만 반응함수가 이 경우에 어떻게 적용될 수 있을지도 예시한다.

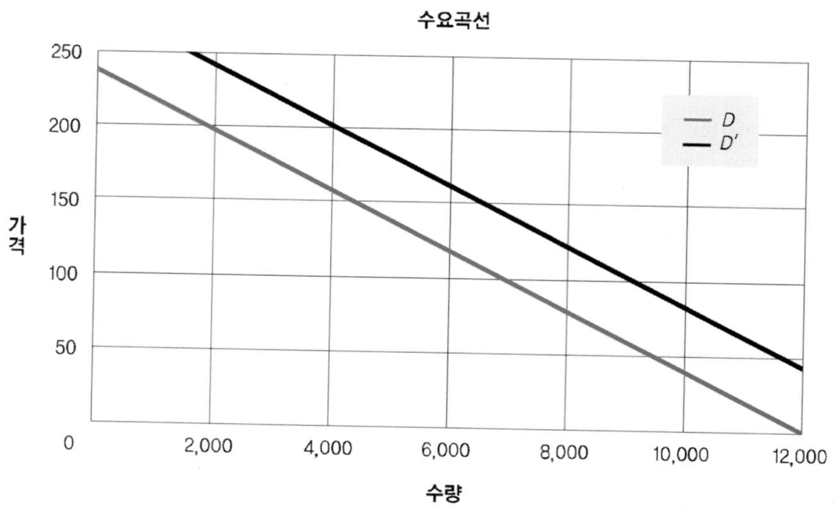

그림 6.6 기업 1에 대한 수요

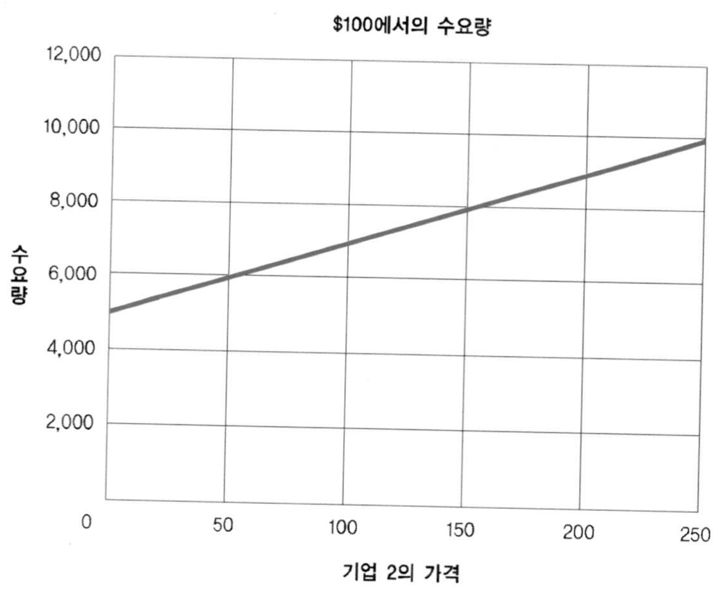

그림 6.7 수요와 경쟁자의 가격

에 관하여) 추산하고 자기의 기대 수요곡선에서 최대이윤인 최선반응을 선택한다.[2] 쿠르노 모형의 경우와 같이 우리는 최선가격을 다른 기업이 매긴 가격의 함수, 즉 반응함수로

---

2) 물론 이윤은 비용에도 좌우되고 이 경우에 각 기업의 총비용이 $100Q$이므로 한계비용은 100으로 일정하다.

생각할 수 있다. 그림 6.8은 각 기업의 반응함수를 보여 준다.[3] 기업 2가 매긴 가격은 수평축, 기업 1이 매긴 가격은 수직축에 있다. 그러므로 기업 1의 반응함수는 파란 선이고 기업 2의 반응함수는 검은 선으로 나타나 있다.

전과 같이 두 반응함수의 교차점이 이 가격경쟁 게임의 내시 균형이다. 수치 계산을 사용하여 우리는 각 기업이 $187.50의 가격을 매길 것이라고 결정할 수 있는데 이것은 교차점에 해당한다. 각 기업은 판매를 위해서 4,375단위를 제공하고 $382,812.50의 이윤을 얻을 것이다.

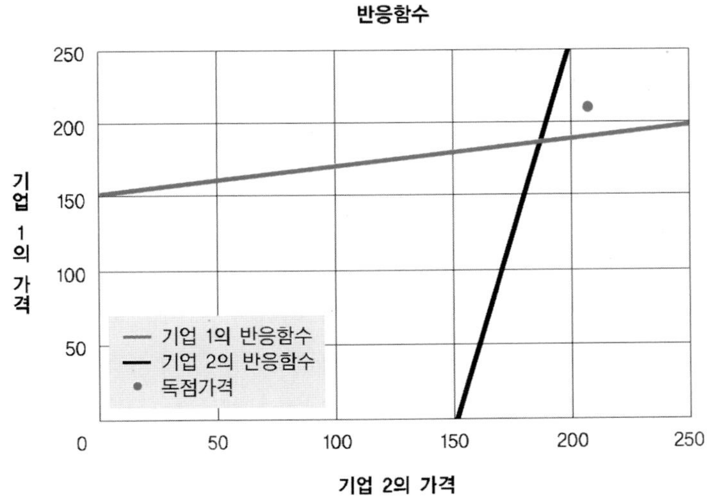

그림 6.8 가격 반응함수

3) 반응함수의 도출은 미분을 조금 필요로 하는데 여기에서 간단하게 제시할 것이다. 기업 1에 대해서 이윤은

$$(p - 100)Q = (p - 100)(10{,}000 - 50p + 20z)$$

이것은 다음과 같은 p의 2차 함수로 나타난다.

$$\text{이윤} = -50p^2 + 15{,}000p + 20pz - 1{,}000{,}000 - 2{,}000z$$

이윤 최대화 가격을 도출하기 위해 우리는 p에 관해 도함수를 취하고 그것을 0과 같게 놓는다.

$$\frac{dprofit}{dp} = -100p + 15{,}000 + 20z = 0$$

p에 대해서 풀면,

$$p = 150 + 0.2z$$

이것이 기업 1의 반응함수이다. 기업 2의 반응함수는

$$z = 150 + 0.2p$$

이 방법은 이 장의 부록에서 더 자세히 논의된다.

이제 두 기업이 합병해서 독점으로 운영하면 어떻게 될까? 그러면 2개의 가격이 두 기업(즉, 합병된 기업의 두 부서)의 총 이윤을 최대화하기 위해서 선정될 것이다. 여기서 다시 가격은 수치 계산에 의해 결정될 수 있는데, 우리는 새 독점기업의 두 부서가 자기의 독특한 제품에 대하여 각각 $216.67의 가격을 매기면 이윤이 최대화된다는 것을 발견한다. 이것이 그림 6.8에 동그라미로 표시되어 있다. 그것은 두 반응곡선을 벗어나 있으므로 내시 균형이 아니지만 두 기업의 총 이윤을 최대화한다. $216.67의 가격에서 합병된 독점기업의 두 부서는 3,500단위를 판매하려고 내놓을 것이고 각 부서의 이윤은 $408,333.33가 될 것이다. 따라서 우리는 내시 균형에서도 그들의 가격이 $100의 비용을 초과하고 이윤이 0 이상으로 남아 있더라도 이 두 기업 사이의 경쟁이 가격과 이윤을 축소하고 산출량을 증대한다는 것을 안다.

6. 일반적 반응함수

반응함수 접근방법은 전략이 어떤 구간 안에서 선택되는 수치인 모든 경우에 적용될 수 있다. 인접한 두 나라의 군사방위 전략의 예를 고려하자. 아이소고니아 섬에 보그리타니아와 포메고니아라는 두 나라만 있다. 이들은 적대적이고 각각 자국의 방위를 위해서 적어도 10,000명에 적대국 군의 반수를 더한 규모의 군이 필요하다고 느낀다. 내시 균형에서 두 나라의 군인의 수는 얼마나 클까?

군인의 수는 각국의 전략이다(반 명의 군인을 배치할 수는 없지만 1명의 군인을 반년간 배치하도록 결정할 수는 있을 것이다). 따라서 반응함수는 $q_A = 10{,}000 + (1/2)q_B$인데, q_A는 자국의 군인 수이고 q_B는 적대국의 군인 수이다. 우리는 대수를 이용하여 해를 구할 것이다. 각국은 자국의 반응함수에 있어야 하므로 다음과 같이 대입할 수 있다.

$$
\begin{aligned}
q_A &= 10{,}000 + \frac{1}{2}\left(10{,}000 + \frac{1}{2}q_A\right) \\
&= 15{,}000 + \frac{1}{4}q_A \\
\frac{3}{4}q_A &= 15{,}000 \\
q_A &= 20{,}000
\end{aligned}
$$

따라서 각국이 20,000명의 군인을 배치할 때 내시 균형을 가지며, 그렇다면 각국은

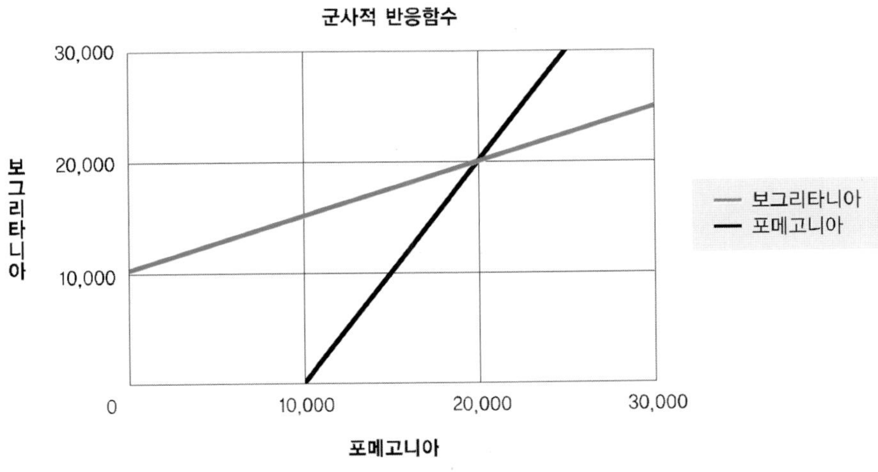

그림 6.9 두 나라의 군 규모 반응함수

10,000명의 최저 수준에 적대국이 배치한 군의 반을 나타내는 10,000명을 더 배치한다. 두 나라의 반응함수는 그림 6.9와 같다.

또 하나의 예로서 관개용수를 다룬 것이 있다. 이 예에서 인접한 두 나라 이스트리아와 웨스트리아는 그 사이에 국경을 이루는 강을 공유한다. 트릭클 강은 북에서 남으로 흐르고 그 강물은 남에서 관개용으로 사용된다. 두 나라는 모두 북쪽에 지류가 있고, 각국은 북쪽의 관개를 위해 이 지류에서 물을 끌어갈 수 있으나 어느 나라든 북쪽에서 더 많은 물을 끌어갈수록 (각국의) 남쪽에는 관개용수가 적어진다. 두 나라가 북쪽 지류에서 100만 톤의 물을 펌프로 퍼 가면 거의 같은 양의 물이 남쪽의 농업을 위해 사용될 수 없을 것이다. 이스트리아가 빼돌리는 물의 양을 100만 톤 이하로 줄일 때마다 웨스트리아는 자기의 최선반응이 이스트리아가 줄이는 양의 반만큼 자기가 빼돌리는 양을 늘리는 것이라고 느낀다. 한편, 이스트리아가 빼돌리는 양을 늘리면 웨스트리아의 최선반응은 빼돌리는 양을 이스트리아가 증대한 양의 반만큼 줄이는 것이다. 웨스트리아의 감축에 대한 이스트리아의 최선반응은 대칭적이다.

반응함수는 $Q_W = 1{,}000{,}000 + 1/2(1{,}000{,}000 - Q_E)$와 $Q_E = 1{,}000{,}000 + 1/2(1{,}000{,}000 - Q_W)$의 형태인데, Q_W는 웨스트리아가 빼돌리는 물의 양이고 Q_E는 이스트리아가 빼돌리는 물의 양이다. 다시 한 번 이 두 반응함수의 동시적 해를 대입과 단순화에 의해서 찾을 수 있다.

$$Q_W = 1{,}000{,}000 + \frac{1}{2}(1{,}000{,}000 - Q_E)$$

$$= 1{,}500{,}000 - \frac{1}{2}(1{,}000{,}000 - Q_W)$$

$$Q_W = \frac{1{,}500{,}000}{2} + \frac{1}{4}Q_W$$

$$\frac{3}{4}Q_W = \frac{1{,}500{,}000}{2}$$

$$Q_W = \frac{2}{3} \times 1{,}500{,}000 = 1{,}000{,}000$$

이 경우에 내시 균형은 각국이 적대국에 대한 최선반응을 선택하여 어느 나라도 100만 톤을 빼돌리는 정책을 이탈하지 않는 것이다. 반응함수는 그림 6.10에서 볼 수 있다.

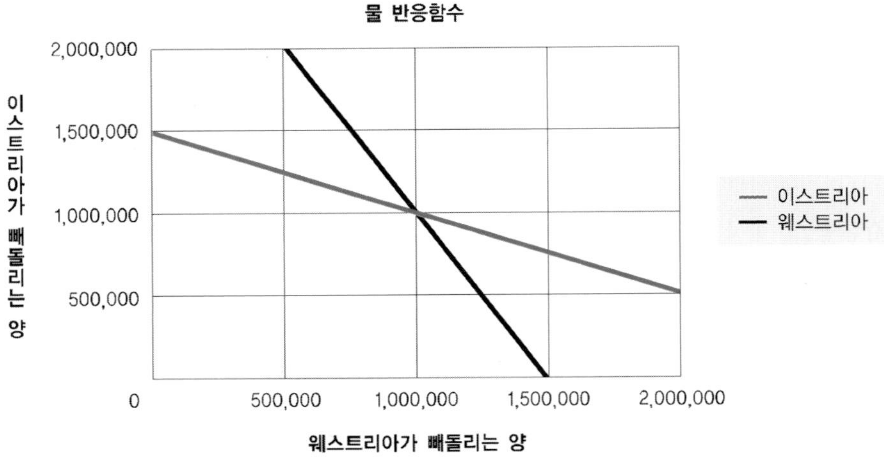

그림 6.10 물 게임에서의 반응함수

7. 요약

우리는 최선의 가격결정 전략이 항상 산업의 상세한 내용과 상황에 크게 의존한다는 것을 인정해야 할 것 같다. 합리적 가격결정과 생산량결정의 모형을 포괄하는 '지식 체계(architectonic)'는 없다. 그러나 많은 경우에 적용될 수 있는 원리들이 있으며, 그것들은 가격결정 전략에 관심을 가진 경제학자나 기업인의 도구함에 들어 있다. 첫째, 경쟁자들이 각각 다른 경쟁자의 전략에 대하여 최선반응인 전략을 선택할 것이라는 내시 균형의 개념 자체는 합리적이고 이윤을 추구하는 경쟁기업 간의 모든 경우의 가격경쟁에 적용될 수 있다. 둘째, 기업이 팔려고 내놓는 양을 결정할 수 있지만 가격에는 거의 영향을 줄 수 없는 경우에 쿠르노 모형과 반응함수는 좋은 출발점이다. 제품 차별화가 중요한 경우에는 좀 더 복잡한 종류의 반응함수가 최선의 출발점인 것 같다. 가격경쟁이 심한 경우에는 베르트랑 모형이 중요한 통찰을 제공하지만, 생산용량(이나 재고)에 대한 제약이 가격 결정 전략에 깊고 복잡한 영향을 줄 수 있다.

Q6. 연습문제

Q6.1 엘리베이터 음악[4] KRAB와 WRNG는 모두 소프트 록 방송사이다. 그들은 중첩되는 청취자들을 놓고 경쟁하지만 스타일이 서로 다르기 때문에 말하자면 그들의 제품은 차별화되어 있다. 광고로부터 얻는 이윤이 그들의 이득이고 광고 수입은 청취자의 수에 비례한다. 그들의 전략은 방송시간 중에 얼마나 음악 대신 광고를 송출해야 하는가를 결정하는 것이다. 한 방송국이 광고를 더 많이 하기 위해 음악을 줄이면 일부 청취자들은 다른 방송사로 채널을 돌릴 것이고, 어떤 청취자들은 아예 라디오를 꺼 버릴 것이다. 그래서 이 방송사의 수입은 결과적으로 감소할 수 있다. 이를 감안하여 각 방송사는 시간당 광고의 수가 다른 방송사의 시간당 수의 2/3에 5를 더한 것이어야 한다고 느낀다. 내시 균형에서 각 방송사를 위한 시간당 광고의 수는 얼마인가? 자세히 설명하라.

Q6.2 물 복점 푸른 계곡과 화강암 언덕은 보그리타니아 공화국의 광천수 판매자들이다. 많은 단순한 예의 광천수 판매자들처럼 그들은 비용을 들이지 않으므로 그들의 이득은 물의 판매로부터 얻는 수입이다. 보그리타니아에서 광천수의 가격은 $1,000 - q_v - q_s$인데 q_v와 q_s는 각각 푸른 계곡과 화강암 언덕의 판매량이다.

명제 A : 각 기업의 최선반응은 정확히 다른 기업이 남긴 양의 반을 파는 것이다. 예컨대 최선반응 q_v는

4) 역자 주 : 엘리베이터에서 들리는 음악만이 아니라 일반적으로 쇼핑몰, 슈퍼마켓, 백화점, 공중화장실, 통화 대기 중 전화 등에서 들려주기 위하여 대중음악을 부드럽고 우아하게 편곡하여 악기로만 연주한 음악을 말한다.

$$q_V = \frac{1}{2}\left(1{,}000 - q_S\right)$$

a. 이 복점의 내시 균형을 도출하라.

b. 미분을 사용하는 보너스 문제 : 왜 명제 A가 옳은가를 논증하라.

Q6.3 **또 하나의 물 복점** 인접한 포메고니아 인민국에도 2개의 광천수 판매자, 검은 산과 석회암 언덕이 있다. 이들도 비용이 없다. 서로 물 맛이 꽤 달라서 이들의 제품은 차별화된다. 각 광천수에 대한 수요량은 $100 - 2p_A - p_B$인데 p_A는 한 기업 자신의 판매량, p_B는 다른 기업의 판매량이다.

명제 B : 각 기업의 최선반응 가격은 다음에 의해서 결정된다.

$$p_A = 25 + \frac{p_B}{4}$$

a. 이 복점의 내시 균형을 도출하라.

b. 보너스 문제 : 왜 명제 B가 옳은가를 논증하라.

Q6.4 **장학금** 웨스트필라델피아대학교와 그 경쟁자 피하이대학교는 같은 학생들 가운데 더 많이 등록시키려고 경쟁한다. 대부분의 대학처럼 그들은 수업료의 일부를 메우는 많은 '장학금'을 제공한다. 목적은 수업료를 전부 낸다면 등록하지 않을 학생들을 등록시키고 '순 수업료 수입'을 증대하는 것이다. 그래서 학생들이 서로 다른 비율로 순 수업료를 지불하지만 각 대학교는 어떤 점까지 '장학금'을 더 제공함으로써 더 많은 학생들을 등록시킬 수 있다고 믿는다. 각 대학교는 할인율, 즉 '장학금' 총액을 등록한 학생들이 장학금이 없으면 지불할 수업료로 나눈 비율을 선택할 수 있다. 각 대학교는 장학금을, 5%에 다른 대학교가 선택한 할인율의 2/3를 더한 할인율로 줄 때 순 수업료 수입이 최대화된다고 믿는다.

a. 이 상호작용을 비협조 게임으로 논하라.

b. 이 예에 대하여 게임 이론의 용어를 사용하여 정의하라. 해를 도출하고 설명하라.

부록 : 쿠르노 모형의 수학적 처리

이 부록은 경제 이론을 논의하는 전통적인 방법인 미분과 한계 분석을 사용하여 쿠르노 모형을 전개한다. 추가적으로, 이 모형이 차별화된 제품을 감안하기 위해서 어떻게 일반화되는지를 보인다. 이 부록을 이해하려면 정규미분과 편미분 및 적분을 어느 정도 알 필요가 있다.

이 장의 본문에 있는 쿠르노 모형에서 산업 내의 현행가격은 총 생산량의 함수이다.

$$p = f(Q_A + Q_B) \tag{A1}$$

여기서 Q_A는 기업 A의 생산량이고 Q_B는 기업 B의 생산량이다. 제품 차별화를 감안하기 위해 아래의 수요 관계를 가정한다.

$$p_A = f_A(Q_A,\ Q_B) \tag{A2.a}$$

$$p_B = f_B(Q_B,\ Q_A) \tag{A2.b}$$

이 두 식의 발상은 다음과 같다. 기업 A와 B의 제품은 완전대체재가 아니므로, 기업 A의 입장에서 기업 B의 생산량 증가가 자기 제품의 시장가격에 미치는 영향은 자기 제품의 생산량이 같은 양만큼 증가할 때보다 작은 것 같다. 역의 경우도 성립한다. 식 A1은 A2의 특수한 경우이다. A2의 두 함수는 같은 형태이다.

비용이 식 A3.a와 A3.b에 의해 결정된다고 가정하자.

$$C_A = g_A(Q_A) \tag{A3.a}$$

$$C_B = g_B(Q_B) \tag{A3.b}$$

각 기업은 이윤의 최대화를 목표로 한다.

$$\Pi_A = p_A Q_A - C_A \tag{A4.a}$$

$$\Pi_B = p_B Q_B - C_B \tag{A4.b}$$

최대치를 구하는 문제에 미분을 적용할 때, 우리는 편도함수를 사용하는 '필요조건'에 의존한다. 이 배경에 있는 직관적 통찰을 그림 6.A1에서 볼 수 있다. 그림은 x가 변함에 따라 변수 y가 어떻게 변하는가를 보여 준다. 우리는 y의 최대치에 상응하는 값 x_0을 찾고자 한다. y에 관한 x의 도함수를 곡선에 대한 접선의 기울기로 형상화할 수 있다. 곡선의

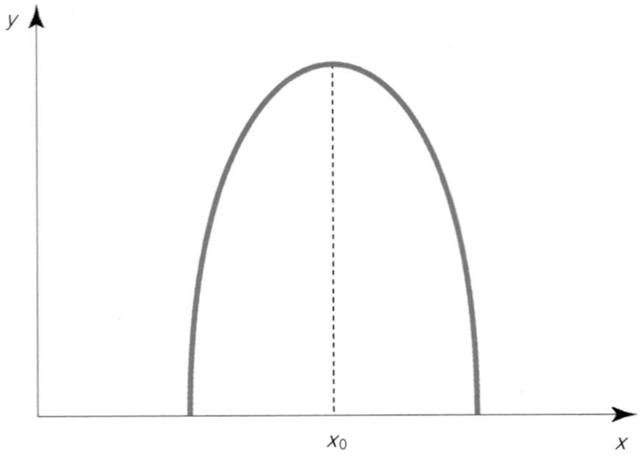

그림 6.A1 생산량에 따라 변하는 이윤

정점에서 접선은 수평이다. 즉, 접선의 기울기가 0이다. 따라서 그림 6.A1과 같은 단순한 경우에 최대치를 위한 '필요조건'은 $dy/dx = 0$이다. 필요조건만으로는 충분하지 않으며 추가적인 '충분조건'이 필요하다. 그러나 이 부록에서는 앞으로 그러한 복잡성에 구애받지 않고 필요조건이 함축하는 의미만을 탐구할 것이다.

식 A4.a 또는 A4.b의 최대화는 좀 더 복잡하다. 상세한 유도 과정을 생략하고 필요조건을 다음과 같이 나타낸다.

$$p_{\mathrm{A}} - Q\frac{\partial f_{\mathrm{A}}}{\partial Q_{\mathrm{A}}} - \frac{\partial g_{\mathrm{A}}}{\partial Q_{\mathrm{A}}} = 0 \tag{A5.a}$$

경제학의 관점에서 $\frac{\partial g_{\mathrm{A}}}{\partial Q_{\mathrm{A}}}$는 기업의 한계비용($\mathrm{MC_A}$)이고, $\mathrm{MR_A} = p_{\mathrm{A}} - Q\frac{\partial f_{\mathrm{A}}}{\partial Q_{\mathrm{A}}}$는 한계수입이다. 따라서 식 (A5.a)는 경제학에서 낯익은 공식인 MC = MR에 해당한다.

식 (A5.a)는 다음과 같이 다시 쓸 수 있다.

$$\frac{\partial g_{\mathrm{A}}}{\partial Q_{\mathrm{A}}} = p_{\mathrm{A}}\left(1 - \frac{Q_{\mathrm{A}}\partial f_{\mathrm{A}}}{p_{\mathrm{A}}\partial Q_{\mathrm{A}}}\right) \tag{A5.b}$$

미시경제학에서 수요곡선의 한 점에서의 **수요 탄력성**은,

$$\epsilon = \frac{1}{\dfrac{Q_{\mathrm{A}}\partial f_{\mathrm{A}}}{p_{\mathrm{A}}\partial Q_{\mathrm{A}}}}$$

$$p_{\mathrm{A}} = \frac{\partial g_{\mathrm{A}}}{\partial Q_{\mathrm{A}}}\left(\frac{\epsilon}{1-\epsilon}\right) = MC\left(\frac{\epsilon}{1-\epsilon}\right) \tag{A5.c}$$

그러므로 수요 탄력성이 한계비용을 초과하는 가격의 이윤 최대화 마크업(markup)을 결정한다. 이 발상은 애바 러너(Abba Lerner)가 처음 제시하였고 러너 법칙(Lerner Rule)이라고 불린다.

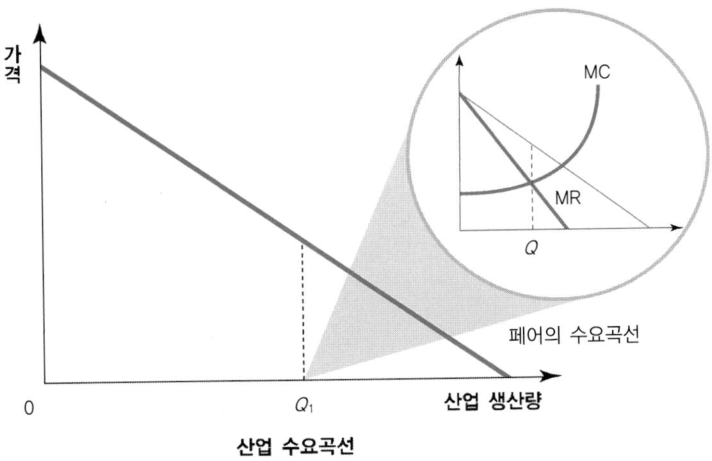

그림 6.A2 미분을 사용한 쿠르노 모형의 그림

그림 6.A2는 본문의 그림 6.2와 같이 산업 수요와 개별기업 수요를 나타낸다. 개별기업의 한계비용 곡선과 한계수입 곡선이 좀 더 두꺼운 선으로 표시되어 있다. 한계수입 곡선은 아래로 내려가는 선이고 한계비용 곡선은 위로 올라가는 곡선이다. 그러므로 미시경제학에서 보듯이, 기업은 한계수입 곡선이 한계비용 곡선과 만나는 점에 상응하는 Q를 선택할 것이다.

기업 B를 위한 이윤 최대화 조건도 유사하다. 식 (A5.a)를 Q에 대하여 풀면,

$$Q_A = \frac{p_A - \frac{\partial g_A}{\partial Q_A}}{\frac{\partial f_A}{\partial Q_A}} = \frac{p_A - MC_A}{\frac{\partial f_A}{\partial Q_A}} \tag{A6}$$

$\frac{\partial g_A}{\partial Q_A} = MC_A$이므로 식 (A6)을 미분하여 식 (A7)을 얻는다.

$$\frac{dQ_A}{dQ_B} = -\left[\frac{Q_A \frac{\partial^2 f_A}{\partial Q_B \partial Q_A} - \frac{\partial f_A}{\partial Q_B}}{(Q_A + 1)\frac{\partial^2 f_A}{\partial Q_A^2} - \frac{\partial f_A}{\partial Q_A}}\right] \tag{A7}$$

그리고 이것을 적분하여 다음과 같은 기업 A의 '반응함수'를 얻는다.

$$Q_A = h_A(Q_B) \tag{A8}$$

실제적인 목적을 위해서 본문처럼 $h_A(\cdot)$는 흔히 적분의 단계를 거치지 않고 대입으로 얻을 수 있다. 그림 6.A3은 두 기업의 반응함수를 나타낸다. 쿠르노 균형은 두 반응함수의 교차점, p^*_A와 p^*_B에 있다(우리는 증명하지 않고 이 균형이 안정적이라고 가정한다).

우리가 본 바와 같이 쿠르노 균형은 이 경우에 내시 균형이고, 제품 차별화 경우의 내시 균형은 베르트랑 균형과 쿠르노 균형 모두의 일반화라고 간주될 수 있다.

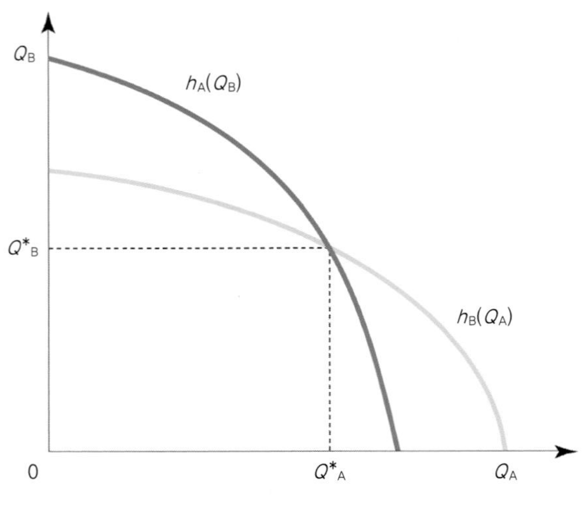

그림 6.A3 두 기업의 반응함수

제7장

3인 게임

> **이 장의 내용을 잘 이해하려면** 제1장~제5장의 내용을 학습하고 이해할 필요가 있다.

이 책에서 우리는 이제까지 플레이어가 2명인 게임만 살펴보았다. 2인 게임에서 각 플레이어는 1명뿐인 경쟁자의 반응에 주목하면서 전략을 선택해야 하므로 어떤 점에서 2인 게임은 게임 이론에서 가장 순수한 예이다. 그러나 (폰 노이만과 모겐스턴이 그들의 책 **게임과 경제 행동의 이론**에서 그랬듯이) 3명 이상의 플레이어가 연출하는 게임을 응용하는 경우도 많다. 잠시 숨을 돌리고 특히 3인 게임을 고찰하는 것은 두 가지 이유에서 바람직하다. 첫째, 3인 게임은 단순하기 때문에 2인 게임을 대상으로 사용한 기법의 일부를 별로 복잡하게 하지 않고 그대로 사용할 수 있다. 둘째, 플레이어가 3명 이상인 게임에 존재하는 복잡성의 대부분을 3인 게임에서 볼 수 있다. 예컨대, 3인 게임에서는 3명 가운데 2명이 작당해서 나머지 1명을 상대할 수 있는데 이 가능성이 2인 게임에는 존재하지 않는다.

1. 국가연합

홍수국, 침수국, 습지국은 각각 범람만에 면해 있는 나라이다. 습지국은 범람만 앞바다에 있는 늪 섬도 지배하고 있다. 이들은 모두 범람만에 육군과 해군을 주둔시키고 있으며, 군사력을 어떻게 배치하느냐에 따라 이들 가운데 두 나라가 범람만을 실질적으로 지배하고, 그 지배력을 이용하여 나머지 한 나라를 희생시키면서 자신들의 무역과 번영을 증진시킬 수 있다. 세 나라의 전략은 자국의 군을 배치하는 위치이다. 홍수국은 북이나 남, 침수국은 동이나 서, 그리고 습지국은 늪 섬이나 육지에 병력을 배치할 수 있다.

중요 개념

연합(Coalition) : 연합은 전략을 조정하는 플레이어들의 집단이다. 어떤 플레이어와도 조정하지 않는 한 사람의 플레이어를 개체연합(singleton coalition)이라고 한다.

훼방자(Spoiler) : 자신이 이길 수는 없지만 다른 플레이어 중에서 누가 이길 것인가를 결정하는 플레이어를 말한다.

공공재(A Public Good) : 한 나라의 모든 사람들이 같은 수준의 서비스를 향유하고, 같은 수준의 서비스를 또 한 사람에게 공급하더라도 비용이 더 들지 않는 성질을 가진 재화나 서비스가 경제학에서 말하는 공공재이다.

표 7.1 세 나라의 이득

		습지국			
		육지		섬	
		침수국		침수국	
		서	동	서	동
홍수국	북	6, 6, 6	7, 7, 1	7, 1, 7	0, 0, 0
	남	0, 0, 0	4, 4, 4	4, 4, 4	1, 7, 7

대연합(Grand Coalition) : 게임의 모든 플레이어들의 연합이다. 모든 플레이어들이 그들의 전략을 조정할 때 *대연합*이 성립한다.

연합구조(Coalition Structure) : 게임의 플레이어들이 개체연합을 포함하여 연합으로 분할된 것을 게임의 *연합구조*라고 한다.

표 7.1은 쉽게 읽을 수 있다. 습지국의 두 전략에 상응하는 2개의 네모꼴 틀이 있다. 습지국은 틀을 선정하고 각 틀 안에서 홍수국은 행, 침수국은 열을 선택한다. 이득은 홍수국, 침수국, 습지국의 순서로 적혀 있다. 따라서 세 나라가 (남, 동, 섬) 전략을 선택하면 각국의 이득은 홍수국이 1, 침수국이 7, 습지국이 7이 된다.

게임 이론에서 전략을 조정하는 플레이어들의 집단을 연합이라고 한다. 물론 이 용어는 정치학에서 가져온 것이다. 이 게임에서는 2인의 플레이어가 1쌍이 되어 3개의 연합, (홍수국, 침수국), (홍수국, 습지국), (침수국, 습지국)을 만들 수 있다. 그러나 이것이 이야기의 전부는 아니다. 세 나라가 모두 뭉쳐서 전략을 조정할 수 있다. 정치학에서 빌려 온 다른 용어로 말하면 **대연합**일 것이다. 끝으로, 게임 이론이 수학으로부터 물려받은 일관된 철저성의 관점에서 게임 이론가들은 자신과의 연합으로써 독립적으로 행동하는 개인을 고려한다. 이 종류의 연합을 지칭하는 용어는 정치학이 아닌 카드 게임에 기인한다. 홀로 행동하는 플레이어를 개체연합이라고 한다. 그러면 이 게임에는 3개의 개체연합이 있다.

자연적으로 연합들은 함께 맞물린다. 홍수국과 침수국이 2개국 연합을 만들면 습지국은 개체연합으로 남는다. 이런 방식으로 세 플레이어의 집단이 2국 연합과 개체연합의 2개 연합으로 분할된다. 이는 게임을 위한 **연합구조**라고 불린다(이것이 우리가 철저해야 하며 홀로 행동하는 개인을 연합으로 생각해야 하는 이유이다. 그렇지 않으면 어떤 플레이어들이 따로 떨어져 있을 때 연합구조에 대하여 말하기가 어려울 것이다).

이 국가연합 게임의 가능한 연합을 모두 열거해 보자.

(홍수국, 침수국, 습지국)

(홍수국, 침수국), (습지국)

(홍수국, 습지국), (침수국)

(침수국, 습지국), (홍수국)

(홍수국), (침수국), (습지국)

세 나라 전체의 대연합이 형성된다면 각국에 6씩 총 18의 최대이득을 주는 (북, 서, 육지) 전략을 선택할 것이다. 그러나 이것은 내시 균형이 아니다. 세 나라에게 합의된 방식으로 병력을 배치하라고 강제할 수 있는 국제적 시행 장치가 없다는 의미에서 이 게임은 비협조 게임이므로 이 협약은 시행될 수 없을 것이다.

그러나 홍수국과 침수국이 연합을 결성한다고 가정하자. 이들은 '북'과 '동'을 조정된 전략으로 선택할 수 있을 것이다. 이들이 '북'과 '동'을 선택한다면, 습지국은 자국군을 섬에 배치하여 0의 이득을 얻기보다 내륙에 배치하여 1의 이득을 얻는 것이 나을 것이다. 이것은 내시 균형이며, 따라서 시행을 강제할 필요가 없다. 홍수국과 침수국은 합의된 군 배치에서 이탈하기를 원치 않을 것이다.

마찬가지로, 홍수국과 습지국이 연합을 결성하여 그들의 군을 '북'과 '섬'에 배치할 수 있을 것이다. 그러면 침수국은 '서'를 선택할 것이다. 이것은 내시 균형이다. 마찬가지로 침수국과 습지국이 연합하여 그들의 군을 '동'과 '섬'에 배치할 수 있을 것이다. 그러면 홍수국이 '남'을 선택할 것이다. 이것도 내시 균형이고 시행을 강제할 필요가 없다.

이 게임은 복수의 내시 균형을 가진 게임이라는 것을 알 수 있다. 원칙상 어떤 균형이 실제로 관찰될 것인가에 관해서 불가사의한 점이 다소 있을 수 있다. 그렇지만 이 경우에 세 나라 중 두 나라 간에 존재할 수 있는 연합조약이 그 문제를 해결할 셸링 초점을 제공한다. 한편으로, 각각의 2국 연합에 상응하는 셸링 초점 내시 균형이 있으므로 어떤 2국 연합도 가능하다고 결론을 내릴 수 있다. 다른 한편으로, 3개국 대연합에 상응하는 내시 균형이 없으므로 대연합에 해당하는 전략을 시행하기 위한 어떤 제도가 없다면 대연합이 형성되는 것을 기대할 수 없을 것이다.

우리가 이미 보았던 것처럼 3명 이상의 플레이어가 있는 비협조 게임에서 연합이 형성될 수 있다. 그러나 어떤 종류의 시행 장치가 없으면 내시 균형에 해당하는 연합만 볼 것

이론탐구 연합과 내시 균형

비협조 게임에서 연합이 가능하더라도 그것은 예외적이다. 사회적 딜레마와 다른 많은 비협조 게임에서 개체연합만이 안정적이며, 이 경우에 비협조 게임에서 통상적으로 그렇게 하듯이 연합을 완전히 무시할 수 있다. 비협조 게임에서 연합을 고려할 필요가 있는 경우는 복수의 내시 균형이 존재하고 연출 전에 의사 교환의 기회가 많은 게임뿐이다. 그러나 이후의 장에서 보게 될 테지만 협조 게임에서는 연합이 매우 중요하다.

이다. 시행 장치가 있거나, 게임의 연출자들이 조정된 전략의 연출을 공약할 수 있는 다른 효과적인 방법이 있으면 연합이 형성될 가능성이 커진다. 그러면 비협조 게임이 협조 게임으로 될 것이다. 이 문제는 제16장과 제17장에서 논의될 것이다.

이 장에서는 계속하여 선거 정치, 공공 정책, 주식 시장에서 도출한 3인 게임의 예를 탐구할 것이다.

2. 정치적 게임의 '훼방자'

제삼자가 할 수 있는 역할 중 하나가 훼방자의 역할이다. 훼방자는 자신은 이길 수 없으나 다른 플레이어가 승리하지 못하도록 막을 수 있는 플레이어이다. 미국의 2000년 대통령 선거를 관찰한 사람들 가운데 일부는 랠프 네이더(Ralph Nader)가 그 선거에서 훼방자의 역할을 했다고 믿는다. 1992년의 로스 페로(Ross Perot)와 1968년의 조지 월러스(George Wallace)에 대해서도 같다. 좀 더 백중했던 1980년의 선거에서는 존 앤더슨(John Anderson)이 훼방자였을 것이다. 훼방자들은 미국의 대통령 선거에서 상당히 통상적인 것으로 보인다.

네이더를 훼방자로 생각한 사람들은 표 7.2에 나타난 것과 흡사한 게임을 염두에 두고 있을 것이다. 표 7.2는 표 7.1과 마찬가지로 읽을 수 있다. 이 게임에서 제삼자인 네이더가 틀을 선택하고 다른 두 후보는 그 안에서 연출한다. 네이더의 이득이 마지막에 적혀 있다. 온정적 보수주의자로 알려진 부시(George W. Bush, 아들)는 그 말에 함축된 두 전략 중에서 선택하였다 – 그는 온정주의를 강조하거나 보수주의를 강조할 수 있었다. 고어(Al Gore)는 자유주의자나 중도주의자의 색채를 강조할 수 있었다. 네이더의 전략은 출마하거나 출마를 포기하는 것이다. 이 게임의 이득표에 나타난 이득은 득표율이다. 이 표에는

표 7.2 2000년 대통령 선거의 득표율

		네이더			
		출마		불출마	
		고어		고어	
		자유주의	중도주의	자유주의	중도주의
부시	보수주의	45, 50, 1	45, 49, 3	45, 53, 0	45, 52, 0
	온정주의	48, 46, 2	46, 47, 3	48, 48, 0	46, 50, 0

2개의 단서가 있다. 결정의 동기를 주는 주관적 편익이 두 가지 점에서 득표율과 정확하게 일치하지 않을 수 있다. 한편으로, 네이더(그리고 그의 지지자들)는 다른 조건이 같다면 부시의 당선보다 고어의 당선을 바랐을 것이다. 이것은 네이더의 이득을 그의 득표율로 기록하면 나타나지 않는다. 그러나 네이더 지지자들에게는 여하튼 일반 득표율[1]을 최대화하기를 원하는 이유가 있었다. 즉, 일반 득표율이 높을수록 장래의 선거에서 승산이 커질 수 있다는 것이다. 다른 한편으로, 고어는 불리한 입장에서 출마하였다. 되돌아보면, 그는 선거에서 이기기 위해 총 투표에서 1% 이상의 격차로 이겼어야 했다. 총 투표에서 더 많이 이길수록 선거인단(Electoral College)에서 이길 가능성이 커지기 때문이다.

일반 투표에서 동기를 찾은 네이더의 지지자들은 분명한 우월전략을 가졌다. 네이더는 출마해야 한다. 그렇지 않으면 그의 일반 투표 득표율이 0에 불과할 수 있을 것이다. 부시도 우월전략을 가졌다. 그것은 보수주의가 아니라 온정주의를 강조하는 것이다. 고어는 우월전략을 갖지 않았지만, 부시의 우월전략이 온정주의를 강조하는 것이라는 여건하에서 그의 최선반응은 중도주의자로 출마하는 것이다.

그래서 내시 균형 전략은 (온정주의, 중도주의, 출마)이며 이득은 (46, 47, 3)으로 결과는 부시의 승리였다.[2] 네이더가 출마하지 않았더라면 부시와 고어가 같은 전략을 택했을 것이지만, 일반 투표에서 고어가 녹색당(Green), 즉 네이더 지지표를 전부 흡수한다면 그의 우위가 4점 차로 커졌을 것이라는 점을 주목하라. 이 격차가 선거인단 투표에서 이기기에 충분한지 아무도 확신할 수 없으나 그럴 수 있을 것 같고, 많은 사람들이 그렇다고 확신한다. 이것이 네이더를 '훼방자'라고 부르는 의미이다.

---

1) 역자 주 : 이것은 일반 유권자의 총 투표 기준 득표율로서 주 2에서 설명하는 선거인단 기준 득표율과 다르다.

2) 미국의 대통령 선거에서 당락은 일반 투표가 아니라 선거인단에 의해서 결정된다. 각 주는 미국 상원과 하원으로 보내는 의원 수만큼 선거인단 투표수를 갖는다. 각 주의 일반 투표 승자가 그 주에 배정된 선거인단 투표수를 모두 얻는다. 1876년과 2000년 두 해에 선거인단 투표에서 승리한 후보자가 일반 투표에서 2위의 득표율을 나타낸 적이 있다. 그럼에도 불구하고, 후보자가 선거인단 투표에서 이길 가능성을 높이는 수단으로 일반 투표에서 최대한 높은 득표를 추구할 것이라고 가정한다.
역자 주 : 독자들은 왜 부시의 이득, 즉 지지율이 고어보다 낮은데 부시가 승리하느냐고 질문할지 모른다. 그러나 표에 나타난 (46, 47, 3)은 당시 실제로 나온 결과이다. 전국적인 일반 투표 기준으로 부시가 고어보다 낮은 지지율을 얻었지만 선거인단 기준으로 더 많은 지지를 받아 당선된 것이다. 일반 투표의 지지율이 높으면 선거인단의 지지율이 높을 가능성이 크지만 반드시 그렇지는 않다. 이것이 미국 대통령 선거 제도의 특징이다. 네이더가 '출마'하고 고어가 '중도'를 선택한 상황에 부시가 선거인단 투표에서 이길 가능성은 일반 투표의 득표율이 45%일 때보다 46%일 때 크고, 실제로 부시는 승산이 큰 전략을 선택해서 승리하였다. 제20장에서 미국의 대통령 선거에 대한 좀 더 깊이 있는 게임 이론적 분석이 전개된다.

3. 주식투자 자문

한 게임에 3명 이상의 플레이어가 있을 때, 그중 1명이 다수와 같이 행동하는 것이 유리할 수 있다. 아래에 그런 종류의 예가 있다.

러비타니아는 활발한 주식 시장을 가진 소국으로 기업은 종합물산주식회사(GS) 하나만 있고, 주식투자 자문가는 유월이, 칠월이, 팔월이, 3명밖에 없다. 3명의 자문가 중 최소한 2명이 GS 주식의 '매수'를 권할 때마다 주가가 올라가고, 따라서 '매수'를 추천한 자문가들의 평판, 고객, 이득이 증가한다. 3명의 자문가 중 적어도 2명이 GS 주식의 '매각'을 권하면 주가가 떨어지고, 따라서 '매각'을 추천한 자문가들의 평판, 고객, 이득이 증가한다.

표 7.3 투자 자문가 3인의 이득

		유월이			
		매수		매각	
		칠월이		칠월이	
		매수	매각	매수	매각
팔월이	매수	5, 5, 5	6, 0, 6	6, 6, 0	0, 6, 6
	매각	0, 6, 6	6, 6, 0	6, 0, 6	5, 5, 5

세 자문가의 이득은 표 7.3과 같다. 이 표를 보면 자문가들이 모두 '매각'을 권하는 경우와 모두 '매수'를 권하는 경우의 두 가지 내시 균형이 있다. 3명의 자문가 가운데 1명이 나머지 2명과 의견이 일치하지 않을 때마다 잃기 때문에, 그는 다른 자문가들과 의견이 다를 때에도 그들과 같은 의견으로 전환할 이유를 갖는다.

이 예는 현실 세계에 대하여 무엇을 말해 주는가? 물론 현실 세계에는 투자 자문가가 3명보다 훨씬 많다. 현실 세계는 다른 면에서도 더 복잡하다. 예컨대, 대부분의 자문가들이 틀리는 경우가 수시로 발생한다. 그래서 주가는 투자 자문가들의 다수 의견 외에, 예컨대 기업의 수익과 같은 다른 요인들의 영향을 받는다. 그러나 자신의 권고가 주가에 영향을 준다고 믿으면, 개별 자문가들은 다수 의견이 틀리다고 믿을 만한 충분한 근거를 갖지 않는 한 다수와 다른 의견을 내려고 하지 않을 것이다.

투자 자문가들은 틀릴 때나 맞을 때나 대체로 같은 의견을 갖는 것으로 보인다. 케인스는 주식 시장이 20세기에 영국의 신문사들이 후원한 '미인 콘테스트'와 매우 비슷하다고 하였다. 신문이 한 면에 100여 명의 여자들 얼굴 사진을 싣고 독자들에게 최고의 미녀를 투표로 뽑도록 권유한다. 최고 미녀를 맞힌 사람은 상을 받으며, 가장 표를 많이 얻은 여자가 최고 미녀이다! (케인스가 말하기를) 목적은 누가 최고 미녀인가를 결정하는 것이 아니라, 최대 다수의 사람들이 누구를 최고 미녀라고 생각하는가를 결정하는 것이다. 그리고 케인스는 주식 시장이 이와 흡사하다고 하였다. 러비타니아의 예에서 목적은 주가가 어느 방향으로 움직일지를 예측하는 것이 아니라, 대부분의 투자 자문가들이 주가가 어느 방향으로 움직일 것으로 예측할지를 예측하는 것이다.

이 게임에 2개의 내시 균형이 있다는 사실이 역시 중요하다. 모든 사람들이 옳을 수 있는 방법이 2개 있다. 그러나 특정한 경우에 무엇이 실현될 것인가? 하루 중 처음 나온 뉴스가 좋은 뉴스라고 가정하자. 그러면 이 좋은 뉴스를 들은 자문가는 다른 자문가들도 이 뉴스를 듣고 '매수'를 추천할 것으로 생각하고 자기도 '매수'를 추천할 것이다. 그래서 그들은 모두 '매수'를 추천한다. 주식 시장은 흔히 새로운 정보에 과민하게 반응하는 것 같다. 뉴스의 객관적 내용에 의해서 설명될 수 있는 정도 이상으로 주가가 움직인다. 아마 이러한 현상은 새로운 뉴스가 재테크를 하는 플레이어들을 새로운 셸링 초점으로 이동시키기 때문에 발생할 것이다.

이 결론은 추측이지 사실이 아니다. 우리는 주식 시장이 움직이는 이유를 정말로 알지 못한다. 그리고 주식 시장이 왜 그렇게 움직이는지 이유를 안다면 나는 이 책을 쓸 필요가 없을 것이다. 그러나 3인 게임은 우리가 관찰하는 것의 일부를 설명할 수 있는 근거를 시사한다.

인물탐구

존 메이너드 케인스
(John Maynard Keynes, 1883~1946)

존 메이너드 케인스는 20세기 전반에 가장 영향력이 컸던 경제학자일 것이다. *평화의 경제적 귀결*(The Economic Consequences of the Peace)(1919)의 출판과 함께 그는, 요제프 슘페터(Joseph Schumpeter)가 *경제 분석의 역사*(History of Economic Analysis)에서 말했듯이, "통찰력은 같지만 용기가 적은 사람들과 용기는 같지만 통찰력이 적은 사람들이 입을 닫고 있을 때 졸지에 국제적인 명성을 얻었다." 대공황(Great Depression) 후 케인스는 이 참사를 이해하고 설명을 시도한, 젊고 매우 창의적인 경제학자들의 집단에서 주도적인 인물이었다. 케인스는 그들로부터 자유롭게 아이디어를 빌리면서 *고용, 이자와 화폐의 일반 이론*(The General Theory of Employment, Interest and Money)을 냈는데, 이 책은 (슘페터를 다시 인용하면) "그의 지도력의 위업이었다. 이 책은 분명한 일반적 분석의 형태로서, 영국의 사회적 · 경제적 상황과 아울러 그것에 대해서 무엇을 해야 하는지에 관한 개인적 의견을 영국에 가르쳤다." 케인스는 현대 거시경제학의 성립에 도움을 주었다.

4. 몰려가기 게임

우리는 세 번째 플레이어가 연합으로부터 단절되어 있고, 그는 다수를 추종하지 않으면 손해를 보며, 자신은 이길 수 없지만 자신의 전략에 의해서 누가 이길 것인가를 결정한다는 뜻에서 훼방자인 3인 게임의 예를 보았다. 또 다른 가능성은 '둘은 좋은데 셋이면 너무 많다(two's company, but three's a crowd)'는 것이다. 즉, 밀집이 문제가 되지만 일정한 수의 사람들이 군중에 합류한 다음에만 문제가 된다. 가로등 게임은 이를 보여 준다.

'가로등'은 뉴멕시코의 산타페에 있는 술집으로 산타페 연구소의 카오스(chaos)[3] 연구자들이 자주 찾는 곳이다. 가로등은 손님이 적당히 많을 때 가장 분위기가 살아난다고

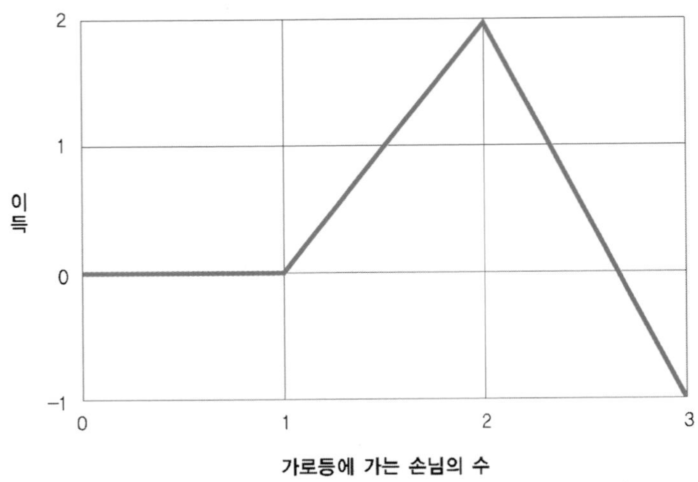

그림 7.1 몰려가기 게임에서 술집 손님들의 이득

한다. 요점은 술집을 찾는 손님이 얻는 편익이 비선형적이라는 것이다. 즉, 일정한 시점까지 손님이 많아지면서 편익이 빠르게 증가한 다음 감소한다. 이와 유사한 3인 게임이 있다. 에이미, 바브, 캐롤은 각각 술집에 가거나 집에 머무는 전략 중에서 선택할 수 있다. 세 친구들이 모두 술집에 가면 술집이 너무 붐비게 되고 모두 음의 이득을 얻는다. 둘만 가면 그 둘은 최대의 이득을 얻지만, 혼자만 가면 그의 이득은 집에 있느니만 못하다. 술집 손님들의 이득이 그림 7.1에 나타나 있다. 술집 손님의 수가 0에서 1, 2, 3으로 늘어나면서 상당히 다른 3개의 경향이 나타나는 것을 주목하라. 이러한 대조가 3인 미만의 플레이어가 있는 게임에서는 나타날 수 없다. 집에 남아 있는 플레이어의 이득은 항상 1이다.

표 7.4 몰려가기 게임의 이득

		캐롤			
		간다		남는다	
		바브		바브	
		간다	남는다	간다	남는다
에이미	간다	−1, −1, −1	2, 1, 2	2, 2, 1	0, 1, 1
	남는다	1, 2, 2	1, 1, 0	1, 0, 1	1, 1, 1

표 7.4는 정규형으로 나타낸 이득을 보여 준다. 이 게임은 4개의 내시 균형을 갖는다. 둘이 술집에 가고 혼자 집에 남아 있는 세 쌍의 전략이 각각 균형이다. 그러므로 이 게임은 조정 게임으로 생각할 수 있

3) 역자 주 : 이것은 수학과 물리학에서 특정한 조건 아래 원초적 조건에 민감하게 반응하는 동태적 과정, 속칭 나비 효과(butterfly effect)를 가진 비선형적 동적 체계의 행동을 연구하는 이론 분야이다.

다. 모두 집에 있는 네 번째 균형은 조금 이상하다. 그러나 사실상 술집에 혼자 가는 것보다 집에 있는 것이 나으므로 그것도 균형이다. 이 균형은 (둘이 술집에 간다면 그 둘은 나아지고 아무도 나빠지지 않는다는 점에서) 다른 내시 균형보다 못하므로 그것이 실제로 발생할지 의심스러울 것이다. 그러나 아무도 일방적으로 전략을 바꿈으로써 (남는다, 남는다, 남는다)의 결과를 개선할 수 없고, 다른 정보가 없는 한 각자는 전략을 바꿈으로써 다른 3개의 균형 중 무엇이 실현될 수 있는지에 대하여 불확실할 것이다.

국가연합 게임처럼 3명 가운데 둘이 연합을 맺어 술집에 가고 나머지 1명이 집에 남아 있는 최선반응을 선택할 수 있다. 물론 이러한 유형의 일이 발생한다. 이러한 종류의 연합은 흔히 '패거리(clique)'라고 하며 거의 모든 고등학교에 있다고 보고되었다.

그러나 그 술집에 다녀온 사람들에 따르면, 술집에 갈 것인지 집에 있을 것인지를 마지막 순간에 결정하므로 연합이나 패거리를 만들 시간이 충분하지 않다는 것이 몰려가기 게임의 본질이다. 상호 간 의사 교환이 없고, 사람들이 가진 정보는 경험에 의한 것일 뿐

이론탐구 연합 배제 균형

표 7.4의 오른쪽 마지막 줄에 있는 이상한 균형은 어떠한가? 어떤 2명의 플레이어라도 연합을 결성하고 다른 내시 균형으로 옮아가서 더 나아질 수 있을 것이다. 그러면 오른쪽 마지막 줄에 있는 균형이 즉시 배제될 것이다. (비록 시행을 강제할 수 없더라도) 이 균형을 이탈하는 연합이 형성될 수 있기 때문에 이 내시 균형은 '연합 배제(coalition-proof)'가 아니다.

2명 이상의 플레이어와 복수의 균형이 있는 게임에서는 연합에 의한 전략 이동을 감안하기 위하여 내시 균형을 '정련'할 필요가 있다. 비협조 게임 이론에는 이 기능을 하는 '정련'이 있다. 하나가 '*강한 내시 균형*'이다. 내시 균형을 이탈함으로써 전체로서 편익을 얻을 수 있는 연합이 없어야만 내시 균형이 강하다. 이 게임은 강한 내시 균형을 전혀 갖고 있지 않다. 이보다 덜 강한 조건은 균형이 '*연합 배제*'여야 한다는 것이다.

균형이 연합 배제인지 아닌지를 결정하기 위해서 두 가지 점을 물어야 한다. 첫째, 또 다른 내시 균형으로 이탈하고 더 좋아질 수 있는 연합이 존재하는가? 둘째, 연합의 내부에 한 번 더 다른 내시 균형으로 이탈함으로써 편익을 얻을 수 있을 작은 규모의 연합이 없다는 의미에서 이 연합들은 안정적인가?

분명히 오른쪽 마지막 줄에 있는 균형에서는 어떤 2인 연합이라도 이탈함으로써 이득을 늘릴 수 있으므로 이 균형은 연합 배제가 아니다. 2인 연합 내의 더 작은 연합, 즉 1인 개체연합이라도 이탈함으로써 편익을 얻을 수 없다면 이 연합은 안정적이다. 우리는 다른 3개의 내시 균형이 이 의미에서 안정적이므로 그것들이 그 자체로서 연합 배제라는 것을 안다. 그래서 오른쪽 마지막 줄에 있는 균형이 현실적으로 가능성이 매우 작다고 생각하는 데에는 상당한 이유가 있다.[4)]

---

4) 역자주 : 위에서 거론된 '정련'이나 '연합배제' 등 생소한 용어들은 제11장에서 다시 다루어진다. 이 책의 구판에서는 이것들이 제7장 이전에 논의되었으나 개정판에서 편집상의 이유로 뒤로 배치된 것으로 보인다.

으로 신뢰성이 없을 수 있다. 그러므로 조정 게임의 불확실성이 문제로 등장한다. 어느 날 밤 모두 술집에 가서 술집이 초만원이 되고, 그래서 다음 날 밤에는 혼잡을 피하기 위해 모두 집에 있기로 결정하기 때문에 손님이 너무 적어서 흥청거리는 분위기를 살릴 수 없는 경우가 흔히 일어난다. 카오스 연구자들은 이것을 수학적 카오스의 일례로 제시한다. 그것은 의사 교환이 없는 조정 게임에서 발생하는 조정 실패의 전형적인 예이기도 하다.

5. 공공재 기부 게임

공공재 : 한 나라의 모든 사람들이 같은 수준의 서비스를 향유하고, 같은 수준의 서비스를 또 한 사람에게 공급하더라도 비용이 더 들지 않는 성질을 가진 재화나 서비스가 경제학에서 말하는 공공재이다.

공공 부문의 경제학에서 **공공재**는 사적 부문보다 공공 부문에서 제공하는 편이 더 적합하다는 특유한 성질을 가진 재화나 서비스(사실상 통상적으로 서비스)를 지칭하는 용어이다. 두 가지 특유한 성질은 다음과 같다.

(1) 아무도 공공재의 편익에서 배제될 수 없다. 특히 비용을 부담하지 않은 사람들도 비용을 부담하는 사람들과 똑같이 그 편익을 받는다.[5]

(2) 비용이 서비스의 수준에 따라 다를 수 있으나 서비스를 받는 사람들의 수에 따라서 다르지는 않다. 항상 비용을 더 들이지 않고 또 한 사람에게 같은 수준의 서비스를 제공할 수 있으며, 한 사람에 대한 서비스를 줄이는 대신 다른 사람에 대한 서비스를 늘릴 수 없다.[6]

공공재의 가장 좋은 예 가운데 하나는 광고나 모금 호소가 없는 방송이다. 서비스의 수준은 방송국의 송출 시간을 연장함으로써 높일 수 있다. 이에 따라 방송 비용이 상승할 것이다. 그러나 방송 비용을 늘리거나 다른 사람들에 대한 서비스를 줄이지 않고 새로운 청취자가 같은 방송을 들을 수 있다. 한적한 시골길이 또 다른 예일 것이다. 포장도로는 비포장도로에 비하여 높은 비용으로 높은 수준의 서비스를 제공한다. 그러나 (길이 한적한 상태인 한) 한 사람이 더 포장도로에서 운전하더라도 그 비용이 상승하거나 다른 사람을 위한 서비스가 줄어들지 않는다. 다른 전통적 예로는 개인의 안전, 재산, 계약의 법적 보호

---

5) 역자 주 : 이것을 비배제성(non-excludability)이라고 한다.

6) 역자 주 : 이것을 비경합성(nonrivalry)이라고 한다.

표 7.5 기부 게임

		래리			
		기부한다		기부 안 한다	
		칼		칼	
		기부한다	기부 안 한다	기부한다	기부 안 한다
잭	기부한다	1.5, 1.5, 1.5	0.5, 2, 0.5	0.5, 0.5, 2	−0.5, 1, 1
	기부 안 한다	2, 0.5, 0.5	1, 1, −0.5	1, −0.5, 1	0, 0, 0

와 국방이 있다.

다음의 3인 공공재 기부 게임을 보자.

i. 플레이어는 잭, 칼, 래리이다.
ii. 각 플레이어는 1단위의 공공재를 기부하거나 기부하지 않을 수 있다. 기부하는 플레이어는 1.5단위의 비용을 지불한다.
iii. 플레이어가 기부하면 그의 이득은 기부된 단위의 총수에서 자신의 기부 비용 1.5단위를 뺀 것이다.
iv. 플레이어가 기부하지 않으면 그의 이득은 기부된 단위의 총수이다.

이상의 규칙은 표 7.5의 이득표로 나타난다.

우리는 이 게임에는 우월전략이 있다는 것을 본다. 기부하는 것은 잭, 칼, 래리에게 열등전략이다. 각 플레이어는 기부하지 않음으로써 기부할 때보다 0.5의 이득을 더 얻는다. 모든 플레이어들이 '기부 안 한다'는 것이 이 게임의 유일한 우월전략 균형이며 유일한 내시 균형이다.

이 균형은 또한 비효율적이다. 3명의 플레이어들이 모두 기부한다면 (각각 0 대신 1.5의 이득을 얻어) 더 나아질 것이다. 사실상 이것은 3명의 사회적 딜레마의 예이다.

이 게임을 보는 다른 방법은 이 장의 첫 번째 게임인 국가연합 게임과 대조하는 것이다. 그 게임에서 세 나라 가운데 두 나라가 연합을 결성함으로써 편익을 받을 수 있었다. 그러므로 공공재 기부 게임을 연합의 관점에서 생각해 보자. 잭과 칼이 연합을 결성하고 각각 기부한다고 가정하자. 그러면 이득이 (0, 0, 0)에서 (0.5, 0.5, 2)가 되므로 래리가 더 많이 이득을 얻지만, 잭과 칼도 기부하지 않을 때보다 좋아진다. 그러나 이것은 내시 균형이 아니므로 어떤 형태로든 협약의 시행이 강제되지 않으면 실현되지 않을 것이다. 잭과 칼이 연합을 결성하는 것은 그들 사이에 2인 게임의 사회적 딜레마를 재현할 뿐이다.

사실상 이 게임에서는 가능하다면 3명이 대연합을 결성할 이유가 충분히 있다. 그러나 (이 경우에 연합의 게임과 비슷하게) (기부한다, 기부한다, 기부한다)의 대연합 전략은 내시 균형이 아니므로 시행 장치가 없으면 성립할 수 없다.

경제학자들이 공공재는 사적 부문에서 제공되기에 적합하지 않다고 말할 때 그 의미는 대체로 다음과 같은 것이다. 즉, 공공재의 공급에 효율적으로 기여하는 것이 우월전략이고, 그러므로 공공재의 공급은 사회적 딜레마이다.

이 추론은 환경경제학에서 공동 소유 자원의 이용에도 적용된다. 고전적 예가 마을 주민들이 공동으로 소유하는 '촌락 공유지'인 목초지이다. 마을의 모든 주민들이 자신의 가축을 공유지에 방목하면 과잉 방목으로 목초지가 파괴될 것이다. 각 주민이 예컨대 자기 가축의 반 이상을 방목하지 않는 등 목초지의 이용을 제한하면 목초지가 보존될 수 있다. 그러나 이 방법으로 공유지를 보존하는 것이 주민들에게는 공공재이며, 우월전략은 가축을 모두 방목하고 목초지가 존속되는 동안 편익을 얻는 것이다. 공유지의 보존은 열등전략이다. 이것은 '공유자원의 비극(tragedy of the commons)'이라고 불린다. 공유자원의 파괴는 개인적으로는 합리적인 행동의 결과이지만 모든 사람들에게 손해를 입히는 결과를 초래한다.

그렇지만 현실 세계에는 4명 이상의 증권 자문가들이 있는 것처럼, 공공재 문제와 공유자원의 비극에는 통상 4명 이상의 사람들이 관계된다. 제10장에서는 사회적 딜레마를 비롯하여 플레이어가 많은 게임을 분석하는 몇 가지 방법을 살펴볼 것이다.

6. 요약

어떤 관점에서 3인 게임은 2인 게임보다 약간 더 복잡하다. 3인 게임은 2인 게임에서 필요한 것보다 약간 더 복잡하지만 한쪽에 올릴 수 있을 만큼 간단한 표를 가진 정규형으로 제시될 수 있다. 다른 관점에서는 3인 게임이 2인 게임보다 훨씬 복잡하다. 즉, 3인 게임은 2인 게임에서는 발생하지 않지만 4인 이상의 게임에서 발생하는 많은 문제점들을 게임이론에 도입한다. 이렇게 3인 게임에는 단순성과 복잡성이 함께 있기 때문에 연구할 만한 가치가 있다.

예를 들어, 3인 게임에서는 두 플레이어가 연합을 결성하고 남은 플레이어를 상대로 협조하는 것이 가능해진다. 이것은 플레이어의 수가 3을 넘으면 항상 가능하지만 2인 게임에서는 의미가 별로 없다. 물론 비협조 게임에서 모든 연합이 가능하지는 않다. 내시 균형에 해당하는 연합만이 안정적이다. 그러므로 3인 사회적 딜레마에서는 플레이어가 2명 이상인 모든 연합이 참가자들의 이득을 향상시킨다. 그러나 어떤 연합도 내시 균형처럼 안정적이지 않다.

3인 게임에서 나타나는 또 하나의 복잡성은 세 플레이어 가운데 1명이 자신은 이길 수 없더라도 다른 2명 가운데 누가 이길 수 있는가를 결정하는 '훼방자'가 될 수 있다는 점이다. 이것은 20세기 후반 미국의 대통령 선거에서 상당히 일반적인 현상인 것 같다.

3인 게임에서도 플레이어들이 각각 다수의 행동과 보조를 맞추는 것이 유리하다는 것을 아는 순응주의(conformism)를 모형화할 수 있다. 우리는 또 혼자 행동하는 것이 더 유리한 예와, 플레이어가 둘이면 좋지만 셋이면 너무 많은 예도 볼 수 있다.

3인 게임으로 확장하더라도 항상 달라지는 것은 아니다. 예컨대 우리가 공공재 기부 게임을 고려할 때, 우리는 그것이 사회적 딜레마 일반에서 발견되는 유일한 우월전략 균형을 가진 3인의 사회적 딜레마인 것을 안다. 그래서 3인 게임은 연구할 가치가 있으며, 4인 이상 게임에서 탐구할 아이디어의 원천이 된다.

Q7. 연습문제

Q7.1 새로운 생수 판매 게임 톰, 딕, 해리는 모두 생수 판매 사업을 한다. 이들 가운데 하나나 둘이 생산을 늘리면 생산을 늘리지 않는 사람으로부터 고객을 빼앗아 올 수 있지만, 만일 셋이 모두 생산을 늘리면 그들은 겨우 본전만 건지는 상황이 될 것이다. 이득은 표 7.6a에 나타나 있다.

표 7.6a 생수 판매자의 이득

		해리			
		증산한다		증산 안 한다	
		딕		딕	
		증산한다	증산 안 한다	증산한다	증산 안 한다
톰	증산한다	0, 0, 0	1, −2, 1	1, 1, −2	2, −1, −1
	증산 안 한다	−2, 1, 1	−1, −1, 2	−1, 2, −1	0, 0, 0

a. 이 게임은 내시 균형을 갖는가? 그렇다면 그것을 적시하고 설명하라.

b. 이 게임에서 가능한 모든 연합을 열거하라.

c. 어느 연합이 내시 균형으로서 안정적인가?

d. 이 게임을 이 장의 공공재 기부 게임 및 국가연합 게임과 비교하라.

Q7.2 3인의 노력 딜레마(표 7.6b 참조)

a. 이 게임에 우월전략이 있는가?

b. 우월전략 균형이 있는가?

c. 내시 균형이 있는가? 몇 개인가? 무엇인가? 당신은 어떻게 아는가?

d. 2명의 플레이어가 그들의 노력을 증대하기 위해 연합을 만들면 어떻게 될 것인가?

표 7.6b 3인의 노력 딜레마

		칼			
		일한다		게으름 피운다	
		밥		밥	
		일한다	게으름 피운다	일한다	게으름 피운다
앨	일한다	20, 20, 20	14, 25, 14	14, 14, 25	4, 20, 20
	게으름 피운다	25, 14, 14	20, 20, 4	20, 4, 20	5, 5, 5

Q7.3 개구리 짝짓기 게임 진화생물학자들은 짝짓기를 포함한 동물 행동의 어떤 측면을 이해하는 데 게임 이론을 이용한다. 여기에 3마리의 외로운 개구리, 외톨이, 못난이, 멍청이의 짝짓기 게임이 있다. 이 개구리들은 모두 수컷이며 암컷을 유혹하기 위해 소리를 내는 전략(신호)과 가만히 앉아서 남의 덕을 보는 전략(꼽사리) 중에서 선택할 수 있다. 소리를 내는 놈은 잡아먹힐 수도 있는 위험을 감수하지만 가만히 있는 놈은 덜 위험하다. 한편, 소리를 내지 않고 가만히 있는 놈은 다른 놈의 소리에 이끌려 온 암컷을 만날 수 있다. 그래서 꼽사리 전략의 이득은 소리를 내는 다른 수컷의 수가 많을수록 커진다. 헷갈려 하는 암컷이 많아지고 그중에서 짝짓기 상대를 비교적 쉽게 구할 수 있기 때문이다.

3마리의 개구리가 얻는 이득은 표 7.6c에 나타나 있다. 첫 번째는 멍청이, 두 번째는 못난이, 마지막은 외톨이의 이득이다.

a. 이 게임의 모든 내시 균형을 적시하라.

b. 이 균형들에 공통점이 있으며, 이 균형들의 일반적 성격을 제시할 수 있는가? 그

것은 무엇인가?

c. 개구리들은 짝짓기 게임에서 연합을 결성하지 않는다. 만일 연합을 결성한다면 어떤 차이가 생기겠는가?

표 7.6c 애타는 개구리들의 이득

		외톨이			
		신호		꼽사리	
		못난이		못난이	
		신호	꼽사리	신호	꼽사리
멍청이	신호	5, 5, 5	4, 6, 4	4, 4, 6	7, 2, 2
	꼽사리	6, 4, 4	2, 2, 7	2, 7, 2	1, 1, 1

Q7.4 **굴 채취** 레이, 스탠, 톰은 체사피크 만에서 굴을 채취한다. 북동쪽에 굴 밭이 있는데 다른 굴 채취자들은 모르고 이들은 모두 알고 있다. 다음 달이면 굴이 더 자랄 것이므로 그때 가서 수확하면 시장에서 더 높은 가격으로 팔 수 있다. 그러나 3명의 굴 채취자들은 오늘 수확할 것인가, 아니면 다음 달까지 기다릴 것인가를 저울질하고 있다. 이득은 표 6d와 같고 이득은 레이, 스탠, 톰의 순서로 적혀 있다.

a. 이 게임에 내시 균형이 있다면 무엇인가?

b. 이것은 어떤 종류의 게임인가?

표 7.6d 기다리기 게임

		톰			
		오늘		다음 달	
		스탠		스탠	
		오늘	다음 달	오늘	다음 달
레이	오늘	5, 5, 5	7, 1, 7	7, 7, 1	12, 1, 1
	다음 달	1, 7, 7	1, 1, 12	1, 12, 1	10, 10, 10

Q7.5 **의료**[7] 전통적으로 산부인과 의사는 산과(분만)와 부인과(일반적인 여성의 건강관리와 수술)를 포함하는 서비스를 제공해 왔다. 일부 나이 많은 의사들은 산과 진

7) 이 연습문제는 내가 강의하는 MBA를 위한 게임 이론의 수강생인 데이비드 타우브(David Toub) 박사가 제공한 것이다.

표 7.6e 부인과 전문의의 이득

부인과 전문의의 수	부인과 전문의의 이득
1	20
2	10
3	−5

료를 중단하고 주로 부인과에 치중했다. 산과 의사는 출산 때마다 불려 가므로 부인과 진료만 하는 의사가 더 나은 라이프 스타일을 누릴 수 있다. 최근에는 젊은 의사들도 더 편안한 라이프 스타일을 추구함과 아울러, 산과 진료의 책임에 결부된 보험 비용의 상승에 따른 압박감을 피하기 위해 부인과로 국한한 면허를 선택해 왔다.

이프니프, 맥코이, 스포크는 알래스카 주의 외딴 도시인 엔터프라이즈의 젊은 산부인과 의사들인데 이들만 그 시에서 산부인과 면허를 갖고 있다. 이들은 각각 독립해서 개업하고 있으며, 진료를 부인과에만 한정하거나 산부인과로 확대하는 두 전략 간에 선택할 수 있다. 부인과 진료의 이득은 표 7.6e에 나타난 것처럼 부인과 진료만 하는 의사의 수에 따라 결정된다. 산부인과 진료의 이득은 항상 5이다.

a. 이 3인 게임의 이득표를 작성하고, 내시 균형이 존재한다면 무엇인지 결정하라.
b. 현실적으로 세 의사들이 동시에 개업하지는 않을 것이다. 세 의사들이 순차적으로 개업한다고 가정하라. 이 순서는 실제의 내시 균형에 어떤 영향을 줄 것인가?
c. 동업을 연합으로 생각할 수 있다. 이 게임에는 연합을 위하여 어떤 기회가 존재하는가?

Q7.6 님비(NIMBY) 님비는 '내 뒤뜰에는 안 된다(not in my back yard)'를 나타낸다. 표 7.6f는 님비 게임의 이득을 보여 준다. 이 게임의 배후에 있는 발상은 게임의 세 플레이어에게 공공재를 제공할 시설을 건립하기 위한 제안이 이루어진다는 것이다. 그러나 그 시설은 3명의 플레이어 가운데 어느 한 사람의 위치에 세워져야 하고 국지적 불편을 꽤 초래할 것이므로 플레이어들은 공공재를 향유함에도 불구하고 더 나빠질 것이다. 이것을 비협조 게임으로 분석하고 논하라.

표 7.6f 님비

		c			
		수용한다		거절한다	
		b		b	
		수용한다	거절한다	수용한다	거절한다
a	수용한다	2, 2, 2	2, 6, 2	2, 2, 6	2, 6, 6
	거절한다	6, 2, 2	6, 6, 2	6, 2, 6	3, 3, 3

제 8 장

확률과 게임 이론

> **이 장의 내용을 가장 잘 이해하려면** 제1장~제4장과 제7장의 내용을 학습하고 이해할 필요가 있다.

불확실성은 많은 게임과 인간의 상호작용에서 적지 않은 역할을 한다. 게임에서는 주사위를 던지거나 카드를 섞어서 불확실성을 의도적으로 만들 수 있다. 1개의 주사위를 던지는 예를 살펴보자(주사위는 1부터 6까지의 숫자가 6개의 면에 각각 적혀 있는 입방체이다). 주사위를 던질 때 3보다 큰 숫자가 나올까? 아닐까? 답이 불확실하다. 그러나 우리는 그보다 더 잘할 수 있는가?

1. 확률

절대적 의미에서 우리는 더 잘할 수 없다. 말한 것이 맞거나 틀리거나 불확실하게 마련인데 이 경우에는 불확실하다. 그러나 상대적 의미에서는 어떤 불확실한 말이 다른 불확실한 말보다 사실일 가능성이 적다. 예컨대, 주사위를 던질 때 5보다 큰 수가 나올 것이라는 말은 3보다 큰 수가 나올 것이라는 말보다 맞을 가능성이 적다. 그 이유는 3보다 큰 수가 4, 5, 6으로 3개 있는 반면, 5보다 큰 수는 6 하나밖에 없기 때문이다. 우리는 흔히 이와 같이 가능성을 비교하고 가능성이 큰 예측을 더 신뢰한다.

확률은 상대적 가능성을 수치로 측정하는 방법이다. 확률은 0과 1을 포함하여 그 사이의 값을 갖는다. 1의 확률은 확실성에 해당하고 0은 확실하게 틀린 것에 해당한다. 불확실한 것 가운데 어떤 것이 사실일 가능성이 클수록 그것에 주어진 확률 수치가 커진다. 그래서 주사위를 던질 때 나오는 숫자가 5보다 클 확률이 1/6인 반면, 3보다 클 확률은 1/2이라

중요 개념

확률(Probability) : 불확실한 사건의 여러 결과 중 어느 하나의 가능성을 측정한 수로서, 그 사건이 무한히 반복될 수 있으면 그 사건의 극한도수에 해당한다.

기대치(Expected Value) : 불확실한 사건의 여러 결과들이 서로 다를 수 있는 수치를 갖는다고 가정하자. 이 사건의 (수학적 기대라고도 하는) 기대치는 각 결과의 확률을 가중치로 한 이 수치들의 가중평균이다.

위험 회피(Risk Aversion) : 안전한 지불의 기대치 이상의 기대치를 가진 위험한 지불보다 안전한 지불을 선택하려는 사람을 위험 회피적이라고 한다.

고 한다. 이와 같이 사실일 가능성이 큰 것이 더 큰 확률을 갖는다.

어떤 경우에는 더 잘할 수 있다. 우리는 한 사건의 확률을 유사한 실험을 계속하는 과정에서 그 사건을 관찰하는 빈도와 연계할 수 있다. 가령 주사위를 100번 던진다고 가정하자. 우리는 100번 가운데 약 1/6은 5보다 큰 수가 나올 것이라고 상당히 자신할 수 있다. 마찬가지로, 100번 가운데 약 반은 3보다 큰 수가 나올 것이다. 그뿐만이 아니라 주사위를 던지는 횟수가 많아질수록 점점 그 비율에 가까워질 것이다. 사건의 '극한도수(limiting frequency)'는 이렇게 실험의 수가 무한히 증가하면서 점근하는 수치이다. 그러므로 우리는 **극한도수**가 의미를 갖는 경우에 한 사건의 **확률**을 그것의 극한도수와 같은 것으로 한다.

몇 가지 다른 중요한 경우에는 극한도수가 별로 의미가 없을 수 있다. 자동차 엔진을 위한 신기술 연구 사업의 결과를 생각해 보라. 연구가 끝날 때까지 성공 여부를 모른다. 연구자들이 말하듯이 그것이 연구의 본질이다. 그러나 일단 연구가 끝나고 결과가 나오면 같은 연구를 반복할 필요가 없으며 다시 할 수도 없을 것이다. 그래서 이 경우에 극한도수는 의미가 없다. 그럼에도 불구하고, 연료전지 기술을 이용하여 자동차 엔진을 생산하려는 연구 사업이 핵융합을 이용하여 자동차 엔진을 생산하려는 연구 사업보다 개연성이 커 보인다. 그것이 더 가능할 것 같기 때문에 더 큰 확률의 수치를 부여한다. 물론 연료전지 기술에 의한 성공이 핵융합 기술에 의한 성공보다 가능성이 크다는 판단에는 주관적 요소가 작용한다. 따라서 거기에 결부된 확률에 주관적 요소가 개재한다. 그렇지만 우리는 주관적 요소에도 불구하고 연구 사업과 같이 독특한 사건의 확률이 상대적 도수로 정의되는 확률과 똑같은 성질을 갖는다고 가정할 것이다. 이것이 이 책에서 확률에 대하여 채택하는 기본 가정이다(그리고 이 가정은 확률을 적용하는 많은 연구에서 통상적으로 사용된다).

우리가 상대적 도수를 관찰할 수 있을 때도 확률을 산정하기 위해 상대적 도수의 접근방법을 사용할 수 있다. 기상학은 이에 대한 좋은 예를 보여 준다. 내년에 화이트 크리스마스가 될 가능성은 어떤가? 그때 어떤 한랭전선이나 온난전선이 지나갈지 지금 예측하기는 너무 이르지만, 과거 수십 년간 화이트 크리스마스의 도수를 보고 그 정보를 이용하여 내년의 화이트 크리스마스 확률을 산정할 수 있다. 기록을 보면, (내가 살고 있는) 필라델피아 지역에서는 종래 크리스마스의 약 20%가 화이트 크리스마스였다. 그러므로 우리는 화이트 크리스마스의 확률이 약 20%라고 상당히 자신 있게 말할 수 있다.

1개의 주사위를 던지는 것은 상당히 단순한 사건이며 화이트 크리스마스도 그렇다. 확률을 적용할 때 우리는 훨씬 더 복잡한 사건을 취급해야 한다. 매우 복잡한 사건의 확률을 계산하기 위해 대수학, 논리학, 미분학의 방법을 사용할 수 있다. 여기서는 그것들을 다루지 않으려고 한다. 그러한 방법의 일부는 게임 이론에서 중요하지만 게임 이론을 위해 필요할 때만 사용할 것이다. 그러나 한 가지 확률 이용방법은 이 책이 끝날 때까지 필요하며 다음 절에서 설명한다.

2. 기대치

어떤 사람이 당신에게 도박을 제의한다고 가정하자. 당신은 1개의 주사위를 던질 수 있는데, 주사위의 숫자가 6이 나오면 그가 당신에게 $10를 줄 것이고 그 밖의 숫자가 나오면 아무것도 주지 않을 것이다. 이 게임은 당신에게 얼마의 가치를 갖는가? 그가 당신에게 이 게임을 하려면 $1를 내라고 할 때 그럴 만한 가치가 있는가? 그가 $2를 요구한다면 어떠한가?

이 문제에 접근하는 한 가지 방법은 그 게임을 많이, 예컨대 100번 한다면 어떤 결과가 생길까를 생각하는 것이다. 주사위를 던질 때마다 6이 나올 확률이 1/6이라는 것을 알므로, 당신은 100번 던져서 대략 100의 1/6번만큼 6이 나올 것으로 기대할 수 있다. 100의 1/6은 16과 17의 사이이다. 당신은 대략 16번이나 17번 이길 것으로 기대할 수 있다. 게임을 할 때마다 $1씩 $100를 지불한다면 당신은 16번이나 17번 이길 것이고 대략 $160나 $170를 받을 것이다. 이 경우에 당신은 이 도박에서 돈을 딸 것으로 상당히 확신할 수 있을 것이다. 그러나 게임당 $2씩 모두 $200를 낸다면 승산이 그렇게 좋지 않을 것이다.

그러나 우리가 정말로 원하는 것은 게임을 한 번 할 때의 가치이다. 각 플레이가 가질 수 있는 결과는 $10를 받는 6과 아무것도 받지 않는 6 이외의 수, 두 가지이다. $10 이득의 확률이 1/6이고 이득이 없을 확률이 5/6이다. 각각의 이득을 그 확률로 곱한 다음 더하면 $1/6 \times 10 + 5/6 \times 0 = 1.67$이다. 그러므로 $1.67가 한 번 하는 도박의 가치이다.

이것이 불확실한 이득의 '수학적 기대(mathematical expectation)', 즉 **기대치**의 예이다. 기대치는 각 이득의 확률을 가중치로 한 모든 이득의 가중평균이다. 따라서 주사위 1개를 던지는

기대치 : 불확실한 사건의 여러 결과들이 서로 다를 수 있는 수치를 갖는다고 가정하자. 이 사건의 (*수학적 기대*라고도 하는) *기대치*는 각 결과의 확률을 가중치로 한 이 수치들의 가중평균이다.

게임에서 1과 0의 이득을 각각 1/6과 5/6의 확률로 가중하고 합산하여 가중평균, 즉 기대치를 얻는다.

기대치의 다른 예를 보자. 침착한 조는 3학점짜리 게임 이론 과목을 수강하고 있으며 그의 성적은 불확실하다. 그는 자신의 성적이 각각 0.4, 0.4, 0.2의 확률로 A, B나 C일 것이라고 상당히 확신한다. 그가 다니는 대학에서는 A, B, C, D에 학점당 4, 3, 2, 1의 '등급점수'를 주어 성적의 평균점수를 계산한다. 조가 게임 이론 과목에서 얻을 등급점수의 기대치는 얼마인가? 그의 성적이 A이면 $3 \times 4 = 12$의 등급점수를 얻고, B라면 9, C라면 6을 얻는다. 그래서 그가 얻을 등급점수의 기대치는 $0.4 \times 12 + 0.4 \times 9 + 0.2 \times 6 = 9.6$이다.

연습문제 : 도박꾼이 당신에게 1개의 주사위를 던지도록 하고 나오는 수대로 돈을 주겠다고 제의한다고 가정하자. 당신이 얻을 이득의 수학적 기대는 얼마인가?

3. 플레이어로서의 자연

뮤지컬 희극인 아가씨와 건달들(Guys and Dolls)에서 주인공인 스카이 매스터슨은 악명 높은 도박꾼이다. 그를 묘사한 것을 보면, 그는 유리창에 흘러내리는 2개의 물방울 가운데 어느 것이 먼저 밑에 닿을 것인지에 대하여 내기를 하려고 한다. 이것은 **자연적 불확실성**, 즉 자연의 복잡성과 예측 불가능성에 연유하는 불확실성의 좋은 예이다. 자연적 불확실성은 많은 게임과 기타 인간 활동에서 한몫을 한다.

자연적 불확실성(Natural Uncertainty) : 인간 플레이어들의 행동보다 어떤 자연적 원인에 의하여 결정되는 게임의 결과에 대한 불확실성이다. 게임 이론에서는 자연을 플레이어로 허용하고, 자연이 일정한 확률에 따라 연출한다고 가정함으로써 자연적 불확실성을 도입한다.

그러나 게임 이론은 게임에 참여한 플레이어 간의 상호작용이라는 시각에서 생각한다. 그렇다면 어떻게 자연적 불확실성을 게임에 도입할 수 있는가? 자연적 불확실성이 있을 때, 게임 이론의 관행은 '자연'을 게임에 참가하는 플레이어로 생각하는 것이다. 고대 로마 인이 운을 포르투나 여신으로

인물**탐구**

포르투나

〈로마 신화〉의 행운의 여신인 포르투나(Fortuna)는 로마 인들의 생활의 불확실성을 의인화한 것이었다. 그녀는 도박, 전쟁, 출산과 기타 다른 불확실한 활동에서 성공을 추구하는 사람들이 숭배한 인기 있는 여신으로 6월 11일은 이 여신을 기리는 성스러운 날이었다. 〈그리스 신화〉의 티케(Tyche)와 동일하다.

의인화한 것과 똑같이, 게임 이론가들은 운을 게임의 플레이어로 만든다. 그러나 '운'이나 '자연'은 매우 이상한 플레이어이다. 게임의 인간 플레이어와 달리, 그는 결과에 괘념치 않으며 항상 자신의 전략을 어떤 일정한 확률로 무작위로 연출한다.

표 8.1 자연을 상대로 한 게임

		자연		이득 기대치
		유리	불리	
의사결정자	포기	0	0	0
	실행	20	−10	5
확률		0.5	0.5	

예컨대, 어떤 기업이 신제품의 도입을 고려한다고 가정하자. 미지의 기술과 시장 조건이 혁신에 '유리'하거나 '불리'할 수 있다. 이것이 게임에서 자연이 선택하는 조건, 즉 자연이 연출하는 전략이다. 자연은 그러한 조건이 '유리'할지 '불리'할지를 무작위로(예를 들기 위해서 50 : 50의 확률로) 결정한다. 기업의 전략은 '실행'하거나 '포기'하는 것이다. 기업의 이득이 자연이 선택하는 전략의 확률 및 실행전략, 포기전략의 기대치와 함께 표 8.1에 나타나 있다. 실행이 5의 기대치를 주는 한편 포기는 아무것도 주지 않으므로 기업은 실행을 선택하고 신제품을 도입할 것이다.

우리는 (상황의존 전략과 아울러) 기대치의 개념을 적용하여 기업인의 무지가 얼마나 큰 비용을 치르는지를 알 수 있다. 다음과 같은 심리 실험을 보자. 의사결정자가 조건이 유리한지 불리한지 알지 못하고 확률에만 입각하여 결정한다. 그러나 이 의사결정자가 결정을 내리기 전에 컨설턴트를 불러 조건이 유리한지 나쁜지를 물어서 알 수 있다고 가정하자. 그러면 이 의사결정자는 컨설턴트에게 얼마까지 지불할 의사가 있겠는가? 즉, 컨설턴트가 제공할 수 있는 '정보의 가치'는 얼마인가?

실제로 더 많은 정보를 갖는 이점은 무엇인가? 그 이점은 정보가 많으면 상황의존 전략을 이용할 수 있다는 것이다. 표 8.2는 상황의존 전략을 가진 제품 개발의 게임을 보여 준다. '유리하면 실행하고, 불리하면 포기한다'는 상황의존 전략이 10의 기대치를 준다.

표 8.2 자연을 상대로 한 상황의존 전략이 있는 게임

		자연		이득 기대치
		유리	불리	
의사결정자	'유리'하면 실행, '불리'하면 실행	20	−10	5
	'유리'하면 실행, '불리'하면 포기	20	0	10
	'유리'하면 포기, '불리'하면 실행	0	−10	−5
	'유리'하면 포기, '불리'하면 포기	0	0	0
확 률		0.5	0.5	

기업의 의사결정자는 정보를 얻고, 이것을 이용하여 상황의존 전략을 선택함으로써 이득의 기대치를 5에서 10으로 증대시킬 수 있다.[1] 따라서 컨설턴트의 자문료가 5 미만이면 의사결정자는 기대치의 관점에서 더 많은 이득을 얻으며, 이 경우에 '정보의 가치'는 5이다.

4. 해전의 사례

전쟁에서는 흔히 자연이 플레이어이다. 다음과 같은 실례가 있다. 1797년 영국이 혁명 중의 프랑스와 싸울 때, 스페인은 프랑스의 동맹국으로서 프랑스와 연합하여 영국을 함께 공격하기 위해 자국의 함대를 대서양으로 이동시켜 프랑스 함대에 합류하려고 하였다. 영국 해군은 2월 14일 밸런타인데이의 세인트 빈센트 곶(Cape St. Vincent) 해전에서 스페인 해군과 교전하였다. 스페인의 목적은 (로마 시대에 가데스로 알려졌었고 제1장에서 예시한 스페인 반란에서도 중요하였던) 카디즈(Cadiz) 항으로 가는 것이었다. 그러나 스페인 함대는 폭풍 때문에 먼 바다로 밀려 나가 카디즈 항에 가려는 시도가 지연되었다. 영국 해군은 스페인 함대를 포르투갈 연안에서 차단하였다. 스페인 함대는 두 집단으로 이루어져 있었는데, 영국 함대 사령관인 존 저비스(John Jervis) 제독은 스페인 함대를 양분하기로 결정하고 두 함대 사이로 항진하여 스페인 전함들이 서로 지원하지 못하도록 하였다.[2]

영국 해군은 훨씬 더 훈련을 잘 받았으며, 스페인 함대를 양분할 수 있으면 스페인을 대파할 승산이 컸다. 바람이 거의 불지 않았고 스페인 함대는 유리한 풍향 위치에 있었다. 바람이 세지면 스페인 함대는 다시 결집할 수 있으므로 영국보다 스페인에 유리해질 것이다. 이 경우에 스페인이 영국을 격파할 가능성이 가장 높다. 반대로 바람이 잔잔한 채로

---

1) 역자 주 : 이하에서는 이것을 '기대이득'으로 칭한다. 이러한 명명법은 이득 외의 다른 변수의 기대치에 대해서도 마찬가지이다.

2) 영국 해군은 당시에 알지 못했지만 수적으로 크게 열세에 있었다. 그들은 스페인 해군에 가까이 다가가면서 점점 더 많은 스페인 전함을 보았다. 다음과 같이 제독의 참모가 보고하고 제독이 응답했다고 한다.

"8척의 배가 한 줄로 있습니다, 존 경."
"알았소."
"20척의 배가 한 줄로 있습니다, 존 경."
"알았소."
"25척의 배가 한 줄로 있습니다, 존 경."
"됐소, 그만하시오. 주사위는 던져졌고, 50척의 적함이 있더라도 나는 돌파할 것이오."

출처 : 이 해전의 200주년을 기념하는 영국의 웹사이트(2009년 6월 9일 접속) : http://www.stvincent.ac.uk/Heritage/1797/battle/begins/html

있으면 영국이 스페인 함대의 두 집단 사이로 파고 들어가 격파할 수 있을 것이다.

선원들에게 흔히 그렇듯이 바람이 이 해전에서 불확실성의 원천이었다. 자연은 플레이어였으며, 그 전략은 약한 바람(약풍)과 강하거나 보통 정도 바람(강풍)의 두 가지였다.[3] 영국 해군의 전략은 스페인 함대의 두 집단 사이로 중앙을 돌파(항진)하거나, 수적으로 더 큰 스페인 함대와의 전투를 피하는 것(우회)이다.[4] 스페인 해군의 전략은 최대한 저항하면서 카디즈 항으로 계속 항해(항진)하거나 다른 항구로 방향을 바꾸는 것(우회)이다. 스페인이 목적지 항구를 변경하는 전략을 택하면 영국 해군이 계속 추격할 것이므로 피해를 조금 입을 수 있다. 이 경우 스페인은 항로 변경에 따라 유리한 '풍향 위치'를 포기하므로 강한 역풍은 스페인에게 불리하게 작용할 것이다.

표 8.3은 이 게임의 가능한 결과들을 보여 준다. 영국의 승리는 (1, −1), 스페인의 승리는 (−1, 1), 무승부는 (0, 0)의 이득조합으로 표시되어 있다.

표 8.3 세인트 빈센트 곶 해전

		자연			
		약풍		강풍	
		스페인		스페인	
		항진	우회	항진	우회
영국	항진	1, −1	0, 0	−1, 1	1, −1
	우회	−1, 1	0, 0	−1, 1	0, 0
확률		0.5		0.5	

양군의 제독은 풍속이 낮은 채로 있을지 높아질지 알지 못하면서 어느 전략이 더 좋은지를 결정하기 위해 각 전략에 대한 기대이득을 계산할 수 있었을 것이다(사실 당시의 제독은 확률을 배우지 않았으므로 이 계산을 하지 않았을 것이 거의 확실하지만, 좌우간 어떻게 되었을지 보자). 풍속이 높아질 확률과 높아지지 않을 확률이 50 : 50으로 같다고 가정하자. 이 가정에서 기대이득은 표 8.4와 같다. (항진, 항진)이 이 게임의 우월전략 균형이다.

표 8.4 세인트 빈센트 곶 해전의 기대이득

		스페인	
		항진	우회
영국	항진	0, 0	0.5, −0.5
	우회	−1, 1	0, 0

각국은 공격적 전략을 선택함으로써 기대이득을 최대화할 수 있는데, 스페인 전함 1척이 전선을 떠나 안전한 항구를 찾아 동쪽으로 도주했던 것을 제외하면 실제로 두 나라가 모두 공격적 전략을 선택하였다. 그날, 바람은 세게 일지 않았고 영국 함대는 스페인의 전선을 2개로 분리시켰다. 어떤 전투에서나 그렇듯이 그 시점에 계산 착오, 운, 절체절명의 임기응변, 영웅심 등이 각각 제 역할을 하였지만 결과는 영국의 압승이었다. 전투가 끝날 때까지 스

3) 역자 주 : 이 두 전략을 각각 '약풍'과 '강풍'으로 칭하기로 한다.

4) 역자 주 : 이 두 전략을 각각 '항진'과 '우회'로 칭하기로 한다.

페인 전함 4척이 포획되었고 스페인은 3,000명을 잃었다. 반면 영국의 전사자는 겨우 300명에 그쳤다.[5)]

5. 위험 회피

어떤 의미에서 수학적 기대는 불확실한 이득의 공정한 가치이다. 그러나 이것이 이야기의 전부는 아니다. 그 가치는 위험한 것이고 사람들은 흔히 위험을 피하려고 하기 때문이다.

예를 들어 보자. 캐런은 골동품 전시장에서 그림을 샀다. 그녀는 싸게 샀고 자신이 거래를 잘했다는 것을 안다. 캐런은 그 그림의 화가가 다음의 두 사람 가운데 하나일 것이라고 확신한다. 한 사람은 그 지역에서 유명한 19세기의 화가이다. 그림이 이 화가의 모사품이라면 $10,000에 다시 팔 수 있다. 두 번째 화가는 20세기의 모사가이다. 그림이 이 화가의 모조품이라면 그 가치는 $2,000에 불과하다. 캐런은 두 화가의 스타일에 대하여 자기가 가진 지식으로 보아 그 그림이 19세기 화가의 작품일 확률이 0.25이므로 20세기 화가의 작품일 확률이 0.75라는 것을 안다.

그러나 캐런이 그림을 산 직후 전시장에 도착한 다른 사람이 캐런에게 그 그림을 $3,500에 팔라고 제안하였다. 그래서 캐런은 확실한 $3,500와 최고 $10,000 혹은 최저 $2,000인 불확실한 재판매가격(resale price) 중에서 선택해야 한다. 캐런의 전략은 $3,500의 제안을 수용하여 팔거나, 가능하다면 화가의 정체를 조사하고 정체가 증명될 때 그림을 시장에 내놓는 것이다. 캐런의 전략에 대한 이득과 확률은 표 8.5와 같다.

표 8.5 미술품 재판매의 화폐이득

		이득		
		19세기	20세기	기대이득
캐런	$3,500에 판다	3,500	3,500	3,500
	화가를 조사한다	10,000	2,000	4,000
	확률	0.25	0.75	

캐런이 그 제안을 수락하면 캐런은 불확실성이나 위험이 없이 그림의 가격으로 $3,500를 얻는다. 그러나 표 8.5에서 보듯이, '조사한다' 전략의 기대이득은 $4,000로 더 좋다. 캐런이 금전적 이득에만 관심을 갖는다면 그림을 갖고 있으면서 화가를 조사할 것이다. 그러나 캐런은 어쨌든 $3,500의 제안을 수락할 수도 있다. 캐런은 자기가 얻을 주관적

5) 이 예는 2009년 6월 9일에 다음 두 곳의 웹사이트에서 얻은 정보를 이용한 것이다.
http://www.stvincent.ac.uk/Heritage/1797/battle/begins/html
http://www.napoleonguide.com/battle_stvincen.htm.
저자는 D. Pope의 소설, Ramage and Drumbeat의 전투를 분석하고 그것을 예로 이용하려는 동기를 얻었다.

편익에 따라 제안을 수락하거나 거절할 것이며, 주관적 관점에서 보면 그림의 재판매가격의 불확실성은 그 자체로서 불이익이다. 이 불이익을 감안하면 위험한 재판매가격은 그 기대이득만큼 가치를 갖지 않는다. 캐런이 이렇게 느낀다면 그녀를 **위험 회피적**이라고 한다.

위험 회피 : 큰 기대치를 가진 위험한 이득보다 안전한 이득을 선택하려는 사람을 *위험 회피적*이라고 한다. 위험한 이득의 기대치가 안전한 이득보다 작더라도 안전한 이득보다 위험한 이득을 선택하려는 사람을 *위험 선호적*이라고 한다. 화폐로 나타낸 기대치가 큰 이득을 항상 선택하는 사람을 *위험 중립적*이라고 한다.

위험 회피는 인간 활동에 공통되는 사실인 것 같다. 사람들이 보험에 가입하고 투자자가 수익성이 낮더라도 안전성이 높은 투자를 선택하는 것은 위험 회피의 표현이다. 물론 개인마다 달라 누구는 위험 회피적이고 누구는 그렇지 않을 수 있다. 어떤 사람이 확실한 이득 대신 기대 이득이 같은 위험한 이득을 선택하면 그 사람을 **위험 선호적**(risk loving)이라고 한다. 또한 위험에 관계없이 항상 더 많은 이득을 선택하는 사람은 **위험 중립적**(risk neutral)이라고 한다.

이제 캐런이 그림을 갖고 있으면서 화가를 조사하여 그것이 실제로 19세기 화가의 작품이고, 따라서 $10,000의 가치를 갖는다는 것을 알았다고 가정하자. 그러나 그녀는 이 그림을 팔지 않고 소장하기로 결정하였다. 이 경우에 그녀는 그림을 화재나 도난으로 잃게 될 가능성에 대비하여 보험 가입을 고려할 수 있다. 그러면 캐런은 자연을 상대로 한 또 하나의 게임에 참가하게 된다. 자연의 전략은 그러한 사고를 일으키거나 일으키지 않는 것이다.[6] 캐런의 전략은 보험에 들거나 들지 않는 것이다. 사고의 확률이 1/1,000이며 보험료가 $12라고 가정하면 표 8.6과 같은 이득표를 얻는다. (사고의 확률이 매우 작아) 보험에 들지 않을 때의 기대이득이 보험료의 확실한 비용보다 크므로 캐런이 위험 중립적이라면 보험에 들지 않을 것이다. 그러나 그녀가 위험 회피적이라면 보험에 가입할 수도 있다.

경제학자와 재무 이론가는 통상적으로 위험 회피가 개인적 취향의 한 측면이라고 가정한다. 어쨌든 그들은 개인의 취향과 선호가 상당히 안정적이라고 생각하기 때문에 변화에 대한 개인의 위험 회피가 매일매일 크게 바뀔 것으로 예상하지 않는다. 그러나 그것은 가정이지 알려진 사실이 아니다. 아마 대부분의 사람들은 카지노에서 도박을 할 때는

표 8.6 미술품 보험의 화폐이득

		자연		기대이득
		사고	보존	
캐런	비보험	−10,000	0	−10
	보험	−12	−12	−12
확률		0.001	0.999	

6) 역자 주 : 이러한 캐런 전략을 '보험'과 '비보험', 자연의 전략을 '사고'와 '보존'으로 칭하기로 한다.

평소보다 덜 위험 회피적일 것이다. 그래서 사회적 배경이 중요하다. 경제학자는 카지노에서 위험을 기꺼이 감수하려는 의사가 오락을 추구하려는 취향을 반영한 것이지, 위험 회피 성향의 변화를 나타내지는 않는다고 말할 것이다. 때때로 연방준비제도이사회의 전 의장인 그린스펀(Alan Greenspan)과 아주 훌륭한 한 경제학자는 주식 시장의 위험 회피가 매일 변동하는 것에 대해서 말해 왔다. 안정적이든 아니든 위험 회피는 인간이 불확실성에 직면할 때 결정적으로 중요한 요인이다.

6. 기대효용

위험 회피는 경제학이 철학과 수학에서 빌려 온 개념을 다시 이용하여 다른 종류의 주관적 동기 설정으로 연계될 수 있다. 그 개념은 '효용(utility)'의 수치적 측정이다. 우리는 게임을 이김으로써 얻는 주관적 편익이 수치로 측정될 수 있다는 가정에서 출발한다. 이 수치는 '효용'이라고 불리며, 이것은 개별 플레이어의 관점에서 게임의 실질적 이득이다. 일반적으로 효용이득은 화폐이득과 다르지만 양자 간에는 체계적인 관계가 있다. 화폐이득이 증가하면 효용이득도 증가하지만 비례적으로 증가하지는 않는다.

미분법을 사용하지 않고 이 접근방법을 이해하는 것은 사실상 불가능하다. 그러나 우리는 예와 그림을 이용하여 그 개념을 쉽게 설명할 수 있다. 미술품 수집가 캐런의 예를 계속 보자. 캐런이 선택 대안을 화폐이득보다 효용함수의 관점에서 평가한다고 가정한다. 그녀의 효용은 화폐가치에 좌우되고, 화폐이득이 증가할수록 효용이 커지지만 비례적으로 증가하지는 않는다. 그녀의 효용함수는 경제학자가 말하는 한계효용 체감(diminishing marginal utility)의 성질을 갖는다. 그래서 이미 갖고 있는 돈이 많을수록 추가적인 $1로부터 얻는 효용이 감소한다.

그림 8.1은 캐런의 화폐이득이 증가하면서 효용이 변하는 함수 U(Y)의 그래프를 보여준다. 이 그림에서 화폐소득은 수평축에 나타내고 상응하는 효용, 즉 주관적 이득은 수직축에 나타냈다. 검은 선은 캐런의 관점에서 2,000과 10,000 사이의 확실한 화폐이득으로부터 얻는 효용이다. 그녀의 효용은 2,000의 이득에 대한 6.7부터 10,000의 이득에 대한 10까지 상승한다.

이 그림에서 보이는 하나의 특징은 효용을 나타내는 곡선이 화폐소득의 증가에 따라 점점 더 평평해진다는 것이다.[7] 이는 한계효용 체감을 보여 준다. 캐런의 관점에서 추가적인 $1의 한계효용은 그림 8.1에서 효용곡선의 기울기이다. 그러므로 이득이 커질수록

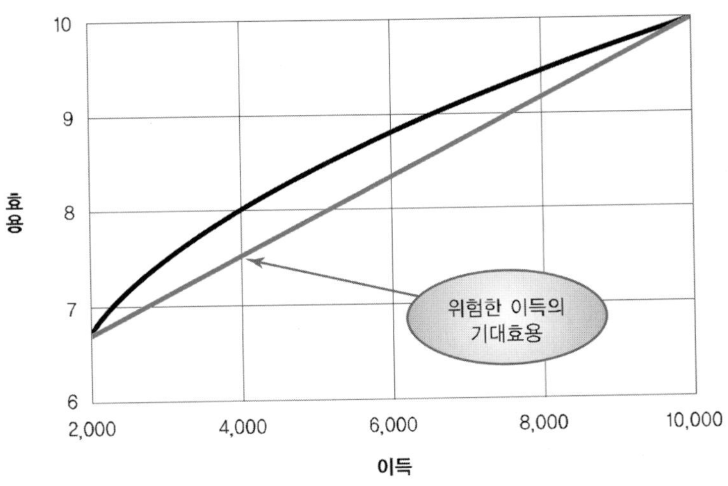

그림 8.1 캐런의 이득효용

곡선이 평평해지는 것이 한계효용 체감을 표현한 것이다.

이제 이것을 캐런이 그림의 대가로 제안을 받은 \$3,500에 적용하자. 이 제안에는 위험이 없으므로 \$3,500의 효용은 검은 선 위에서 \$3,500에 상응하는 점, 약 7.7이다. 이 경우에 캐런에 대한 2,000 이득의 효용은 6.7이고 10,000 이득의 효용은 10이라는 것을 상기하라. 불확실한 이득의 기대치는 $(0.75)(6.7) + (0.25)(10) = 7.5$이다. 그러므로 곡선이 캐런의 효용함수를 나타낸다면 그녀는 제안을 수락할 것이다. 위험 없는 제안은 기다리면서 화가를 조사한 다음 얻을 위험한 이득에 비해 위험이 없는 제안이 평균적으로 적은 돈을 주더라도 7.5보다 많은 7.7의 더 많은 효용을 준다.

화폐이득의 한계효용이 체감하는 플레이어는 항상 위험 회피적이라는 것이 드러난다. 그 논거는 다음과 같다. 앞에서 보았듯이 캐런의 불확실한 대안의 기대 효용이 $(0.75)(6.7) + (0.25)(10) = 7.5$이다. 우리는 이것을 다른 확률에 대하여 일반화할 수 있다. p가 10의 효용을 갖는 이득 10,000의 확률이라고 하면 $1 - p$는 6.7의 효용을 갖는 이득 2,000의 확률이다. 효용의 기대치는 $10p + 6.7(1 - p)$이다. 여기서 요점은 기대효용이 두 극점(end-point) 효용의 **선형평균**(linear average)이라는 것이다. 모든 기대효용의 값이 직선에 있어야 한다. 구체적으로 이 경우에는 모든 기대효용의 값이 파란 선에 있어야 한다. 그림

7) 이 곡선은 어디서 오는 것인가? 이 장의 부록에서 부연할 테지만, 실제로 효용함수의 측정은 어림짐작으로 한다고 해도 과언이 아니다. 이 그림을 좀 더 보기 쉽게 하기 위해서 캐런의 효용함수를 그녀가 얻는 이득의 4차근이라고 가정했다. 4차근은 평방근의 평방근이다.

8.1에서 $2,000와 $8,000 사이의 모든 금액에 대해서 파란 선이 검은 선의 밑에 있다는 것을 주목하라. 이것은 위험이 없는 이득(검은 선)이 금액으로 같은 기대치를 가진 위험한 이득(파란 선)보다 항상 더 많은 효용을 준다는 것을 의미한다.

이것은 일반 원칙이다. 화폐이득으로부터 얻는 한계효용이 체감한다면 플레이어들은 어느 정도 위험 회피적일 것이다.

효용과 위험 회피(Utility and Risk Aversion) : 화폐소득에 대한 한계효용 체감을 나타내는 효용함수는 위험 회피에 해당한다. 한계효용 체증을 나타내는 효용함수는 위험 선호에 해당한다. 한계효용이 일정한 효용함수는 효용이 화폐이득에 비례적이라는 것을 의미하며 위험 중립성에 해당한다.

앞 절에서 우리는 캐런이 실제로 그림을 산 다음에 보험에 가입할지를 결정한다고 가정하여 예를 계속하였다. 우리가 본 바와 같이, 캐런이 이 예를 위해서 사용한 효용함수를 갖는다면 그림을 팔지 않을 것이다. 이제 게임의 규칙을 조금 바꾸자. 캐런은 일단 그림을 산 다음 $3,500의 재판매가격을 수용할 것인지를 결정하기 전에 좀 더 자세히 그림을 검사할 수 있다. 캐런이 자세히 살펴보니 그림의 한구석에 화가의 서명이 있다. 물론 파렴치한 골동품 상인이 서명을 위조했을 수도 있지만, 그림이 19세기 화가의 작품일 가능성이 조금 커졌다. 캐런은 이 정보를 가지고 표 8.7과 같이 두 가지 경우의 이득에 대한 확률의 추산을 바꾸었다.

표 8.7 정보 획득 후 미술품 재판매의 효용이득

		자연		기대효용이득
		19세기	20세기	
캐런	$3,500에 판다	7.7	7.7	7.7
	화가를 조사한다	10	6.7	8
	확률	0.4	0.6	

자연을 상대로 한 게임에서 캐런의 전략은 여전히 $3,500의 제안을 수락하거나, 그림을 집으로 갖고 가서 좀 더 정밀하게 검사하는 것이다. 표 8.7에서 보듯이, 캐런은 자세히 검사함으로써 지금 더 많은 기대효용을 얻는다. 따라서 새로운 정보를 가진 캐런은 위험 회피적임에도 불구하고 $3,500의 제안을 거절할 것이다.

표 8.8 미술품 보험의 효용이득

		자연		기대효용이득
		손실	보존	
캐런	보험 비가입	0	10	9.99
	보험 가입	9.997	9.997	9.997
	확률	0.001	0.999	

이제 우리는 캐런이 보험에 가입할지 여부를 결정하는 문제로 돌아간다. 우리는 그녀가 집으로 가서 참고서를 뒤져 자기가 산 그림이 $10,000의 가치가 있는 19세기 화가의 진품임을 알았다는 것을 기억한다. 그래서 그녀의 선택은 $10,000의 손실에 대하여 보험을 들거나 운에 맡기는 것이다. 표 8.8은 각각의 결정에 대한 효용이득과 기대효용이득을 나타낸다.[8] 우리는 캐런이 보험에 가입하면 더 많은 기대효용을 얻는다는 것을 본다. 이것은

놀라운 일이 아니다. 표 8.6의 평가치들은 캐런이 위험 중립적이라는 가정에 입각한 것이며, 위험 중립적이라면 그녀는 보험에 들지 않을 것이다. 그런데 표 8.8에서는 그녀가 위험 회피적이라고 가정하고 있으므로 보험에 드는 결과가 나온다. 보험 가입 전략에 대한 이득이 약간 높은 것은 위험 회피의 결과이다. 그리고 위험 회피는 보험 회사가 돈을 버는 이유 가운데 하나이다!

위험에 대한 세 가지 태도인 위험 중립성, 위험 회피, 위험 선호 가운데 위험 중립성이 가장 단순하다. 그 경우에 효용이 화폐이득에 비례하므로, 우리는 게임 플레이어들이 기대이득을 최대화한다고 가정할 수 있다. 다른 두 경우 — 위험 회피와 위험 선호 — 에 대한 통상적인 가정은 게임 플레이어들이 효용의 기대이득을 최대화한다는 것이다. 이 점에 대해서 약간의 논란이 있으나, 그것은 우리가 통상적으로 게임 이론에서 피할 수 있는 복잡성이다. 앞으로 나올 예에서는 대체로 플레이어들이 위험 중립적이라고 가정할 것이다.

7. 요약

확률은 불확실한 사건의 상대적 가능성을 수치로 나타내는 방법이다. 확률의 범위는 0부터 1까지이며 '개연성이 큰' 사건일수록 높은 확률이 주어진다. 확률은 그 자체로 큰 주제이며, 이 장에서는 게임 이론에서 중요한 몇 개의 응용에만 국한하였다.

확률은 불확실한 이득에 가치를 배정하는 데 도움이 될 수 있다. 우리가 의사결정이나 게임에서 이득이 몇 개의 수치 가운데 하나라는 것을 알고 각각의 수치에 확률을 배정할 수 있으면, 확률을 가중치로 사용한 이득의 가중평균으로 기대이득을 계산할 수 있다.

게임 이론에서는 불확실성을 다루기 위해 운이나 자연을 게임의 한 플레이어로 만든다. 자연은 일정한 확률로 자신의 전략을 연출한다. 한 개인이 결과가 불확실한 결정을 할 때, 우리는 그것을 자연을 상대로 한 게임으로 생각한다. 자연을 상대로 한 게임의 한 가지 가능한 해법은 기대이득을 최대화하는 것이다.

플레이어가 둘 이상 있는 다른 게임에서도 자연이 플레이어일 수 있다. 이 경우에도 역시 하나의 가능한 해법은 플레이어들이 자연에 의한 여러 다른 행동의 확률에 의존하는 기대이득을 이용하여 여러 가지 전략을 평가하는 것이다.

그러나 화폐이득의 기대치가 옳은 해가 아닐 수 있다. 이 장의 마지막 분석에서 인간의

---

8) 보험 가입으로부터 얻는 효용의 계산 : 캐런이 보험에 가입한다면 화폐이득이 10,000 − 12 = 9,988이며 9,988의 4차근은 9.997이다.

전략 선택에 동기를 주는 이득은 주관적 이득이다. 주관적 관점에서 불확실성은 그 자체로서 바람직하지 않을 수 있다. 불확실성이 바람직하지 않을 때, 우리는 플레이어나 의사결정자가 위험 회피적이라고 한다. 게임 이론에서 위험 회피를 나타내는 한 방법은 효용함수를 도입하는 것이다. 플레이어는 화폐이득이 주는 기대효용을 최대화하는 전략을 선택한다. 화폐이득이 클수록 효용이 커지지만 효용의 증가율이 화폐이득의 증가율보다 낮을 수 있다. 기대효용을 최대화하는 플레이어는 위험 회피적인 반면, 단지 화폐이득을 최대화하는 플레이어는 위험 중립적이라고 한다.

확률과 기대치는 게임 이론에서 널리 사용되며, 앞으로 이 책의 많은 장에서 중요한 역할을 할 것이다. 대부분의 경우에 우리는 논리 전개를 단순하게 하기 위해, 게임의 플레이어들이 위험 중립적이므로 기대 화폐이득을 최대화할 것이라고 가정할 것이다. 이것은 이 책에서 이제까지 이용한 가정이다. 우리는 위험 회피가 중요한 몇 개의 예에서 기대효용의 개념을 적용하고 플레이어들이 화폐이득의 기대효용을 최대화한다고 가정할 것이다. 이 가정이 이용되는 복잡한 경우는 많지 않을 것이며, 그것을 적용하게 될 때는 독자에게 분명히 주의를 줄 것이다.

Q8. 연습문제

Q8.1 20면 주사위 20면 주사위는 역할 연출 게임에서 때때로 사용된다. 각 주사위는 20면체(icosahedron), 즉 20개의 같은 면을 가진 입체이다. 각 면에는 1부터 20까지의 숫자가 각각 적혀 있어서, 한 개의 20면 주사위를 던질 때 제일 윗면에 1과 20 사이의 숫자가 같은 확률로 나타날 수 있다. 각 숫자의 확률은 1/20이다.

a. 20면 주사위를 던질 때, 7보다 큰 숫자가 나올 확률은 얼마인가?

b. 나온 숫자가 7보다 크면 $5를 주는 도박의 기대이득은 얼마인가?

c. 1개의 20면 주사위를 던질 때 나타날 수의 기대이득은 얼마인가?

Q8.2 국가 위험(country risk) 다른 나라에 투자하는 투자자들은 자신의 이윤에 영향을 주는 투자대상 나라의 변화에 큰 관심을 가질 것이다. 이것을 국가 위험이라고 한다. 물론 국가 위험은 복잡한 것이며, 손실의 확률은 최소한 부분적으로 주관적이다. 다음은 당신이 투자할 수도 있는 나라들의 명단이다. 각 나라에 대하여 정치적 변화가 심각한 투자 손실을 초래할 확률을 산정하라. 어떤 나라에 대해서 아무것도

모르면 몇 분간 백과사전이나 인터넷을 뒤져서 조금 배운 다음에 최선의 주관적 산정치를 제시하라.

A) 파키스탄　　　　B) 벨기에

C) 가나　　　　C) 멕시코

Q8.3 항아리 문제 당신은 50개의 흰 공과 100개의 검은 공이 들어 있는 항아리에서 무작위로 한 개의 공을 꺼내야 한다. 흰 공을 꺼낼 확률은 얼마인가?

힌트 : 150개의 공을 꺼내야 한다면 꺼낸 공에서 흰 공의 비율은 얼마인가?

Q8.4 복권 당신은 복권을 한 장 갖고 있다. 당첨 번호는 항아리에서 공을 꺼내어 결정된다. 항아리 안에는 1부터 1,000까지의 숫자가 적힌 1,000개의 공이 들어 있다. 복권에도 1부터 1,000까지의 숫자가 적혀 있다. 꺼낸 공의 숫자와 같은 숫자가 적힌 복권을 가진 사람이 당첨자이다. 당첨자에게는 $1,000를 준다. 당신은 각각 1부터 20까지의 숫자가 적힌 복권을 모두 갖고 있다.

a. 당신이 당첨될 확률은 얼마인가?

b. 그 복권으로 당신이 얻는 기대이득은 얼마인가?

Q8.5 연구 투자 당신은 연구 프로젝트를 수행하고 있는 회사에 투자할 기회를 갖고 있다. 투자를 한다면 당신은 $100만을 내야 할 것이다. 프로젝트가 성공하면 당신의 투자에 $600만의 수익을 가져올 새로운 종류의 제품이 탄생할 것이다. 성공 확률은 1/5이다.

a. 이 게임에서 자연의 역할은 무엇인가?

b. 앞의 질문에 대한 답을 이용하여 당신이 투자할 것인지 여부의 선택을 게임으로 나타내는 표를 만들라.

c. 당신의 투자에 대한 이득의 기대치를 계산하라.

d. 당신이 위험 중립적이며 $100만을 갖고 있다고 가정하면, 당신은 투자하기로 결정할 것인가 아니면 투자하지 않기로 결정할 것인가?

Q8.6 위험 회피 Y를 경우에 따라 0이나 $600만인 이득에서 투자액 $100만을 뺀 금액이라 하고, 당신의 효용함수가 $\sqrt{Y+1,000,000}$이라고 가정하여 위의 문제에 대한 당신의 답을 다시 고려하라. 이제 당신은 투자할 것인가?

Q8.7 농부 램대스 농부 램대스는 자신의 농장에서 새로운 작물의 재배를 시도하는 것을 고려하고 있다. 성공하면 그는 80,000을 벌고 빚을 갚을 수 있을 것이다. 그러나 실패하면 20,000만 벌고 빚은 한 푼도 갚지 못한 채 겨우 꾸려 나갈 수 있을 뿐이다. 램대스가 여러 해 동안 재배한 옛 작물은 확실하게 30,000을 벌어들여 그의 빚을 근소하게 갚기에만 충분하다. 램대스가 위험 중립적이라고 가정하면, 그가 새로운 작물의 재배를 시도하도록 유인하는 데 필요한 성공 확률은 얼마나 클 필요가 있는가? 램대스가 위험 중립적이라는 가정이 정확할 가능성이 있는가?

Q8.8 버니의 우산 장사 버니의 우산 판매대는 시애틀의 파이크플레이스 시장에 있다. 그는 비가 오지 않으면 하루에 30개, 비가 오면 100개의 우산을 꾸준히 팔 수 있다. 그는 우산을 개당 $12에 판다. 내일 일기예보는 비가 올 확률이 50%이다.

a. 버니가 내일 팔 우산 수의 수학적 기대(기대치)를 계산하라.

b. 평균적인 시애틀 날씨에서 비가 올 확률은 1/3이다. 버니가 평균적인 날에 팔 우산 수의 수학적 기대(기대치)를 계산하라.

c. 우산의 비용은 도매로 $3이다. 평균적으로 버니는 하루에 파는 우산을 채워 놓기 위해 얼마를 지출하는가?

d. 버니의 판매대 운영비는 그 자신의 소득(기회비용)을 포함한 $400에 팔린 우산을 채워 놓는 비용을 더한 금액이다. 버니는 평균적으로 손익분기점에 있기 위해서 우산의 단가를 얼마로 해야 하는가?

e. 버니는 우산 판매대를 접고 일당 $300의 급료를 받고 주방장으로 일하는 것을 고려하고 있다. 이 결정을 '자연을 상대로 한 게임'으로 다루고 전개형으로 그려라. 당신이 보는 바로 버니의 '외부 선택 대안'은 무엇인가?

부록 A : 효용의 측정

폰 노이만과 모겐스턴은 화폐의 기대효용과 기대이득 간의 관계를 사용하여 이득의 효용을 측정하는 방법을 제안하였다. 우리는 캐런이 위험이 없는 $4,000의 이득에 부여하는 효용을 알려고 한다고 가정하자. 우리는 그녀에게 이득이 $10,000일 확률이 p, 0일 확률이 $(1-p)$인 복권을 제공한다. 우리는 캐런에게 복권과 위험이 없는 $4,000의 이득 중에 선택하도록 제안한다. 캐런은 복권이 위험이 없는 이득보다 더 많은 효용을 주는지 여부에 따라 복권 아니면 위험이 없는 이득을 선택할 것이다. 그래서 우리는 그녀가 무엇을 선택할 것인가에 상관하지 않게 (무차별하게) 될 때까지 확률을 조심스럽게 조정하면서 캐런과 흥정한다. 이것은 복권의 기대효용이 $4,000의 효용과 같다는 것을 의미한다.

$4,000나 다른 어떤 금액의 효용을 측정하기 위해 우리는 측정의 단위와 기점에 대해서 합의해야 한다. 우리는 0의 이득에 0의 효용을 배정할 것이다. 그것은 다른 어떤 기점과 마찬가지로 임의적이지만 기억하기 쉽다. 효용을 0부터 10까지의 척도로 재어 $10,000의 이득에 10을 배정한다. 따라서 캐런이 두 대안 간에 무차별할(복권을 얻거나 위험이 없는 $4,000를 얻거나 상관하지 않을) 때, 복권의 기대효용은 $10{,}000p + 0 \times (1-p) = 10{,}000p$ = $4,000의 효용이다. 우리가 실험을 하여 이 결과를 가져오는 확률이 0.795임을 안다고 가정하자. 그러면 우리는 $4,000의 효용이 $10 \times 0.795 = 7.95$라고 말한다.

일반적으로 폰 노이만과 모겐스턴의 접근방법에 따르면, 효용 측정의 첫 단계는 임의의 기점에 해당하는 이득과 임의의 측정단위를 정하는 것이다. 그러면 어떤 사람이 상한과 하한 사이에 있는 어떤 금액 X와 상한 또는 하한을 지불하는 복권 사이에 무차별하게 되는 확률을 찾음으로써 X로부터 얻는 효용을 측정할 수 있다. 확률이 X의 효용을 측정하기 위해서 사용된다.

부록 B : 베이즈 법칙

토머스 베이즈
(Thomas Bayes, 1702~1761)

영국 런던에서 태어난 베이즈는 수학자이자 신학자로서, 그의 업적은 수학적 확률론을 발전시킨 것에서부터 신의 자비를 증명하려고 시도한 것에 이른다. 그를 기억하게 만든 것은 그의 사후 1763년에 *왕립 런던협회 철학논총*에 게재된 '운의 원리상의 한 문제를 해결하기 위한 소고(Essay Towards Solving a Problem in the Doctrine of Chances)'에서 제시한 확률론이다.

고등 게임 이론에서 널리 사용되는 고급 확률 분석의 방법은 통계학자 토머스 베이즈의 이름을 딴 '베이즈 법칙(Bayes' Rule)'이다. 이 방법은 앞으로 이 책의 몇 장에서 간략하게 언급될 테지만, 입문서인 이 책에서는 베이즈 법칙의 응용을 다루지는 않을 것이다. 개념을 이해할 수 있도록 간단한 예를 제시한다.

수집가인 캐런이 자신이 살 수도 있을 그림을 검사하고 있다고 가정하자. 그림의 독특한 스타일 때문에 캐런은 그것이 히멜탈의 작품일 것이라고 생각한다. 캐런은 그 스타일의 모든 그림 중 35%가 히멜탈의 것임을 안다. 캐런은 좀 더 자세하게 들여다보고 그림에서 '히멜탈'이라는 서명을 찾아냈다. 히멜탈은 자신의 모든 작품에 서명하지는 않았다. 캐런은 참고서에서 히멜탈이 자기 작품의 90%에만 서명했다는 것을 알아냈다. 그러나 모조품도 있으며, (모조품을 포함해서) 이런 스타일의 모든 그림 중 35%에 히멜탈이라고 서명이 되어 있다. 따라서,

P_1 = 이 스타일의 그림이 히멜탈의 것일 확률 = 0.25
P_2 = 히멜탈 그림에 '히멜탈'로 서명될 확률 = 0.90
P_3 = 이 스타일의 그림에 '히멜탈'로 서명될 확률 = 0.35

그러나 이 가운데 어느 것도 캐런이 원하는 것은 아니다. 그녀가 원하는 것은 P_4 = 모사품을 감안할 때, 스타일이 히멜탈임과 아울러 히멜탈이라고 서명된 그림이 히멜탈의 것일 확률이다. 캐런은 이 확률을 얻기 위해 다음의 베이즈 법칙을 적용한다.

$$P_4 = P_2 P_1/P_3 = (0.9 \times 0.25)/0.35 = 0.64$$

그림이 히멜탈의 것일 확률이 2/3보다 조금 작다.

일반적으로 베이즈 법칙은 다음과 같다.

$$X\text{가 관찰될 때 A가 사실일 확률} = \frac{(\text{A가 사실일 때 } X\text{의 확률}) \times (X\text{와 무관하게 } A\text{일 확률})}{A\text{와 무관하게 } X\text{일 확률}}$$

존 하사니
(John Harsanyi, 1920~2000)

헝가리 부다페스트 태생인 존 하사니는 원래 그의 부모가 바랐던 대로 약제사 교육을 받았으나 1946년에 철학으로 전공을 바꿨다. 그는 1944년에 유태인 수용소로 보내지기로 되어 있었지만 나치의 감옥을 탈출하여 예수회(Jesuit) 수도원에서 1년간 숨어 살았다. 1950년에 하사니와 그의 약혼녀는 공산당 치하의 헝가리를 떠나기 위해 국경을 넘었다. 오스트레일리아로 이주한 후 그는 처음에 공장 일을 할 수밖에 없었다. 그는 나중에 새로운 분야인 경제학으로 전공 분야를 옮겼고 1959년에 스탠퍼드대학교에서 박사 학위를 받았으며, 1964년에 버클리 소재 캘리포니아대학교의 교수가 되었다. 그는 폭넓은 관심과 경험을 바탕으로 게임 이론을 비롯하여, 특히 정보가 부족한 상황하의 합리성의 본질에 초점을 두는 여러 분야에 기여하였다.

존 하사니는 베이즈 법칙을 게임 이론에 응용한 업적을 인정받아 내시, 젤텐(Reinhard Selten, 1930~)과 함께 노벨 경제학상을 받았다. 게임 이론에 대한 하사니의 접근방법에서 플레이어는 다른 플레이어가 개별적인 전략을 연출할 확률이 주어지면 기대이득을 최대화한다. 그리고 그는 이 방법을 이용하여 다른 플레이어의 전략에 대해 산정한 확률을 계속적으로 갱신한다. 아무도 산정된 확률이나 전략을 더 이상 바꾸기를 원하지 않을 때까지 이 과정이 계속된다.

베이즈 법칙의 평이한 설명을 원하면 다음을 참조하라. Alan S. Caniglia(1992), **경제학을 위한 통계학, 직관적 접근**(Statistics for Economics, an Intuitive Approach)(HarperCollins), pp. 69-72.

제 9 장

혼합전략 내시 균형

이 장의 내용을 가장 잘 이해하려면 제1장~제5장과 제8장의 내용을 학습하고 이해할 필요가 있다.

우리는 게임 이론이 자연에 기인하는 불확실성을 다루기 위해 기대치의 개념을 어떻게 이용하는가를 보았다. 그러나 플레이어들은 자신의 목적을 위해 의도적으로 불확실성을 게임에 도입할 수 있다. 예측할 수 없는 전략 선택이 최선의 전략 선택인 게임들이 있다. 확률과 기대치의 개념이 그것을 이해하는 데 도움을 줄 수 있다. 미국의 멋진 게임인 야구가 좋은 예이다.

1. 야구 선수를 정직하도록 길들이기

야구는 공을 던질 때마다 투수와 타자, 두 플레이어 간의 대결로 귀착된다. 이야기를 간단하게 하기 위해서 속구와 변화구만 던지는 투수를 고려한다. 타자는 변화구라는 것을 알면 그 공을 쉽게 칠 수 있다. 그러나 변화구는 직구를 예상하고 있는 타자를 속이기 위해 사용될 수 있다. 이 두 가지 피칭이 투수의 전략이다. 훌륭한 타자는 공을 보기 전에 방망이를 휘두르려고 마음을 먹기만 하면 직구를 쳐서 멀리 날려 보낼 수 있다. 그가 공이 올 때까지 기다리면 직구는 놓치겠지만 변화구는 안타를 노리고 칠 것이다. 볼 카운트가 볼 3개와 스트라이크 2개, 야구 용어로 말하면 '3-2'라고 가정하자. 야구를 모르는 사람들에게 쉽게 말하자면, 다음 공이 (파울 볼의 가능성을 무시하면) 투수와 타자 모두에게 마

표 9.1 야구의 이득

		투수	
		직구	변화구
타자	빨리 친다	10, −10	−5, 5
	늦게 친다	−5, 5	3, −3

중요 개념

순수전략(Pure Strategy) : 모든 정규형 게임이 전략과 그 이득의 목록에 의해서 정의된다. 이것이 게임의 *순수전략*이다.

혼합전략(Mixed Strategy)/**무작위전략**(Randomized Strategy) : 정규형 게임에서 플레이어가 정규형 순수전략의 목록 중에서 주어진 확률에 따라 전략을 선택하는 것을 *혼합전략* 또는 무작위전략을 선택한다고 말한다.

혼합전략 균형(Mixed Strategy Equilibrium) : 1명 이상의 플레이어가 혼합전략을 채택하는 내시 균형을 *혼합전략 균형*이라고 한다.

지막 기회라는 것을 의미한다. 이 게임의 이득은 표 9.1에 나타나 있다.

그러한 결정적인 상황에서는 투수가 항상 최선의 공을 던져야 할 것으로 보일지 모른다. 문제는 투수가 그렇게 하면 타자가 항상 일찍 방망이를 휘둘러 안타와 홈런을 많이 칠 것이라는 점이다. 투수가 3-2의 상황에서만 직구를 던지지만 타자가 그것을 예측할 수 있다면, 타자는 그만큼 더 쉽게 방망이를 어떻게 휘두를지 결정할 것이다. 그는 3-2의 상황에서는 언제나 일찍 방망이를 휘두를 것이다.

그것은 타자의 관점에서도 거의 같다. 그의 타법이 예측될 수 있으면, 예컨대 그가 모든 타구에 일찍 방망이를 휘두른다면 투수가 할 일이 쉬워진다. 투수는 매번 변화구를 던지면 될 것이다. 따라서 타자의 타법도 예측될 수 없어야 한다.

관례대로 투수와 타자가 모두 합리적이라고 가정하면 각 플레이어는 다른 플레이어가 예측할 수 없게 자신의 전략 중에서 선택할 것이다. 여기서 '예측할 수 없게'라는 것은 전략의 선택에 무작위적 요인이 있다는 것을 의미한다. 모든 플레이어는 여러 전략을 특정한 확률로 선택할 것이다. 이것은 표에 나타난 2개의 **순수전략**을 혼합하는 것이므로 **혼합전략**이라고 불린다. 야구의 투수와 포수, 미식축구의 쿼터백, 농구의 가드처럼 경기를 주도하는 선수의 한 가지 일은 자기 팀이 어떤 전략으로 나올 것인가를 상대 팀이 추측하여 대비하지 못하도록 자기 팀의 전략을 상대방이 예측할 수 없을 만큼 '뒤섞는 것'이다. 이것은 운동경기에서 가장 어려운 일의 하나이다. 인간이 무작위로 선택하기는 정말로 쉽지 않다.

다시 말하면, 순수전략은 정규형 게임에 나타난 전략 가운데 1의 확률로 (확실하게) 선택되는 전략이다. 혼합전략은 특정한 확률에 따라 한 전략이나 다른 전략을 무작위적으로 선택하는 것이다. 여러 전략들이 확률의 비율로 혼합된다.

그러나 플레이어들은 어떤 확률을 선택할 것인가? 그것을 어림하기 위하여 두 관점에서 고려해야 한다. 내 관점에서 중요한 것은 상대 플레이어가 내 전략을 예측하고 그것을 이용하지 못하도록 하는 것이다. 그래서 나는 그가 나에 대해서 계속 추측하도록 만들 확률을 선택하기를 원한다. 타자의 관점에서 보기로 하자. 투수가 직구를 던질 확률을 p라고 하자. 표 9.2는 타자의 두 전략의 기대이득을 p로 환산하여 나타낸 것이다(물론 우리는 전략을 예측할 수 없으므로 기대치의 개념을 사용한다). p가 충분히 크면 방망이를 일찍 휘두르는 것이 늦게 휘두르는 것보다 더 많은 이득을 준다. 이 경우에 타자는 방망이를 일찍 휘두르는 것을 선택할 것이다. 한편, p가 충분히 작으면 늦게 휘두르는 것이 더 많은 이득을 줄 것이다. 이 경우에 타자는 방망이를 늦게 휘두를 것이다.

표 9.2 타자 전략의 기대이득

일찍 휘두른다	$10p-5(1-p)=15p-5$
늦게 휘두른다	$-5p+3(1-p)=3-8p$

이제 투수의 관점으로 바꾸어 보자. 자신의 손실을 최소화하고 타자가 계속 추측하도록 하기 위해서 투수가 해야 할 일은 타자가 어떤 전략을 선택하더라도 다른 전략보다 많은 이득을 얻지 않도록 p를 조정하는 것이다. 우리는 그것을 간단하게 수식으로 나타낼 수 있다. 우리는 어떤 전략의 이득도 다른 전략의 이득보다 크지 않다는 것은 다음과 같이 표현할 수 있다.

$$15p-5=3-8p \tag{9.1}$$

이 식을 p에 대해서 풀면,

$$p=8/23 \tag{9.2}$$

그래서 투수는 8/23의 확률로 직구를 던질 것이다. 이제 투수의 관점에서 타자의 전략을 보자. q를 타자가 일찍 휘두를 확률이라고 하자. 표 9.3은 직구에 대한 기대이득을 나타낸다. 타자는 투수가 어떤 전략을 선택하더라도 다른 전략보다 많은 이득을 얻지 않도록 q를 조정하려고 할 것이다. 이것은 식 9.3으로 표현된다. 식 9.3을 풀면 우리는 8/23의 확률을 얻는다. 이것이 타자가 빨리 휘두를 확률이다.

표 9.3 투수 전략의 기대이득

직구	$-10q+5(1-q)=5-15q$
변화구	$5q-3(1-q)=8q-3$

$$5-15q=8q-3 \tag{9.3}$$

$$q=8/23 \tag{9.4}$$

이제 우리는 확률을 구했다. 투수는 8/23의 확률로 직구, 15/23의 확률로 변화구를 던질 것이며, 타자는 8/23의 확률로 일찍 휘두르고 15/23의 확률로 늦게 휘두를 것이다. 각 플레이어가 '혼합전략'을 선택할 것이며, 각 경우에 각자가 연출하는 전략의 혼합이 다른 플레이어가 선택한 전략의 혼합에 대한 최선반응이다. 각 플레이어가 다른 플레이어의 전략에 대한 최선반응인 전략을 선택한다는 내시 균형의 정의를 상기하라. 2명의 야구 선수가 8/23과 15/23의 확률 혼합을 선택할 때 내시 균형이 성립할 것이다.

이것을 두 단계로 분리하면 이해하기 쉬울 것이다. 예컨대 첫 단계에서, 타자가 무작위로 방망이를 휘두를 것인지를 결정하고, 다음 단계에서 타자가 구체적인 확률을 선택한다. 투수가 8/23과 15/23의 확률을 가진 혼합전략을 선택하는 한, 타자는 투수의 두 전략 간에 무차별적이다. 일찍 휘두르건 늦게 휘두르건 같은 기대이득을 얻는다. 타자는 무작위로 휘둘러도 된다. 그러나 기대이득의 관점에서 타자는 50 : 50, 90 : 10, 100 : 0, 또는 다른

이론탐구 빈틈없는 계산

혼합전략 균형의 개념에 일종의 비법이 내포되어 있는데 이것은 혼동을 일으킬 수 있다. 투수가 타자의 기대이득을 저울질하고 그 균형을 맞춘다는 것이 이상하게 보일지 모른다. 그러나 투수는 그렇게 하면서 자신의 기대이득을 최대화하고 있다. 투수의 목적은 사실상 타자에 타격 전략을 무작위로 선택하도록 강요하는 것이다.

당신은 다음과 같이 추론하면서 무작위화를 원치 않을지 모른다. “무작위로 행동하는 것은 포기한다는 것이므로 나는 그렇게 하지 않을 것이다. 나는 다른 플레이어보다 한 수 앞서 나갈 것이고, 그를 이기기 위해 옳은 전략을 선택할 것이다.” 그러나 다른 플레이어가 자신의 전략을 무작위화하면 그가 당신을 꾀로 이기려고 하지 않는 한 이 전략은 소용이 없다. 그는 당신의 모든 전략이 당신에게 같은 기대이득을 주도록 확률을 선택할 것이고, 당신이 어떤 전략을 선택하건 상관이 없다. ‘당신은 정직한 사람을 속일 수 없고’ 무작위로 선택하는 사람도 속일 수 없다.

게임 이론은 ‘합리성의 공통 지식’을 가정한다. 즉, 각 플레이어가 합리적일 뿐 아니라 다른 플레이어가 합리적이라는 것을 안다고 가정한다. 이것은 특히 혼합전략에서 중요하다.

그러므로 나는 다음과 같이 추론한다. “나의 적은 자기가 나보다 한 수 앞서 생각할 수 없다는 것을 알므로 그렇게 하려고 시도하지 않을 것이다. 내가 예측할 수 있게 비합리적으로 행동해서 그에게 기회를 주지 않는 한, 그는 무작위로 행동할 것이다. 그는 내 모든 전략의 기대이득이 같도록 확률을 선택함으로써 내가 한 수 앞서 생각하지 못하게 할 것이다. 그러므로 어차피 나도 무작위로 전략을 선택해야 좋을 것이다 – 그러나 어떤 확률로? 나는 그를 최악의 상태에 놓을 확률, 그가 나보다 앞서 생각하지 못하도록 하는 확률을 선택하려고 한다. 그렇게 하는 방법은 그의 전략의 기대치를 모두 같게 하는 확률을 선택하는 것이다.”

혼합전략에 대한 또 하나의 좀 더 직감적인 접근방법은 ‘베이지언 학습(Bayesian learning)’이다. 이것은 직감적이지만 수학적으로 더 정교하다. 나는 적수가 합리적이라고 생각하지 않으며, 그는 이런저런 전략을 선택하는 확률을 산정하기 위해 경험에만 의존할 수 있다. 한편, 그도 나에 대해서 똑같이 생각하고 있다. 이것을 토머스 베이즈의 이름을 따서 ‘베이지언 학습’이라고 부른다. 그는 경험을 기초로 증거를 수정하는 좋은 법칙을 제안한 통계학자이다(제8장의 부록 B 참조). 야구 경기와 같은 예에서 베이지언 학습은 두 플레이어가 게임 이론가들이 ‘합리성의 공통 지식’의 가정에서 도출한 합리적인 혼합전략을 채택하는 결과를 유도한다. 그러나 더 복잡한 게임에서는 예외가 있을 수 있다. 존 하사니는 게임에서 베이지언 학습을 탐구한 공로로 내시, 젤텐과 함께 노벨 경제학상을 받았다.

표 9.4 여러 확률하의 기대이득

일찍 휘두를 확률	직구의 기대이득	변화구의 기대이득	투수의 최선반응	타자의 기대이득
7/23	0.43	−0.57	직구	−0.43
8/23	−0.21	−0.21	직구 또는 변화구	0.21
9/23	−0.87	0.13	변화구	−0.13

확률을 선택할 수 있을 것이다. 그러면 타자는 어떻게 확률을 선택할 수 있을까? 그는 자기가 8/23과 15/23의 확률을 선택하지 않는 한 투수가 무작위로 던지지 않을 것임을 인식한다.

표 9.4는 타자가 선택할 수 있는 세 가지 확률의 결과를 보여 준다. 그가 7/23을 선택하면 투수는 직구를 던짐으로써 0.43의 기대이득을 얻을 수 있지만 변화구로는 −0.57을 얻는다. 따라서 투수는 이 상황에서 무작위화를 하지 않고 타자가 −0.43의 기대이득을 얻도록 할 것이다. 타자가 9/23의 확률을 선택하면 투수는 직구로 −0.87의 기대이득을 얻지만 변화구로는 0.13을 얻는다. 따라서 그는 역시 무작위화를 하지 않고 변화구를 던져 타자에게 −0.13의 기대이득을 줄 것이다. 타자가 정확하게 8/23의 확률을 선택하는 경우에만 투수는 직구와 변화구 간에 무차별하게 된다. 그러면 투수는 자신의 나쁜 상황을 최선으로 이용하여 무작위화하게 되므로 타자에게 그가 얻을 수 있는 최상의 기대이득 0.21을 허용한다.

게임 이론에서는 이 종류의 내시 균형을 혼합전략 균형이라고 한다. 사실상 혼합전략 균형이 이 게임의 유일한 균형이다. 표 9.1을 다시 보면 순수전략에는 내시 균형이 없다는 것을 바로 알 수 있을 것이다. 어떤 순수전략의 결합을 선택하더라도 어느 한 플레이어는 거기서 이탈하려고 한다. 그러나 혼합전략으로 균형이 있고 각 플레이어가 균형 혼합전략을 선택하는 한, 어떤 플레이어도 독립적으로 이탈하려고 하지 않을 것이다.

2. 순수전략과 혼합전략

앞 절에서는 인간이 순수전략보다 혼합전략을 선택함으로써 불확실성을 전략적으로 이용할 수 있다는 것을 보았다. 순수전략은 정규형이나 전개형의 게임을 정의하는 전략의 목록이라는 것을 기억하라. 혼합전략은 2개 이상의 순수전략 중에서 확률에 따라 어느 하나를 선택하는 것이다. 모든 게임이 순수전략으로 내시 균형을 갖는 것은 아니다. 우리는 또 게임이 순수전략으로 균형을 갖지 않더라도 혼합전략으로는 균형을 가질 수 있다는 것을 보았다.

더욱이 우리는 여러 예로부터 모든 게임이 내시 균형을 갖지는 않는다는 것을 보았다. 이것이 잘 알려진 내시 균형의 결점이다. 그러나 **순수전략**과 함께 **혼합전략**을 감안하면 더 이상 그렇지 않다. 내시는 정규형의 2인 게임이 순수전략으로 균형을 갖지 않는 경우에도 혼합전략으로는 항상 균형을 갖는다는 것을 증명하였다. 폰 노이만과 모겐스턴은 이것이 2인 게임의 중요한 부류인 '제로섬 게임'에 대해서 옳다는 것을 증명하였다. 내시는 이 결과를 연장해서 모든 2인 게임이 순수전략으로 내시 균형을 갖지 않는 경우에도 혼합전략으로는 내시 균형을 갖는다는 것을 증명하였다. 물론 이런 이유 때문에 그것을 내시 균형이라고 부른다. 내시는 이것을 발견한 공적으로 노벨 경제학상을 받았다.

순수전략/혼합전략 : 모든 정규형 게임이 전략과 그 이득의 목록에 의해서 정의된다. 이것이 게임의 *순수전략*이다. 그러나 플레이어는 주어진 확률에 따라 전략 중에서 선택하는 다른 대안을 갖는다. 그러한 결정원칙을 *혼합전략*이라고 부른다.

3. 특별 세일

혼합전략의 다른 예를 보자. 어떤 경제학자들은 소매상에 의한 염가판매, 소위 세일 일정의 결정에 혼합전략의 추론을 적용했다. 이것이 모든 세일에 적용되지는 않을 것이다. 어떤 세일은 명절처럼 아주 예측하기 쉬운 기간에 예정되어 있다. 그러나 어떤 세일은 예측할 수 없는 것 같다. 예를 들어, 어느 날 소매상이 세일을 하는 것이 좋겠다고 생각하면 사전에 홍보를 하지 않고 그럴 수 있다. 왜 소매상은 소비자들이 세일을 예측할 수 없기를 바라는가? 이것은 혼합전략일지 모른다. 언제 세일이 실시될지 안다면 소비자들은 반드시 그 기간에 오려고 할 것이다. 그러나 소비자도 소매상이 자신의 행동을 예측할 수 없기를 바랄지 모른다. 소비자들이 언제 많이 올지를 알면 소매상은 그날에 세일을 하지 않으려고 할 것이다.

이러한 추론은 실제로 혼합전략을 유도할 수 있을까? 구체적인 예를 보기로 하자. 상황설정을 매우 단순하게 하기 위해서 우리는 이것을 2인 게임으로 다룬다. 소매상이 한 플레이어이고 소비자가 다른 플레이어이다. 소매상의 전략은 세일을 오늘 아니면 내일로 잡는 것이며, 소비자의 전략은 상점에 오늘 아니면 내일 가는 것이다. 두 플레이어의 이득이 표 9.5에 나타나 있다.[1)]

이제 소매상의 관점에서 이득을 보기로 하고, 소비자가 오늘 상점에 올 확률을 p라고 하자. 소매상의 두 전략의 기대이득은 표 9.6에 나타나 있다.

만일 어느 한 전략의 기대이득이 더 크면, 소비자가 오려고 하지 않는 날에 세일을 하려는 소매상의 의도를 소비자가 너무 쉽게 이루어 주는 것이다. 따라서 소비자는 표 9.6의 두 값이 같도록 p를 조정할 것이다. 즉,

$$8 - 3p = 4 + 6p$$

이것을 풀면,

$$p = 4/9$$

그러므로 우리는 소비자가 4/9의 확률로 오늘 올 것이며, $1 - 4/9 = 5/9$의 확률로 내일 올 것이라는 결론을 얻는다.

표 9.5 세일 게임의 이득

		소비자	
		오늘 쇼핑	내일 쇼핑
소매상	오늘 세일	5, 10	8, 4
	내일 세일	10, 5	4, 8

표 9.6 소매상 전략의 기대이득

오늘 세일	$5p + 8(1 - p) = 8 - 3p$
내일 세일	$10p + (1 - p)4 = 4 + 6p$

이제 소비자의 관점에서 이득을 보기로 하고, q를 내일이 아니라 오늘 세일을 할 확률이라고 가정하자. 소비자의 두 전략에 대한 기대이득은 표 9.7에 나타나 있다. 만일 어느 하나가 더 크면, 소비자가 세일의 편익을 얻을 가능성이 높은 날을 고르기가 쉬울 것이다. 따라서 소매상은 소비자가 내일 쇼핑하는 것으로부터 얻는 기대이득과 오늘 쇼핑하는 것으로부터 얻는 기대이득이 같도록 q를 선택할 것이다. 즉,

표 9.7 소비자 전략의 기대이득

오늘 쇼핑	$10q + 5(1 - q) = 5 + 5q$
내일 쇼핑	$4q + 8(1 - q) = 8 - 4q$

$$5 + 5q = 8 - 4q$$

이것을 풀면,

$$q = 3/9 = 1/3$$

결론적으로 이 소매상은 1/3의 확률로 오늘, 2/3의 확률로 내일 세일을 하기로 일정을 잡을 것이다.

1) 일반적으로 현재나 가까운 미래의 편익과 이윤은 먼 미래의 이득보다 더 가치가 있다. 따라서 이 두 플레이어는 내일 얻는 편익보다 오늘 얻는 편익에 더 큰 가치를 둔다. 경제학에서는 이것을 '시간 선호(time preference)'라고 한다. 이러한 일반적인 경향이 이 예에서는 단순화를 위해 다소 과장되었다. 일반적으로 하루 사이의 이득 차이는 훨씬 작다.

물론 이 예는 매우 단순화된 것이다. 사실상 이 예는 두 사람이 거래하는 날이 오늘과 내일뿐이고 모레에는 소매상이 폐업할 것이라고 가정한다. 이 게임은 1인의 소매상과 1인의 소비자만 상정한다는 점에서도 지나치게 단순하다. 그럼에도 불구하고 세일의 일정을 잡는 것이 어떻게 혼합전략 균형일 수 있는지를 보여 준다. 사실 우리는 판매자와 소비자가 많고 이들이 장래 어느 시점에도 거래를 계속할 수 있다는 현실을 감안한, 훨씬 복잡하고 현실적인 세일 일정 잡기 게임에서도 혼합전략 균형을 찾을 수 있다.

4. 혼합전략과 순수전략이 공존하는 균형

야구 게임과 예측할 수 없는 세일 게임은 혼합전략 균형을 갖지만 순수전략으로는 균형을 갖지 않는다. 그러나 어떤 게임들은 두 종류의 균형을 모두 갖는다. 다음의 예를 보자. 매우 예의가 바른 – 지나치게 예의 바른 – 두 사람이 있다. 그들을 앨과 조지라고 부르자. 그들은 겨우 한 사람만 지나갈 수 있는 문으로 들어가려고 한다. 두 사람 모두 지나치게 예의를 지켜 상대방보다 먼저 들어가려고 하지 않는다. 그들은 서로 "앨! 먼저 들어가게.", "아니야, 먼저 들어가게, 조지."라는 말만 계속해서 주고받을 따름이다.[2)]

표 9.8 앨과 조지의 이득

		조지	
		기다린다	들어간다
앨	기다린다	0, 0	2, 3
	들어간다	3, 2	−1, −1

앨과 조지의 딱한 처지를 반영한 게임이 있다. 물론 앨과 조지가 플레이어이다. 그들은 문으로 들어가야 하지만 문은 둘이 동시에 들어갈 수 있을 만큼 넓지 않다. 그 결과, 이들은 표 9.8에 나타난 이득을 얻는다. 각자 '기다린다'와 '들어간다'의 전략 간에 선택한다. 이 게임은 순수전략으로 2개의 내시 균형을 갖는다. 둘이 동시에 들어가면 서로 부딪히며 각각 −1의 이득을 얻는다. 악극에서처럼 둘이 모두 기다리면 그들은 문을 통과하지 못하고 0의 이득을 얻는다. 한 사람이 들어가고 다른 사람이 기다리면 그들은 모두 문을 통과할 수 있다. 먼저 들어가는 사람이 3의 이득을 얻고, 기다렸다가 뒤에 들어가는 사람이 2의 이득을 얻는다.

앞의 여러 장에서 본 방법을 사용해서 우리는 이 게임이 순수전략으로 2개의 내시 균형

2) 이 예는 20세기 초의 악극(vaudeville)에 의거한 것이다. 좀 더 자세한 정보를 얻으려면 다음 웹사이트를 검색하라. http://en.wikipedia.org/wiki/Alphonse_and Gaston. 이 사이트는 2013년 6월 15일에 접속되었다. 그날, 다음 사이트에서도 비디오 클립을 볼 수 있었다. http://memory.loc.gov/cgi-bin/query/r?ammem/varstg:@field(NUMBER(1453)).

을 갖는다는 것을 알 수 있다. 이것은 반조정 게임이고 다른 반조정 게임들과 매우 비슷하다. 한 플레이어가 들어가고 다른 플레이어가 기다릴 때 내시 균형이 성립한다. 그러나 이 게임은 혼합전략 균형도 갖는다. 이 게임을 앨의 관점에서 보자. p를 조지가 '기다린다' 전략을 선택할 확률이라고 하자. 앨의 기대이익이 표 9.9에 나타나 있다(게임이 대칭적이므로 조지의 관점에서도 같은 결과를 얻는다).

표 9.9 조지 전략의 기대이득

기다린다	$0p + 2(1-p) = 2-2p$
들어간다	$3p-(1-p) = 4p-1$

그래서 앨이 조지를 위한 두 전략의 기대이득이 같아지도록 p를 조정하면 다음의 식을 얻는다.

$$2 - 2p = 4p - 1$$

이것을 풀면,

$$p = 3/6 = 1/2$$

이 게임은 대칭적이므로 각 플레이어가 똑같이 추론할 수 있으며, 각각 1/2의 확률로 '기다린다'를 연출하고 1/2의 확률로 '들어간다'를 연출한다.

따라서 이 게임은 3개의 내시 균형, 즉 1개의 혼합전략 균형과 2개의 순수전략 균형을 갖는다. 앨과 조지가 순수전략 내시 균형에서 2보다 낮은 이득을 얻을 수 없다는 것을 쉽게 알 수 있다. 그러나 이와 비교하여, 그들은 혼합전략 균형에서 어떻게 하는가? 이 의문에 답하기 위해서 두 플레이어가 혼합전략 균형을 연출할 때의 기대이득을 계산한다. 우리는 $p = 1/2$을 다시 표 9.9에서 계산한 기대이득의 어느 것에나 대입할 수 있다(확률 1/2의 의의는 그것이 두 기대치를 같게 한다는 것이다). 따라서 우리는 표 9.10을 얻는다.

표 9.10 조지 전략의 균형 기대이득

기다린다	$2-2(1/2) = 2-1 = 1$
들어간다	$3(1/2)-(1-1/2) = 1.5-0.5 = 1$

그러므로 앨과 조지는 혼합전략 균형에서 더 나빠진다! 이것은 놀라운 일이 아니다. 그 이유는, 이 게임의 혼합전략 균형은 그들이 서로 부딪힐 확률과 문을 통과하지 않을 확률이 항상 어느 정도 있다는 것을 의미하기 때문이다.

순수전략과 혼합전략을 함께 가진 게임의 또 다른 예가 있다. 환경 정책의 예가 그것이다. 2개의 작은 마을 '꼬마동네'와 '막내동네'는 우물에서 식수를 얻고 있다. 그들은 2개의 대수층에서 물을 얻을 수 있다. 한 대수층은 얕아서 그곳을 뚫는 우물은 비용이 적게 들지만, 한 마을에만 충분한 정도의 물밖에 공급할 수 없다. 두 마을이 모두 얕은 대수층에서

표 9.11 꼬마동네와 막내동네의 이득

		막내동네	
		깊은 우물	얕은 우물
꼬마동네	깊은 우물	10, 10	3, 15
	얕은 우물	15, 3	0, 0

표 9.12 꼬마동네 전략의 기대이득

깊은 우물	$10p + 3(1-p) = 3 + 7p$
얕은 우물	$15p - 0(1-p) = 15p$

물을 뽑는다면 물이 고갈되고 어느 마을도 물을 충분히 확보하지 못한다. 다른 대수층은 깊어서 그곳을 뚫으면 비용이 많이 들지만 두 마을에 충분히 물을 공급할 수 있고, 따라서 그들은 비용을 분담할 수 있다. 각 마을은 깊은 우물과 얕은 우물의 두 전략을 갖는다. 두 마을에 대한 이득은 표 9.11과 같다. 순수전략으로 2개의 내시 균형이 있다는 것에 주목하라. 그리고 어느 것도 두 마을이 깊은 우물을 공유할 때 성립하고 20의 총 이득을 주는 협조 해가 아니라는 것에 주목하라.

꼬마동네의 관점을 택하고 p를 막내동네가 깊은 우물을 연출하는 확률이라고 하자. 꼬마동네 전략의 이득은 표 9.12에 나타나 있다. 수식을 풀어서 '깊은 우물'을 선택하는 균형확률 3/8을 얻는다. 게임이 대칭적이므로 이것은 두 마을에 공통된다.

혼합전략으로 얻는 이득의 기대이득은 5.625이다. 이것은 홀로 깊은 우물을 파는 마을에 대한 이득보다 크지만, 혼자만 얕은 우물을 파는 마을은 더 많은 이득을 얻을 수 있다. 따라서 순수전략으로 2개, 혼합전략으로 1개, 모두 3개의 내시 균형이 존재한다.

5. 혼합전략의 도식 계산법

약간의 도식 계산법(graphics)으로 혼합전략이 무엇인가를 좀 더 분명하게 이해할 수 있다. 먼저 앞에서 나온 야구의 예를 도표로 분석하자. 우리는 타자의 관점을 택할 것이다. 그림 9.1은 타자의 기대이득을 보여 준다. 투수가 직구를 던질 확률이 수평축에 나타나 있다.

타자가 '일찍 휘두른다'를 선택할 때의 기대이득이 파란 선으로 나타나 있고, '늦게 휘두른다'를 선택할 때의 기대이득이 검은 선으로 나타나 있다. 경제학 원론을 수강한 학생은 두 선이 만나는 곳에 통상 무엇인가 중요한 일이 일어난다는 것을 알고 있다. 그것은 게임 이론에서도 사실이다. 두 선의 교차점은 투수를 위한 균형 확률을 나타낸다. 다른 확률에서는 한 타구 전략이 다른 타구 전략보다 기대이득이 크므로 타자는 더 큰 이득을 주는 전략을 선택할 것이고, 투수는 더 나빠지게 될 것이다. 따라서 투수는 어느 한 전략의 이득이 다른 것보다 크지 않도록 하는 확률, 즉 두 선이 교차하는 확률을 선택하려고 한다. 그것

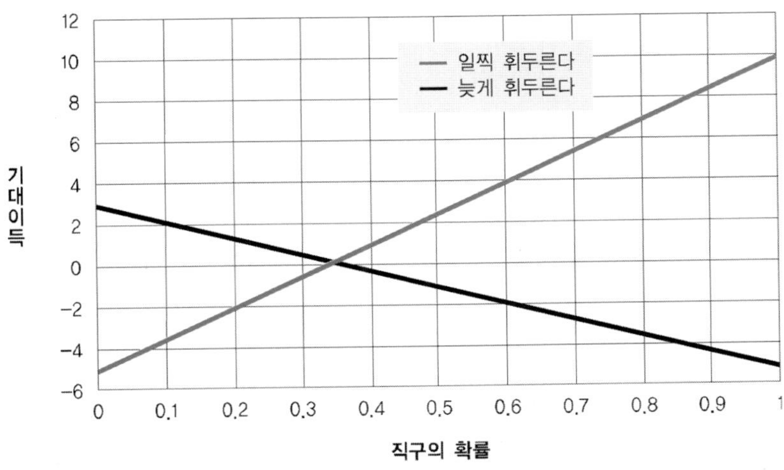

그림 9.1 야구 타자의 기대이득

은 우리가 아는 것처럼 8/23이다. 이 게임은 대칭적이 아니므로 투수를 위한 기대이득의 도표가 조금 다르게 보일 테지만 여기서 나타내지는 않는다.

투수가 2/7의 균형 확률보다 조금 높은 확률로 직구를 던지면 어떻게 되는가를 주목하라. 그가 0.4의 확률을 선택한다고 가정하자. 그러면 타자는 확률 1로 일찍 휘두름으로써 1의 기대이득을 얻을 수 있고, 1보다 낮은 확률로 일찍 휘두름으로써 그보다 적은 기대이득을 얻을 것이다. 그러므로 그의 최선반응은 확률 1로 일찍 휘두르는 것이다. 그러면 투수의 최선반응은 변화구를 던지는 것이다. 그렇지만 이 한 쌍의 전략도 안정적이지 않다. 우리가 알고 있듯이 이 게임은 순수전략으로는 균형을 갖지 않는다. 따라서 두 선수는 계속해서 전략을 바꿀 것이며, 그들이 혼합전략으로 복귀할 때까지 안정이 되지 않을 것이다.

연습문제 : 투수의 도표를 그리고 그것을 이용하여 투수의 전략에 대해서 같은 추론을 전개하라.

이제 앨과 조지의 게임으로 돌아가자. 앨과 조지를 위한 두 전략의 기대이득이 그림 9.2에 나타나 있다. 조지(앨)가 '기다린다'를 선택하는 확률이 수평선에 표시되어 있고 기대이득은 수직축에 표시되어 있다. 앨(조지)에 대한 '기다린다'의 이득은 파란 선이고 '들어간다'의 이득은 검은 선이다. 앞에서와 같이, 두 선의 교차점에서 두 전략의 기대이득이 같으므로 이 점은 '기다린다'의 균형확률에 해당한다. 이 게임은 대칭적이므로 어느 플레이어의 관점에서도 그림이 똑같다.

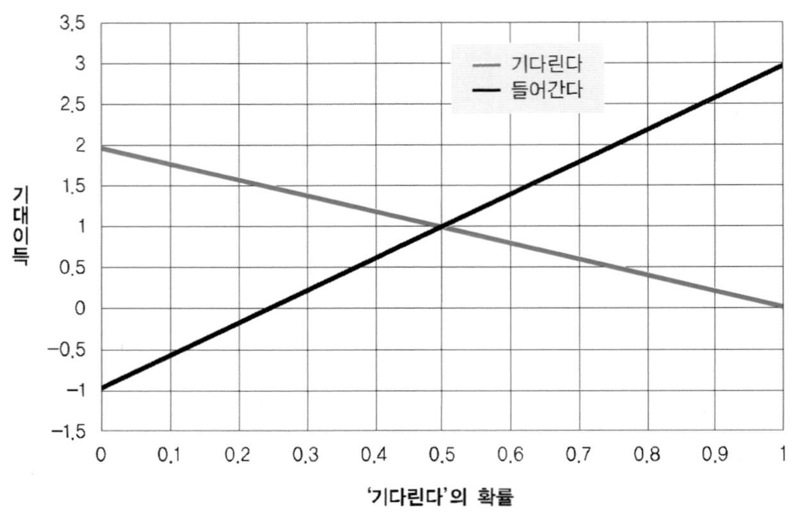

그림 9.2 앨과 조지의 기대이득

먼저 조지가 1/2보다 다소 높은 확률, 예컨대 0.6의 확률로 '기다린다'를 선택한다고 가정하자. 그림을 보면, 이 경우에 앨을 위한 '들어간다'의 기대이득은 1.4이지만 '기다린다'의 기대이득은 0.8이다. 그래서 앨은 1의 확률로 '들어간다'를 선택할 것이다. 그러나 이 경우에 조지의 최선반응은 1의 확률로 '기다린다'를 선택하는 것이다. 따라서 (들어간다, 기다린다)의 순수전략 내시 균형이 성립한다. 이제 조지가 1/2보다 다소 낮은 확률, 예컨대 0.4의 확률로 '기다린다'를 선택한다고 가정하자. 그림을 보면, 이 경우에 앨을 위한 '들어간다'의 기대이득이 0.6인 반면 '기다린다'의 기대이득은 1.2이다. 그래서 앨은 1의 확률로 '기다린다'를 선택할 것이다. 그러나 이 경우에 조지의 최선반응은 1의 확률로 '들어간다'를 선택하는 것이다. 따라서 (기다린다, 들어간다)의 순수전략 내시 균형이 성립한다. 즉, 균형 확률에서 조금만 이탈해도 즉시 순수전략 내시 균형 가운데 어느 하나로 수렴한다. 그 의미에서 이 게임의 혼합전략 균형은 불안정하다. 꼬마동네와 막내동네 간의 우물 파기 게임에서도 혼합전략은 불안정하다. 일반적으로, 순수전략으로 2개의 내시 균형을 가진 조정 게임은 혼합전략으로 세 번째 균형을 가지며 이 세 번째 균형은 불안정하다.

또 다른 비교를 위하여 사회적 딜레마인 제1장의 광고 게임을 도표로 분석하자. 두 플레이어는 같은 제품을 파는 경쟁 회사이며, 이들의 전략은 광고하거나 광고하지 않는 것이다. 두 회사가 모두 광고하면 광고의 효과가 대체로 상쇄된다. 이 게임의 이득표인 표 9.13은 표 1.2를 옮겨 놓은 것이다. 우리는 이 게임에서 (광고한다, 광고한다)가 우월전략

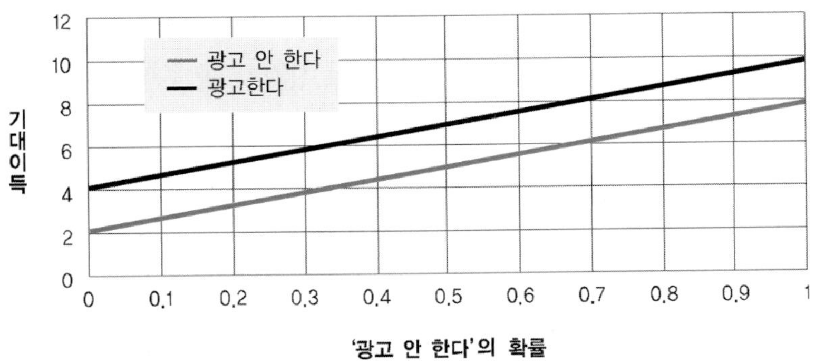

그림 9.3 광고 게임의 기대이득

균형이라는 것을 기억한다.

이것은 대칭적 게임이므로 타박스의 관점을 취하건 담바고의 관점을 취하건 분석이 똑같을 것이다. 그림 9.3에서 수평축은 타박스(담바고)가 '광고 안 한다' 전략을 선택하는 확률을 나타낸다. 파란 선과 검은 선은 각각 담바고(타박스)에 대한 '광고 안 한다'와 '광고한다'의 이득을 나타낸다. 우리는 '광고한다' 전략의 이득이 '광고 안 한다' 전략의 이득보다 항상 크다는 것을 본다. 즉, '광고한다'가 '광고 안 한다'의 순수전략뿐만 아니라 모든 가능한 혼합전략보다도 우월하다. 우월전략이 혼합전략과 순수전략에 대하여 우월하다는 이 결과는 사회적 딜레마 일반에 적용된다.

표 9.13 광고 게임
(제1장의 표 1.2를 재현)

		담바고	
		광고 안 한다	광고한다
타박스	광고 안 한다	8, 8	2, 10
	광고한다	10, 2	4, 4

연습문제 : 꼬마동네와 막내동네 간의 우물 파기 게임을 위한 혼합전략 균형이 안정적이라는 것을 보여라.

6. 요약

불확실성은 자연만이 아니라 게임의 인간 플레이어들에 기인할 수 있다. 우리는 정규형 게임이 각 플레이어를 위한 전략의 목록으로 시작한다는 것을 기억한다. 그러나 하나의 순수전략으로 예측될 수 있도록 게임을 연출하면 플레이어는 상대 플레이어에게 이용당하기 쉽다. 이 경우에 합리적 플레이어는 상대방이 자기를 이용할 수 있는 기회를 갖지 못하도록 세심하게 조정된 확률로 순수전략 가운데서 선택하여, 상대방이 자기를 예측할 수 없게 하려고 시도할 것이다. 이 방식으로 전략이 선택될 때 우리는 이것을 혼합전략이라고 부른다.

혼합전략의 이득은 불확실하므로 기대치의 개념을 사용하여 평가한다. 최선반응은 기대이득을 최대화하는 전략(또는 전략 중에서 선택할 확률)이다. 순수전략으로 균형을 갖지 않는 게임을 포함하여 모든 2인 게임에서 이렇게 정의된 '최선반응'에 대하여 모든 2인 게임은 내시 균형을 갖는다. 어떤 게임은 순수전략 균형과 혼합전략 균형을 포함해서 1개 이상의 균형을 가질 수 있다. 이것은 반조정 게임에 대해서 사실이지만 조정 게임의 혼합전략은 불안정하다.

Q9. 연습문제

Q9.1 홀짝 게임 제1장의 연습문제 Q1.3에서 보았듯이 홀짝 게임은 초등학생의 게임이다. 한 플레이어의 이름은 '짝수'이고 다른 플레이어의 이름은 '홀수'이다. 두 플레이어는 각각 동전을 손바닥 위에 놓고 앞면이나 뒷면을 위쪽으로 해서 보여 준다. 둘이 같은 면을 보여 주면 '짝수'가 2개의 동전을 갖고, 둘이 서로 다른 면을 보여 주면 '홀수'가 2개의 동전을 갖는다.

a. 이 홀짝 게임이 순수전략으로 내시 균형을 갖지 않는다는 것을 증명하라.

b. 홀짝 게임을 위한 혼합전략 균형을 구하라.

Q9.2 가위바위보 제5장의 연습문제 Q5.2에서 가위바위보라고 불리는 흔한 초등학생 게임을 보았다. 수잔과 테스가 동시에 가위, 바위, 또는 보를 선택한다. 승패의 규칙은 다음과 같다.

- 보자기가 바위를 덮는다(보가 바위를 이긴다).
- 바위가 가위를 부순다(바위가 가위를 이긴다).
- 가위가 보자기를 자른다(가위가 보를 이긴다).

표 9.14a가 이득표이다. 이 게임의 혼합전략 균형을 구하라.

표 9.14a 가위바위보

		수잔		
		가위	바위	보
테스	가위	0, 0	1, −1	−1, 1
	바위	−1, 1	0, 0	1, −1
	보	1, −1	−1, 1	0, 0

Q9.3 추가적인 혼합전략 나무 옮기기 · 남녀 대결 · 겁쟁이 · 매 대 비둘기 게임(제5장)의 혼합전략 균형을 구하여 비교하라.

Q9.4 도피 표 9.14b에 나타난 이득표를 가진 제5장 8절의 도피 게임을 상기하라. 우리는 제5장에서 이 게임이 순수전략으로 균형을 갖지 않는다는 것을 보았다. 그러나 이 게임이 혼합전략을 포함하면 적어도 하나의 균형을 갖는다는 것을 안다. 이 게임의 혼합전략 균형을 구하라.

표 9.14b 도피 게임의 이득
(제5장의 표 5.8을 재현)

		피트	
		북쪽	남쪽
프레드	북쪽	−1, 3	4, −1
	남쪽	3, −4	−2, 2

Q9.5 대탈출 제2장 연습문제 Q2.2를 참조하라.

a. 이 게임은 순수전략으로 내시 균형을 갖는가? 이유는 무엇인가?

b. 이 게임의 혼합전략 균형을 구하라.

Q9.6 포에니 전쟁(Punic War) 제2차 카르타고 전쟁(기원전 218~202)에서 로마는 위대한 전략가인 한니발 장군이 코끼리 기동타격대와 함께 이끈 강력한 적군을 맞았다. 전쟁의 대부분 동안 로마 군은 '느림보 파비우스(Fabius the delayer)'로 알려진 굼벵이 파비우스의 전략대로 하였다. 로마 군은 이탈리아에서 한니발 군과의 전투를 피하는 한편, 지중해의 다른 지역에서 그의 후방 지원 기반을 약화시켰다. 여기 그러한 맥락의 탈주 게임이 있다. 파비우스와 한니발은 2개의 산악 통로 중에서 선택해야 한다. 그들이 같은 통로를 선택하면 전투가 벌어질 것이며, 훨씬 약한 군대를 지휘하는 파비우스가 질 것이다. 표 9.14c는 이득표이다.

표 9.14c 지연 전의 이득

		파비우스	
		북쪽 통로	남쪽 통로
한니발	북쪽 통로	5, −5	0, 0
	남쪽 통로	0, 0	5, −5

이 게임이 내시 균형을 갖는다면 그것은 무엇인가?

Q9.7 미식축구(football) 미식축구에서 공격 팀의 목적은 공을 갖고 뛰거나 연속해서 공을 앞으로 '패스'하면서 공을 갖고 골 라인을 지나는 것이다. 수비 팀의 목적은 공을 가진 선수를 (육체적으로 저지하는) '태클'을 하거나 패스한 볼을 잡지 못하게 함으로써 그것을 막는 것이다.

미식축구는 야구와 달리 11명의 팀 전체에 의해서 조정되는 공격 게임이다. 쿼터백이 핵심이라고 하더라도 상대방을 막는 라인맨, 러닝백, 패스 리시버가 없이는 아무엇도 할 수 없다. 수비도 조정된다. 예를 간단하게 하기 위해 '드롭백패스(drop back pass)'와 '드로플레이(draw play)'의 두 가지 공격 작전으로만 국한한다. 이것들은 모두 공격 팀의 수비 라인맨이 '스크럼라인(line of scrimmage)'에서 뒤로 물러나면서 공격 팀과 수비 팀을 가르고 쿼터백이 스크럼라인의 10야드 뒤로 움직인 동작에서 전개한다.

드롭백패스에 대하여 흔히 사용되는 수비 팀의 방어 전략은, 패싱 포켓(passing pocket)을 깨트리기 위해 라인맨을 전방으로 빠르게 보내고 수비 팀의 후위를 더 빠르게 자신의 골 쪽으로 후퇴시켜 공격 팀에서 던진 공을 공격 팀 선수가 잡지 못하게 하고, 잡더라도 큰 점수를 얻지 못하게 하는 것이다. 그러나 이 방어 전략은 스크럼라인을 무방비 상태로 놓기 때문에 공격 팀에서 특히 끌어당기기를 연출하기가 쉽다.

따라서 공격 팀은 드롭백패스와 드로플레이 간에 선택한다. 수비 팀은 패스에 대한 수비와 달리기에 대한 수비 간에 선택할 것이다. 공격 팀의 이득은 전진한 거리(야드)의 기대치이고, 수비 팀의 이득은 이 기대치의 음수이다. 이득표가 표 9.14d에 나타나 있다.

표 9.14d 미식축구의 이득

		공격	
		물러서서 던지기	끌어당기기
수비	던지기 저지	−1, 1	−3, 3
	달리기 저지	−4, 4	1, −1

a. 이 게임을 위한 혼합전략을 구하라.

b. 균형에서 플레이당 얻은 거리(야드)의 기대이득은 얼마인가?

Q9.8 **전쟁에 기회(또는 어차피 확률)를 주라** 18세기에 영국과 프랑스는 일련의 전쟁을 했다. 양국 관계의 어떤 위기도 상당한 확률로 전쟁을 초래하는 것 같았다. 위기에서 영국과 프랑스는 공격적이거나 유화적인 두 전략 중에서 채택할 수 있었을 것이라고 하자. 이득표는 표 9.14e와 같다.

이 연습문제의 모든 내시 균형을 결정하라. 두 나라가 모두 공격적인 전략을 채택할 때마다 전쟁이 일어나고, 그렇지 않으면 전쟁이 없다고 가정하라. 어떤 경우에서든 전쟁의 확률은 얼마인가?

표 9.14e 충돌하는 나라

		프랑스	
		공격적	유화적
영국	공격적	−3, −3	5, −1
	유화적	−1, 5	0, 0

Q9.9 항공 산업에서의 혼합 가격전략 한때 싼 항공권을 얻는 유일한 방법은 아주 일찍 사는 것이었다. 그러나 2000년대에 출발일에 매우 가까운 날을 포함하여 여러 시점에 할인권을 살 수 있으나 예측할 수가 없었다. 부분적으로 이것은 항공사들이 만석이 안 된 항공편을 채우려고 하는 데 따라 공석의 비율이 저하한 결과이지만 그것이 사실의 전부일까? 혼합전략이 이유의 일부가 될 수 있을까?

녹색 항공사와 청색 항공사가 모두 필라델피아에서 클리블랜드까지 오후 4시와 5시 사이에 한 번 운항한다고 가정하라. 각 항공사는 150석을 갖고 있고 운항에 $10,000가 든다. 이들은 항공권 가격으로 $100, $150, $225의 세 가지를 고려하고 있다. (1) 그들이 같은 가격을 부과하면 시장을 양분하고, (2) 한 항공사가 다른 항공사보다 낮은 가격을 매기면 그 항공사의 모든 좌석이 매진되며 다른 항공사는 남은 승객들에게만 좌석을 판다고 가정하라. 수요가

가격	승객 수
100	200
150	197
225	196

이라고 가정하면, 이득표는 표 9.14f이다.

이 가격 게임을 비협조 균형의 관점에서 논하라.

표 9.14f 항공사의 이윤

		청색		
		저	중	고
녹색	저	0, 0	5,000, −2,950	5,000, 350
	중	−2,950, 5,000	4,775, 4,775	12,500, 350
	고	350, 5,000	350, 12,500	12,050, 12,050

제10장

N인 게임

> **이 장의 내용을 가장 잘 이해하려면** 제1장~제5장과 제7장~제8장의 내용을 학습하고 이해할 필요가 있다.

게임 이론을 실제 문제에 적용하기 위해 가끔 4명 이상, 그리고 때로는 불특정하게 많은 플레이어들을 고려할 필요가 있을 것이다. 현실 세계에서 가장 중요한 '게임'의 대부분, 예컨대 경제적 경쟁, 고속도로 혼잡, 환경의 과잉 개발, 금전적 교환 등에는 2명 또는 3명보다 훨씬 많은 플레이어들이 참가한다. 그러므로 우리는 플레이어가 많은 게임을 탐구할 필요가 있다. 예를 들어, 플레이어가 10명이면 이들 사이에 10! = 3,628,800개의 관계가 존재한다.[1] 플레이어가 많은 게임을 분석하기 위해 몇 개의 단순화 가정을 할 필요가 있을 것이다.

1. 줄서기 게임

플레이어가 6명인 줄서기(queuing) 게임이 있다. 늘 그랬듯이 우리는 이야기로 시작하려고 한다. 독자들은 아마 이 이야기와 같은 경험을 해 보았을 것이다. 6명이 비행기 탑승구에서 기다리고 있지만 아직 항공사 직원이 체크인을 하러 오지 않았다. 아마 이들은 딱하게도 다른 비행기로 와서 한참 동안 기다리다가 이 비행기로 환승하러 왔는지 모른다. 어쨌든 그들은 체크인할 때를 기다리며 앉아 있는데, 그 가운데 1명이 일어나더니 줄의 맨 앞에 서려고 카운터로 갔다. 그 결과, 다른 사람들도 줄을 서야 한다고 생각하게 되어 결

---

1) 10!은 '10의 순차곱셈(ten factorial)'으로 10×9×8×7×6×5×4×3×2×1과 같이 계산한다. 플레이어의 수가 N인 게임에서 가능한 조합의 수는 N!이다.

표 10.1 줄서기 게임의 이득

순서	총 이득	순 이득
1	20	18
2	17	15
3	14	12
4	11	9
5	8	6
6	5	3

중요 개념 

N인 게임(N-Person Game) : N명의 플레이어가 있는 게임이 N인 게임이다. N은 1, 2, 3, 또는 그보다 큰 어떤 수도 될 수 있지만, 수가 커질수록 게임 분석을 유용하게 하기 위해 단순화 가정이 필요할 수 있다.

대표자(Representative Agent) : 우리는 게임 이론에서 때때로 대표자로서의 각 플레이어가 같은 전략의 목록에서 선택하며, 주어진 상황에서 같은 이득을 얻는다는 단순화 가정을 세운다. 우리는 이것을 '대표자' 모형 또는 '대표자' 이론이라고 한다.

상태변수(State Variable) : 상태변수는 게임의 '상태'를 나타내는 1개의 변수 또는 몇 개의 변수 가운데 하나를 의미한다. 플레이어는 상태변수(들)의 값만 알아도 최선반응을 선택하는 데 필요한 모든 정보를 갖는다.

비율 게임(Proportional Game) : 다른 전략보다 어떤 하나의 전략을 선택하는 인구의 비율이 상태변수인 게임이다.

기대치(Expected Value) : 불확실한 사건의 여러 결과들이 서로 다를 수 있는 수치를 갖는다고 가정하자. 이 사건의 (수학적 기대라고도 하는) 기대치는 각 결과의 확률을 가중치로 한 이 수치들의 가중평균이다.

국 앉아 있어도 될 많은 사람들이 서게 되었다.

이 결과를 초래할 수 있을 이득구조를 보여 주기 위해 숫자로 표시한 예를 든다. 6명의 승객이 있고, 각 승객의 총 이득은 그가 언제 체크인하는지에 달려 있다고 가정하자. 총 이득은 표 10.1의 두 번째 열에 나타나 있고 체크인의 순서는 첫째 열에 나열되어 있다.

그러나 총 이득은 승객이 줄을 서 있지 않는다고 가정한 것이다. 서 있는 노력에 대하여 2점의 손실이 있다. 그래서 체크인에 대한 순 이득은 둘째 열에 나타난 숫자에서 2를 뺀 것이다. 이 순 이득은 셋째 열에 주어져 있다.

줄을 서지 않은 사람들은 줄을 선 사람들이 모두 들어간 다음에 임의로 체크인한다(이 여섯 사람들은 위험 중립적이라고 가정하자). 아무도 줄을 서지 않으면 각자가 첫째, 둘째, …, 여섯째로 체크인할 가능성이 같으므로 기대이득은,

$$(1/6) \times 20 + (1/6) \times 17 + \cdots + (1/6) \times 5 = 12.5.$$

이 경우에 총 이득은 75이다.

그러나 그렇게 되지 않을 것이다. 이 게임은 누가 서고 누가 앉는지에 따라 다수의 내시 균형을 갖는다. 그러나 우리는 모든 사람들이 앉는 내시 균형은 없으며, 사실상 4명이 서고 2명이 앉아야만 내시 균형이 성립할 수 있다는 것을 보일 수 있다.

우리는 이 균형을 모든 다른 가능한 경우들을 제거함으로써 보일 것이다. 한 사람이 줄의 맨 앞에 설 수 있다면 줄을 섬으로써 그의 이득을 증대할 수 있으므로 '모두 앉는다'는 내시 균형이 아니다. 줄의 맨 앞에 선 사람의 이득은 18 > 12.5이므로 누

군가 일어나서 줄을 설 것이다.

그래서 남아 있는 사람들의 기대이득은 11이다(독자는 이것을 확인해야 한다. 이제 각 이득의 확률은 1/5일 것이다). 그러나 우리는 5명이 서고 1명이 앉는 가능성도 제거할 수 있다. 두 번째로 줄을 서는 사람이 15의 순 이득을 얻고 15 > 11이므로 누군가 일어나서 두 번째로 줄을 설 것이다.

이제 남아 있는 사람들에 대한 기대이득은 9.5가 된다. 우리는 2명이 서고 4명이 앉는 이 가능성도 역시 내시 균형이 될 수 없다는 것을 보일 수 있다. 세 번째로 줄을 서는 사람이 12의 순 이득을 얻고 12 > 9.5이므로 누군가 더 많은 이득을 얻으려고 일어나서 세 번째로 줄을 설 것이다.

그러면 남아 있는 3명의 기대이득은 8이다. 그러나 이것도 내시 균형이 아닐 것이다. 네 번째로 줄을 선 사람이 9의 순 이득을 얻으므로 누군가 더 많은 이득을 얻으려고 일어나서 네 번째로 줄을 설 것이다.

마지막으로 남아 있는 2명의 기대이득은 6.5이다. 다섯 번째로 줄을 서는 사람은 6의 순 이득을 얻으므로 이 2명 가운데 아무도 줄을 서지 않을 것이다. 더욱이 5명이나 6명이 줄을 서 있다면 다섯 번째와 여섯 번째로 서는 사람은 앉는 편이 나을 것이다. (**연습문제** : 기대이득을 계산하여 이것을 증명하라. **힌트** : 6명이 줄을 서 있다면 맨 뒤에 선 사람은 1의 확률로 5의 이득을 얻을 수 있다.) (순서에 상관없이) 4명이 서 있고 2명이 앉는 모든 전략이 내시 균형이며, 다른 어떤 전략도 내시 균형이 아니다. 총 이득은 62로 어떻게 하든 줄서기를 막을 수 있다면 얻을 총 이득 75보다 작다.

두 사람들 – 첫 번째와 두 번째로 줄을 선 사람 – 만 좋아진다. 첫 번째 사람은 줄서기가 없었다면 얻었을 불확실한 기대이득보다 5.5가 많은 보장된 이득을 얻고, 두 번째 사람은 4를 더 얻는다. 그러나 나머지 사람들은 나빠진다. 세 번째로 줄을 서는 사람은 12를 얻어 0.5만큼 잃고, 네 번째로 줄을 서는 사람은 9를 얻어 3.5만큼 잃으며, 나머지는 6.5의 평균이득을 얻어 각각 6만큼 잃는다. 결국, 줄서기를 해서 8을 더 얻고 16을 잃는다. 그러므로 우리는 줄 서기가 비효율적이라고 아주 분명히 말할 수 있다.

2. *N*인 게임을 위한 단순화 가정

앞 절에서는 2인이나 3인 게임을 중요한 점에서 연장한 '게임'을 소개하였다. 줄서기 게임도 *N*인 게임에 공통적인 2개의 단순화 가정을 예시한다.

줄서기 게임에서 모든 참가자들은 같다고, 즉 **대표자**라고 가정된다. 이것은 일종의 단순화 가정을 예시하는 대표자 모형이다. 이 종류의 모형에서 우리는 모든 플레이어들은 같고 같은 전략 대안들을 가지며 대칭적인 이득을 얻는다고 가정한다. 그러나 이것은 그들이 같은 상황에 있는 결과가 된다는 것을 의미하지 않는다! 줄서기 게임에서 보았듯이, 한 사람만 맨 앞에 서고 다른 사람들은 그 뒤에 서며 어떤 사람들은 여전히 앉아 있다. 이것이 대표자 모형의 요점이다. 비록 대표자들이 같더라도 그들은 균형에서 서로 다르게 행동할 수 있다. 이 차이는 게임에 있는 내시 균형의 결과이지 플레이어 간에 있는 어떤 차이의 결과가 아니다.

대표자 : 우리는 게임 이론에서 때때로 각 대표자가 같은 전략의 목록에서 선택하며, 주어진 상황에서 같은 이득을 얻는다는 단순화 가정을 세운다. 이것을 *대표자* 모형 또는 *대표자* 이론이라고 일컫는다.

상태변수 : 상태변수는 게임의 '상태'를 나타내는 1개의 변수 또는 몇 개의 변수 가운데 하나를 의미한다. 플레이어는 상태변수(들)의 값만 알아도 최선반응을 선택하는 데 필요한 모든 정보를 갖는다.

이 '대표자' 모형에 지나치게 의존해서는 안 된다. 대표자 모형은 경제 이론에서 상당히 일반적인데, 때때로 경제학자들은 그것을 과용한다고 비판을 받는다.[2] 그러나 이 모형은 많은 현실적 예에서 유용하며 다음의 몇 절에서 그것을 적용할 것이다.

줄서기 게임에는 또 하나의 강력한 단순화 가정이 있다. 어떤 승객도 다른 승객들이 선택한 전략, 예컨대 누가 첫째로 줄을 서는가, 누가 둘째로 줄을 서는가 등에 대해서 알아야 할 필요가 없다는 것을 주목하라. 승객이 알 필요가 있는 것은 당장의 줄의 길이뿐이다. 줄이 충분히 짧다면 최선반응은 줄을 서는 것이고, 그렇지 않다면 계속 앉아 있는 것이 최선반응이다. 그래서 줄의 길이를 **상태변수**라고 말할 수 있다. 상태변수는 대표자의 관점에서 게임의 상태를 요약하는 하나의 변수 또는 소수의 변수들 가운데 하나이다. 대표자들이 최선반응 전략을 선택하기 위해 알아야 할 필요가 있는 것은 상태변수(들)이다.

이 용어 – 상태변수 – 는 게임 이론에서 일반적으로 좀 더 좁은 의미로 사용된다. 그것은 장기적으로 진화하는 게임의 이론에서 가져온 것이다. 이 게임들은 미분 방정식이라고 알려진 수학적 연구에 기초를 둔 것이기 때문에 미분 게임(differential game)이라고 불린다.

2) 역자 주 : 앞서 제1장의 주 6에서 소개한 알프레드 마샬이 이 방법론을 본격적으로 이용하였다. 예컨대 숲에 있는 나무들은 종류, 높이, 연령 등 여러 가지 면에서 다르지만, 멀리서 보면 그 숲의 일반적 성격을 정하고 그에 해당하는 나무, 즉 그 숲을 대표하는 나무 한 그루를 분석함으로써 숲 전체의 여러 속성을 알 수 있다는 발상에 입각한 것이다. 그는 이러한 시각에서 '대표적 소비자'와 '대표적 기업'의 개념을 도입하였다. 그러나 이 방법론에는 내재적인 단점이 있다. 숲과 개별적인 나무 사이에는 같은 점과 다른 점이 공존하므로 '구성의 모순(fallacy of composition)'이 발생하기 쉽다. 즉, 특수성과 보편성의 괴리에 주의해야 한다.

이러한 게임의 일례는 한 플레이어인 추적자가 다른 플레이어인 도망자를 가능한 한 빨리 잡고자 하는 추적 게임이다. 많은 추적 게임에서 추적자가 알아야 할 것은 추적자와 도망자 사이의 거리뿐이다. 추적자의 최선반응은 이 거리를 가능한 한 단축하는 것이다. 마찬가지로 도망자가 알 필요가 있는 것은 같은 수치, 즉 추적자와의 거리이다. 도망자의 최선반응은 이 거리를 가능한 한 길게 하는 것이다. 따라서 추적 게임에서는 거리가 상태변수가 된다. 물론 미분 방정식은 미분에서 나온 것이고, 추적 게임을 분석하는 데 필요한 수학은 이 책의 한계를 넘는다. 미분 게임에 관심이 있는 학생들은 좀 더 높은 수준의 게임 이론과 아울러 중급 수준의 수학을 수강할 필요가 있다. 그러나 상태변수의 개념 자체는 수학을 거의 또는 전혀 필요로 하지 않는다.

이 책의 나머지 부분에서는 위와 같이 정의된 모든 변수를 '상태변수'라고 지칭할 것이다. 상태변수는 게임의 상태를 요약한 변수로서, 플레이어들은 각자의 최선반응을 선택하기 위해 상태변수만 알면 되고 그 밖의 어떤 것도 알 필요가 없다. 나는 이 용어가 도움이 될 것이라고 믿지만, 다른 많은 게임 이론가들이 그것을 좀 더 좁은 의미로 사용한다는 것을 지적한다.

2개의 가정, 즉 대표자와 상태변수는 줄서기 게임에서 그랬던 것처럼 서로 보완할 수 있고, 참가자가 아주 많은 복잡한 게임을 푸는 데 도움을 줄 수 있다. 그것들은 강력한 도구이며, 모든 강력한 도구들처럼 조심해서 사용해야 한다. 이 장의 끝에서 다시 이 점을 강조할 것이다.

3. 참가자가 많은 게임 : 비율 게임

줄서기 게임은 게임 이론이 어떻게 2나 3 이상의 다수에 적용될 수 있는가를 보여 준 하나의 예이며, 실제의 인간 간 상호작용에 대한 통찰을 제공한다. 그러나 교과서 경제학에 좀 더 근접한 다수인의 2전략 게임에 대하여 대표자와 상태변수의 가정을 이용한 또 다른 단순한 접근방법이 있다. 이 방법은 그 자체로서 중요하다.

예를 들어, 다수의 똑같은 개인 통근자의 교통수단 — 자가용 또는 버스 — 선택을 고려하자. 여기서 기본적인 발상은 자가용 통근이 혼잡을 가중하고 교통의 흐름을 늦춘다는 것이다. 자동차를 운전해서 직장에 가는 사람들이 많을수록 출근에 걸리는 시간이 길어지고, 자가용 통근자와 버스 통근자 모두의 이득이 낮아진다. 통근자는 대표자이다. 그들의 이득은 도로에 있는 자동차의 수에 비례하여 변한다. 그리고 상태변수는 버스를 타는 대신 자가용을 운전하는 통근자들의 비율이다. 자가용 운전자의 비율이 클수록 특정한 통근자가 선택하는 교통 전략과 관계없이 출근이 늦어질 것이다.

그림 10.1은 이것을 나타낸다. 이 그림에서 수평축은 자가용을 운전하는 통근자의 비율이다. 따라서 수평축은 0의 최저치부터 1 또는 100%의 최대치까지 변한다. 수직축은 이 게임에 대한 이득을 나타낸다. 검은 선은 자가용 통근자에 대한 이득을 나타내고, 파란 선은 버스 통근자에 대한 이득을 나타낸다.[3] 그림을 보면 자가용 통근자의 비율에 관계없이 자가용이 버스보다 많은 이득을 준다. 다시 말해 이 게임에서 자가용 통근이 우월전략이다. 우월전략 균형에서 모두 자가용을 운전한 결과 그들은 음의 이득 −1.5를 얻지만 모두 버스를 타면 양의 이득 1을 가질 것이다. 모든 통근자들이 자기 이익을 추구하는 합리성을 갖고 교통수단을 선택한다면 모두 개인적으로 나아질 전략을 선택하지만 결과적으로 모두 나빠진다.

이 게임은 우월전략 균형을 갖지만 우월전략의 선택이 모두에게 손해라는 점에서 사회적 딜레마이다. 그러나 이것은 아마 그다지 '현실적인' 교통수단 선택의 모형이 아닐 것이다. 어떤 사람들은 버스를 탄다. 그래서 그림 10.2와 같이 좀 더 현실적으로 만들기로 한다.

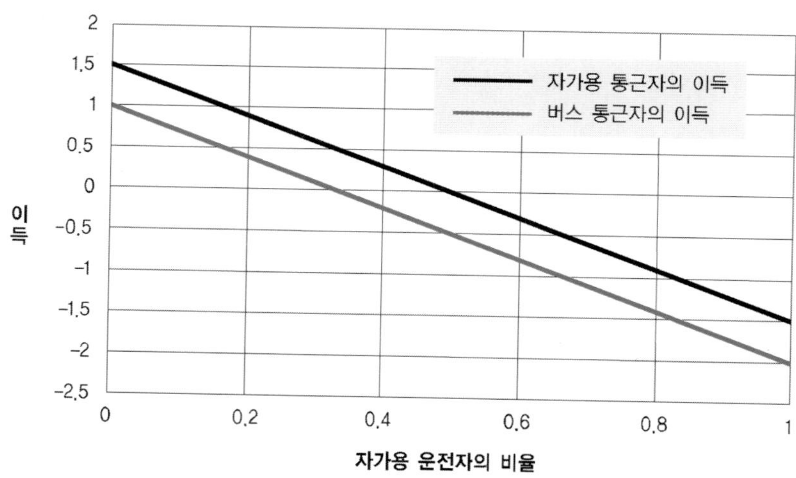

그림 10.1 출근 게임의 이득

3) 이 예에서는 버스 통근자에 대한 이득이 1이 되도록 이득의 척도를 정했다. q를 자가용 통근자의 비율이라고 할 때, 버스 통근자의 이득은 $1-3q$, 자가용 통근자의 이득은 $1.5-3q$로 계산되었다. 이 수치들은 논의되고 있는 아이디어를 나타내기 위한 임의적인 것이다. 그 아이디어의 출처는 다음과 같다. T. Schelling, *Micromotives and Macro-behavior* (New York: Norton, 1978), H. Moulin, *Game Theory for the Social Sciences* (New York: New York University Press, 1982), pp. 92-93.

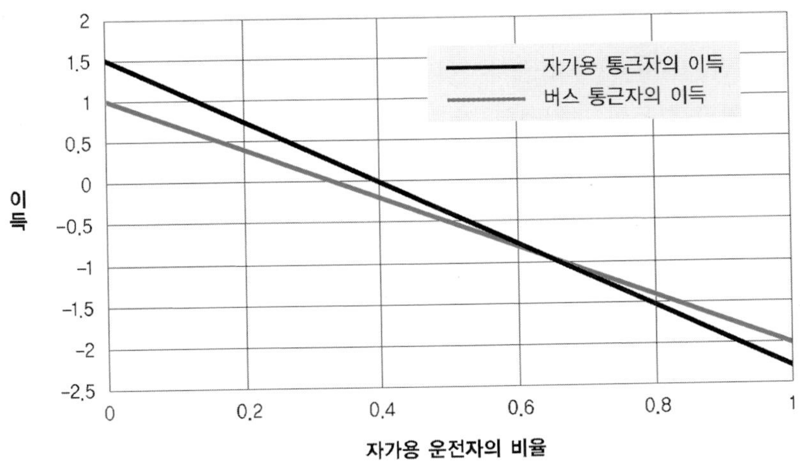

그림 10.2 복잡한 출근 게임의 이득

그림 10.2의 수평축은 그림 10.1에서 한 것과 같이 정의된다. 그림 10.2에서 혼잡으로 버스의 속도가 다소 줄어 혼잡이 증가함에 따라 버스 통근자의 이득이 감소하지만 자가용 통근자의 이득이 훨씬 빠르게 감소한다.[4] 자가용 통근자의 비율이 $q = 2/3$에 달할 때 버스 승차의 이득이 자가용 운전의 이득을 능가하며, 자가용 통근자의 비율이 (q의 오른쪽으로) 더 커지면 자가용 운전이 버스 승차보다 나빠진다.

따라서 이 게임은 더 이상 우월전략을 갖지 않으나 내시 균형을 갖는다. 통근자의 2/3가 자가용을 운전할 때가 내시 균형이다. 그 추론은 다음과 같다. 2/3로부터 시작하여 버스 통근자 1명이 자가용으로 옮기면, 그것은 자가용 통근자가 나빠지는 2/3의 오른쪽 부분으로 이동하는 것이므로 누군가가 자가용에서 버스로 옮겨 다시 2/3의 점으로 돌아온다. 한편, 2/3로부터 시작하여 자가용 통근자 1명이 버스로 옮기면, 그것은 버스 통근자가 나빠지는 2/3의 왼쪽으로 이동하는 것이므로 누군가가 버스에서 자가용으로 옮겨 다시 2/3의 점으로 돌아온다. 아무도 개인적으로 $q = 2/3$로부터 옮겨서 나아질 수 없다.

이것은 다시 중요한 점을 예시한다. 즉, 내시 균형에서 똑같은 사람들이 각자의 이득을 최대화하기 위해 서로 다른 전략을 선택할지 모른다. 경제학의 '수요 · 공급형 균형'에 의해서 시사된 이 내시 균형은 그러한 유형과 비슷하지만 역시 중요한 점에서 다르다. 특히 모든 사람들이 버스에 타기를 원하여 그림 10.2에서 (그림 10.1과 같이) 원점으로 돌아간다면 모두

4) 이 그림에서 버스 통근자에 대한 이득은 변하지 않으나 자가용 통근자에 대한 이득은 $1.5 - 3.75q$로 계산되었다.

나아진다는 점에서 비효율적이다. (버스 승차자와 자가용 운전자 모두에 대한) 내시 균형 이득은 −1이지만, 100%가 버스 승차자이면 그들의 이득은 +1이다. 그렇지만 사회적 딜레마와 마찬가지로 그들이 조정하지 않고 개인적인 자기 이익에 의거하여 행동할 때는 버스를 타지 않을 것이다.

이 예는 공유자원의 비극의 경우이다. 고속도로는 모든 자가용 통근자와 버스 통근자가 이용할 수 있는 공유자원이다. 그러나 자가용 통근자는 공유자원을 더 많이 사용하여 자원을 열악하게 (이 경우에는 혼잡하게) 만든다. 그래도 자가용 통근자는 적어도 자원이 상대적으로 열악해지지 않는 동안 공유자원을 더 많이 사용함으로써 사적인 이익을 얻는다. 비극은 이러한 집중적 사용이 모든 사람들이 나쁘게 될 만큼 자원의 훼손을 초래한다는 것이다.

일반적으로 공유자원의 비극은 모든 공유자원이 과다하게 사용되므로 그 사용이 법적, 전통적, 또는 (아마도) 박애적 제도에 의해서 제한되지 않는 한 훼손되는 경향이 있다는 것이다. 고전적 예는 공유 목초지로서, 이론상 각 농민은 가축이 목초지의 풀을 너무 뜯어먹어 온통 황량해질 때까지 자기의 가축 떼를 늘릴 것이다. 이 예는 대부분 환경과 자원에 관한 문제에 적용되어 왔다. 최근 전 세계적으로 어업이 곤경에 처한 것도 분명히 '공유자원의 비극'에 해당하는 일례인 것으로 보인다.

결국 공유자원의 비극은 그림 10.1과 그림 10.2에 제시된 것과 같은 맥락에서 정확하게 이해될 수 있고, 거꾸로 사회적 딜레마는 오늘날 우리가 직면한 많은 공유자원의 비극을 이해하는 데 도움을 주는 귀중한 도구이다.

4. 매 대 비둘기 게임의 재고

표 10.2 매 대 비둘기
(제5장의 표 5.7을 재현)

		새 B	
		매	비둘기
새 A	매	−25, −25	14, −9
	비둘기	−9, 14	5, 5

우리는 제5장에서 매 대 비둘기라고 불리는 '고전적' 2×2 게임을 연구하였다. 편의상 그 게임에 대한 이득을 표 10.2에 다시 옮긴다. 이 게임은 게임 이론을 생물학에 응용한 것이지만 그다지 맞지 않는 것처럼 보일지 모른다 – 어쨌든 (1) 매와 비둘기는 종이 다르며, 새들은 다른 전략이 더 많은 이득을 줄 것이라고 생각하면 매나 비둘기가 되기로 결정하는 전략을 선택할 수 없으며, (2) 매와 비둘기는 화폐이득에 관심이 없고, 우리는 새들이 어떤 주관적인 '비용과 편익'을 경험할 수 있는지 전혀 알지 못한다.

사실상 게임 이론은 생물학에 응용될 때 다르게 해석되어야 한다. 게임 이론의 생물학적 응용은 진화와 집단생물학(population biology)의 시야에서 이루어진다. 이득은 금전이나 '효용'이 아니라 생식 적합성(reproductive fitness)이다. 즉, 매나 비둘기에 대한 이득은 생존과 생식의 가능성이다. 새끼 수의 기대치가 클수록 이득이 커진다. 한편, 집단생물학은 동물의 전체 집단을 대상으로 하므로 항상 둘 이상의 플레이어들이 있다. 매 대 비둘기 게임에서 게임은 언제나 두 마리 새들 사이에서만 벌어지나, 새는 각각 커다란 개체군(population)에서 임의로 선택된다. 한 마리의 새, 경우에 따라 매 또는 비둘기가 비둘기 개체군과 매 개체군의 비에 의해서 결정되는 확률에 따라 매나 비둘기일 수 있는 다른 새를 상대로 한다.

매가 비둘기보다 생식 적합성이 강하다고 가정하자. 이것은 평균적으로 매가 비둘기보다 더 많은 새끼들을 생식 연령까지 키우기 때문에 매의 개체군이 비둘기의 개체군보다 빨리 증가한다는 것을 의미한다. 그것은 매의 개체군이 비둘기의 개체군보다 빨리 성장하여 어느 종의 새라도 매를 상대로 할 확률이 커질 것임을 의미한다. 그래서 비둘기가 매와 같거나 매보다 나은 번식력을 갖게 되어 결국 균형이 회복될 수 있을 것이다.

자연은 주어진 확률에 따라 무작위로 어느 종의 새가 상대가 될 것인지를 결정한다. 그러므로 우리는 자기의 다음 대결을 기대하는 새에 대하여 그 대결을 '자연을 상대로 한 게임'으로 생각할 수 있다. 표 10.3은 이 시각에서 매 대 비둘기 게임을 나타낸다. 매를 상대로 하게 될 확률이 전체 개체군에서 매가 차지하는 비율과 같다고 가정한다.

따라서 각 종류의 새의 이득이 각각 매와 대결하게 될 확률, 즉 전체 개체군에서 비둘기에 대비한 매의 비율에 의존한다. 이것이 그림 10.3에 나타나 있다. 매와 대결하게 될 확률(매의 비율)은 수평축, 매와 비둘기에 대한 이득은 수직축에 표시되어 있다. 매에 대한 이득은 파란 선, 비둘기에 대한 이득은 검은 선으로 나타나 있다. 이 그림에서 전체 집단 중 매의 비율이 35% 미만이면 두 종의 개체 수가 모두 증가하지만 매의 개체 수가 더 빨리

표 10.3 자연을 상대로 한 게임으로서의 매 대 비둘기

		대결하는 새		기대이득
		매	비둘기	
대결 상대 새	매	−25	14	$-25p+14(1-p)$
	비둘기	−9	5	$-9p+5(1-p)$
확률		p	$1-p$	

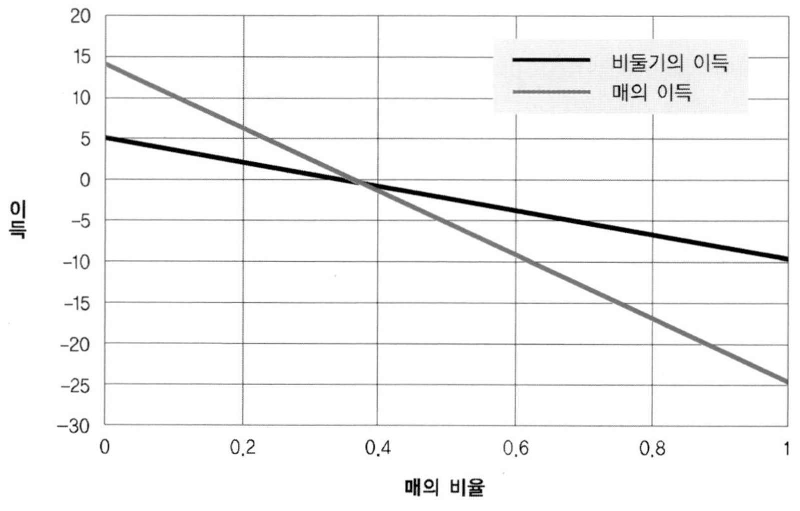

그림 10.3 매와 비둘기의 이득

증가하여 매를 상대로 하게 될 확률이 증가한다. 이 과정은 매의 비율이 35%가 될 때까지 계속된다. 매의 비율이 35%를 넘으면 비둘기가 매보다 생식 적합성이 크다. 두 종의 개체군이 모두 감소하지만 매의 개체군이 더 빨리 감소한다. 그래서 매의 비율은 다시 35%가 될 때까지 감소한다.

이 게임에서 매의 비율은 상태변수이다. 이 비율이 35% 미만이면 '매'가 항상 최선반응이고, 35%를 넘으면 '비둘기'가 항상 최선반응이다. 따라서 35% 매가 내시 균형, 즉 각 플레이어가 최선반응을 연출하고 있는 유일한 비율이다. 이 균형은 원래의 2인 게임의 혼합전략 균형에 해당한다는 것을 주목하라. 만일 플레이어들이 학습하고 그들의 전략을 조정할 수 있으면 이 혼합전략 균형은 불안정할 것이다. 그러나 생물학적 진화의 관점에서 해석하면 혼합전략 균형은 안정적이다.

이 예는 집단생물학을 대상으로 한 것으로 앞의 여러 장에서 본 예들보다 생물학에 게임이론을 응용하는 묘미를 더해 준다. 응용의 대상이 집단생물학이라 비록 어느 한 시점의 게임에는 2개의 개체만 플레이어가 되지만 같은 게임이 2보다 많은 '플레이어'들에 적용되기 때문이다(제19장에서 이 예를 부연하여 논의할 것이다). 이 예는 또 단순화 가정, 특히 상태변수를 사용하는 것을 보여 준다. 이에 더하여 이 예는 단순한 2×2 게임을 연출하도록 플레이어들을 임의로 짝지음으로써 어떻게 *N*인 게임에 확률과 기대치가 도입될 수 있는가를 보여 준다.

끝으로, 우리는 대표자 모형이 2개 이상의 **대표자 유형**을 감안하도록 수정될 수 있다는 것을 보았다. (집단생물학에서) '매'를 연출하는 성향이 있는 대표자는 '비둘기'를 연출하는 성향이 있는 대표자와 유형이 다르다. 인간이 연출하는 게임에서 유형이 다른 대표자들은 다른 취향, 다른 정보, 다른 자원, 또는 심지어 다른 종류의 합리성을 가질 수 있다. 합리성에 대해서는 제18장에서 다시 논의할 것이다.

> 대표자 유형(Types of Representative Agent) : 어떤 게임의 분석에서 우리는 소수의 상이한 대표자 유형이 있다고 가정할 수 있다.

5. 재융자 게임

필라델피아 메트로(Philadelphia Metro) 신문의 한 기사에서[5] "주택 담보 대출 금리가 기록적으로 낮은 수준에 머물러 있는 상황에서 일부의 주택 소유자들은 새 대출의 이자율이 0.25%만 내려가더라도 1년에 3~4차에 걸쳐 재융자(refinancing, REFI)를 받는다 – 개별 주택 소유자들에 의한 빈번한 재융자의 한 결과는 [처리] 수수료가 상승하는 경향이 있다는 것이다. 그러나 다수의 (조기) 대출 상환이 시작되면서 은행계가 이 손실을 상쇄하기 위한 대책으로 이자율을 인상한 것은 법적이기보다 윤리적 성격의 문제이다. 장기적으로 모두 이 격동의 탓으로 더 높은 수수료를 지불한다."고 보도하였다. 그 함의는 소수의 차입자들만 대출금을 재융자한다면 그들이 치르는 비용은 낮으며 혜택을 받을 수 있지만 많은 사람들이 한다면 혜택이 저하한다는 것이다.

이것을 표현하는 가장 단순한 방법은 3인 게임인 것 같다. 2명의 차입자 A와 B 및 1명의 대출자가 있다. 그러면 우리는 표 10.4와 같은 게임을 보게 될 것 같다. 차입자들을

표 10.4 재융자 게임

		대출자			
		수수료 인상		수수료 유지	
		B		B	
		재융자한다	재융자 안 한다	재융자한다	재융자 안 한다
A	재융자한다	3, 3, 3	8, 2, 2	6, 6, 1	7, 2, 4
	재융자 안 한다	2, 8, 2	4, 4, 4	2, 7, 4	5, 5, 5

5) James Woodland/CNS, "Frequent refinancing leads to higher rates," *Philadelphia Metro*, (April 3, 2003). p. 7.

표 10.5 축소된 재융자 게임

		대출자	
		수수료 인상	수수료 유지
		B	B
		재융자한다	재융자한다
A	재융자한다	3, 3, 3	6, 6, 1

위한 전략은 재융자를 하거나 안 하는 것이며 대출자를 위한 전략은 수수료를 인상하거나 유지하는 것이다. 대출자는 2명의 차입자들이 재융자해야만 수수료 인상이 유리하다는 것을 발견한다. (대출자의 최선반응은 다른 2개의 전략들에 의존하므로) 우월전략 균형은 없으나 각각의 차입자를 위해서는 재융자 안 하는 전략이 열등전략이다. 그러므로 이 전략들은 무관하며 우리는 무관전략의 단계적 제거(IEIS)에 의하여 그것들을 제거하고 표 10.5의 축소 게임을 얻는다. 이 게임을 위하여 수수료 유지의 전략은 열등하므로 우리는 그것을 제거하고 2명의 차입자들이 재융자하고 대출자는 수수료를 인상하는 유일한 내시 균형을 발견한다.

그러나 이것은 실제로 3인 게임이 아니다. 그것은 사실상 다인 게임이다. 그래서 우리는 그것을 *N*인 게임으로 다시 분석한다. 이 예에 대한 열쇠는 두 '유형'의 대표자 — 차입자와 대출자 — 가 있다는 것이다. 두 종류의 대표자를 위하여 상태변수는 재융자를 하는 차입자들의 비율이다. 이 모형이 그림 10.4에 두 부분 도표로 제시되어 있다. 물론, 도표의 매개변수(parameter)들은 가정상 신문기사에 표현된 발상에 상응하도록 정의되어 있다.

다시 한 번 대출자는 수수료 '인상'과 '유지'의 2개 전략을 갖는다. 이득은 재융자하는 차입자의 비율과 이득이 각각 수직축과 수평축에 표시된 도표의 윗부분에 나타나 있다. 우리는 차입자의 0.3333이 재융자할 때 두 선이 교차하는 것을 본다. 그러나 차입자의 100%가 재융자에 의하여 이득을 개선할 수 있으므로 이것은 내시 균형이 아니다. 그러나 이 경우에 1/3 이하가 재융자하면 낮은 수수료의 유지가 대출자의 최선반응이고 그 이상이 재융자하면 수수료 인상이 최선반응이므로 0.3333에서의 교차는 티핑 포인트(tipping point)이다.

우리가 보는 바와 같이 재융자하는 사람들의 비율이 충분히 크면 '인상'에 대한 이득이 더 커진다. 차입자도 전과 같이 재융자하거나 안 하는 2개의 전략을 갖는다. 이 전략들에 대한 이득은 도표의 아랫부분에 나타나 있다. 우리가 보는 바와 같이 수수료 인상은 '재융자한다'에 대한 이득의 급락을 초래하나 그럼에도 불구하고 재융자는 우월전략이고 따라서 균형에서 각자는 재융자한다.

우리는 재융자 문제가 차입자와 대출자의 결정이 모두 합리화 가능하며 두 유형의 플레이어들이 많은 내시 균형을 구성하는 게임 이론 모형으로 제시될 수 있다는 것을 본다.

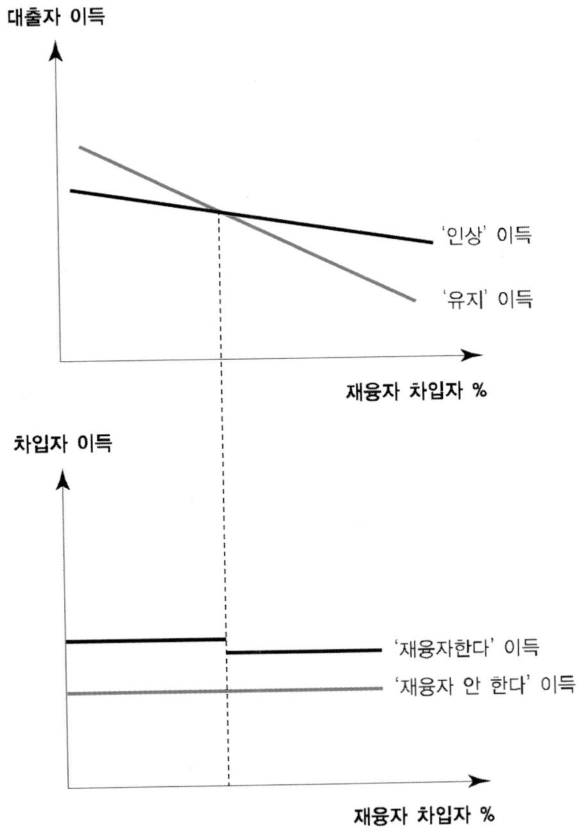

그림 10.4 N인 게임으로서의 재융자 게임

우리가 자주 보아 왔듯이 내시 균형은 비효율적일 수도 있고 그렇지 않을 수도 있으며 대칭적이 아닐 수도 있다. 그래서 사람들은 내시 균형이 '불공평'하다고 보는지 모른다. 이것은 아마 신문기사가 "그러나 … 윤리적 성격의 문제이다."라고 했을 때 표현한 것이었을 것이다. 현실 세계에는 아마 한 유형 이상의 차입자들이 있기 때문에 어떤 유형은 재융자하고 다른 유형은 하지 않으며 대출자도 한 유형 이상이 있을 수 있으나 우리는 신문기사에 표현된 결정을 설명하기 위하여 그러한 복잡성을 고려할 필요가 없다.

우리가 제거해서 다른 예들에 적용할 수도 있는 몇 가지 요점이 있다. 첫째, 이득선들의 교차점은 상이한 전략들에 대한 이득이 같은 점을 보여 주지만 모든 유형의 대표자를 위한 전략들이 포함되지 않는 한 내시 균형이 아닐 수도 있다. 둘째, 그러한 교차점은 어떤 종류의 대표자들이 상이한 전략을 선호라는 영역 간의 티핑 포인트일 수도 있다.

6. 공급, 수요와 모색

이 장에서 본 단순화 가정은 게임 이론이 아니라 경제학에 근원을 둔 것이다. 예컨대, 미시경제학의 수요와 공급 이론은 대표자와 상태변수로 표현될 수 있다. 대표자에는 판매자와 구매자의 두 종류가 있으며, 시장가격이 이들에 대한 상태변수이다. 판매자는 이윤을 최대화하려고 하므로 이윤이 그들의 이득이다. 구매자는 자신의 한정된 소득 안에서 소비하는 모든 재화로부터 얻는 주관적 만족, 즉 효용을 최대화하려고 하는데 이 주관적 '효용'이 구매자의 이득이다.

수요와 공급의 게임에서 게임의 규칙은 모색(tattonement)이라 불리는 과정에 의해서 결정된다. 'tattonement'은 프랑스 어로서 벨기에 태생의 스위스 경제학자인 레옹 왈라스(Leon Walras)가 도입했는데, '더듬어 찾기(groping)'를 의미하며 재화나 용역의 가격을 결정하기 위한 시행착오 과정을 말한다. 모색은 경매인(auctioneer)[6]이 임의의 가격을 부를 때 시작한다. 모든 구매자들이 그 가격에서 사기를 원하는 수량을 제시함으로써 반응하고, 모든 판매자들이 그 가격에서 팔기를 원하는 수량을 제시함으로써 반응한다. 경매인은 사람들이 사려고 하는 수량과 팔려고 하는 수량을 각각 합산한다. 만일 수요된 총량이 공급된 총량보다 많으면 경매인은 다소 높은 가격으로 다시 시도한다. 만일 총 수요량이 총 공급량보다 적으면 경매인은 다소 낮은 가격을 시도한다. 다시 한 번 구매자들과 판매자들이 그 가격에서 사거나 팔기를 원하는 수량을 제시한다. 경매인이 다시 수요된 수량과 공급된 수량을 합산하고 총 수요량이 총 공급량보다 많거나 적음에 따라 다시 가격을 올리거나 내린다. 이러한 가격 조정의 시행착오는 사람들이 사려고 하는 수량과 팔려고 하는 수량이 같을 때까지 계속된다. 그 시점에서 각자는 최종적으로 결정된 가격에서 사거나 팔겠다고 말한 수량을 사거나 판다. 이것이 수요·공급 이론의 '균형'가격이다. 모색 과정에서 중요한 점은 경매인이 수요량과 공급량을 같게 하는 가격을 부를 때까지 아무도 사거나 팔지 않는다는 것이다.

우리는 모든 구매자와 판매자가 구매나 판매의 편익을 최대화하는 것을 목적으로 하는 합리적인 게임 플레이어라고 가정한다. 그러면 구매자와 판매자는 경매인이 부르는 가격에 어떻게 반응할 것인가? 기초 경제학의 두 가지 친숙한 개념이 이 질문에 대한 답을

---

6) 많은 시장에서 '경매인'과 유사한 것이 없으므로 이것은 어떤 시장에 대해서는 별로 현실적인 모형이 아닌 것으로 보일 수 있다. 이 비판은 모색 개념에 관한 경제학자들의 논의에서 흔히 제기된다. 이에 대한 낙관적 반응은 많은 시장이 마치 모색을 통해 가격을 결정하는 경매인이 있는 것처럼 작동한다는 것이다. 앞으로 몇 장에 걸쳐 상당히 다른 게임 이론적인 가격결정 모형을 볼 것이다.

구하는 데 도움이 될 것이다. 최소한 경제학 원론을 공부한 사람들은 누구나 그것을 잘 알 것이다. 그것은 수요곡선(또는 수요함수)과 공급곡선(또는 공급함수)이다.

공급함수는 한 사람이 팔려고 하는 재화의 가격과 수량 간의 관계이다. 각각의 가격에 상응하는 '공급곡선상'의 수량은 그 가격에서 공급자에게 최대의 이윤을 주는 가격이 높아지면 더 비싼 생산방법이 정당화되고, 따라서 일반적으로 공급량이 증가하게 된다.

수요함수는 한 사람이 사려고 하는 재화의 가격과 수량 간의 관계이다. 각각의 주어진 가격에 상응하는 수량은 구매자가 그 가격에서 소비한 돈에 대하여 최대의 편익을 주는 수량이다.

이제 모색 과정으로 돌아가자. 경매인이 가격을 발표할 때, 합리적인 판매자는 어떻게 반응할 것인가? 그가 내놓으려는 수량은 그 가격에 상응하는 공급곡선에 있는 수량인가, 아니면 어떤 다른 수량인가? 어떻게 반응할 것인가를 결정하기 위해서 판매자는 표 10.6과 같이 두 가지 우발 상황의 관점에서 생각해야 할 것이다. 다른 판매자와 구매자들이 채택할 전략을 알지 못하므로, 그는 내놓을 수량이 경매인이 발표한 가격에서 수요량과 균형을 이룰지 여부를 모른다. 게임의 규칙상 구매와 판매는 가격이 수요량과 공급량을 일치시켜야만 이루어진다는 것을 상기하라. 따라서 두 가지 우발 상황이 있다. 재화가 발표된 가격에서 모자라지도 남지도 않게 팔리거나, 발표된 가격에서 수요량과 공급량이 균형을 이루지 않으면 하나도 팔리지 않을 것이다.

표 10.6 우발 상황, 전략과 판매자에 대한 결과

		전략	
		공급곡선의 수량을 발표한다	어떤 다른 수량을 발표한다
우발 상황	수량 균형	최대이윤	최대이윤 미만
	수량 불균형	없다	없다

가격이 수요량과 공급량을 일치시키지 않으면 판매자는 그의 공급곡선상의 수량을 내놓겠다고 발표함으로써 잃을 것이 없다. 한편, 가격이 수요량과 공급량을 일치시키면 판매자는 공급곡선상의 수량과 다른 수량을 발표함으로써 얼마간 잃는다. 그러므로 어떤 우발 상황에서도 그의 최선반응은 공급곡선상의 수량이다.

게임의 규칙이 다르면 달라질 수 있다. 모색 규칙이 적용되지 않고, 사람들은 수요량이 공급량 이상인 한 팔려고 내놓은 수량을 팔 것이라고 가정하라. 그러면 가격이 '균형'가격 이하일 때 공급된 수량이 팔릴 것이다. 그러나 수요량이 공급량을 초과할 때는 가격이 계속해서 올라갈 것이다. 그 결과, 판매자들은 더 높은 가격을 받을 기회를 잃는다. 그렇기 때문에 공급곡선에 있는 수량을 제공하는 것이 최선반응이 아닐 수 있다 — 판매자는 두 가지 우발 상황의 확률을 견주어 기대이익을 최대화해야 할 것이다. 게임의 규칙이 수요와 공급이 일치하지 않는 가격에서 파는 것을 허용한다면 그 규칙을 '비모색 과정(nontattonement process)'이라고 칭한다.

합리적 구매자의 경우도 유사하다. 그도 두 가지 우발 상황의 관점에서 생각해야 한다. 공급량과 수요량을 일치시키는 가격에서 거래하거나, 가격이 공급량과 수요량을 일치시키지 않으면 전혀 거래하지 않는다. 구매자는 공급량과 수요량이 일치하지 않을 때 사면 수요곡선에 있는 수량 이외의 수량을 구매함으로써 얼마간 잃는다. 한편, 가격이 수요와 공급을 일치시키지 않으면 그는 수요곡선상에 있는 수량을 발표함으로써 잃을 것이 없다. 그래서 각각의 구매자와 판매자는 모색 게임의 내시 균형에서 수요되거나 공급되는 정확한 수량을 발표하는 것을 선택한다.

그러므로 경제학 원론[7]에 나오는 수요와 공급의 모형은 N과 M이 모두 '큰' 수치일 때 N명의 구매자와 M명의 판매자가 연출하는 $(N+M)$인 모색 게임으로 생각할 수 있다. 케인지언(Keynesian) 모형도 플레어들이 많은 비협조 게임으로 제시될 수 있을 것이다. 물론, 케인지언 게임의 규칙들은 수요·공급 게임의 규칙들과 매우 다르다.[8] 그중에서 어느 것이 현실 세계의 특정한 사례에 적용될 수 있는가를 결정하기 위하여 우리는 증거를 보아야 할 것이다.

7. 요약

현실 세계에서 중요한 다수의 게임과 전략적 상황은 셋 이상, 때로는 매우 많은 수의 대표자를 포함한다. 우리가 앞의 여러 장에서 가정하였듯이, 만일 각 대표자가 다른 모든 대표자들에 의해서 선택된 전략들을 고려하려고 하면 대표자와 전략의 조합 수가 대표자의 수보다 훨씬 빨리 증가한다. 이것은 대표자들에게 문제이며 게임 이론가에게는 더욱 큰 문제이다.

많은 게임 이론가들은 그러한 매우 복잡한 게임을 이해하고 분석하기 위해서 몇 개의 단순화 가정이 필요하다는 것을 발견하였다. 하나의 단순화 가정은 게임의 조건을 요약하는 하나 또는 소수의 변수가 있고, 각 대표자가 이 변수(들)의 값만 알면 최선반응 전략을

7) 예컨대 W. Baumol and A. Blinder, *Economics, Principles and Policy,* 11st ed. (South-Western, 2009), p. 64를 참조하라.

8) 케인지언 경제학이 시사한 2인 비협조 게임의 예들을 보려면 다음을 참조하라. Roger A. McCain, *Reframing Economics: Economic Action as Imperfect Cooperation,* (Cheltenham: Edward Elgar, 2014).

선택할 수 있다는 것이다. 장기에 걸쳐 진화해 온 게임 이론의 매우 일반적인 단어를 사용하면, 게임의 조건을 요약하는 이 변수들을 '상태변수'라고 한다. 현재 이 용어는 과거에 통상적으로 사용되었던 것보다 다소 넓은 의미로 사용되고 있다.

또 하나의 유용한 단순화 가정은 모든 대표자에 대하여 같은 전략은 같은 이득을 주고, 상태변수의 값이 같다는 것이다. 그러면 대표자의 전체 집단을 위한 하나의 결정만을 분석하면 될 것이다. 이것이 맞지 않는다고 하더라도 서로 다른 정보, 선호 또는 기회를 가진 대표자의 유형은 매우 적을 것이며, 이것은 수백만의 서로 다른 대표자들을 각각 분리해서 분석하는 것보다 훨씬 간단할 것이다.

우리는 이러한 방법으로 사회적 딜레마의 분석을 수백만의 사람들이 상호작용하는 혼잡의 문제와 공유자원의 비극에 적용할 수 있다. 우리는 사람, 또는 매나 비둘기의 개체군 내의 상호작용을 분석할 수 있으며, 심지어 수요와 공급의 균형이 상태변수와 1개 이상의 대표자 유형을 가진 내시 균형의 예라는 것도 알 수 있다.

Q10. 연습문제

Q10.1 특허 취득 게임 기업 A, B, C, D, E, F는 모두 어느 한 기업에만 특허가 주어질 연구 사업을 고려하고 있다. 연구 사업을 가장 먼저 완수한 기업만이 특허를 얻을 것이다. 연구 사업을 수행하는 기업의 비용은 \$2.1억이다. 각 기업이 먼저 연구 사업을 완수하여 \$10억 − \$2.1억 = \$7.9억을 얻을 가능성은 같다. 연구 사업을 수행하지만 먼저 완수하지 못하는 기업은 \$2.1억을 잃는다. 연구 사업을 수행하지 않는 기업은 0의 이득을 얻는다.

이 문제에서 상태변수는 연구 사업을 수행하는 기업의 수이다. 이 문제를 줄서기 게임과 비슷한 방법으로 풀어라. 그러나 둘 사이에 중요한 차이가 있다는 것을 염두에 두어라. 즉, 이 게임에서는 참가하지 않는 자가 0의 확실한 이득을 얻는 한편, 참가하는 자는 기대치로 평가되어야 하는 불확실한 이득을 얻는다.

a. 1부터 6까지 상태변수의 모든 값에 대하여 연구 사업을 수행하는 기업에 대한 기대이득을 계산하라.

b. 균형에서 얼마나 많은 기업들이 연구 사업을 수행하는지 결정하라.

c. 연구의 순 사회적 가치는 특허의 가치 \$10억에서 연구의 총비용을 뺀 것이다. 균형에서 연구의 순 사회적 가치를 계산하라. 상태 변수가 1부터 6으로 가면서

어떻게 투자의 순사회적 가치가 변하는지를 결정하라.

d. 순 사회적 가치가 최대일 때 연구를 수행하는 기업의 수를 결정하라. 효율적 상황을 순 사회적 가치가 최대화되는 상황으로 정의하고, 이 경우에 균형의 효율성에 대하여 논하라.

e. 경제학자인 로버트 프랭크(Robert Frank)와 필립 쿡(Philip Cook)[9]은 순위가 1등인 사람만 이득을 얻는 '승자독식(winner-take-all)' 경쟁은 사람들이 경쟁에 '너무 많은' 자원을 바치게 된다는 점에서 비효율적이라고 주장한다. 이 문제의 예에 비추어 그들의 발상을 평하라.

Q10.2 **N인 공공재** 다음과 같은 N인 공공재 기부 게임을 보자. 사람들은 각각 기여할 것인지 여부를 결정할 수 있다. $N \geq 10$이라고 가정하라. 상태변수는 기여하는 사람들의 수 M이다. 기여하지 않는 사람(비기여자)의 이득은 $1,000 + 100M$이다. 기여의 비용이 200이므로 기여자의 이득은 $800 + 100M$이다.

a. 눈금이 있는 그래프에 비기여자에 대한 이득을 상태변수 M의 함수로 나타내는 직선이나 곡선을 그려라(아마 스프레드시트 XY 그래프 유틸리티가 그러한 목적을 위하여 사용될 수 있는 것이나 눈금 종이도 무방하다).

b. 같은 그래프에 기여자의 이득을 상태변수 M의 함수로 나타내는 곡선(이나 직선)을 그려라. 두 곡선이 교차하는지 여부와, 교차한다면 그 점의 위치를 결정하라. 내시 균형에서 상태변수 M의 값에 대한 결론을 내려라.

c. 이 결과를 죄수의 딜레마와 비교하라.

Q10.3 **고기잡이** 만선읍은 황금어장에 가까운 어촌이다. 만선읍에는 어부와 잠재적 어부가 N인이 있으며 N은 매우 크다. 어느 특정한 날에 $M \leq N$의 어부들이 물고기를 잡으러 황금어장으로 배를 몰고 나간다. 하루에 배 1척당 어획량은 $100/M$톤이다. 세계 시장에서 물고기의 가격은 톤당 $100이다. 하루에 배를 몰고 나갔다 들어오는 데 드는 비용은 $200이다. 각 어부는 이 날에 '어로한다' 또는 '어로 안 한다'의 두 전략을 갖는다. '어로 안 한다'의 이득은 항상 0이다. M을 이 문제를 위한 상태변수라고 하자.

a. M의 변화에 따라 대표적 어부의 (일당) 이윤이 어떻게 변하는지 결정하라. 이

9) 역자 주 : Robert H. Frank and Philip J. Cook (1995), *The Winner-Take-All Society* (The Free Press).

것이 '어로한다' 전략의 이득이다.

b. 눈금이 있는 그래프에 어로하는 어부의 이득을 나타내는 곡선(이나 직선)을 상태변수 M의 함수로 그려라. 같은 그래프에 어로 안 하는 어부의 이득을 나타내는 곡선이나 직선을 그려라.

c. 두 곡선(이나 직선)이 교차하는지 여부와, 교차한다면 그 점의 위치를 결정하라. 내시 균형에서 상태변수 M의 값에 대한 결론을 내려라.

d. 이 결과를 죄수의 딜레마와 비교하라.

Q10.4 의료 제7장의 연습문제 Q7.5를 상기하라.[10] 의사들이 산부인과(ob/gyn)로 개업할지 아니면 부인과(gyn)로 개업할지 고려하고 있다. 이 모형을 산과(obstetrics)와 부인과(gynecology) 면허를 모두 가진 N명의 의사들이 있는 시장으로 연장하자. $M \leq N$명이 산과와 부인과를 모두 진료하고 나머지는 부인과만 진료한다고 가정하라.

부인과 진료로 얻는 총수입은 Q이다. 그러므로 부인과만 진료하는 의사의 이득은 Q/N이다.

산과 진료로 얻는 총수입은 R이다. 그러나 산과 의사는 S의 고정비를 지불한다. 이것은 아무 때나 호출당하는 것의 주관적 비효용의 금전적 평가액인 24/7이다. 따라서 산부인과 의사의 순 이득은 $Q/N + R/M - S$이다.

M을 이 문제를 위한 상태변수라 하고 다음과 같이 가정하자.

$Q = 10000000$

$R = 1000000$

$S = 50000$

$N = 50$

a. M의 변화에 따라 대표적 산부인과 의사의 수입이 어떻게 변하는지 결정하라. 이것이 산부인과 전략의 이득이다.

b. 눈금이 있는 그래프에 산부인과 의사의 이득을 나타내는 곡선(이나 직선)을 상태변수 M의 함수로 그려라.

c. 같은 그래프에 부인과 의사의 이득을 나타내는 곡선(이나 직선)을 그려라.

10) 아주 멋진 이 예에 대해서 MBA 학생들을 위한 게임 이론 과목의 학생인 데이비드 타우브 박사에 감사한다.

d. 두 곡선(이나 직선)이 교차하는지 여부와, 교차한다면 그 점의 위치를 결정하라. 내시 균형에서 상태변수 M의 값에 대한 결론을 내려라.

이 결과를 죄수의 딜레마와 비교하라.

Q10.5 **가로등** 제7장의 가로등 게임, 즉 몰려가기 게임을 다시 읽어라. 그것을 참가자가 매우 많은 비율 게임으로 다시 써라.

a. 이 게임에서 전략은 무엇인가?
b. 플레이어들은 대표자인가? 설명하라.
c. 상태변수가 있는가? 설명하라.
d. 이 게임에 우월전략 균형이 있는가? 있다면 무엇인가? 이유는 무엇인가?
e. 이 게임에 내시 균형이 있는가? 있다면 무엇인가? 그 이유는?
f. 그렇다면 그것은 효율적인가? 이유는 무엇인가?

Q10.6 **또 다른 비율 게임** 매 대 비둘기처럼 우측통행, 나무 옮기기, 주행과 사슴 사냥 등은 제5장에서 보았던 게임들의 예이다. 이것들은 모두 참가자가 매우 많은 비율 게임으로 다시 쓸 수 있다.

각각의 게임을 위한 상태변수를 적시하라. 비율 게임을 나타내는 도표를 그려라. 모형의 적용을 위한 함의를 논하라.

Q10.7 **과카몰레 계곡** 과카몰레 계곡의 농부들은 관개를 우물물에 의존한다. 농부는 깊은 대수층과 얕은 대수층 가운데 어느 하나에 우물을 팔 수 있다. 더 깊은 대수층으로 내려가면 비용이 더 들지만 물을 더 많이 구할 수 있다. 과카몰레 계곡에서 경작하는 농부는 100명이며 이들은 모두 생산하기 위해 관개를 해야 한다. 얕은 우물에 대한 이득은,

$$\text{이득}_s = 12 - 0.15Q$$

단, Q는 얕은 우물의 수이다. 깊은 우물에 대한 이득은,

$$\text{이득}_d = 7 - 0.1R$$

단, R은 깊은 우물의 수이다.

이 상황을 N인 게임으로 분석하라. 전략은 무엇인가? 상태변수는 무엇인가? 당

신은 균형에 대하여 무엇을 말할 수 있는가?

Q10.8 미드사이즈대학교의 록 콘서트 미드사이즈대학교는 중서부 지역의 미드사이즈 시에 소재하고 보안관 호스피스톨은 그 지역에서 치안에 책임을 지고 있다. 미드사이즈대학교의 학생활동처는 멋있는 행사를 유치하였다. 그해에 가장 인기가 높은 로큰롤의 톱스타가 (토목공학의 학위를 가진) 이 대학교의 졸업생인데 재학생들을 위하여 공짜로 공연을 해 주기로 약속하였다. 그러나 (물론!) 문제가 있다. 학생 5,000명이 모두 공연장에 가기를 원하고 공연장에는 4,000개의 좌석밖에 없다. 4001명이 입장하더라도 소방법 위반이다. 설상가상으로 학생들을 말썽꾸러기로 보는 보안관 호스피스톨은 그들에 대하여 이미 상당히 화가 나 있다. 토목공학도가 로큰롤의 톱스타가 되었다는 것을 고려하면 아마 그가 옳을 것이다. 여하간 보안관은 소방법을 위반하기만 하면 공연을 중단시키고 참석자들을 체포하며 현재의 대학생 세대가 여가시간을 보내는 대학교 주변의 모든 장소들을 폐쇄할 것이라는 방침을 분명히 하였다.

5,000명의 미드사이즈 학생들은 규모가 큰 몰려가기 게임의 참가자이다. 그들의 전략은 공연장에 가거나 가지 않는 것이다. 이득은 표 10.7a에 나타나 있다(마지막 줄에 있는 '가지 않는다'에 대한 이득은 그날 밤에 모든 장소가 폐쇄되어 달리 할 일이 없기 때문에 −1이다). 이 예를 대표자와 상태변수의 개념을 이용하여 N인 게임으로 분석하라.

표 10.7a 미드사이즈의 록 콘서트 몰려가기 게임

우발상황	'간다'의 이득	'안 간다'의 이득
0~3,999명의 다른 학생들이 간다면	2	0
정확히 4,000명의 다른 학생들이 간다면	−2	0
4,001~4,999명의 다른 학생들이 간다면	−2	−1

제 11장

정규형 게임의 부가적 주제*

이 장의 내용을 가장 잘 이해하려면 제1장~제5장과 제7장~제9장의 내용을 잘 이해할 필요가 있다.

중요 개념

맥시민 해(Maximin Solution) : 일정합 게임을 위한 해는 의사결정자를 위한 최소 이득을 최대화하는 전략이다.

내시 균형의 정련(Refinement of Nash Equilibrium) : 2개 이상의 내시 균형이 있는 게임에서 우리는 모든 플레이어들이 최선전략을 선택한다는 가정을 넘어 합리성에 대한 추가적 가정을 도입하면 몇 개의 균형을 제거할 수 있을지 모른다. 이 절차를 내시 균형의 정련이라고 한다.

떨리는 손(Trembling Hand) : 우리가 각 플레이어에게 상대방이 실수할 확률이 다소간에 있다고 가정하도록 허용함으로써 내시 균형을 정련하면, 이것이 떨리는 손 정련이다.

상관균형(Correlated Equilibrium) : 상관균형은 순수전략으로 2개 이상의 내시 균형이 있는 게임에서 공동전략에 확률을 배정하는 협약이다. 공동전략은 게임의 내시 균형에 해당하므로 자기구속적이다.

내시 균형은 비협조 게임 이론의 근본적 개념이지만 그것으로 끝나지 않는다. 첫째, 우리가 상기하는 바와 같이 2개 이상의 내시 균형이 있을지 모른다. 그런 경우에 우리는 '마당을 좁혀' (이상적으로) 내시 균형 가운데 하나를 합리적 의사결정자가 도달할 균형으로서 선택하고 싶을 것이다. 우리는 이것을 합리성에 대한 가정을 조금 변경함으로써 – 아마 가정을 좀 더 '현실적으로' 만듦으로써 – 할 수 있을지 모른다. 이것은 내시 균형의 정련이라고 불린다. 이 장은 이 종류의 정련의 특별히 중요한 한 예로 시작할 것이다. 둘째, 다시 한 번 순수전략으로 2개 이상의 내시 균형이 있다고 가정하면 플레이어들은 그들의 전략을 – 독립적이지 않고 상호 연관되도록 – 무작위화할지 모른다. 이 상관전략 균형이 이 장에서 논의될 것이다. 끝으로, 우리는 합리화 가능 전략에 대하여 다시 논의할 것이다. 그러나 우리는 비록 일정합 게임에 국한되기는 하나 역사적으로 처음인 해법으

* 이 장을 생략해도 이후의 장들을 이해하는 데 어려움이 없다.

로 시작한다.

1. 제로섬 게임과 맥시민 해법

올가와 파멜라는 퀴즈쇼의 경쟁자인데 문제가 너무 쉬워서 둘 다 모든 문제에 대답할 수 있다고 자신한다. 물론 이것이 이야기의 전부는 아니다. 게임의 규칙은 다음과 같다. 질문에 답하려면 버저를 눌러야 한다. 한 경쟁자가 버저를 누르면 그가 질문에 대답하게 되며 답이 맞으면 1점을 얻는다. 버저를 누르지 않은 경쟁자는 1점의 벌점을 받는다. 아무도 버저를 누르지 않으면 아무도 점수를 얻지 못하고 다음 질문으로 넘어간다. 두 경쟁자가 모두 버저를 누르면 아무도 점수를 얻지 못하고 다음 질문으로 넘어간다.

경쟁자들은 '버저를 누른다'와 '버저를 안 누른다'는 2개의 전략을 갖는다. 이득표는 표 11.1과 같다. 이 게임은 우월전략 균형 (누른다, 누른다)를 갖는다는 것을 쉽게 알 수 있다. 결과는 두 경쟁자가 항상 버저를 누르고 아무도 점수를 따지 못하는 것이다.[1] 이것은 죄수의 딜레마와 약간 비슷하지만 정확하게 같지는 않다. 그 이유는 아무도 버저를 누르지 않더라도 더 나아지는 플레이어가 없고 같은 결과로 돌아오기 때문이다.

표 11.1 퀴즈 게임

		파멜라	
		누른다	안 누른다
올가	누른다	0, 0	1, −1
	안 누른다	−1, 1	0, 0

표 11.2 퀴즈 게임에서 파멜라가 얻는 이득

		파멜라	
		누른다	안 누른다
올가	누른다	0	−1
	안 누른다	1	0
최소치		0	−1

이 게임은 또 하나의 개념을 예시한다. 두 플레이어의 이득의 합이 항상 0인데 이것은 이 게임이 제로섬 게임임을 뜻한다. 제로섬 게임의 균형을 다른 각도에서 볼 수 있다. 이 점을 예시하기 위해 이 게임을 파멜라의 관점에서만 다시 보자. 표 11.2는 파멜라의 이득만 나타낸 것이다. 그러나 파멜라는 올가가 얻는 만큼 자기가 잃는다는 것을 알기 때문에 사실상 표 11.1의 모든 정보가 이 표에 그대로 있다. 파멜라는 이 표의 정보로 올가의 이득과 최선반응이 무엇인지를 충분히 알 수 있다. 파멜라가 어떤 전략을 선택하더라도 올가의 최선반응은 파멜라가 최악의 결과, 즉 최소이득을 얻도록 하는 것이다. 이것이 표 11.2의 마지막 행에 나타나 있다. 따라서 파멜라가 자기의 최선반응을 선택

[1] 물론 이것은 매우 지루한 퀴즈 게임일 것이다. 질문을 더 어렵게 하고 틀린 답에만 벌점을 주는 것이 좋을지 모른다. 그러나 이것은 좀 더 복잡할 것이며 당장의 논의를 위해서 필요한 것은 단순한 예이다. 분명히 이 예는 너무 단순해서 현실적이지 않다.

하기 위해 해야 할 것은 최대의 최소이득 0을 주는 전략을 택하는 것이다. 다시 말해 파멜라는 **최소이득을 최대화**하는 전략, 즉 **맥시민**(maximin) **전략**을 선택한다. 올가도 똑같이 추론할 수 있으므로 역시 자신의 최소이득을 최대화하는 전략을 선택할 테지만, 그것은 파멜라의 최대이득을 최소화하는 전략, 즉 **미니맥스**(minimax) **전략**이기도 하다.

맥시민 해법은 2명의 경쟁자들에 대한 이득의 합이 선택된 전략에 무관하게 동일한 상수인 경우에 항상 적용될 수 있다. 그것이 0 이외의 상수이면 우리는 게임이 **일정합 게임**이라고 부른다. 모든 제로섬 게임은 일정합 게임이지만 모든 일정합 게임이 제로 섬 게임은 아니다. 예로서, '하우스(house)'가 판돈마다 $1의 수수료를 떼는 카지노 포커 게임을 생각하라. 그러면 매번 딴 돈과 잃은 돈의 합계는 항상 −$1가 될 것이다. 이것은 일정합이지만 제로섬 게임이 아니다.

제로섬 게임 : 플레이어들에 대한 이득의 합이 항상 0인 게임을 제로섬 게임이라고 한다.

제로섬 게임인지 여하를 불문하고 모든 2인 일정합 게임에서 균형전략은 맥시민 전략이다.

일정합 게임이 아닌 게임의 예로서 우리는 죄수의 딜레마를 넘어 갈 필요가 없다. 제1장에서 본 죄수의 딜레마에서 두 죄수들에 대한 총이득은 2 또는 20(년의 징역형)이다. 그러므로 우리는 죄수의 딜레마는 **비일정합 게임**이라고 말할 것이다.

그러므로 우리는 '제로섬 게임'을 죄수의 딜레마와 같은 '비일정합 게임'과 대조할 것이다. 이것은 비제로 일정합 게임을 배제하지만 논리에 관한 한 이 게임들은 다른 모든 게임들만큼 중요하다. 우리는 제3장 8절의 선거 게임과 같은 비제로 일정합 게임의 몇 가지 예를 본 바 있다.

2. 제로섬 게임의 중요성

제로섬 게임은 단순하기 때문에 이미 본 것처럼 현실 세계의 많은 상호작용에 적용될 수는 없을 것이다. 이 책에서 다룬 예는 대부분 오락 게임이나 전쟁에 관한 것이며, 전쟁의 예에서도 제2장 5절의 전시동원 게임을 비일정합 전쟁 게임의 예로 제시하였다.[2] 간단하

2) 오락 게임에서도 제로섬이 이야기의 전부가 아닐 수 있다. 저자의 개인적 추억이 이 점을 예시할 수 있다. 중학생 시절에 나는 운동장에서 농구를 했다. 나는 나이에 비해 키가 크고 말랐지만, 또한 숫이 형편없고 동작도 비교적 굼떴다. 그 결과, 나는 공격보다 수비에서 훨씬 나았기 때문에 내가 가장 잘할 수 있는 것을 할 생각으로 정말로 철통같은 수비 솜씨를 보이려 하였다. 그러나 우리 편 선수들조차 내가 그렇게 하기를 원치 않았다. 그들은 승리만을 원하지 않았고 승리를 원하는 만큼 뛰고 숫하면서 재미있게 놀고 싶어 했다.

다는 것을 제쳐두고 진지한 인간 상호작용에 게임 이론을 적용하는 의의는 무엇인가?

우연이지만, 내가 이 절의 초고를 쓰고 있던 때 조간신문(Philadelphia Inquirer, 2002년 2월 18일)에 좋은 실례가 실렸다. 기업면 의견 란의 칼럼에서 필라델피아의 조세 개혁안을 다루었는데, 개혁안이 필라델피아 시 정부와 기업을 위한 윈윈 게임일 것이라고 하였다.[3)] 표제는 "임금세 인하는 시를 위한 제로섬 게임이 아닐 것이다."이고, 칼럼니스트가 지나치게 단순화하지 않도록 주의를 주었다. 어떤 사람들은 조세 개혁이 일부 주민들에게 편익을 주기 위해서 다른 주민들에게 해를 끼친다고 가정할 것이다. 이는 제로섬 게임에서는 맞겠지만 비일정합 게임인 윈윈 게임에서는 그렇지 않을 것이다. 이와 비슷하게, 경제학자인 레스터 서로(Lester Thurow)의 책, **제로섬 사회**는 이러한 종류의 지나친 단순화의 부정적 결과에 초점을 둔다.[4)]

이 예들이 시사하는 것은 제로섬 게임의 가장 중요한 의미가 부정적이라는 것이다. 그것은 대부분의 일상적인 기업 활동에서 볼 수 있는 훨씬 풍부한 잠재력과 대비된다. 그것은 과도하게 단순화하지 말라는 경고이다. 제로섬 게임은 기준선을 제공한다. 기준선은 그 자체로서 중요하지만 우리는 기준선을 개선할 수 있다.

3. 약한 우월

표 11.3 자매의 평균평점

		아이리스	
		수학	문학
줄리아	수학	3.8, 3.8	4.0, 4.0
	문학	3.8, 4.0	3.7, 4.0

제2장 연습문제 Q2.1과 제4장 연습문제 Q4.3의 자매 간 경쟁 게임을 상기하라. 그것이 표 11.3에 나타나 있다. 이 게임은 우리가 대부분의 다른 장에서 피해 왔던 복잡성을 예시한다. 아이리스가 수학을 택하면 수학과 문학이 줄리아에게 각각 3.8의 이득을 주므로 이 두 과목은 **똑같이** 좋은 반응이다. 그러나 아이리스가 문학을 선택하면 줄리아는 수학을

그래서 내가 철저하게 수비할 때는 두 팀의 주관적 이득을 모두 깎아내렸다. 그리고 주관적 이득이야말로 정말로 중요한 것이다. 비록 학교 운동장에서 하는 농구 경기에는 승자와 패자가 각각 한 팀만 있지만, 나는 농구 경기가 제로섬 게임이 아니라는 결론을 얻었다.

이것이 그렇게 많은 코치들이 'D' – 방어(defence)의 중요성을 강조한 이유일 것이다. 어쨌든 코치는 달리고 던지면서 재미있게 놀지 못하므로 승리를 원할 따름이다.

나는 농구를 포기하고 내사 공격을 플레이할 수 있는 게임 – 브릿지(Bridge) – 을 시작하였다.

3) Andrew Cassel, Commentary: cutting wage tax would not be a zero-sum game for city, *The Philadelphia Inquirer*, (Monday, February 18, 2002), Section C, pp. C1, C9.

4) L. Thurow, *The Zero-Sum Society* (Basic Books, 1980).

택함으로써 4.0의 이득을 얻으므로 줄리아를 위해서는 수학이 더 좋은 반응이다. 마찬가지로 줄리아가 문학을 선택하면 문학과 수학이 아이리스를 위하여 똑같이 좋은 반응인 반면, 줄리아가 수학을 선택하면 아이리스를 위하여는 문학이 3.8보다 4.0의 이득을 주므로 분명히 더 좋은 반응이다. 그러므로 줄리아를 위한 수학과 아이리스를 위한 문학은 약한 우월전략의 예이다.

이것은 우리가 조심할 필요가 있는 복잡성이다. 제3장으로부터 열등전략의 정의를 상기하라. "다른 플레이어가 어떤 전략을 선택하건 관계없이 첫째 전략이 둘째 전략보다 더 많은 이득을 초래하면 둘째 전략이 첫째 전략보다 열등하며 열등전략이라고 한다."

우리는 이 정의에서 '더 많은 이득'을 어떻게 해석하는지에 따라 2개의 밀접하게 연관된 개념들을 구별할 수 있다. 첫 번째 전략이 두 번째 전략에 대한 이득보다 항상 더 많으면 우리는 첫 번째 전략이 두 번째 전략보다 분명하게 또는 강하게 우월하다고 말한다. 이제까지의 모든 예들은 **분명한 열등전략**의 예이다. 또 하나의 가능성은 **약한 열등전략**이다. 첫 번째 전략의 이득이 적어도 두 번째 전략의 이득과 같으며 항상은 아니지만 때때로 더 많으면 첫 번째 전략은 두 번째 전략보다 약하게 우월하다.

> **분명한 열등전략**(Strictly Dominated Strategy) : 다른 플레이어가 어떤 전략을 선택하든 상관없이 한 전략이 다른 전략보다 항상 분명하게 많은 이득을 주면, 두 번째 전략이 첫 번째 전략보다 분명하게 열등하며, 이것을 분명한 열등전략이라고 한다.
>
> **약한 열등전략**(Weakly Dominated Strategy) : 다른 플레이어가 어떤 전략을 선택하든 상관없이 한 전략이 다른 전략보다 적지 않은 이득을 주고, 다른 플레이어가 선택할 수 있는 전략에 대하여 첫 번째 전략의 이득이 두 번째 전략의 이득보다 분명하게 더 많으면 두 번째 전략이 첫 번째 전략보다 약하게 열등하며, 이것을 분명한 열등전략이라고 한다.

그러면 우리는 자매를 위하여 약한 우월전략을 갖는다. 줄리아를 위한 수학과 아이리스를 위한 문학. 그리고 정말로 이 전략들은 분명한 우월전략으로서 당연히 내시 균형을 형성한다. 그러나 줄리아가 문학을 선택하고 아이리스가 수학을 선택하는 역의 경우도 내시 균형이다. (수학, 문학)의 전략들은 자매에게 완전한 평점 4.0을 주는 반면, 또 하나의 다른 내시 균형인 (문학, 수학)은 줄리아에 3.8만 준다. 이것은 줄리아가 더 나빠지기 때문이라기보다 자매 중 누구에도 이 전략을 선택할 긍정적 이유가 없기 때문에 이상한 균형이다. 만일 아이리스가 일방적으로 문학으로 변경하면 여전히 4.0을 얻으며, 마찬가지로 줄리아가 일방적으로 수학으로 변경하면 여전히 3.8을 얻어 달라지는 바가 없다. 그럼에도 불구하고 각 학생은 다른 학생이 선택한 전략에 대하여 (더 좋은 것이 없는) 최선반응을 선택하고 있으므로 그것은 내시 균형이다. 이 종류의 내시 균형은 약한 내시 균형이라고 불린다.

표 11.4 식당의 이득

		수재너 밥집		
		케이즌	바비큐	2개 모두
스위트피 먹방	케이즌	7, 7	8, 8	6, 9
	바비큐	8, 8	7, 7	6, 9
	2개 모두	9, 6	9, 6	6, 6

약한 우월전략과 약한 내시 균형의 예가 하나 더 있다. 이 예에서 나란히 붙어 있는 두 식당은 어떤 종류의 식단을 자신의 특선품으로 선택할 것인가를 결정해야 한다. 두 식당에는 모두 남부 출신의 요리사가 있다. 두 요리사는 모두 케이즌[5] 요리, 바비큐, 또는 두 가지를 다 할 수 있다. 게임은 표 11.4에 나타나 있다.

이 게임에서 우리는 두 식당을 위한 약한 우월전략이 두 종류의 식단을 제공하는 것이라는 것을 볼 수 있다. 더욱이 이 게임은 1개 또는 2개의 식당이 식단 2개를 모두 제공하는 5개의 내시 균형을 가지며 이 균형들은 모두 약하다.

또 하나의 주의가 필요하다. 우리가 무관전략의 단계적 제거(IEIS)를 적용할 때 우리는 분명한 열등전략은 항상 무관하며, 그래서 분명한 열등전략은 결코 최선반응이 될 수 없기 때문에 제거될 수 있다는 것을 보았다. 그러나 우리가 보아 왔던 것처럼 약한 열등전략은 최선반응일 수 있으며, 그래서 우리가 어떤 추가적인 이유를 가지지 않는 한 제거되어서는 안 된다. 우리는 하나의 가능한 이유를 다음 장에서 다룰 것이다.

4. 정련 : 떨리는 손

우리가 앞의 3절에서 보았듯이 아이리스와 줄리아의 자매 간 경쟁 게임은 2개의 내시 균형을 갖지만, 그 가운데 하나가 다른 것보다 이치에 맞지 않는다. 그것은 2개 가운데 약한 내시 균형이다. 식당과 먹거리의 게임에서 5개의 내시 균형이 있지만 모두 약하다. 이것은 좀 더 복잡한 게임 이론의 응용에서 흔히 볼 수 있는 문제이다. 2개 이상의 내시 균형이 있을 때, 그 가운데 몇 개는 불합리하게 보일 수 있다. 이것이 가능한 이유는 내시 균형의 정의가 합리성의 한 측면인 '최선반응'의 기준만을 포함하기 때문이다. 우리는 불합리한 내시 균형을 제거하기 위한 다른 합리적인 고려 사항을 추가할 수 있을 것이다. 이러한 추가적인 합리성의 검증을 **정련**(refinement)이라고 하며 내시 균형의 정련은 고등 게임 이론의 크고 중요한 부분을 채운다.

이 경우에 추가적인 합리성의 검증은, 다른 것보다 못할 수는 있지만 절대로 나을 수가

5) 역자 주 : 케이즌(Cajun)은 루이지애나를 지칭한다.

없는 전략을 왜 선택하는가라는 절대안전 검증(fail-safe test)이다. 다시 말해서, 왜 약한 열등전략을 선택하는가? 등급점수 게임에서 만일 줄리아가 문학을 선택할 때 아이리스가 실수로 줄리아와 같이 문학 과목에 등록하면 줄리아는 (3.7의 이득을 얻으므로) 더 나빠진다. 그러나 (우리의 가정상) 줄리아는 걱정할 필요가 없다. 왜냐하면 줄리아는 아이리스가 합리적이라 그 자신(아이리스)의 평균점수를 낮추는 실수를 하지 않을 것을 알기 때문이다. 아마 줄리아로서는 아이리스가 문학을 선택할 개연성이 매우 크지만 반드시 확실하지는 않다고 가정하는 것이 좀 더 현실적일 것이다. 예컨대, 아이리스가 자신의 최선반응을 선택할 확률이 95%이지만 수학을 선택할 확률이 5%라고 가정하자. 이 경우에 줄리아가 '문학'을 선택함으로써 갖는 기대이득은 (0.05)(3.8) + (0.95)(3.7) = 3.705이지만, '수학'을 선택함으로써 3.8보다 낮은 이득을 얻을 수 없으므로 '수학'을 선택한다.

따라서 줄리아가 상대방이 실수할 확률이 매우 낮다는 것을 참작한다고 가정하면 약하고 불합리한 내시 균형이 제거된다. 이 가정은 '떨리는 손의 가정'이라고 불린다. 이 가정의 배경에 있는 발상은 플레이어가 최선반응을 선택할 때 '떨다가' 우연히 틀린 반응을 선택할 수 있다는 것이다. 이것은 약간 다른 종류의 합리성을 가정하고, 그 결과 좀 더 합리적인 것으로 보이는 하나의 균형으로 가능성을 좁히기 때문에 내시 균형을 정련하는 좋은 예이다.

이제 줄리아가 떨리는 손을 갖고 있다고 아이리스가 믿는다면 어떤 결과가 나올지 보자. 아이리스는 줄리아가 90%의 확률로 수학을 선택하고 10%의 확률로 문학을 선택할 것으로 추측한다고 가정하자. 그런데, 만일 아이리스가 수학을 선택하면 그녀의 기대이득은 (0.9)(3.8) + (0.1)(4.0) = 3.82이지만, 아이리스는 문학을 선택함으로써 4.0을 보장받을 수 있으므로 문학을 선택할 것이고, 두 학생은 각각 4.0을 얻을 것이다.

일반적으로, 우리는 게임의 각 플레이어는 다른 플레이어에 대하여 그의 최선반응을 선택할 개연성이 매우 높다고 가정하면서도 그가 실수할 가능성에 작지만 0보다 큰 확률을 부여한다. 그다음에 실수의 확률이 0을 향해 단계적으로 감소하도록 하라. 확률이 충분이 작을 때 절대로 선택되지 않을 균형이 1개 이상 있으면 그것(들)을 고려대상에서 제거하라. 남는 균형이 떨리는 손 내시 균형이다. 우리가 실수의 확률을 충분히 작게 하면 떨리는 손 균형은 게임의 내시 균형 가운데 하나일 것이다. 떨리는 손 내시 균형은 플레이어들이 최선반응이기도 한 절대 실패하지 않는 전략을 선택한다고 가정함으로써 내시 균형 개념을 '정련'한다.

유사한 추론을 식단을 선택하는 두 식당 간의 게임에 적용해 보자. 스위트피의 경영자

표 11.5 정규형의 시장 진입 게임
(제2장의 표 2.1을 재현)

		방울새	
		만일 파랑새가 진입하면 수용한다. 파랑새가 진입하지 않으면 평소대로 영업한다.	만일 파랑새가 진입하면 가격전쟁을 시작한다. 파랑새가 진입하지 않으면 평소대로 영업한다.
파랑새	진입한다	3, 5	−5, 2
	진입 안 한다	0, 10	0, 10

는 자기가 어떤 전략을 선택하더라도 '2개 모두'가 수재너의 최선반응이라는 것을 안다. 그럼에도 불구하고 수재너가 0.05의 확률로 '케이즌', 0.05의 확률로 '바비큐', 0.9의 확률로 '2개 모두'를 선택한다고 가정하라. 그러면 스위트피에 대한 세 전략들의 기대이득은

케이즌 $0.05(7) + 0.05(8) + 0.9(6) = 6.15$
바비큐 $0.05(8) + 0.05(7) + 0.9(6) = 6.15$
2개 모두 $0.05(9) + 0.05(9) + 0.9(6) = 6.3$

그러므로 수재너가 '2개 모두' 가질 때 스위트 피의 최선반응은 '2개 모두'의 전략이다. 몇 개의 실험(또는 약간의 대수)에 의하여 우리는 이것이 실수의 확률이 0.05보다 적으면 항상 맞는다는 것을 발견한다. 게임이 대칭적이므로 스위트피가 '떨리는 손'을 갖고 있다면 수재너에도 똑같다. 따라서 이 게임은 유일한 '떨리는 손' 안정적 내시 균형을 가지며 이것은 두 식당이 '2개 모두'의 전략을 선택할 때 발생한다.

또 하나의 예로서 정규형으로 표현한 제2장의 시장 진입 게임을 상기하라. 이것은 표 11.5와 같다. 다시 한 번 우리는 이 게임이 다음과 같은 2개의 내시 균형을 갖는다는 것을 본다. 첫째, 파랑새가 '진입한다'를 선택하고, 방울새가 '파랑새가 진입하면 수용하고, 파랑새가 진입하지 않으면 평소대로 활동한다'를 선택한다. 둘째, 파랑새가 '진입 안 한다'를 선택하고, 방울새가 '파랑새가 진입하면 가격전쟁을 시작하고, 파랑새가 진입하지 않으면 평소대로 활동한다'를 선택한다. 그러나 이 둘째 내시 균형은 방울새가 진입할 경우 수용한다는 다른 전략을 채택함으로써 잃을 것이 없으므로 의심스럽다. 더욱이 방울새가 파랑새는 5를 잃을 위협에도 불구하고 진입할 확률이 작다고 생각하면 방울새의 최선반응은 분명히 '파랑새가 진입하면 수용하고, 파랑새가 진입하지 않으면 평소대로 활동한다'는 전략이다. 따라서

떨리는 손 정련을 적용할 때 우리는 두 내시 균형 가운데 첫째 것이 발생할 것이라고 결론을 내린다.

떨리는 손 가정은 내시 균형의 정련으로서 유일한 것이 아니다. 사실, 우리는 앞의 여러 장에서 이득우월, 위험 우월, 강한 연합 배제 내시 균형 등 몇 개의 다른 가능한 정련들을 보았다. 그러나 떨리는 손 정련은 게임 이론의 광범한 적용에서 특히 중요하며 아마 가장 잘 알려진 것이라고 할 수 있다.

5. 자백 게임

로그, 배리와 데이브는 악명 높은 블랜차드 학교 학생 갱단의 구성원이며 다시 불량 행동을 자행하였다. 핼러윈 날의 장난으로 그들은 교장의 집에 들이닥쳤다. 누구나 그들이 악동으로 행패를 부리고 아무도 자백하지 않으면 모두 엄한 처벌을 받을 것이라고 알고 있다. 한편 이들 가운데 1명 이상이 비행을 자백하면 그에 대한 처벌은 경감처벌이 되고 다른 아이들은 방면될 것이다. 엄한 처벌을 −2, 경감된 처벌을 −1 그리고 방면을 0으로 계산한 결과가 표 11.6에 나타나 있다.

이 게임에는 조정 게임 및 반조정 게임과 유사한 면이 있다. 우리는 그것을 조정-반조정 게임으로 부를 수 있을 것이다. 3개의 내시 균형 – 1명만 자백하고 나머지는 방면된 칸 – 이 있다. 우리가 전에 보았듯이 이와 같은 게임에는 문제가 있을 수 있다. 합리화는 유용하지 않을 것이다. 아이들이 보기에 어느 내시 균형이 발생할지에 대한 실마리가 없다면 그들은 틀리게 추측할 수도 있다. 예컨대, 데이브가 자백할 것이라고 로그와 배리가 가정하지만 데이브는 로그가 자백할 것으로 가정하면 그들은 모두 '자백 안 한다'를 선택할 것이고 모두 −2의 엄한 처벌을 받을 것이다. 그들이 어떤 실마리, 즉 어떤 '셸링 초점'

표 11.6 자백 게임의 이득

		데이브			
		자백한다		자백 안 한다	
		배리		배리	
		자백한다	자백 안 한다	자백한다	자백 안 한다
로그	자백한다	−1, −1, −1	−1, 0, −1	−1, −1, 0	−1, 0, 0
	자백 안 한다	0, −1, −1	0, 0, −1	0, −1, 0	−2, −2, −2

을 갖지 않는 한 실제로 어떤 효율적 균형도 얻을 수 없는 위험이 있다. 자백을 자원하는 절대 안전(위험 우월적) 전략을 선택하도록 유혹을 받을지 모른다. 그러나 3명이 모두 이 전략을 선택하면 이것은 비효율적이고 최선반응 균형이 아니다. 추가적으로 세 아이들이 저지른 것에 대하여 한 아이가 처벌을 받는다는 것이 부당하다는 느낌이 있다.

그러나 이 말썽꾸러기 학생들은 해를 갖는다. 그들은 누가 자백할 것인가를 결정하기 위하여 '제비뽑기'를 할 것이다. 한 아이가 길이가 다른 제비 3개를 잡고 있는데 1개의 끝만 보이게 하고 다른 두 아이들이 어느 제비가 가장 짧은지 알 수 없다. 그러면 이 두 아이들이 각각 하나씩 제비를 뽑고 제비를 잡고 있던 아이는 남은 제비를 갖게 된다. 가장 짧은 제비를 가진 학생은 자백해야 한다. 이 방법으로 각 학생이 처벌을 받게 될 확률이 같게 된다.

문제에 대한 이 해는 몇 가지 점에서 흥미롭다.

- 전략에 확률을 배정하면서 결정이 무작위로 이루어진다는 점에서 혼합전략과 매우 비슷하다.
  - (−1, 0, 0), (0, −1, 0), (0, 0, −1)의 확률은 각각 0.333이다.
  - 모든 다른 결과의 확률은 0이다.
- 내시 균형에서는 플레이어들이 자신의 전략에 독립적으로 확률을 배정하지만 결합전략에 확률이 배정되어 있다는 점에서 그것은 혼합전략 내시 균형과 다르다.
  - 혼합전략 균형을 위해 각 아이는 '자백한다'에 대하여 0.293의 확률을 배정한다.
  - 그 결과, 아무도 자백하지 않아 모두 엄한 처벌을 받을 확률이 1/3 이상이다.
- 일단 제비가 뽑히면 그것은 셸링 초점 균형을 제공한다 – 모두 누가 자백할 것인가에 대하여 같은 기대를 갖는다. 예컨대, 로그가 짧은 제비를 뽑는다고 가정하라. 로그는 협약을 위배해서 편익을 얻을 수 없다. 다른 아이들은 로그가 자백할 것으로 기대하고 있으므로 자신들은 자백하지 않을 것이며 이것은 로저가 자백하지 않음으로써 속인다면 그는 −1 대신 −2의 이득을 얻을 것이라는 것을 의미한다. 그래서 로그의 최선반응은 신문지 위에 쭈구려 앉아 버티다가 처벌을 받는 것이다. 마찬가지로 다른 두 아이들은 자백한들 0 대신 −1을 얻으므로 자백에 의하여 얻을 것이 없다.
- 제비를 뽑기 전에 각각의 아이가 자백을 자원하는 절대 안전 전략에 의하여 얻을 수 있는 것보다 좋은 −1/3의 기대이득을 갖는다.

- 각각의 아이가 자백할 확률과 각각의 기대이득이 같으므로 이 해는 순수전략 내시 균형과 다르게 '공평'하다.
- 각각의 아이가 자백할 확률이 같지 않더라도 결과는 여전히 원래 게임을 위한 셸링 초점을 제공할 것이다. 예컨대, 배리가 제비를 잡고 속일 수 있으므로 로그가 짧은 제비를 뽑을 확률이 높다고 가정하라. 진행되고 있는 상황을 로그가 의심하더라도 일단 그가 짧은 제비를 뽑으면 자백이 여전히 그의 최선반응일 것이다. 확률은 공평하거나 불공평할 수 있으나 여전히 '작동'할 것이다.

이 게임에서 제비를 뽑는 것은 **상관균형**의 한 예이다. 상관균형은 비협조 게임에 대한 새로운 종류의 해이다. 일반적으로 상관균형은 게임의 내시 균형에 해당하는 게임의 공동전략에 확률을 배정하는 협약이다.[6] 물론, 공동전략을 선택하는 확률의 합은 1이어야 한다. (예컨대, 죄수의 딜레마처럼) 균형이 유일하면 그것에 배정된 확률이 1이어야 하므로 그 균형이 유일한 상관균형이기도 하다. 나무 옮기기 게임처럼 한 균형이 다른 균형보다 이득우월하면 열등한 내시 균형에 확률을 배정하는 것이 아무런 의미가 없으므로 다시 한 번 우월한 균형이 유일한 상관균형일 것이다. 그러나 자백 게임과 같은 조정-반조정 게임에서는 상관균형이 큰 차이를 초래할 수 있다. (우리가 본 바와 같이) 상관균형에서 각 플레이어는 자신의 최선반응을 선택하므로 상관균형은 비협조 균형이다. 그리고 순수전략으로 2개 이상의 내시 균형을 가진 게임에서 (하나의 확률 배정방법만을 플레이어들이 공평한 것으로 인정하더라도) 상이한 확률의 배정에 상응하여 무한히 많은 상관균형이 있을 것이다.

이것은 비협조 게임에서 **연합**의 역할을 증대시키므로 중요하다. 우리는 제7장에서 3인 이상의 비협조 게임에서 연합의 공동전략이 개인을 위한 최선전략들로 구성되는 한 연합이 형성될 수 있다는 것을 보았다. 즉, 연합은 다수의 가능한 내시 균형 중 1개를 달성하기 위하여 형성된다. 이 예에서 배리, 데이브와 로그가 한 것은 그들의 조정-반조정 게임에서 모순된 추측의 가능성을 피하기 위하여 대연합을 형성한 것이다. 연합은 공동 순수전략보다 확률적 상관 공동 전략을 선택하였다. 그것이 그들에게 좀 더 공평하게 보였기 때문이

---

6) 상관균형의 개념은 Lucas R. Duncan and Howard Raiffa (1957), *Games and Decisions* (New York : Wiley and Sons)에 기원을 둔다. 이 문장은 그들의 논의를 따른다. Aumann, Robert J., Subjectivity and correlation in randomized strategies, *Journal of Mathematical Economics*, 1 (1974), 67-96는 상관균형이 어떤 순수전략 내시 균형보다도 더 좋은 경우들이 있다는 것을 보여 주면서 상관균형 해를 연장하였다. 이 좀 더 강력한 해는 플레이어들에 사적 메시지가 다소 복잡한 방법으로 전해질 것을 요구하는데 이후의 절에서 논의될 것이다.

표 11.7 주행 게임
(제5장의 표 5.3을 재현)

		벤츠	
		기다린다	진행한다
뷰익	기다린다	0, 0	1, 5
	진행한다	5, 1	−100, −100

표 11.8 분쟁 해결을 위한 팔씨름

		MCS 디지털	
		소송	인정
팀토크	소송	−2, −2	2, −1
	인정	−1, 2	0, 0

다. 그렇지 않으면 협약에 도달하기가 더 어려웠을 것이다.

또 하나의 다른 예를 위하여 제5장 3절의 자동차 주행 게임을 기억하라. 그 게임을 위한 이득표가 표 11.7로 재현되었다. 우리는 이것이 반조정 게임이라는 것을 상기한다. 우리가 제5장에서 제시하였듯이 돼지마을로와 딸꾹질가의 교차 지점에 설치되어야 한다고 가정하라. 그러면 각자가 빨간 등이나 파란 등을 봄에 따라 정지하거나 주행하므로 우리는 상관전략 해를 갖는다.

6. 기업 사례

다른 예로 실제 기업의 경우가 있다. 뉴질랜드의 통신 회사인 팀토크(Teamtalk)와 MCS 디지털(MCS Digital)은 소송에 휘말렸다. 그들은 법원으로 가져가는 대신 승자를 가리기 위해 팔씨름을 했다.[7] "물론 지는 것은 아프지만 변호사 비용을 내는 것만큼은 아니다."라고 패배한 팀토크(TeamTalk)의 최고경영자 데이비드 웨어(David Ware)는 로이터(Reuter) 통신에 말했다. 발상은 두 회사가 소송을 추진한다면 변호사 비용 때문에 승자도 나빠진다는 것 같았다. 만일 둘이 소송을 추진하면 각각 승산이 있다. 그러나 플레이어로서 가능성을 명시적으로 모형에 도입하는 대신 우리는 그 경우에 변호사 비용을 제한 기대이득만 본다. 이것은 표 11.8과 같은 이득표를 도출한다.

둘이 모두 소송을 추진할 경우의 (−2, −2)의 이득은 승소하고 결제받은 금액에서 변호사 비용을 제한 기대이득이다.

이 게임은 2개의 내시 균형 – 각각 일방 당사자가 인정하는 칸 – 을 가진 매 대 비둘기 게임이다. 승소의 확률은 정확하게 50 : 50이 아닐지 모른다 – 사실 둘은 서로 다르게 확률을 산정했을지 모른다. 그러나 정확하게 50 : 50일 필요는 없다. 우리가 요구하는 것은 각 최고경영자가 소송보다 팔씨름에서 더 좋은 기대치를 갖는다는 것뿐이다. 일단 팔씨름이 이루어지면 그것이 셸링 초점을 확립하고 게임이 해결된다.

7) BBC News, 2013년 12월 3일 http://news.bbc.co.uk/2/hi/asia-pacific/2836069.stm에서 볼 수 있다.

7. 고급 상관전략 균형[8)]

표 11.9 점포 위치선정 게임

		얍-콤	
		고립	몰
롯사	고립	2, 2	12, 7
	몰	7, 12	10, 10

몇 개의 더 복잡한 게임을 위한 상관전략 게임에서 정보의 중심적 역할을 보여 주는 예가 있다. 그것은 또 하나의 위치 선정 게임이다. 롯사 렉트로닉스와 얍-콤 컴퓨터는 독특하지만 중첩되는 제품 라인을 가진 소매연쇄점이다. 둘 다 고섬 시의 교외에 새 점포를 열 것을 고려하고 있는데, 그들은 그라운즈웰 몰에 위치를 고려하고 있지만 40번 국도의 상업 지역에 고립된 위치도 고려하고 있다. 둘이 같은 몰에 위치를 선정하면 둘 다 두 상점에서 즐거이 사려는 고객들과 몰에서 다른 물건을 사는 다른 사람들을 유치함으로써 영업을 꽤 잘할 수 있지만, 한 회사가 몰에 위치를 잡을 것을 다른 회사가 안다면 고립된 위치를 선정하는 것이 전체 제품 라인에 대한 지역 독점을 확립하므로 더 많은 이윤을 얻을 것이다. 이득은 표 11.9에 나타나 있다.

우리는 이 게임이 반조정 게임이고 2개의 순수전략 내시 균형을 갖는다는 것을 안다. 각 균형에서 몰에 위치를 선정한 기업과 고립 지역을 선정한 다른 회사는 비교적 장사가 잘된다. 각 회사가 5/7의 확률로 몰을 선택하는 혼합전략 균형도 있다. 이 경우에 기대이득은 9.14인데 몰에 혼자 있을 때의 이득보다 낫다. 그러나 두 회사는 상관전략 균형에서 보다 분명히 더 좋다. 2개의 순수전략 내시 균형 가운데 하나를 결정하기 위해 동전을 던진다면, 그들은 모두 고립 지역에 입지를 선정할 때의 나쁜 결과를 피하고 각각 9.5의 기대이익을 얻을 수 있다. (연습문제 : 이상의 결과를 모두 증명하라.) 그러나 그 경우에 두 회사가 모두 몰에 있게 되는 결과도 있는데 이것은 이 2인 게임의 협조 해이다.

그러나 게임에 제삼자, 두 점포를 몰에 두고 싶어 하는 그라운즈웰 몰이 있다. 그라운즈웰이 그들의 결정에 영향을 줄 수 있는 유일한 방법은 1개 이상의 연쇄점에 '특별초청'을 보내는 것이다. '특별초청'은 그것을 받는 회사에 특별한 이점을 주지 않으며 그라운즈웰에 아무런 비용도 부과하지 않는다. 게임 이론에서 우리는 '특별초청'을 빈 말(cheap talk)이라 하고, 그런 이유 때문에 우리는 그것이 두 점포의 결정에 영향을 줄 것으로 기대하지 않는다. 그러나 그것은 아무런 해를 주지 않는데 두 연쇄점에 '특별초청'을 보내지 않을 이유가 있겠는가?

그러나 그라운즈웰은 그렇게 하지 않는다. 그들은 로버트 아우만의 논문을 읽었으므로 '특별초청'을 각자에 대한 결과를 개선하도록 이 반조정 게임을 위한 신호로 만들 수 있

8) 이 절은 아우만(Aumann)의 1974년 논문을 참조한 것이다. 각주 6을 참조하라.

다. 그라운즈웰 몰은 '특별초청'을 1/2의 확률로 두 회사에 보내거나, 1/4의 확률로 롯사에만 보내고 1/4의 확률로 얍-콤에만 보내면서 초청 전략을 무작위화할 것이다. 아무에게도 '특별초청'을 보내지 않을 확률은 0이다. 그라운즈웰은 자기가 사용할 확률을 발표하고 각 회사에게 '특별초청'을 받으면 비밀로 지켜 줄 것을 요청한다.

연쇄점 회사들은 이제 위치선정을 위해서 사용할 수도 있을 정보를 좀 더 갖게 될 것이다. 각 회사가 "내가 '특별초청'을 받으면 몰을 선택하고, 그렇지 않으면 고립 지역을 선택한다."는 규칙 A에 따라 결정할 것을 고려하고 있다고 가정하라.

이제 롯사는 얍-콤이 규칙 A에 따라 결정한다는 것을 안다고 가정하라. 롯사는 특별초청을 받지 않으면, 얍-콤이 유일하게 '특별초청'을 받았고 몰에 자리 잡을 것이라는 한 가지 일만 생길 수 있다는 것을 안다. 롯사의 최선반응은 규칙 A에 따라서 고립 지역이다. 만일 '특별초청'을 받으면 롯사는 자신이 유일한 '특별초청'을 받았거나 두 회사가 모두 '특별초청'을 받은 두 가지 일 가운데 하나가 발생했다는 것을 안다. 그들은 얍-콤만 '특별초청'을 받은 것은 아님을 안다. 이를 알므로 그들은 확률 산정치를 수정해야 한다. 수정된 확률은 각각 롯사가 유일한 '특별초청'을 받았을 확률 (1/4) / [1 − (1/4)] = 1/3과 두 회사가 모두 '특별초청'을 받았을 확률 (1/2) / [1 − (1/4)] = 2/3이다. 따라서 롯사가 규칙 A를 따르고 몰에 위치를 잡으면 그들의 기대이득은 [(1/3) × 7] + [(2/3) × 10] = 9이다. 한편, 그들이 규칙 A를 이탈하고 원격지에 자리를 잡으면 그들의 기대이득은 [(1/3) × 2] + [(2/3) × 12] = $8\frac{2}{3}$이다. 다시 한 번 롯사의 최선반응은 규칙 A에 따라 연출하는 것이다. 우리는 얍-콤이 규칙 A를 연출하면 롯사의 최선반응도 규칙 A를 연출하는 것임을 안다. 역도 맞는다 − 롯사가 규칙 A를 연출하면 얍-콤의 최선반응은 규칙 A를 연출하는 것이다.

결국, '특별초청'을 무작위로 보냄으로써 그라운즈웰 몰은 롯사 렉트로닉스와 얍-콤 컴퓨터 사이의 게임에 새 전략과 내시 균형을 도입했다. 두 회사에 대한 기대이득이 모두 [(1/4) × 7] + [(1/2)× 10] + [(1/4) × 12]=$9\frac{3}{4}$으로서 동전 던지기 상관전략 해보다 좋으므로 그것은 이득우월 균형이기도 하다. 그라운즈웰 몰도 최소한 한 점포는 얻고 50%의 가능성으로 두 점포를 다 얻으므로 더 좋아진다. 그렇지 않으면 점포들이 동전을 던져 결정할 것이므로 그라운즈웰 몰은 한 점포만 얻을 것이다.

이것은 중요한 진전이다. 우리가 발견한 것은 만일 신호가 제삼자에 의해서 주어진다면 어떤 게임에서는 어떤 내시 균형보다도 좋고 어떤 내시 균형 집합의 평균보다 좋은 상관전략 해를 얻을 수 있다는 것이다. 그러나 이를 위해서 제삼자는 각 플레이어가 서로 다른 신호를 받고 다른 플레이어가 무슨 신호를 받았는지 알지 못하도록 신호를 미세 조정해야 할지 모른다. 이것은 까다로운 문제이고 가정적인 응용이 거의 없다. (아직) 실제 세계의 응용이 없을지 모른다. 그러나 같은 플레이어들이 같은 게임을 반복해서 연출하면 각자가 다른 플레이어의 선택을 예상하기 위한 실마리를 이용하면서 상관전략 균형에 따라 연출하는 것을 배울 수 있을 것이다.[9)]

8. 합리화 가능 전략 재고찰

제4장에서 우리는 내시 균형과 아울러 합리화 가능 전략의 개념을 도입하였다. 그러나 두 개념은 독립적이며 아래에 이것을 예시하는 예가 있다.

로라와 마크는 해변 관광지인 서피 시티에 인접한 부동산을 소유하고 있다. 로라의 부동산은 공한지인 반면, 마크는 수리가 필요한 건물을 갖고 있다. 각자는 부동산의 용도로 네 가지를 고려하고 있다. 그것들이 그들의 전략이고 이득은 표 11.10과 같다.

우리가 이 게임을 조사하면 순수전략으로 내시 균형이 없다는 것을 발견한다. 그럼에도 불구하고 IEIS의 방법을 적용하고 합리화 가능 전략이 있는지 보자. 로라에게 '미니 골프장'과 '고-카트 트랙'은 무관전략이다. 따라서 우리는 이 두 전략을 제거하고 표 11.11의 축소 게임을 얻는다.

이제 우리는 이 축소 게임에서 바와 상점이 마크에게 열등전략이라는 것을 본다. 그래서 그것들은 무관하므로 우리는 그것들을 제거하고 표 11.12에 나타난 게임을 얻는다.

이 게임에 남아 있는 전략은 다른 사람이 선택할 수 있을 전략들에 대한 최선반응이므로 무관전략의 제거는 가능한 한 이루어진 것이다. 우리가 보아 왔듯이 이 4개의 전략들은 합리화 가능하다.

표 11.10 서피 시티 부동산 게임

		마크			
		바	식당	사무실	상점
로라	주차장	7, 6	9, 11	10, 9	9, 8
	미니 골프장	5, 7	6, 6	5, 6	5, 6
	고-카트 트랙	8, 6	7, 4	7, 5	8, 7
	영화관	9, 7	11, 7	8, 8	6, 7

9) 상세한 것은 Roger A. McCain, *Game Theory and Public Policy*, Elgar, 2009, 제5장을 참조하라.

표 11.11 축소된 서피 시티 부동산 게임

		마크			
		바	식당	사무실	상점
로라	주차장	7, 6	9, 11	10, 9	9, 8
	영화관	9, 7	11, 7	8, 8	6, 7

표 11.12 더욱 축소된 서피 시티 부동산 게임

		마크	
		식당	사무실
로라	주차장	9, 11	10, 9
	영화관	11, 7	8, 8

예컨대,

(1) 로라는 다음과 같이 추론한다. "마크는 자기가 사무실을 선택할 것으로 내가 믿고 주차장을 만들 것이라고 생각한다. 따라서 마크는 식당을 지을 것이다. 그러므로 나는 영화관을 지음으로써 나의 이득을 최대화할 것이다."

(2) 그렇지 않으면 로라는 다음과 같이 추론한다. "마크는 자기가 영화관을 세울 것으로 내가 믿고 사무실 건물을 지을 것이라고 생각한다. 그렇게 생각하고 마크는 사무실을 선택할 것이고 따라서 나는 주차장을 열 것이다."

(3) 마크는 다음과 같이 추론한다. "로라는 자기가 영화관을 선택할 것으로 내가 믿고 사무실을 지을 것이라고 생각한다. 그러나 로라가 그렇게 생각하여 주차장을 열 것이고 나는 식당을 열어 반응할 것이다."

(4) 그렇지 않으면 마크는 다음과 같이 추론한다. "로라는 자기가 주차장을 열 것으로 내가 믿고 식당을 열 것이라고 생각한다. 그것을 근거로 로라는 영화관을 선택할 것이다. 따라서 나는 사무실 건물을 지을 것이다."

로라가 처음의 두 가지 추론 중 어느 것을 채택하고 마크가 뒤의 두 가지 추론 중 어느 것을 채택하는지에 따라 영화관, 주차장, 식당과 사무실의 어떤 조합이든 지어질 것이다.

이것은 그다지 만족스러운 결과는 아니다! 그러나 사람들이 게임의 이득과 전략 이외의 어떤 정보도 없이 결정해야 한다는 것이 정말로 사실이라면 그리고 그들이 자신의 실수를 교정할 수 없다면, 서피 시티와 같은 복잡한 게임은 우리에게 매우 어렵고 심오한 문제들을 안겨준다.

그러나 우리는 모든 게임이 적어도 1개의 혼합전략 해를 가져야 한다는 것을 상기한다. 서피 시티는 예외가 아니다. 그것은 표 11.9로부터 계산하기가 어려울 것이다(그것을 위해서는 선형계획 기법이 유용할 것이다). 그러나 우리는 그것이 필요 없다. 우리는 표 11.11의 게임이 표 11.9의 게임과 전략적으로 같다는 것을 상기한다. 표 11.9에 대한 어떤 내시

표 11.13 소매점 위치선정 게임
(제4장의 표 4.15를 재현)

		워차니즈			
		업스케일 몰	센터 시티	스너그버그	업타운
나이스스터프	업스케일 몰	3, 3	10, 9	11, 6	8, 8
	센터 시티	8, 11	5, 5	12, 5	6, 8
	스너그버그	6, 9	7, 10	4, 3	6, 12
	업타운	5, 10	6, 10	8, 11	9, 4

해도 표 11.11의 해이어야 한다. 따라서 표 11.11을 이용하여 우리는 게임이 로라가 2/3의 확률로 주차장을 선택하고 1/3의 확률로 영화관을 짓는 반면 마크는 식당과 사무실 건물 간에 각각 1/2의 확률로 선택하는 혼합전략 균형을 갖는다는 것을 계산할 수 있다.

어떤 확률로 합리화 가능 전략을 연출하는 모든 혼합전략은 합리화 가능하다는 것을 주목하라. 예컨대, 마크가 다음과 같이 추론할지도 모르기 때문이다. "로라는 내가 (1/2, 1/2)을 연출할 것으로 기대하므로 혼합전략 확률 (1/3, 2/3)를 선택할 것이다. 그러면 식당 전략과 사무실 전략의 나에 대한 기대이득이 $8\frac{1}{3}$로 같다. 그래서 이것의 어떤 확률 혼합도 같을 것이고 나를 위한 (약한) 최선반응이다." 그러므로 이것과 같은 게임은 무한 수의 합리화 가능 전략을 갖는다. 그러나 혼합전략 균형만 내시 균형이다.

소매점 위치선정 게임, 제4장의 표 4.15를 다시 보자. 그것이 표 11.13에 재현되어 있다. 우리는 이 게임이 2개의 한 점포가 센터 시티를 선정하고 다른 점포가 업스케일 몰을 선택하는 내시 균형을 갖는다는 것을 상기한다. 상관전략 해가 있을 수 있을까? 물론 있다. 첫 단계로서 합리화 가능 전략만 고려하는 것이 도움이 될지 몰라 우리는 IEIS를 사용하여 게임을 단순화한다. 그래서 우리는 표 11.14에 재현된 표 4.21에 축소 게임을 얻는다. 그러면 두 백화점은 이 축소 게임에 입각하여 상관전략을 선택할 수 있다. 그들이 (센터 시티, 업스케일 몰)과 (업스케일 몰, 센터 시티) 간에 1/4과 3/4의 확률로 선택하도록 협약할 수 있으면 그들은 똑같은 기대이득 $9\frac{1}{2}$을 가질 것이다.

표 11.14 소매점 위치선정 게임, 제4단계 축소
(제4장의 표 4.21을 재현)

		워차니즈	
		업스케일 몰	센터 시티
나이스스터프	업스케일 몰	3, 3	10, 9
	센터 시티	8, 11	5, 5

9. 합리화 가능 전략과 내시 균형 : 재고찰

우리가 제4장에서 보았듯이 내시 균형 전략은 항상 합리화 가능하다. 그러나 우리가 앞 절의 서피 시티의 예에서 본 것처럼 역이 항상 성립하지는 않는다 – 순수전략 내시 균형이 없는 경우에도 순수전략은 합리화 가능할 수 있다. 이것은 우리가 조심해야 할 필요가 있는 또 하나의 복잡성이다. 몇 가지 예외적인 경우에서 유일한 내시 균형과 합리화 가능 비균형 전략이 모두 있을 수 있다. 아래의 예는 이것을 보여 준다.

케이시와 리는 콩코드빌대학에 신입생으로 등록한 고등학교 시절의 동급생이다. 이 대학은 소규모 교양학부 대학으로 '빅타임' 스포츠에서는 경쟁하지 않으나 학생들에게 대학이 제공하는 마이너 스포츠에 클럽 단위로 경쟁하도록 권장한다. 케이시와 리는 각각 한 클럽 팀에 참가하려고 계획하며 둘이 같은 스포츠에 참여하기를 바라지만 여러 종목의 스포츠 가운데 그들의 선호는 다소 다르기 때문에 그렇게 되지 않을지도 모른다. 그 밖에 경쟁심이 그들의 오랜 우정을 해칠지도 모른다. 그들의 선호는 표 11.15에 임의의 이득 수치로 표현되어 있다. 이 표에서 수치가 클수록 각 학생이 더 선호한다는 것을 나타낸다.

밑줄 긋기나 이와 비슷한 방법은 이 게임에는 케이시와 리가 모두 라크로스를 선택하는 유일한 내시 균형이 존재한다는 것을 보여 줄 것이다. 우리는 어느 전략이 합리화 가능 전략인지를 결정하기 위해서 IEIS를 적용할 수 있다. 케이시의 경우에는 조정이 스쿼시보다 우월하고 따라서 스쿼시는 무관하다. 리의 경우에는 스쿼시가 조정보다 우월하고 따라서 조정은 무관하다. 이 무관전략들을 제거하여 우리는 표 11.16의 축소된 게임을 얻는다. 그러나 우리는 이 표에서 각 전략이 다른 신입생이 선택할 전략에 대한 최선선택이라는 것 – 어느 전략도 무관하지 않다는 것 – 을 볼 수 있다. 그래서 이 게임은 더 이상 축소될 수 없고 케이시를 위한 양궁, 라크로스, 조정과 리를 위한 양궁, 라크로스, 스쿼시 등 6개

표 11.15 콩코드빌대학의 스포츠

		리			
		양궁	라크로스	조정	스쿼시
케이시	양궁	9, 4	7, 4	5, 5	6, 9
	라크로스	6, 7	9, 9	3, 3	5, 5
	조정	8, 7	8, 6	10, 4	7, 6
	스쿼시	6, 9	7, 5	5, 5	3, 8

표 11.16 **콩코드빌대학의 스포츠, 축소**

		리		
		양궁	라크로스	스쿼시
케이시	양궁	9, 4	7, 4	6, 9
	라크로스	6, 7	9, 9	5, 5
	조정	8, 7	8, 6	7, 6

의 전략 모두가 합리화 가능이다.

예컨대, 케이시는 "내가 고등학교 시절에 양궁에서 항상 자기를 이겼기 때문에 리는 내가 양궁을 선택할 것으로 생각하고 그의 최선선택인 스쿼시를 선택할 것이다. 따라서 나는 스쿼시에 대한 나의 최선반응인 조정을 선택할 것이다."라고 추론할지 모른다. 동시에 리는 "케이시가 조정을 선택하여 자기에 도전할 것으로 생각하고 조정에 대한 그의 최선선택인 스쿼시를 선택할 것이다."라고 추론할지 모른다. 물론 두 학생은 각자의 합리화가 틀렸다는 것을 알게 될 것이다. 요점은 유일한 내시 균형이 있는 경우에도 합리화는 오류를 초래할 수 있다는 것이다. 우리는 내시 균형이 유일한 경우에도 IEIS가 항상 내시 균형을 발견하지는 않는다는 것도 관찰해야 한다. 내시 균형을 찾기 위한 방법으로서 IEIS는 발견적 방법이지만 IEIS에 의한 게임의 축소가 가능할 때는 위의 마지막 세 가지 예가 제시하듯이 게임을 유용하게 단순화한다.

합리화 가능 전략의 접근방법은 어떤 게임에서 참가자들은 2인의 플레이어들이 합리적이라는 것과 전락과 이득이 무엇인지만 알지만 그들의 오류를 시정할 기회를 갖지 못한다는 발상에 입각한다. 특히 게임이 한 번만 연출되면 기회를 갖지 못할 가능성이 크다. 그러나 동시에 합리화 가능 전략의 접근방법은 혼합전략 내시 균형 및 순수전략 내시 균형이나 상관전략 균형과 같은 다른 접근방법을 보완한다. IEIS에 의하여 얻은 축소된 게임은 원래의 게임과 전략적으로 동일하므로 우리는 축소된 게임에 다른 해법을 적용하기 전에 합리화 불가능 전략들을 제거함으로써 복잡한 게임을 단순화할 수 있다.

10. 요약

정규형 게임의 이론은 전략적 상호작용을 분석하기 위한 도구를 풍부하게 제공한다. 특히 내시 균형은 광범하게 적용된다. 그러나 그것이 비협조 게임을 분석하기 위한 유일한 도구는 아니다.

일정합 게임의 경우에 내시 균형, 그리고 실로 그 종류의 게임을 위한 유일한 해는 최소 이득을 최대화하는 방법, 맥시민에 의하여 발견될 수 있다.

제3장에서 논의되었던 것처럼 우월전략 균형은 강력한 결과이다. 항상 그랬듯이 강력한 도구는 조심해서 사용해야 한다. 우리가 약한 열등전략을 고려할 때는 경우가 분명치 않다. 한편, 우리는 플레이어들이 틀린 전략을 선택할 수 있는 작은 확률을 감안함으로써 내시 균형의 개념을 정련할 수 있을지 모른다. 각 플레이어가 그 가능성을 감안하여 다른 플레이어가 '떨리는 손'을 갖고 틀린 전략을 선택할 확률을 낮게 잡으면 약한 열등전략을 피하고 비합리적인 내시 균형들이 제거될 것이다. 이것이 고급 게임 이론의 중요한 연구 영역인 내시 균형의 정련을 보여 주는 좋은 예이다.

연합은 비협조 게임에서 어떤 역할을 할 수 있지만, 연합의 모든 구성원들이 최선반응을 선택하고 있어야만 그렇다. 그러나 연합은 공동 혼합전략을 선택할 수 있다. 이것이 상관균형이며, 상관균형을 달성하려면 연합의 구성원들이 여러 전략을 특정한 확률로 무작위적으로 공동 선택하는 방법을 찾아내야 한다. 전통적 방법으로 짧은 제비를 뽑는 것이나 추첨에 의하여 희소자원을 배정하는 것이 있다. 어떤 경우에는 연합이 한 사람을 지정하여 대신 선택하도록 하는 것이 타당할지 모른다. 상관균형은 자백 게임에서처럼 이득이 불균등하게 될 조정 게임에 대칭적 해를 제공할 수 있다. 신뢰를 받는 제삼자가 두 플레이에게 서로 다른 적절한 방법으로 신호를 줄 때 상관전략 해가 내시 균형이나 내시 균형의 가중평균을 개선할지 모른다.

우리는 내시 균형이 항상 합리화 가능하다는 것을 기억한다. 그러나 복잡한 게임에서 게임의 내시 균형이 순수전략 내시 균형이건 혼합전략 내시 균형이건 내시 균형전략이 아닌 합리화 가능 전략이 있을 수 있다. 그럼에도 불구하고 우리는 이 복잡한 게임을 단순화하기 위해서 합리화 가능 전략과 IEIS를 적용할 수 있으며 우리가 얻는 해가 원래의 게임에 대한 해라는 확신과 함께 축소 게임에 혼합전략 내시 균형이나 순수전략 내시 균형 또는 상관 전략을 적용할 수 있다.

물론 최선반응과 내시 균형은 이상의 모든 개념들의 기초에 있지만 많은 목적을 위해서 내시 균형은 출발점이지 종점이 아니다.

Q11. 연습문제

Q11.1 몰려가기 게임 제7장 4절을 보라. 이득이 표 11.17a와 같다. 이 게임에 대한 상관전략 균형 해를 제안하라.

표 11.17a 몰려가기 게임의 이득

		캐롤			
		간다		남는다	
		바브		바브	
		간다	남는다	간다	남는다
에이미	간다	−1, −1, −1	2, 1, 2	2, 2, 1	0, 1, 1
	남는다	1, 2, 2	1, 0, 1	1, 0, 1	1, 1, 1

Q11.2 의료 제7장의 연습문제 Q7.5를 참조하라. 의사들은 산부인과로 개업할지 아니면 부인과로만 한정할지 고려하고 있다. 이 게임에 대한 상관 균형 해를 제안하라.

Q11.3 정부의 구조조정 계획 선심금속은 채권자들과 연금 수령자들에게 빚을 갚을 수 없어서 파산 직전에 있다. 선심금속은 '대마불사(too big to fail)'라고 하여 정부가 '구조조정 계획'을 제안했다. 이 계획하에서 채권자들과 연금 수령자들은 받아야 할 금액의 일부를 포기할 것이다. 각자는 구조조정 계획을 수용하거나 거절할 수 있다. 두 집단이 모두 거절하면 파산이 법원에 의해서 중재될 것이다. 한 집단만 거절하고 구조조정을 다투면 약간의 이점을 얻을 수 있지만, 두 집단이 거절하면 파산 절차의 법적 비용이 그들을 더 나쁘게 만들 것이다. 이득은 표 11.17b에 그들이 회수할 수 있을 채권의 비율로 나와 있다. 스프레드시트가 비교적 복잡한 이 문제를 푸는 데 도움이 될 것이다.

표 11.17b 정부의 구조조정 계획

		채권자	
		수용	거절
연금 수령자	수용	46, 44	30, 47
	거절	50, 25	22, 20

a. 이 예를 상관균형 이론의 응용으로서 논하라.

b. 양측이 원하든 원하지 않든 구조조정 계획을 수용하도록 강요하는 것 외에 정부

가 결과를 개선하기 위해 할 수 있는 일이 있는가?

c. 이 예를 이 장의 팀토크 대 MCS 디지털의 예와 대비하라.

Q11.4 광고 매체 기업 A, B, C는 각각 3개의 광고 매체 가운데 무엇을 선택할지를 고려하고 있다. 선택 대상(전략)은 신문, TV, 웹이다. 이 기업들의 목적을 위해서 어떤 매체는 다른 매체보다 좋지만 어느 매체라도 3개 기업 중 1개만 선택할 때 최상이며 더 많은 기업들이 사용할수록 덜 효과적이다. 이득은 표 11.17c와 같다.

표 11.17c 광고 매체 이득

		C								
		뉴스			TV			웹		
		B			B			B		
		뉴스	TV	웹	뉴스	TV	웹	뉴스	TV	웹
A	뉴스	5, 5, 5	6, 10, 6	6, 12, 6	6, 6, 10	7, 7, 7	7, 12, 10	6, 6, 12	7, 10, 12	7, 8, 8
	TV	10, 6, 6	7, 7, 7	10, 12, 7	7, 7, 7	6, 6, 6	7, 12, 7	10, 7, 12	7, 7, 12	10, 8, 8
	웹	12, 6, 6	12, 10, 7	8, 8, 7	12, 7, 10	12, 7, 7	8, 8, 10	8, 7, 8	8, 10, 8	7, 7, 7

a. 이 게임에서 모든 합리화 가능 전략을 결정하라.

b. 순수전략으로 내시 균형이 있다면 무엇인가? 그것들은 합리화 가능 전략과 어떻게 연관되는가?

c. 합리화 가능 전략 해 가운데 하나를 지지할 이유의 예를 들어라.

표 11.17d 컴퓨터 과학자들의 이득

		닐	
		BBS	독립 사업
모리스	BBS	140, 130	110, 150
	독립 사업	160, 105	55, 50

Q11.5 하도급업자 모리스와 닐은 서로 다른 보완적 전문성을 가진 컴퓨터 과학자들이다. 빅스케일 비즈니스 소프트웨어(BBS)는 이들을 모두 채용하고 싶지만 이들은 각각 독립 사업가로서 출발하는 것을 생각하고 있다. 한 사람이 BBS를 위해 일하면 다른 사람은 독립 사업가로 하도급업자로서 편익을 받을 것이다. 연간 소득으로 나타낸 이득은 표 11.17d에서 볼 수 있다.

이 예를 상관 균형 이론의 응용으로서 논하라(이 비대칭적 예를 위해서 스프레드시트를 제안한다).

Q11.6 셰플리 게임(Shapley Game) 셰플리 게임의 변형인 다음의 정규형 게임을 고려하라.

a. 이 게임에 내시 균형이 있다면 무엇인가?

b. 플레이어들이 시행 가능한 협약에 도달하여 게임이 협조 게임으로 다루어지면 당신은 어떤 해를 기대할 것인가?

c. 협조적 결과가 비협조 게임에서, 즉 협약의 시행 없이 그리고 연출이 반복되지 않고 도달될 방법이 있는가? 설명하라.

표 11.17e 셰플리 게임

이득은 A, B의 순서		B		
		좌	중	우
A	상	3, 2	2, 3	0, 0
	중	0, 0	3, 2	2, 3
	하	2, 3	0, 0	3, 2

제12장

순차적 게임

> **이 장의 내용을 가장 잘 이해하려면** 제1장~제4장의 내용을 잘 이해할 필요가 있다. 특히 제2장을 다시 보라.

이제까지 우리는 주로 '정규형', 즉 표의 형태로 표현된 게임을 다루어 왔다. 폰 노이만이 관찰한 바와 같이 모든 게임은 '정규형'으로 표현될 수 있는 한편, 정규형은 특히 죄수의 딜레마처럼 모든 사람들이 거의 동시에 전략을 선택하는 게임에 유용하다. 우리가 보아 온 것처럼 현실의 인간 간의 많은 상호작용이 그것과 유사하다. 그러나 사람들이 어떤 특별한 순서에 따라 전략을 선택해야 하고, 제한된 상황에서나 상당한 시간이 지난 후에야 공약할 수 있는 중요한 상호작용도 있다. 이를 **순차적 게임**(sequential game)이라고 하며, 그러한 게임은 **공약구조**(commitment structure)를 갖는다고 말할 수 있을 것이다. 게임의 전개형은 공약구조와 그 의미를 이해하는 데 도움을 주며, 그렇기 때문에 순차적 게임을 전개형으로 표현하는 것이 관행이 되어 왔다. 아래에 그 예와 기업의 사례가 있다.

1. 진입 저지를 위한 전략적 투자

표 12.1 칩에 대한 수요

Q	칩의 단가
3,000,000	700
6,000,000	400
9,000,000	200

제2장의 기업 사례에서는 새로운 경쟁자의 진입이 기존 기업의 이윤을 낮출 수 있다는 것을 보았다(대부분의 경제 이론이 같은 말을 한다). 따라서 우리는 기업들이 비용을 치르더라도 새로운 경쟁자가 시장에 들어오는 것을 막기 위한 방법을 찾으려고 시도할 것으로 기대한다. 다음에 그런 종류의 예가 있다.

스피젤라 사는 작업 전산기용으로 특화된 컴퓨터 처리 칩을 생산한다. 이 칩을 제조하

중요 개념

전개형(Extensive Form) : 게임이 결정의 순서로 표현될 때 전개형으로 나타난다. 전개형 게임은 흔히 나무 그림으로 표현된다.

하부 게임(Subgame) : 한 게임의 하부 게임은 모든 분기점과 완비정보 분기점 이후의 이득으로 구성된다. 하부 게임이 게임의 (전부가 아니라) 부분에 불과하면 '고유 하부 게임'이라고 한다.

하부 게임 완전균형(Subgame Perfect Equilibrium) : 전개형 게임의 내시 균형이 모든 하부 게임에 대한 균형이면 하부 게임 완전하다.

기초 하부 게임(Basic Subgame) : 다른 고유 하부 게임을 포함하지 않는 하부 게임은 '기초' 하부 게임이다. 그렇지 않은 하부 게임은 복합(complex) 하부 게임이다.

후진귀납법(Backward Induction) : 이것은 이득을 복잡한 이득에 대입하여 기초 하부 게임을 풀면서 게임의 시작으로 거꾸로 가는 과정을 통하여 하부 게임 완전균형을 찾는 방법이다.

행동전략(Behavior Strategy): 게임의 특정한 단계에서 이루어진 전략선택이 때때로 행동전략이라고 불린다.

는 공장은 300만 개의 칩을 연간 $10억의 비용, 따라서 $333.33의 평균비용으로 생산한다. 표 12.1은 시장에 있는 칩의 수량과 구매자들이 지불하려고 하는 가격 간의 관계(즉, 경제학자들이 말하는 수요 관계)를 나타낸다.

스피젤라의 경영진은 패서 사가 자기와 경쟁하러 시장에 들어오기 위해 공장의 건설을 고려 중이라는 것을 알고 있다. 스피젤라는 현재 $700의 가격으로 300만 개의 칩을 팔아 (감가상각 비용과 공장 건설비의 분할상환을 무시하면) 연간 $11억의 이윤을 얻는다. 그러나 또 하나의 공장이 가동되면 생산량이 600만 개로 증가하고 칩의 단가가 $400로 떨어지며 공장당 수입이 $12억이 되어 공장당 연간 이윤이 $2억이 될 것이다. 더욱 나쁜 상황으로, 2개의 새 공장이 가동하면 생산량이 900만 개가 되고 가격이 $200로 떨어져 연간 $4억의 손실이 발생할 것이다.

그럼에도 불구하고 스피젤라는 제2공장에 대한 투자를 고려하고 있다. 그 추론은 다음과 같다.

1. 패서가 결정하기 전에 건설하면 패서의 공장은 세 번째 공장이 되고, 공장을 실제로 건설하면 각자가 공장별로 연간 $4억을 잃는다는 것을 인식할 것이다. 그러면 패서는 건설하지 않을 것이며 스피젤라는 연간 $4억의 이윤을 확보할 것이다. 이는 무시할 수 없는 금액이다.
2. 스피젤라가 제2공장을 짓지 않으면 패서가 공장을 지을 것이고, 스피젤라는 현재의 공장 1개에서 $2억의 이윤만 얻을 것이다.

스피젤라는 패서가 진입하지 못하게 하기 위해 새 공장을 건설하면서 **진입 저지를 위한 전략적 투자**를 하는 것이다. 스피젤라는 공장을 먼저 건설함으로써 시장 지배를 유지하고 어떤 잠재적 경쟁자도 시장에서 배제하겠다고 공약하는 것이다. 왜냐하면 자신의 공장 2개에 새 경쟁자의 공장이 추가되면 가격을 모든 경쟁자들의 원가 이하로 낮추지 않는 한

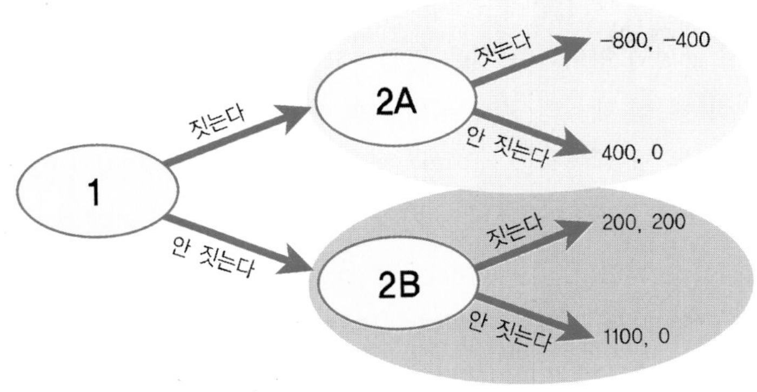

그림 12.1 '진입 저지를 위한 전략적 투자'의 전개형

모든 공장이 완전가동 수준에서 생산할 수 없을 것이기 때문이다.

이 게임을 전개형으로 보자. 게임은 그림 12.1에 제시되어 있다. 각 원은 어느 플레이어의 결정을 나타내는 게임의 '마디'이다. 각 화살표는 그 플레이어가 결정할지 모르는 하나의 방법을 나타낸다. 1로 표시된 마디는 새 공장을 건설할 것인지에 관한 스피젤라의 결정이고, 2A와 2B는 스피젤라가 공장을 지었는지에 따라 새 공장을 건설할 것인지에 관한 패서의 결정이다. 오른쪽 끝에 있는 이득은 스피젤라, 패서의 순이다.

> **전개형** : 게임이 결정의 순렬로 보여질 때 *전개형*으로 표현된다. 전개형 게임은 통상 나무그림으로 나타낸다.

전개형 게임의 분석에서 유용한 개념은 '하부 게임'이다. 하부 게임은 하나의 잘 정의된 선택점(마디)에서 나오는 가지와 그 선택점 이후의 모든 선택점에서 나오는 가지들을 포함한다. 따라서 그림 12.1에서 회색 타원은 각각 하부 게임을 정의한다. 하나는 선택점 2A에서 시작하는 회색 타원이고, 다른 하나는 선택점 2B에서 시작하는 회색 타원이다. 이에 더하여 전체 게임도 하부 게임이다! 결국, 그것은 선택점 1에서 파생한 가지를 포함하고, 2A와 2B가 1 다음에 있으므로 선택점 1에서 시작하는 하부 게임은 2A와 2B의 가지도 포함한다. 일반적으로 모든 게임은 최소한 1개의 하부 게임을 갖는다. 즉, 전체 게임 자체도 하부 게임이다. 전체 게임과 같지 않은 다른 하부 게임들은 **고유 하부 게임**이라고 한다. 앞서 내가 순차적 게임은 **공약구조**를 갖는다고 한 말의 의미는, 순차적 게임은 전형적으로 1개 이상의 고유 하부 게임을 갖는다는 것이다.

이 예의 첫머리에서 스피젤라가 패서의 의도를 '추론으로 간파'하였다는 것을 상기하라. 스피젤라의 추론은 하부 게임에 입각해 있다. "우리가 제2공장을 짓지 않으면 패서가 할 것이다."라고 추론할 때, 스피젤라는 '1100, 0'의 이득을 갖는 가장 밑의 가지가 아랫부분의 하부 게임에서 균형이 아니라는 것을 관찰하고 있다. 마찬가지로, "패서가 결정을 내리기 전에 우리가 짓는다면 패서의 공장은 세 번째가 될 것이며, 패서는 공장을 지으면 모두 연간 $4억을 잃는다는 것을 인식할 것이다. 그래서 패서는 공장을 짓지 않을 것이다."라는 추론은 두 회사가 모두 공장을 짓는다는 가장 위에 있는 가지가 윗부분의 하부 게임에서 균형이 아니라는 것을 말한다. 스피젤라는 각각의 하부 게임에 균형이 있을 것을 전제로 결과를 예상하고 그에 따라 결정할 것이다. 따라서 각 하부 게임에 균형이 있다는 가정하에 전략을 선택할 것이다. 전체 게임에 대한 이러한 종류의 균형을 **하부 게임 완전균형**이라고 한다. 이러한 균형에서는 플레이어들이 항상 일관성 있게 경쟁자의 결정을 이 방식으로 예상한다.

이 성질을 갖지 않은 내시 균형이 있을지 모른다(4절에서 예를 볼 것이다). 그러므로 하부 게임 완전균형은 내시 균형의 **정련**이라고 말해도 좋다. 즉, 우리는 좀 더 엄격한 합리성의 개념을 사용함으로써 내시 균형 중에서 선택하고 있다. 우리는 다음과 같이 정의한다. 내시 균형이 하부 게임 완전균형이 되기 위해서는 각 하부 게임이 내시 균형에 있어야 한다.

> **후진귀납법** : 순차적 게임의 하부 게임 완전균형을 찾기 위해 먼저 모든 기초 하부 게임의 내시 균형을 결정하라. 그다음에 기초 하부 게임을 균형이득으로 대치하여 게임을 축소하라. 고유 하부 게임이 없을 때까지 반복하고 마지막으로 남은 게임의 내시 균형을 구하라. 원게임의 고유 하부 게임에 대한 내시 균형의 순열이 전체 게임의 하부 게임 완전균형을 구성한다.

하부 게임 완전균형을 찾기 위해서는 **후진귀납법**이 사용될 수 있다. 각 순열에서 최후의 결정부터 시작하여 그 결정에 대한 균형을 결정한 다음, 최초의 결정에 도달할 때까지 거슬러 올라가면서 단계마다 균형을 결정한다. 그러므로 전략적 투자의 게임에서 2A나 2B는 1에 따른 최후의 결정이다. 2A에서 패서는 $4억을 잃기보다 손해를 안 보는 것이 나으므로 공장을 짓지 않기로 결정할 것이다. 2B에서는 $2억의 이윤이 0보다 나으므로 짓기로 결정할 것이다. 이제 1단계로 돌아간다. 스피젤라는 자기가 '짓는다'로 결정하면 이득이 $4억이지만 '안 짓는다'로 결정하면 이득이 $2억이라는 것을 안다. 스피젤라는 패서의 의사결정자가 합리적이고 이익을 추구한다는 것을 알기 때문에 그렇게 될 것을 안다. 스피젤라는 이 경우에 패서의 결정이 무엇일지를 어림할 수 있다. 따라서 스피젤라는 '짓는다'를 선택하고, (짓는다, 안 짓는다)의 순열이 이 게임의 하부 게임 완전균형이다.

엄밀하게 말하면 패서의 하부 게임 완전전략은 "**스피젤라가 지으면** 짓지 않고, **짓지 않으면** 짓는다."는 상황의존 전략이다. 그러나 우리는 혼동을 야기하지 않을 때는 상황의존성을 무시할 것이다. 폰 노이만과 모겐스턴이 순차적 게임의 전략을 이 의미에서 상황의존 전략으로 정의한 것을 상기하라. 그러나 플레이어들이 짓는가, 안 짓는가 하는 패서의 선택과 같이 고유 하부 게임 안에서 결정해야 하는 전략적 선택을 행동전략이라고 하며, 최근의 게임 이론에서는 전략이라고만 한다. 결정의 순열이 없는 게임에서는 상황의존 전략의 근거가 될 정보가 없으므로 이를 구별할 필요가 거의 없다. 이것은 다소간의 혼동을 유발할 수 있을 것이다. 아래에서 우리는 '전략'이 상황의존 전략을 의미하는지 아니면 행동전략을 의미하는지를 분명하게 하도록 유의할 것이다.

전략적 투자의 게임에서 두 경쟁자에게는 모두 아쉬워할 만한 이유가 있다. 패서는 자기가 짓고 스피젤라가 짓지 않으면 시장을 분할하여 $2억의 이윤을 가질 수 있을 것이다. 아무도 짓지 않으면 스피젤라가 $11억의 이윤을 얻을 수 있을 것이다. 그러나 이런 결과들은 발생하지 않는다. 각 기업은 다른 기업의 전략 선택에 대하여 최선반응을 하고 있다. 그것이 일반적인 '균형'의 의미이다. 그러나 이 경우에 균형은 스피젤라가 먼저 공약해야 한다는 것, 즉 공약구조도 고려해야 한다. 따라서 하부 게임 완전균형이 최선반응 균형이다.

2. 순차적 게임을 위한 개념

> 하부 게임 : 한 게임의 *하부 게임*은 모든 분기점과 완비정보 분기점 이후의 이득으로 구성된다.

이 예는 순차적 게임을 위한 주요 개념을 예시한다. 첫째, **하부 게임**의 개념을 좀 더 가깝게 보자. 그림 12.1과 대조하기 위하여 전개형 죄수의 딜레마를 다시 볼 수 있다. 편의상 그림 2.3을 그림 12.2로 다시 옮겼다. 우리는 앨이 1단계에서 그리고 밥이 2단계에서 각각 자백할 것인지 여부를 결정한다고 가정한다. 그림 12.1과 다른 점 하나를 주목하라. 2개의 다른 경우에 밥이 내리는 결정이 1개의 타원으로 둘러싸여 있다. 이것은 밥이 결정할 때 앨이 무슨 결정을 했는지 모른다는 것을 말한다. 밥은 앨의 결정을 모른 채 결정을 해야 한다. 그림으로 말하면, 밥은 자기가 타원의 위쪽에 있는지 아래쪽에 있는지 알지 못한다. 이 불확실성의 의미는 그림에서 2의 오른쪽 가지들이 하부 게임이 아니라는 것이다. 그림 12.1에서 2A와 2B가 다른 타원 속에 있다는 사실은 게임 이론의 부호로서 패서가 결정하기 전에 스피젤라가 한 결정을 안다는 것을 말한다. 게임의 목적을 위해서 패서는 **완전정보**를 갖고 있다(즉, 패서는 이전의 모든 결정을 안다).

전체 게임이 동시에 그 자체의 하부 게임이고, 전체의 일부에 불과한 하부 게임이 고유

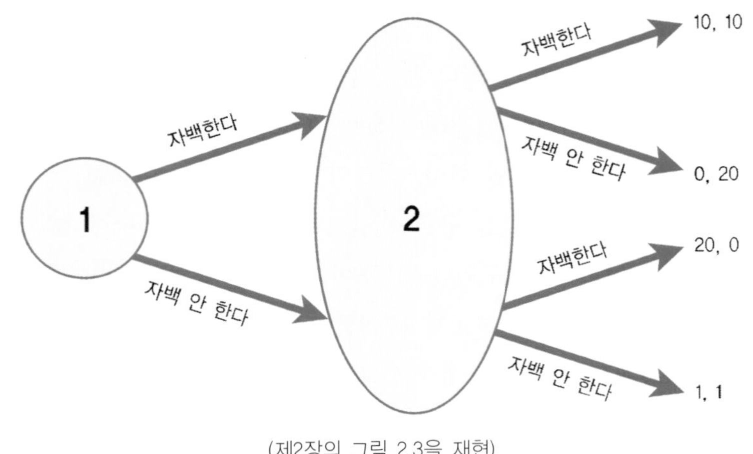

(제2장의 그림 2.3을 재현)

그림 12.2 전개형 죄수의 딜레마

하부 게임으로 불린다는 것을 상기하라. 그림 12.2와 12.1을 비교하라. 2A나 2B와 같은 마디는 '완비정보 마디'이다. 회색 타원에 둘러싸인 결정가지는 우리가 관찰한 바와 같이 진입 저지를 위한 전략적 투자의 게임에서 **고유 하부 게임**이다. 그것은 하부 게임이 가질 수 있는 또 하나의 중요한 성질을 나타낸다. 즉, 고유 하부 게임은 다른 하부 게임을 포함할 수 없다. 대신, 2A와 2B에서 나온 가지는 직접 이득으로 연결된다. 그래서 그것들은 **기초 하부 게임**이다. 대조적으로, 그림 12.1에서 마디 1로부터 시작하는 (전체 게임인) 하부 게임은 **복합 하부 게임**이다.

> 고유 하부 게임(Proper Subgame) : *고유 하부 게임*은 완전한 게임의 일부만을 포함하는 하부 게임이다.
>
> 기초 하부 게임/복합 하부 게임(Comples Subgame) : 다른 하부 게임을 포함하지 않는 하부 게임은 *기초 하부 게임*이다. 다른 하부 게임을 포함하는 하부 게임은 복합 하부 게임이다.
>
> 하부 게임 완전균형 : 게임의 모든 하부 게임에 내시 균형이 있으면 이 게임은 하부 게임 완전균형에 있다.

그것이 그림 12.2에서 마디 2의 오른쪽 가지들이 고유 하부 게임이 아닌 이유이다. 죄수의 딜레마는 고유 하부 게임을 갖고 있지 않다. 그러나 마디 1은 완비정보 마디이고, 앨이 알아야 할 필요가 있는 이전의 결정이 없으므로 마디 1은 그 오른쪽에 있는 마디와 함께 하부 게임을 구성한다. 죄수의 딜레마에는 전체 게임으로 구성되는 별 의미가 없는 1개의 하부 게임만 있고 '공약구조'가 없다.

그러나 그림 12.1처럼 고유 하부 게임을 가진 게임의 균형 개념은 위에서 본 것과 같이 '**하부 게임 완전균형**'이다. 하부 게임 완전균형을 위해서는 각 하부 게임이 내시 균형에 있을 필요가 있다. 이것은 진입 저지를 위한 전략적 투자의 게임에서 (짓는다, 안 짓는다)

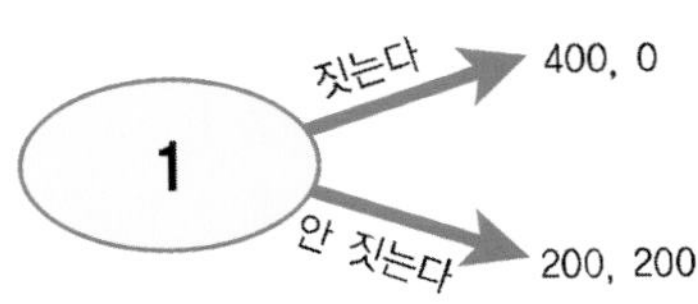

그림 12.3 진입 저지를 위한 전략적 투자의 축소 게임

의 순열에 의해 나타나 있다.

그러나 우리는 기초 하부 게임, 즉 어느 순열에서든 마지막 하부 게임에 대해서만 직접 내시 균형을 결정할 수 있다. 예컨대, 그림 12.1에서 스피젤라의 이득이 패서의 결정에 의해 좌우되고, 스피젤라는 패서가 나중에 선택할 전략에 대하여 사전적으로 최선반응을 할 수 없기 때문에 1에서 내시 균형을 결정할 수 없다. 따라서 우리는 각 순열에서 2A와 2B의 기초 고유 게임과 함께 시작한다. 그다음의 결정이 없으므로 이 마디들에는 다음의 결정에 활용할 수 있는 공약구조가 없다. 따라서 2개의 마디에 대해서만 내시 균형과 이득을 계산할 수 있다. 그러면 마디 1에 대한 이득을 얻는다. 이 게임을 2A와 2B에서 풂으로써 그림 12.1의 진입 저지 게임이 그림 12.3의 작은 게임으로 축소되었다.

이제 이 게임은 바로 풀 수 있다. 해는 "200보다 400을 얻으려고 짓는다."이다. 이것은 공약구조를 가진 게임을 풀기 위한 일반적 방법을 예시한다. 즉, 각 가지의 마지막 게임을 풀어 위와 같은 방식으로 게임을 작은 게임으로 '축소'하고 이 과정을 모든 하부 게임이 풀릴 때까지 반복하라. 그러면 하부 게임 완전균형을 얻는다. 어떤 경영 자문가의 말대로 "앞을 향하여 생각하고 뒤를 향하여 추론하라(think forward and reason backward)."[1] 즉, 고유한 게임이 무엇인가를 결정하기 위해 앞을 향하여 생각하고, 그것을 최선반응 전략과 균형에 대하여 풀기 위해 뒤를 보고 추론하라.

후진귀납법과 하부 게임 완전균형은 순차적 게임에서 중요한 합리적 전략의 원리이다. 전략가는 정말로 "앞을 향하여 생각하고 뒤를 향하여 추론해야 한다." 이것은 특히 기업의 영역에서 맞는 말이며, 이 장에서 앞으로 나올 몇 개의 예에서 보듯이 군사 작전, 공공 정책과 개인 생활에 적용된다.

3. 스페인 반란의 재고찰

이 책의 첫머리에 나온 로마 시대의 스페인 반란 게임을 다시 보자. 기억하는 바 경쟁자는 히르툴레이우스와 메탈루스 피우스이다. 히르툴레이우스의 전략은 뉴카르타고로 가거나 피우스가 진군할 때까지 라미니움에서 기다렸다가 바에티스 강에서 차단하는 것이다. 피우스의 전략은 바로 라미니움으로 가서 히르툴레이우스의 군단을 돌파하거나 가데스로

1) Hugh Courtney, Games managers should play, *World Economic Affairs*, 2(1) (Autumn, 1997), p. 48.

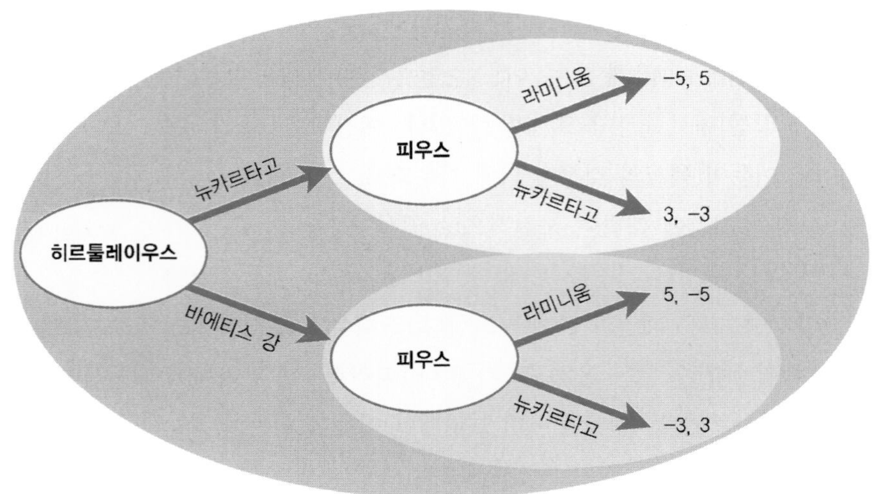

그림 12.4 하부 게임이 있는 스페인 반란

가서 뱃길로 뉴카르타고로 가는 것이다. 이 게임의 전개형은 그림 12.4에 숫자로 표시된 이득과 함께 나타나 있다. 첫째 이득은 먼저 움직여야 하는 히르투레이우스에 대한 것이다(그러므로 순서가 제2장의 표 2.3과 반대이다).

그림 12.4에서 하부 게임은 연한 회색 타원으로 나타나 있다. 관례대로 전체 게임은 하부 게임으로 간주된다. 고유 하부 게임이 2개 있고 모두 기초 하부 게임이다. 콜린 맥컬러프는 그의 소설에서 히르툴레이우스의 유일한 합리적 선택은 피우스를 바에티스 강에서 차단하는 것이라고 하였다. 그것이 이 게임의 하부 게임 완전 해인지 보자.

이 게임의 하부 게임 완전균형을 풀기 위해 우리는 물론 '앞을 향하여 생각하고 뒤를 향하여 추론'할 것이다. 즉, 기초 하부 게임을 푼 다음에 전체 게임을 풀기 위해 그것으로부터 거슬러 올라갈 것이다. 2개의 기초 하부 게임 가운데 위의 하부 게임을 먼저 푼다. 이 하부 게임에서 피우스는 라미니움으로 가면 5를 얻지만 뉴카르타고로 가면 3을 잃는다. 그래서 라미니움이 이 하부 게임의 해이다. 밑의 하부 게임에서 피우스는 뉴카르타고로 가면 3을 얻지만 라미니움으로 가면 5를 잃는다. 그래서 뉴카르타고가 이 하부 게임의 해이다. 이 정보를 이용하여 스페인 반란을 그림 12.5의 게임으로 축소할 수 있다. 그 게임에서 히르툴레이우스는 뉴카르타고로 가면 5를 잃지만 바에티스 강으로 가면 3만 잃는다.

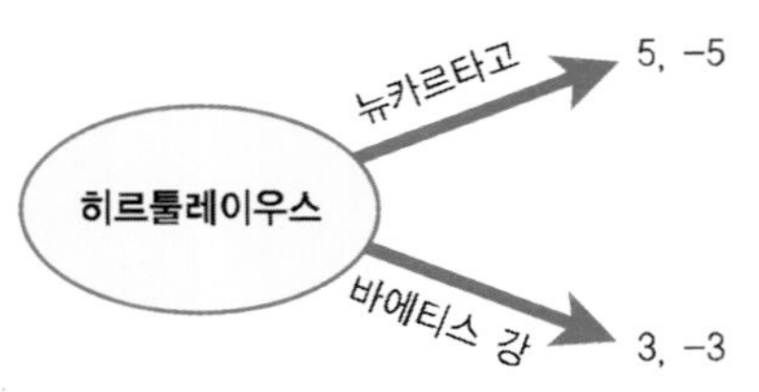

그림 12.5 축소된 스페인 반란

따라서 바에티스 강이 축소된 게임의 해이고, 피우스가 뉴카르타고로 가는 도중에 히르툴레이우스가 바에티스 강에서 피우스를 차단하는 것이 하부 게임 완전 균형이다. 바에티스 강 전략이 히르툴레이우스가 합리적으로 선택할 수 있는 유일한 전략이라고 한 콜린 맥컬러프는 게임의 균형을 옳게 파악한 것 같다.

그래서 히르툴레이우스는 나쁜 상황에 있다. 피우스의 목적지와 스페인 동부의 목적지 사이에 있기 때문에 히르툴레이우스는 뉴카르타고로 갈 것인지 가지 않을 것인지를 먼저 공약해야 한다. 그 결과, 그는 나쁜 것과 더 나쁜 것 중에서 선택해야 한다. 그러나 순서가 바뀐다면 어떻게 될까? 피우스가 먼저 결정해야 한다면 어떻게 될까? 답은, 만일 피우스가 먼저 선택해야 한다면 그는 나쁜 것과 더 나쁜 것 중에서 선택해야 한다는 것이다. 이 게임에서 누구든 먼저 결정하는 플레이어가 최악의 결과를 갖는다.

연습문제 : 이 게임을 피우스가 먼저 전략을 선택한다는 점에서 다르게 전개형으로 나타내라. 히르툴레이우스가 이 게임을 하부 게임 완전균형에 대하여 풂으로써 더 낫게 할 수 있다는 것을 증명하라.

4. 내시와 하부 게임 완전균형

우리는 하부 게임 완전균형이 내시 균형처럼 최선반응 균형이라는 것을 보았다. 하부 게임 완전균형을 찾기 위해 먼저 기초 하부 게임에서 내시 균형을 결정한다. 분명히 두 개념은 밀접하게 연관되어 있다. 둘 사이의 관계를 잘 이해하기 위해서 제2장에 있는 다른 예인 방울새 사와 파랑새 사 간의 진입 게임을 보자. 이 게임을 전개형으로 나타낸 것이 그림 12.6에 옮겨져 있다. 표 12.2는 게임의 내시 균형이 음영으로 처리된 것을 제외하면

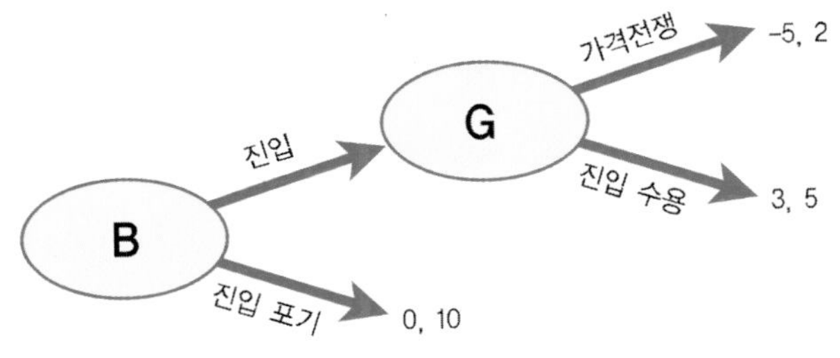

(제2장의 그림 2.1을 거의 그대로 재현)

그림 12.6 전개형의 시장 진입 게임

표 12.2 정규형의 시장 진입 게임
(제2장의 표 2.1을 거의 그대로 재현)

		방울새	
		만일 파랑새가 진입하면 수용한다. 파랑새가 진입하지 않으면 평소대로 영업한다.	만일 파랑새가 진입하면 가격전쟁을 시작한다. 파랑새가 진입하지 않으면 평소대로 영업한다.
파랑새	진입한다	3, 5	−5, 2
	진입 안 한다	0, 10	0, 10

제2장의 표 2.1과 같으며, 이 게임을 정규형으로 보여 준다.

그러나 이 시장 진입 게임의 내시 균형 2개는 같지 않다. 이 게임에 후진귀납법을 적용할 때 어떻게 되는지 주목하라. 마디 2에서 방울새(G)는 '가격전쟁'보다 '진입 수용'을 선택하여 2보다 5를 얻는 것이 좋다. 그러므로 이 게임의 정규형 표의 왼쪽 열에 있게 되고, 음영으로 나타난 내시 균형이 이 게임의 유일한 하부 게임 완전균형이 된다. 밑의 오른쪽에 음영으로 나타난 내시 균형은 하부 게임 완전균형이 아니다. 왜 그럴까? 어떤 플레이어도 일방적으로 이탈하여 좋아질 수 없으므로 그것은 내시 균형이다. 그러나 파랑새(B)가 먼저 '진입' 전략을 공약하면 방울새가 '진입 수용' 전략으로 이동할 것이므로 이것의 의미는 작다. 다르게 표현하면, 가격전쟁을 하겠다는 방울새의 위협은 기초 하부 게임에서 균형이 아니므로 신빙성이 없다.

이 경우에 2개의 내시 균형이 있지만 1개만이 하부 게임 완전균형이다. 다른 1개는 '믿을 수 없는 위협(incredible threat)'이다. 이것은 하부 게임 완전균형과 내시 균형 일반 간의 관계를 나타낸다. 모든 하부 게임 완전균형은 내시 균형이지만 모든 내시 균형이 하부 게임 완전균형은 아니다. 게임 이론가들은 이것을 하부 게임 완전균형이 내시 균형의 정련이라고 말한다. 일반적으로 정련은 하부 게임 완전성처럼 더 엄격한 해의 기준에도 부합하는 내시 균형이다.

5. 지네 게임

전개형 게임의 분석은 최근의 게임 이론과 실험 연구에 상당한 영향을 주었다. 그 일례가 '지네 게임(Centipede Game)' 또는 '지네'라고만 불리는 것이다(이 이상한 이름에 대해서는 몇 문단 뒤에서 설명할 것이다). 가장 단순한 지네 게임은 다음과 같다.

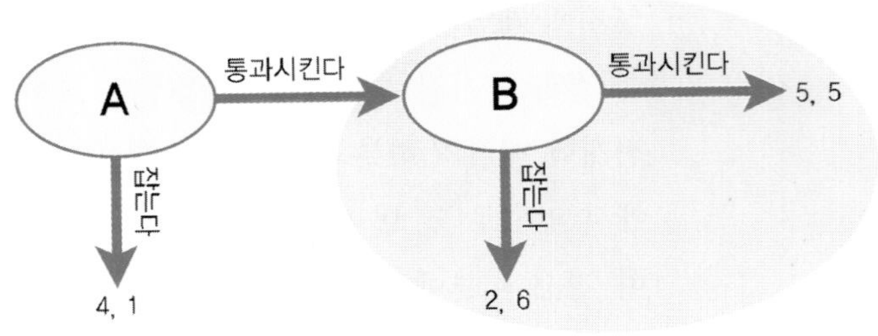

그림 12.7 지네 게임

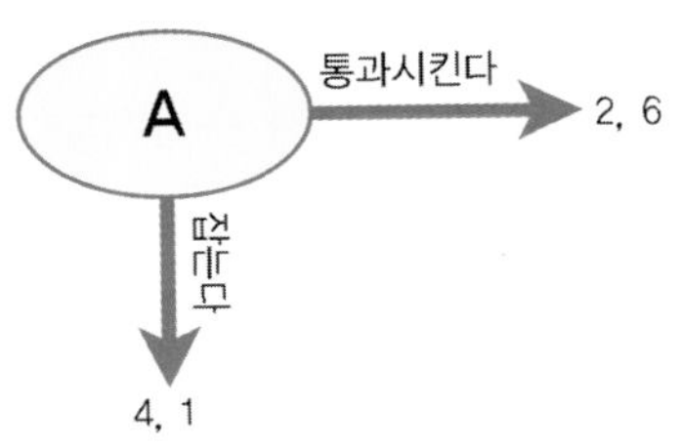

그림 12.8 축소된 지네 게임

참가자는 애나와 바브 2명이다. 책상 위에 돈뭉치가 있다. 첫째 단계에서 플레이어 A(애나)는 돈을 잡거나 B(바브)가 잡도록 통과시킬 수 있다. 만일 애나가 잡으면 바브는 애나보다 적은 금액을 얻는다. 애나가 첫째 단계에서 통과시키면 게임의 주최자가 판돈을 더 놓는다. 둘째 단계에서 바브가 이 판돈의 대부분을 갖고 애나에게는 작은 몫만 남겨 두거나 아니면 다시 통과시킬 수 있다. 그러나 바브도 둘째 단계에서 통과시키면 둘이서 판돈을 나누어 갖고 게임이 끝난다. 그림 12.7은 이 게임을 전개형으로 나타낸 것이다. 첫째 마디는 플레이어 A(애나)의 결정이고 둘째 마디는 플레이어 B(바브)의 결정이다. 이득은 화살표의 끝에 적혀 있는데 애나의 이득, 바브의 이득 순이다. 따라서 애나가 첫째 단계에서 통과시키고 바브가 판돈을 잡으면 애나는 $2를 얻고 바브는 $6를 얻는다. 이 지네 게임은 두 단계만 있다는 점에서 단순하지만 셋, 넷, 여섯, 수백, 심지어 그보다 훨씬 많은 단계로 연장될 수 있다. 그림 12.7이 100개의 단계로 연장된 것을 그려 볼 수 있다면 왜 이것이 '지네 게임'이라고 불리는지 이해할 수 있을 것이다.

게임을 풀기 위해 우리는 "앞을 향하여 생각하고 뒤를 향하여 추론한다." 2단계 지네 게임은 그림 12.7에서 회색 타원으로 나타난 고유 하부 게임을 1개만 가지며, 그것은 기초 하부 게임이다. 그 하부 게임에서 바브는 '잡는다'를 선택할 것이고 이득은 애나에게 2, 바브에게 6일 것이다. 우리는 이 해를 가지고 지네 게임을 그림 12.8에 나타난 게임으로 축소한다. 이 게임에서 애나는 2를 얻는 '통과시킨다'보다 4를 얻는 '잡는다'를 선택하며, 이것이 게임에 대한 하부 게임 완전 해이다. 게임이 100번이나 그 이상 아무리 많이 연장되더라도 같은 방식으로 분석하고 같은 결론에 도달할 것이다. 그림 12.8에 도달할 때까지 한 번에 한 단계씩 제거하면 애나를 위한 하부 게임 완전균형이 '돈을 갖고 튀어라'(우디 앨런의 영화 제목에서 빌렸다)라는 것을 알게 된다. 다음 절에서 4단계 지네 게임을 예시할 것이다.

지네 게임은 죄수의 딜레마와 비슷하다. 죄수의 딜레마가 정규형 비협조 게임이 비효율적 결과를 가질 수 있다는 가능성을 보이는 표준사례이듯이, 지네 게임은 어떻게 그것이 전개형 게임의 하부 게임 완전균형에서 일어날 수 있는가를 예시한다. 지네 게임은 이 책에서 앞으로 몇 번 더 나올 것이다. 재미있는 예가 많다. 다음은 4단계 지네 게임의 예이며 경제 이론에 적용한 것이다.

6. 코코넛 게임

경제학, 정치, 공공 정책에서는 순차적 게임을 많이 응용한다. 오스트리아 학파의 경제학자들은 로빈슨 크루소(Robinson Crusoe)와 연관된 예를 즐겨 이용한다. 다음의 예는 로빈슨과 그의 미국인 친구 조 프라이데이에 관한 이야기[2]로 순차적 게임과 오스트리아 학파의 경제 이론을 응용한 것이다.

로빈슨과 조는 대양 유람선을 탔는데 배가 침몰하면서 표류했다. 그들이 가진 것은 노로 젓는 보트와 조그만 연장통뿐이었다. 밤이 가고 아침이 되도록 노를 저어 섬이 많이 있는 늪에 닿았다. 그들에게 가장 가까운 섬은 4그루의 야자수만 있는 아주 작은 섬이다. 늪의 건너편으로 겨우 보이는 큰 섬에는 자원이 풍부하여 두 사람이 구조될 때까지 생존할 수 있다. 그러나 그들은 지금 당장 배가 고프고 목이 말라서 작은 섬에 올라 코코넛을 따기로 합의했다. 그들은 코코넛으로 원기를 회복하고 나머지 뱃길을 노를 저어 갈 수 있을 것이다.

그들의 계획은 차례로 야자수의 꼭대기에 올라가서 코코넛을 떨어뜨리는 것이다. 로빈슨부터 먼저 올라가고 조가 다음으로 올라가며 다시 로빈슨이 올라가는 순서이다. 밑에 있는 사람이 떨어진 코코넛을 주워 보트에 보관할 것이다(아무도 코코넛을 줍지 못하면 코코넛은 떨어져 밀려오는 파도에 휩쓸려 사라질 것이다). 그리고 그들은 코코넛을 똑같이 나누어 가질 것이다. 야자수마다 5개의 코코넛이 달려 있어 그들은 더 큰 섬으로 노를 저어 가기 전에 20개의 코코넛을 얻을 수 있다(물론 교과서의 예니까 그만큼 정확하다). 문제는 밑에 있는 사람이 속이지 못하게 할 장치가 없다는 것이다. 어느 단계에서든 나무 밑에 있는 사람이 쌓여 있는 코코넛을 전부 갖고 보트를 타고 가 버릴 수 있다. 그러면 그는 코코넛을 동료와 나누지 않고 혼자서 다 먹을 수 있을 것이다. 그것은 상당히 불공정

---

2) 역자 주 : 1719년에 출판되어 최초의 영어 소설로 간주되는 로빈슨 크루소는 대니얼 디포(Daniel Defoe)가 지은 것이다. 원작에 나오는 프라이데이는 미국인이 아니라 로빈슨이 금요일에 만난 원주민이다.

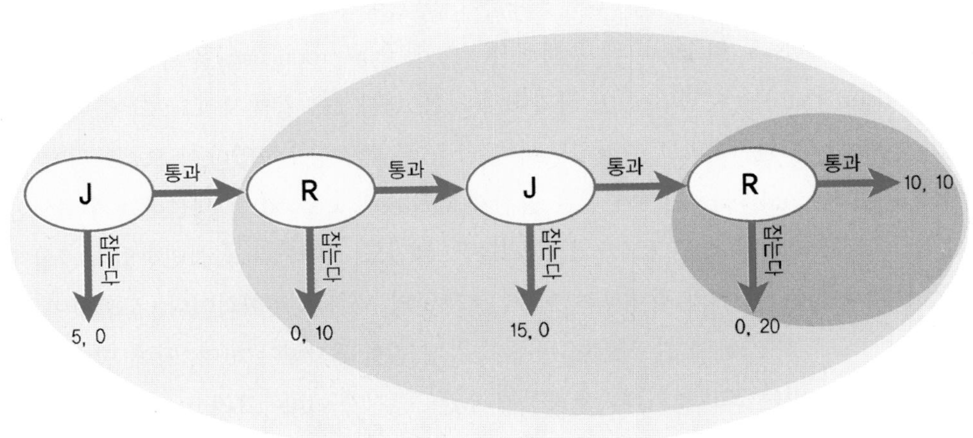

그림 12.9 코코넛 게임

해 보이지만 이 표류자들은 합리적인 플레이어이다. 각자 자기가 가질 코코넛의 수를 최대화하려고 하며 상대방도 그렇게 할 것이라고 가정한다.

그림 12.9는 게임의 전개형이다. 각 단계에서 두 표류자는 코코넛을 줍고 다음 차례에 나무에 올라가는 것(또는 마지막에 똑같이 나누는 것)과 쌓아 놓은 코코넛을 갖고 멀리 도망가는 것 중에 선택해야 한다. 이 두 전략을 각각 '통과시킨다'와 '잡는다'로 부르자. 조가 첫째 마디에서 선택하고 로빈슨이 둘째 마디에서 선택하는 순서로 반복한다. 이득은 조의 것을 먼저 쓰고 로빈슨의 것을 다음에 쓴다. 하부 게임은 회색 타원으로 표시되며, 우리는 이 게임에서 모든 하부 게임이 차례로 더 큰 하부 게임에 포함된 것을 알 수 있다. 이것이 해법을 간단하게 한다. 마지막 게임만이 기초 하부 게임이다. 우리는 그것부터 푼다. 로빈슨은 통과시켜서 10개씩 똑같이 나누기보다 20개의 코코넛을 잡는 것이 분명히 낫다. 따라서 셋째 마디에서 조가 통과시키면 조는 0개의 코코넛밖에 기대할 수 없으므로 15개를 모두 잡는 것이 낫다. 이는 둘째 마디에서 로빈슨이 통과시키면 그가 얻게 될 것은 0개밖에 기대할 수 없다는 것을 의미하므로 로빈슨은 이미 쌓여 있는 10개를 잡는 것이 낫다. 마찬가지로 조가 첫째 마디에서 통과시키면 0개밖에 기대할 수 없다는 것을 의미하므로 조로서는 처음에 쌓인 코코넛 5개를 잡는 것이 낫다. 게임은 바로 첫째 마디에서 끝난다. 이것이 하부 게임 완전균형이다. 이는 코코넛의 1/4만 채취되고 로빈슨은 1개도 갖지 못하는 매우 불만족스러운 비협조 게임이다. 여하간 로빈슨은 이 계획에 동의하지 않을 것이다.

이 게임은 오스트리아 학파와 그 선구자들이 공업 국가에서 중요하다고 생각한 생산의 측면, 즉 분업(division of labor)과 우회생산(roundabout production)을 부각시킨다. 아담 스미스(Adam Smith)는 분업이 공업 국가에서 노동 생산성을 증대시키고, 그에 따라 생활 수준을 높이는 주 원천이라고 주장하면서 분업을 특별히 강조하였다.[3] 오스트리아 학파는 최종소비재를 생산하는 기계와 같은 중간재(intermediate good)를 생산하는 우회생산이 생산성에 더 큰 효과를 갖는다고 느꼈다(그들은 분업도 기여한다고 시인하였다). 실제로 우회생산과 분업은 이 예와 같이 병행한다. 코코넛의 채취는 우회적이다. 코코넛이 생산되기에 앞서 표류자 가운데 한 사람이 나무 타기에 힘을 투자해야 하며, 땅에 떨어진 코코넛은 소비될 수 있는 코코넛이 되는 과정에 있는 '중간재'이다. 그리고 노동을 분담하여 올라가기와 줍기의 두 가지 일을 할 두 사람이 없다면 코코넛을 채취할 수 없다.

이 예의 주안점은 우회생산과 분업이 불공평한 기회주의를 초래하고, 이것이 거꾸로 고생산성 우회생산을 불가능하게 한다는 것이다. 그렇다면 어떻게 공업화하는 나라들이 있는 것인가? 요점은 그 나라들에는 법적 강제력을 가진 계약제도가 있다는 것이다. 우회생산에 종사하는 사람들은 그들의 성과에 대한 계약에 서명을 하므로, 만일 그들이 코코넛을 갖고 달아난다면 고소당할 수 있다. 이 예에서 로빈슨과 조에 대한 문제는 계약의 이행을 보장할 외부 기관이 없다는 것이다. 현실적으로 정부가 매우 부패하고 계약이 효과적으로 이행되기 어려운 저개발국은 흔히 경제개발이 훨씬 낙후되어 있다.

코코넛 게임은 지네 게임의 특별한 예이다. 이 예가 시사하듯이, 지네 게임은 계약의 서명에 의해 공약할 수 있다는 점이 얼마나 중요한가를 말해 준다. 이 장에서는 끝으로 냉전 시대 미국의 군사적·정치적 전략에 지네 게임을 응용한 예를 제시한다.

7. 반격

대략 1949년부터 1989년의 냉전 기간 동안 미국은 소련에 대항하여 독일 연방공화국(서독)을 포함한 유럽의 강국들과 동맹 관계에 있었다. 소련은 유럽에서 수적으로 우세한 지상군을 갖고 있었으며, 일반적으로 소련이 공격하기로 마음만 먹으면 서독을 재빨리 궤멸시킬 수 있을 것이라고 믿었다. 이를 막기 위해서 미군은 서독에 주둔하고 있었다. 그러나 미군은 소련의 전면적 공격을 격파할 만큼 강하지 않았다. 그렇게 하려면 미국이 서독에

3) 역자 주 : 애덤 스미스(1723~1790)는 현대 경제학의 원조로 인정받고 있다. 그가 제시한 '보이지 않는 손(invisible hand)'에 의해 조정되는 자유시장 기구의 본질은 현대 자본주의의 이념적 기반을 구성한다.

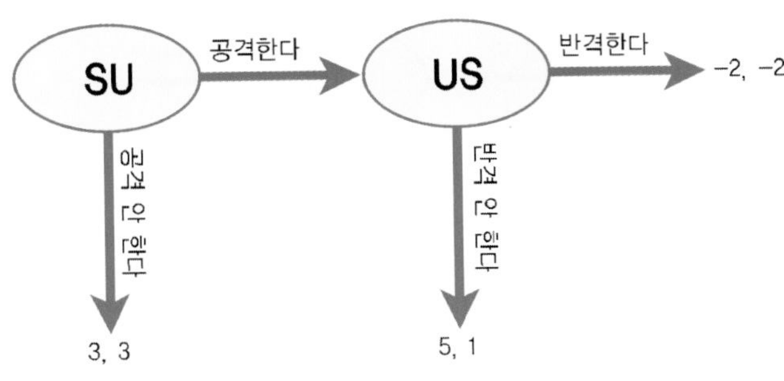

그림 12.10 서독에 미군이 없을 때 유럽의 냉전

공약하려고 하는 규모보다 훨씬 많은 병력이 필요하였다. 그래서 미국이 서독에 주둔시킨 병력의 규모는 소련이 원하면 확실하게 무너뜨릴 수 있는 정도에 불과하였다. 그 규모는 200년 전 위대한 이로쿼이(Iroquoi) 인디언 지도자의 말을 인용하면, 싸우기에는 너무 적고 다 죽기에는 너무 많은 정도였다.[4)]

소련의 공격을 억제한 것은 서독에 있는 군대가 아니라, 미군이 공격을 받으면 심지어 핵무기까지도 사용하여 반격할 수 있다는 대규모 보복의 위협이었다. 그러나 이 장에서 본 것처럼 위협은 항상 믿을 수 있는 것이 아니다.

그림 12.10은 미국이 서독에 군대를 주둔시키지 않을 때 생길 것이라고 믿는 상황과 대체로 비슷한 게임을 보여 준다. 소련(SU)이 공격하면 미국(US)은 반격을 하거나 하지 않을 수 있다. 미국이 반격하면 (−2, −2)의 이득조합이 나타내듯이 두 나라가 모두 나빠진다. 반격하지 않으면 미국은 소련이 서독을 공격하기 전보다 나빠진다. 미국은 소련이 공격하지 않으면 3의 이득을 얻는다. 소련이 공격할 때 미국이 반격하지 않으면 미국은 3 대신 1의 이득을 얻지만 반격할 때보다는 좋다. 게임 이론의 용어로 말하면 미국의 결정은 이 게임에서 유일한 기초 하부 게임이고, 이 하부 게임에서 내시 균형은 반격하지 않는 것이다. 따라서 (공격한다, 반격 안 한다)가 하부 게임 완전균형이고, 반격의 위협은 신빙성이 없다.

그러나 미국은 서독에 군대를 주둔시킴으로써 게임의 규칙을 바꿀 수 있었다. 당시에 흔히 사용되었던 미군의 **덫의 철사**(tripwire)라는 표현이 힌트를 준다. 그 말에 함축된 뜻은, 소련이 서독 내 미군을 섬멸할 수 있지만 그렇게 되면 불가피하게 미국의 반격을 초래할

4) 헨드리크(Hendrick) 왕이라는 영어 이름으로 알려진 모호크(Mohawk) 족 추장 티야노가(Tiyanoga)는 필립(Philip) 왕의 전쟁 중 제의된 원정에 관해 다음과 같이 말했다고 기록되어 있다. "나의 전사들이 싸워야 한다면 너무 적다. 그들이 죽어야 한다면 너무 많다." 이 말은 때때로 조셉 브란트(Joseph Brant)로 알려진 그 후의 모호크 족 추장 타옌다네가(Thayendanega)가 한 것으로도 추정되기도 한다. 타옌다네가는 티야노가의 말을 그대로 인용했거나 바꿔 표현했을 수 있지만, 타옌다네가가 그런 말을 했다는 것은 꾸며 낸 이야기에서 비롯된 것일지 모른다.
역자 주 : 필립 왕의 전쟁은 1675년부터 1년에 걸쳐 현재 미국의 뉴잉글랜드 지방에서 영국 정착민과 토착 인디언 간에 벌어진 전쟁으로 인디언 전쟁 역사상 가장 처참한 살육전으로 알려져 있다. 필립 왕은 당시 인디언 부족의 지도자였던 메타콤(Metacom)을 영국인들이 부른 이름이었다.

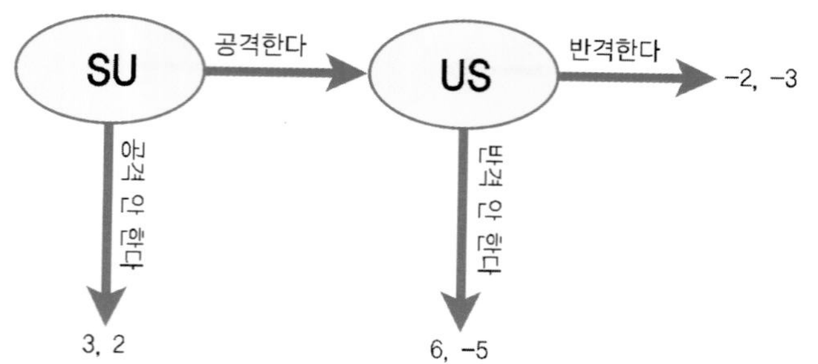

그림 12.11 서독에 미군이 있을 때 유럽의 냉전

것이라는 가능성이 처음부터 소련의 공격을 저지하기에 충분하다는 것이다. 미국은 서독에 소규모의 군대를 파견함으로써, 공격을 받았을 때 그들을 구하기 위하여 반격하지 않으면 주둔군이 궤멸하는 것을 보게 될 것이다. 그러면 이득이 그림 12.11과 거의 같을 것이다.

미군이 서독에 주둔하는 경우에 소련이 공격하고 미국이 반격하지 않으면 소련이 미군의 대부분을 섬멸할 수 있으므로 소련의 이득이 증가하지만, 미국에 대한 이득은 모든 가능한 경우에 감소한다. 공격이 없더라도 미국은 주둔군을 유지하는 비용을 지불한다. 미국이 반격하면 주둔군을 구출하기 전에 그중 상당한 부분을 잃게 될 것이다. 그러나 가장 큰 변화는 소련이 공격하고 미국이 반격하지 않는 경우에 발생한다. 그러면 서독에 주둔한 전체 병력을 잃는다(정치적 비용도 있을 것이라는 지적이 있었다. 서독 주둔군의 파멸을 야기한 정부는 조만간 정권을 잃을 것이다. 따라서 그림 12.11의 이득은 단지 군사적 이득이라기보다 정치적 이득도 포함한 것이라고 볼 수 있다). 미국에 대한 이득이 모든 경우에 낮으므로 표면적으로는 미군의 주둔이 비합리적으로 보일 수 있을 것이다.

그럼에도 불구하고 미국에 대한 결과가 좋아진다. 기초 하부 게임의 해가 바뀌어 이제는 '반격한다'가 최선반응이 된다. 반격의 위협을 믿을 수 있고, 하부 게임 완전균형은 소련이 공격하지 않는 것이다. 그리고 실제로 그렇게 되었다.

물론 숫자로 나타낸 이득은 추측이다. 당시 핵강국 간에 전면전이 일어났다면 이득이 어떻게 될 것인지 아무도 알 수 없다. 그러나 위와 같은 이득의 상대적 크기가 당시 미국의 전략적 사고, 대체로 성공적이었던 추론을 예시한다고 할 것이다.

8. 요약

순차적 게임을 다룬 이 장에서는 1명 이상의 플레이어가 공약을 한 다음 다른 플레이어가 반응할 수 있는 게임을 보았다. 이러한 유형의 게임을 분석하기 위해 하부 게임 완전균형의 개념이 사용되었다. 그것은 '앞을 향하여 생각하고 뒤를 향하여 추론하라'라는 슬로건에 직감적으로 나타난다. 첫째, '앞을 향하여 생각'하면서 게임을 하부 게임으로 나누어 분석한다. 하부 게임 완전균형을 위한 조건은 게임의 각 하부 게임이 그 자체로 내시 균형에 있다는 것이다. 전체 게임을 포함하지 않는 하부 게임은 고유 하부 게임이고, 고유 하부 게임을 포함하지 않는 하부 게임은 기초 하부 게임이다. 게임나무의 끝에 있는 하부 게임은 기초적인 고유 하부 게임이다. 하부 게임 완전균형을 찾기 위해 우리는 '뒤를 향하여 추론'하라는 후진귀납법을 사용한다. 첫째, 모든 기초 하부 게임을 풀고 기초 고유 하부 게임을 그 균형이득으로 대치함으로써 게임을 축소한다. 그리고 고유 하부 게임이 없는 게임에 도달할 때까지 단계적으로 역진하면서 축소된 게임을 같은 방식으로 분석한다. 하부 게임을 순차적으로 풀고 남은 마지막 게임의 해가 하부 게임 완전균형이다.

우리는 연출의 순서가 게임의 결과를 다르게 한다는 것을 보았다. 스피젤라와 패서 간의 진입 게임처럼 먼저 움직이는 플레이어가 유리할 수도 있고, 스페인 반란처럼 먼저 움직이는 플레이어가 불리할 수도 있다. 많은 비협조 게임과 같이 두 플레이어가 결과에 대하여 아쉬워할 이유가 있을 수도 있다.

(가격전쟁을 포함한) 위협과 보복의 게임은 순차적 게임의 중요한 유형이다. 그러한 게임에서 위협이 신빙성을 가지려면 하부 게임이 완전해야 한다. 이 원리는 병력의 배치와 많은 위협 · 보복의 게임에 이르기까지 광범하게 응용된다. 지네 게임은 순차적 게임의 또 다른 중요한 예이다. 이 게임은 경제학과 공공 정책에 응용되지만 최근의 방대한 실험적 연구에서도 중요하다. 이는 뒤에서 자세히 다룰 것이다.

Q12. 연습문제

Q12.1 **도로의 분노**(road rage) '도로의 분노'라고 할 다음의 단순한 게임을 고려하라. 앨과 밥이라는 2명의 플레이어가 있다. 밥은 (아마 주행 중인 앨한테 끼어들어 밖으로 밀어내면서) 싸움을 거는 것(공격한다)과 싸움을 걸지 않는 것(공격 안 한다) 중에 선택할 수 있다. 밥이 '공격 안 한다'를 선택하면 앨이 선택할 전략이 없지만 밥이 공격하면 앨은 (아마 위험하게 운전하거나 밥의 차에 총으로 사격함으로써) '보복한다'는 전략과 '보복 안 한다'는 전략 중에 선택할 수 있다. 표 12.3a는 이 게임을 정규형으로 표현한 것이다.

표 12.3a 도로의 분노 게임

		밥	
		공격한다	공격 안 한다
앨	밥이 공격하면 보복하고, 공격하지 않으면 가만히 있는다.	−50, −100	5, 4
	밥이 공격하면 보복하지 않고, 공격하지 않으면 가만히 있는다.	4, 5	5, 4

관행대로 왼쪽의 이득이 앨에 대한 것이고 오른쪽의 이득이 밥에 대한 것이다. 이 게임의 나무그림을 그려라.

a. 이 게임의 하부 게임은 무엇인가?
b. 어느 하부 게임이 기초 하부 게임인가?
c. 이 게임의 하부 게임 완전균형을 결정하라.
d. 이 하부 게임 완전균형은 현실 세계에서 일어나는 것 같은가? 가부간 답을 설명하라.
e. 많은 정부가 보복을 징벌함으로써 도로의 분노를 억제하려고 하지만, 워싱턴 주 경찰은 공격적 운전에 대한 벌칙금을 인상함으로써 도로의 분노를 억제하는 정책을 채택하였다. 이 정책은 게임 이론의 관점에서 타당한 것인가?

Q12.2 옴니코프 옴니코프는 기업에서 널리 쓰이는 옴니 스캐너를 독점 판매하는 기존의 회사이다. 그러나 뉴코프는 옴니 스캐너를 더 싸게 생산하는 공정에 대한 독점권을 확보하였다. 뉴코프는 아직 옴니 스캐너의 판매를 시작하지 않았고, 옴니코프는 만일 새로운 기업이 시장에 들어오면 새로운 경쟁자를 파산시키기 위해 원가보다 낮은 가격을 매길 태세가 되어 있다는 것을 주지시켰다. 뉴코프가 시장에 진입하면 두 회사는 각각 p_1이나 p_2의 가격을 선택할 수 있다. 단, c_1을 (옴니코프가 사용해야 할) 구기술에 의한 옴니 스캐너의 평균생산비용, c_2를 신기술을 사용할 때의 평균생산비용이라고 하면 $p_1 > c_1 > p_2 > c_2$이다. 만일 두 기업이 경쟁하여 같은 가격을 매긴다면 시장을 양분하여 각각 $Q/2$를 팔며, 어느 한 기업이 더 낮은 가격을 매긴다면 그 기업이 전체 수요량 Q를 팔고 다른 기업은 전혀 팔지 못한다고 가정하라.

옴니코프는 만일 뉴코프가 옴니 스캐너 시장에 들어오면 가격전쟁으로 보복할 것이라고 위협해 왔다. 이 위협은 믿을 수 있는가? 그 이유는 무엇인가?

Q12.3 이혼 존스 부인이 존스 씨와 이혼하려고 한다. 결혼 전에 합의한 조건에 따라 존스 부인이 존스 씨의 혼외정사를 증명하면 $100,000, 그렇지 못하면 $50,000를 위자료로 받게 된다. 부인의 대리인인 변호사는 사립탐정을 고용해야만 남편의 혼외정사를 증명할 수 있는데 여기에 드는 $10,000의 비용은 변호사가 받는 수임료에서 지불된다. 존스 부인은 변호사에게 사건의 결과와 무관하게 일정한 금액 $20,000를 주거나 위자료의 1/3을 줄 수 있다. 변호사는 자기에게 이익이 될 경우에만 사립탐정을 고용할 것이다.

a. 가장 먼저 움직일 사람은 누구인가?
b. 이 게임의 '전개형'을 나무그림으로 그려라.
c. 플레이어들의 전략을 정규형으로 표현하라.
d. 존스 부인은 어떤 지불방법을 선택해야 이 사건에서 이길 수 있는가? (후진귀납법을 사용하라.)
e. (정액 수임료나 1/3의 성공 보수 외에) 존스 부인은 자신을 위한 최선의 결과를 얻기 위해 변호사를 보상할 다른 방법을 생각할 수 있는가?

Q12.4 철야 도박 내 정보원의 말에 의하면 다음의 이야기는 실화이다. 혹시 있을지 모를 무고한 사람을 보호하기 위해 이름은 가명을 쓴다. 게임은 뉴저지의 애틀랜틱시티(Atlantic City)에 있는 도박과 향락 산업에 근거를 둔 것이다.[5] 네바다의 백만장자 도박사 NM(Nevada millionaire)은 현재 BC(Biggernyou Co.)가 소유하고 있는 애틀랜틱시티의 노른자위 땅을 사고 싶어 한다. BC는 두 곳에 대규모의 부동산을 갖고 있는데, 하나는 해변 산책로의 중심에 있고 다른 하나는 남쪽 끝의 해변에 있다. 남쪽 끝에 있는 땅은 블록의 중앙에서 해변을 보고 있는 '모래언덕' 카지노를 제외하면 거의 4개 블록의 크기이다. 산책로의 중심에 있는 부동산은 멋있고 유명한 빌트웰 호텔이다.

NM은 빌트웰을 원하지만 BC는 팔려고 하지 않는다. NM은 제삼자가 소유하고 있는 모래언덕을 살 수 있으나 자신의 계획을 위해 사용하기에는 너무 작다. BC는 빌트웰의 매각을 제안하거나 제안하지 않는 두 가지 전략을 갖고 있으며, 현재까지 그의 전략은 '제안 안 한다'였다. NM은 더 좋은 제의가 나올 때까지 기다린다(대기), 모래언덕을 사서 호화스러운 고급 카지노로 운영한다(호화), 싸구려 슬롯머신 홀로 운영한다(슬롯)는 세 가지 전략을 갖고 있다.

시장조사의 결과는 모래언덕이 호화 카지노로 운영되어야 돈을 더 많이 벌 것이라고 하지만 NM은 그곳을 슬롯머신 홀로 운영하려고 한다. NM의 논리는 다음과 같다.

"슬롯머신은 저소득층 고객을 끌어들이고, BC의 부유한 고객들은 저소득층과 같

5) 역자 주 : 애틀랜틱시티는 뉴저지 주의 작은 섬에 있는 도시로, 영락한 경제를 살리기 위해 1975년에 주민투표로 카지노 도박을 합법화하고 1978년에 영업을 개시한 이래 네바다 라스베이거스 다음의 도박 · 관광 도시로 도약하였다.

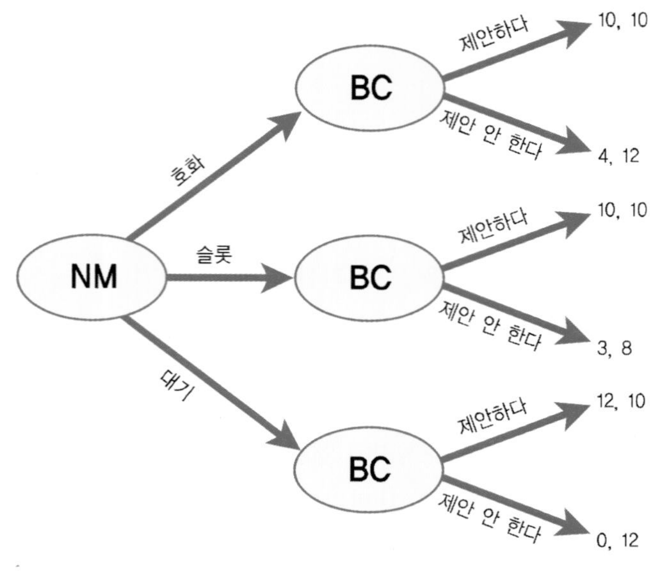

그림 12.12a 카지노 게임의 이득

은 해변을 사용하기를 원치 않을 것이므로, BC는 블록의 중앙에 슬롯머신 홀이 생기면 고객과 돈을 잃을 것이다. BC는 단골손님을 유지하기 위해 모래언덕을 내 수중에서 빼내려 할 것이며, 그렇게 하기 위해 내가 정말로 원하는 빌트웰을 살 기회를 나에게 줄 것이다."

그림 12.12a는 이 게임을 전개형으로 보여준다. NM이 먼저 첫째 결정마디를 갖고 BC가 둘째 결정마디를 갖는다. 첫째 이득이 NM, 둘째 이득이 BC의 것이다. NM의 작전은 성공할 것인가? 하부 게임 완전균형의 관점에서 설명하라.

Q12.5 소모전 소모전(war of attrition)에는 2개 이상의 (그리고 아마도 무한히 많은) 전략이 있지만 어느 한 플레이어가 탈락할 때 게임이 끝난다. 먼저 항복하거나 게임에서 물러나는 플레이어가 지고 다른 플레이어가 이긴다. 이 게임의 발상은, 충돌이 없었다면 승자가 보상을 더 얻거나 패자가 자신의 위치를 보강하기 위해 사용했을 자원이 계속되는 충돌로 고갈되거나 파괴된다는 것이다. 아래에서 단순화된 2단계 소모전을 고려한다.

각 단계에서 각 플레이어는 싸우거나 게임에서 물러날 수 있다. 각 단계에서의 선택은 동시에 이루어진다. 첫 단계에서 둘이 모두 물러나면 150을 똑같이 나누어 75씩 갖는 한편, 한 사람이 싸우고 다른 사람이 물러나면 싸우는 사람이 100을 얻고 물러난 사람이 50을 얻는다. 만일 둘 다 싸우면 게임은 둘째 단계로 넘어간다. 첫 단계의 충돌에서 자원이 소모되었기 때문에 둘째 단계의 총 이득은 최대한 90밖에 되지 않는다. 만일 둘째 단계에서 둘이 모두 싸우면 계속된 충돌로 각자의 이득이 10으로 줄어든다. 한 사람이 싸우고 다른 사람이 물러나면 싸우는 사람이 55를 얻고 물러난 사람이 15를 얻는다.

a. 이 게임을 전개형의 나무그림으로 그려라.

b. 첫 단계에서 상대방 플레이어가 연출한 전략에 대한 각 플레이어의 반응이 다른

것을 감안하면서 각 플레이어를 위한 모든 전략의 목록을 적어라.

c. 위의 문제 b의 정보를 이용하여 이 게임을 정규형의 표로 나타내라.

d. 이 게임에 내시 균형이 있는가? 있다면 무엇인가?

e. 이 게임을 풀기 위하여 후진귀납법을 사용하라.

Q12.6 파업! 노동조합과 사용자가 파업이 있을 것으로 예상한다. 노동조합은 파업을 결정하기 전에 파업자금을 축적하거나 축적하지 않을 수 있고, 사용자는 파업 중 고객에 대한 서비스를 계속하기 위해 재고를 축적하거나 축적하지 않을 수 있다. 그러한 양측의 결정은 동시에 이루어진다. 그다음에 노동조합이 파업할 것인지 아닌지를 결정한다.

a. 이득표 12.3b를 이용하고 공약의 순서를 무시하면 순수전략으로 내시 균형이 성립할 것인가? 그렇다면 무엇인가?

b. 이 게임에 대한 나무그림을 그려라.

c. 이 게임의 하부 게임은 무엇인가?

d. 어느 하부 게임이 기초 하부 게임인가?

e. 기초 하부 게임을 풂으로써 게임을 축소하고 축소된 게임에 대한 이득표를 작성하며, 그것을 이용하여 이 게임의 하부 게임 완전균형을 결정하라.

f. (a)와 (e)의 답을 비교하라. 다르거나 비슷한 점을 설명하라.

표 12.3b 파업

		노동조합			
		축적한다		축적 안 한다	
		파업한다	파업 안 한다	파업한다	파업 안 한다
사용자	축적한다	−5, −5	−2, −2	−2, −10	−2, 0
	축적 안 한다	−10, 10	0, −2	−5, 5	0, 0

Q12.7 크리켓 야구처럼 크리켓에서 각 플레이는 공을 던지는 투수(bowler)와 공을 치려고 하는 타자(batsman), 두 개인 간의 대결로 시작한다. 그러나 그 시점부터 두 경기 간에 많은 차이가 있다. 하나의 중요한 차이는 크리켓에서는 타자가 자기 베이스(base)에 있는 '위킷(wicket)'[6]을 보호하려고 하며, 투수가 위킷의 일부를 때려 쓰러뜨리면 타자는 아웃 당한다는 것이다. 크리켓에는 10회의 아웃만 있다. 또 하나의

차이는 공이 타자 앞의 땅에 튀어도 되고 타자는 공이 처음으로 튈 때 치려고 할 수 있다는 것이다. 공은 자전하는 방향에 따라 타자의 오른쪽(leg-break)으로 튀거나 왼쪽(off-break)으로 튈 수 있다. 자연히 유능한 타자는 공이 어디로 튈지 알아내려고 투수의 투구 동작을 주시하고, 거기에 따라 휘두르기를 조정할 것이다. 그러나 어떤 투수는 곡구(googly)를 던질 줄 안다. 곡구는 주먹의 아래쪽으로 던지기 때문에 오른쪽으로 튈 것처럼 보이지만 실제로는 왼쪽으로 튀는 공이다. 따라서 투수는 오른쪽 변화구, 왼쪽 변화구, 곡구의 세 전략을 갖는다. 타자는 오른쪽 변화구나 왼쪽 변화구에 대하여 휘두르기를 조정할 수 있으나 오른쪽으로 튀는 변화구를 예상하여 조정하면 곡구에 허를 찔릴 것이다. 또 다른 가능성은 타자가 타격 자세(stance)를 조정하는 것이다. 투수가 투구 동작을 하기 전에 투수가 공을 어떻게 던지고 공이 어디로 튀는지를 더 잘 보려고 타자가 위킷에 바짝 다가설 수 있다. 그러면 그는 곡구나 다른 두 종류의 변화구를 더 잘 볼 수 있지만 휘두르다 공을 놓치면 공이 위킷을 때릴 수 있으므로 위험이 따른다. 그리고 여느 때 같았으면 위킷을 쳤을 공이 타자를 쳤다면, 사실상 타자가 몸으로 위킷을 막은 것이므로 타자는 '부당한 수비(leg before wicket)'로 아웃된다. 이 가능성은 타자가 위킷에 가까이 설수록 커진다.

a. 타자의 이득을 타자가 아웃될 가능성이 매우 클 때 −1, 타자가 공을 치고 몇 점 올릴 가능성이 매우 크면 +1, 그 밖의 경우에는 0으로 하고 크리켓의 투구와 타구를 게임 이론적으로 분석하라.
b. 게임을 전개형으로 보여라.
c. 고유 하부 게임이 있는가?
d. 정보집합이 있는가?

Q12.8 시장의 약 웰스프링 제약사는 과로 안구 증후군을 위한 약, 그럼블도어에 특허를 소유하고 있다. 특허는 2년 내에 시효가 만료될 것이다. 클레버 연구사는 연구가 성공하면 특허를 웰스프링에 부여하는 조건으로 진보된 약에 대한 연구의 수행을 제안한다(사실상 이는 특허의 수명을 상당히 연장할 것이다). 그러나 이것을 위해서 특허가 만료되면 클레버가 웰스프링과 시장에서 제네릭(generic)[7]으로 경쟁할 수

6) 역자 주 : 작고 평평한 말뚝을 3개 박아 놓은 문으로 축구의 골대와 유사한 성질의 것이다.
7) 역자 주 : 특허가 만료된 오리지널 의약품의 카피약을 지칭하는 공식용어로 제약협회가 결정하였다.

있도록 할 정보를 웰스프링이 공개할 필요가 있을 것이다. 그런 이유 때문에 클레버로서는 실패하고 자원을 제네릭 시장에서 경쟁할 준비를 하는 데 집중하는 것이 유익할 수 있을 것이다. 이것이 그림 12.12b에 연장형 게임 B로 나타나 있다.

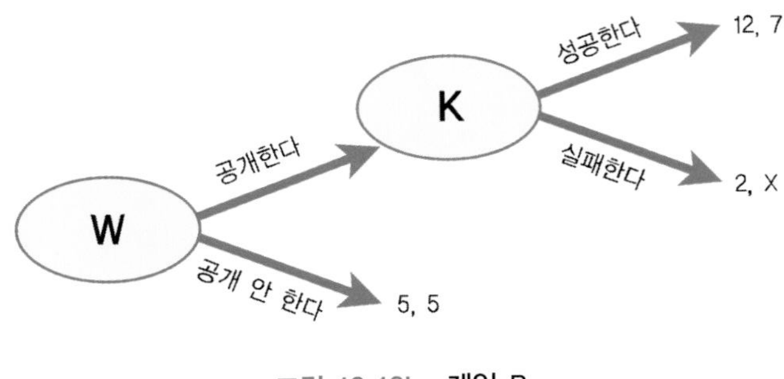

그림 12.12b 게임 B

a. X의 값이 4라고 가정하라. 그러면 게임 B의 하부 게임 완전균형은 무엇인가?

b. X의 값이 8이라고 가정하라. 그러면 게임 B의 하부 게임 완전균형은 무엇인가?

Q12.9 제조 또는 구매 알파는 컴퓨터 칩을 만든다. 베타는 컴퓨터를 소매하며 자신의 칩을 만들거나 알파로부터 살 수 있다. 알파는 대중에게 '속에 알파'가 있는 컴퓨터가 더 좋다고 설득하기 위하여 비용이 많이 드는 광고를 하거나 하지 않는 선택지를 갖고 있다. 베타가 알파로부터 사기로 선택하면 알파는 고가나 저가를 요구할 수 있다. 전개형으로 나타낸 그들의 게임이 그림 12.12c이다. 첫 번째 이득은 알파에 대한 것이다. 이 게임을 위한 하부 게임 완전균형을 결정하라. 알파가 광고할 것인가? 자세히 설명하라.

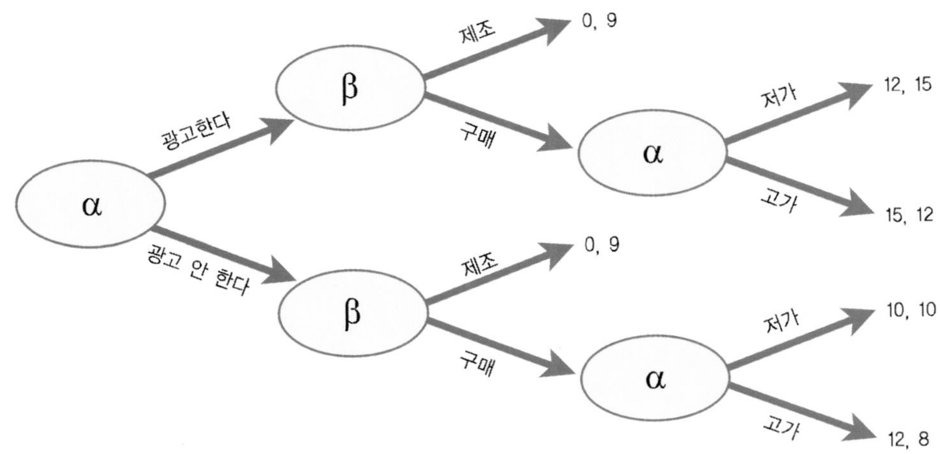

그림 12.12c 제조 또는 구매

제13장

내재 게임

순차적 게임은 인간 행동의 많은 영역에서 광범하게 응용된다. 그것은 진화심리학적 의미를 가진 실험 연구에도 적용되며 인간의 기본적 성질에 대한 중요한 사실을 나타낼 수 있다. 이 장에서는 후진귀납법 및 이와 관련된 다른 방법들을 예시하면서 전개형 순차적 게임의 응용사례를 추가적으로 제시한다.

게임 이론은 합리성의 가정으로부터 출발하며, 순차적 게임에서 합리성은 하부 게임 완전균형과 동일시된다. 우리는 경험상 사람들이 항상 합리적으로만 행동하지 않는다는 것을 안다. 그리고 나중에 보겠지만, 그렇다는 실험적 증거도 있다. 그럼에도 불구하고 사람들이 비합리적으로 행동한다고 결론짓기 전에 합리성의 관점에서 설명할 수 있는 모든 기회를 찾는 과정은 우리 자신의 '최선반응'을 선택하는 데 도움을 준다는 이유만으로도 바람직한 것이다. 예컨대, 사람들은 '그들이 연출하는' 어떤 게임에서는 비합리적으로 행동하는 것처럼 보이는 경우가 많지만, 그 게임이 실제로 더 큰 게임의 일부라는 것을 알면 그러한 행동이 합리적인 것

> **이 장의 내용을 가장 잘 이해하려면** 제1장~제4장과 제12장의 내용을 잘 이해할 필요가 있다.

중요 개념

종속 게임(Nested Game) : 한 게임이 큰 게임의 일부이면 이 작은 게임의 균형전략이 큰 게임에 의하여 결정될 수 있다. 이 경우에 작은 게임이 큰 게임에 종속되어 있다고 한다.

내재 게임(Imbedded Game) : 종속 게임이 큰 게임의 고유 게임이면, 큰 게임이 하부 게임 완전균형에 있기 위해서는 종속 게임이 균형에 있어야 한다. 이 경우에 작은 게임이 큰 게임에 내재한다고 한다.

전진귀납법(Forward Induction) : 어떤 게임에서는 게임이 더 큰 게임에 종속해 있거나 내재해 있기 때문에 한 플레이어가 다른 플레이어에 의하여 앞서 이루어진 결정으로부터 추론할 수 있다. 이것을 전진귀납법이라고 한다.

규칙 변경(Changing the Rule) : 게임의 결과가 만족스럽지 않을 때는, 예컨대 협약을 시행하기 위한 계약의 체결에 의하여 결과를 바꿀 수 있다. 그래서 원래의 게임이 큰 게임에 종속하거나 내재하게 되어 원래의 게임의 결과가 바뀐다.

으로 이해된다. 사람들이 비합리적으로 행동하는 것처럼 보이는 게임은 더 큰 게임에 '내재·종속되어' 있다. 큰 게임에서 선택하는 최선반응은 만일 이러한 작은 게임이 다른 플레이어 및 다른 상호작용으로부터 유리된다면 선택할 최선반응이 아닐 것이다. 특히, 작은 게임이 큰 순차적 게임에서 하부 게임으로 내재할 수 있다. 이 장에서는 그러한 발상에 대하여 학생의 수업 계획의 예를 위시하여 몇 개의 예를 들어 설명할 것이다.

1. 박사 공부 계획

학구열에 불타는 애나는 박사 공부를 고려 중이다. 그녀는 소프트웨어 엔지니어링(software engineering, SE)과 정보검색(information retrieval, IR) 분야에서 유명한 노벨 노라 교수 밑에서 SE를 공부할 수 있다면 아주 좋은 위치를 기대할 수 있다. 그러나 개인적 이유로 IR에서 애나의 전망은 별로 밝지 않다. 어쨌든 애나는 현재 좋은 직장에 다니지만 박사 공부를 준비하기 위해 그만두어야 할 것이다. 노라로 말하자면, 애나처럼 유능한 대학원생과 함께 연구함으로써 편익을 받을 수 있고 박사 과정의 신입생 가운데 애나만큼 훌륭한 학생이 없다. 그러나 노라는 최근 IR 분야에서 연구하고 있으므로 SE의 첨단연구를 지도하려면 그 분야의 최신 연구과제를 섭렵해야 할 것이다. 여하간 노라는 현재 파리에서 안식년 휴가를 보내고 있으며, 애나가 1차년도 과정을 선택하기 전에 애나와 노라가 만나는 것은 불가능하다. 노라와 애나가 서로 다른 연구 방향을 선택하면, 애나는 덜 유명한 학자 밑에서 연구해야 하며 그녀의 장래도 따분하게 될 것인 한편, 노라는 일등급 대학원생 조수가 없이 연구하게 되어 생산성이 떨어질 것이다. 이 게임을 전개형으로 나타낸 것이 그림 13.1이다.

애나의 전략은 주간의 직장을 유지하거나(직장) 공부하기 위해 퇴직하는(공부) 것이며, 만일 애나가 공부를 선택한다면 두 플레이어의 전략은 SE 또는 IR 연구 분야 간에 선택하는 것이다. 이것은 2단계 게임이며 둘째 단계의 하부 게임은 불완전정보의 게임이다. 둘째 단계의 게임은 표 13.1과 같다.

둘째 단계의 게임은 친숙하지만 수수께끼 같은 유형의 조정 게임이다. 내시 균형은 두 연구자가 같은 분야를 선택하는 윗줄 왼쪽 칸과 아랫줄 오른쪽 칸에 있다. 그러나 사전 정보가 없이 게임으로 들어왔기 때문에 어떤 내시 균형이 발생할 것인지 불확실하고, 둘이 반대되는 추측을 하면 (0, 0)의 이득을 갖는 난처한 상황이 될 가능성이 어느 정도 있다.

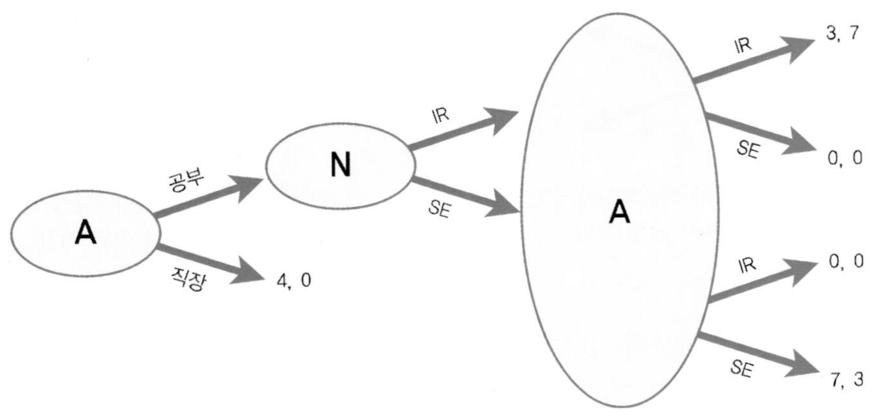

그림 13.1 **학구열에 불타는 애나의 박사 공부 계획**

표 13.1 박사 공부 게임 둘째 단계에서의 이득

		노라	
		IR	SE
애나	IR	3, 7	0, 0
	SE	0, 0	7, 3

그러나 이 예의 경우에 노라는 약간의 정보를 갖고 있다. 노라는 애나가 어떤 연구 방향을 택할지 모르지만, 애나가 대학원에 입학하기 위해 직장을 포기한 것을 안다. 애나가 직장에 계속 다녀서 얻는 이득이 4이므로, 노라는 애나가 4보다 큰 이득을 기대하지 않았다면 대학원에 입학하지 않았을 것이라고 추론할 수 있다. 그녀는 다음과 같이 추론한다. "애나가 가정하기를 내가 정보검색 분야에서 연구하고 자기의 이득이 3 < 4일 것이라면 입학하지 않았을 것이다. 그러니까 노라는 내가 SE 분야에서 연구할 것이므로 자기의 이득을 7 > 4로 가정하고 있는 것이 틀림없다. 따라서 애나는 SE의 연구를 준비할 것이고, 내가 0보다 3의 이득을 원하면 애나를 위해 SE 분야에서 좋은 연구 계획을 갖는 것이 최선이다."

이것은 전진귀납법의 한 예이다. 그 발상은 과거에 애나가 한 선택으로부터 노라가 추론할 수 있고, 이 추론이 조정 게임의 불확실성을 해소할 수 있다는 것이다. 노라가 추론할 수 있는 것은, 애나가 박사 공부에 큰 기대를 걸고 있고 그 기대는 둘이 SE 분야의 연구를 조정해야만 실현될 수 있다는 것이다.

전진귀납법과 후진귀납법은 상충하지 않을 뿐 아니라 상호 보완적이다. 위의 문제는 후진귀납법만으로는 풀 수 없다. 표 13.1에 나타난 기초 하부 게임은 애나에게 직장에 다님으로써 얻을 수 있는 이득 4보다 큰 이득을 주거나 작은 이득을 줄 수 있다. 따라서 축소된 게임은 그림 13.2와 같다. 이 그림을 보면 애나가 무엇을 선택해야 하는지 분명하지

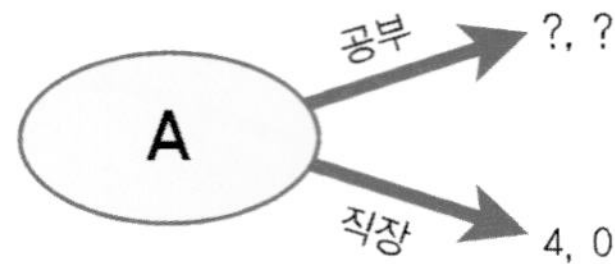

그림 13.2 후진귀납법이 적용되지만 전진귀납법이 적용되지 않는 축소된 박사 공부 게임

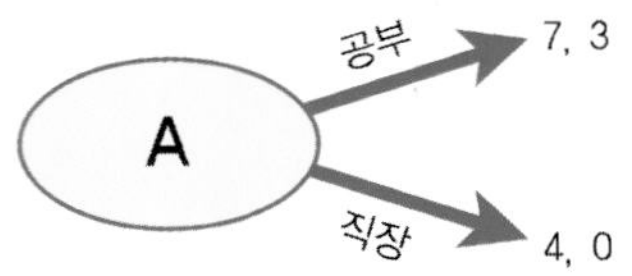

그림 13.3 후진귀납법과 전진귀납법이 모두 적용되는 축소된 박사 공부 게임

않다. 그러나 노라가 애나의 선택으로부터 추론할 수 있는 것과 그 추론이 노라의 선택에 줄 수 있는 영향을 애나가 고려하면, 즉 애나가 전진귀납법을 사용하면 축소된 게임이 그림 13.3과 같이 된다. 따라서 후진귀납법과 전진귀납법에 의거할 때 이 게임의 하부 게임 완전균형은 애나가 직장을 그만두고, 노라가 SE에 관한 연구 계획을 밝히는 것이다. 다시 말하면, 이 예의 논점은 애나와 노라 간의 조정 게임이 더 큰 게임에 내재되어 있다는 것을 관찰하는 것이다. 위 예의 경우에 노라는 큰 게임으로부터 얻은 정보에 입각한 전진귀납법에 의해서 애나가 무엇을 할 것인가를 예상할 수 있다.

'종속 게임'[1]과 '내재 게임'[2]이라는 용어가 일부 연구에서 사용되어 왔지만[3] 용어의 표준적인 정의는 없는 것 같다. 이 책에서는 이 용어들을 다음과 같은 의미로 사용할 것이다.

고립되어 있다면 정규형이나 전개형의 게임으로 다루어질 수 있을 일단의 플레이어와 그들이 선택할 수 있는 전략의 집합이 있다고 가정하라. 그러나 이 플레이어와 전략의 집합이 더 큰 게임의 일부에 불과하다고 가정하라. 그러면 작은 '게임'이 큰 게임에 '종속된

1) 역자 주 : 여기서 'nest'는 '보금자리를 지어 주다'가 아니고 '상자 따위를 차례로 포개어 넣다'라는 의미로 사용된 것이다. 종속 게임에서 큰 게임과 작은 게임의 관계는 예컨대, 저자가 역자에게 보낸 이메일에서 지적하였듯이, 인형 속에 작은 인형이 있고 다시 그 인형 안에 더 작은 인형이 있는 '러시아 인형'과 같은 것이다. 이 어감을 살리면서 전문 용어로 사용할 수 있는 국어의 동사를 찾지 못하여 고심한 끝에 우선 '종속' 게임으로 낙착했다. 이하 편의상 '종속된' 게임을 '종속' 게임이라 칭한다.

2) 역자 주 : 저자는 본 역자와의 교신에서 종속 게임의 발상을 아래의 각주 3에 언급한 체벨리스의 책에서 얻었지만, 이 책의 목적에 크게 유용하지 않았기 때문에 내재 게임의 개념을 도입했다고 밝혔다. 내재 게임은 이 책의 저자가 처음으로 사용한 용어이다. 종속 게임의 내용은 더 큰 종속시키는 게임과 독립적이지 않지만 내재 게임은 독립적으로 풀 수 있으므로, 그 의미에서 그것을 포함하는 더 큰 상위 게임에 대한 의존성이 작다. 내재 게임은 개념적인 독립성을 갖지만 여전히 상위 게임으로부터 분리될 수는 없다.

3) 예컨대, G. Tsebelis, *Nested Games: Rational Choice in Comparative Politics* (Berkeley: University of California Press, 1990)를 보라. 체벨리스는 많은 정치적 상호작용을 가장 잘 이해하는 길은 그것을 종속 게임으로 보는 것이라고 주장한다. 그가 제시한 종속 게임 가운데 많은 것이 내재 게임이 아니며, 논점은 관찰된 행동이 상위 게임의 균형을 반영하지만 종속 게임이 분리되어 독립적으로 고려되면 합리적인 것으로 보이지 않을 수 있다는 것이다.

다(nested)'고 하고, 큰 게임이 '종속시키는(nesting)' 게임이다. 일반적으로 유일하게 합당한 균형은 종속시키는 게임의 균형이고, 종속된 게임의 분석에 의거한 균형은 틀린 것이기 쉽다.

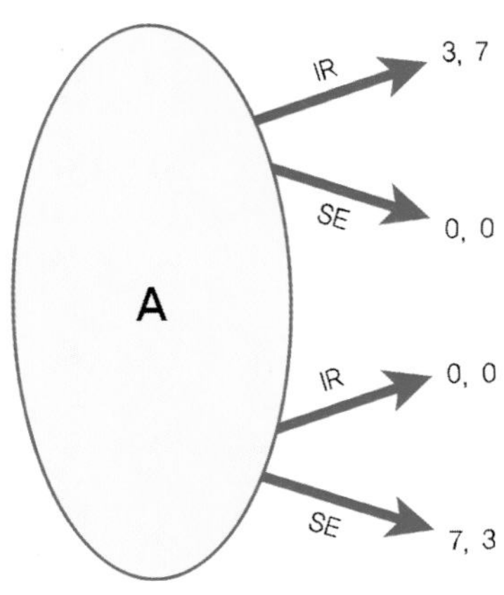

그림 13.4 게임에서 종속되지만 내재하지 않는 결정

그러나 종속된 게임이 종속시키는 게임의 고유 하부 게임이라고 가정하라. 그러면 이 하부 게임이 큰 게임에 **내재한다**고 하고, 큰 게임은 **내재시키는** 게임이다. 이 경우에 내재시키는 게임의 균형을 위해서는 내재하는 게임이 균형에 있을 필요가 있다. 그러나 플레이어들이 (전진귀납법과 같이) 내재 게임으로부터 얻은 정보를 사용할 수 있거나, 내재 게임의 균형이 하부 게임 완전 전략의 선택을 위한 순열에 없을 수 있기 때문에 내재 게임을 분리하여 분석하는 것은 여전히 완결적이 아닐 수 있다.

박사 공부 계획의 예에서 애나와 노라에 의한 IE와 SE 사이의 동시적 선택은 그림 13.1에서 본 게임 안의 내재 게임이다. 그것은 고유 하부 게임이므로 또한 종속 게임이다. 대신 애나 혼자만 분야를 선택하는 경우를 고려해야 한다고 가정하라. 이는 그림 13.4로 나타낼 수 있을 것이다. 이것은 종속 게임이다. 그러나 하부 게임은 아니다(하부 게임은 완전정보 마디로부터 시작해야 한다는 것을 상기하라). 따라서 이 책에서 사용하는 용어의 의미에서 내재 게임이 아니다.

다음의 예는 고전 영화에서 도출한 내재 게임을 보여 준다. 이 영화의 감독은 존 휴스턴이고 험프리 보가트, 피터 로리, 시드니 그린스트리트, 매리 애스터 등이 출연하였다. 그 이상 더 잘 만들 수 없는 영화이다.

2. 말타의 매

영화 **말타의 매**(The Maltese Falcon)의 줄거리는 사람들이 매우 귀중한 것이라고 믿는 새의 조각품을 훔치려는 시도에 관한 것이다[4](이미 이 영화를 본 독자는 여기서 읽기를 멈추고 이 예의 나머지 부분에서 보았던 장면을 건너뛰어도 된다. 마지막 장면은 독자의 상상에 맡긴다). 조각품은 금과 보석으로 장식되어 있었으나 다른 사람들이 알 수 없도록 두껍

4) 역자 주 : 이 영화는 대쉴 해미트(Dashiell Hammett)가 1930년에 *Black Mask*라는 잡지에 게재한 연재 탐정소설을 바탕으로 한 것이다. 이 소설은 1931년, 1936년, 1941년에 걸쳐 세 번이나 영화로 만들어졌고 1970년대에 TV 연속물로 방영되어 대중적 인기를 누렸다. 이 예에 나온 영화는 1931년의 것이다.

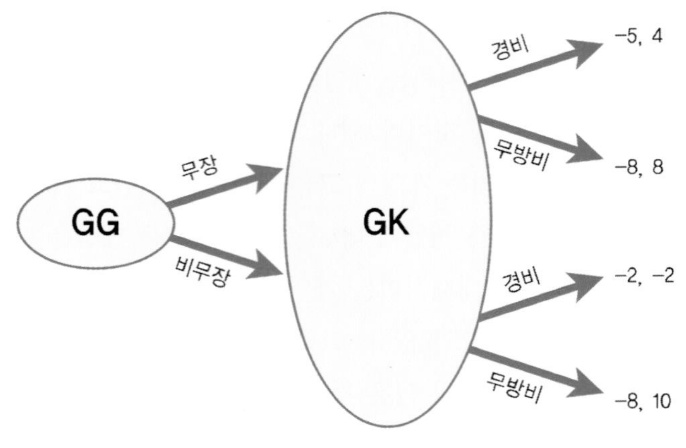

그림 13.5 절도 게임

게 덧칠이 되어 있었다. 영화의 줄거리는 다음과 같이 시작한다. 캐스퍼 굿먼(시드니 그린스트리트)이 이끄는 도둑 일당이 이스탄불의 케미도프 장군 집에서 그 새를 훔쳤다. 굿먼의 부하인 조엘 카이로(피터 로리)와 오쇼네시라는 여자(매리 애스터)는 굿먼을 배반하고 자기들끼리도 서로 속였다. 오쇼네시가 새를 갖고 도망쳤으나 굿먼이 카이로와 쫓아오는 바람에 큰돈을 챙길 만한 값으로 처분할 수 없었다.

일단 굿먼과 카이로가 다시 손잡고 샘 스페이드 형사(험프리 보가트)의 도움을 받아 샌프란시스코에서 새를 다시 찾았다. 그러나 그 새는 납으로 만든 모조품으로 진품이 아니었다. "그래서 우리가 그렇게 쉽게 훔칠 수 있었군." 하고 카이로가 탄식하였다. 카이로가 말하고 싶었던 것은 얼마나 쉽게 훔쳤는가라는 것만이 아니다. 여기서 이야기를 다시 구성해 보자. 케미도프 장군(GK)은 경비원을 고용하거나 고용하지 않는 두 가지 전략 중에 선택할 수 있었다. 굿먼 일당(GG)은 조각품을 훔치러 갈 때 무장을 하거나 하지 않을 수 있었다. 무장을 하고 가면 비용과 위험이 따르지만, 경비원이 지키고 있더라도 새를 가져올 수 있다는 것을 의미한다. 경비원이 없다면 무장을 하지 않더라도 훔칠 수 있다. 그래서 굿먼 일당은 그림 13.5에 나타난 게임을 하고 있다고 생각하였다. 첫째 이득은 케미도프 장군, 둘째 이득은 굿먼 일당의 것이다.

표 13.2 절도 게임

		GG	
		무장	비무장
GK	경비	−5, 4	−2, −2
	무방비	−8, 8	−8, 10

이 절도 게임은 불완전정보의 게임이며 표 13.2에 나타나 있다. 첫째 이득은 GK의 것이고 둘째 이득은 GG의 것이다. 이 게임에서 '경비'가 GK의 우월전략이다. 따라서 GG는 최

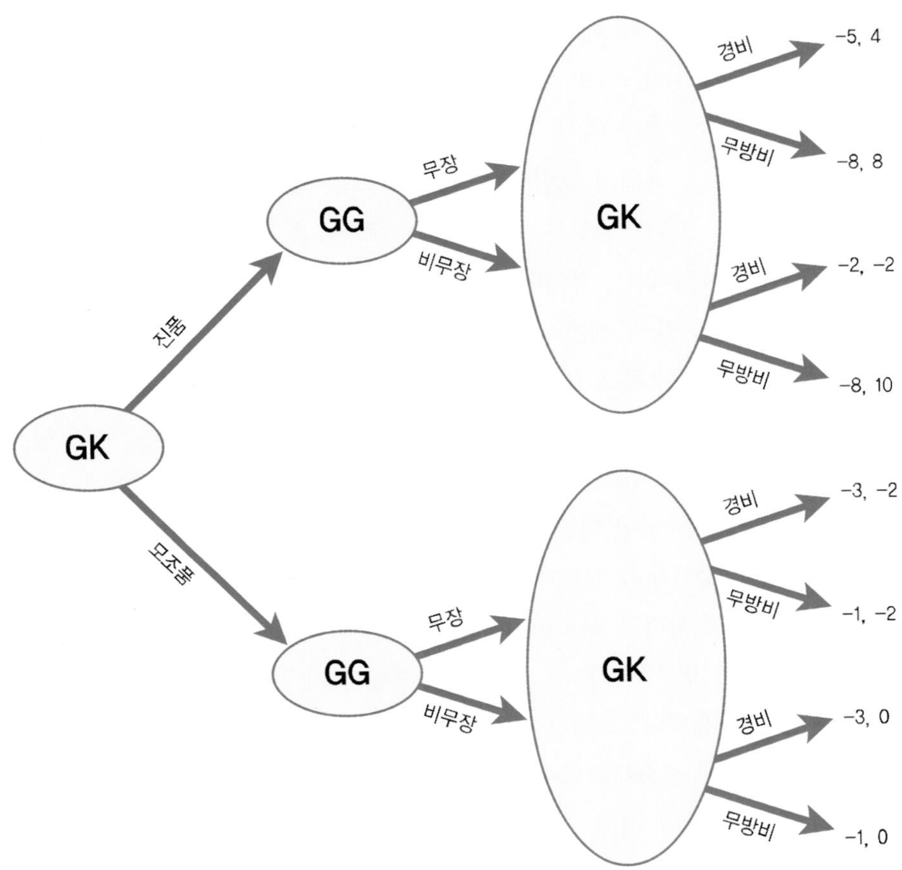

그림 13.6 모조품이 있는 절도 게임

선반응이 무장을 하고 가는 것임을 안다. 그러나 그들은 조각품이 무방비 상태에 있다는 것을 알았고, 그래서 그들의 이득은 8이다(8이라고 믿었다).

그러나 GK는 절도 게임이 시작되기 전에 또 하나의 전략을 선택할 수 있었고 굿먼 일당은 그것을 간과하였다. 그는 가짜 조각품을 만들어 도둑들이 훔치기 쉬운 곳에 두었다. 그 결과, 도둑들은 실제로 그림 13.6에 나타난 더 큰 게임에서 연출하고 있었던 것이다. 이 게임에는 2개의 기초 하부 게임이 있으며 모두 불완전정보의 게임이다. 우리는 이미 위쪽의 게임을 풀었다. 그것의 내시 균형은 (−5, 4)의 이득을 갖는 (경비, 무장)이다. 다음의 게임은 표 13.3에 나타나 있다.

표 13.3 모조품이 있는 절도 게임

		GG	
		무장	비무장
GK	경비	−3, −2	−3, 0
	무방비	−1, −2	−1, 0

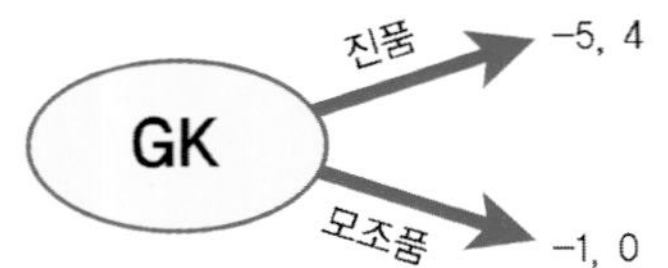

그림 13.7 모조품이 있는 축소된 절도 게임

GK에게는 '모조품을 만들고 경비하지 않는다(모조품, 무방비)'가 −1의 이득을 가진 우월전략 조합이다. 아래쪽의 하부 게임에서는 (무방비, 비무장)가 우월전략 균형이다. 따라서 그림 13.6의 게임이 그림 13.7의 게임으로 축소될 수 있다. 분명히 하부 게임 완전균형은 굿먼 일당이 모조품을 훔치도록 케미도프 장군이 모조품을 만들고 경비하지 않는 것이다.

조엘 카이로에게는 처음에 케미도프 장군이 조각품을 훔쳐 가기 쉽도록 놓아둔 것이 비합리적 행동이고 큰 실수로 보였다. 그러나 카이로와 굿먼 일당은 그들의 절도 게임이 더 큰 게임에 종속되어 있었다는 것을 (나중까지) 알아채지 못했다. 그 큰 게임에서는 케미도프 장군이 합리적으로 행동한 것이다. 종속 게임이 아니라 더 큰 게임에서 플레이하고 있다는 것을 알았다면 굿먼 일당도 아마 우리처럼 '모조품'이 케미도프 장군의 우월전략이라는 것을 쉽게 알아채어 다르게 행동했을 것이다. 그들은 무장하지 않고 조각품을 훔치러 갔거나 아예 훔치려고 시도하지 않았을 것이다.

작은 종속 게임만 보면 비합리적으로 보이는 행동이 더 큰 게임에서 합리적일 수 있다는 이 발상은 많이 응용된다. 그것은 다른 가능성을 수반한다. 즉, 사람들은 연출하고 있는 게임을 더 큰 게임에 종속시킴으로써 게임을 변경하는 방법을 찾을 수 있다. 이 가능성을 예시하기 위해 앞 장의 지네 게임으로 돌아간다.

3. 지네 게임의 해법

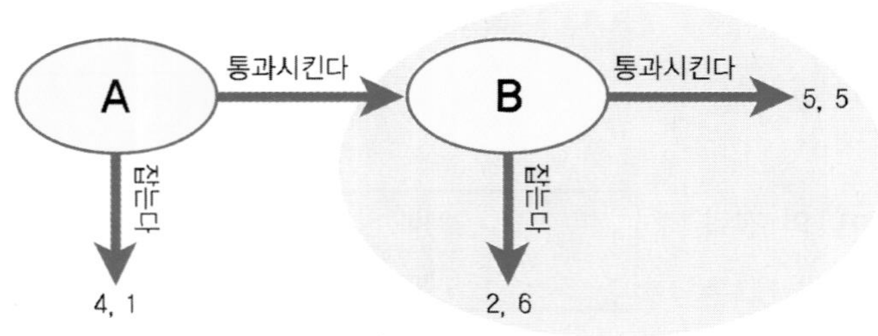

(제12장의 그림 12.7을 재현)

그림 13.8 지네 게임

그림 13.8은 앞 장에서 본 지네 게임을 다시 옮긴 것이다. 우리는 하부 게임 완전균형이 즉시 잡는 것이고 이것이 비효율적이라는 것을 상기한다. 문제는 공약이 없다는 것이다. 그러나 이 문제에 대한 간단하고 상당히 친숙한 해법이 있다. 바브가 제삼자를 끌어들이고 그에게 $2의 보증금을 걸 수 있다고 가정하라. 그리고 바브가 판돈을 통과시키지 않으면 보증금을 몰수당하지만 판돈을 통과시키면 마지막에 보증금을 돌려받는다는 양해가 이루어졌다고 하자. 이렇게 되면 게임이 시작될 때 새로운 전략이 도입된다.

즉, 바브는 게임의 각 단계에서 '통과시킨다'는 전략을 공약하면서 자신의 자유와 신축성을 포기하거나 그렇게 하지 않을 수 있다. 바브는 일방적으로 보증금을 걸더라도 그렇게 하는 것이 더 좋을 것이다. 처음에 일방적으로 한 공약은 하부 게임 완전하며 효율적인 협조 결과를 유도한다.

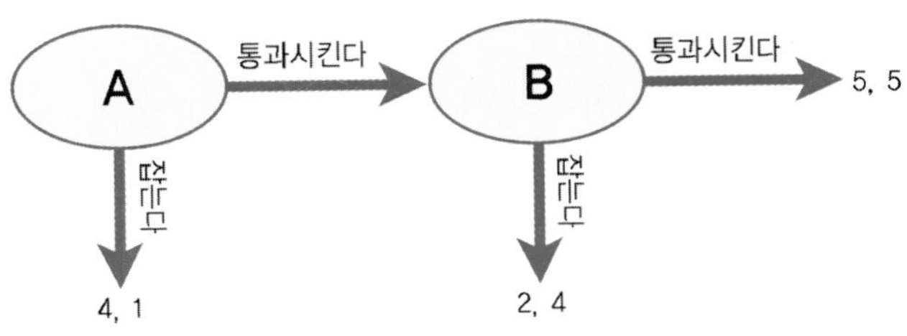

그림 13.9 보증금을 건 후의 지네 게임

몰수당한 보증금을 뺀 이득을 표시한 게임이 그림 13.9이다. 우리는 이 게임을 다시 한 번 끝에서 시작하여 후진귀납법으로 푼다. 이제 바브의 결정은 4와 5의 이득 간에 이루어지며, 5가 더 좋으므로 그는 마지막 단계에서 통과시킬 것이다. 애나는 이것을 예상하면서 역시 4와 5 사이에서 선택하는데 5를 얻으려고 통과시킨다. 따라서 보증금이 하부 게임 완전균형을 협조 균형으로 바꾼다.

그러나 엄밀하게 말하면 이것이 보증금을 걸 수 있는 게임의 전모를 밝힌 것은 아니다. 이제 이 게임은 3단계 게임이다. 첫 단계는 보증금을 걸 것인지에 관한 바브의 결정이다. 이에 따라 더 크고 복잡해진 게임이 그림 13.10에 나타나 있다.

이것은 약간 복잡하지만 우리는 이미 거의 다 풀어 놓았다. 후진귀납법을 사용하여 끝에서부터 시작하고, 처음에 있는 바브의 결정으로 거슬러 올라가면서 게임나무를 줄이면 된다. 2개의 큰 가지에 있는 하부 게임을 풀었으므로 그림 13.10의 게임은 그림 13.11과

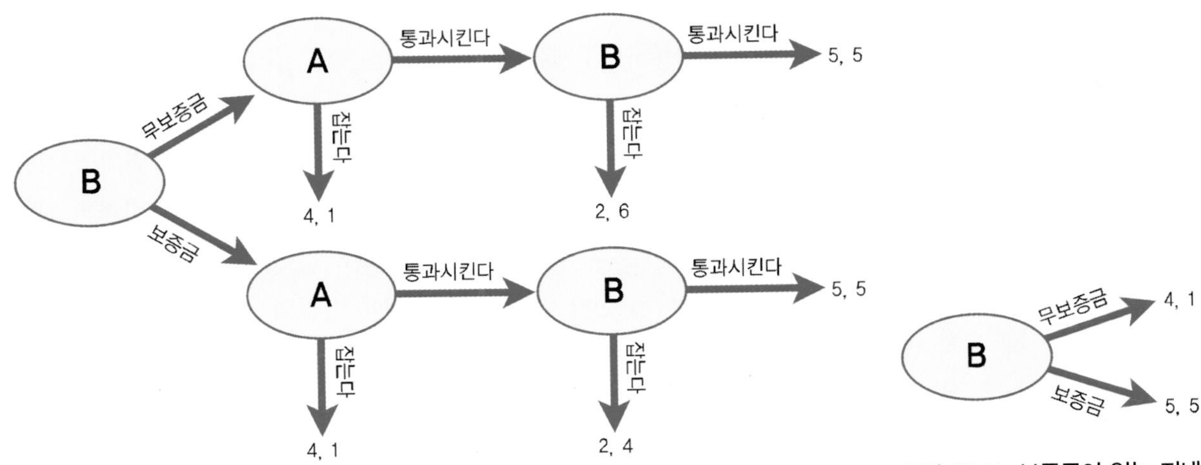

그림 13.10 보증금을 걸 수 있는 지네 게임

그림 13.11 보증금이 있는 지네 게임의 축소판

같이 된다.

약간 복잡하지만 우리는 이미 거의 다 풀어 놓았다. 후진귀납법을 사용하여 끝에서부터 시작하고, 처음에 있는 바브의 결정으로 거슬러 올라가면서 게임나무를 줄이면 된다. 2개의 큰 가지에 있는 하부 게임을 풀었으므로 그림 13.10의 게임은 그림 13.11과 같이 된다.

바브의 결정은 이제 머리를 쓸 필요도 없는 것이다. 5가 1보다 좋으므로 바브는 보증금을 거는 전략을 선택한다. 그러나 바브가 합리적으로 자기 이익을 추구한 결과, 선택할 수 있는 전략 중 하나를 일방적으로 포기하고 자신의 장래 행동의 자유를 제한하였다는 것에 주목하라. 이것이 지네 게임 모형이 가진 놀랄 만한 결과 중 하나이다. 더욱이 보증금이 지불되더라도 애나가 갖지 않는다. 바브도 갖지 않는다. 두 플레이어가 모두 보증금을 갖지 않는다. 그러므로 보증금이 지불되면 그것을 보상하는 이득이 전혀 없는 완전손실(deadweight loss)이다. 그러므로 보증금이 지불되면 (게임에 참여한 두 사람의 관점에서) 비효율적일 것이다. 그러나 효율적인 협조 결과를 가능하게 하는 것이 바로 이 비효율성이다![5)]

지네 게임은 전개형 게임 이론에서 유연성을 제한하는 일방적 공약이 공약을 한 플레이어와 공약을 하지 않은 플레이어 모두의 이득을 개선할 수 있는 몇 가지 예 가운데 하나이다. 이 장의 마지막 절에서는 매우 유사한 모형을 가진 공공 정책의 예를 살펴볼 것이다. 또 다른 예로서 냉전, 즉 앞 장에서 다루었던 냉전에 관한 예를 다시 본다.

4. 다시 보는 반격

우리는 미국이 '덫의 철사'로 서독에 부대를 배치하였다는 것을 기억한다. 서독에 부대가 없다면 소련에 대하여 미국이 반격할 것이라는 위협에는 신빙성이 없었다. 서독에 부대를 배치함으로써 미국은 사실상 게임의 규칙을 바꿔 놓았다. 배치된 부대는 소련의 공격을 분쇄할 만큼 강하지 않았지만, 반격이 '하부 게임 완전'하게 되도록 함으로써 반격의 위협이 신빙성을 가지며 소련의 공격을 억제하기에 충분하였다.

미국은 부대 배치 결정이 하나의 전략이 되는 큰 게임에 반격의 게임이 내재하기 때문에 규칙 변경을 할 수 있었다. 이 게임은 그림 13.12에 묘사되어 있다.

---

5) 애나가 보증금을 갖더라도 협조 결과가 여전히 하부 게임 완전할 것이며 비효율성이 없을 것이다. 그러나 이것은 우리가 이 모형에서 가정하는 것이 아니다. 모형이 보여 주는 것은 심지어 공약이 비효율적일 때도 효율적인 균형이 초래될 수 있다는 더욱 놀랄 만한 결론이다.

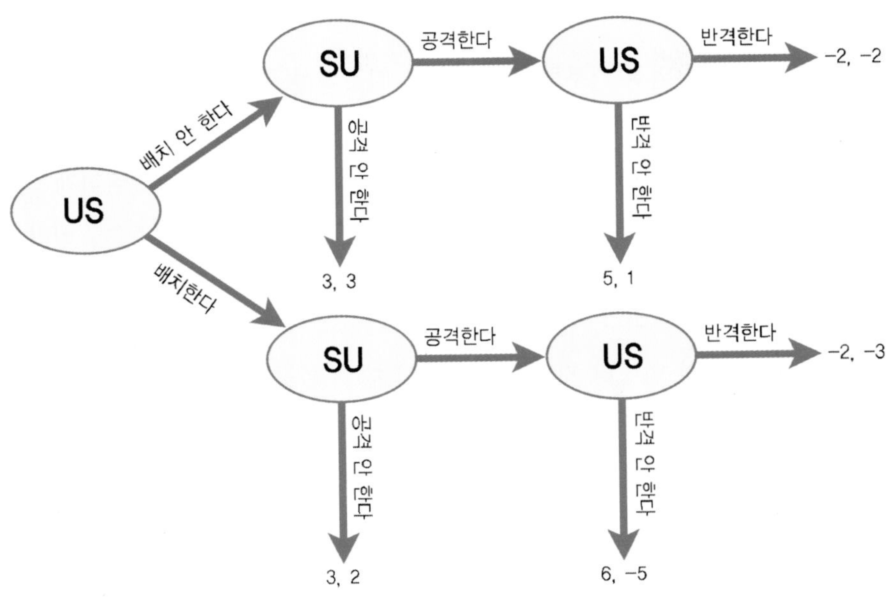

그림 13.12 반격의 하부 게임이 내재된 냉전 게임

냉전 게임에서 최초의 전략적 행동은 미국이 부대를 배치하거나 배치하지 않는 것이다. 하부 게임 완전균형은 (배치한다, 공격 안 한다)이며 소련(SU)의 이득은 3, 미국(US)의 이득은 2이다. 이것은 불안한 평화로서 우리가 상정할 수 있는 최선의 결과는 아니지만 주어진 상황에서 가질 수 있는 최상의 결과이다. 미국은 자신의 게임을 더 큰 게임에 내재시킴으로써 '규칙을 바꿀' 수 있었다. '게임 규칙 변경'의 예를 더 보기 위해 계속해서 경제 내의 비영리 기업의 역할을 살펴볼 것이다.

5. 비영리 기업의 기능

비영리 기업은 미국 기업의 주요 부문 가운데 가장 빠르게 성장하는 것이고 경제에 대한 중요성이 증가하고 있다. 그러나 어떤 점에서 '비영리(nonprofit)'라는 용어는 불행한 것이다. 비영리 조직은 이윤을 절대로 얻지 못하기 때문이 아니라 다른 넓은 긍정적인 목적을 갖기 때문에 '비영리'이다. 이 목적들은 기업의 임무를 구성한다. 그래서 우리는 대신 '임무추구 기업(mission-driven enterprise)'이나 MDE로 부를 것이다.[6] MDE는 법인세를 면제받으며 공공 정책에 의해서 다른 방법으로 편익을 받을지 모른다. 그러나 왜 그런가? MDE

의 이점은 무엇인가?

다수의 MDE는 박애주의적 기부로 시작되었고 기부의 목적이 기업의 임무를 결정한다. 일단 기업이 형성되면 임무는 조직의 최종 법적 목적이 된다. 그런 문서로 정의된 임무는 이윤 지향 기업보다 훨씬 넓은 범위의 잠재적인 목적을 허용한다. 바람직하게 보이지만 시장의 이윤추구 기업들에 의해서 성취될 수 없는 목적이 많다. 이 목적들을 위한 대안은 정부나 임무추구 기업들에 의해서 제공되는 것일지 모른다. 이는 아마 공공 정책이 MDE에 편익을 주는 이유일 것이다.

그러나 우리가 MDE의 비영리 지위보다 기업의 임무 추구 성격에 초점을 둘 때 의문이 생긴다. 비영리 지위는 기업이 법인세를 내지 않는다는 것만을 의미하지 않는다. 기업이 이윤을 얻으면 그것을 분배할 수 없고 법적으로 제한된 정도로만 준비금이나 출연기금으로 축적할 수 있다는 것을 의미한다. 이 제한이 MDE의 임무를 항상 창달하는지는 분명하지 않다. 많은 종류의 목적을 위해서 목적을 창달하는 가장 효과적인 방법은 오랫동안 이윤을 축적한 다음 대규모로만 전개해야 할 활동을 수행하는 것일 수 있다. 그러나 비영리 지위는 이 전략을 일반적으로 배제할 것이다.

그러면 왜 MDE는 그렇게 전형적으로 비영리인가? MDE는 일반적으로 경쟁적 수익률을 올리지 않는 임무를 목표로 하므로 이윤 추구 투자자들로부터 자본을 조달할 수 없고, 기부나 기부를 근본으로 하는 기금에 자본을 의존한다. 거꾸로 기부자들은 기부금이 전문경영자에 의해서 관리되고 그들의 사후에도 계속되도록 그들의 자산을 비영리 목적을 위해 투자 기관 경영자에게 신탁하기를 원할 것이다. 그래서 우리는 MDE의 성립을 두 (종류의) 참가자 ― 잠재적 기부자와 투자 기관 경영자 ― 가 있는 게임으로 본다. 부자의 전략은 기부하거나 기부하지 않는 것이다. 경영자의 전략은 기부자의 목적을 지지하기 위해 자원을 사용하거나 그 자원을 사적 이윤을 포함하여 다른 목적에 전용하는 것이다.

이 기부 게임은 앞 장의 지네 게임 및 코코넛 게임과 비슷하다. 논리적으로 당연하듯이 기부자가 먼저 결정한다. 기부자는 10을 기부할 수 있고, 따라서 그가 기부하지 않기로 결정하면 이득으로서 이 10을 계속 보유한다. 이 경우에 투자 기관 경영자는 얻는 것이 없다. 기부가 이루어지고 기부자의 목적을 지지하기 위해 사용되면 기부자는 기부금의 2배에 해당하는 주관적 편익을 얻는다. 이것이 그가 기부한 동기이다. 한편, 경영자는 급여

6) 역자 주 : MDE는 NGO(nongovernmental organization, 비정부 기구)의 한 형태이다. 국제 관계론과 정치 발전론의 연구자들은 드 토크빌(de Toqueville)의 미국 사회 연구로 소급하는 관념인 NGO의 중심적 중요성을 점차 인정해 왔다.

와 주관적 만족을 포함할 수 있는 5의 이득을 얻는다. 그러나 경영자는 '착복'을 선택할 수 있다. 그리고 이윤 추구 기업은 자본을 이윤으로 전환하기 위해 고안된 것이므로 착복하는 데 지장이 없고, 경영자는 기부자에게 한 푼도 남기지 않고 10의 기부금 전액을 차지할 수 있다.

이제 기업이 비영리라고 가정하라. 이것은 자원을 사적 이윤으로 전환하는 데 장애가 있다는 것을 의미한다. 장애는 이윤 배당의 금지와 아울러 전환과 신탁실패 등에 대한 형사처벌을 포함한다. 이 장애는 충분하게 효과적이 아닐지 모르지만 전환과정이 비효율적이고, 경영자가 '착복'을 선택하여 MDE의 자원을 사적 이익을 위해 전용한다면 많은 자원이 낭비될 것임을 의미한다. 유일한 변화는 둘째 단계에서 '착복' 전략의 경우에만 있다. 사적 이익을 위한 자원의 전환이 매우 비효율적으로 되었기 때문에 경영자는 자원의 40%만 실현할 수 있으므로 4의 이득을 얻지만 기부자는 한 푼도 얻지 못한 채로 있다.

지네 게임과 반격 게임처럼 이런 모든 결정은 더 큰 게임, 3단계 게임에 내재되어 있다. 첫째 단계에서 경영자는 이윤 추구 기업을 조직할 것인지, MDE를 조직할 것인지를 결정한다. 이것이 첫째 단계에서 그의 전략이고, 그다음으로 기부 여부의 결정과 지지할 것인지, 착복할 것인지의 결정이 온다. 전개형으로 표현한 전체 게임은 그림 13.13과 같다. 이득은 기부자에 대한 이득, 경영자에 대한 이득의 순이다. 0으로 표시된 마디는 기업형태 – 영리 또는 비영리 – 의 선택이다. 그래서 게임에는 세 단계가 있다. 기업형태의 결정이 이루어진 다음에 기부 여부의 결정이 따르고, 끝으로 기부금을 임무의 지지를 위해 배정할 것인지 아니면 이윤으로 배당할 것인지의 결정이 이루어진다. 이 게임은 회색 타원으로 강조된 4개의 고유 하부 게임을 갖는다. 2A에서 시작하는 게임은 그 자체가 1A에서 시작하는 하부 게임의 하부 게임이고, 마찬가지로 2B에서 시작하는 하부 게임은 1B에서 시작하는 하부 게임의 하부 게임이라는 것을 주목하라. 그러나 2A와 2B에서 시작하는 하부 게임만 기초 게임이다.

우리는 먼저 기초 하부 게임을 고려한다. 결정마디 2A에서 경영자는 5를 위한 '지지한다'보다 10을 위한 '착복한다'를 선택하여 기부자에게 한 푼도 남기지 않는다. 따라서 그 하부 게임을 위한 이득은 (0, 10)이다. 결정마디 2B에서 경영자는 4를 위한 '착복한다'보다 5를 위한 '지지한다'를 선택한다. 따라서 이 하부 게임의 이득은 (20, 5)이다.

우리는 이제 그림 13.14에 나타난 축소 게임을 갖는다. 축소 게임에서 기부자는 위의 가지에서 0의 이득을 위한 '기부한다'와 10의 이득을 위한 '기부 안 한다' 사이에서 선택할 것이다. 이것은 물론 머리를 쓸 필요도 없는 일이고, 그는 '기부 안 한다'를 선택하여 윗가

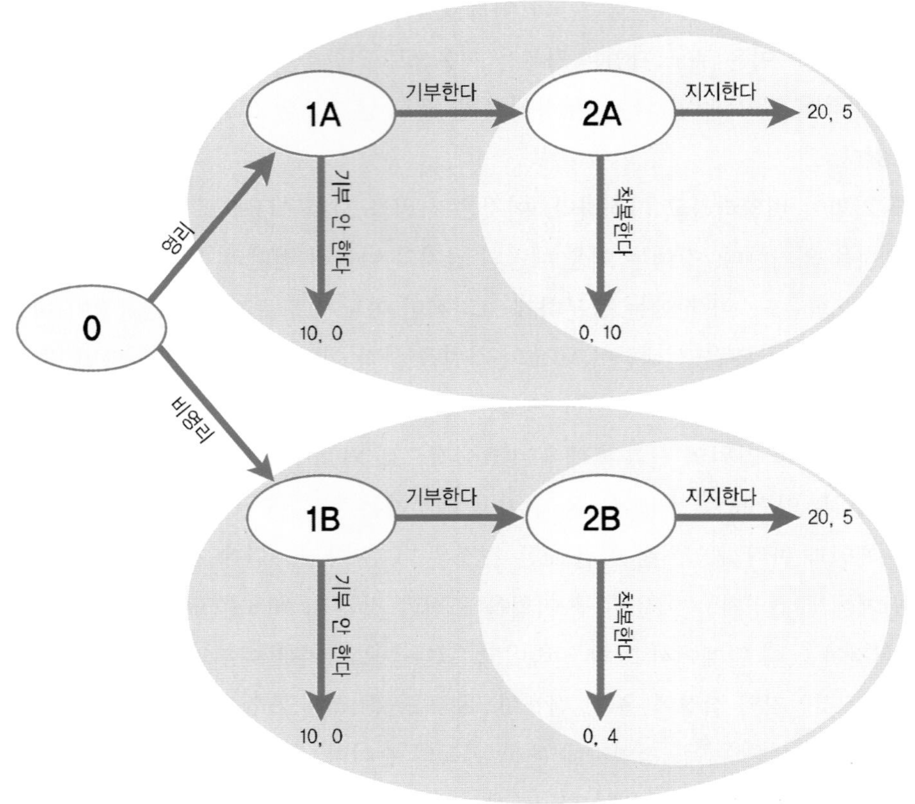

그림 13.13 기업형태 선택의 게임

지에서 이득이 (10, 0)일 것이다. 축소 게임의 아랫가지에서 기부자는 20을 위한 '기부한다'와 10을 위한 '기부 안 한다' 사이에서 선택한다. 다시 한 번 머리를 쓸 필요도 없이 기부자는 '기부한다'를 선택하므로 아랫가지에서 이득이 (20, 5)이다.

우리가 이 하부 게임들에 해를 적용하면 그림 13.13의 게임을 그림 13.15의 게임으로 '축소'할 수 있다. 다시 한 번, '축소' 게임은 머리를 쓸 필요도 없는 것이다. 기부자와 경영자는 모두 비영리 형태가 선택되면 좋아진다.

따라서 (비영리 지위가 비영리 자산을 경영자 이윤으로 전환하는 것을 실제로 불가능하지는 않더라도 매우 비효율적으로 만드는 데 성공적이라는 가정과 함께) 후진귀납법에 의하여 우리는 기부가 비영리 조직을 위해서 생장의 기초일 테지만 이윤추구 기업을 위해서는 그렇지 않을 것이라는 결론을 도출한다. 이는 임무추구 기업이 비영리 기업으로 조직되는 경향을 설명할 수 있을 것이다. 이윤의 효율적 배당보다 이루어진 일에 대한 주관적

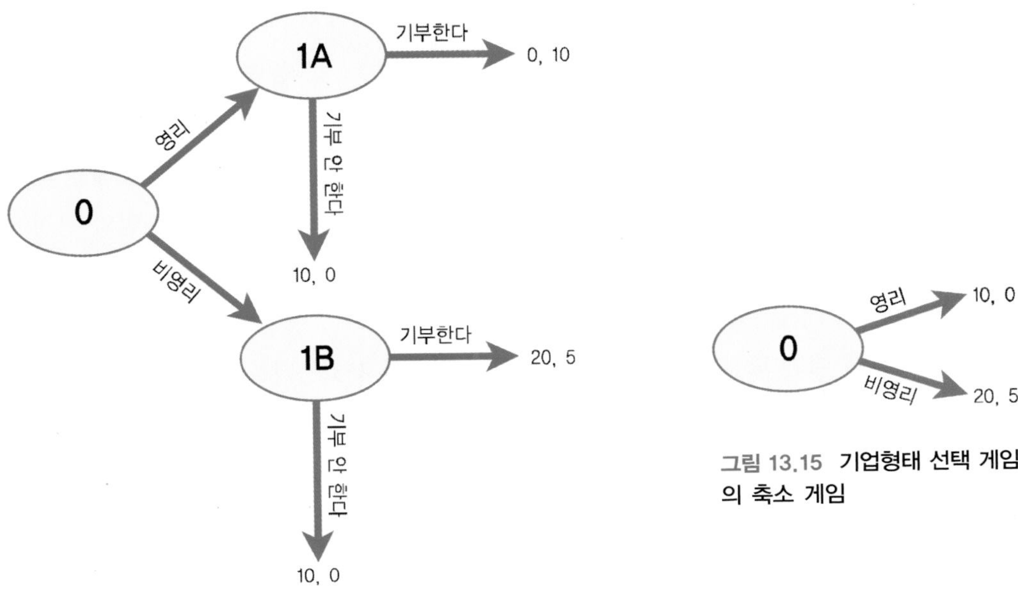

그림 13.15 기업형태 선택 게임의 축소 게임

그림 13.14 기초 하부 게임을 푼 다음의 축소 게임

만족을 편익으로 받는 박애주의자들에 의해서 자본이 공급되는 곳마다 자원을 사적 이윤으로 전환하는 데 비영리 형태가 비효율적이라는 것이 임무추구 기업의 중심적 이점이다. 이 예는 순차적 게임에서 자기가 나중에 가질 선택의 자유를 제한한다는 것을 초기 단계에 공약하는 것이 유리함을 다시 한 번 보여 준다. 그것은 비영리 기업이 경제 체제에서 다른 종류의 기업과 나란히 중요한 역할을 연출할지 모른다는 것을 시사하면서 공공 정책을 위한 교훈도 갖고 있다.

6. 요약

게임이 종속될 때, 즉 플레이어들이 전략을 선택하지만 그 선택이 더 큰 게임에 포함될 때, 게임 이론가와 게임의 플레이어들은 도전을 받는다. 게임 이론가에 대한 도전은 종속 게임이 그 자체로서 전체 게임인 것처럼 분리해서 분석될 수 없다는 것이다. 그렇게 분리해서 하는 분석은 기껏해야 그릇된 결과를 도출하거나 완결되지 않은 분석이기 쉽다. 종속 게임이 전개형 게임의 고유 하부 게임이면 내재 게임이라고 한다. 분리된 내재 게임의 분석은 내재 게임의 하부 게임 완전균형을 결정하기 위한 하나의 단계에 불과하다. 사람들의 행동이 항상 더 큰 관계에 '종속되어' 있는 현실 세계에서 게임 이론가의 도전은 게임 간에 경계를 긋고, 예컨대 내재 게임의 플레이어들이 더 큰 종속시키는 게임으로부터 얻은 정보를 내재 게임을 풀기 위한 전진귀납법에 이용하거나, 내재 게임의 초기 단계에서 다른 전략을 선택함으로써 '규칙을 변경'할 수 있다는 사실을 감안하면서 오해를 최소화하는 방식으로 게임을 분석하는 것이다. 더 큰 게임의 균형전략은 종속 게임의 관점에서 비합리적으로 보일 수 있으므로, 게임 이론가에 대한 도전의 일부는 더 큰 게임의 관점에서 합리성의 가정을 정확하게 적용하는 것이다.

플레이어들에 대한 도전은 그들이 무슨 게임을 연출하고 있는가를 이해하는 것이다. 분리된 하부 게임에서만 연출하고 있다고 믿는다면 플레이어들은 (말타의 매의 등장인물처럼) 최선반응 전략을 선택할 수 없거나, (노벨 노라처럼) 얻을 수 있는 정보를 사용하지 않거나, (지네 게임의 예처럼) 서로 유리한 협조 해를 확보하지 못하거나, (냉전에서 미국과 소련 간의 대결처럼) 적의 공격을 방지하지 못할 수 있다. 그들은 상위의 내재 게임을 감안하여 상호 편익을 위한 계약 · 구속, 성공적인 군사 전략, 또는 비영리 기업의 논의에서 지적된 것과 같은 적절한 조직 형태를 달성할지 모른다.

종속 게임과 내재 게임은 항상 상상력에 도전한다. 일단 우리가 연출하고 있다고 생각하거나 연구하고 있다고 생각하는 게임을 이해하였다면 정말로 더 탐구할 것이 없는 것일까? 아니면 그 게임은 사람들의 결정을 더 잘 설명하거나 사람들에게 목적을 달성하기 위한 더 좋은 결정을 제시할 더 큰 게임의 일부인가?

Q13. 연습문제

Q13.1 학장 자리가 좋다 몇 년 전 픽셀대학교는 니트스터프대학의 학장 지위를 놓고 한 후보와 교섭하고 있었다. 그 후보는 학장 직위를 맡는 조건으로 학부 건물의 신축을 요구하여 교섭이 여러 달 동안 계속되었다. 결국 대학교 측은 건물 신축을 위해 채권을 발행하였고 그 후보는 계약서에 서명하였다.

그림 13.16a는 이 협상을 전개형 게임으로 표현한 것이다. P는 픽셀, D는 학장을 나타낸다. 마지막 단계에서 픽셀은 채권을 발행하지 않더라도('발행 안 한다' 전략) 후보가 어쨌든 제안을 수락하면('서명한다' 전략), 학장에게 건물을 짓겠다고 약속하고 채용한 다음 건물의 신축을 취소하지만 구본관을 개축하거나('채용' 전략), 그를 채용하고 건물을 신축하거나('학부' 전략), 그를 채용하지 않지만 구본관의 개축

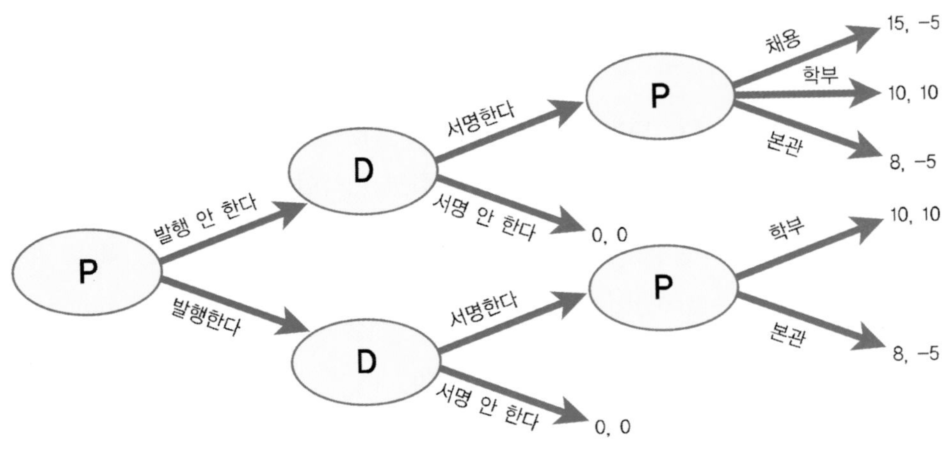

그림 13.16a 학장의 협상

을 진행하는('본관' 전략) 세 전략 중에서 선택할 수 있다. 이 그림은 일단 대학교가 채권을 발행하면 모금한 자금을 다른 목적에 전용할 수 없으므로 학부 건물의 신축을 더 이상 피할 수 없다는 가정에 입각한다. 따라서 대학교가 '발행한다'를 선택하고 후보가 '서명한다'를 선택하면 대학교는 건물을 짓거나 그 후보의 채용을 거절하는 전략만을 갖는다.

a. 이 게임의 하부 게임 완전균형은 무엇이며, 왜 학장이 서명하였는가?

b. 누가 게임의 규칙을 변경하였는가?

c. 어떻게 변경할 수 있었는가?

힌트 : 이 협상 게임을 더 큰 게임의 내재 게임으로 생각하라.

Q13.2 기업 파트너 수송장비 회사(TECORP)는 주로 시내버스 회사에 버스를 팔며, 고객들이 대기오염에 관심이 많기 때문에 버스의 전원을 연료전지로 바꾸려고 한다. 퀸힐전력(QHP)은 그런 버스를 위한 기술을 완성하였고, TECORP는 QHP에게 자사의 버스를 위한 연료전지를 생산하도록 권유하였다. 그러나 그렇게 하려면 QHP는 TECORP만을 유일한 고객으로 하여 비용이 많이 드는 특화된 장비를 설치해야 한다. QHP는 장비가 설치되고 나면 TECORP가 가격의 재협상을 요구할 텐데 자사가 응할 수밖에 없어 그 회사에 잡히게 될 것을 우려한다.[7] 다음을 가정하라.

---

7) 역자 주 : 이러한 계약 후 기회주의를 억류(holdup)라고 하며, 이를 피하려고 합병(merger)이 발생하는 경우가 많다.

- 협약이 없으면 이득이 (0, 0)이다.
- 협약이 있고
  - 재협상이 없으면 이득이 (100, 100)이다.
  - 재협상 요구가 있고 QHP가 거절하면 이득이 (0, −100)이다.
  - 재협상 요구가 있고 QHP가 수락하면 이득이 (200, −50)이다.

이득의 단위는 100만이고 첫째 이득이 TECORP, 둘째 이득이 QHP의 것이다.

a. 이 게임의 전개형 나무그림을 그려라.

b. 후진귀납법을 사용하여 하부 게임 완전균형을 결정하라.

c. QHP의 대주주가 두 회사의 합병을 제안한다. 합병으로 균형과 게임의 분석이 어떻게 바뀌는가? 내재 게임의 관점에서 설명하라.

Q13.3 샘 스페이드 말타의 매에서 샘 스페이드 탐정은 오쇼네시에게 자기가 남들이 말하는 만큼 나쁜 사람이라고 믿어서는 안 된다고 충고한다. 그는 그런 평판이 비싼 일거리를 구하고 적을 다루는 데 도움이 된다고 말한다. 내재 게임의 발상을 이용하여 그의 추론을 논하라.

표 13.4a 핫도그 장사의 이득

		프랭크	
		$1.5	$2
어니스트	$1.5	10, 10	18, 5
	$2	5, 18	12, 12

Q13.4 핫도그 장사 프랭크와 어니스트는 나란히 서 있는 판매대 트럭에서 핫도그를 판다. 매주 그들은 핫도그의 가격을 $1.5나 $2로 매기는 전략 간에 선택한다. 이득은 표 13.4a와 같고 어니스트의 이득이 먼저 적혀 있다.

a. 이 게임의 비협조 균형은 무엇인가?

b. 프랭크가 어니스트에게 가격 협약을 제안한다. 프랭크는 둘 다 $9의 보증금을 걸고, 한 사람이 가격을 내리는데 다른 사람이 내리지 않으면 가격을 내린 사람의 보증금을 몰수하여 가격을 내리지 않은 사람에게 주자고 제안한다. 이 협약은 그들의 가격결정 게임에 '협조' 해를 줄 것인가?

c. 내재 게임의 관점에서 답을 설명하라.

Q13.5 자격인증 대학 평가 기관은 흔히 대학이 큰 비용을 치르거나 충족하기 어려운 조건을 부과한다. 예컨대, (경영대학의 자격을 인증하는) AACSB는 최소한 학점의 일

정한 부분은 박사 학위를 가진 전임교수가 강의해야 하며, 야간 강의도 주간 강의와 전체적으로 같은 기준을 만족해야 한다고 요구한다. 이는 경영대학의 학장이 야간 강사진을 충원하기 위해 저가의 시간강사를 채용하는 유연성을 박탈한다. 이러한 충원방법은 학교에 매우 유리한 전략이지만, 거기에 제동을 거는 AACSB의 정책은 경영대학의 학장들로 구성된 위원회에서 결정된 것이다.

왜 경영대학의 학장들이 그런 방식으로 스스로 유연성과 이윤 기회를 박탈하는지를 내재 게임의 개념과 전개형 게임을 이용하여 설명하라. 다음은 분석에 참고가 될 부차적인 사실이다. (1) 학장은 자기 학교를 위한 자원을 늘리기 위해 고위 관리자, 총장, 부총장 등과 자주 교섭해야 한다. (2) 일반인들이 대부분의 야간 학위 과정 교수진이 질이 떨어지는 교수들로 충원된다고 믿게 되면 야간 과정에 등록하려는 사람들이 줄어들 것이다. (3) 규모가 크고 재원이 풍부한 경영대학들은 높은 기준을 적용함으로써 그 기준을 만족하지 못할 이류 대학들이 경영대학 시장에 진입하는 것을 제한하여 편익을 받을 수 있다.

Q13.6 대리 대리 모형(agency model)은 경제학 분야인 응용 게임 이론의 방대한 문헌에서 사용되고 있다. 예컨대 주식회사의 임원은 주주의 대리인이다. 아담 스미스와 같은 기업 비판자들은 이 점을 중시하였다. 아담 스미스는 다음과 같이 적었다. “그러나 그러한 기업의 이사들은 자기보다는 남들의 돈을 관리하므로 합자회사의 동업자들이 서로 감시하는 것과 같은 경계심을 갖고 감시할 것으로 기대할 수 없다. … 따라서 그러한 회사의 경영에 항상 얼마간의 태만과 사치가 일반화되어 있을 것이다. … 주식회사를 설립하는 것은 분명히 합리적이지 않을 것이다. …” 그러나 현대의 많은 주식회사들은 이사들에게 봉급 대신 주식 매입 선택권, 즉 스톡옵션(stock option)을 주어 회사의 자산을 ‘지키도록’ 장려한다.

매우 간단한 예로, 한 기업의 최고경영자(CEO)가 고수준의 노력(H)이나 저수준의 노력(L)을 선택할 수 있고, 회사 주식의 총 가치는 그가 H를 선택하면 20(100만?)이고 L을 선택하면 10이라고 가정하라. 단, 그의 봉급은 주식의 총 가치에서 뺀다. 그래서 예컨대, 그가 3의 봉급을 받고 L을 선택하면 주주들에 대한 총 이득은 $10 - 3 = 7$이다. CEO의 이득은 그가 L을 선택하면 그의 봉급이고 H를 선택하면 그의 봉급에서 2를 뺀 것이다. 그래서 예컨대, CEO가 3의 봉급을 받으면 그의 이득은 $3 - 2 = 1$이다. 주주들은 그에게 3의 봉급을 주거나 총 주식 가치의 q%에 해당하는 스톡옵션을 주는 것을 선택할 수 있다. 그러므로 CEO가 스톡옵션을 받고 H를 선택하면 그의 게임 이득은 $20q$이고, 주주들은 $20(1 - q)$를 얻는다. 주주들이 먼저 전략을 선택하고 고용 계약을 맺음으로써 그 전략을 공약한다.

a. 이 문제에 대한 나무그림을 그려라.

b. CEO에게 H를 선택할 유인을 줄 q의 최소치는 얼마인가?

c. 주주들이 스톡옵션을 주는 것이 하부 게임 완전하게 되는 q의 최대치는 얼마인가? 주주들에 대한 이득의 상한은 무엇인가? 주주들이 봉급을 주고 CEO가 H를 선택하면 주주들은 얻고 싶은 만큼의 이득을 얻을 수 있는가?

d. 2001~2002년의 기업 회계비리 사건[8] 2008~2009년의 경기침체 이래 스톡옵션의 형태로 CEO에게 거액을 지불하는 관행에 대하여 많은 논의가 계속되어 왔다. 이 모형에서 CEO가 스톡옵션의 형태로 얻을 수 있는 보상의 최고치를 결정하는 것은 무엇인가?

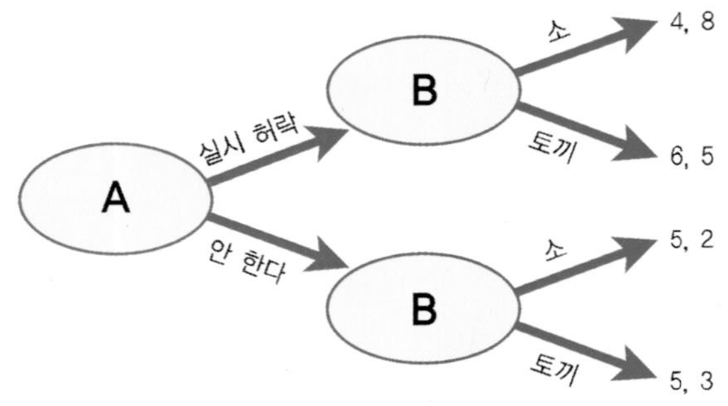

그림 13.16b 특허의 실시 허락

Q13.7 특허의 실시 허락? 소 사료 생산자인 애그로코프는 토끼에도 사용될 수 있는 사료의 생산공정에 대한 특허를 갖고 있다. 애그로코프는 토끼 사료를 생산하지 않는다. 이 회사는 현재 토끼 사료를 생산하지만 소 사료는 생산하지 않는 버니월드에 대한 특허의 실시 허락(licensing)을 고려하고 있다. 그러나 애그로코프는 그 경우에 버니월드가 소 사료 시장에 진입해서 자기 제품과 경쟁할지 모를 것이라고 우려한다. 이 게임은 그림 13.16b에 연장형으로 나타나 있다.

이 게임의 하부 게임 완전 내시 균형을 결정하고 그것을 설명하라. 이 게임을 더 큰 게임에 내재시킴으로써 결과를 개선하는 방법을 제시하라.

다음 연습문제는 이 장과 아울러 제8장과 제9장의 개념들을 사용한다. 아직 그 장들을 공부하지 않았으면 이 연습문제를 미뤄 두어라.

---

8) 역자 주 : 이 사건은 미국 유수의 에너지 관련 기업인 엔론(Enron)에서 벌어졌던 것이다. 엔론은 2000년에 $1,110억의 수입을 보고하였고, 포춘은 6년 연속 '미국에서 가장 혁신적인 기업'으로 선정하였다. 그러나 회사 내부의 부정과 회계장부의 조작이 만연한 것으로 판명되어 결국 엔론은 도산하고 2만여 명이 실직하였으며, 그 CEO는 천문학적 규모의 손해배상과 함께 징역형을 받았다.

Q13.8 공짜 샘플 애크미 만화장비 회사(ACE)는 다른 회사와의 계약에 의해서 반 가공된 부품을 공급받아 만화장비를 조립한다. 그러나 공급에는 R(신뢰할 수 있는)형과 U(신뢰할 수 없는)형의 두 가지 유형이 있다. ACE는 잠재적 공급자와 상담을 할 때 사거나 사지 않는 2개의 전략을 갖는다. 공급자 중에는 공짜 샘플을 주는 회사도 있고 주지 않는 회사도 있다. R형 공급자와의 게임은 전개형으로 그림 13.16c에 나타나 있다. 첫째 이득은 ACE, 둘째 이득은 공급자의 것이다. 마디 S는 공짜 샘플을 줄 것인지 여부에 대한 결정마디이고, 마디 B는 구매자가 살 것인지 여부에 대한 결정마디이다. 그러나 공급자가 U형일 때 이득은 그림 13.16d와 같다.

ACE는 어느 공급자가 R형이고 어느 공급자가 U형인지 알지 못한다. 공급자가 R형일 확률이 0.5라고 가정하라.

a. 두 게임을 따로따로 할 경우에 하부 게임 완전균형은 무엇인가?
b. 공급자가 R형이나 U형일 확률이 0.5로 주어졌다면 구매자의 적정한 전략은 무엇이며, 그것으로부터 얻는 이득은 얼마인가?
c. ACE가 공짜 샘플을 주는 공급자에게만 사는 전략을 채택하고 공급자가 이것을 안다고 가정하라. 결과는 어떻게 될까? 이것을 내재 게임의 관점에서 설명하라.

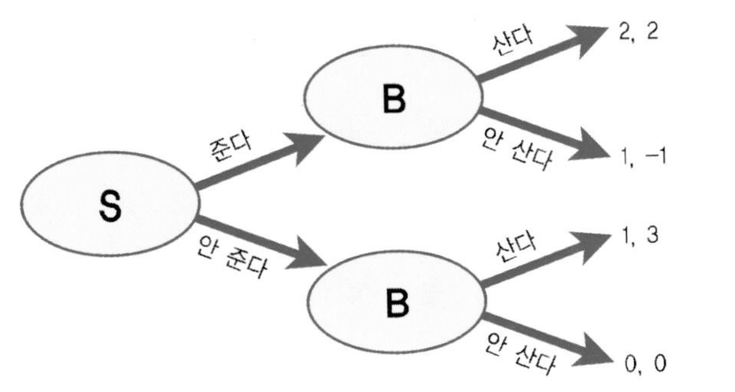

그림 13.16c R형 공급자와의 조달 게임

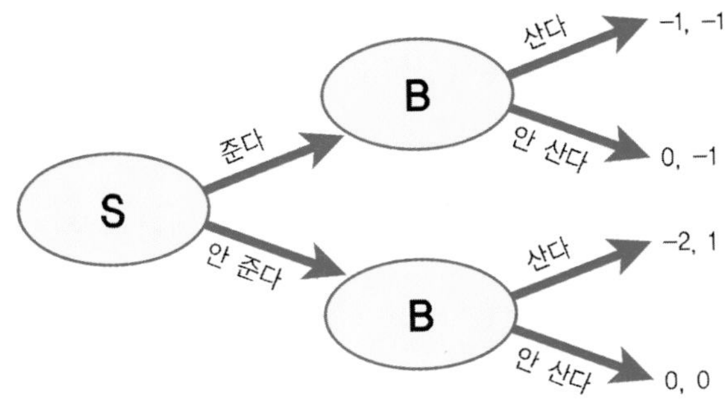

그림 13.16d U형 공급자와의 조달 게임

제14장

반복 연출

이 장의 내용을 가장 잘 이해하려면 제1장~제4장과 제12장의 내용을 학습하고 이해할 필요가 있다.

이 책에서 이제까지 조사한 게임들은 마치 플레이어들이 장래에 다시 상호작용을 하지 않을 것처럼 한 번만 연출되었다. 어떤 예에서는 그것이 분명히 적절한 것 같았다. 이 책의 시작인 스페인 반란에서 게임의 두 번째나 그다음의 연출은 있을 수 없다. 주행 게임을 연출하도록 임의로 조합된 2대의 자동차가 우연히 교차로에서 만날 때 그들이 다시 만날 가능성은 간과해도 될 만큼 작다. 그러나 만일 두 운전자가 같은 동네에 산다면 그들은 우연히 만나지 않고 계속해서 만날 가능성이 크기 때문에 서로 상대방의 습관에 익숙해질 수 있다. 우리가 광고 게임과 같은 사회적 딜레마를 볼 때, 장래의 상호작용이 없이 게임이 한 번만 연출된다는 가정은 상당히 틀린 것 같다. 같은 기업들이 같은 시장에서 매년 경쟁할 것이다.

게임 이론가들은 게임 이론의 초기 발전 단계에서 특히 사회적 딜레마에서 게임이 반복적으로 연출되면 다른 결과가 나올 수 있지 않을까 의심하였다. 그 의심이 너무 강하여 누군가가 이미 그렇다고 증명한 것처럼 보였다. 현재 게임 이론가들은 '전래정리'에 대하여 말하고 있는데, 우리는 전래라는 단어를 '전설(folk tale)', 즉 '전래된' 이야기라는 말에 쓰이는 것과 같은 의미로 사용한다. '전래정리'가 말하는 것은, 사회적 딜레마가 반복적으로 연출될 때 협조적 결과가 상당히 일반적이라는 것이다. 사실상 정리도 없었고 증명도 없었다.[1] 단지 전설만 있었다. 그럼에도 불구하고 그 전설에는 진실의 요소가 있다. 이

1) 역자 주 : 1971년에 무한반복 게임을 대상으로 하여 정리(theorem)가 처음 증명되었다. J. Friedman (1971), "A noncooperative equilibrium for supergames," *Review of Economic Studies*, v. 78, pp. 1-12.

중요 개념

반복 게임(Repeated Game) : '게임'이 반복적으로 연출될 때 우리는 게임의 순열 전체를 분석해야 하고, 이 순열의 하부 게임 완전균형에 초점을 맞추어야 한다.

전래정리(Folk Theorem) : 반복적으로 연출되는 비협조 게임이 가끔 협조 균형을 가질 수 있다는, 널리 공유된 통찰을 게임 이론의 전래정리라고 한다.

연출 횟수 한정 게임(Games Played a Limited Number of Times) : 순수전략으로 내시 균형을 가진 게임이 반복적으로 연출되면 내시 균형의 반복 연출이 항상 하부 게임 완전하다. 게임이 사회적 딜레마이고 한정된 횟수만 반복되면, 전래정리와 달리 우월전략 균형의 반복적 연출이 유일한 하부 게임 완전균형이다.

장은 반복 연출의 복잡성을 간단한 2인 게임에서 탐구할 것이다. 다음 장에서는 진실의 보물을 발견하려고 시도할 것이다. 아래에서 공공재 공급의 사회적 딜레마가 반복적으로 연출되는 예를 보자.

1. 야영자의 딜레마

아만다와 버피는 하계 야영의 상담자이다. 이들은 TV와 DVD 플레이어가 있는 방을 같이 쓰고 있다. 야영지의 상점에서 DVD 1개를 주당 \$5에 빌릴 수 있다. 아만다와 버피는 주말 영화 DVD 1개로부터 각각 \$4에 해당하는 즐거움을 얻는다. 그래서 만일 그들이 각각 특정한 주말에 DVD 1개를 빌린다면 각각 \$5의 비용으로 \$8의 즐거움을 얻을 수 있다. 그들의 전략은 DVD를 빌리거나 빌리지 않는 것이며, DVD 빌리기 게임에 대한 이득은 표 14.1과 같다.

표 14.1 야영자의 딜레마

		버피	
		빌린다	안 빌린다
아만다	빌린다	3, 3	−1, 4
	안 빌린다	4, −1	0, 0

우리는 이것이 공공재 기부 게임과 매우 비슷한 또 하나의 사회적 딜레마인 것을 본다. 사실상 DVD 영화가 두 사람에게는 공공재이다. 그림 14.1은 이 게임의 전개형이다.

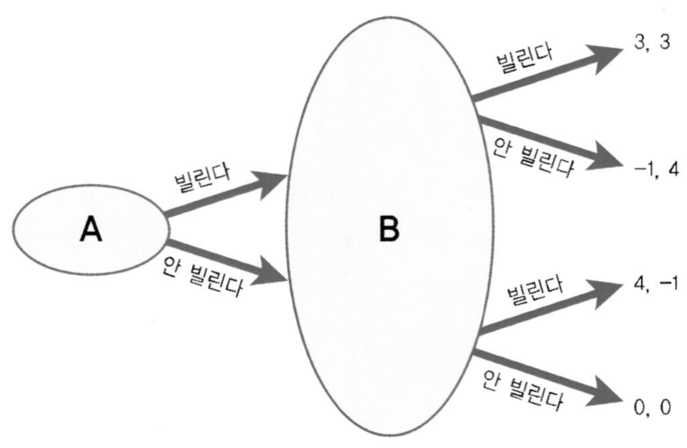

그림 14.1 야영자의 딜레마

사회적 딜레마에는 기본적으로 '협조한다'(이 경우에는 '빌린다')와 '이탈한다'(이 경우에는 '안 빌린다')의 두 가지 전략이 있다. '이탈한다'는 말의 배경에 있는 발상은 비협조적 전략을 선택하는 플레이어가 협조하기 위한 (잠재적인) 협약으로부터 '이탈한다'는 것이다.

사회적 딜레마가 문제이다! 그러나 그다지 큰 문제는 아닐 것이다. 어차피 여름이 이제 막 시작되었고, 가을 학기에 그들이 각자의 대학교로 돌아갈 때까지 아직 10주나 남았다. 그들은 적어도 첫째 주에는 '협조한다'를 선택할 것으로 보인다. 결국, 만일 (예컨대) 아만다가 금주에 '빌린다'를 선택하면 버피는 내주에 '빌린다'를 선택함으로써 아만다에게 보상을 할 수 있다. 한편, 아만다가 비협조인 '안 빌린다'를 선택하면 버피는 내주 그리고 아마 그다음의 몇 주 동안 '안 빌린다'를 선택하여 비협조로 나옴으로써 아만다를 벌주거나 '제재'할 수 있다.

그러나 그렇게 하는 것이 합리적인 '최선반응' 전략인가? 이 질문에 답하려면 전개형 게임과 하부 게임 완전균형의 이론을 사용해야 한다. 놀랍게도 그것은 최선반응 전략이 아니다. 이 추론을 음미하기 위해 DVD 게임이 두 단계만 연출된다고 가정하라. 이 2단계 게임이 전개형으로 그림 14.2에 묘사되어 있다.

2단계 야영자 딜레마는 회색 타원으로 나타낸 4개의 기초적 고유 게임을 갖고 있다. 후진귀납법을 적용하여 우리는 먼저 이 하부 게임들을 푼다. 우리가 그것들을 정규형으로 표현하면 각 하부 게임이 (안 빌린다, 안 빌린다)의 우월전략 균형을 가진 사회적 딜레마라는 것을 알 수 있다. 우리가 4개의 하부 게임을 균형이득으로 대치하면 그림 14.1과 표 14.1의 게임을 얻는다. 두 번째 균형이득이 (0, 0)이므로 그것은 원래의 사회적 딜레마를 다시 표현한 것에 불과하다. 결론적으로 두 단계에서 모두 하부 게임 완전균형이 (안 빌린다, 안 빌린다)이므로 이 게임에서 반복적인 연출은 아무런 차이를 만들지 않는다.

> **반복되는 사회적 딜레마(Repeated Social Dilemma)** : 사회적 딜레마가 일정한 횟수만 반복될 때 하부 게임 완전한 연출은 원래의 사회적 딜레마와 똑같이 두 플레이어가 모두 이탈하는 것이다.

이 추론은 10주의 야영기간 전체에 적용될 수 있다. 야영이 아무리 오랫동안 계속되더라도 후진귀납법이 사용된다. 우리가 본 것처럼, 처음 몇 주에 어떻게 하였든 간에 마지막 주의 최선반응은 비협조인 '안 빌린다' 전략이다. 마지막 열째 주 다음의 주가 없기 때문에 열째 주에는 보상도 제재도 있을 수 없다. 이제 아홉째 주로 간다.

열째 주에는 비협조전략만 연출될 것이므로 우리는 열째 주에 아무런 보상이나 제재가 없을 것임을 이미 알고 있다. 그러므로 아홉째 주에 비협조전략 이외에 다른 전략을 연출

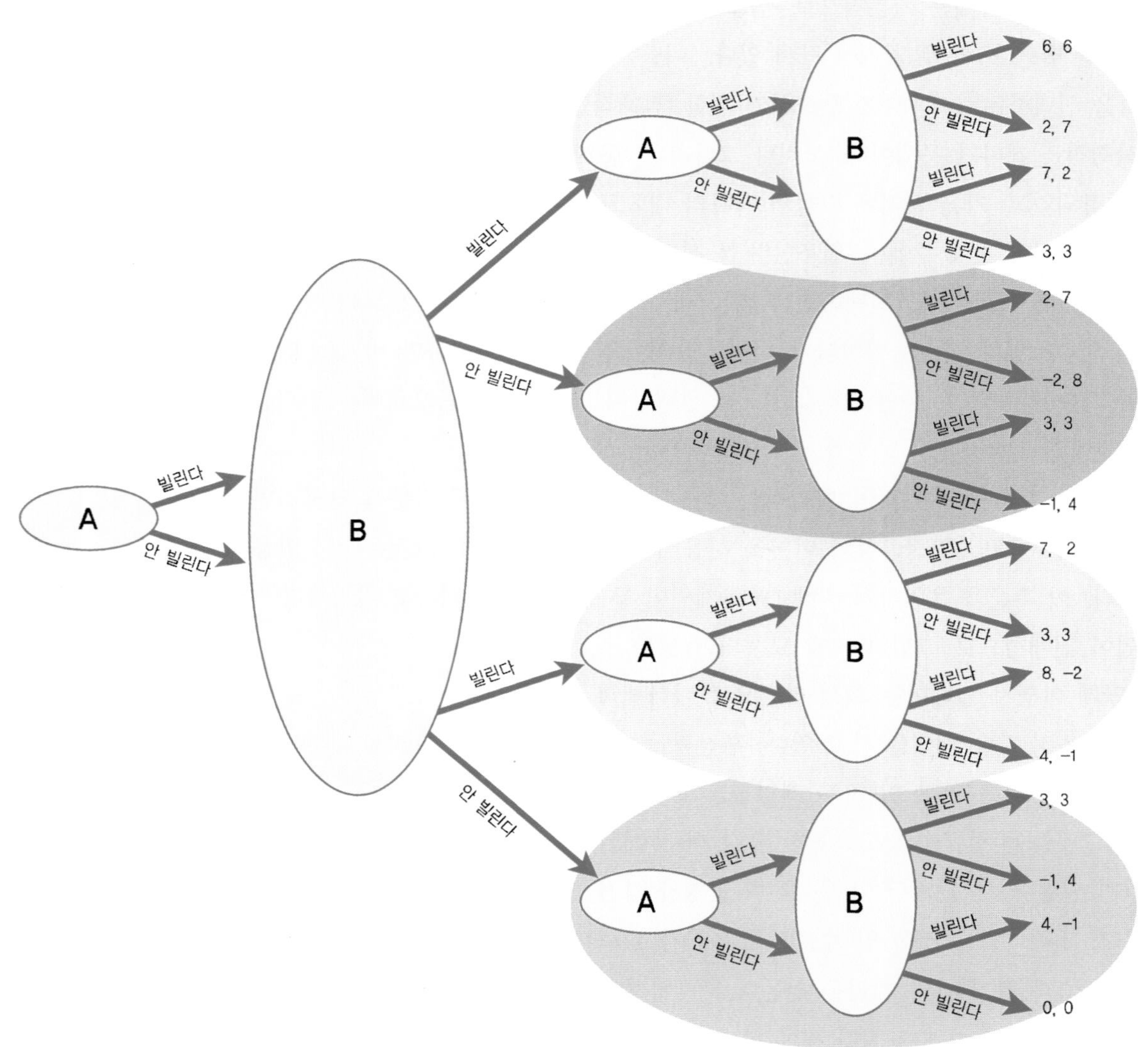

그림 14.2 반복되는 야영자의 딜레마

할 이유가 없다. 이제 여덟째 주로 간다. 마지막 두 주에 보상도 제재도 없다는 것을 이미 알고 있으므로 여덟째 주에도 비협조전략 이외에 다른 전략을 연출할 이유가 없다. 그 이전의 주도 마찬가지이다. 이렇게 추론하여 거슬러 올라가면 첫째 주에도 협조전략을 선택할 이유가 없다는 결과를 얻는다. 결론은 협조전략이 한 번도 연출되지 않는다는 것이다.

'전래정리'가 다른 경우에서 맞는다고 하더라도 이 야영자의 딜레마에는 적용되지 않는 것 같다. 또 다른 예가 있다.

2. 셔츠 다림질

니콜라스 니트닉은 셔츠를 매일 다려 입기를 좋아한다. 그는 다림질을 스스로 하거나 바로 집 앞에 있는 이웃 세탁소에 맡길 수 있다. 그러나 니콜라스는 이웃 세탁소가 충분히 조심하지 않아 자기 셔츠를 망가뜨리지 않을까 염려한다. 니콜라스의 전략은 셔츠를 세탁소에 '맡긴다'와 '안 맡긴다' 두 가지이고, 이웃 세탁소의 전략은 '조심한다'와 '조심 안 한다' 두 가지이다. 이 게임의 전개형이 이득과 함께 그림 14.3에 나타나 있다. 니콜라스가 A, 이웃 세탁소가 B이고 첫째 이득이 니콜라스, 둘째 이득이 이웃 세탁소의 것이다.

1회 한정 게임(One-off Game) : 게임이 1회만 연출되고 반복되지 않을 때 그 게임을 1회 한정 게임이라고 한다.

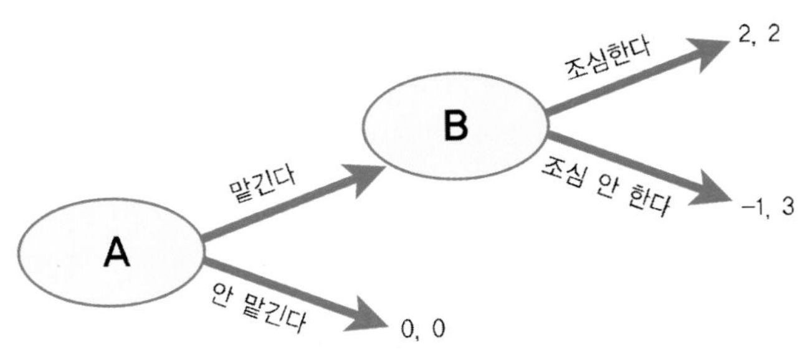

그림 14.3 **셔츠 다림질**

이 게임은 세탁소가 조심할지 여부를 결정하는 기초 고유 하부 게임을 가지며, 합리적 결정은 2보다 3의 이득을 주는 '조심 안 한다' 전략이다. 이는 니콜라스가 셔츠를 세탁소에 맡기면 −1의 이득을 예상할 수 있다는 것을 뜻한다. (스스로 다림질하여 얻는) 0의 이득이 −1보다 나으므로 하부 게임 완전균형은 니콜라스가 스스로 다림질하는 것이다.

그러나 이것은 반복 게임이다. 니콜라스는 앞으로 5년간 매주 셔츠를 다림질하도록 맡기려고 할 것이다. 5년 뒤에 그는 은퇴하고 더 이상 다림질한 셔츠를 입지 않으려고 계획하고 있다. 그래서 다림질 게임은 5 × 52 = 260번 연속하여 반복될 것이다. 직감적으로 보면, 니콜라스가 세탁소 주인에게 보복을 위협함으로써 조심하도록 설득할 수 있을 것 같다. 니콜라스는 예컨대 세탁소의 '조심 안 한다' 전략에 대하여 다음 주에 스스로 다림질을 함으로써 반응할 수 있을 것이다. 그러면 세탁소 주인은 조심하지 않음으로써 세탁물을 맡을 수 없게 된다. 이 보복 전략은 다림질 게임에서 협조 균형 (맡긴다, 조심한다)를 초래할 수 있는가?

이 정책을 **팃-탯**[2] 전략 원칙이라고 한다. 일반적으로 반복 게임에서 한 플레이어가 그

2) 역자 주 : 'tit-for-tat'은 16세기 영국의 구어체 표현인 'tip for tap'의 변형으로, 국내 영한사전에는 '되갚음'으로 번역되어 있다. 이 어구는 문자 그대로 'push for shove'를 의미한다. 즉, 'tit'은 'tat'에 대한 반응인데 'tat'의 어원은 '행위'를 뜻하는 독일어이다. 이것을 '되갚음'으로 번역하면 어감이 틀리는 경우가 있으므로 굳이 우리말로 번역하지 않고 영어 발음을 따서 '팃-탯'으로 쓴다. 이 해법은 제19장에 소개되는 액설로드(Axelrod)

> 팃-탯(Tit-for-Tat) : 게임 이론에서 팃-탯은 반복되는 사회적 딜레마나 유사한 게임에서 연출의 전략을 선택하기 위한 규칙을 말한다. 규칙은 상대방이 '이탈한다'를 연출할 때까지 '협조한다'를 연출한 뒤, 다음 라운드에서 '이탈한다'를 연출함으로써 보복하는 것이다.

의 차례에 협조 해를 이탈하고 다른 플레이어가 다음 그의 차례에 협조 해를 이탈함으로써 반응할 때, 둘째 플레이어가 팃-탯 전략을 연출한다고 말한다. 이 예처럼 여러 번 반복되는 게임을 위한 전략은 매우 복잡한 상황의존 전략이며, 그런 전략이 매우 많을 수 있다. 남은 5년 중 제201주에 니콜라스가 셔츠를 세탁소에 맡길지 여부를 선택하는 경우를 고려하라. 이 선택은 그 전의 200번의 연출에서 한 선택에 달려 있을 수 있다. 제1주에 (맡긴다, 조심한다), (맡긴다, 조심 안 한다), (안 맡긴다, 아무 일도 안 한다), 세 가지 유형의 연출이 가능하다. 따라서 제2주에 니콜라스의 선택은 이 3개의 우발 사태에 의거한다.[3)] 제3주에 그의 선택은 제2주의 3개 우발 사태에 대하여 제3주에 각각 3개의 우발 사태가 가능하므로 $3 \times 3 = 3^2 = 9$개 우발 사태에 의거한다. 제4주에 그의 선택은 $3 \times 9 = 3^3 = 27$개의 우발 사태에 의거한다. 제201주에 그의 선택은 앞서 지나간 3^{200}개의 가능한 연출의 순열에 의거한다. 그러나 그가 제201주에 팃-탯 원칙에 따라 연출한다면 처음의 199개 주는 관계가 없다. 팃-탯 원칙은 앞서 있었을 3^{199}개 연출의 순열을 하나로 묶는다. 그 원칙이 말하는 것은 "만일 마지막 연출에서 당신이 '맡긴다'를 선택하였고 이웃 세탁소가 '조심 안 한다'를 선택하였다면 '안 맡긴다'를 연출하라. 그렇지 않다면 '맡긴다'를 연출하라."는 것이다.[4)] 이 원칙은 처음 199개 주의 모든 3^{199}개 연출의 순열에 대하여 같은 결과를 초래한다. 단순한 원칙을 사용하여 이 방대한 수의 우발적 전략의 집합을 하나로 묶음으로써 반복 게임이 단순화된다. 그러나 그것이 효과가 있을까?

이 문제를 탐구하기 위해 그림 14.4에 2주일에 걸쳐 연속하여 연출된 게임의 나무그림을 나타낸다. 여기서 이득은 2주일의 이득의 합이며, 전과 같이 처음의 이득이 A, 둘째의 이득이 B에 대한 것이다.[5)] 니콜라스가 팃-탯 원칙에 따라 연출하면 암묵적 위협과 암묵적

토너먼트에 참가한 래포포트(A. Rapoport)가 처음 제안했다.

3) 이웃 세탁소의 전략은 제2주에 니콜라스가 셔츠를 맡길 때의 3개와 맡기지 않을 때의 3개 등 6개의 우발 사태에 의거한다. 그러나 이 6개 가운데 4개의 우발 사태에서만 선택할 수 있다.

4) 이것은 니콜라스가 마지막으로 '안 맡긴다'를 연출하여 이웃 세탁소가 그의 셔츠를 망가뜨릴 기회를 갖지 못하였더라도 '맡긴다'를 연출한다는 것을 뜻한다. 팃-탯 전략에서 이탈하는 플레이어는 항상 희생당한 플레이어가 1주일만 이탈한 다음에 다시 기회를 갖는다.

5) 이득이 1주일 간격을 두고 발생하므로 같은 금액이라도 장래의 이득이 현재의 이득보다 가치가 작다는 것을 무시한다. 경제학자는 이를 인정하지 않을 것이다. 이것을 바로잡아 장래의 가치를 그에 상응하는 현재 가치로 할인하는 것이 중요하다. 이 점을 다음 장에서 다시 다룰 것이며, 경제 이론을 바로잡는다는 만족 이상의 것을 얻는다는 것을 보게 될 것이다. 여기서는 단순하게 하기 위해 부정확한 상태로 방치한다.

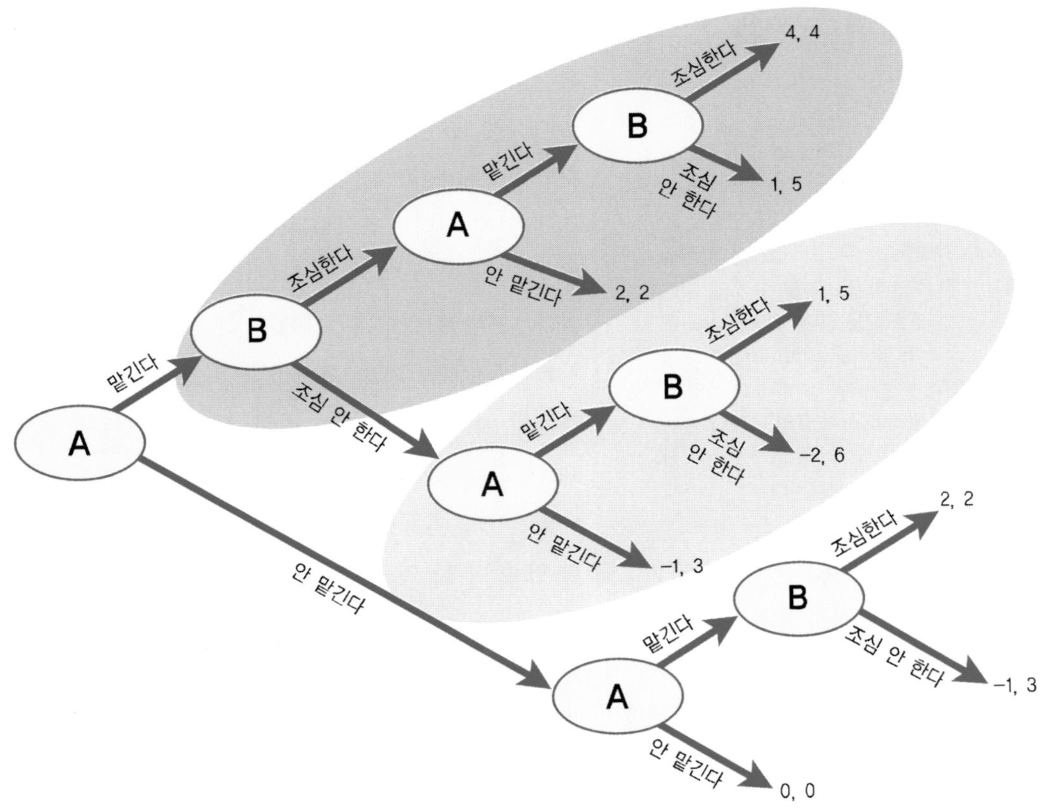

그림 14.4 다림질 게임의 두 단계

약속이 존재한다. 암묵적 위협은 이웃 세탁소가 조심하지 않으면 니콜라스가 다음 주에 아무 일거리도 안 줌으로써 보복한다는 것이고, 암묵적 약속은 이웃 세탁소가 조심하면 다음 주에 일거리를 줌으로써 보상한다는 것이다. 우리가 물어보아야 할 것은 다음과 같다. 이웃 세탁소가 합리적이라고 가정한다면, 그는 이 위협이나 약속을 믿을 수 있다고 볼 것인가?

게임 이론에서 신빙성은 하부 게임 완전성과 결부되어 있다는 것을 상기하라. 그래서 우리는 위의 질문을 고쳐 위협과 약속을 수반하는 팃-탯 원칙이 하부 게임 완전한 연출을 도출할 것인지를 묻는다. 위협에 긴요한 것은 그림 14.4에서 연한 회색 타원에 있는 조치의 순열이다. 그것은 그림 14.3의 1단계 게임과 같은 하부 게임이며, 이미 보았듯이 니콜라스가 '안 맡긴다'를 연출하는 것이 이 하부 게임에서 하부 게임 완전 내시 균형이다. 따라서 위협을 실행하는 것이 하부 게임 완전하며 위협은 신빙성이 있다.

Ravel 또는 Unravel

흔히 야영자의 딜레마나 셔츠 다림질 게임과 같이 분명한 마지막 라운드의 연출이 있는 게임에서는 협조의 가능성이 마지막 라운드의 연출로부터 처음 라운드의 연출로 거꾸로 '풀린다(unravel)'고 말한다. 우리는 협조적 방식을 끝이 묶여 있지 않고 풀려 있는 노끈으로 볼 수 있을 것이다. 실제로 'ravel'과 'unravel'은 같은 의미이므로 'unravel'은 이상한 단어이다. 셰익스피어(Shakespeare)는 "sleep that knits up the ravell'd sleeve of care"라고 적었다. 그러나 노끈이나 협조적 방식에 대하여 풀려 나온다는 것은 부정적인 것이고 부정적 접두사 'un'은 그것을 심화한다. 따라서 'unravel'이 통상적으로 사용된다.

약속이 신빙성 있으면 위협과 약속이 함께 세탁소가 1단계에서 '조심한다' 전략을 사용하도록 설득하기에 충분하다. 그는 '조심한다'를 사용하지 않으면 3의 이득을 갖고 연한 회색 타원의 아랫부분에 있게 된다. '조심한다'를 사용하면 (완결된 하부 게임이 아닌) 위에 있는 진한 회색 타원에 있게 된다. 진한 회색 타원 안에서 니콜라스가 '약속'을 지켜 셔츠를 맡기면 세탁소는 최소한 4의 이득을 얻는데, 이것은 그 밑의 연한 회색 타원에서 얻는 3보다 크다. 그러나 니콜라스는 윗부분의 오른쪽에서 (4, 4)의 이득을 얻을 수 있어야만 셔츠를 맡길 것이다. 만일 세탁소가 이 단계에서 '조심 안 한다'를 연출하면 니콜라스는 약속을 지키지 않고 셔츠를 맡기지 않는 것이 낫다. 이웃 세탁소는 제2주에 '조심한다'를 또 선택할 것인가? 니콜라스가 제201주와 제202주에 팃-탯을 계속 연출하면 그렇게 할 것이다. 따라서 니콜라스는 계속 '맡긴다'를 연출하고 세탁소는 계속 '조심한다'를 연출하는 것이 합리적이다. 결국, 니콜라스가 매주 계속 팃-탯을 연출하고 세탁소가 계속 '조심한다'를 연출하는 하부 게임 완전 내시 균형이 성립한다.

이것은 상당히 고무적으로 보이나 불행하게도 (다시) 마지막 주에 깨져 버린다. 니콜라스는 세탁소의 성과에 벌을 주거나 보상을 줄 제261주가 없기 때문에 제260주에 팃-탯을 연출할 수 없다. 그러나 니콜라스의 보상 약속은 그가 팃-탯의 연출을 끊임없이 계속해야만 신빙성이 있다는 것을 상기하라. 한편, 세탁소는 이 마지막 주에 '조심 안 한다'(진한 회색 타원에서 위의 오른쪽)를 선택할 것이며, 니콜라스는 그것을 예상할 수 있기 때문에 제260주에 '안 맡긴다'를 선택할 것이다. 그러나 제259주에 무엇이 일어났던가에 관계없이 제260주에 '안 맡긴다'를 선택할 것이므로 니콜라스는 제259주에 팃-탯을 연출할 수 없다. 제259주에 세탁소가 조심하면 제260주에 일거리를 주어 보상하겠다는 니콜라스의 약속을 더 이상 믿을 수 없으므로 세탁소는 제259주에 '조심 안 한다'를 선택할 것이다. 그리고 니콜라스는 이것을 예상할 수 있기 때문에 제259주에 분명히 '안 맡긴다'를 선택할 것이다. 그러나 이는 니콜라스가 제259주에 분명히 '안 맡긴다'를 선택할 것이므로 제258주에도 같은 이유로 신빙성 있게 팃-탯을 연출할 수 없다는 것을 뜻한다. 이 추론의 순열을 제1주까지 계속할 수 있다.

앞서 던졌던 질문인 위협과 약속이 신빙성을 가질 수 있는가에 대한 답은 미래까지 끊이지 않고 계속되는 연출의 순열이 없기 때문에 부정적이다. 순열이 제260주에서 끊어지고 제260주로부터 제1주로 되돌아온다. 다시 한 번, 우리는 전래정리가 한정된 횟수만 반복되는 비협조 게임에 적용될 수 없다는 것을 본다.

반복되는 연출의 순열이 무한히 계속될 수만 있다면 팃-탯이 효과를 거둘 수 있을 테지만 아무것도 영원히 계속되지 않는다. 나는 여기서 교과서 집필자의 금기 중 하나를 깨뜨리고 나 자신에 대해서 말할 것이며, 그것도 주석이 아닌 본문에서 하고자 한다. 나는 상인을 다룰 때 팃-탯 전략에 가까운 것을 사용한다. 그것은 좀 더 복잡하고 아마 예측 가능성이 작지만, 만일 만족스럽지 않은 서비스를 받으면 나는 그 상인과의 거래를 당분간 중지한 다음에 그에게 한 번 더 기회를 준다. 그리고 팃-탯 원칙과 같이 이 암묵적인 위협과 약속에 의지한다. 내가 비합리적인가? 글쎄, 그럴지도 모르지만….

우리는 이 결과를 수수께끼로 생각할 수 있을 것이다. 팃-탯 같은 전략은 반복 게임에서는 매우 효과적인 것 같지만, 이 장에서 초점을 맞추었던, 반복에 끝이 있는 예에서는 팃-탯이 작동하지 않는다. 팃-탯 원칙에 무엇인가 잘못된 것이 있는가, 아니면 예에서 무엇인가 빠뜨린 것이 있는가? 다음 장에서 이 질문들이 다루어질 것이다.

보복의 위협은 다른 중요한 게임에서 큰 역할을 한다. 다음의 예는 하부 게임 완전 내시균형 개념의 발전과 젤텐의 노벨상 공동 수상에 중요한 역할을 하였다.

3. 연쇄점 역설

다음의 예도 반복 게임의 추론을 보여 준다. 대형 연쇄점인 체인코는 미국 내 20개 지역에 점포를 갖고 있다. 앞으로 이 20개의 시장에 차례로 진입하려고 준비하는 지역 회사가 각 시장마다 1개씩 있다. 그래서 체인코는 앞으로 수년간 20개의 시장 진입 게임을 연출할 것으로 예상한다. 직감에 따르면 체인코는 보복자라는 평판을 쌓아 장래의 진입자를 저지하기 위해 비록 손실이 생기더라도 초기의 진입자부터 일찍이 보복해야 할 것이다. 그러나 이것은 하부 게임 완전전략인가? 그렇지 않다!

연쇄점 게임에서 1개의 연출이 그림 14.5에 나타나 있다. 마디 1에서 새로운 회사가 진입할 것인지 여부를 결정한다. 이 회사가 진입하지 않으면 체인코는 이 시장에서 (1부터 10의 척도상) 10의 이윤을 번다. 지역 회사 가운데 아무도 시장에 진입하지 않으면 체인코는 각 시장에서 10, 전체 시장에서 $10 \times 20 = 200$을 번다. 지역 회사가 어느 한 시장에 진

라인하르트 젤텐
(Reinhard Selten, 1930~)

현재는 폴란드의 로클로인 구독일의 브레슬라우에서 1930년에 태어난 젤텐은 유태인의 피가 섞였기 때문에 소년 시절에 고난을 겪었다. 그는 고등학생 때 *포춘*에 실린 게임 이론에 관한 기사를 읽고 폰 노이만과 모겐스턴이 지은 *게임과 경제 행동의 이론*을 공부하였다. 프랑크푸르트 대학교에서 연구 조수로 있으면서 수학 박사 학위를 받은 그는 수학자이지만 실험 연구와 경제학에 대한 응용을 해왔으며, 당시에는 인기가 없었던 전개형 게임을 연구함으로써 개척자적인 업적을 쌓을 수 있었고, 이 공로를 인정받아 1994년에 노벨 경제학상을 공동 수상하였다. 그는 본 대학교에 실험경제연구소를 설립하고 수년간 소장으로 있었다. 현재 그는 은퇴하였다.

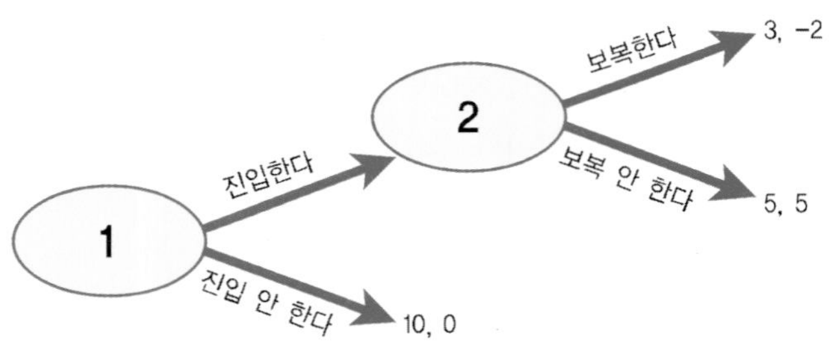

그림 14.5 1회의 진입 게임

입하면 체인코는 마디 2에서 가격전쟁을 일으켜 보복할 것인지 여부를 결정한다. 보복한다면 체인코는 그 시장에서 3의 이윤밖에 벌지 못하지만 진입자는 2의 손실, 즉 −2의 이득을 얻는다. 체인코가 보복하지 않기로 결정한다면 시장이 분점되고 두 회사가 각각 5의 이윤을 얻는다.

20개의 시장에서 연속적으로 반복되는 이 게임에서 마지막 20번째 시장을 고려하라. 분명히 이 경우에 더 이상 진입의 위협을 받을 21번째 시장이 없기 때문에 보복함으로써 얻는 것이 없다. 우리는 이 1회의 연출에 대하여 (진입한다, 보복 안 한다)가 하부 게임 완전해라는 것을 주목한다. 이제 19번째 시장을 고려하라. 마지막 20번째 시장에서 보복이 하부 게임 완전하지 않기 때문에 19번째로 반복되는 연출에서 구두로건 행동에 함축되었건 어떤 위협도 신빙성이 없을 것이다.

따라서 19번째 시장에서도 보복의 목적이 없다. 같은 추론이 18번째, 17번째 등 모든 시장에 적용된다. 결론적으로 이 게임에서 평판을 만들기 위한 보복이 하부 게임 완전하지 않으며, 합리적인 연쇄점은 절대로 보복하지 않을 것이다.

4. 테러리즘*

이 절에서는 어렵고 괴로운 주제인 테러리즘(terrorism)과 테러리즘에 대한 정부의 반응을 다룬다. 앞 절의 모형이 응용될 것이다. 만일 독자가 '오늘 그것에 대하여 생각도 하고 싶지 않다면' 이 절을 건너뛰어도 될 것이다. 그렇다고 해서 게임 이론의 새로운 개념을

* 이 절을 건너뛰어도 이후의 학습에 중요한 주제를 전혀 놓치지 않을 것이다.

놓치는 일은 없을 것이다.

테러리즘에 관한 일반적 견해는 테러리스트가 비합리적이라거나, 합리적으로 이해할 수 없는 종교적 관념에 따라 움직인다거나, 자기 행동의 결과를 분명하게 추론할 수 없다는 것이다. 이 견해가 얼마나 위안이 되건 테러리즘에 대한 반응을 끝까지 생각하는 데는 도움이 안 될 것이다. 누구나 테러리스트의 목적이 어떤 의미에서 불합리하다고 판단할 수 있다.[6] 그러나 '불합리한 목적'이라는 용어는 게임 이론(또는 신고전파 경제학)에서 그다지 분명한 의미를 갖고 있지 않다. 게임 이론에서 우리는 목적을 주어진 것으로 하고 이 목적의 관점에서 최선반응 전략을 분석한다. 이 절에서는 테러리스트가 그러한 좁고 제한된 의미에서 합리적이라고 가정될 것이다.

테러리즘의 역사는 20세기 이전으로 거슬러 올라간다. 프랑스 혁명의 한 기간 중 혁명 정부는 '테러'를 정책으로 채택하였고[7] 이 단어의 연원은 그 시기로 소급한다. 그러나 그 전, 아마 수천 년 전에는 정부, 군, 해적과 같은 여러 무장 집단이 사람들에게 테러를 가했으며, 21세기에는 정부도 군도 아닌 사람들이 자행하는 정치적 폭력을 지칭하기 위해 '테러리즘'이라는 단어를 사용한다. 19세기 중엽에 동부와 중부 유럽에서 입헌주의자, 민주주의자, 토지 균분론자, 그리고 가장 악명이 높았던 무정부주의자 등 절대왕정의 반대 세력은 '테러리스트 당'을 만들어 정치적 전략의 일부로 폭사와 암살을 자행하였다. 아마 이것이 현대적 의미의 테러리즘의 발단일 것이다. 이 전략은 무정부주의자와 마르크스-레닌주의자로부터 나치와 기타 민족주의자에 이르기까지 정치적 스펙트럼의 모든 점에 있는 집단이 사용해 왔다.

테러리스트들은 세부적인 목적과 전략에서 서로 다르므로 하나의 게임 이론적 분석이 모든 경우에 적용된다고 생각할 이유가 없다. 이 절에서는 하나의 중요한 차이점을 지적할 것이다. 그러나 우리는 1960년부터 1995년까지 일반적인 유형이었던 정치적 인질의 경우부터 시작한다. 이 기간 중 수차례에 걸쳐 가끔 항공기 납치(hijacking)로 인질이 잡혔고, 인질을 잡은 테러리스트는 요구 조건이 수용되지 않으면 인질을 처형한다는 위협과 함께

6) 분명히 나는 그 목적에 절대로 동의할 수 없다. 그러나 이것은 그 목적이 불합리하다고 말하는 것과 같은 것이 아니다. 예컨대, 주식 사기로 투자자의 재산을 날치기 하려는 금융 사기꾼의 목적을 고려하라. 수단의 도덕성을 불문하고 자신의 부를 증대하려는 그의 목적은 일반적으로 합리적이라고 간주될 것이다. 그럼에도 불구하고, 나는 현대의 선진 사회에서 대부분의 사람들이 (나와 마찬가지로) 적법성 여부에 관계없이 자신의 부를 증대하려는 목적을 인정하지 않을 것이다. 합리적인 것이 도덕적으로 용인되지 않을 수 있으며, 이것은 사기나 테러리즘에도 똑같이 적용된다.

7) 역자 주 : 1793~1794년에 로베스피에르(Robespierre)가 이끄는 자코뱅(Jacobin)당이 실권을 장악하고 18,000여 명을 재판을 거치지 않고 처형하였다.

자신의 요구대로 할 것을 주장하였다. 흔히 협상이 진행되었고, 어떤 요구는 충족되지 않았을지라도 테러리스트는 자신의 사명을 어느 정도 주지시켰으며, 대부분의 인질이 풀려난 경우도 적지 않았다. 그러나 어떤 정부는 협상하지 않았으며, 기회가 주어지면 인질에 대한 위험을 무릅쓰고 납치범을 공격한다는 입장을 취했다.[8)] 이 정책의 한 이유는, 협상은 테러리스트에게 원하는 무엇인가를 주는 반면, 일관성 있게 납치범을 공격하는 정책은 테러리스트의 납치를 방지한다는 것이다. 그러나 이 정책은 하부 게임 완전전략인가? 그렇지 않다.

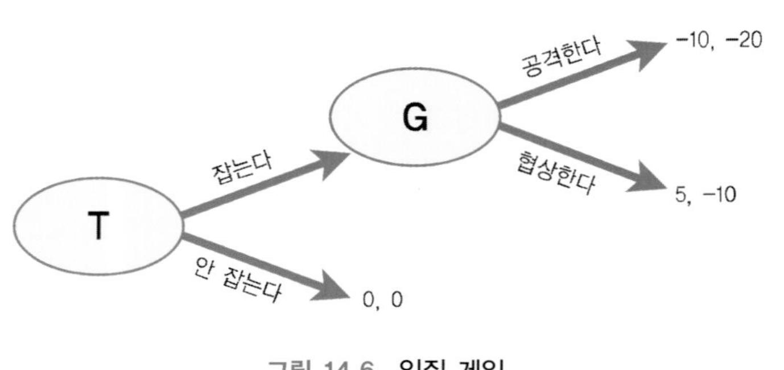

그림 14.6 인질 게임

그림 14.6은 이 정책의 배경에 있는 추론을 표현한다. 이 인질 게임에서 최초의 결정은 테러리스트가 한다. 그는 인질을 잡을 것인가 아니면 다른 수단으로 목적을 추구할 것인가를 결정한다. 관례대로 이득을 가지의 끝에 나타내며 테러리스트(T)의 이득, 정부(G)의 이득 순이다.

이 그림이 연쇄점 게임(그림 14.5)과 유사하다는 점을 주목하라. 이 게임을 1회 한정 게임으로 다루어 후진귀납법에 의하여 푼다. 정부는 협상함으로써 손실을 최소화한다. 그 의미는, 만일 인질을 잡으면 테러리스트는 5를 얻을 것이고, 5(선전?)가 0보다 좋으므로 하부 게임 완전균형은 ([인질을] 잡는다, 협상한다)라는 것이다.

테러리스트와 절대로 협상하지 않는다는 정책은 어떻게 정당화될 수 있는가? 20세기 말엽에 인질을 잡는 것은 특유한 사건이 아니었고, 납치범을 저지하는 것은 반복하여 연출된 게임이었다. 그래서 한 나라가 납치범 공격자로서의 평판을 얻어 테러리스트들이 인질잡기로 음의 이득을 예상한다면 테러리즘이 억지될 것이다. 1회로 그치는 사건에서는 공격한다는 위협이 하부 게임 완전하지 않기 때문에 신빙성이 없다. 그러나 연출이 반복된다면 공격자는 공격자로서의 평판이 가진 억제 효과 때문에 장래에 연출이 반복될 때 이득을 얻을 수 있을 것이다.

그러나 위의 결과는 연쇄점의 경우와 같으며, 우리가 본 바와 같이 마지막 연출로부터 후진귀납법을 사용하면 보복하는 것이 절대로 하부 게임 완전하지 않기 때문에 가격전쟁

8) 역자 주 : 이스라엘과 미국이 대표적이다.

방어의 종류

연쇄점의 예가 적용될 수 있다면 '강경하다'는 평판을 쌓으려고 할 필요가 없다. 그러나 사실상 몇몇 나라들의 정부는 테러리스트와 협상하지 않는다는 정책을 채택하였다. 그들은 불합리하였는가?

이 예의 한 가정은 테러리즘의 모든 희생자들이 같은 유형이라는 것, 즉 그들의 전략과 이득이 같다는 것이다. 그러나 그렇지 않을 수 있다. 존 스캇은 여러 유형이 있다고 주장한다.* 어떤 납치의 희생자는 전혀 협상의 가능성을 갖고 있지 않다고 가정하라. 그리고 테러리스트는 어떤 잠재적 희생자가 이 유형인지 알지 못한다고 가정하라. 그러면 양보할 수 없는 희생자를 공격할 필요가 없다. 그것은 단지 테러리스트에게 −10의 확실한 손실을 의미할 뿐이다. 어느 희생자가 협상할지 협상하지 않을지 모르므로 테러리스트는 희생자의 과거 기록으로부터 협상의 가능성을 판단해야 할 것이다. 그러나 그것은 협상할 수 있을 희생자가 협상을 거절함으로써 얻는 것이 있을 수 있다는 것, 즉 협상할 수 없는 상대라는 평판을 쌓아 장래의 공격을 저지할 수 있다는 것을 의미한다.

그러나 왜 희생자는 협상할 수 없을까? 이 경우의 희생자는 정부이다. 테러리스트와의 상호작용은 여당이 야당 및 유권자들과 상호작용을 하는 더 큰 게임에 종속되어 있을 수 있다. 협상에 대한 일반적 지지가 미약하여 여당이 다수당의 지위를 잃거나 다음 선거에서 패배하여 정권을 내놓아야 한다면 협상은 현실적으로 선택의 대상이 될 수 없을 것이다.

협상 배제의 위치를 견지한 정부들이 바로 그러한 종속 게임에 있었을지 모르는 한편, 다른 정부들은 사실은 그렇지 않지만 운신의 폭이 제한되어 있다는 평판을 얻기를 원하였을지도 모른다.

* John L. Scott, Deterring terrorism through reputation building. In *Defense Spending and Economic Growth,* edited by James Payne and Anandi Sahu (Westview Press, 1993), pp. 257-268.

의 위협에 신빙성이 없다. 이 추론은 테러리즘에 적용될 수 있는가? 테러 사건이 마지막으로 발생하여 테러리스트 공격자라는 평판을 얻더라도 더 이상 편익을 얻을 수 없을 것이라고 생각한 적이 있는가? 확실히 정부는 테러리즘이 제거되어 더 이상 그런 평판을 얻을 필요가 없기를 희망하며, 아마 테러리스트들은 승리하고 스스로 정부가 되어 더 이상 테러리즘을 자행할 필요가 없기를 바랄 것이다. 이것으로 충분한 답이 되지는 않지만, 연쇄점의 추론이 적용된다고 가정하라. 그 추론에 따르면, 연출이 반복되더라도 공격은 하부게임 완전하지 않고, 그러므로 공격한다는 위협에 신빙성이 전혀 없다. 이는 우리가 관찰하는 것과 부합한다. 즉, 20세기에는 테러리즘이 저지되지 않았다. 분명히 테러리스트들은 공격의 위협에서 신빙성을 찾지 못했다.

물론 이 분석은 테러리스트의 동기에 대한 추측, 즉 공격을 받으면 그의 이득이 음이라는 추측, 그리고 테러리스트가 공격을 받지 않기 위해 인질을 풀어 줄 가능성이 어느 정도 있다는 추측에 의존한다.[9] 이 추측이 틀리면 분석이 수정되어야 한다. 자기의 적의 동기가 사악할지 모르더라도 그것을 이해하는 것은 절대로 중요하다.

5. 요약

사회적 딜레마가 '한 번만' 연출될 때, 비협조 연출은 모두에게 나쁜 결과를 초래한다. 그러나 우리의 직관은 연출이 반복되면 장래 계속되는 연출에서 협조 행동을 보상하고 비협조 행동을 제재할 수 있으므로 모든 것이 바뀐다는 것을 강력하게 시사한다. 이 직관은 '전래정리'로 알려져 왔다.

그러한 반복 연출의 순열은 하부 게임 완전균형과 같은 순차적 게임의 이론을 이용한 방법에 의하여 분석될 수 있다. 따라서 '전래정리'의 배후에 있는 직관을 검증할 수 있다. 그러나 연출이 한정된 횟수만 반복되면, 유일한 하부 게임 완전 내시 균형은 비협조 연출의 순열이므로 반복 연출은 사실상 협조를 유도하지 않는다. 이 역설적 결과는 사회적 딜레마를 넘어 다른 종류의 게임으로 연장된다. 예컨대, 시장진입 게임의 해는 기존 독점자가 진입을 막을 수 없는 하부 게임 완전균형이다.

이것은 후진귀납법의 놀라운 결과이다. 모든 경우에 우리는 마지막으로 반복된 연출에서 분석을 시작한다. 이 경우에 연출은 1회 한정 연출과 정확하게 같고, 따라서 균형도 같아야 한다. 팃-탯 전략과 같이 보복이나 보상을 위한 협조 규칙은 마지막 라운드에 적용될 수 없다. 후진귀납법을 사용하여 그 결과를 모든 반복되는 연출로 연장한다. 같은 전략 규칙이 끝부터 처음까지 적용된다. 따라서 게임에 종점이 있는 한, 협조 연출은 반복되는 사회적 딜레마에서 균형이 될 수 없다. 연쇄점 게임과 같은 위협 게임에서도 유사한 현상이 일어난다. 보복은 마지막 라운드에서 하부 게임 완전하지 않으며, 연쇄점이 어떤 평판을 얻었더라도 이 결과가 바뀌지 않는다. 다시 한 번, 보복자로서의 평판을 쌓으려는 동기가 불합리하다는 것이 최초의 시장까지 연장된다. 반복되는 연출이 언젠가 끝난다면, 직관은 매우 그릇된 판단을 야기할 수 있다.

Q14. 연습문제

Q14.1 반복되는 남녀 대결 실베스터와 그의 여자 친구인 트위티 파이는 퇴근 후 야구나 오페라를 함께 보러 가려고 하나, 실베스터의 이메일이 작동하지 않고 트위티의 휴대전화 전지가 떨어졌기 때문에 어디로 갈까 결정하기 위하여 서로 연락할 수 없게

9) 역자 주 : 이것은 인질이 해방되면 정부가 별다른 부담 없이 테러리스트를 공격할 수 있지만 테러리스트는 공격을 받더라도 인질 잡기로 정의 이득을 얻는다는 의미로 볼 수 있을 것이다.

되었다(그들은 모두 오페라와 야구 경기장의 계절 입장권을 갖고 있다). 그들의 전략은 '경기'와 '오페라'이고 이득은 표 14.2a와 같다. 실베스터와 트위티는 연속되는 두 번의 데이트에서 함께 외출할 것을 기대한다. 그래서 그들은 반복 게임을 연출하고 있다.

표 14.2a 남녀 대결

		트위티	
		경기	오페라
실베스터	경기	5, 3	2, 2
	오페라	1, 1	3, 5

이 정규형 게임에 대하여 두 사람은 각각 몇 개의 전략을 갖고 있는가? 게임나무를 그려라. 이 반복 게임에 대한 4개의 하부 게임 완전균형을 찾아라. 그 가운데 어느 하나가 다른 것들보다 가능성이 크다고 생각할 이유가 있는가? 유명한 기독교 유일신파[10] 교회의 목사인 로버트 폴검(Robert Fulghum)은 **내가 정말 알아야 할 모든 것은 유치원에서 배웠다**(All I Really Need to Know I Learned in Kindergarten)[11]를 썼으며, 자신이 유치원에서 배웠던 가장 중요한 것 가운데 하나는 '교대로 하는 것(taking turns)'이라고 말했다. 상식적인 관점에서 볼 때, 이 예는 교대로 하는 것의 장점과 단점에 대하여 시사하는 바가 있는가? 그것은 무엇인가?

Q14.2 핫도그 장사 제13장의 연습문제 Q13.4를 참조하라. 프랭크와 어니스트는 나란히 붙어 있는 판매대 트럭에서 핫도그를 판다. 그들은 매주 서로 경쟁한다. 그러나 5주 후에 프랭크는 은퇴하고 자신의 트럭을 팔아 버릴 것이다. 매주 그들은 핫도그의 가격을 \$1.5와 \$2 간에 선택하며 이득은 표 14.2b에 나타나 있다. 이 반복 게임의 유일한 하부 게임 완전균형은 무엇인가? 그 이유는?

표 14.2b 핫도그 장사의 이득
(제13장의 표 13.4a를 재현)

		프랭크	
		\$1.5	\$2
어니스트	\$1.5	10, 10	18, 5
	\$2	5, 18	12, 12

Q14.3 의회의 교착 상태 교착 상태(gridlock)는 근년 미국 의회에서 일반적인 문제가 되어 왔다. 교착 상태는 어느 정당도 충분한 다수를 차지하지 못하여 각 정당이 다른 정당이 제출한 의안을 봉쇄할 수 있을 때 발생한다. 그들이 협조적으로 행동하지 않고

10) 역자 주 : 기독교의 유일신론(universalism)은 주류 기독교의 교리인 성부 · 성자 · 성령의 삼위일체론(trinitarianism)를 부정한다.

11) 역자 주 : 어린이의 눈을 통해 세상을 묘사한 이 책은 1986년에 출판되어 2년간 뉴욕 타임스가 선정한 베스트셀러의 자리를 지켰다.

실제로 다른 당의 의안을 봉쇄하면 아무것도 이루어지지 않고 진척되지 않는 교착 상태에 빠진다. 이 문제를 이 장의 시각에서 분석하라.
힌트 : "다음 선거 후에 미래는 없다."는 옛말을 상기하라.

Q14.4 위스키와 진 제1장의 광고 게임을 상기하라. 그 예에서, 우리는 두 회사가 광고할 때 그들이 얻는 이윤이 광고하지 않을 때보다 적다는 점에서 광고가 사회적 딜레마일 수 있다는 것을 관찰하였다. 증류주 산업은 1960년대부터 1990년대까지 비슷한 딜레마에 봉착하였다. 1990년대에 TV에 광고하지 않는다는 무언의 합의는 한 대형 주류 회사가 파산의 위기에 처하면서 깨졌다.

표 14.2c 다른 광고 게임

		위스코	
		광고 안 한다	광고한다
진코	광고 안 한다	8, 8	2, 10
	광고한다	10, 2	4, 4

표 14.2c는 진코와 위스코에 대한 (10점 척도상의) 이득을 나타낸다고 가정하라. 그리고 위스코는 자금 문제를 갖고 있으며 3년 뒤에 파산할 것이 분명하다고 가정하라. 앞으로 3년 동안 무슨 일이 일어날 것인가? 두 회사 중 어느 하나는 금년, 내년, 내후년에 광고할 것인가? 어느 회사가? 그 이유는?

Q14.5 빈털터리 조 조 쿨은 동네대학의 학생이다. 조는 수시로 돈이 떨어지고, 급전을 구하기 위해 기숙사 동료들한테 적당한 이자를 주는 조건으로 돈을 빌리려고 한다. 그러나 급우들은 그가 꾸어 간 돈을 갚지 않을 위험이 있는지 여부를 모르기 때문에 그에게 돈을 빌려 주기를 꺼린다. 이것은 돈 빌려 주기의 반복 게임이고, 각각의 빌려 주기는 그림 14.7a에 나타난 것처럼 하부 게임이다. 이 그림에서 조의 급우 C가 먼저 결정하고 첫째 이득은 이 급우에 대한 것이다. 조는 그다음에 결정하고 둘째 이득을 얻는다.

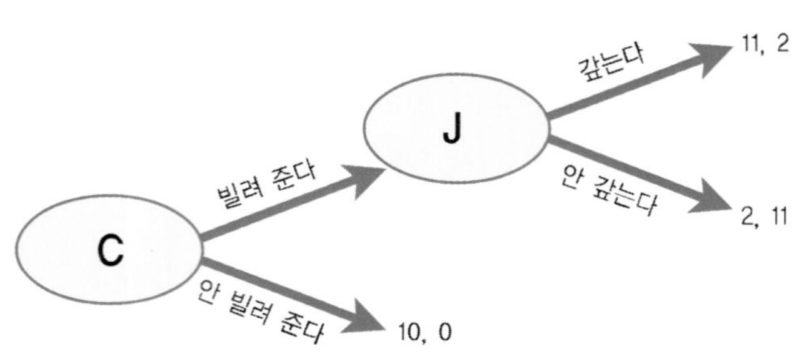

그림 14.7a 조 쿨에게 돈 빌려 주기

조는 돈을 많이 갖고 있지 않을지 모르나, 우수한 학생이고 4년 후에 예정대로 졸업할 것이 확실하다. 조는 누군가 이번 학기에 자기에게 돈을 꾸어 주면 바로 갚음으로써 빌린 돈을 떼일 위험이 없는 사람이라는 평판을 얻으려고 하지만 누구도 위험을 감수하려고 하지 않는다. 반복 게임의 이론을 사용하여 왜 조가 돈을 빌릴 수 없는지 설명하라.

제 15 장

무한정 반복 연출

이 장의 내용을 가장 잘 이해하려면 제1장~제4장, 제7장, 제8장과 제12~제14장의 내용을 학습하고 이해할 필요가 있다.

앞 장의 예들에 대하여 다시 생각해 보면 모든 말썽을 일으키는 공통 요인, 즉 협조 관계에 도달하기 어렵게 하고 직관과 반대되는 결과를 초래하는 공통 요인이 있다. 공통 요인은 상호작용에 종점이 있다는 것이다. 야영자의 딜레마에서 야영지는 10주 뒤에 폐쇄되므로 플레이어들은 서로 다시 볼 수 없을 것이다. 따라서 마지막 주의 협조 행동에 대한 보상이 없다. 협조 행동을 하지 않는 동기가 마지막 주부터 첫 주까지 거슬러 작용한다. 이와 비슷하게, 셔츠 다림질의 예에서 니콜라스와 세탁소 주인의 관계는 260주 후 니콜라스의 은퇴로 끝난다. 또한 20개 연쇄점의 예에서는 모든 19개 시장에 새 회사가 진입한 후에 마지막 시장에 진입 위협이 있다. 그러나 기존 독점자는 마지막 시장에서 보복할 동기가 없으며, 보복하지 않는 동기는 그곳으로부터 첫째 시장까지 거슬러 작용한다. 종점이 없다면, 즉 게임이 무한정으로 계속된다면 그 문제가 일어나지 않을 것이다. 우리는 이제 그러한 종류의 예를 고려한다.

1. 반복되는 노력 딜레마

노력 딜레마는 공통의 사업에 대한 기여에 근거를 둔 사회적 딜레마이다. 다른 사회적 딜레마처럼 이것도 반복하여 연출되기 쉽다. 표 15.1은 2명의 팀 동료인 앤디와 빌이 연출하는 노력 딜레마를 보여 준다. 우리는 우월전략이 '게으

표 15.1 노력 딜레마

		빌	
		작업	게으름
앤디	작업	10, 10	2, 14
	게으름	14, 2	5, 5

중요 개념

무한정 반복 게임(Indefinitely Repeated Game) : '게임'이 반복적으로 연출되나 종점이 한정되지 않을 때, 우리는 그 게임을 무한히 많은 횟수로 반복되는 것처럼 다룬다. 그리고 이 순열의 하부 게임 완전균형이 게임의 균형이다.

할인인자(Discount Factor) : 장래에 있을 게임의 연출에서 얻을 이득은 시간이 지나야 실현된다는 점과, 게임이 그렇게 많이 반복되지 않을 확률이 있다는 점 때문에 할인된다. 다음의 연출에 대한 할인인자는

$$\delta = p\left(\frac{1}{1+r}\right)$$

단, p는 게임이 다시 연출될 확률이고, r은 연출 간에 경과한 시간에 대한 할인율이다.

방아쇠 전략(Trigger Strategy) : 무한정 반복 게임에서 한 플레이어의 비협조적 연출에 의하여 촉발되어 희생자가 보복으로 1회 이상의 라운드에서 비협조적 연출을 하는 전략을 선택하는 원칙이다.

팃-탯 : 상대방의 이탈에 대하여 다음 라운드에서 이탈에 의하여 보복하는 방아쇠 전략이다.

냉혹한 방아쇠(Grim Trigger) : 한 번의 이탈에 대하여 그다음의 모든 라운드에서 이탈함으로써 반응하는 방아쇠 전략이다. 다른 방아쇠 전략은 '관대한 방아쇠(forgiving trigger)'라고 불린다.

름'이므로 이 게임은 사회적 딜레마라는 것을 안다. 앤디와 빌은 몇 번이나 연출할 것인지 알지 못하지만 몇 번 연출하고는 그만둘 것이다. 이 게임은 어떻게 움직일까?

발상은 현재의 연출이 10%의 확률로 마지막이 될 가능성이 항상 있다는 것, 거꾸로 말하면 90%의 확률로 또 한 번의 연출이 가능하다는 것이다. 그리고 장래에 연출할 때마다 항상 그러할 것이다. 더 이상 라운드가 없을 확률은 항상 10%이다. 최소한 두 라운드의 연출이 있을 가능성은 얼마인가? 그 답을 찾기 위해서 두 라운드의 확률, 즉 한 번 더 라운드가 있을 확률 90%와 (이 라운드가 있을 때) 그다음에 또 한 번의 라운드가 있을 확률 90%를 곱해야 한다. 두 라운드가 있게 될 확률은 두 확률을 곱한 것, 90% × 90% = 81%이다. 일반적 법칙으로 두 사건이 연속하여 발생할 확률은 각 사건의 확률의 곱이다. n개의 사건이 연속적으로 발생할 확률은 그 n개의 확률의 곱이다. 그래서 적어도 n 라운드의 연출이 더 있을 확률은 멱수 $(0.9)^n$이다. 표 15.2는 이 예에서 1, 2, …, 20라운드의 연출이 더 있을 확률을 보여 준다.

앤디와 빌이 항상 '게으름'을 연출하여 매 라운드에서 이득이 항상 5라고 가정하라. 그들이 연출하지 않으면 물론 이득은 0이다. 현재의 라운드 후에 이득이 있다면 그것이 무엇인지 확실하지 않으므로 총 이득이 기대치로 계산되어야 한다. 따라서 기대이득은,

$$\begin{aligned} &5 + (0.9 \times 5) + (0.9^2 \times 5) + (0.9^3 \times 5) + (0.9^4 \times 5) + \cdots \\ &= 5(1 + 0.9 + 0.9^2 + 0.9^3 + 0.9^4 + \cdots) \end{aligned}$$

이 식은 유용한 수학적 사실을 적용하여 단순화될 수 있다. 그 유용한 사실[1]은 $0 < y < 1$

1) 거시경제학 원론을 공부한 학생에게는 그것이 케인스의 승수(multiplier) 공식과 비슷하다는 점에서 친숙할 것이다. 그 이유는 승수 공식이 똑같은 수학적 사실을 사용하기 때문이다.

인 한,

$$1 + y + y^2 + y^3 + \cdots = \frac{1}{1-y}$$

특히 $0 < 0.9 < 1$이므로

$$(1 + 0.9 + 0.9^2 + 0.9^3 + 0.9^4 + \cdots) = \frac{1}{1-0.9} = \frac{1}{0.1} = 10$$

따라서,

$$5 + (0.9 \times 5) + (0.9^2 \times 5) + (0.9^3 \times 5) + (0.9^4 \times 5) + \cdots = 5 \times 10 = 50$$

만일 앤디와 빌이 항상 (게으름, 게으름)을 연출하면 모든 장래의 연출에 대한 그들의 기대이득은 50이다.

'전래정리'는 두 팀메이트가 그들 가운데 한 사람이 게으름을 피우면 다른 사람이 다음 라운드의 연출에서 '게으름'을 연출함으로써 보복할 수 있을 것이라는 조건으로 협조할지 모른다는 것을 시사한다. 이 위협은 '게으름'이 우월전략 균형이고, 따라서 항상 하부 게임 완전하기 때문에 믿을 만하다.

특히 빌이 연출을 반복할 때마다 팃-탯 규칙에 따라 행동전략을 선택하고 앤디는 빌이 그렇게 하는 것을 안다고 가정하라. 우리는 그것이 한 번만이라도 '게으름'을 연출함으로써 앤디가 이탈하는 것을 저지할지 알고 싶다. 앤디가 한 번 이탈하면 그의 이득은

$$14,\ 5,\ 10,\ 10,\ 10,\ \cdots$$

일 것이고 기대치는

$$Y_1 = 14 + (0.9 \times 10) + (0.9^2 \times 10) + (0.9^3 \times 10) + \cdots$$

이다. 반면, 그가 매 라운드마다 '작업'을 연출하면 빌도 '작업'에서 한 번도 이탈하지 않아 앤디의 이득은,

$$10,\ 10,\ 10,\ 10,\ \cdots$$

그리고 기대치는

$$Y_2 = 10 + (0.9 \times 10) + (0.9^2 \times 10) + (0.9^3 \times 10) + \cdots$$

표 15.2 여러 라운드가 연출될 확률

라운드	확률
현재	1
1	0.90
2	0.81
3	0.73
4	0.66
5	0.59
6	0.53
7	0.48
8	0.43
9	0.39
10	0.35
11	0.31
12	0.28
13	0.25
14	0.23
15	0.21
16	0.19
17	0.17
18	0.15
19	0.14
20	0.12

무한정 반복 게임 : '게임'이 반복적으로 연출되나 종점이 한정되지 않을 때, 우리는 그 게임을 무한히 많은 횟수로 반복되는 것처럼 다룬다. 그러한 게임은 '무한하게 반복된다.'라고도 할 수 있다.

이론탐구 피아노 조립

워싱턴 주의 포트타운센드는 퓨젓사운드에 있는 작은 도시로서 여름 재즈 축제를 주최한다. 아내와 나는 저녁에 재즈 축제의 마당이 될 선술집에서 점심을 먹고 있었고, 우리는 2인 팀이 저녁 공연을 위해 피아노를 조립하는 것을 지켜보고 있었다. 그들의 움직임은 마치 안무된 춤처럼 완벽하게 조화를 이루었다. 그들이 전에 이 일을 함께 했다는 것은 분명했다. 그 빈번한 반복의 한 결과는 기능이었다. 그들은 경험상 각 단계에서 할 필요가 있는 일이 무엇인지 알았다. 그러나 그들은 또 — 의심의 여지 없이 미래에도 같은 일을 반복해서 할 것이라고 확신하면서 — 필요한 노력을 정확하게 기울였다. 그래서 그들은 장래 그들의 협조와 기능으로부터 편익을 받을 기회를 많이 가질 것이다.

Y_1과 Y_2는 처음 두 항만 다르기 때문에 앤디는,

$$Y_1 < Y_2$$

즉,

$$14 + (0.9 \times 5) < 10 + (0.9 \times 10)$$
$$4 < 4.5$$

이것은 분명히 진실이므로 앤디는 이탈할 때마다 0.5를 잃을 것이다. 더욱이 더 많이 이탈할수록 그는 더 많이 잃는다. 그래서 앤디는 한 번도 이탈하지 않을 것이다.

만일 앤디도 팃-탯 규칙에 따라 행동전략을 선택한다면 그들은 언제나 협조적인 '작업' 행동전략을 선택할 것이고, 각자가 자기 이익을 위해 행동하므로 이것은 자기강화적 방법이다. 언제나 (90%의 확률로) 다음 라운드의 연출이 있으므로 항상 협조할 유인이 있고, 마지막 라운드의 연출이 있을 경우와 달리 협조 방법은 흐트러지지 않는다.

이 결과를 보장하기 위해 p는 얼마나 커야 할까? 만일

$$14 + 5p < 10 + 10p$$
$$4 < 5p$$
$$p > \frac{4}{5}$$

라면 앤디는 게으름이 저지될 것이다. 만일 또 한 번의 연출이 있을 확률이 4/5보다 작으면 팃-탯은 분명히 이탈을 저지하지 못할 것이다.

우리는 '전래정리'에서 진실의 핵심을 발견한 것 같다. 사회적 딜레마가 어떤 일정한 확률로 반복되지만 언제 종결될지 예측할 수 없을 때 적어도 협조적 결과가 균형일 수 있는 확률이 존재한다. 실제 세계에서 사람들은 기간을 예측할 수 없지만 오랫동안 함께 일하므로 많은 노력 딜레마가 어떤 높은 확률로 '무한정 반복'되기 쉽다.

2. 할인인자

할인율

예컨대, 할인율이 5%라고 가정하라. 우리는 오늘로부터 3년 후 $10,000의 가치를 알려고 한다. 우리는 컴퓨터를 사용하여 오늘 5%의 이자율로 투자한 $1가 1년 후에 $1.05, 3년 후에 $1.158의 가치를 갖는다는 것을 알 수 있다. $10,000를 1.158로 나누면 5%의 이자율로 3년 동안 투자한 $8,638.38가 3년 후에 똑같은 $10,000가 된다. 따라서 $8,638.38는 3년 후 $10,000를 5%의 할인율로 할인한 현재 가치이다.

우리가 무한정 반복 게임에 대하여 이야기할 때, 우리는 마치 아무도 죽거나 은퇴하거나 사라져 버리지 않는 세계에 대하여 말하는 것 같다. 요점은 반복에 분명한 종점이 없다는 것이다. 분명한 종점이 있으면 보복과 보상의 전략이 작용할 것이다. 그러나 반복되는 노력의 딜레마처럼, 분명한 종점은 없지만 연출이 어떤 특정한 라운드에서 끝날 확률이 어느 정도 있다고 가정하라. 그러면 상황이 달라진다. 이미 본 바와 같이 장래의 기대이득이 한정된다.

확률의 역할은 상당한 시간이 지나야 실현되는 이득의 장래 가치를 할인하는 것과 매우 비슷하다. 이것은 재무 이론과 경제학에서 온 친숙한 개념이다. 사람들이 미래의 이득보다 현재의 이득을 선호한다는 것을 당연시하는 금융경제학자들은 할인인자를 "사람들이 오늘부터 1년 뒤에 $1를 얻기 위해 오늘 얼마를 지불할 것인가?"라는 물음에 답하는 것으로 정의한다. 답은 사람들이 오늘부터 1년 뒤의 $1를 위해 오늘 δ를 지불할 것이라는 것이다. 일반적으로 미래의 이득보다 현재의 이득을 선호하므로 $\delta < 1$이다. 우리가 "오늘부터 2년 뒤에 $1를 얻기 위해 오늘 얼마를 지불할 것인가?"라고 묻는다면 답은 δ^2이고, 3년이면 δ^3 등이다.

물론 할인인자는 대출과 투자에 대한 이자율('할인율' : discount rate)과 연관된다. Y를 내년의 이득 그리고 V를 다음 라운드에서 얻는 이득의 할인가치라고 하자. 내가 r의 이자율로 돈을 빌려 주면 연초에 빌려 준 $1에 대하여 연말에 $\$(1+r)$를 얻는다. 따라서 현재의 $1은 연말에는 $\$(1+r)$의 가치이다. 그리고 거꾸로 연말의 $1는 현재의 $\$1/(1+r)$이다. 따라서 $V = \frac{1}{1+r}Y$이며 $\delta = \frac{1}{1+r}$이다. 일반적으로, 높은 할인율(낮은 할인인자)은 **성급함**(impatience)과 관련되고 낮은 할인율(높은 할인인자)은 **참을성**(patience)과 관련된다.

대신, 노력의 딜레마처럼 다음의 이득이 너무 빨리 와서 우리가 현재 가치로 할인하는 것을 무시할 수 있다고 가정할 수 있을지 모른다. 그러나 새 라운드의 연출이 있을 확률을 $p < 1$, 다음 라운드가 있다면 얻을 이득을 Y, 다음 라운드에서 얻을 이득의 기대치를 V라고 할 때, $V = pY + (1 - p) \times 0 = pY$이다. 따라서 $\delta = p$이다.

이상의 두 아이디어를 묶어, $p < 1$가 새 라운드의 연출이 있을 확률이라고 하자. 그러나 다음 라운드는 내년이나 되어야 연출될 것이다. r을 1년에 대한 할인율이라고 하자. 그러면 기대이득은

$$V = p\left(\frac{1}{1+r}\right)Y + (1-p)\left(\frac{1}{1+r}\right)(0) = p\left(\frac{1}{1+r}\right)Y\text{와 } \delta = p\left(\frac{1}{1+r}\right).$$

예컨대, 앞 장의 연쇄점 게임에서 진입 위협이 1년에 한 번 발생하여 20번째의 위협은 20년 뒤에 발생할 것이라고 가정하라. 체인코가 연간 5% 수익률의 위험이 없는 채권에 투자한다고 가정하라. 따라서 금년에 투자된 \$1가 복리이자로 20년 뒤에 $\$1.05^{20}$, 즉 \$2.65의 가치를 갖는다. 거꾸로, 20년 뒤에 받을 \$1는 현재 \$1/2.65 = ₵38의 가치밖에 안 된다. 따라서 0.38은 0.05의 할인율로 20년 후의 \$1에 대한 할인인자이다. 그러나, 또한 앞으로 20년간의 확실한 진입위협 대신 항상 75%의 확률로 새로운 진입이 있다고 가정하라. 그러면 연쇄점 게임에 대한 할인인자는 0.75(1/1.05) = 0.714이다.

3. 야영자의 딜레마의 해법

표 15.3 야영자의 딜레마
(제14장의 표 14.1을 재현)

		버피	
		빌린다	안 빌린다
아만다	빌린다	3, 3	−1, 4
	안 빌린다	4, −1	0, 0

예를 더 보기 위해 야영자 딜레마로 돌아가자. 야영자의 딜레마의 개별 연출에 대한 이득표를 편의상 표 15.3에 그대로 옮겼다. 야영한 첫날에 아만다와 버피가 서로 이야기를 하다가 둘이 모두 같은 대학에서 가을 학기를 등록하였다는 것을 알게 되었다. 그뿐만 아니라 그들은 기숙사의 같은 방을 배정받았다. 더구나 그들은 각각 같은 마을에서 온 남학생과 데이트를 하고 있다. "너무 황당할 만큼 믿겨지지 않는 우연의 일치가 아닌가?" 갑자기 아만다와 버피는 여생 동안 계속해서 서로 만나고 야영자의 딜레마를 연출할 개연성이 클 것처럼 보였다. 물론 확실하지는 않다. 어느 한 사람이 낙제하거나 MIT로 전학 갈 수도 있고, 남자 친구와 헤어질 수도 있으며, 남자 친구와 행복한 결혼 생활을 하다가 남편이 대통령이 되어 함께 워싱턴으로 가야 할지도 모른다. 그리고 무엇보다도 두 여학생 중 누군가가 아파서 집으로 돌아가야 할 수도 있다. 그러므로 매번 연출이 마지막일 수 있다. 그러나 그 확률은 매우 낮다.

현재의 연출이 마지막일 확률이 5%라고 가정하라. 한 플레이어는 이렇게 생각할지 모

른다. '그렇다면 내가 현재의 라운드에서 협조하여 다음 라운드에서 보상받을 확률이 기껏해야 95%일 것이고, 그것은 내가 현재 라운드에서 협조함으로써 포기하는 것의 최소한 1.05 또는 105%를 보상받아야 한다는 것을 뜻한다. 그렇지 않으면 내가 현재의 라운드에서 협조하는 보람이 없다. 나는 평균적으로 보상의 95%만 얻을 것이므로 그것을 감안하여 보상이 많아야 한다.'

그러므로 아만다와 버피가 (아마도) 여생 동안 계속해서 서로 보게 될 것이라고 가정한 것에 더하여, 1주일에 대한 시간 할인율이 0.00094이고 현재의 라운드가 마지막 상호작용일 확률이 0.05라고 가정하라. 그러면 $\delta = 0.95(1/1.00094) = 0.949$이다. 또한 아만다가 팃-탯을 연출한다고 가정하라. 처음의 연출에서 아만다가 '빌린다(협조한다)'를 연출한다. 버피는 자기가 이번 주말에 '안 빌린다(이탈한다)'를 연출하면 4의 이득을 얻을 것이지만, 다음 라운드에서는 아만다가 '안 빌린다(이탈한다)'를 연출하므로 자기는 기껏해야 0의 이득을 얻을 것이라고 추론할 수 있다. 버피의 이득 흐름은 다음과 같을 것이다.[2)]

'빌린다'를 연출하면 $3,\ 3,\ X_3,\ X_4,\ \cdots$

'안 빌린다'를 연출하면 $4,\ 0,\ X_3,\ X_4,\ \cdots$

팃-탯 전략을 위하여 두 번째 연출 후의 연출과 이득이 첫 번째 연출에 의하여 직접적으로 영향을 받지 않으므로 $X_3,\ X_4,\ \cdots$의 값을 알 필요가 없다. 그 값은 두 경우에 같을 것이다. 따라서 버피는 $3 + 3\delta$와 4 간에 선택한다. '빌린다'가 최선의 선택이 되기 위한 조건은 $3 + 3\delta = (1 + \delta)3 > 4$이면, 즉

$$4 - \delta < 3(1 + \delta)$$

$$1 < 4\delta$$

$$\delta > 1/4$$

이면 '빌린다'가 최선의 선택이고 0.949는 1/4보다 크므로 팃-탯은 협조적 결과인 (빌린다, 빌린다)를 도출할 것이다.

다시 한 번 우리는 딜레마가 반복될 높은 확률이 협조적 결과를 지지한다는 것을 보지만, 일반적으로 우리는 시간이 1주일 이상 경과하지 않더라도 장래 이득을 현재 가치로

---

2) 역자 주 : 첫째 라운드에서 비협조가 발생해야만 이것이 적용될 것처럼 보일지 모른다. 그러나 무한순열에서는 연출될 라운드가 무한하게 많고 각 라운드는 그러한 무한순열의 시작이기 때문에 그것은 정확하지 않다. 흔히 말하듯이 "오늘은 당신 여생의 첫날이다."

할인하는 것을 감안해야 한다. 달리 표현하여, 관계가 계속될 확률이 높으면 협조의 가능성이 커지나 플레이어들이 참을성이 있으면 그 가능성이 더 커진다.

4. 다른 방아쇠 전략 규칙

> **방아쇠 전략** : 무한정 반복 게임에서 한 플레이어의 비협조적 연출에 의하여 촉발되어 희생자가 보복으로 1회 이상의 라운드에서 비협조적 연출을 하는 전략을 선택하는 원칙이 방아쇠 전략이라고 불린다.

그러나 아직 이야기는 끝나지 않았다. 전략의 선택을 위한 다른 규칙들이 있다. 팃-탯은 **방아쇠 전략**이라고 불리는 것의 한 예에 불과하다(한 연출에서의 비협조 전략이 다음 연출에서 제재를 촉발한다. 엄밀하게 말하면 그것은 반복 게임의 특정 단계에서 행동전략을 선택하기 위한 규칙이므로 '방아쇠 전략 규칙'이라고 해야 하지만 '방아쇠 전략'이라는 용어가 흔히 약칭으로 사용된다). 우리는 다른 많은 방아쇠 전략도 고려할 수 있을 것이다. 예컨대,

- 한 플레이어의 한 번의 비협조 전략이 '절대로 협조하지 않는다'로의 전환을 촉발하여 보복자가 그 시점부터 계속해서 비협조적 전략을 선택하는 냉혹한 방아쇠

대조적으로 팃-탯은 '관대한 방아쇠(forgiving trigger)'로 알려져 있다. '냉혹한 방아쇠'는 더 이상 협조가 일체 없다는 것을 의미하기 때문에 냉혹하다.

노력 딜레마로 돌아가라. 그리고 다음 라운드의 연출이 있을 확률이 9/10가 아니라 1/2이라고 가정하라. 그러면,

$$14 + \frac{5}{2} = 16\frac{1}{2} > 10 + \frac{10}{2} = 15$$

그러므로 팃-탯은 앤디가 게으름 부리는 것을 막지 못할 것이다. 대신 빌이 냉혹한 방아쇠 규칙에 따라서 연출한다고 가정하라(우리는 여기서 대수의 유용한 사실을 이용할 것이다). 그러면 앤디가 한 라운드의 이탈로부터 얻는 이득은,

$$Y_3 = 14 + \left(\frac{1}{2} \times 5\right) + \left(\frac{1^2}{2} \times 5\right) + \left(\frac{1^3}{2} \times 5\right) + \cdots$$

$$= 14 + \frac{1}{2} \times \left(\frac{1}{1 - \frac{1}{2}}\right) \times 5 = 19$$

그가 모든 라운드의 연출에서 협조하면 그의 이득은,

$$Y_4 = \left(\frac{1}{1-\frac{1}{2}}\right) \times 10 = 20$$

따라서 앤디가 이탈하고 냉혹한 방아쇠가 협조를 야기하는 데 효과적이면 그는 더 나빠질 것이다.

일반적으로 냉혹한 방아쇠는 $\delta > 1/3$이면 이 게임에서 이탈을 저지할 것이다. δ가 1/4과 1/3 사이에 있을 때는 냉혹한 방아쇠 전략이 효과적이지만 팃-탯은 그렇지 않다. 이것은 일반적인 진실이다. 관대한 방아쇠 전략이 협조를 도출하지 못할 때 냉혹한 방아쇠 전략이 협조를 유도할 수 있다.

다른 관대한 방아쇠 전략은 다음을 포함한다.

- 1팃-2탯 : 다른 플레이어가 두 라운드에 걸쳐 비협조를 연출해야만 한 라운드의 비협조적 연출로 보복한다. 이 전략은 협조와 비협조를 교대로 연출하는 반대전략에 의하여 '무력화'될 수 있다는 점을 주목하라. 그 경우에 공격자는 한 번도 보복을 당하지 않고 한 라운드씩 건너서 비협조적으로 행동하고 혜택을 얻는다. 따라서 1팃-2탯은 팃-탯보다 약한 열등전략이기 쉽다.
- 2팃-1탯 : 다른 플레이어가 한 라운드에서 비협조를 연출할 때 두 라운드의 비협조적 연출로 보복한다. 노력 딜레마에서 $\delta > 0.2637$일 때마다 2팃-1탯이 협조를 도출할 것이다. 이 수는 냉혹한 방아쇠 전략에 대한 한계인 0.25보다 조금 크지만 팃-탯에 필요한 0.33보다 작다는 것을 주목하라. 두 라운드에 걸친 비협조의 위협이 한 라운드와 장래의 모든 라운드 사이에 있기 때문에 이 결과는 타당하다.

무한정 반복 게임에 대하여 이상의 전략을 변형한 것이 무한히 많고 그 가운데 상당수가 균형일 것임이 명백할 것이다. 그러나 균형이 모두 효율적이지는 않을 것이다. 사실상 많은 게임에서 순수한 비협조 연출과 순수한 협조 연출 사이에 모든 수준의 평균이득을 가진 균형들이 존재한다.

수학적 관점에서 이렇게 가능한 균형이 많다는 것은 매우 난처한 일이다. 수학자들은 유일한 답을 원하고 그것이 효율성과 같은 일정한 성질을 갖기를 원한다. 그러나 실용적 관점에서 보면 잔의 반은 채워진 것이다. 셸링 초점의 개념을 이용하면 그 모든 균형 가운데 효율적인 협조적 연출을 유도하는 것들이 주의를 끌 것이므로 반복될 확률이 있는 야영자의 딜레마의 플레이어들이 가끔 협조적 연출을 시행하기 위한 방법을 찾을 것이다.

표 15.4 독가스
(제3장의 표 3.12b를 재현)

		아일랜드	
		사용	비사용
메인랜드	사용	−8, −8	3, −10
	비사용	−10, 3	0, 0

이론탐구 제2차 세계대전의 독가스

방아쇠 전략의 관점에서 생각한 것이 제2차 세계대전 중 독가스를 사용하지 않기로 한 결정에 기여하였다는 증거가 있다. 로버트 해리스와 제러미 팩스먼*에 따르면, 전쟁 초기에 독가스를 사용하자는 영국의 제안이 "영국이 가스를 사용하면 '즉시 우리의 산업과 민간인에 대한 보복을 초래할 것'이라는 이유로 기각되었다."(112쪽) 윈스턴 처칠(Winston Churchill) 영국 수상은 상황에 따라 가스를 사용하는 것을 옹호했으나 그런 상황이 발생하지 않았고, 처칠은 영국의 보복에 관한 우려를 독일의 탓으로 돌렸다. 그는 다음과 같이 말했다. "그러나 그들이 우리에게 독가스를 사용하지 않은 유일한 이유는 우리의 보복을 두려워하기 때문이다."(130쪽) 전후에 독일의 헤르만 괴링(Hermann Göring) 원수가 심문을 받을 때 이를 확인하였다(138쪽). 미국의 프랭클린 루스벨트(Franklin Roosevelt) 대통령은 일본이 중국에 대하여 독가스를 사용하면 냉혹한 방아쇠 전략에 해당하는 보복을 하겠다고 명시적으로 위협하였다(120쪽). 조약 준수 의무와 도덕적 자제를 포함하는 다른 동기들도 분명히 어떤 역할을 하였지만, 그 모든 것의 저변에 있었던 것은 보복의 두려움이었다.

* Robert Harris and Jeremy Paxman (2002), *A Higher Form of Killing* (Random House Trade, Paperback Edition, 2002). 나는 이 책에 주의를 환기시켜 준 학생 장잉에게 감사한다.

5. 독가스

독가스는 제1차 세계대전에서 양측이 모두 사용했지만 제2차 세계대전에서는 사용되지 않았다. 물론 제2차 세계대전은 공원의 피크닉이 아니었다. 독가스보다 끔찍한 무기들이 사용되었고 어떤 무기보다도 더 무서운 공포가 휩쓸었다. 그래도 독가스는 사용되지 않았다.

표 15.4는 독가스를 사용한 경험에 기초를 둔 예이다. 두 나라는 메인랜드와 아일랜드이다. 한 나라가 사용하고 다른 나라가 사용하지 않으면 독가스를 사용한 나라가 근소한 우위를 얻는다. 이것이 0 대신 3의 이득을 얻는 것으로 나타난다. 독가스의 희생자인 나라는 −10의 이득이 나타내듯이 큰 손실을 입는다. 두 나라가 모두 독가스를 사용하면 거의 같은 규모의 큰 손실을 입어 모두 −8의 이득을 얻는다. 표를 보면 이 게임이 사회적 딜레마인 것을 알 수 있다. 표 15.4는 제3장의 연습문제에서 사회적 딜레마의 예로 사용되었던 표 3.12b를 옮긴 것이다.

1회 한정 게임으로 연출되는 독가스 게임에서는 제1차 세계대전 때와 같이 양측이 모두 독가스를 사용하는 것이 우월전략이다. 그러나 독가스 사용은 반드시 1회 한정 게임이 아니다. 긴 전쟁에서 어느 한쪽 또는 두 쪽 모두 독가스를 사용하는 경우가 많을 수 있으며, 전쟁이 장래 독가스를 사용할 수 있을 때까지 계속될 확률이 어느 정도 있다. 따라서 무한정 반복 게임의 이론이 적용될 수 있다.

어느 나라도 독가스를 사용하지 않으면 이 반복 게임의 이득은 0의 연속이다. 이제 메인랜드가 팃-탯을 연출하고, 아일랜드가 독가스를 사용함으로써 현재의 라운드에서 꼭 한 번만 '속인다'고 가정하라. 그러면 아일랜드의 이득은 다음과 같다.

가스 '사용'을 연출하면 3, -10, X_3, X_4, …
가스 '비사용'을 연출하면 0, 0, X_3, X_4, …

$$3 + (\delta \times -10) < 0 + \delta 0 = 0$$

즉,

$$\delta > \frac{3}{10}$$

이면, 협조전략인 '비사용'이 더 좋다.

결론은 보복이 있을 때까지 전쟁이 계속될 확률이 3/10보다 작지 않다면 팃-탯 전략은 어느 쪽도 독가스를 사용하지 않는 협조 결과를 도출할 수 있다는 것이다.

냉혹한 방아쇠 전략은 어떠한가? 이 경우에 흔히 다음과 같이 문제가 표현되므로 냉혹한 방아쇠 전략이 현실적일 것 같다. "우리가 독가스를 사용하면 빗장이 풀려 그때부터 계속 독가스가 사용될 것이다." 그래서 메인랜드가 냉혹한 방아쇠 전략을 연출하고 아일랜드가 현재 라운드에서 독가스를 사용한다고 가정하라. 그러면 아일랜드의 이득은,

가스 '사용'을 연출하면 3, -8, -8, -8, …
가스 '비사용'을 연출하면 0, 0, 0, 0, …

$$3 + \left(\delta \times \frac{1}{1-\delta} \times -8\right) < \frac{1}{1+\delta} \times 0$$

즉,

$$\delta > \frac{3}{11}$$

이면, 협조전략이 더 좋다.

따라서 적어도 한 번 더 보복으로 독가스를 사용할 때까지 전쟁이 계속될 확률이 최소한 3/11인 한, 냉혹한 방아쇠 전략은 독가스의 사용을 계속적으로 배제할 수 있다. 우리는 다른 때와 마찬가지로 팃-탯이 협조를 유지할 수 없을 때

$$\frac{3}{10} > \delta > \frac{3}{11}$$

일 때, 철저하게 보복하는 냉혹한 방아쇠 전략이 협조를 유지할 수 있다는 것을 본다.

따라서 우리는 제2차 세계대전에서 어떻게 독가스가 사용되지 않았는가를 이해할 수 있을 것 같다. 그러나 제1차 세계대전에서는 독가스가 사용되었고 제2차 세계대전에서는 원자탄이 사용되었다. 이 대조적인 사실은 어떻게 설명될 수 있는가?

독가스의 사용에 대한 이득이 제2차 세계대전보다 제1차 세계대전에서 더 컸을 수 있다. 제1차 세계대전에서는 적의 참호를 격파하기 위한 조정된 공격의 일부로서 독가스가 참호 전투에 사용되었다. 이란과 이라크도 참후전투에 휘말렸었다. 제2차 세계대전에서는 참호 전투가 그만큼 중요하지 않았기 때문에 독가스 사용에 대한 이득이 더욱 작았을 것이다. 그러나 사실상 이득이 같았다고 하더라도, 다른 경우에 다른 결과가 나오는 것은 놀랄 만한 일이 아니다. 반복 게임이 1개 이상의 균형을 가지며 반복되는 사회적 딜레마에서 '항상 이탈한다'가 여러 균형 가운데 하나라는 것을 기억하라. 단지 우리는 제1차 세계대전에서 (항상 이탈한다)라는 한 균형을 보았고, 제2차 세계대전에서 (대칭적 팃-탯)이라는 또 하나의 균형을 보았던 것일 수 있다. 더욱이 1980년대 이란-이라크 전쟁에서 가스가 사용된 것은 다시 한 번 '항상 이탈한다' 균형을 실현한 것이었다.

제2차 세계대전에서 핵무기는 (1) 적이 보복 수단으로 사용할 핵무기를 갖고 있지 않으며, (2) 핵무기의 사용이 전쟁을 끝내기 때문에 미국과 일본 사이에 핵무기를 사용할 기회가 더 이상 없을 것이라는 상황에서 사용되었다.

대체로 제2차 세계대전의 독가스는 방아쇠 전략을 통한 협조전략을 보여 준 거의 이상적인 사례인 것 같다. 같은 추론에 부합하는 전쟁 중 자제에 대한 예는 허다하다. 항상 우리는 여러 가지 협조적 균형에 대하여 불가피한 것은 아무것도 없으며, 모든 무기와 전술의 무제한적 사용이 아무리 두렵더라도 국가 간의 전쟁에서 가능하다는 것을 간과해서는 안 된다.

6. 가격의 부당한 공동결정

경제학에서 방아쇠 전략의 추론을 응용한 가장 중요한 예는 아마 가격의 부당한 공동결정(collusive pricing)일 것이다.[3] 이것은 다른 장들에서 논의되었으므로 여기서는 우리가 간단하게 다룬다. 표 15.5는 제3장에서 논의된 가격결정 딜레마를 재현한다. 과점은 극소수의 판매자가 있는 산업이다. 그러한 산업은 기회와 문제를 대면한다. 기회는 판매자들이 독점가격을 유지할 수도 있다는 것이다. 문제는 이것이 내시 균형이 아니고 사실상 경쟁가격이 유일한 합리화 가능 전략이라는 것이다.

표 15.5 가격결정 딜레마에서의 이득
(제3장의 표 3.4를 재현)

		그로스	
		가격 유지	가격 인하
마그나	가격 유지	5, 5	0, 8
	가격 인하	8, 0	1, 1

그러나 가격결정 게임은 반복적으로 연출된다. 따라서 복점자(duopolist)들은 협조를 유도하기 위해 방아쇠 전략의 사용을 고려할 수 있다. 예컨대, $\delta > 3/5$이이면 텃-탯 전략이 유효할 것이다. $\delta > 3/7$이면 냉혹한 방아쇠 전략이 효과적일 것이다.

연습문제 : 이것을 증명하라.

그러므로 안정적인 과점의 구성원들이 가격을 높게 유지하기 위해 결탁하는 일이 어렵지 않을 것이다. 가격결정 딜레마에서는 복점자의 협조적 행동이 소비자를 대상으로 독점력을 남용하는 가격을 초래하므로, 다른 많은 상황에서는 꽤 좋은 소식인 협조가 가격경쟁과 독점 금지 정책에는 상당히 나쁜 소식이다. 과점의 구성원들이 명시적인 협약 없이 가격이나 거래 조건 등을 높게 유지하는 것을 '암묵적 공동행위(tacit collusion)'라고 한다. 위의 예가 시사하는 바는 복점에서 암묵적 공동행위가 통상적으로 발생할 수 있고, 공공정책으로 그것을 방지하기가 어려울 수 있다는 것이다.[4)]

그러나 과점에는 2개보다 많은 수, 3개는 확실하고 아마 4개 이상의 기업이 있을 수 있다. 과점의 상한은 애매하고 아마 상황에 따라 다를 것이다. 이 과점의 예를 포함하여 반복 게임에 관한 모든 예들은 모두 2인 게임이다. 2인보다 많은 플레이어들이 있는 방아쇠 전략에 대한 연구가 약간 있었지만 미개척의 연구 분야로 남아 있다.

3) 역자 주 : 이것을 흔히 '가격 담합'이라고 하나 '담합'은 국어 단어가 아닌 일본어 단어를 국어 발음으로 표기하고 무분별하게 사용되고 있는 것이라 여기서는 우리나라 '공정거래법' 상의 정식 명칭을 사용한다. 마찬가지로 '담합한다'도 '결탁한다'로 표현한다.

4) 역자 주 : 암묵적 공동행위는 '의식적 평행행위(conscious parallelism)'라고도 하는데, 이 행위 자체를 금지하는 것은 논리적으로 취약하다는 것이 일반적인 의견이다. 미국에서는 명시적인 부당한 공동행위, 즉 카르텔(cartel)이 아닌 외형상의 가격일치를 제재하는 것에 상당히 신중하게 접근한다. 한편 우리나라의 공정거래법은 그러한 정황 증거(circumstantial evidence)만으로 공동행위를 추정할 수 있도록 하는 규정을 설치하고 있다.

7. 과오

냉혹한 방아쇠 전략은 장래의 모든 협조 가능성을 봉쇄하여 양측에 모두 불리하기 때문에 상당히 냉혹하게 보인다. 그러나 이것은 이론상 그렇게 나쁘지 않다. 양측을 협조하도록 유인하기에 충분하지 않으면 냉혹한 방아쇠 전략은 절대로 채택되지 않을 것이다. 그래서 그것이 채택될 때는 우리는 협조 행동을 볼 수 있고, 협조를 단절하는 제재는 절대로 시행되지 않을 것이다. 그러나 우리가 어떤 형태의 것이든 비합리성을 허용한다면 문제가 생긴다. 플레이어들이 가끔 '떠는 손'을 갖고 있다고, 즉 그들은 항상 최선반응 전략을 알지만 가끔 아주 우연히 틀린 전략을 선택한다고 가정하라. 그러면 한 번의 과오가 냉혹한 방아쇠 전략의 제재를 초래하여 플레이어 간에 더 이상 협조가 없을 수 있다. 이것은 정말로 상당히 냉혹하다.

관대한 방아쇠 전략은 과오에 좀 더 너그러울 수 있으나 그렇더라도 과오는 심각한 결과를 초래할 수 있다. 두 플레이어가 모두 텃-탯을 연출하고 있다고 가정하라. 한 플레이어가 과오로 비협조를 선택하면 다음 라운드에서 다른 플레이어가 보복하고, 이에 대하여 첫째 플레이어가 그다음 라운드에서 보복하는 식으로 더 이상 상호협조가 이루어지지 않는다. 그러나 텃-탯 전략의 적용이 그렇게까지 기계적일 필요는 없다. 텃-탯 전략에서는 $n+2$ 라운드와 그 후 라운드에서 기대되는 연출이 n 라운드에서의 연출에 영향을 받지 않는다. 한편, 냉혹한 방아쇠 전략은 미래의 모든 라운드에서 비협조를 예상하는 것으로부터 그 힘을 얻는다. 그래서 텃-탯 전략은 과오 교정 과정에 의하여 수정될 수 있다. 우리는 $n+1$ 라운드에서의 비협조적 연출에 대하여 $n+2$ 라운드에서 보복하더라도 나 자신이 n 라운드에서 과오로 비협조적으로 연출했을 때는 예외로 하는, '텃-탯이지만 내 잘못은 인정한다'는 전략을 선택할 수 있다(사죄도 도움이 될 수 있을 것이다). 희생자는 'n 라운드에서의 비협조적 연출에 대하여 $n+1$ 라운드에서 보복하지만, 교대로 보복을 주고받은 네 번의 라운드 다음에는 보복하지 않는다'는 식으로 '평화적 제안을 가진 텃-탯'을 적용할 수 있을 것이다. 이러한 좀 더 복잡한 과정은 과오의 회복을 가능하게 할 수 있지만 영악한 적수에 의하여 악용되기 쉬울 것이다.

그러나 과오를 가진 방아쇠 전략은 별로 연구되지 않았으며 그래서 배워야 할 것이 많이 남아 있다.

8. 슈퍼 게임*

로버트 아우만은 무한정 반복 게임에 대한 초기의 매우 중요한 논의에서 이후 반세기에 걸쳐 이 주제에 관해 이루어질 연구의 대부분을 예상했다. 그러나 그는 다소 다른 접근방법을 선택했다. 그는 슈퍼 게임(supergame)을 노력 딜레마와 같은 기본 게임의 무한(무한정) 반복의 순열로 정의했다. 슈퍼 게임의 전략은 '항상 이탈한다', '항상 협조한다', 팃-탯이나 냉혹한 방아쇠 등과 같이 기본 게임에서 전략을 선택하기 위한 규칙이다.

예로서 $\delta = 0.9$인 노력 딜레마로 돌아가서 '항상 일한다(작업)', '항상 게으름 부린다(게으름)'와 '팃-탯'의 3개 규칙만 고려하라. $\delta + \delta^2 + \delta^3 + \delta^4 + \cdots = \frac{1}{1-\delta}$을 상기하라. 슈퍼 게임의 이득은 표 15.6에서 볼 수 있다. '작업'과 '게으름'에 대하여 우리는 다만 표 15.1의 이득에 10을 곱한다. 한 사람이 '팃-탯'을 선택하고 다른 사람이 '팃-탯'이나 '작업'을 선택하면 각 연출에 대한 이득은 (10, 10)이고, 따라서 기대이득은 (100, 100)이다. (예컨대) 앤디가 '게으름'을 선택하고 빌이 '팃-탯'을 선택할 때, 이득을 구하기 위해 우리는 첫째 라운드의 이득이 (20, 2)이고 그 후의 각 라운드에서 (5, 5)일 것임을 관찰한다. 따라서 앤디를 위한 순열은 $20 + 0.9 \times 5 + 0.9^2 \times 5 + 0.9^3 \times 5 + 0.9^4 \times 5 + \cdots = 20 + 0.9 \times (5 + 0.9 \times 5 + 0.9^2 \times 5 + 0.9^3 \times 5 + \cdots) = 20 + 0.9 \times 5 \times 10 = 65$이다. 빌을 위한 기대이득은 $2 + 0.9 \times 5 \times 10 = 47$이다(이것은 앤디가 한 번의 게으름을 실험하기보다 항상 게으름을 피우는 규칙을 연출한다는 점에서 1절과 다르다).

표 15.6 반복되는 노력 딜레마의 전략 규칙과 이득

		빌		
		작업	게으름	팃-탯
앤디	작업	100, 100	20, 400	100, 100
	게으름	400, 20	50, 50	65, 47
	팃-탯	100, 100	47, 65	100, 100

> **인물탐구**
>
> **로버트 아우만**
> (Robert Aumann, 1930~)
>
> 로버트 아우만은 이스라엘의 수학자로 독일의 프랑크푸르트에서 태어났고 미국에서 교육을 받았다. 그는 뉴욕시립대학과 MIT를 졸업했고 현재 히브루(Hebrew)대학교 합리성연구센터 교수이다. 게임 이론과 수리경제학에 대한 그의 기여는 매우 광범하고 많은 연구 분야에 대단히 큰 영향을 주었다. 2005년에 아우만은 토머스 셸링과 함께 갈등과 협조의 관계에 관한 이해에 공헌한 업적으로 노벨경제학상을 받았다. 그의 다섯 자녀 가운데 넷이 생존해 있고 21명의 손자녀와 5명의 증손자녀를 두고 있다. *이스라엘 타임스*에 따르면, 2012년 그는 82세의 고령에 이스라엘 고등학생들에 게임 이론을 가르치는 실험에 참여하였다.

표 15.6의 게임은 2개 — 앤디와 빌이 '작업'을 연출하는 것과 '팃-탯'을 연출하는 것 — 의 내시 균형을 갖는다. 더욱이 둘이 '팃-탯'을 연출하는 균형은 '작업'을 연출하는 균형

* 이 절을 건너뛰어도 이후의 장을 이해하는 데 아무런 지장이 없다.

보다 둘을 위해서 더 좋다. 그래서 그것은 셸링 초점으로서 플레이어들의 관심을 끌지 모르고, 우리는 그것이 가능한 균형 가운데 선택될 가능성이 크다고 기대할 수 있다.

아우만의 연구의 한 목적은 노력 딜레마와 같은 게임에 대한 협조 해를 규명하는 것이다. 아우만은 강한 내시 균형을 협조 해를 위한 후보로 지정했다. 우리가 제7장으로부터 상기하는 것처럼 내시 균형에서 구성원들이 전략을 조정하여 다른 내시 균형으로 이동함으로써 편익을 받을 수 있는 연합이 없으면 그 내시 균형은 강하다. 이 슈퍼 게임의 내시 균형 중에서 '작업'에 있는 것은 강하지 않지만 '팃-탯'에 있는 것은 강하다. 결론은 '작업, 작업' — 강한 내시 균형에 해당하는 기본 게임의 전략 — 이 노력 딜레마를 위한 협조 전략이라는 것이다.

우리는 슈퍼 게임에서 3개의 전략만 고려했고 전략이 무수히 많으므로 이것은 결론적이 아니다. 더 복잡한 슈퍼 게임에 냉혹한 방아쇠 같은 다른 내시 균형이 있을지 모른다. 그러나 2절에서 플레이어에게 한 번만이라도 이탈하도록 요청하는 모든 전략 규칙은 다른 플레이어가 팃-탯 규칙에 따라 연출할 때 이탈자의 이득을 줄인다는 것을 보았다. 팃-탯은 어떤 슈퍼 게임에서도 내시 균형으로 남아 있을 것이다. 어느 플레이어도 다른 플레이어의 이득을 줄이지 않고 자기의 이득을 100 이상으로 증대할 수 없으므로[즉, (100, 100)이 파레토 효율적(Pareto efficient)이므로] 팃-탯에서의 균형은 노력 딜레마의 어떤 슈퍼 게임에서도 강한 내시 균형으로 남을 것이다. 따라서 우리는 '작업, 작업'이 슈퍼 게임의 관점에서 정말로 협조 해라고 확신할 수 있다.

야영자의 딜레마에서 '항상 빌린다', '절대로 안 빌린다', '팃-탯'에 대한 이득이 표 15.7에 나타나 있다.

늘 그렇듯이 이탈 전략, '절대로 안 빌린다'가 내시 균형이다. $3[1/(1-\delta)] > 4$, 즉 $\delta > 1/4$이면 '팃-탯'이 내시 균형일 것이다. 더욱이 이 경우에 그것은 강한 내시 균형이다. 아

표 15.7 3개의 전략이 있는 무한반복 야영자의 딜레마

		버피		
		항상 빌린다	절대로 안 빌린다	팃-탯
아만다	항상 빌린다	$3\left(\frac{1}{1-\delta}\right),\ 3\left(\frac{1}{1-\delta}\right)$	$-\left(\frac{1}{1-\delta}\right),\ 4\left(\frac{1}{1-\delta}\right)$	$3\left(\frac{1}{1-\delta}\right),\ 3\left(\frac{1}{1-\delta}\right)$
	절대로 안 빌린다	$4\left(\frac{1}{1-\delta}\right),\ -\left(\frac{1}{1-\delta}\right)$	0, 0	4, −1
	팃-탯	$3\left(\frac{1}{1-\delta}\right),\ 3\left(\frac{1}{1-\delta}\right)$	−1, 4	$3\left(\frac{1}{1-\delta}\right),\ 3\left(\frac{1}{1-\delta}\right)$

만다와 버피가 충분히 참을성이 있으면(즉, 장래를 그다지 많이 할인하지 않으면) 그리고 그들의 관계가 충분히 지속된다면(즉, 그들이 다시 연출할 확률이 충분히 높다면) 그들은 외부자의 시행 없이 '항상 빌린다'의 결과를 달성할 수 있으며, 이것은 그 자체로서 '항상 빌린다'라는 대안을 협조 해로 확인한다.

9. 요약

우리가 지금까지 보아 왔던 것처럼 반복 연출은 그 자체로서 사회적 딜레마의 문제를 해결하지 못한다. 이 역설에 대한 답은 가끔 사람들이 그들의 관계가 얼마나 오래갈 것인가를 알지 못한다는 사실에 있다. 관계가 계속되어 또 한 번의 연출이 있을 확률이 일반적으로 1보다 작지만 있다는 사실을 감안하면 팃-탯과 냉혹한 방아쇠 전략 등 같은 '방아쇠 전략'을 도입할 수 있다. 이 방아쇠 전략이 협조 균형을 뒷받침할 수 있는 경우가 적지 않다(덤으로 우리는 오랫동안 계속되는 게임에서 이득의 현재 할인가치를 정확하게 다룬다). 반복되는 사회적 딜레마에서 협조를 볼 수 있는 이유는 아마 게임에 분명한 종점이 없고, 항상 한 라운드의 연출이 또 있을 확률이 있기 때문일 것이다.

그래서 반복 연출이 차이를 초래하지만 주로 게임이 연출되는 기간이 한정되지 않은 경우에 그렇다. 이 경우에도 균형이 많이 있을 수 있다. 결국, 방아쇠 전략이 무한히 많고, 일반적으로 협조 수준과 비협조 수준 및 양자의 사이에 있는 모든 가능한 수준의 평균이득을 가진 균형들이 있을 것이다. 그러므로 무한정 반복 게임에서도 협조적 연출이 확실하지 않지만 가능하다.

Q15. 연습문제

Q15.1 셔츠 다림질 제14장 2절의 '셔츠 다림질'의 예를, 매 라운드에서 니콜라스가 은퇴하고 더 이상 셔츠를 다리지 않을 확률이 0.02이며, 오늘의 $1가 1주일 후에 $1.00094의 가치를 갖는다(1년간의 할인율이 5%에 해당한다)고 가정하여 다시 분석하라. 이 경우에 팃-탯 원칙이 유효한가? 설명하라.

Q15.2 관광객 함정 관광지의 상점들은 믿을 수 없고 저질 상품을 지나치게 높은 가격에 팔아 전형적인 '관광객 함정(tourist trap)'을 만든다는 평판을 갖고 있다. 이 평판이

상당히 사실과 가깝다고, 즉 관광지의 상점들이 다른 곳의 상점들에 비하여 고객을 착취할 가능성이 크다고 가정하라. 이 장에서 제시한 개념들을 사용하여 그럴 수 있는 이유를 설명하라.

표 15.8a 핫도그 장사의 이득
(제13장의 표 13.4a를 재현)

		프랭크	
		$1.5	$2
어니스트	$1.5	10, 10	18, 5
	$2	5, 18	12, 12

Q15.3 핫도그 장사 제13장의 연습문제 Q13.4와 제14장의 연습문제 Q14.2를 참조하라. 프랭크와 어니스트는 나란히 판매대 트럭에서 핫도그를 판다. 매주 그들은 $1.5와 $2의 판매가격 중에 선택하며 이득은 표 15.8a에 나타나 있다. (보증은 없지만) 프랭크가 마음을 바꿔 몸이 허락하는 한 장사를 계속하기로 결정하였다고 가정하라. 그러면 어떤 차이가 생기는가?

Q15.4 왜 교착? 제14장의 연습문제 Q14.3을 참조하라. 근년에 두 정당 간의 '교착'이 문제였다. 드와이트 아이젠하워, 존 케네디, 린든 존슨의 행정부 시절에 의회는 매우 분열되었지만, 그럼에도 불구하고 두 정당은 통상적인 사안에 대하여 상당히 잘 협조하였다. 그러나 닉슨 대통령이 워터게이트 호텔에 있는 민주당 사무실의 침입 사건 때문에 사임한 후[5] 두 정당이 통상적인 사안에 대하여 협조하지 못함으로써 야기된 '교착'이 일상화되었다. 돌이켜 보면 닉슨 대통령은 '과오'를 저지른 것 같다(즉, 워터게이트 침입은 최선반응 전략이 아니었다). 방아쇠 전략의 개념을 사용하여 워터게이트 사건 전후의 경험을 논의하라.

표 15.8b CEO 게임

		피용자	
		작업	게으름
CEO	잡는다	7, 0	1, 1
	안 잡는다	5, 3	0, 4

Q15.5 CEO 게임 엔롭 사의 CEO는 아주 큰 힘을 갖고 있다. 그는 피용자 연금기금을 관리하며 원하면 그것을 자기의 이익을 위해서 전용할 수 있다. 이 전략이 '잡는다'이고 CEO의 다른 전략은 '안 잡는다'이며, 피용자들의 전략은 '작업'과 '게으름'이다. 이득이 표

5) 역자 주 : 워터게이트(Watergate) 사건은 1972년 6월 7일 워싱턴의 워터게이트 호텔에 있는 민주당 사무실에 잠입한 5명이 경찰에 체포됨으로써 시작되었다. 이들이 직접적이거나 간접적으로 공화당의 '대통령 재선을 위한 위원회'에 의하여 고용된 사람들임이 드러나 곧 정치 문제로 비화되어 사건을 전담하는 특별판사가 임명되었다. 용의자 중 1명이 백악관 고위층의 은폐 음모를 공개하면서 사건이 확대되었고, 결국 대통령의 고위 보좌관들이 범법자로 투옥된 후 1974년 8월 8일에 닉슨이 대통령직을 사임하였다.

15.8b에 나타나 있다.

a. 이 게임을 1회 한정 게임으로 간주하고 그것의 내시 균형(들)을 결정하라. 이 분석의 내시 균형을 협조 해와 비교하라.

b. 외부에서 보기에 엔롭의 피용자들은 매우 충직하고 열심히 일하며, 피용자 연금 기금은 매우 풍족하고 안정적이다(기금이 전액 엔롭의 주식에 투자되었는데 그 주식이 꾸준히 상승하고 있다). 이 장에서 다룬 개념들을 이용하고 $\delta = 1/2$로 가정하여 이를 설명하라.

c. CEO는 몇 개의 혁신적인 투자 전략이 실패하여 거액의 손실이 발생하였기 때문에 다음번 이사회에서 해임될 것이 확실시된다는 통지를 CFO로부터 받았다. 이것은 CEO 게임의 균형을 어떻게 바꿀 것 같은가?

Q15.6 개의 저녁밥 푸치그럽과 도기딘스는 개식품을 생산하며, 가격이 통제되어 가격경쟁을 할 수 없는 도그리타리나의 시장에서 경쟁하고 다른 경쟁자는 없다. 그러나 그들은 제품에 싼 곡물을 섞을 수 있다. 둘이 모두 그렇게 하면 그들의 이윤이 증가하지만, 한 회사만 그렇게 하면 그 회사는 시장 점유율과 이윤을 잃을 것이다. 정규형으로 나타낸 게임은 표 15.8c와 같다(이득은 100만 단위의 이윤이다). 그들은 매년 제품을 결정하고 이윤을 15%의 비율로 할인하며, 그들이 내년에 다시 경쟁할 확률을 0.9로 추산한다. 그들이 불량식품을 제공하는 데 협조할 가능성이 있는가? 설명하라.

표 15.8c 개의 저녁밥

		도기딘스	
		섞는다	안 섞는다
푸치그럽	섞는다	5, 5	1, 6
	안 섞는다	6, 1	2, 2

Q15.7 소다 팝 피지팝과 스플루시는 청량음료의 경쟁 브랜드이다. 각 회사는 높은 독점가격과 낮은 경쟁가격 사이에서 선택할 수 있다. 표 15.8d는 그들의 이윤을 가격전략에 따라 10억 단위로 나타낸 것이다.

그들은 매년 가격을 결정하고 이윤을 15%의 비율로 할인하며, 그들이 내년에 다시 경쟁할 확률을 0.75로 추산한다. 그들이 결탁하여 높은 가격을 매길 가능성이 있는가? 설명하라.

표 15.8d 피지팝과 스플루시의 이득

		스플루시	
		높다	낮다
피지팝	높다	5, 5	1, 8
	낮다	8, 1	2, 2

Q15.8 꽁무니 빼지 마라 버크 배코는 독립한 양계 농민이다. 벌로렌 팜스는 대규모 닭고기 포장 · 도매업체이다. 벌로렌은 버크에게 닭의 다량 부화 · 사료 · 사육 비용의 일부를 선불하면 버크가 그 대가로 자기에게 판매용 닭을 도매가격 이하로 팔 것을 기대하고 선불을 할지 (또는 하지 않을지) 모른다. 그러나 버크는 닭을 다 키우면 대신 스스로 도매를 할지 모른다(특히 지역 판사가 그의 처남이라 그가 사는 곳에서 계약 이행이 조금 애매하다). 버크는 기반시설과 계약이 뒷받침된 도매업을 하지 않기 때문에 벌로렌만큼 벌지 못할 테지만 아마 벌로렌이 지불할 것보다는 많을 것이다.

버크의 조업에 관한 자료는 다음과 같다.

닭의 다량 부화 · 사료 · 사육 비용	\$8,000
벌로렌 팜스에 대한 도매가치	\$30,000
버크에 대한 도매가치	\$12,000
벌로렌이 버크에게 줄 계약상의 가격	\$7,500

a. 이것을 하부 게임 완전 내시 균형의 개념을 사용하여 한 번만 연출되는 전개형 게임으로서 분석하라.

힌트 : 벌로렌이 버크에게 일체 선불하지 않으면 버크의 유일한 선택은 자신의 비용으로 스스로 닭을 도매하는 것이다.

b. 게임이 일정한 반복의 확률과 함께 반복적으로 연출되고 벌로렌이 팃-탯 전략 규칙을 채택한다고 가정하라. 이 게임이 협조적 결과를 보장할 가능성이 있는가? 설명하라.

c. 게임이 일정한 반복의 확률과 함께 반복적으로 연출되고 벌로렌이 냉혹한 방아쇠 전략 규칙을 채택한다고 가정하라. 이 게임이 협조적 결과를 보장할 가능성이 있는가? 설명하라.

d. 당신은 벌로렌이 어떻게 할 것이라고 생각하는가? 버크가 무엇을 할 것이라고 생각하는가?

제16장

협조 게임의 요소

이제까지 모든 예는 '게임'의 비협조 해에 초점을 두었다. 우리는 "전략의 합리적 선택은 무엇인가?"라는 질문에 대한 유일한 답이 일반적으로 없다는 것을 상기한다. 대신 비일정합 게임에서 최소한 2개의 답, 두 종류의 '합리적' 전략이 가능하다. 가끔 게임의 '합리적 해'를 다르게 정의함에 따라 2개를 넘는 합리적 해가 존재한다. 그러나 최소한 2개의 해가 있다. 하나는 각자가 남에 대한 결과를 무시하고 자신의 이득만을 최대화하는 '비협조' 해이고, 다른 하나는 전체 집단을 위한 최선의 결과를 달성하기 위해 참가자들의 전략을 조정하는 '협조' 해이다. 물론 '전체 집단을 위한 최선'은 아주 까다로운 개념이다. 이것이 2개를 넘는 해가 존재하는 이유 중 하나이다. '전체 집단을 위한 최선'의 개념은 하나가 아니므로 각각의 개념에 상응하여 해가 달라진다.

참가자들이 자기의 전략을 조정하기로 공약할 수 없는 게임은 '비협조 게임'이고, 비협조 게임에 대한 해는 '비협조 해'이다. 비협조 게임에서 합리적 플레이어의 문제는 "다른 플레이어들이 나의 전

이 장의 내용을 가장 잘 이해하려면 제1장~제4장과 제7장의 내용을 학습하고 이해할 필요가 있다.

중요 개념

협조 게임(Cooperative Game)과 **협조 해**(Cooperative Solution) : 게임의 참가자들이 자기의 전략을 조정하기로 공약할 수 있으면 협조 게임이고 그렇지 않으면 비협조 게임이다. 그리고 조정된 전략이 있는 해는 협조 해이다.

연합(Coalition) : 전략을 서로 조정하는 플레이어들의 집단을 말한다.

측면보상(Side Payment) : 연합의 모든 참가자들이 연합에 의해서 조정된 전략을 채택한 결과로 손해를 보지 않도록 하기 위해 이득을 얻는 참가자가 손해를 보는 참가자에게 그 이득의 일부를 이전할 때, 이 이전을 측면보상이라고 한다.

해 개념(Solution Concept) : 협조 게임을 위한 해의 개념은 많다. 이 가운데 2개가 이 책에서 중요하다. 하나는 어떤 연합이 이탈하여 독립적으로 그 구성원들에게 유리하게 전략을 조정함으로써 불안정하게 될 수 없는 해만 포함하는 핵(core)이다. 다른 하나는 각 연합에 대한 플레이어의 한계적 기여에 의거하여 각 플레이어에게 순 이득을 귀속시키는 방법인 셰플리 값(Shapley value)이다.

략에 대한 최선반응을 선택하려고 할 때, 나의 합리적 전략 선택은 무엇인가?"라는 물음에 답하는 것이다.

협조 게임/비협조 게임과 해 : 게임의 참가자들이 자기의 전략을 조정하기로 공약할 수 있으면 게임이 *협조* 게임이고 그렇지 않으면 *비협조* 게임이다. 그리고 조정된 전략이 있는 해는 협조 해이고 전략의 조정이 없는 해는 비협조 해이다.

거꾸로, 참가자들이 자기의 전략을 조정하기로 공약할 수 있는 게임은 **협조 게임**이고, 협조 게임에 대한 해는 **협조 해**이다. 협조 게임에서 합리적 플레이어의 문제는 "우리가 모두 공통의 조정된 전략을 선택한다면 어떤 전략이 최선의 결과를 초래할 것인가?"라는 물음에 답하는 것이다.

1. 내 자전거 살래?

모든 구매와 판매는 협조 게임이므로 성인들은 매일 협조 게임을 경험한다. 다음은 2인 교환 게임의 예이다. 우리는 조이는 자전거를 갖고 있지만 돈이 한 푼도 없다고 가정한다. 조이는 자기 자전거의 가치를 $80로 평가한다.[1)] 마이키는 $100를 갖고 있지만 자전거가 없고, 자전거의 가치를 $100로 평가한다.[2)] 조이와 마이키가 선택할 수 있는 전략은 주거나 갖고 있는 것이다. 즉, 조이는 자기 자전거를 마이키에게 주거나 그대로 갖고 있을 수 있고, 마이키는 자기 돈의 일부를 조이에게 주거나 전부 그대로 갖고 있을 수 있다. 예컨대, 마이키가 조이에게 $90를 주고 조이가 마이키에게 자전거를 주자는 제의가 나왔다고 가정하라. 그러면 이득은 표 16.1에 나타난 것과 같다.

표 16.1 교환 게임에서의 이득

		조이	
		준다	갖는다
마이키	준다	110, 90	10, 170
	갖는다	200, 0	100, 80

설명을 한다면, 윗줄의 왼쪽 칸에서 마이키는 자신이 $100로 평가하는 자전거와 추가로 $10를 갖는 한편, 조이는 자신이 $80로 평가하는 자전거와 함께 $10를 갖는다. 아랫줄 왼쪽 칸에서 마이키는 자신이 $100로 평가하는 자전거와 함께 $100를 갖는다. 윗줄 오른쪽 칸에서 조이는 자신이 각각 $80로 평가하는 자전거에 더하여 $10를 갖고, 마이키에

1) 우리가 이것을 어떻게 아는가? 경제학에서 금전적 가치는 대체성에 근거를 둔다. 조이가 자기 자전거의 대가로 받으려는 금액은 그가 자전거를 갖는 대신 무엇인가를 사려고 하기에 충분한 최소한의 금액이다. 그래서, 만일 조이가 자전거 대신 게임기를 가지려 하고 게임기를 $80에 살 수 있다면, 우리는 조이가 그의 자전거를 $80로 평가한다고 말한다.

2) 마이키는 $100로 살 수 있는 다른 어떤 것보다 자전거를 가지려고 한다. 각주 1과 같이 추론하면, 우리는 마이키가 자전거를 $100로 평가한다고 말한다.

게는 $10만 남는다. 아랫줄 오른쪽 칸에서 마이키는 $100, 조이는 처음에 가졌던 자전거만 갖는다.

우리가 이 게임을 비협조 게임으로 생각하면 죄수의 딜레마와 매우 비슷하다. '갖는다'가 우월전략이며 (갖는다, 갖는다)가 우월전략 균형이다. 그러나 (준다, 준다)가 두 플레이어에게 더 좋은 결과를 준다. 아이들이라 그들은 서로 믿지 않고, 모두에게 더 좋은 교환을 하지 않을 수 있다. 그러나 시장 사회에는 성인들이 상호 유익한 교환을 확실하게 약속할 수 있도록 하는 여러 가지 제도가 있다. 그래서 우리는 협조 해를 기대하려고 하며, 그것이 윗줄의 왼쪽 칸이라고 본다.

측면보상 : 연합의 모든 참가자들이 연합에 의해서 조정된 전략을 채택한 결과로 손해를 보지 않도록 하기 위해 이득을 얻는 참가자가 손해를 보는 참가자에게 그 이득의 일부를 이전할 때, 이 이전을 *측면보상*이라고 한다.

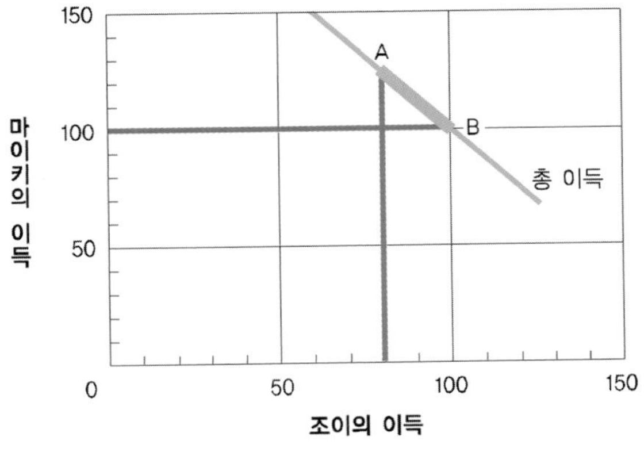

그림 16.1 조이와 마이키의 이득

조이와 마이키가 매매에 합의할 때, 그들은 연합을 만들고 있는 것이다. 그들은 전략을 조정하고 (준다, 준다)를 연합의 공동전략으로 채택하기로 공약하고 있다. 그래서 조이와 마이키의 게임은 비협조 게임이 아니라 협조 게임이다. 마이키로부터 조이로 금전이 이전됨으로써 자전거의 가치를 낮게 평가하는 아이로부터 높게 평가하는 아이로 자전거가 이전된 결과 둘이 모두 좋아지게 된다. 많은 협조 게임에서 이 목적을 위해 이전지불이 이루어지며, 이 지불은 **측면보상**이라고 불린다(많은 게임에서 그것은 게임 자체의 외부에서 이루어지는 지불이고, 그래서 '측면보상'이다).

그러나 표 16.1이 이야기의 전부는 아니다. $90의 가격은 예로서만 주어진 것이며 가격이 더 높을 수도 있고 낮을 수도 있다. 얼마나 더 높거나 낮을 수 있는가? 그림 16.1과 같이 한계가 있다. 그림 16.1에 조이의 이득이 수평축, 마이키의 이득이 수직축에 표시되어 있다. 첫째, 측면보상에 관계없이 두 아이에 대한 총 이득은 조이의 자전거의 총 가치(마이키가 조이보다 더 높게 부여한 가치)와 마이키가 갖고 있는 $100의 합계인 $200를 넘을 수 없으며, 그림 16.1에서 우하향의 대각선으로 나타나 있다. 그러나 그 선 위의 모든 점을 두 플레이어가 받아들일 수 있는 것은 아니다. 조이는 비협조 균형에서 $80의 이득을 얻기 때문에 연합에 참여하기를 거절(거래를 거절)함으로써 $80에 상당한 이득을 얻을 수 있다. 이것은 그림 16.1의 80에서 그어진 수직선으로 나타나 있다. 조이는 이 선에 있거나 이 선의 오른쪽에 있는 이득에만 동의할 것이다. 조이와 비슷하게 마이키도 비협조 게임에서 (수중의 \$100를 계속 갖고 있음으로써) \$100의 이득을 얻는다. 그러므로 그는 \$100에 미달하는 이득을 주는 거래를 받아들이지 않을 것이다. 이는 100에서의 수평선으로 나타나 있다. 마이키는 이 선에 있거나 그 위에 있는 이득만을 받아들일 것이다. 따라서 두 아이의 이득은 A와 B, 두 점 사이의 굵은 대각선에 있을 것이다.

그러나 굵은 대각선에 있는 어느 점에서도 이득의 합계가 200이 되고 각 거래자에게 거래하지 않아도 얻을 수 있는 최소한 이득을 주므로 위의 요건이 충족될 것이다. 그런 의미에서 이 선에 있는 모든 점이 협조 게임의 '해'가 될 수 있다. 연합의 구성원에 대한 지불의 목록을 **귀속**(imputation) 또는 **배분**(allocation)이라고 부른다. 따라서 그림 16.1에서 대각선상의 각 점은 연합의 총 가치의 귀속에 해당한다. 그러나 어떻게 연합의 구성원들이 선택할 귀속에 한계를 설정할 수 있는가?

만일 x_1, x_2 중 적어도 하나가 그것에 상응하는 y_1, y_2의 값보다 크고 다른 하나가 이 값보다 적지 않으면 귀속 x_1, x_2가 다른 귀속 y_1, y_2보다 **우월하다**.[3] 폰 노이만과 모겐스턴을 따라, 우리는 **해집합**(solution set)을 아래의 두 조건을 만족하는 모든 배분 z_1, z_2를 포함하는 집합으로 정의할 수 있다.[4] (1) z_1, z_2에 의하여 지배되는 다른 귀속이 적어도 1개가 있다, (2) 해집합 안에 z_1, z_2를 지배하는 다른 귀속이 없다, (3) z_1, z_2가 **개별적으로 합리적**이다. 즉, z_1, z_2는 각자가 적어도 혼자 행동할 때만큼 얻도록 한다. 조건 (1)과 (2)는 해집합을 대각선상의 점으로 한정하고, 조건 (3)은 그 한계를 그림 16.1에서 점 A와 B로 정한다. 그러나 A와 B 사이의 모든 점들은 이 게임을 위한 해집합 안에 있다.

일반적으로 해집합은 이 예에서와 같이 큰 집합이며 더 복잡한 게임의 경우에는 매우 복잡할 수 있다. 우리는 어떻게 가능한 답의 범위를 좁힐 수 있을까? 몇 가지 가능성이 있다. 가능한 지불의 범위는 아래 요인 중 어느 것에 의해서도 영향을 받거나 축소될 수 있다.

- 다른 잠재적 구매자와 판매자의 경쟁 압력
- 공평성의 인식
- 교섭

3) 플레이어의 수가 $N>2$인 게임에서는 지배적 귀속의 값 가운데 적어도 하나가 다른 귀속의 상응하는 값보다 크고 다른 모든 값은 적어도 같다고 말한다.

4) 여기서도 역시 플레이어의 수가 $N>2$인 게임에서는 게임에 있는 N인 플레이어의 각각에 대하여 z의 값이 1개 있다.

위의 첫째 요인에 대하여 우리는 경쟁자를 더 큰 N인 협조 게임의 플레이어로 고려해야 할 것이다. 그 가능성을 이 장에서 좀 더 탐구할 것이다. 다음 장은 교섭을 조사할 것이다.

'내 자전거 살래?'는 2인 게임이다. 3명 이상의 플레이어가 있는 게임에는 연합의 가능성이 더 많다. 제7장에서 본 바와 같이, 연합은 3명 이상의 플레이어가 있는 비협조 게임에서도 형성될 수 있다. 그러나 어떤 믿을 수 있는 공약이 없으면 우리는 내시 균형에 해당하는 연합만 볼 것이다. 이 장의 나머지 부분에서는 믿을 수 있는 공약이 만들어질 수 있다고 가정할 것이고, 가능성이 광범하다는 것을 볼 것이다. 아래에는 3명의 플레이어에 더하여 게임의 플레이어가 아니지만 플레이어들의 일부를 연합으로 결속하기를 원하는 기업가인 제4의 플레이어가 있는 예가 있다.

2. 핵

표 16.2 부동산 연합의 이득(1안)

K, L, M	10
K, L	7
L, M	7
K, M	6
K	3
L	3
M	3

부동산 개발업자인 제이는 여러 곳의 땅을 모아 공동으로 개발하려고 한다. 그는 케이, 로라, 마크가 각각 소유한 땅을 고려하고 있다. 제이는 3명의 지주 가운데 아무도 거래에 포함되지 않은 다른 지주와 협상하려고 하지 않는다는 의미에서 안정적인 거래를 제안하고자 한다. 게임 이론을 공부한 제이는 재산의 정리 통합이 협조 게임 안의 연합이고, 자신의 제안이 게임의 해집합에 있어야 한다는 것을 알고 있다. 그러나 그것으로 충분한가? 제이는 답을 찾기 위해 지주들이 연합을 만들 수 있는 (또는 연합으로 편입될 수 있는) 여러 가지 방법과 각 연합의 이득을 자세히 검토할 것이다. 가능한 모든 연합과 각 연합의 이득이 표 16.2에 나타나 있다.

> 대연합(Grand Coalition) : 게임 안에 있는 모든 플레이어들의 연합을 *대연합*이라고 한다.
>
> 개체연합(Singleton Coalition) : 협조 게임에서 홀로 행동하는 단일 플레이어를 *개체연합*이라고 한다.

표 16.2의 첫째 줄은 세 사람 전원의 연합을 나타낸다. 게임 이론의 용어로 이것을 **대연합**이라고 한다. 둘째, 셋째, 넷째 줄에서 우리는 지주 2명의 연합을 본다. 표 16.2의 다섯째, 여섯째, 일곱째 줄에서는 3명의 플레이어들이 각각 **개체연합**으로 홀로 있다. 다시 말해 토지의 통합이 전혀 이루어지지 않는다. 홀로 있는 플레이어는 개체연합이라고 불린다. 이 줄에 있는 개체연합들의 이득은 지주가 연합에 참여할 때의 기회비용(opportunity cost)이다. 그것은 지주의 외부 선택(outside option)이라고도 한다.

우리는 대연합이 3인의 지주들에게 그들이 각각 개별적으로 할 수 있는 것보다 좋게 할 수 있는 기회를 준다는 것을 본다. 사실, 3명의 지주들이 나누어 가질 1의 잉여가 있다. 그러나 어떻게 분배되어야 할까? 제이는 실행할 수 있는 유일한 이득의 분배가 로라가 4를 얻고 다른 두 사람은 3을 갖는 것이라고 이해한다. 그 이유는 이렇다. 첫째, K와 L을 위한 이득의 합계가 적어도 7이어야 한다. 그렇지 않으면 그들은 둘째 줄의 연합을 만들고 M을 배제함으로써 더 좋게 할 수 있을 것이다. 따라서 y_K와 y_L 각각 K와 L의 이득이라면,

$$y_K + y_L \geq 7 \tag{1}$$

이와 비슷한 추론에 의하여,

$$y_K + y_M \geq 6 \tag{2}$$

$$y_L + y_M \geq 7 \tag{3}$$

이 세 부등식을 더하면,

$$2(y_K + y_L + y_M) \geq 20 \tag{4}$$

즉,

$$y_K + y_L + y_M \geq 10 \tag{5}$$

따라서 우리는 대연합이 모든 2인 연합을 만족시킬 수 있는 만큼의 이득을 생산한다는 것을 본다. 이것이 3인 게임에 대한 해의 안정성 조건 중 하나이다. 우리는 다음의 조건들도 도출할 수 있다.

$$y_K \geq 3 \tag{6}$$

$$y_L \geq 3 \tag{7}$$

$$y_M \geq 3 \tag{8}$$

$$y_K + y_L + y_M \geq 9 \tag{9}$$

그리고 우리는 이 조건들이 만족된다는 것을 이미 알고 있다. $y_M > 3$이라고 가정하라. 그러면 $y_K + y_L < 7$이며, 따라서 K와 L은 이탈하고 7을 얻기 위한 다른 연합을 만들 것이다. 그래서 $y_M = 3$이 모든 조건들을 만족하는 M의 유일한 이득이다. 비슷한 추론에 의해서 $y_L = 3$이어야 한다. 그러므로 $y_K = 3$, $y_L = 4$, $y_M = 3$이 이 협조 게임의 핵에 있다고 일컬어진다.

$y_K = 3$, $y_L = 4$, $y_M = 3$과 같은 지불 목록은 대연합의 가치의 귀속 또는 배분이라고 불린다. 일반적으로 협조 게임의 핵은 어떤 플레이어들의 집단도 대연합을 이탈하고 혼자 행동하기를 원하지 않도록 각 플레이어에게 충분한 보상을 주는 모든 귀속을 포함한다. 이 가능한 해의 집합을 이 **협조 게임의 핵**이라고 한다. 이 예에서는 이 기준에 맞는 귀속이 1개밖에 없다.

협조 게임의 핵(The Core of a Cooperative Game) : 협조 게임의 *핵*은 새롭거나 독립적인 연합을 만들기 위해 이탈하거나 재조직함으로써 (측면보상을 포함한) 자기의 이득을 개선할 수 있는 개인이나 집단이 없다는 의미에서 안정적인 모든 귀속으로 구성된다.

이제 이득을 조금 변경하면 예가 어떻게 바뀌는지 보자. 제이는 그의 다음 거래에서 지나, 해리, 이네즈(G, H, I)가 소유한 재산을 다룬다. 연합가치가 표 16.3에 나타나 있다.

표 16.3 부동산 연합의 이득(2안)

G, H, I	10
G, H	7
G, I	6
H, I	6
G	3
H	3
I	3

다시 한 번 (잠재적인) 2인 연합과 개체연합은 그들이 대연합에 만족하게 할 만큼 충분한 보상을 준다. 이것을 나타내는 부등식은,

$$y_G + y_H \geq 7 \quad (1^*)$$

$$y_G + y_I \geq 6 \quad (2^*)$$

$$y_H + y_I \geq 6 \quad (3^*)$$

그리고 전과 같이 각 플레이어는 최소한 3을 얻는다. 그렇지 않으면 그들은 개체연합으로 남아 있기를 선택할 수 있다. 전과 같이 식 (1*), (2*), (3*)을 합하면,

$$2(y_G + y_H + y_I) \geq 19 \quad (4^*)$$

즉,

$$y_G + y_H + y_I \geq 9.5 \quad (5^*)$$

우리는 대연합이 자신의 안정성을 유지하는 데 필요한 최소치보다 0.5 많은 잉여를 생산한다는 것을 본다. 사실, 위의 조건들을 만족하면서 이득을 분배하는 방법은 많다. 예컨대, 분배된 이득이 $y_G = 4$, $y_H = 3$, $y_I = 3$이면 조건들이 모두 만족된다. 지불된 금액이 $y_G = 3$, $y_H = 4$, $y_I = 3$인 경우, 그리고 G에게 최소한 3, H에게 최소한 3, I에게 정확하게 3을 주는 경우에도 조건들이 달성된다. 이 게임을 위한 해가 유일하지 않다는 점을 주목하라. 오히려 우리는 해의 집합을 갖지만, 2인 집합의 각 구성원이 적어도 혼자 할 때만큼 얻어야 하므로 핵이 더 제한된다. 이 예의 경우에 I가 3보다 많이 얻지 않는다는 요건은 G와 H가

표 16.4 부동산 연합의 이득(3안)

N, P, Q	10
N, P	7
N, Q	7
P, Q	7
N	3
P	3
Q	3

대연합에 남아 있는 것이 이로울 만큼 충분히 얻어야 한다는 사실을 반영한다.

이제 같은 맥락에서 하나의 예를 더 고려하자. 새로운 부동산 통합에서 제이가 노린, 피트, 퀸시(N, P, Q)와 거래한다. 이 3명 간의 연합에 대한 이득은 표 16.4와 같다.

전과 같이 아무도 3 이하는 수용하지 않고, 대연합은 각 개인에게 3 이상을 줄 만큼 충분한 가치를 만들어 낸다. 그러나 2인 연합에 대해서는 다음의 조건들이 필요하다.

$$y_N + y_P \geq 7 \quad (1^{**})$$

$$y_N + y_Q \geq 7 \quad (2^{**})$$

$$y_P + y_Q \geq 7 \quad (3^{**})$$

$$2(y_N + y_P + y_Q) \geq 21 \quad (4^{**})$$

$$y_N + y_P + y_Q \geq 10.5 \quad (5^{**})$$

그러나 대연합의 가치는 3명의 구성원들 모두에게 대연합에 남아 있도록 지불할 만큼 충분히 크지 않다. 따라서 2인 연합 중 어느 1개가 이탈할 것이므로 대연합이 안정적이지 않다. 이 게임에서 핵의 요건을 만족하는 귀속이 없고, 따라서 우리는 핵이 비어 있다(null)고 말한다. (다시 말해) 이 셋째 게임의 핵은 빈 집합이다.

핵은 협조 게임의 해에 널리 사용되는 접근방법이다. 그러나 해로서 핵의 결점이라고 인정된 것은 (어떤 게임에 대해서는) 핵에 많은 귀속이 있을 수 있는 한편, (다른 게임에 대해서는) 핵에 귀속이 전혀 없을 수도 있다는 점이다. 위에서 본 바와 같이, 연합가치의 작은 차가 이렇게 다른 결과들을 초래할 수 있다.

위의 예들은 협조 게임의 분석에서 통상적으로 사용되는 몇 개의 단순화 가정을 예시한다. 첫째, 표 16.2~표 16.4는 세 게임에 대한 **연합함수**(coalition function) 또는 **성격함수**(characteristic function)라고 알려져 있다. 연합함수는 각 연합의 가치와 함께 모든 가능한 연합을 나열한 것이다.

둘째, 우리는 일단 연합이 형성되면 상점가 건설, 새 집의 건축, 산업단지의 조성 중 어떤 사업을 할 것인지 그 구체적 전략에 대하여 별로 논의하지 않았다. 우리는 이 게임에서 연합이 이득을 받기 위해 전략을 어떻게 조정하는가를 논하지 않으면서 이득과 각 연합을 결부하는 '연합 형태'에 분석을 국한하였다. 이것은 협조 게임 이론에서 매우 보편적인 접근방법이다.

셋째, 위의 예들에서 게임을 위한 연합함수나 성격함수는 다양한 연합이 창출할 수 있는 가치가 그 연합의 구성원들에만 의하여 결정되지[5] 다른 구성원들이 어떻게 스스로 구분하여 연합을 형성하는가에 의하지 않는다는 발상에 입각한다. 논리상 3인 게임에서 개체연합의 가치는 다른 2명이 연합을 형성할 때가 개체연합들로서 연출할 때와 다를 수 있을 것이다. 예컨대, 그들이 연합을 형성하면 개체연합을 희생시키고 시장력을 얻을지 모른다. 그러나 우리가 게임을 연합형태로 표현할 때 그 가능성을 배제한다.

넷째, 이 게임들이 **초 가법적**(superadditive)이라는 것을 주목하라. 즉, 2개의 연합이 합병할 때마다 합병연합의 가치가 적어도 합병 전 각 연합의 가치의 합과 같다(그리고 때때로 그보다 크다). 이것이 우리가 대연합만 고려할 필요가 있는 이유이다. 대연합을 만들기 위해 모든 사람들을 취합함으로써 잃을 것이 없으므로, 우리는 어떤 연합이건 만들어지면 대연합이 형성될 것이라고 확신할 수 있다.

다섯째, 이 예와 그 앞의 예에서 이득이 화폐로 평가되었고, 개체연합(또는 복수의 구성원들이 있는 다른 연합)에서 얻을 수 있을 이득을 포기한 플레이어들에게 보상을 주기 위해 화폐의 이전이 사용되었다. 게임 이론에서는 이 지불이 **'측면보상'**이라고 불린다. 이 용어는 도박에서 나온 것이다. 포커 게임에서 한 플레이어가 다른 플레이어에게 허세를 부리게 하거나 카드를 접도록 하기 위해서 돈을 준다면 그것은 사기일 것이다. 포커의 규칙은 게임 밖에서의 지불(측면보상)을 허용하지 않는다. 그러나 매매는 포커가 아니며, 측면보상은 교환 게임의 중요한 부분이다.

협조 게임에는 이전 가능 효용이 있는 것과 없는 것의 두 가지 주요한 종류가 있다. **'이전 가능 효용'**[6]은 주관적 편익이 화폐이득과 매우 밀접하게 연관되어 있어 참가자들 간에 이득을 조정하기 위해 화폐의 이전이 사용될 수 있다는 것을 의미한다. 이 장의 후반에서 이전 가능 효용이 없는 몇 개의 예를 살펴볼 것이다.

> 이전 가능 효용(Transferable Utility, TU) : 연합 내의 이득을 조정하기 위해 가외지불을 사용할 수 있을 만큼 주관적 이득이 금전적 이득과 충분하게 상관되어 있으면 게임이 *이전 가능 효용*을 갖고 있다고 말한다. 이전 가능 효용이 있는 게임에서는 가외지불이 항상 가능할 테지만 이전 가능 효용이 없는 게임에서는 불가능할 수 있다.

---

5) 이것은 임의의 가정이 아니다. 폰 노이만과 모겐스턴이 이것을 지지하는 주장을 전개하였고, 대부분의 협조 게임 이론가들은 이 주장을 받아들여 왔다. 이 발상의 역사와 비판에 대해서는 Roger A. McCain, *Game Theory and Public Policy* (Elgar Publishing Co., 2009), 제2장을 보라.

6) 이 용어는 폰 노이만과 모겐스턴의 효시적 저서에 연원을 둔다.

이론탐구 누가 게임에 참가하고 있는가?

이상의 예에서는 부동산 개발업자인 제이를 게임 안에 있는 플레이어로 다루지 않았다. 물론 제이가 넷째 플레이어로 참가하는 4인 게임으로 다루면 좀 더 완결되겠지만, 제이의 목적은 안정적인 연합을 구성하는 것이므로 이것을 4인 게임으로 다루더라도 완결성 외에 더 얻을 것이 별로 없을 것이다. 사실상 협조 해의 개념을 생각하는 하나의 방법은 그것을 중재자, 촉진자, 중개자를 위한 청사진으로 생각하는 것이다. 협조 게임을 위한 해 개념에는 공평성을 좀 더 강조하는 것이 있다. 그것들은 특히 중재 장치로 생각할 수 있다. 다음 절에서 다룰 셰플리 값이 한 예이다.

3인 협조 게임의 예를 하나 더 보자. 3개의 작은 필라델피아 대학들이 비슷한 조처를 고려하고 있다. 에이블(A), 베타(B), 찰리(C)는 각각 공학, 경영, 디자인 미술에서 강하다. 여러 가지 합병 가능성에 대한 ($1,000,000으로 표시된) 이득은 표 16.5와 같다. 이 중 두 대학은 적자이며 셋째 대학은 겨우 손익분기점에 있으므로 이들이 합병을 고려하는 데는 타당한 이유가 있다! 우리는 이것이 유지 가능한 합병인지 여부와 합병의 편익이 이 협조 게임의 참가자들 사이에 어떻게 분배될 수 있을지를 결정하기 위해 핵의 이론을 사용하려고 한다.

표 16.5 대학 합병의 이득

A, B, C	14
A, B	8
A, C	6
B, C	4
A	0
B	−2
C	−4

첫째, 우리는 이 게임이 초 가법적이라는 것을 증명해야 한다. 우리가 각각의 가능한 합병을 점검하면 그것이 실제로 초 가법적이라는 것을 알게 된다. 따라서 우리는 3개 대학 모두의 대연합에 초점을 둘 것이다. 핵에 있는 귀속을 위한 필요조건들은,

$$y_A + y_B \geq 8 \tag{10}$$

$$y_A + y_C \geq 6 \tag{11}$$

$$y_B + y_C \geq 4 \tag{12}$$

$$y_A \geq 0 \tag{13}$$

$$y_B \geq -2 \tag{14}$$

$$y_C \geq -4 \tag{15}$$

식 (10)~(12)를 더하면,

$$2(y_A + y_B + y_C) \geq 18 \tag{16}$$

$$y_A + y_B + y_C \geq 9 \tag{17}$$

대연합의 가치가 14이므로 모든 2인 연합들이 대연합에 남아 있도록 보상을 주기에 충분하다. 그 결과, 이 게임의 핵에는 귀속이 많다. 예컨대, 가치 배정 5, 4, 5와 6, 5, 3과 7, 6, 1이 모두 대학 합병 게임의 핵에 있다. 3개 대학은 모두 합병에 참가함으로써 편익을 받는다. 우리가 보는 바와 같이 정말로 그들은 합병 후에 상당한 이득을 받는다. 아마 그

들은 학생들에게 장학금을 더 많이 줌으로써 학생들과 이득을 나눌 것이다.

3. 셰플리 값

핵은 협조 게임의 경제학적 응용에서 가장 자주 사용되는 해 개념이다. 다른 해 개념도 많다. 핵 외에 그리고 경제학 이외의 응용에서 가장 중요한 것은 셰플리 값이고, 이것은 우리가 이 책에서 고려할 핵 이외의 유일한 해 개념이다. 셰플리 값은 연합 함수 형태의 초 가법적 게임에도 적용될 수 있지만 그런 한계 안에서 유일하다는 이점을 갖는다. 즉, 항상 정확하게 1개의 셰플리 값만 존재한다.

표 16.6 부동산 연합(1안)에 대한 셰플리 값

	K	L	M
K, L, M	3	4	3
K, M, L	3	4	3
L, K, M	4	3	3
L, M, K	3	3	4
M, K, L	3	4	3
M, L, K	3	4	3
평균	$3\frac{1}{6}$	$3\frac{2}{3}$	$3\frac{1}{6}$

셰플리 값은 한계적 기여의 개념을 근거로 한다. 표 16.2의 대연합을 고려하라. 대연합이 K, L, M을 순서대로 더하여 형성되고, 각자가 연합의 가치에 기여한 것을 얻는다고 가정하라. 그러면 K가 개체연합을 '만들기 위해 공(empty)연합과 합병하므로' 그가 부가하는 가치는 3이다. {K, L}의 가치는 7이므로 L은 이 연합의 가치에 4를 부가한다. {K, L, M}의 가치는 10이므로 M은 연합의 가치에 3을 더한다. 따라서 K, L, M의 이득은 각각 3, 4, 3일 것이다. 그러나 K, L, M의 순서는 임의적이다. K가 자기는 첫째보다 꼴찌여야 한다고 반대할 수 있다. 그의 요구대로 하면 그는 4를 더할 것이다. 따라서 셰플리 값은 플레이어들이 추가되는 모든 가능한 순서에 대하여 평균을 구함으로써 계산된다. 이 게임에 대한 셰플리 값은 표 16.6에 계산되어 있다.

이 표를 해석하기 위해 예로서 셋째 줄을 보라. 연합에 참가하는 순서가 L, K, M이다. L이 먼저 오므로 그의 한계적 기여는 3이고 이것이 셋째 열에 나타나 있다. 연합에 둘째로 온 것이 K이고, 이들은 7의 가치를 가진 연합 {K, L}을 만든다. 그래서 K의 한계적 기여는 $7-3=4$이고 둘째 열에 나타나 있다. 그러면 M이 마지막으로 들어와서 10의 가치를 가진 대연합을 만든다. M의 한계적 기여는 $10-7=3$이고 넷째 열에 나타나 있다.

이 게임에서 셰플리 값은 $3\frac{1}{6}$, $3\frac{2}{3}$, $3\frac{1}{6}$이다. 우리는 이 경우에 셰플리 값이 유일한 핵 배분과 다르다는 것을 본다. 이 게임의 2안에 대하여 비슷한 표를 만들면[7] 우리는 셰플리

7) 플레이어가 소수가 아닌 게임에 대하여 다행히도 셰플리 값의 공식이 있다. 플레이어 i에 대한 값은

값이 3.5, 3.5, 3이라는 것을 발견한다. (**연습문제** : 표를 만들고 이것을 증명하라.) 이 게임에서 셰플리 해는 핵에 있지만 우리가 보았던 것처럼 항상 그렇지는 않다. 우리는 부동산 게임의 3안에 대한 셰플리 값이 3.33, 3.33, 3.33이라는 것을 발견한다. (**연습문제** : 표를 만들고 이것을 증명하라.) 이 결과를 얻기 위한 쉬운 방법이 있다. 이 게임은 **대칭적**(symmetrical)이다 – 우리가 연합가치를 바꾸지 않고 두 플레이어들을 서로 바꾸어도 그들은 같은 이득을 받는다. 셰플리는 게임이 대칭적이면 셰플리 값의 해도 대칭적이라는 것을 제시하였다. 부동산 게임의 3안에서 플레이어 가운데 누구라도 맞바꿀 수 있으므로 이득이 3명 사이에 균등하게 분배될 것이다. 대칭성은 셰플리 값을 정의하는 성질 중 하나이다. 다른 조건은 정확하게 1개의 셰플리 값만 존재한다는 사실이다. 그리고 몇 가지 기술적인 조건들이 있다. 셰플리는 셰플리 값이 이러한 '좋은' 성질을 가진 유일한 해라는 것을 증명하였다. 그러나 셰플리 값이 갖고 있지 않은 다른 '좋은' 성질들이 있다. 부동산 게임의 3안에 핵이 비어 있으므로 핵이 해를 주지 않을 때 셰플리 값이 해를 제공한다는 것도 주목하라.

대학 합병 게임에 대한 셰플리 값을 구해 보자. 표 16.7은 계산 결과를 보여 준다.

이 게임에서 우리는 대학 A B, C에 대한 셰플리 값이 $6\frac{2}{3}$, $4\frac{1}{3}$, 3이라는 것을 본다. 이것은 대학 합병 게임의 핵에 있는 귀속 가운데 하나이다. (**연습문제** : 이것을 확인하라.) 그러면 이 경우에 셰플리 값은 대학 합병 게임의 핵에 있는 많은 귀속 가운데 어느 것이 선택될 수 있을까라는 문제를 해결할 수 있다. 그러나 우리는 개별 게임에 따라 셰플리 값이 핵 안에 있지 않을지 모르기 때문에 이것이 항상 맞지는 않는다는 것을 보아 왔다. 우리는 부동산 개발 게임의 1안이 1개의 귀속 3, 3, 4만으로 구성된 핵을 갖는다는 것을 보았다. 그러나 그 게임을 위한 셰플리 값은 $3\frac{1}{6}$, $3\frac{2}{3}$, $3\frac{1}{6}$이다.

표 16.7 대학 합병 게임에 대한 셰플리 값

	A	B	C
A, B, C	4	6	7
A, C, B	4	3	10
B, A, C	7	3	7
B, C, A	10	3	4
C, A, B	5	10	2
C, B, A	10	5	2
평균	$6\frac{2}{3}$	$4\frac{1}{3}$	3

$$\phi_i(v) = \sum_{\substack{S\subseteq N \\ i\in S}} \gamma_n(s)[v(S) - v(S-\{i\})]$$

단, v는 연합함수 형태의 게임, S는 s인의 구성원이 있는 연합이고 $\gamma_n(s)=\frac{(s-1)!(n-1)!}{n!}$이다. 이 가중치 공식에서 n은 게임에 있는 모든 플레이어들의 수이고 !는 순차곱셈의 운산 부호이다.

그 게임에서는 핵과 섀플리 값이 일치하지 않는다. 특히 섀플리 값에 따라 이득을 지불하는 대연합이 형성된다고 가정하라. 그러면 연합 {K, L}은 $6\frac{5}{6}$를 얻고 대연합을 탈퇴하여 그들 자신의 연합 {K, L}을 결성함으로써 7을 얻을 수 있다. 마찬가지로 연합 {L, M}은 $6\frac{5}{6}$를 얻지만 독립적인 연합으로서 탈퇴하고 7을 얻을 수 있다.

섀플리 값을 옹호하는 사람들은 핵이 실제로 협조 해가 아니다 – 협조 해는 구속적 공약에 입각하는 것이고, 예컨대 지주 K와 L은 공약을 위반하지 않고는 탈퇴할 수 없다 – 라고 말할 것이다. 그러나 핵을 옹호하는 사람들은 다시 그런 공약이 근시안적이다 – K와 L이 자신의 이득이 섀플리 값에 따라 결정될 것으로 예상하면 처음부터 합병을 공약하려고 하지 않는다 – 라고 지적할 수 있을 것이다. 우리가 말할 수 있는 것은 핵에 있는 해가 대연합 내에서 독립적 연합을 만들려는 집단들의 유혹에 대하여 안정적이라는 '좋은' 성질을 갖고 있으며, 이는 섀플리 값이 갖고 있지 않은 '좋은' 성질이라는 것이다. 이것이 협조 게임 이론에 복수의 해 개념이 있는 이유와 협조 게임 이론의 어려움을 설명해 준다. 다른 해는 다른 '좋은' 성질을 갖고 있으며, 우리가 좋아할 모든 '좋은' 성질을 가진 해 개념은 없다.

이제까지 본 예들은 모두 효용이 이전 가능하다고 가정한다. 그렇지 않다면 몇 가지 새로운 복잡한 문제가 생긴다.

4. 이전 불가능 효용

에미 루 해리스(Emmy Lou Harris)[8]에 따르면, 텍사스에서 연주할 때에는 밴드에 피들(fiddle)이 있어야 한다. 요점은 어떤 스타일의 음악은 그 스타일에 맞는 악기를 연주할 수 있는 밴드에 의해서만 연주될 수 있다는 것이다. 예컨대, 블루그래스(Bluegrass)[9]는 이 음악 형식을 창시한 빌 먼로(Bill Monroe)의 밴드 '블루그래스 보이스'처럼 전통적으로 만돌린, 반조, 기타와 피들을 필요로 한다. 밴드는 상호 편익을 위해 협조하여 전략을 선택하는 모든 집단들과 마찬가지인 연합이다. 우리는 악기를 개인 연주자들의 전략으로 생각

8) 역자 주 : 1947년 미국 앨라배마 주 버밍햄 태생으로 컨트리 음악의 작곡 · 작사 · 가창에 걸쳐 수십 년간 활발한 활동을 하였다. 모든 연령층으로부터 큰 인기를 누렸으며 흔히 컨트리 음악의 여왕이라고 일컬어진다.

9) 역자 주 : 컨트리 음악의 일종으로 특히 애팔래치아 산맥 지대에 거주하는 영국과 아일랜드 이민자들의 음악에 뿌리를 두고 재즈와 블루스의 영향도 받아들인 것이다. 다른 형식의 대중음악에서는 모든 악기들이 멜로디를 연주하거나 하나의 주도적 악기가 멜로디를 연주하고 다른 악기들은 반주를 하는 데 반해, 블루그래스는 각 악기가 순서대로 멜로디를 연주하고 그것을 중심으로 한 즉흥적 악상을 전개하며 다른 악기들은 반주를 한다.

표 16.8 연합과 스타일

연합	스타일
{A, B, C, D}	록, 블루그래스, 재즈, 컨트리, 포크
{A, B, C}	재즈, 컨트리, 포크
{A, B, D}	컨트리, 포크
{A, C, D}	재즈, 컨트리, 포크
{B, C, D}	재즈, 컨트리, 포크

표 16.9 스타일에 관한 연주자의 선호

	에이브	바브	커트	데브
록	2	2	2	2
블루그래스	4	1	4	1
재즈	1	5	1	5
컨트리	5	3	5	4
포크	3	4	3	3

할 수 있다. 특정한 스타일로 연주하기 위해 각자는 자기가 연주할 수 있는 악기 가운데 맞는 것을 골라야 한다.

이 예는 어울려 재미로 연주하려고 하는 4명의 아마추어 악사들, 에이브(A), 바브(B), 커트(C), 데브(D)에 관한 것이다. 이들은 아마추어라 측면보상을 위한 돈이 없다. 모두 2개 이상의 악기를 연주할 수 있으므로 여러 다른 스타일로 연주할 수 있지만 각자가 선호하는 스타일이 다르다. 표 16.8은 자세한 사항은 다루지 않고 3인이나 4인 연합이 연주할 수 있는 스타일을 보여 준다. 이 표의 이면에 있는 가정은 록과 블루그래스가 모두 최소한 4개의 악기를 요하고[10] 드러머가 없으면 재즈를 연주할 수 없다는 것이다. 커트는 드러머이다. 에이브, 바브, 커트, 데브 사이에서 개체연합과 2인 연합은 컨트리나 포크만 연주할 수 있다. 이들의 선호는 표 16.9와 같다. 이 표에서 숫자는 선호 순서를 나타낸다. 따라서 1은 그 사람의 관점에서 최선, 2는 차선을 가리키는 식이다.

4명의 플레이어에 대하여 가능한 연합이 15개 있다. 예컨대, 연합 {A, B, D}가 형성되었다고 가정하라. 이 연합은 드러머와 피들 연주자가 없으므로 포크나 컨트리 스타일만 연주할 수 있다. 드럼과 피들은 커트의 악기이다. 이 두 스타일에 대한 선호 순서는 (3, 4, 3)과 (5, 3, 4)이다. 그러므로 이전 불가능 효용의 게임 이론 용어로 말하여 연합 {A, B, D}는 선호집합(preference profile) (3, 4, 3)과 (5, 3, 4)에 대하여 유효하다. 그러나 연합이 깨지고 바브가 독주자가 되면 그는 컨트리를 선택할 수 있고, 에이브와 데브는 포크 이중주를 만들어 선호 순서가 (3, 3, 3)이 된다. 이는 (3, 4, 3)과 (5, 3, 4)보다 나아진 것이다. 따라서 {A, B, D}는 안정적이지 않고 그것이 실행할 수 있는 어느 선호집합에 대해서도 이 게임의 핵에 있지 않다.

{A, B, C} 형태의 연합을 가정하라. 그들은 재즈, 컨트리, 포크를 연주할 수 있고, 따라서 (1, 5, 1), (5, 3, 5), (3, 4, 3)의 선호집합에 대하여 유효하다. 그러나 그들이 재즈나 포크를

10) 록과 재즈는 서로 다른 악기로 연주될 수 있으나, 이 예에서 4명의 악사들은 이보다 적은 수의 악기로 록이나 재즈를 연주할 수 없다.

선택하면 바브가 역시 이탈하여 컨트리 독주를 선택할 것이다(바브는 재즈 콤보밴드에서 베이스를 연주하기보다 컨트리 반조를 연주하는 것이 더 즐겁다). 그들이 컨트리를 선택하면 에이브와 데브는 이탈하여 기타 2개로 포크 그룹을 만들 것이다. 그래서 또 다시 {A, B, C}도 그것이 효과적인 선호집합에 대하여 핵에 있지 않다. 비슷한 추론에 따라 우리는 대연합 이외의 어떤 연합도 배제할 수 있다. 그런 연합들은 모두 어떤 부분집단이 이탈하여 어떤 스타일을 선택하건 더 좋게 할 수 있다는 의미에서 불안정하다.

효과성 형태(Effectiveness Form) : 연합이 특정한 *결과*를 가져오기 위해 결합전략을 선택할 수 있을 때 연합이 그 결과를 위해 *유효하다*고 말한다. 연합의 전략 선택은 구성원들의 선호에 달려 있다. 협조 게임이 이 방식으로 표현될 때 *효과성 형태*에 있다고 불린다. 이 예에서 여러 종류의 밴드는 *결과*이고 한 결과를 위한 연합의 효과성은 구성원들이 연주할 수 있는 악기에 달려 있다.

대연합은 어떠한가? 록을 선택함으로써 각 구성원에게 그의 최선 또는 차선의 선호를 보장할 수 있다. 즉, 대연합은 선호집합 (2, 2, 2, 2)에 대하여 유효하다(바브는 록 베이스를 연주하면 크게 즐거워한다). 대연합이 블루그래스를 선택한다면 에이브와 커트는 이탈하고 기타와 피들로 록을 연주하기를 선호할 것이다. 그러므로 우리는 다른 어떤 스타일도 배제할 수 있다. 따라서 대연합이 실제로 록을 연주하기로 선택할 것이라고 상정한다. 앞서 본 바와 같이 {A, B, D}가 이탈한다면 그들은 모두 나빠질 것이다. {A, B, C}가 이탈한다면 적어도 바브가 나빠질 것이므로 그는 이 연합을 만들려는 어떤 제안도 반대할 것이다. 비슷하게, 우리는 대연합을 이탈하는 모든 연합이 대연합에 남아서 록을 연주함으로써 얻을 수 있는 차선 선호보다 낮은 선호에 있을 사람을 적어도 1명 포함할 것임을 보일 수 있다. 따라서 이 게임을 위한 핵은 선호집합 (2, 2, 2, 2)를 가진 대연합이다.

그러면 이 예에서 연합에 있는 플레이어들이 선택한 전략들이 게임의 결과(outcome)를 결정한다. 대부분의 게임 이론에서 결과는 수치이고 개별 플레이어에 대한 이득으로 나타난다. 그러나 많은 이전 불가능 효용의 게임 이론에 대한 결과는 수치로 정의될 수 없는 복잡한 것이다. 위의 구체적인 예에서는 결과가 연주의 스타일이다. 각 연주자는 가능한 결과들에 대하여 선호의 관점에서 서열을 매길 수 있다. 특정한 연합이 전략들을 선택함으로써 특정한 결과를 초래할 수 있고, 따라서 그 결과와 연관된 선호집합에 대하여 효과적이다. 그러면 우리는 핵을 다음의 성질을 가진 결과 또는 선호집합으로 정의할 수 있다. (1) 어떤 연합은 그 조합에 대하여 유효하고, (2) 형성될 수 있는 다른 어떤 연합도 그 연합이 유효한 모든 결과에서 적어도 한 구성원을 나빠지게 한다.

5. 공공재

경제학에서 공공재의 공급은 경쟁적(비협조적) 시장 체제의 문제이다. 공공재는 다음의 두 가지 성질을 가진 재화나 서비스이다. 첫째, 재화를 또 한 사람에게 추가로 공급하는 비용이 0이다. 즉, 그것은 **비경쟁적**(nonrivalrous)이다. 둘째, 재화를 그 대가를 지불하는 사람들에게만 국한하여 공급할 수 없다. 즉, 그것은 **비배타적**(nonexclusive)이다. 요컨대 공공재의 편익은 모든 사람들이 균등하게 받는다. 예는 국방, 재산권의 보편적 보호와 계약의 집행, 등대나 유사한 정보 서비스, 광고 없는 방송 등이다.

이런 종류의 문제를 이전 가능 효용을 가진 3인 협조 게임으로 탐구하자. 3명의 플레이어 A, B, C가 각각 5단위의 부를 갖고 게임을 시작한다고 가정한다. 각자는 부 3단위의 비용으로 한 단위의 공공재를 생산하거나 생산하지 않는 두 전략 가운데 선택할 수 있다. 다른 사람이 X단위의 공공재를 생산한다고 가정하라(변수 X는 0, 1, 또는 2일 수 있다). 그러면 한 개인이 공공재를 생산하지 않을 때 그의 이득은 $5 + 2X$이고, 그가 생산할 때 이득은 $2 + 2(X + 1) = 4 + 2X$이다. 잠시 생각해 보면 공공재를 생산하지 않는 것이 우월전략임이 명백할 것이다. 공공재 생산은 사회적 딜레마이다. 모든 플레이어들이 독립적으로 선택한다면 아무도 공공재를 생산하지 않을 것이고 각자의 이득은 5일 것이다.

반대로 대연합이 형성되었다고 가정하라. 대연합은 0, 1, 2, 또는 3단위의 공공재 생산을 선택할 수 있고, 3단위를 생산하면 각 플레이어는 $2 + 2 \times 3 = 8$을 얻으므로 이것이 최선의 선택이다. 따라서 대연합의 이득은 24이고 이것이 대연합이 얻을 수 있는 최대의 이득이다.

이제 2인 연합 {A, B}가 형성되었다고 가정하라. 이 연합은 0, 1, 또는 2단위의 공공재를 생산할 수 있다. 만일 2단위를 생산하면 A와 B는 각각 $2 + 2 \times 2 = 6$을 얻는다. 총 이득 12는 2인 연합이 얻을 수 있는 최대이득이다. 그러나 {A, B}가 2단위의 공공재를 생산하고 {C}가 전혀 생산하지 않으면 C의 이득은 $5 + 2 \times 2 = 9$가 된다. 더욱이 이것은 2인 연합과 개체연합 간의 게임에서 내시 균형이다. 이 경우에 {C}는 **비참가자**이고 연합 {A, B}는 자신이 편익을 얻으려고 공공재를 생산함으로써 {C}에도 정의 외부효과(externality)를 만들어 낸다. 대부분의 협조 게임 이론의 단순화 가정은 이러한 비협조자 행동을 배제한다. 이 가정을 지지하는 사람들은 {A, B}와

> 비참가자(Holdout) : 플레이어들의 집단이 게임에 참가한 모든 플레이어들의 이득을 증대하는 행동을 취하기 위해 연합을 만들지만 어떤 플레이어들이 참여나 비용 분담을 거절할 때 참여하지 않는 플레이어들은 때때로 *비참가자*라고 불리고, 결과로 발생하는 비효율성을 *비참가자 문제*라고 한다.

{C} 간의 관계가 비협조적이므로 이 예는 실제적으로 또는 순수하게 협조적인 것이 아니라고 주장한다. 내시 균형은 비협조 개념이다. 물론 이것은 맞지만 비협조자 행동과 외부효과는 현실 세계에서 상당히 일반적인 것 같다.

연합함수를 수정하여 비협조자 행동과 외부효과를 수용한다고 가정하라. 위에서 보았듯이, 개체연합 {C}의 가치는 다른 두 플레이어들이 연합을 만들지 않으면 5이고 만들면 9이다. 이제 수학적 집합론의 용어로 말하면, {{A}, {B}, {C}}와 {{A, B}, {C}}는 대연합 {A, B, C}의 다른 **분할**(partition)이므로 연합의 가치가 그것이 어느 분할에 속하는지에 따라 결정된다고 할 수 있다. 분할 {{A}, {B}, {C}}와 {{A, B}, {C}}는 **연합구조**이다. 달리 말하면, 연합의 가치가 연합구조 전체에 달려 있다. 따라서 우리는 이와 같은 경우에 대한 연합가치를 **분할함수**로 표현할 수 있을 것이고, 공공재 게임에 대한 분할함수는 표 16.10에 나타나 있다.

> **분할함수 형태**(Partition Function Form) : 합의 가치가 형성되는 다른 연합에 의해서 좌우될 때, 그것이 게임의 *분할* 혹은 *연합구조*에 의존한다고 말한다. 분할에 따라 각 연합에 가치를 배정하는 함수는 분할함수이고, 이 방식으로 표현된 협조 게임은 *분할함수 형태*로 나타난다.

불행하게도 **분할함수 형태**의 게임의 해에 대하여 알려진 것이 비교적 적다. 그러나 원칙적으로 우리는 해에 대하여 같은 평가기준의 일부를 조정해서 적용할 수 있다. 예컨대, 표 16.10에서 3명에게 각각 8의 이득을 균등하게 주는 대연합 {A, B, C}가 형성된다고 가정하라. 이들 가운데 어느 한 사람, 가령 {C}가 대연합을 이탈하는 것을 선택할 수 있을 것이다. 그는 얼마의 이득을 기대할 수 있을까? {A, B}가 연합으로 지속된다면 9, 그렇지 않으면 5일 것이다. 그리고 9라면 {C}는 이탈하는 것이 더 좋을 테지만 5라면 나빠질 것이다. 이제 A와 B는 연합으로서 공공재를 계속 생산하는 것이 더 좋고, {C}가 이 결정을 예상한다면 그는 이탈하는 것이 더 좋다. 이를 억제하기 위하여 {C}는 9를 받아야 할 것이다. 그러나 이것은 다른 2명의 플레이어에게도 같고, 대연합은 각자에게 9를 줄 만큼 충분한 가치를 창조할 수 없다. 따라서 대연합은 안정적이지 않고, 사실상 이 추론에 의해서 공공재 게임은 안정적 해를 갖지 못한다. 이것은 '공핵(empty core)' 게임이다.

표 16.10 공공재에 대한 분할함수

분할	가치
{A, B, C}	24
{A, B}, {C}	12, 9
{A, C}, {B}	12, 9
{A}, {B, C}	9, 12
{A}, {B}, {C}	5, 5, 5

이 예는 이전 가능 효용이 있는 이전의 모든 예처럼 초 가법적이다. 그 결과, 게임에 대한 어떤 유지가능한 해도 대연합에 대하여 유지가능하다. 어떤 연합이 이루어질 것인가에 대하여 아무런 의문도 생기지 않는다. 그러나 어떤 종류의 연합에 대해서는 대연합 이외의 연합구조가 형성될지 모른다. 다음의 두 예는 어떤 연합구조가 생길 수 있는가라는

문제를 고려한다. 두 예에서는 앞의 두 절에서 도입한 모든 복잡성이 발생할 것이다. 효용은 이전 불가능하고 한 연합에 대한 결과가 연합구조 전체에 의존할 수 있으므로 우리는 두 게임을 나타내기 위해 분할함수와 선호집합을 사용할 것이다. 두 게임은 상당히 복잡하여 협조 게임 이론에 관한 대부분의 연구 문헌에서 다루어지지 않고 있다. 우리는 핵의 이론에서 사용한 개념들을 적용하고, 특정한 연합구조와 선호집합이 안정적일지 아니면 연합구조를 재조직한 어떤 새 연합에 의해서 불안정하게 될 것인지를 볼 수 있다. 그러나 이 예들이 일반화될 수 있는지 확신할 수 없다.

6. 카풀

애나, 밥, 캐롤, 던은 모두 웨스트필라델피아대학교(UWP)의 직원이며, 필라델피아의 서부 교외에 있는 집에서 UWP까지 자동차로 출근한다. 그들은 함께 출근하기 위해 1개 이상의 카풀(carpool)을 만드는 데 관심을 갖고 있다. 카풀의 이점은 연료비와 자동차 유지비를 절약하는 것, 때때로 직접 운전하는 대신 남이 운전하는 차를 타는 것, 운전하는 동안 동승자가 있는 것 등을 포함한다. 그러나 카풀에는 단점도 있다. 4명의 출근자들은 교외의 여러 지역에 서로 멀리 떨어져 살고 있어 카풀 운전자가 카풀의 다른 구성원들을 태우기 위해 한참 돌아가야 한다. 예컨대, 던은 캐롤의 집에서 가장 가까운 곳에 살아 캐롤이 던을 태우러 가는 것은 별로 문제가 되지 않지만, 캐롤은 항상 운전하는 것을 원치 않으며, 던이 운전할 차례가 되면 그는 캐롤을 태우러 같은 길을 왕복해야 하므로 운전하는 시간이 늘어난다. 비슷하게 던, 밥과 애나가 카풀을 한다면 다른 사람을 태우러 가는 시간이 더 길어진다. (지름길인 굴레길로 가더라도) 던과 밥은 6마일이나 떨어져 살고, 밥은 애나를

그림 16.2 자동차 출근길

태우러 왕복해야 하므로 시간이 더 걸린다. 따라서 이러한 여러 가지 출근길을 선택하는 문제는 서로 다른 카풀에서 각각 그 구성원들을 위한 이점이 다르다는 것을 함축한다.

우리는 카풀을 협조 게임 안의 연합으로 다룰 것이다. 가능한 연합구조와 그 이득이 표 16.11에 나타나 있다. 연합구조는 둘째 열에 표시되어 있다. 예컨대, 3행에서는 애나, 밥, 던이 연합을 만들고 캐롤이 개체연합으로서 혼자 출근한다. 3열의 숫자는 개인에 대한 음(−)의 이득, 즉 출근 벌과금(commuting penalty)이다. 출근 벌과금은 (a) 총 거리, (b) 혼자 운전하는 거리, (c) 남의 차를 타지 않고 운전하는 거리, (d) 연료비와 자동차의 마모 등 네 가지 요소가 클수록 커진다. 벌과금은 혼자 출근하는 거리로 환산한 단위로 표시된다. 예컨대, 3행에서 애나가 캐롤과 함께 출근하는 것에 대한 주관적 벌과금은 혼자 6.5마일을 운전할 때의 벌과금과 같다. 밥의 벌과금도 혼자 7마일을 통근할 때 지불할 벌과금과 같다. 캐롤은 개체연합으로서 혼자 출근하므로 그녀의 벌과금은 그녀가 출근길에 운전하는 거리인 16이다.

표 16.11 카풀 연합구조와 불편을 동등한 거리의 단위로 나타낸 개인적 이득

행	연합구조	이득
1	{A, B, C, D}	(7, 7, 7, 7)
2	{A, B, C}, {D}	(6, 6.5, 9), (12)
3	{A, B, D}, {C}	(6.5, 7, 6), (16)
4	{A, C, D}, {B}	(8, 8, 7), (13)
5	{B, C, D}, {A}	(6.5, 6.5, 6), (11)
6	{A, B}, {C, D}	(8, 7), (7, 8)
7	{A, C}, {B, D}	(9, 7), (8, 9)
8	{A, D}, {B, C}	(7, 9), (8, 7)
9	{A, B}, {C}, {D}	(8, 7), (16), (12)
10	{A, C}, {B}, {D}	(9, 7), (13), (12)
11	{A, D}, {B}, {C}	(7, 9), (13), (16)
12	{A}, {B}, {C, D}	(11), (13), (7, 8)
13	{A}, {C}, {B, D}	(11), (16), (8, 9)
14	{A}, {D}, {B, C}	(11), (12), (8, 7)
15	{A}, {B}, {C}, {D}	(11), (13), (16), (12)

그러므로 각 개인은 표 16.11의 3열에서 작은 수를 가질수록 더 좋다. 각 개인이 선택할 수 있다면 자기에게 가장 낮은 수를 주는 연합을 선호할 것이다. 그러나 이 게임에는 두 가지 이유로 금전의 측면보상이 없다. 첫째, 편익의 일부가 주관적이며, 금전지불이 주관적 편익에 비례할 것인지 분명하지 않다. 둘째, '금전지불이 이루어지지 않는다.' 가까운 직장 동료 간에 금전을 주고받는 것은 카풀의 한 이점인 친밀한 분위기를 깰 것이다. 연합에 있는 개인에 대한 벌과금이 그 개인이 둘째 열에 적혀 있는 순서대로 나열되어 있는 점을 주목하라. 측면보상이 없기 때문에 연합의 총 이득은 무의미하고, 우리는 개인들의 이득을 개별적으로 고려해야 한다. 따라서 이 게임은 '이전 불가능 효용(NTU)' 게임이다.

그럼에도 불구하고 이 게임은 앞의 밴드 게임처럼 연합함수 형태로 표현될 수 있다. 분할함수를 보면 개인이 주어진 연합에서 지불하는 벌과금이 다른 연합들이 형성되는 것과 관계없이 같다는 것을 알 수 있다. 즉, 연합구조와 상관없이 어떤 연합도 같은 선호집합에 대하여 유효하다. 따라서 연합함수는 표 16.12와 같다.

위와 같은 NTU 게임에서는 연합들을 어떻게 비교해야 하는가? 예컨대 표 16.11의 4행

표 16.12 카풀과 불편을 동등한 거리의 단위로 나타낸 개인적 이득 : 연합함수

행	연합구조	이득
1	{A, B, C, D}	(7, 7, 7, 7)
2	{A, B, C}	(6, 6.5, 9)
3	{A, B, D}	(6.5, 7, 6)
4	{A, C, D}	(8, 8, 7)
5	{B, C, D}	(6.5, 6.5, 6)
6	{A, B}	(8, 7)
7	{A, C}	(9, 7)
8	{A, D}	(7, 9)
9	{B, C}	(8, 7)
10	{B, D}	(8, 9)
11	{C, D}	(7, 8)
12	{A}	(11)
13	{B}	(13)
14	{C}	(16)
15	{D}	(12)

과 1행을 비교하라. 4행에서 1행으로 이동한다는 것은 카풀이 확대되어 종전에 혼자 다니던 밥을 포함한다는 것을 의미한다. 새로운 (대)연합의 참가자 4명 중 3명에 대한 벌과금이 낮아지고 던은 나빠지지 않는다. 그래서 우리는 1행의 연합구조가 4행의 연합구조보다 약하게 우월하다고 말한다. 이것은 4행의 연합이 불안정하고 해집합이나 '핵'에 있지 않을 것임을 의미한다. 다른 예로서 13행과 1행을 비교하라. 모든 사람들이 13행보다 1행에서 (벌과금이 낮아져) 좋아진다. 그래서 우리는 대연합이 13행의 연합구조보다 강하게 우월하다고 말한다. 한편, 2행과 1행을 비교하라. (던을 연합으로 끌어들이면서) 2행에서 1행으로 이동하면 애나와 밥이 나빠져서 그들의 벌과금이 각각 6과 6.5에서 7로 올라간다. 따라서 그들은 이동하기를 바라지 않을 것이며, 2행의 연합은 (잠정적으로) 안정적이다.

연습문제 : 1~3행과 4행의 네 행 사이에서 한 행으로부터 다른 행으로 옮겨 가는 모든 가능성의 목록을 적고 각 가능성하에서 전보다 나빠지는 최소한 1명의 이름을 적어 비교함으로써 위 주장을 입증하라.

7. 정치적 연합

게임 이론이 사용하는 연합의 개념은 의회 정치에서 가져온 것이다. 아래에 내각책임제 의회 정치의 예가 있다. 영국, 캐나다, 독일은 의회 정부를 가진 나라의 예이다.[11] 내각책임제(parliamentary system)는 한 정당이 입법부(즉, 의회)에서 **과반수** 의석을 차지하지 않는 한, 정부가 구성되거나 지속될 수 없다. 흔히 의회에 의석을 가진 정당이 3개 이상인 경우가 많다. 이는 일반적으로 정부를 구성하기 위해 의석수를 합쳐 과반수가 되는 정당들이 연합을 형성하고 공통의 정책에 합의해야 한다는 것을 의미한다. 다수당이지만 과반수의 득표를 못한 정당이 '소수여당 정부(minority government)'를 구성할 수 있으나 다른

11) 역자 주 : 의회 정부는 흔히 내각책임제 정부라고도 한다.

과반수(Majority)와 최다수(Plurality) : *과반수*는 투표수의 반 이상이다. 2 이상의 대안이나 후보가 있으면 최다 득표한 대안이나 후보가 *최다수*를 가졌다고 말하지만 이것은 과반수에 미달할지 모른다.

정당들이 제휴하여 반대연합을 만들지 않아야만 가능하다. 따라서 연합에 대한 이득이 다른 연합의 형성에 의존하고, 우리는 이 게임을 나타내기 위해 분할함수를 사용할 필요가 있을 수 있다. 정부를 구성할 수 있는 연합이 없으면 어떤 안건도 통과될 수 없고 선거를 다시 해야 한다. 이것이 내각책임제를 가진 나라들의 공통적인 규칙이다.

예컨대, 독일연방공화국은 연방의회(Bundestag)에 5~6개 정당이 참여한다. 기독교 민주연합(CDU)과 기독교 사회연합(CSU)은 독일 내의 서로 다른 지역의 정당인데 의회에서 단일 정당으로 행동한다. 다른 4개 정당은 사회민주당, 녹색당, 좌익당, 자유민주당이다. 2009년부터 2013년까지 CDU/CSU와 자유민주당의 연합에 의해서 정부가 형성되었었다. 2005년 이후에는 CDU/CSU와 사회민주당의 '대연합'(이 경우에는 2개의 최대 정당들의 연합을 의미한다)에 의하여 정부가 형성되었다.

여기 가상의 예가 있다. 중부 유럽 공화국은 내각책임제를 시행하고 3개의 정당이 의회 의석을 차지하고 있다. 표 16.13은 3개 정당의 현황을 보여 준다.

정부의 형성은 협조 게임이지만 측면보상은 부패로 간주되어 허용되지 않는다. 그래서 연합정부 내의 정당은 자신이 지지하는 법안이 통과되는 것으로 보상을 받는다. 각 정당은 법안에 따라 찬성하기도 하고 반대하기도 한다. 표 16.14의 둘째 열에 다음 정부가 처리해야 할 것으로 기대되는 네 가지 의제가 나타나 있고, 각 정책에 대한 각 정당의 상대적인 지지의 강도가 점수로 표시되어 있다. 정당이 특정 법안을 지지하면 양(+), 반대하면 음(−), 특정 정책에 중립적이면 0의 점수를 준다. 정당의 총 이득은 실제로 통과된 법안과 결부된 점수의 총계이다. 따라서 우리는 중부 유럽 공화국의 의회 정치를 NTU 게임이라고 말한다.

표 16.13 중부 유럽 공화국 의회 내의 정당

정당	의석 비율	입장
기독교 보수당 (C)	40%	도덕과 가정 문제에 대하여 매우 보수적이나, 경제적 문제에 대하여 온건하여 중소기업과 농민에게 유리한 정책을 지지한다.
사회주의 노동당 (S)	40%	노동자에게 유리한 정책을 지지하고, 사실상 일반적으로 경제에 대한 노동 중앙통제를 지지하나, 도덕과 가족의 가치에 대해서는 중립적이다.
급진당 (R)	20%	자유시장과 작은 정부를 지지하나, 가족의 가치와 도덕 문제에 대하여 극단적으로 자유방종적이다.

표 16.14 중부 유럽 공화국에서의 의제와 정당별 점수

의제		정당별 점수		
		C	S	R
(1)	자유무역	+1	−3	+10
(2)	동성 배우자에 대한 사회보장 편익	−10	0	+9
(3)	세금과 의료 편익의 삭감	+3	−10	+8
(4)	수입품과 경쟁하는 농민과 기업에 대한 보조금[12)]	+6	+3	−10

게임의 규칙은 연합이 분명한 입장을 가진 법안, 즉 연합 내의 적어도 2개 정당이 찬성하거나 한 정당이 찬성하고 다른 정당은 중립인 법안을 모두 통과시킨다는 것이다. 그러므로 예컨대, 기독교 보수당과 급진당의 연합은 법안 1과 2, 즉 자유무역과 의료 혜택, 조세 감축을 통과시킬 것이다. 따라서 정부가 기독교 보수당과 급진당의 연합에 의해서 구성되면 기독교 보수당은 4점, 급진당은 18점, 사회주의 노동당은 −13점을 얻을 것이다. 모든 가능한 연합과 그 이득 및 통과된 법안을 표 16.15에서 볼 수 있다.

4행만 안정적이다. 우리는 임의의 다른 행에서 시작하여 기독교 보수당과 사회주의 노동당이 급진당을 배제하고 둘이 연합을 형성함으로써 모두 이득을 개선할 수 있다는 것을 본다. 상식적으로 말하면, 노동당과 보수당은 각각 상대방이 폐기하기를 원하는 중요 법안에 대하여 상대방에 반대표를 더해 줄 의사가 있기 때문에 연합할 수 있다(실제의 의회

표 16.15 중부 유럽 공화국 의회의 연합과 이득

연합		통과된 법안	정당별 총점		
			C	S	R
(1)	{C, S, R}	1, 3	4	−13	18
(2)	{C, R}, {S}	1, 3	4	−13	18
(3)	{S, R}, {C}	2	−10	0	8
(4)	{C, S}, {R}	4	6	3	−10
(5)	{C}, {S}, {R}	0	0	0	0

12) 보조금(subsidy)은 사람이나 기업이 정부에 제공한 서비스의 대가가 아니라, 단지 사람이나 기업을 지원하기 위해 그들에게 직접적으로 주는 금전이다. 수출하거나 수입품과 경쟁하는 농업과 기업에 대한 보조금은 전 세계에 걸쳐 상당히 일반적이다.

정부에서 전통적 보수주의자와 사회주의자의 연합은 그다지 흔치 않지만 한 번 이상 그런 경우가 있었다).

8. 요약

협조 게임은 참가자들이 각자의 전략 선택을 조정하기 위해 믿을 수 있거나 구속성이 있는 공약을 할 수 있는 게임이다. 이것은 비일정합 게임에서 큰 차이를 만들 수 있다. 그리고 사실상 모든 시장 교환의 행위는 협조 게임의 예이다. 판매자와 구매자 간의 계약에서 조정된 전략은 판매자가 공급된 재화의 비용을 부담하고, 수요자는 판매자에게 비용을 보전하고 매매 양방이 거래의 결과로 좋아지는 것을 보장하기 위해 측면보상을 하며 그것을 사용한다는 것이다.

협조 게임의 해에는 몇 가지 개념이 있는데 이 장에서는 2개만 고려하였다. 그 가운데 하나인 핵은 지배되지 않은, 즉 열등하지 않은 대연합의 가치의 모든 귀속으로 구성된다. 이것은 사람들이 종래의 연합을 떠나 어떤 다른 연합과 관련함으로써 나아질 수 있는 가능성이 없다는 것을 의미한다. 이 요건은 핵 안에서 측면보상의 조건과 범위를 제한한다. 그래서 핵은 해집합에 포함될 것이다 – 해집합의 전부거나 일부, 또는 핵이 비어 있을지 모른다. 두 번째의 해 개념은 셰플리 값이다. 셰플리 값은 대연합 내의 각 개인에게 이득을 할당한다. 셰플리 값은 각 연합의 가치에 대한 각 플레이어의 한계적 기여에 근거를 둔다. 연합함수 형태의 TU 게임에 대하여 항상 정확하게 1개의 셰플리 값만 존재한다. 그러나 별개의 연합을 형성함으로써 셰플리 값보다 잘할 수 있는 집단들이 있을 수 있다.

핵은 대연합의 어떤 하부 집단도 별개의 연합을 형성함으로써 자기의 이득을 개선할 수 없다면 이 대연합과 특정한 귀속이 안정적이라는 발상에 입각한다. 이 안정성 개념은 NTU 게임에도 적용될 수 있다. 그것은 분할함수 형태의 게임으로도 연장될 수 있으나 그런 게임에 대하여 널리 적용된 일반적 결과가 거의 없다.

비록 핵과 셰플리 값은 모든 협조 게임에 대한 답을 주지는 않지만, 플레이어들이 공약을 하고 전략을 조정할 수 있는 모든 게임을 위한 중요한 분석 도구를 우리에게 추가적으로 제공한다.

Q16. 연습문제

표 16.16a 선사시대의 연합

연합	이득
{G, M, P}	6
{G, M}, {P}	4, 1
{G, P}, {M}	3, 1
{P, M}, {G}	3, 2
{G}, {M}, {P}	2, 1, 1

Q16.1 선사시대 게임 겅, 모그, 포크는 수렵 원정을 계획하고 있는 선사시대 부족의 구성원이다. 이들은 서로 다른 특장점을 가졌다. 겅은 매우 강하고, 모그는 빠르고 민첩하며, 포크는 엄청난 체력을 가졌다. 이들은 누가 함께 갈 것이며, 만일 혼자 사냥해야 할 사람이 있다면 누가 될 것인지, 아울러 잡은 짐승들을 함께 간 사람들끼리 어떻게 나눌 것인지를 결정해야 한다. 표 16.16a는 연합의 이득을 보여 준다. 이득은 그들이 잡을 수 있는 영양 수의 기대치로 측정한다. 이 게임을 영양의 일부가 측면 보상으로 사용되는 TU 게임이라고 가정하라.

a. 가능하다면 이 게임에 대한 연합함수를 구성하라.

b. 이 게임이 초 가법적인지 여부를 결정하라.

c. 이 게임의 핵을 제시하라. 포획물을 (GMP의 순서대로) 4, 1, 1로 분배하는 것은 안정적인 측면보상 방법이 될 것인가? 이유는 무엇인가? 포획물을 (GMP의 순서대로) 2, 2, 2로 분배하는 것은 안정적인 측면보상 방법이 될 것인가? 이유는 무엇인가?

d. 이 게임을 위한 셰플리 값을 결정하라.

e. 셰플리 값은 게임의 핵 안에 있는 귀속인가?

표 16.16b IT 게임에서의 이득

		사용자		
		진보	입증	무거래
공급자	진보	−50, 90	0, 0	0, 0
	입증	0, 0	−30, 40	0, 0
	무거래	0, 0	0, 0	0, 0

Q16.2 정보체계 선택 이 게임은 정보체계의 선택이라는 기술적 요소가 개재된 2인 게임이다. 이 예에서 플레이어들은 새로운 인터넷 이메일이나 인트라넷 체계의 선택을 고려하는 기업들과 그것의 생산을 고려하는 공급자이다. 2개의 선택안은 기술적으로 진보한 체계 혹은 기능성이 떨어지지만 좀 더 많이 사용되어 성능이 입증된 체계이다. 우리는 기술적으로 진보한 체계가 정말로 훨씬 나은 기능성을 제공한다고 가정할 것이다. 그래서 두 플레이어의 총 이득은 표 16.16b와 같다. 이것은 이전 가능 효용(TU) 게임이다.

협조적 협약이 있다고 가정하면 측면보상이 필요할 것이다. 이 측면보상에 대한 제한은 무엇인가? 이 게임에 대한 핵과 셰플리 값을 정하라.

Q16.3 병원 합병 웨스트 시에서 3개의 병원이 '의료 체계'로서 합병할 것을 고려하고 있다. 그들은 그렇게 함으로써 총비용을 줄이기를 희망한다. 표 16.16c는 북부병원, 남부병원, 중부병원과 그들 사이의 모든 가능한 연합의 총비용을 보여 준다. 이 게임의 핵을 제시하라. 힌트 : 다른 조건이 같다면 연합가치는 비용과 역관계에 있다.

표 16.16c 병원 비용

{N, S, C}	225
{N, S}	200
{N, C}	235
{S, C}	260
{N}	100
{S}	125
{C}	150

Q16.4 사업 파트너십 제이(J), 케이(K), 로라(L)는 웹 디자인 회사의 창업을 고려하고 있다. 제이는 기술이 매우 뛰어난 프로그래머이고, 케이는 디자이너이며, 로라는 성공적인 세일즈우먼이다. 이들이 여러 가지 연합에서 창조할 수 있는 가치는 표 16.16d와 같다.

협조 게임의 핵의 이론을 사용하여 다음의 질문에 답하라.

a. 연합이 형성될 수 있다면 그것은 무엇인가?

b. 그 이유는 무엇인가?

c. 연합의 구성원들에게 균등하게 지불하자는 제안이 들어왔다. 이것은 안정적일 것인가?

d. 이 문제를 위한 셰플리 값들을 계산하라. 그것들은 핵 안에 있는가?

표 16.16d 파트너십의 이득

J, K, L	50
J, K	25
K, L	20
J, L	30
J	15
K	10
L	5

Q16.5 특허 컨소시엄 ABC, XYZ와 GHJ는 기술회사이며 각각 악기의 레이저 인쇄에 핵심 특허를 갖고 있는데 계속적 개발과 생산에 각자의 특허권을 공유하기 위해서 특허 컨소시엄(consortium)을 고려하고 있다. 표 16.16e는 3인 협조 게임을 위한 분할함수를 보여 준다.

a. 연합함수가 있는가? 있다면 그것을 유도하라.

b. 가능하면 이 문제를 핵의 개념을 사용하여 분석하라.

c. 가능하면 셰플리 값을 계산하라.

d. 이상의 어느 단계라도 가능하지 않으면 그 이유를 설명하라.

표 16.16e 특허이득

{ABC, XYZ, GHJ}	10
{ABC, XYZ}, {GHJ}	7, 2
{ABC, GHJ, XYZ}	7, 2
{ABC}, {XYZ, GHJ}	2, 5
{ABC}, {XYZ}, GHJ}	2, 2, 2

제17장

협상

사람들은 상호 편익을 위하여, 즉 비협조적으로 선택하면 얻을 것 이상의 잉여가치를 공통전략을 선택함으로써 실현할 수 있기 때문에 연합을 형성한다. 그러나 이 잉여는 어떻게 공유될 것인가? 우리가 보아 왔듯이 협조 게임의 핵은 흔히 무한히 많은 해를 가질 것이다. 다른 한편, 우리는 어떤 구성원들에게 연합 참가를 가치 있는 일로 만들기 위해서 측면보상이 흔히 필요할 것임을 보아 왔다. 측면보상은 정확하게 얼마나 클 것인가? 연합의 구성원들은 그들이 모색하고 있는 상호 편익을 실현하기 위해서 그 일을 미리 타결해야 할 것이며 많은 경험이 시사하는 바에 의하면 그들은 **협상**에 의해서 타결할 것이다. 일단 협상이 성취되면 편익은 어떻게 결정될 것인가? 그것은 협상 이론의 과제이며 이 장의 주제이다.

이 장의 내용을 가장 잘 이해하려면 제1장~제5장, 제8장, 제11장, 제12장과 제16장의 내용을 학습하고 이해할 필요가 있다.

협상(Bargaining) : *협상*은 한 사람이 공동 행동에 의하여 생성된 가치의 분배와 같은 공동 행동의 조건에 관한 공동 협약에 도달할 목적을 갖고 다른 사람에게 요구하거나 제안하는 과정이다.

우리는 통상적으로 협상이 양측 간에 진행한다고 생각하며 대부분의 협상 이론은 협상을 그렇게 취급한다. 그래서 이 장에서 우리는 우리의 시도를 2인 게임에 국한할 것이다. 우리는 일반적으로 협상을 양 당사자들이 협약에 도달하거나 연합을 형성하려는 시도를 포기할 때까지 계속하는 제의나 요구나 유사한 제안의 과정으로 생각한다. 우리는 제안과 요구의 과정을 자세히 기술하려고 시도할 수도 있고 시도하지 않을 수도 있다. 요점은 결과가 무엇이 될 가능성이 있는가, 연합의 편익이 어떻게 분배될 것인가를 결정하는 것이다.

셰플리 값은 우리에게 그 문제에 대하여 답하는 한 방법을 제공하며 그것은 어떤 규모

중요 개념

협상 : 협상은 협조적 연합의 공동 편익의 분배에 관한 협약을 도출할 수 있는 요구나 제의의 과정이다.

효용 가능성 곡선(Utility Possibility Frontier, UPF) : 효용 가능성 곡선은 한 협상자가 획득할 수 있을 효용의 상한을 상대방 협상자에 의하여 획득된 효용의 함수로서 나타내는 곡선이나 함수이다.

초이텐-내시 협상 모형(Zeuthen-Nash Bargaining Mode) : 협약이 없었다면 협상자들이 받을 편익에 대비한, 각 협상자의 순이득의 곱셈으로부터 협상결과를 도출하는 협상모형의 집합으로서 초이텐(Fredrick Zeuthen)과 내시(John Nash)의 발상으로부터 유도된 협상모형들의 집합이다.

협상력(Bargaining Power) : 이득이 대칭적인 게임에서도 한 협상자가 다른 협상자에 대비하여 더 큰 협상력을 갖는다면 협상결과는 그에게 더 유리할 것이다.

비협조적 협상 이론(Noncooperative Bargaining Theory) : 비협조적 협상 이론은 제안이나 요구를 서로 엇갈리게 하는 비협조 게임의 완전균형으로부터 협상결과를 도출하는 대안적 접근방식이다.

의 연합에도 적용될 수 있다는 이점을 갖는다. 셰플리 값은 2인 게임에 적용될 수 있으므로 협상 이론으로 생각될지도 모른다. 그러나 셰플리 값의 계산에 사용되는 특별한 가정들은 우리의 협상 경험에 잘 부합하는 것으로 보일지 모른다. 그 가정들은 타결이 만족스럽지 않으면 협조연합의 결성을 거절하는 것의 대안을 전혀 고려하는 것 같지 않다. 다시 말해서, 협상 이론은 협상이 결렬될 위험을 고려해야 하는데 셰플리 값은 그렇지 않다. 따라서 이 장은 다른 접근방법들도 고려할 것이다.

20세기에 노동조합과 기업경영진 간의 협상은 특별히 중요한 사례였으며 그래서 협상 이론은 흔히 그것에 구체적으로 적용하는 것에 초점을 두었다. 그러나 우리가 '시장이나 전통적 시장거리에서의 티격태격'을 상기한다면 협상은 훨씬 오래된 현상이다. 협상은 아마 모든 도시 그리고 물론 일부 농촌의 인간사회에 존재해 왔다. 그러나 경제학에서의 협상 이론의 연구는 20세기가 돼서야 시작되었고 게임 이론에서 협상 이론은 1950년대 초 존 내시의 발상과 함께 시작되었다.

협상은 협조/비협조 게임을 위한 주제인가? 한편으로, 제안이나 요구와 반대제안의 과정은 각자가 타인과 무관하게 자기 자신의 편익을 추구하는 비협조 과정인 것 같다. 정말로 게임이 이전 가능 효용(TU) 게임이면 그 가치의 분배는 일정합 게임이며 항상 비협조 게임이다. 다른 한편으로, 이 과정은 형성될 연합에 의해서 실현될 어떤 상호 편익을 전제로 한다. 그것이 협상의 요점이다. 그래서 협상의 비협조 모형이 있지만, 그것이 이야기를 모두 해 줄 수 없다. 협상은 비협조 게임으로부터 협조 게임으로 가는 다리인 것 같으며 우리는 이를 염두에 두고 협상을 탐구할 것이다.

1. 협상 문제

두 사람이 함께 일함으로써, 그들의 전략을 조정함으로써 상호 편익을 실현할 수 있고 이것을 다수의 상이한 방법으로 할 수 있다고 상상하라. 측면보상은 있을 수도 있고 없을 수도 있으며, 측면보상이 있다면 총이득에 희생이 초래될 수도 있다. 둘이 어떻게 전략을 조정하는가, 어떻게 그리고 얼마나 측면보상을 하는가에 따라 각자는 일정한 금액의 편익을 실현할 수 있다. 우리는 세부적으로 들어가기보다 이 조정을 도표로 가시화할 것이다. 두 플레이어를 에이브와 봅, A와 B라고 하자. 수평축과 수직축은 각각 A와 B에 대한 이득을 표시한다. 그들이 어떻게 전략을 조정하는가 그리고 측면보상을 한다면 어떻게 하는가에 따라 A에 대한 이득을 나타내는 수평축 상의 점과 B에 대한 이득을 나타내는 수직축 상의 점이 도표의 어느 곳에서나 있을 수 있다. 그러나 우리는 그 점들 가운데 많은 것을 무시할 수 있다. 우리는 파레토 효율적인 점만 고려할 필요가 있다. 한 사람을 더 나쁘게 만들지 않고는 다른 사람을 더 좋게 만들 수 없으면 A와 B에 대한 이득이 **파레토 효율적**이란 것을 상기하라. 둘이 파레토 효율적이 아닌 전략을 조정하므로 한 사람을 더 나쁘게 만들지 않고 다른 사람을 더 좋게 만들 다른 조정 방법이 있다면 그들은 그 다른 전략으로 이동할 것이며 파레토 효율적이 아닌 전략을 절대로 선택하지 않을 것이다. 그러므로 우리는 두 플레이어의 파레토 효율적 이득만 보기로 할 것이다. 이에 더하여, 실제로 사람들의 결정에 동기를 부여하는 것은 주관적 – 효용 – 이득이고 효용 이득은 화폐 이득에 정확하게 비례적이지 않기 때문에 우리는 이득을 화폐 단위 대신 효용 단위로 표현할 것이다.

그림 17.1은 이렇게 가시화된 2명에 대한 이득의 예이다. 하향 곡선은 수평축에 A의 효용이 주어질 때 B의 효용의 상한 또는 마찬가지로 수직축에 B의 효용이 주어질 때 A의 효용의 상한을 보여 준다. 그것은 **효용 가능성 곡선**(UPF)이라고 불린다. 곡선보다 위에 있는 어떤 점도 가능한 이득집합이 아니다 – UPF를 넘어 있는 어떤 점을 실현하기 위해서 둘이 전략을 조정할 방법이 전혀 없다. UPF 하부의 점은 둘이 얻을 수도 있으며 우리는 모든 그러한 점들이 이용 가능하지만 파레토 효율적이 아니라고 가정할 것이다. A와 B는 모두 곡선 하부의 점으로부터 곡선으로 이동함으로써 더 좋게 (그리고 아무도 더 나빠지지 않게) 만들어질 수 있다. 따라서 UPF 하부의 점들은 무시될 것이다. UPF 상에서 출발하여 한 사람을 더 좋게 만드는 유일한 방법은 UPF를 따라 대각선 방향으로 또는 UPF 밑으로 이동하는 것인데 이것은 다른 사람을 더 나쁘게 만들기 때문에 UPF에 있는 모든 점들이 파레토 효율적이라는 것을 보기

> **효용 가능성 곡선(UPF)** : 효용 가능성 곡선은 한 협상자의 효용이 수평축 그리고 다른 사람의 효용이 수직축에 있는 곡선이다. UPF는 한 사람의 효용이 주어졌을 때 다른 사람을 위한 최대의 효용을 나타낸다. UPF 상의 각 점은 파레토 효율적이다.

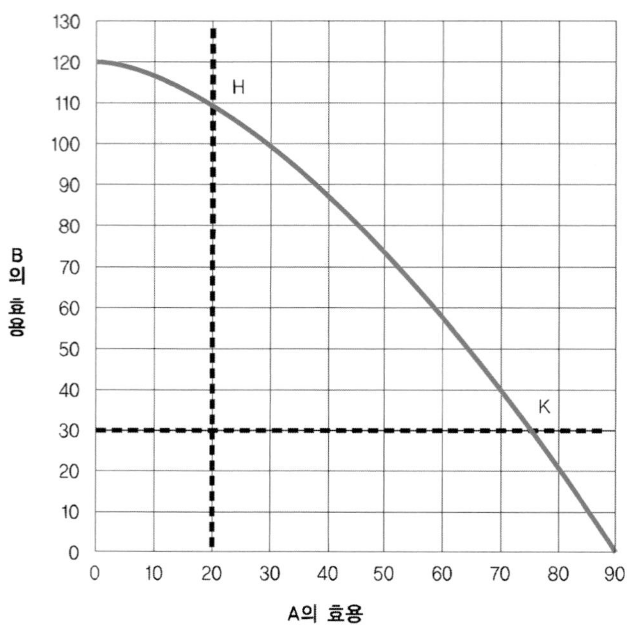

그림 17.1 **협상자 2명의 효용 가능성 곡선**

는 쉽다.

그러면 A가 B와 조정하지 않고 독립적으로 일하면 20에 상당하는 효용을 얻을 수 있다고 가정하라. 그것은 그가 그에게 20 효용단위 이하를 주는 B와의 협상내용을 수용하지 않을 것임을 의미한다. 그래서 우리는 UPF 상에서 그에게 20 이하를 주는 점들, 즉 H의 왼쪽에 있는 점들을 배제할 수 있다. 마찬가지로 B가 독립적으로 일하면 30 단위의 효용을 얻을 수 있다고 가정하라. 그러면 우리는 K의 아래에 있는 점들을 배제할 수 있다. 에이브와 봅이 동의할 수 없으면 에이브와 봅은 각각 30과 20을 얻을 것이며 따라서 20과 30은 **불일치 점**(disagreement point)이다. 그러나 UPF 상에서 H와 K 사이에 있는 어느 점에서도 두 사람이 독립적으로 일하기보다 함께 일하여 더 좋게 될 수 있다. 그들이 함께 일하고 이 상호 편익을 실현할 것이라면 그들은 그 점들 가운데 어느 한 점, 즉 UPF 상에서 각 사람에 대한 효용 이득의 집합에 관하여 동의해야 할 것이다. 이것이 **협상 문제**이다.

2. 내시 요구 게임

우리는 협상 문제를 내시 균형과 같은 비협조 접근방법에 의해서 풀려고 시도할 수도 있을 것이다. 그러나 내시 균형은 문제를 풀지 못한다. 우리는 존 내시의 또 다른 발상인 내시 요구 게임(Nash Demand Game)을 이용함으로써 이것을 볼 수 있다. 주어진 협상 문제(즉, 주어진 UPF와 주어진 불일치 점)를 위해서 각 사람은 특정한 최소 이득에 대한 요구로서 자기의 전략을 선택한다. 이 전략은 그 사람의 불일치 점에 의하여 한계가 설정된 전체 집합으로부터 선택된다. 그래서 그림 17.1에서 에이브의 요구는 20 이상의 어떤 수일 수 있으며 봅의 요구는 30 이상의 어떤 수일 수 있다. 그들의 요구가 UPF 상이나 그 하부에 있는 점에 해당하면 각자는 그가 요구한 것을 얻는다(초과하는 것은 버린다). 요구가 UPF 상의 점에 해당하면 아무도 얻지 못한다(모든 것이 버려진다).

다른 사람의 요구가 무엇이든 나의 최선반응은 남겨진 것을 요구하는 것이다. 예컨대, 그림 17.1에서 봅의 요구가 100이라는 것을 에이브가 안다면 에이브의 최선반응은 30을 요구하는 것이다. 그 이하, 요구를 UPF의 상부로 올려 어느 협상자도 아무것도 얻지 못하기 때문에 UPF의 하부에서는 그가 더 나쁘게 될 것이지만 그 이상도 요구를 UPF의 상부로 올릴 것이므로 어느 협상자도 아무것도 얻지 못하기 때문에 그를 더 나쁘게 만들 것이다. 봅이 에이브의 요구가 30이라는 것을 알면 봅의 최선반응도 똑같은 이유로 30을 요구하는 것이다. 그래서 (30, 100)은 내시 균형이다. 그러나 우리는 UPF 상에서 H와 K 사이의 어느 점에 대해서도 똑같이 말할 수 있다. 예로 (60, 60)은 내시 균형이며 (70, 40)도 그렇다.

모든 파레토 효율적 협상내용이 내시 균형이므로 내시 균형은 협상 문제에 해를 제공할 수 없다. 물론, 우리는 유일한 결과를 주거나 협상 모형으로서 어떤 다른 비협조 게임을 제안하는 내시 균형의 **정련**을 발견할 수도 있다(우리는 나중에 이 장에서 몇 개의 그러한 다른 게임들을 볼 것이다). 그러나 사실은 남는다. 에이브가 봅이 100 이하에서는 타결하지 않아 에이브에는 30만 남겨진다는 것을 안다면 에이브가 30을 거절할 합리적 근거가 없다. 합리화 가능 전략의 관점에서 생각하여 에이브는 "봅은 내가 30으로 타결할 것을 알므로 그의 최선반응은 30만 요구하는 것이다."라고 추론할 수 있다. 그러나 다시 한 번 이것은 UPF 상에서 H와 K 사이의 어느 점에 대해서도 똑같이 말할 수 있다. 불일치 점보다 큰 요구는 각각 합리화 가능하다. 적어도 어떤 추가적인 정보나 가정이 없다면 비협조 합리성은 우리에게 협상 문제에 대한 해를 줄 수 없다.

3. 협상과 결렬의 위험

협상 문제에 대한 최초의 해는 폰 노이만과 모겐스턴이 효시적 저서인 **게임과 경제 행동의 이론**을 저술한 때보다 약 10년 전에 덴마크의 경제학자인 프레드릭 초이텐으로부터 나왔다. 초이텐의 저서는 **독점과 경제전쟁의 문제**(Problems of Monopoly and Economic Warfare, 1930)였다. 그 책에서 그는 **쌍방독점**(bilateral monopoly), 즉 어떤 생산물을 피차간에만 교환하는 한 쌍의 회사들의 경우를 논의하였다. 한 회사는 유일한 판매자이고 다른 회사는 유일한 구매자이다. 그러므로 경쟁이 전혀 없어 가격은 광범하게 변동할 수 있을 것이며, 두 회사의 이윤 (또는 효용)은 어느 정도 그림 17.1처럼 UPF에 의해서 제한될 것이며, 가격이 높으면 판매자 회사의 이윤이나 효용이 커지고 가격이 낮으면 구매자 회사의 이윤이나 효용이 커진다.

왜 각 협상자는 그가 얻을 수 있는 최대 이득보다 적은 것을 수용하려고 하는가? 예컨대, 왜 봅은 110 이하를 수용하려고 하는가? 초이텐은 봅이 110 이하를 수용하지 않으면 에이브가 협상을 중지할 것을 우려하기 때문에 봅이 그렇게 할지도 모른다고 추론하였다. 그러면 봅에는 그의 불일치 이득인 30만 남겨질 것이다. 그리고 봅도 그가 에이브에 더 적게 남겨 주면서 더 많이 요구할수록 에이브가 협상을 중지하고 봅에 30만 남겨 주는 것이 에이브에 더 유리할 개연성이 커진다고 추론할 것이다. p를 봅이 100을 요구하면 에이브가 협상에서 탈퇴할 확률이라고 하자. 그러면 봅을 위한 100의 요구의 기대치는 $p(30) + (1 - p)100 = 100 - 70p$. 다른 한편, 에이브는 그들의 조정으로부터 발생하는 총편익의 균등 분배인 60의 이득으로 타결하자고 제의하고 있다고 가정하라. 즉, 봅은 그가 전혀 위험이 없이 60을 얻을 수 있음을 안다. $60 \geq 100 - 70p$이면, 봅은 그가 100의 이득을 위하여 버티기보다 제의를 수용하는 것이 더 좋아진다. 그러나 그것은 봅이 사용할 수 있는 유일한 전략이 아니다. 봅은 자신을 위하여 60 이상이지만 100 이하를 요구하면서 에이브에게 30과 60 사이의 이득을 제안함으로써 양보할 수 있다. 봅이 합리적이면 그가 양보하지 않을 경우에 협상결렬의 위험이 너무 크기 때문에 양보할 것으로 보인다.

우리는 $60 < 100 - 70p$이면 봅이 에이브로부터 더 좋은 제안을 받기 위하여 버티고 협상결렬의 위험을 부담하는 것이 합리적인 반면, $60 > 100 - 70p$이면 결렬의 위험이 너무 크다고 말할 것이다. $60 = 100 - 70p$이면, 즉 $p = 4/7$이면 버틴 결과로 결렬될 위험과 60에서 협상하는 것의 이점이 꼭 균형을 이루므로 우리는 $p = 4/7$를 봅이 100을 요구하고 에이브가 60을 요구할 때 봅에 대한 결렬 위험의 척도로 사용할 수 있을 것이다.

일반적으로 협상자 A를 위한 불일치 이득이 w_A이고 협상자 B를 위한 불일치 이득이 w_B라고 상정하라. 그림 17.1에서 w_A는 20이고 w_B는 30이다. UPF를 함수로 표현하는 것이 편리할 것이다. 그래서 UPF 상에서 협상자 A의 이득이 u_A이고 협상자 B의 이득이 u_B이면 우리는 $u_B = g(u_A)$로 표현한다. 마찬가지로 $u_A = g^{-1}(u_B)$.[1] 그러면 협상자 B가 u_B를 요구하고 협상자 A가 u_A를 요구한다고 또는 마찬가지로 협상자 B에게 $g(u_A)$를 제안한다고 가정하라. 그리고 $u_B > g(u_A)$를 가정하라. 만일 p를 협상 결렬의 확률이라고 할 때

$$pw_B + (1 - p)u_B = g(u_A) \tag{1}$$

이면, 협상자 B에 대한 협상결렬의 위험은 다른 협상자로부터의 제안과 꼭 균형을 이룬다. 그러므로 우리는 식 (1)을 p에 대하여 풀어 협상자 B가 직면하는 결렬의 위험을 측정한다.

$$p = \frac{u_B - g(u_A)}{u_B - w_B} \tag{2}$$

마찬가지로 협상자 A가 직면하는 결렬의 위험은

$$q = \frac{u_A - g^{-1}(u_B)}{u_A - w_A} \tag{3}$$

초이텐은 협상자들 중 어느 한 사람에 결렬의 위험이 더 클 때마다 그 협상자는 양보를 한다고 가정한다. 그러므로 둘에 대한 결렬 위험이 같을 때까지 둘은 양보를 할 것이다. 즉,

$$\frac{u_B - g(u_A)}{u_B - w_B} = \frac{u_A - g^{-1}(u_B)}{u_A - w_A} \tag{4}$$

이 식을 조금 연산하면 우리는 이것이

$$\frac{u_B - g(u_A)}{u_A - g^{-1}(u_B)} = \frac{u_B - w_B}{u_A - w_A} \tag{5}$$

과 같다는 것을 안다.

---

1) $g^{-1}(u_B)$는 g의 역함수를 나타낸다. 어느 값의 u_A에 대해서도 $g(u_A)$의 값이 1개보다 많지 않으므로 – 즉, 수학 용어로 말하여 UPF가 일대일 함수이므로 – 우리는 u_B의 특정한 값을 갖게 되는 u_A의 유일한 값을 항상 발견할 수 있고 이것이 역함수이다.

협상자들이 양보를 하고 서로 근접함에 따라 식 (5)의 분모, $u_A - w_A$와 $u_A - g^{-1}(u_B)$는 모두 0으로 접근한다. 이것을 수학적으로 처리하기 위하여 우리는 극한의 수학과 약간의 대수를 필요로 할 것이다. 상세한 것을 생략하면 협상이 u_A와 u_B가 UPF 상의 점에 해당해야 한다는 제약조건하에서 곱셈

$$\max(u_A - w_A)(u_B - w_B) \tag{6}$$

을 최대화하는 u_A와 u_B의 값에 있을 것임이 판명된다. 경제학자들은 어떤 성공의 평가기준을 최대화하는 관점에서 생각하는 것에 친숙하므로 이것은 경제학자들에 유용한 결과이다 – 우리는 (6)을 성공적 협상과 협조 협약의 평가기준으로 생각할 수도 있다.

우리는 이 해를 중급 미시경제학을 배운 학생들에는 친숙하지만 다른 사람들에는 생소할 방법으로 제시할 수 있다(그림 17.2 참조). 그림 17.2는 UPF를 3개의 직각 쌍곡선과 함께 보여 준다. 각각의 직각 쌍곡선은 상수가 (파란색 점선의 쌍곡선에 대해서) 1,370, (검은색 점선의 쌍곡선에 대해서) 2,500, 또는 (검은색 실선의 쌍곡선에 대해서) 500인 경우에 $(u_A - 20)(u_B - 30) =$ 상수를 만족하는 모든 값에 해당한다. 이것들은 물론 예에 불과하다 – 상수의 곱셈을 대체할 수가 무한하게 많이 있듯이 그러한 쌍곡선은 무한히 많다. 우리는 UPF 내부에서 달성될 수 있는 곱셈의 최대치(최상위의 쌍곡선)가 UPF에 접하는 실선의 쌍곡선에 해당한다는 것을 볼 수 있다. 그것은 우리에게 1,370이 곱셈의 최대치라는 것과 최대치를 실현할 지불 스케줄이 하나밖에 없다는 것을 말해 준다. 그것은 A에 50 그리고 B에 75가 주어질 때이다. A의 불일치 이득에 대비한 이득은 $50 - 20 = 30$인 한편, B의 이득은 $75 - 30 = 45$이다. UPF가 A를 불리한 위치에 놓기 때문에 A는 B만큼 잘되지 않는다 – B에게 기회가 더 많을 따름이다. 이 문제는 스프레드시트를 이용하여 계산되었으며 더 복잡한 문제를 위해서는 대수도 필요한 도구일 것이나 우리는 이 장에서 그러한 복잡성을 피할 것이다.

여기에 비협조 합리적 행동의 관점에서 이상한 일이 진행되고 있다. 우리는 협상자가 불일치 이득보다 많은 이득을 가질 수 있을 때 협상을 취소하는 것은 그에게 전혀 합리적이 아니라는 것을 이미 관찰했다. 그러나 초이텐은 협상자가 정확하게 그렇게 할 정의 확률이 있다고 가정함으로써 시작한다. 협상자 중 1명이 그의 이득이 어떤 하한 이하인 경우에 협상의 중단을 공약할 수 있고 다른 사람이 그가 실제로 이 위협을 수행할 것을 안다면, 위협하는 것이 위협하는 사람에 더 많은 이득을 초래하므로 합리적일 수 있다. 문제는 다른 사람이 위협의 실행은 위협자를 더 나쁘게 할 것임을 너무나 잘 알기 때문에 다른 사람에

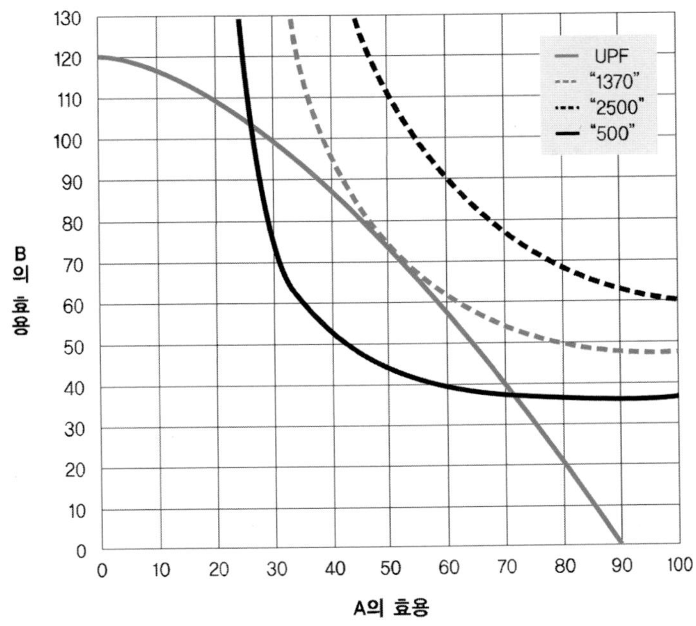

그림 17.2 **최대치의 가시화**

게 위협이 실행될 것임을 수긍시키는 것이다.

이것은 풀리지 않은 문제이다. 게임 이론가와 경제학자는 이 문제에 대하여 광범하게 수용된 해를 갖고 있지 않다. 두 가지 가능성이 있다. 그것은 가능성으로만 제안된 것이다. 어느 것도 대다수의 협상 이론가들이 지지하지 않는다.

(1) 협상은 협조 합리성에 관한 것이며 비협조 설정에서 합리적이지 않을 어떤 것들이 협조 설정에서 합리적이다.[2)]

(2) 우리가 제11장에서 보았던 것처럼 내시 균형은 개인 합리성을 초월하는 추가적 가정을 도입함으로써 정련될 수 있다. 특히, 우리는 각자가 합리적 결정을 하는 한편으로 다른 사람이 확률은 작지만 비합리적으로 행동할 가능성에 대하여 예방조치를 취하기도 한다고 가정할 수 있다. 이 '절대 안전' 가정이 떨리는 손 정련의 기초에 있다. 우리는 초이텐의 결렬 위험에서 비슷한 정련을 볼지도 모른다. 이것은 다른 협상자가 협상의 중단에 비합리적으로 행동할 작은 확률이다.

2) 이 가능성에 대한 상세한 논의를 위해서 Roger A. McCain, *Value Solutions in Cooperative Games* (Singapore: World Scientific, 2013), 특히 제2장을 보라.

4. TU 게임의 경우

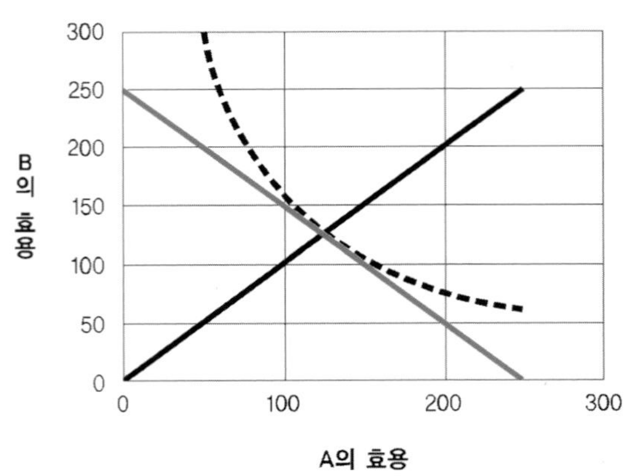

그림 17.3 250의 연합가치를 갖는 TU 게임

초이텐-내시 해는 UPF를 정의할 수 있는 어떤 게임에도 적용될 수 있다. 그것은 통상적으로 이전 불가능 효용(NTU) 게임에 적용되지만 우리가 어떤 TU 게임에 대하여도 UPF를 쉽게 정의할 수 있으므로 그것은 TU 게임에도 적용될 수 있다. TU 게임은 훨씬 단순할 수 있으므로 우리는 초이텐-내시 접근법 일반을 TU 게임의 예에 의하여 도시할 수 있다.

2인 연합의 가치가 250이라고 가정하라. 그러면 u_A의 어떤 값에 대해서도 다른 협상자에 남겨진 것은 $u_B = 250 - u_A$. 이것은 그림 17.3에서 보는 것과 같이 -1의 기울기를 가진 하향 선의 공식이다. 어떤 TU 게임에 대하여도 UPF는 그림 17.3에서 파란색의 하향선과 같이 기울기가 -1이고 수직절편이 총가치이다. 단순하게 하기 위하여 $w_A = w_B = 0$도 가정하라(우리는 항상 효용함수에 대하여 0을 설정할 수 있으므로 폰 노이만-모겐스턴의 효용 측정 방법에 따라 $w_A = w_B = 0$).

다시 한 번 협상 해는 $(u_A - w_A)(u_B - w_B) = u_A u_B$의 최대치에 해당할 것이다. 전과 같이 우리는 곱셈치가 상수인 u_A와 u_B의 모든 조합을 직각 쌍곡선으로 가시화할 수 있으며 점선의 하향곡선이 그 최대치에 해당하는 쌍곡선이다. 최대치는 쌍곡선이 UPF에 접하는 점에 있을 것이다. 그것이 UPF 상이나 그 하부에서 최대치를 주는 유일한 점이기 때문이다. 쌍곡선과 UPF가 접할 따름이므로 그들의 기울기는 같을 것이다. 우리는 UPF의 기울기가 -1이라는 것 – A에 \$1를 더 주는 대신 B에 \$1를 덜 준다는 것 – 을 안다. 따라서 직각 쌍곡선의 기울기도 -1이어야 한다. 직각 쌍곡선은 대칭적 곡선이므로 그것은 $u_A = u_B$일 때에만 -1의 기울기를 갖는다. 모든 그러한 점들이 상향 실선으로 나타나 있다(이 모든 것이 대수를 다소 사용하여 증명될 수 있으나 우리는 그것을 생략한다. 이 장의 부록은 대수를 보여줄 것이다). 우리는 협상 해가 가치를 2명의 협상자 사이에 균등하게 분배하는 것임을 본다.

우리는 이 예를 어떤 TU 게임에도 일반화할 수 있다. V를 2인 연합의 가치라고 하고 연합을 위한 잉여(surplus)를 $V - w_A - w_B$로 정의하자. 그러면 초이텐-내시 해는 잉여가

균등하게 분배되는 것이다. 즉,

$$u_A = w_A + \frac{V - w_A - w_B}{2}, \; u_B = w_B + \frac{V - w_A - w_B}{2} \tag{7}$$

추론은 같을 것이다. 이것은 잉여가 대칭적이기 때문이다.

이 추론을 다음의 한 예에서 적용하자. 이 예에서 톰은 위젯을 단위당 10의 비용으로 생산한다. 그는 위젯을 제리에만 팔 수 있고 제리는 톰으로부터만 살 수 있어 그들은 '쌍방독점'이다. 제리는 그가 사는 위젯을 2차 효용함수 $U = 110q - 10q^2$에 따라 평가한다. 단, 이 함수에서 q는 제리가 톰으로부터 사는 위젯의 수량이고 U는 제리의 효용이다. 톰과 제리 모두에게 효용은 화폐 금액에 비례하므로 q개의 위젯이 생산되고 측면보상이 없다면 톰의 효용은 $-10q$이다. 그러나 효용이 화폐 금액에 비례하므로 이것은 TU게임이고 톰과 제리의 연합에 의하여 생산된 총가치는 그들의 효용의 합, $110q - 10q^2 - 10q$이다. 연합은 이 합이 가능한 한 최대치가 되도록 q를 조정하기를 원할 것이다.

그것을 결정하는 한 방법은 총효용을 최대화하는 q의 값을 계산하기 위해서 대수를 이용하는 것이다. 그렇지 않으면 우리는 미시경제학에 의존할 수도 있을 것이다. 우리는 그런 방법으로 대수를 피하지는 않으나 이것은 정말로 미시경제학적 예이므로 우리는 그 접근방법을 사용하는 편이 낫다. 미시경제학에서 우리는 위젯의 적정 생산·판매량은 한계효용이 한계비용과 같게 되는 수량이란 것을 배운다. 이 예에서 한계비용, 위젯을 한 단위 더 생산하는 비용은 항상 10이다. (우리가 생략하지만) 약간의 대수를 이용하면 한계효용이

$$MU = 110 - 20q \tag{8}$$

$MU = MC$로 놓으면

$$\begin{aligned} 110 - 20q &= 10 \\ 20q &= 100 \\ q &= 5 \end{aligned} \tag{9}$$

연합이 톰을 위하여 5개의 위젯을 생산할 때 톰의 효용은 300이고 제리의 효용은 −50이므로 연합에 의하여 생성된 총가치는 250이다. 연합이 형성되지 않으면 톰과 제리는 모두 0의 효용을 실현할 수 있으므로 $w_T = w_J$이다. 분명히 제리를 연합에 참가하도록 설득

하기 위해서 톰으로부터 제리에게 측면보상이 있어야 할 것이지만 얼마나?

우리가 전에 보았던 것처럼 협상 해는 잉여를 균등하게 분할할 것이다. 이 예에서 잉여가 250이므로 각 협상자는 125의 순가치를 가져 갈 것이다. 톰으로부터 제리로 가는 측면보상은 그의 비용 50을 상쇄함과 아울러 그의 전체이득을 125로 올리기에 충분해야 할 것이므로 S = 125 + 50 = 175여야 한다. 이것은 톰의 효용을 300 − 175 = 125로 줄이므로 계산이 맞는다. 이것은 위젯의 단가 35에 해당하지만, 미시경제학은 우리에게 위젯의 단가 35에서 톰이 (그의 한계효용을 가격과 일치시키려고) 위젯 구입을 3.75로 축소할 것이라고 말해 주기 때문에 우리는 여기서 미시경제학을 벗어나야 한다. 그러나 제리는 그에게 3.75개의 위젯을 팔기를 거절할 것이다. 제리의 제안은 '175에 5개 − 사든지 말든지'라는 '양자택일 제안'일지 모른다. 그렇지 않으면 제리는 톰에게 각 단위를 다른 가격으로 파는 **가격차별**(price discrimination)에 의존할지도 모른다.

그가 각 단위를 톰의 한계효용의 0.781 부분에 대하여 5개 이하로만 제안한다면 역시 잉여의 균등배분을 실현할 것이다. 제리는 이 제안을 경쟁적 시장에서 팔 수 없을 것이지만 쌍방독점이므로 톰은 어느 경우도 위젯을 전혀 얻지 못하는 것보다 선호할 것이다. 독점자들이 협조적으로 행동하면 그들은 그들의 공동 관점에서 효율적인 산출량을 생산할 것이고 각자의 교섭력에 따라 양자택일의 제안, 가격차별 및 다른 비경쟁적 계약조건의 어떤 조합에 의해서 거래로부터 얻는 잉여를 분점할 것이다.

미시경제학의 고전적 문제의 하나는 판매세의 귀착(incidence)이다. 위젯의 판매에 위젯당 일정한 금액의 세금이 부과된다고 가정하라. 그러면 구매자와 판매자 모두 그들의 공급제의나 구매제의를 변경하여 가격이 변하고 세금의 부담이 이전된다. 모든 이전이 이루어진 다음 결국 누가 세금을 부담할 것인가? 미시경제학에서 과세의 효과는 세금이 판매자와 구매자 가운데 누구로부터 징수되는지에 따라 공급곡선이나 수요곡선을 이전하는 것이다. 그러나 어느 경우에도 세금의 부담은 수요와 공급의 탄력성에 따른 어떤 비율로 구매자와 공급자에 의해서 부담된다. 끝으로 생산량이 축소되며 그 결과로 소비자 잉여와 생산자 잉여의 감소, 징세된 금액을 초과하는 비효율적인 '과잉 부담(excess burden)'이 초래된다. 그러나 2명의 쌍방 독점자 간의 거래에 과세되면 어떻게 될 것인가?

첫째로 거래에 위젯당 20의 세금이 부과되고 판매자인 제리로부터 징세된다고 가정하라. 그러면 사실상 그의 단위당 비용은 30으로 증가한다. MU = MC로 놓으면

$$110 - 20q = 30$$

$$20q = 80 \tag{10}$$
$$q = 4$$

이것은 우리에게 (사회 전체가 아니라 톰과 제리의 공동 관점에서) 위젯의 수량을 4로 감축하는 것이 효율적일 것이라고 말한다. 그러나 세금이 톰으로부터 징수된다고 가정하라. 그러면 세금을 제외한 그의 효용함수는 $110q - 10q^2 - 20q = 90q - 10q^2$이고 (다시 대수를 생략하면) 한계효용은 $90 - 20q$이다. 다시 MU = MC로 놓으면

$$90 - 20q = 10$$
$$20q = 80 \tag{11}$$
$$q = 4$$

우리는 누구로부터 징세하는지와 무관하게 연합은 그 거래를 4 단위로 축소할 것임을 본다. 이것은 연합의 구성원의 관점에서 효율적이나 (그들이 납세해야 한다는 전제하에) 더 넓은 관점에서는 효율적이 아니다. 이 경우에 연합의 가치는 100(4) − 10(16) − 30(4) = 120인 반면, 세금이 없다면 우리가 앞서 본 바와 같이 250이었다. 그러므로 세금은 세수를 겨우 80만큼 증대하는 반면 연합의 가치는 130만큼 감소하여 차이 50은 세금의 과잉부담이다.

세금의 부담은 2명의 쌍방 독점자 간에 어떻게 배분될 것인가? 그들은 연합의 순가치를 분할할 것이므로 각자는 60의 순이득을 가질 것이다. 제리에게 이것은 그가 60 + 40 = 100의 측면보상을 받아야 한다는 것을 의미한다. 톰의 효용은 160이므로 측면보상은 그의 순이득도 60으로 축소한다. 이 100의 측면보상은 위젯당 25의 가격과 같은데 세금이 없을 때 우리가 확인한 35보다 적으므로 부담을 가격변화로 생각하면 제리가 세금을 100% 이상을 부담하는 것으로 보일 것이다! 그러나 그것은 우리에게 오해의 소지를 남길 것이다. 왜냐하면, 각 협상자는 자기의 효용이 125로부터 60으로 감소하는 것 − 각각 65의 효용 감소 − 을 경험하므로 효용의 관점에서 부담이 균등하게 배분되기 때문이다.

5. 내시의 협조적 협상 이론

우리가 앞서 논의한 내시 협상 게임을 개발하기 전에 내시는 협상 이론에 협조 접근방법을 취하고 두 방법을 보완적인 것으로 간주하였다. 내시의 접근방법은 초이텐의 방법과

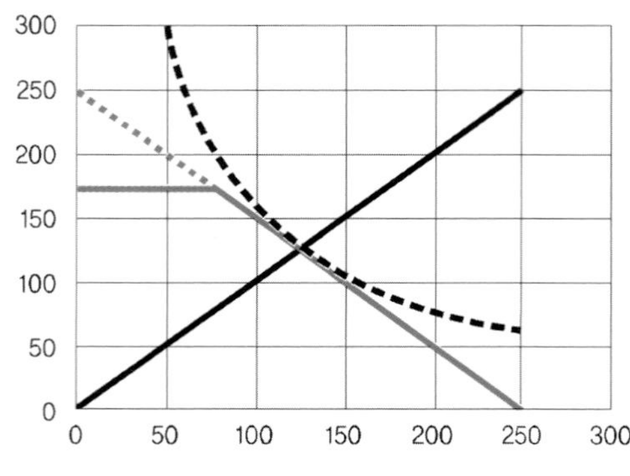

그림 17.4 제한된 UPF

상당히 달랐으나 흥미롭게도 같은 답을 도출하였다. 내시는 협상 문제에 대한 합리적 해에 적용되는 것 같은 몇 개의 가정을 세움으로써 시작하였다. 이 가정은 동등 교섭력과 '무관한 대안의 독립성(independence of irrelevant alternatives)'이라 불리는 것을 포함하였다. '무관한 대안의 독립성'은 다소 논란을 야기하였다. 자세한 내용을 생략하고 우리는 이것을 예시할 것이다.

TU 게임의 경우에 관한 우리의 논의가 도움이 될 것이다. 우리는 그림 17.5에 제시한 예를 한 곳을 변경하여 다시 볼 것이다. 우리는 어떤 이유로 협상자 B의 효용(u_B)이 175 이상으로 증가될 수 없다고 가정할 것이다. $u_B = 175$에서 u_A는 바로 0으로 떨어진다. 아마 u_B를 175 이상으로 증대할 수 없게 하는 기술적 어려움이 있을지 모르다. 여하간 이것은 더 이상 TU 게임이 아니고 단순한 종류의 NTU 게임이다. UPF는 그림 17.4에서 파란색 실선을 윤곽으로 하는 사각형이다. 이 비대칭적 UPF에서 무엇이 협상 해일까? 식 (6)에 따르면 그것은 2명의 협상자의 순이득의 곱셈을 최대화하는 점일 것이며, 그것은 직각쌍곡선이 UPF에 접하고 250의 잉여가 균등하게 분배되는 점이다. 이것은 물론 정확하게 원래의 게임, UPF가 점선 부분을 따라 직선으로 연장되었던 TU 게임에 대한 해이다. 사실, 대각선의 검은 실선 부분은 이 예에는 없지만 앞의 예에서 협상자가 이용할 수 있었던 대안을 포함한다. 협상자들은 그 대안을 이용할 수 있었을 때 선택하지 않았으므로 그것은 무관한 대안이다. 우리는 이 특정한 예에서 해가 무관한 대안에 독립적이라는 것을 본다.

내시는 이와 반대로 추론하였다. 그는 모든 협상 해는 이 성질을 가져야 한다. 해가 절대로 무관한 대안에 의존하지 않을 것이라고 생각하였다. 그래서 그는 수학적 논리에 의하여 이것과 소수의 다른 가정들을 만족하는 해는 식 (6)을 만족하는 해, 2명의 협상자의 순이득의 곱셈을 최대화하는 해일 것임을 보여 주었다. 나중에 내시는 우리가 세웠던 가정 중의 하나 – w_A와 w_B가 상수라는 가정 – 가 배제될 수 있다는 것을 보여 주었다. 내시의 개정된 모형에서 w_A와 w_B는 변수일 수 있다. 식 (6)의 최대치 공식은 여전히 적용된다.

우리가 관찰하였듯이 무관한 대안의 독립성이라는 가정은 다소 논란을 야기해 왔다. 한편으로 그것은 해와 멀리 유리된 대안, 그림 17.4에서 점선으로 나타난 대안은 해의 정확한 점에 영향이 거의 또는 전혀 없다는 것이 타당하다. 다른 한편, 우리는 대칭적인 문제가 매우 비대칭적인 문제와 같은 해를 갖는다는 것을 본다. 이 비대칭성은 협상력에 어떤 차이를 초래해야 할 것으로 보일지 모른다. 물론 이 의문을 해소할 방법은 없다 – 가정은 그것이 도출할 결론에 의해서 선택되어야 한다. 다시 이 예에서 식 (6)이 허다한 방법으로 도출될 수 있고 그 가운데 몇 개는 무관한 대안의 독립성을 가정하지 않는다는 사실은 그렇지 않은 경우보다 우리에게 더 큰 확신을 준다.

내시는 자신의 협상 이론을 제시했을 때 초이텐의 협상 이론을 알고 있지 않았다. 최대치 공식이 내시와 초이텐 2명에 의하여 도출되었기 때문에 그것은 흔히 **초이텐-내시 협상** 이론 또는 특히 게임 이론가들 사이에서는 단지 내시 협상 이론으로 불린다.

초이텐-내시 협상 : 협상 문제에 대하여 초이텐과 내시가 여러 가지 상이한 방법으로 도출한 해는 u_i가 협상자 i의 효용이고 w_i가 협조나 협상이 없으면 i가 얻을 수 있을 이득이라고 할 때 협상자들이 UPF 상에서 $(u_A - w_A)(u_B - w_B)$를 최대화하는 점에 도달할 것이라고 말한다.

6. 불균등 협상력

앞 절에서 우리는 2명의 협상자들이 균등한 협상력을 갖고 있다는 것을 분명하게 가정하였다. 이것은 연합에 의하여 창출된 잉여가 균등하게 분배되는 TU 게임에 대하여 적용하면 가장 명확하다. 그러나 협상자들의 협상력이 불균등하면 어떻게 될 것인가? 우리가 앞 절에서 탐구했던 톰과 제리 간의 연합을 다시 한 번 생각하라. 그리고 다시 한 번, 단순성을 위해서 세금이 없다고 가정하라. 우리가 톰이 잉여를 제리보다 2배를 더 갖는다는 것을 관찰한다면, 우리는 자연스럽게 그것을 톰과 제리의 교섭력이 사실상 다르다는 증거로서 취할 것이다. 그리고 그 교섭력의 차이를 측정하는 분명한 방법은 그들이 갖는 몫의 비율이다 – 우리는 톰이 제리보다 2배의 협상력을 갖고 있다고 가정한다.

이것은 우리가 상대적 교섭력의 차이를 정의할 수 있을 방법을 예시한다. 가정적으로 2명의 협상자가 0의 불일치 이득을 갖는 TU 게임을 대면한다고 상정하라. 그러면 협상자 A가 협상의 가치 중 β의 비율을 갖고 협상자 B가 $(1 - \beta)$의 비율을 갖는 경우에 우리는 협상자 A의 상대적 협상력이 β이고 협상자 B의 상대적 협상력이 $(1 - \beta)$라고 말할 것이다. 이제 동일한 2인의 협상자가 TU 게임 대신에 UPF가 그림 17.1과 17.2의 UPF와 더 가까운 NTU 게임을 대면한다고 가정하라. 그 경우에 협상 해는 곱셈

$$(u_A - w_A)^{\beta}(u_B - w_B)^{(1-\beta)} \tag{12}$$

를 최대화하는 u_A와 u_B의 가치일 것이다.

지수 β와 $(1-\beta)$는 통상적으로 분수 지수일 것이다. 예컨대, $(1-\beta)$는 1/3(즉, $(u_B - w_B)$의 세제곱 근)이고 그러면 β는 2/3일 것이다(즉, 처음에 세제곱 근을 취한 다음 제곱을 하라). 각각 분수 지수를 갖는 두 변수의 곱셈인 식 (12)와 같은 표현은 경제학에서 광범하게 사용되고 콥-더글러스(Cobb-Douglas) 함수로 불린다. 이 복잡한 식을 계산하기 위해서 우리는 대수나 수치 방정식 해법이 있는 스프레드시트 또는 가장 좋게는 둘 모두 필요로 할 것이다.

그러나 우리는 비균등 교섭력이 그림 17.2와 같은 예에서 초래할 차이를 가시화할 수 있다. 그림 17.2와 17.5를 비교하라. 그림 17.5는 그림 17.1 및 그림 17.2와 동일한 UPF를 보여 준다. 그러나 그림 17.5에서 쌍곡선 같은 하향곡선은 곱셈 $(u_A - 20)^{\frac{2}{3}}(u_B - 30)^{\frac{1}{3}}$의 다른 값들에 해당한다. 이 경우에 달성할 수 있는 최고치는 우리가 보는 바와 같이 36.5이며 그것은 각 협상자가 60의 이득을 가져 갈 때 발생한다. 그러나 B의 불일치 이득에 대비한 이득은 60 − 30 = 30인 한편 A의 이득은 그 의미에서 60 − 20 = 40이다. A는 그의 증대된 교섭력의 덕분에 더 좋은 결과를 갖는다. 우리는 교섭력이 균등한 앞의 예에서 A에는 50이 주어졌고 B에는 75가 주어졌으므로 A의 교섭력의 증대가 A를 10만큼 더 좋게 만

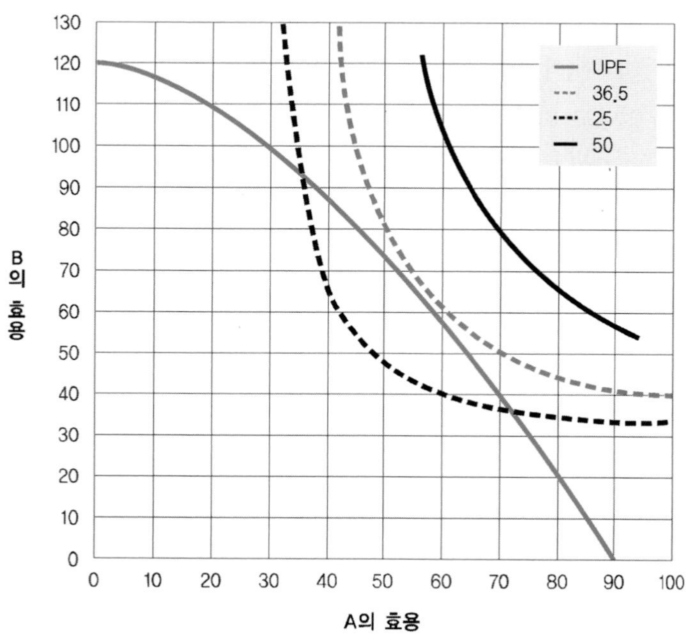

그림 17.5 **불균등 협상력의 협상 모형**

들고 B를 15만큼 더 나쁘게 만든 것을 상기한다. A의 교섭력의 증대는 UPF가 B에 주는 기회의 면에서의 이점을 상쇄하고도 남는다.

특별한 경우를 하나 더 고려하자. B가 교섭력을 전혀 갖지 않고 A가 모든 교섭력을 갖고 있다고 가정하자. 우리는 $\beta = 1$, 따라서 $(1 - \beta) = 0$으로 설정함으로써 그것을 표현할 수 있다. 그러면 식 (12)는

$$(u_A - w_A)(u_B - w_B)^0 \tag{13}$$

이 된다. 대수의 관례는 지수 0을 갖는 정의 수는 1이라는 것, 즉 $(u_B - w_B)^0 = 1$을 말해준다. 그래서 식 (13)은

$$u_A - w_A \tag{14}$$

가 되고 $(u_A - w_A)$는 바로 협상자 A에 의해서 획득된 이윤이다. 달리 말하면, 한 협상자가 정의 협상력을 갖고 다른 협상자가 전혀 협상력을 갖지 않으면, 협상 해는 협상력을 가진 협상자의 이윤 최대화에 해당한다. 거꾸로 우리가 이윤이 최대화된다고 가정할 때마다 우리는 소유주만 협상력을 갖는다는 단순화 가정을 세운다. 이것은 어떤 제도적 여건 하에서는 사실에 가까울지 모르지만 아마 절대로 정확하게 맞지는 않을 것이다.

협상과 협상력에 관한 연구의 대부분은 식 (6)을 적용하면서 협상자들이 균등한 협상력을 갖는다고 가정한다. 그러나 일부의 적용 사례에서 협상력의 차이가 중요하다는 것을 시사하는 통계적 증거가 있다.[3)]

7. 협상 이론에 대한 대체적 접근방법

우리가 말해 왔듯이 협상은 협조 게임 이론과 비협조 게임 이론 양자에 불분명하게 관련되어 있다. 한편으로, 협조 연합의 편익이 없으면 협상할 것이 없다. 다른 한편, 협상의 과정 자체는 항상은 아니더라도 흔히 번갈아 제안하다가 한 제안이 수용되면 끝나는 형태를 취한다. 한 협상자의 몫이 증가하면 반드시 다른 사람의 몫이 감소하므로 교호적 제안

3) 예컨대, 다음의 문헌을 보라. Jan Svejnar, "Bargaining power, fear of disagreement, and wage settlements: theory and evidence from US industry," *Econometrica*, **54** (5), (September, 1989), pp. 1055-1078; Matthew Grennan, Price discrimination and bargaining: empirical evidence from medical devices, *American Economic Review*, **103** (1), (2013), pp. 145-177.

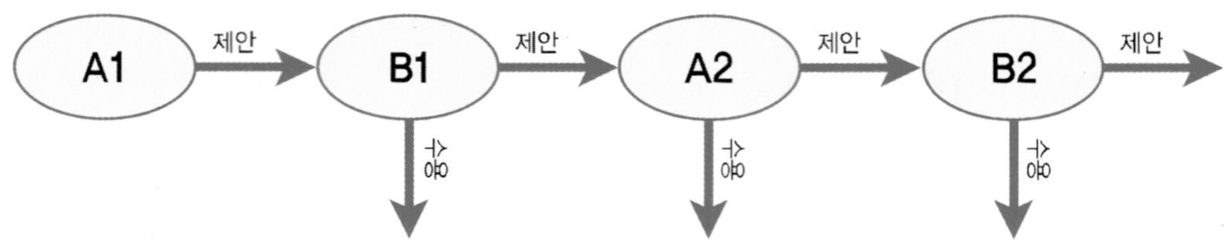

그림 17.6 교호적 제안 게임

(alternating offer)은 절대적으로 비협조적이다. 우리가 이 절에서 탐구하는 대체적 접근방법은 교호 제안을 연장형의 비협조 게임으로 다루면서 그 과정을 더 상세하게 본다. 따라서 그것은 흔히 비협조적 협상의 이론이라고 불린다.

우리는 가시화로 시작한다. 그림 17.6을 고려하라. A1에서 협상자 A가 제안한다. B1에서 협상자 B가 그 제안을 수용하거나 반대제안을 할 수 있고 A2에서 협상자 A가 그 제안을 수용하거나 또 다른 반대제안을 할 수 있다 등등. 이것은 지네 게임과 비슷하나 어느 한 플레이어가 '수용한다'는 행동 전략을 연출한 다음에야 2명의 플레이어에 이득이 간다. 예를 위해서 우리는 다음의 추가적 가정을 도입한다. (1) 협상자들은 TU 게임으로부터 잉여를 분배한다. 우리는 게임의 가치가 1이 되고 불일치 이득이 0이 되도록 우리의 단위를 선정할 것이다. (2) 한 제안이 수용되면 이득을 즉시 받지만 그것이 거부되면 반대제안이 나오기까지 한 단위의 시간이 경과한다. A1에서의 제안은 기간 $t = 0$에 이루어진다 등. 분명한 종점은 없다 – 아무도 제안을 수용하지 않으면 t는 무한대로 증가할 수 있다. (3) t를 이득을 받기까지 경과한 기간의 수라고 할 때 이득은 할인인자 δ^t에 의해서 현재가치로 할인된다. 그러므로 협상의 지연은 많은 비용을 초래한다. 이것은 다만 사람들이 현재의 지불을 장래의 지불보다 선호하기 때문에 (정의 시간선호를 갖기 때문에) 많은 비용을 초래하는지 모르나 각 기간 동안 자원을 낭비하고 비용을 부담하기 때문에 그럴 수도 있을 것이다. 예컨대, 협상이 진행 중인 파업이나 공장폐쇄를 해결하려는 것이라면 협상이 계속되는 동안 양측은 손실을 경험할 것이다. 부분적으로 그 이유 때문에 우리는 상이한 할인율 δ_A와 δ_B를 고려한다.

물론 이 게임은 각 단계에 많은 행동 전략이 있다는 점에서, 즉 협상자가 각 단계에서 할 수 있는 상이한 제안이 허다하고 각 수용 단계에서의 이득이 그 점까지 나왔던 제안에 의존한다는 점에서 실제로 지네보다 상당히 더 복잡하다. 당장 우리는 제안과 이득을 미지수로 남겨 놓고 하부 게임 완전균형을 갖기 위해서 그 제안과 이득이 무엇이어야 하는지를 발견하려고 시도할 것이다. M이 협상자 A가 하부 게임 완전균형에서 얻을 수 있는 게임의 가치의 몫에 대한 상한이라고 상정하라. 이득이 $t = 0$이 아니라 $t = 2$에서 할인되므로 M이 A가 전체 게임에서 얻을 수 있는 몫의 상한이면 그것은 A가 하부 게임에서 얻을 수 있는 몫의 상한이기도 하기 때문에 A2에서 시작하는 하부 게임이 원 게임의 복제라는 것을 주목하라. 그래서 A가 A2에서 수용하면 그는 기껏해야 M을 얻을 수 있다. 협상자 B가 B1에서 제안을 하면 그는 $t = 2$에서 A의 할인율로 $t = 1$로 할인된 M의 가치인 $\delta_A M$보다 많지 않은 제안이 필요하다. 즉, A는 ($t = 1$에서) $\delta_A M$이나 그 이상의 제안을 그가 거절함으로써 얻을 수 있는 어떤 것보다 선호할 것이다. 거꾸로 협상자 B가 $t = 1$에서 타결해야 할 최소치는 $1 - \delta_A M$이며 B는 그 이하의 어떤 제안도 거절할 것이다. 이 최소치가 $t = 0$으로 할인된 것이 $\delta_B(1 - \delta_A M)$이다. A1에서 협상자 A는 이것을 알며 그가 $\delta_B(1 - \delta_A M)$ 이하를 제안하면 B가 거절할 것이고 게임은 적어도 A2로 진행할 것임을 볼 수 있으므로 A는 최대로 M을 얻을 것이다. 반면, 그가 $\delta_B(1 - \delta_A M)$ 이상을 제안하면 B는 수용할 것이다. 그러나 B가 수용하도록 하기 위해서 필요한 이상을 제안하는 것은 결코 A를 위한 최선반응이 아니다. 따라서 A는 정확하게 $\delta_B(1 - \delta_A M)$을 제안할 것이며 B는 수용할 것이고 A에 대한 이득은 $1 - \delta_B(1 - \delta_A M)$일 것이다. 이것이 게임의 끝이므로 $1 - \delta_B(1 - \delta_A M)$는 A가 얻을 수 있는 몫의 상한(그러한 유일한 상한)이며 그것은 정의상 M, 즉 $1 - \delta_B(1 - \delta_A M) = M$을 의미한다. 이 방정식을 M에 대하여 풀면

$$M = \frac{1-\delta_B}{1-\delta_A\delta_B} \qquad (15)$$

그러므로 2명 간의 분배는 A를 위하여 $\frac{1-\delta_B}{1-\delta_A\delta_B}$이고 B를 위하여 $\frac{\delta_B(1-\delta_A)}{1-\delta_A\delta_B}$이다.

이것은 먼저 움직이는 A에게 유리하다는 점에서 비대칭적이다. 협상자 B는 그가 반대제안을 하기까지 1시간 단위의 지연이 있고 그 한 단위의 시간이 많은 비용을 수반하므로 불리하다. 어느 한 협상자를 최초의 연출자로 지정하는 것이 자의적이지만 반대제안이 나오기까지 한 시간단위가 경과해야 한다는 가정도 그렇다. 그러므로 비협조적 협상의 모형화에서 다음 단계는 자의적인 최초 연출자의 이점을 제거하는 방법으로 게임을 수정하는 것이다. 이것을 하는 한 방법은 거절과 반대제안 간의 시간이 1 단위시간 이하이고 한계에서 0으로 접근하도록 허용하는 것이다. 그 경우에 A와 B를 위한 몫은 극한치

$$u_A = \frac{\ln \delta_A}{\ln \delta_A + \ln \delta_B}, \quad u_B = \frac{\ln \delta_B}{\ln \delta_A + \ln \delta_B} \tag{16}$$

에 접근한다. 그러므로 거절과 반대제안 간에 경과된 시간이 적다면 식 (15)의 이득은 식 (16)의 이득에 접근할 것이다. 식 (16)의 이득 극한치들이 대칭적이기 위한 필요충분조건은 $\delta_A = \delta_B$이다. 좀 더 일반적으로 $\delta_A \neq \delta_B$이면 더 큰 $\delta < 1$을 가진 사람, 달리 말하여 좀 더 인내하는 협상자에게 더 많은 이득이 간다. 교훈은 더 많은 인내가 더 큰 협상력을 의미한다는 것이다.

하부 게임 완전균형을 비협조 해로 사용하는 비협조 접근방법의 이점은 우리가 초이텐-내시 접근방법과 달리 협상 문제에 대한 세부 사항을 고려한다는 것이다. 우리가 보아 온 것처럼 협상 타결의 지연이 많은 비용을 수반할 수 있고 2명의 협상자에게 서로 다른 비용을 초래한다는 가능성은 이것의 한 예이다. 또 하나의 가능성은 협상이 진행되면서 어떤 단계에서 어떤 외부의 사건이 협상의 취소를 유발하여 각 협상자가 결국 각자의 불일치 이득으로 타결해야 한다는 것이다(예컨대, 아마 자연재해가 A와 B 사이의 협조를 위하여 필요한 어떤 자원을 파괴하여 그들이 더 이상 협조의 이점을 얻을 수 없을 것이다). 추가적으로 우리가 (1) $\delta_A = \delta_B = 1$이라 협상이 취소될지 모른다는 위험을 제외할 때 협상 지연에 비용이 발생하지 않으나 (2) 2명의 협상자들이 위험 회피적이라고 가정하면, 초이텐-내시 해는 비협조 해와 같다. 이것은 협상 이론에 대한 초이텐의 접근방법에 매우 유사하므로 놀라운 것이 아닐 것이다.

비협조적 협상의 이론을 위한 또 하나의 가능성은 협상자에 정보의 결여를 감안하는 것이다. 예컨대, 상이한 불일치 결과를 갖는 다수의 상이한 '유형'의 협상자들이 있을 수 있다. 그러면 협상자의 어느 1명 또는 전원이 자기의 상대방이 무슨 유형인지, 즉 다른 협상자가 수용할 수 있는 최소 이득이 무엇인지 알지 못할 수도 있을 것이다. 이 종류의 경우에서 협상자 중 1명이 자기가 최소 이득이 상대적으로 높은 유형이라는 것을 보여주기 위하여 버티고 협상의 타결을 지연시키는 것이 합리적일지 모른다. 이것은 (다른 협상자의 이득을 더욱 많이 감소시키더라도) 버티는 협상자의 이득을 향상시키므로 비효율적일지라도 합리적일 것이다. 우리는 어떤 협상자들이 다른 사람의 '유형'에 대하여 (합리적으로) 오산했기 때문에 협상이 결렬될 수 있는 경우도 볼지 모른다. 그것은 우리가 '실제 세상'에서 협상의 지연과 결렬을 관찰하기 때문에 도움이 될 것이다. 그러나 이것에 대해서 별로 많이 알려져 있지 않다.

우리가 이것을 협상 이론에 대한 대체적 접근방법으로 기술했지만 그것은 여러 가지로 1절부터 5절까지 논의된 접근방법에 보완적이다. 그 접근방법은 협상 해에 관한 가정들 – 예컨대, 협상력이 균등하다거나 우리가 알 수 있는 모양으로 다르다는 것 – 에 의존한다. 비협조 접근방법은 우리가 더 이치에 맞는 가정을 선택하도록 도와준다. 예로 우리가 보아 온 대로 비협조 접근방법은 협상자들이 균등하게 인내심이 강하다고 생각할 충분은 이유가 없는 한 균등 협상력의 가정에 반대하는 주장을 전개한다. 한 사람이 다른 사람보다 인내심이 강하면 그것은 인내심이 강한 사람의 협상력을 강화할 것이다. 비협조적 협상의 모형은 우리에게 협상자들이 합리적이고 각자가 다른 사람들이 원하는 것을 알기만 한다면 그들은 즉시 협상을 타결할 것이라고 말해 준다. 그들이 거절당하는 제안을 함으로써 협상을 지연시키면 이것은 불완전 정보의 증상이며 제안은 추정컨대 양측이 이용할 수 있는 정보를 공개하고 그 지식을 반영할 협상을 유도한다.

우리가 협상을 비협조적 설정에서 협조적 설정으로 가는 필요한 단계로 생각하면 그것을 협조와 비협조의 두 관점에서 연구하는 것 – 협조와 비협조 측면을 모두 탐구하는 것 – 이 타당하다. 비협조적 협상의 이론은 우리가 어떻게 교섭력이, 예컨대 인내심이 더 강한 협상자가 더 강한 교섭력을 갖는다는 점에서 협조적인 설정에서 발생할 수 있을까라는 것을 이해하도록 도와주기도 한다. 비협조적 협상의 이론은 우리가 협상에서 지식과 무지의 역할을 이해하는 것을 도와주지만 그것에 관해서 배워야 할 것이 훨씬 더 많다.

8. 협상과 현대 거시경제학

거시경제학은 국가수준에서 경제사건과 경제정책을 연구한다. 거시경제학의 주요 주제의 하나는 실업이다. 2010년 노벨 경제학상을 받은 것을 포함하여 실업의 거시경제학에 관한 몇 개의 최근 연구는 다소간에 협상 이론을 이용하였다. 이 항은 TU 게임의 협상을 생각하면서 매우 단순화된 관점에서 이 발상을 탐구할 것이다.

에이브는 현재 실업자인 봅의 고용을 고려한다. 에이브가 봅을 고용하면 이것은 에이브의 기업의 수입에 Y를 부가할 것이다. 즉, Y는 에이브 기업에서 봅이 실현하는 한계생산물(marginal product)이다. 봅이 취업하면 그는 V에 달하는 노력의 비효용을 경험할 것이다. 그러므로 에이브는 봅의 노동을 보람 있게 만들기 위하여 봅에 측면보상을 해야 할 것이다. 그 측면보상은 임금이라고 불리고 W로 표시될 것이다. 추가하여 우리는 봅이 실업자로 남아 있음으로써, 아마 더 좋은 일자리가 나오기를 기다림으로써 Z의 이득을 얻을 수 있다고 가정한다. Y, W, V와 Z의 값은 기대치이고 적절하게 현재가치로 할인된다. 따라서 봅은 그의 순이득이 $W - V \geq Z$인 경우에만 취업을 고려할 것이다.

그러나 그것이 이야기의 전부는 아니다. 공백을 메우기 위해서 에이브와 봅은 비용을 치를 것이다. 에이브는 광고하고 지원자들을 면접할 것인데 이것은 시간비용과 화폐비용을 소요할 것이고 봅은 제안이 공고될 때까지 기다리고 면접하러 가고 면접을 봐야 하며 이 모든 것도 비용을 소요한다. 에이브에 일자리를 고시하는 비용을 E, 봅에 대한 비용을 F라고 하자. 단, E와 F는 적절하게 현재가치로 할인된 것이다. 이것들은 짝짓기의 비용, 일종의 거래비용(transaction cost)이다. 우리가 탐구하고 있는 실업 이론에 따르면, 이 거래비용이 실업이 존재하는 이유이며 정말로 $E + F > Y - V$라면 에이브가 봅을 고용하는 것은 비효율적일 것이다. 그러나 우리는 $Y - V > E + F$를 가정할 것인데 이것은 고용이 발생하기 위한 필요조건이다.

협조 게임 이론과 협상 이론은 일반적으로 거래비용을 고려하지 않는다. 그러나 일단 짝짓기가 이루어지고 에이브와 봅이 가능한 연합을 위한 조건들을 협상하면 그러한 바용은 매몰된다(sunk). 그래서 우리는 당분간 그것을 무시할 수 있다.

양측이 잉여 $Y - V$의 분배에 관하여 협상할 것이라고 가정하라. 우리는 이것을 TU 게임으로 취급하고 우선 그들의 교섭력이 균등하다고 가정할 것이다. 그러나 봅은 Z의 이득을 받고 실업자로 남는 선택안을 갖고 있으므로 협상은 Z를 초과하는 $Y - V$의 잉여, 즉 $Y - V - Z$만 다룰 것이다. 협상력이 균등한 TU 게임에서 이 잉여는 균등하게 배분될 것이다. 그러므로

$$Y - W = W - V - Z \tag{17}$$

$$W = \frac{Y + V + Z}{2};\ Y - W = \frac{Y - V - Z}{2} \tag{18}$$

좀 더 일반적으로 에이브와 봅의 교섭력이 불균등하고 에이브의 교섭력은 β, 봅의 교섭력은 $(1 - \beta)$에 비례한다고 가정하라. 우리는 계속하여 이것을 TU 게임으로 취급할 것이므로 잉여는 양자 간에 β에 비례하여 분배될 것이다. 그러므로

$$Y - W = \beta(Y - V - Z) \tag{19}$$

$$W = (1 - \beta)Y + \beta(V + Z) \tag{20}$$

이제 거래비용으로 돌아가자. 에이브가 일자리를 고시하고 봅이 일자리를 모색하는 결

정을 할 때 그들은 이 협상결과를 예상할 것이고 거래비용을 그들이 기대할 수 있는 몫에 대비할 것이다. 그래서 에이브는 $E \leq Y - W$가 아닌 한 일자리를 고시하지 않을 것이다. 그렇지 않으면 채용이 그에게 유익하지 않을 것이다. 봅은 $F \leq W - V$가 아닌 한 일자리를 찾지 않을 것이다. 그렇지 않으면 그는 '낙담한 노동자', 즉 실직했으나 적극적으로 일자리를 찾지 않는 노동자가 될 것이다. 그러므로 우리는 교섭력을 가진 자에게 불리하게 작용할 수 있는 교섭력을 본다. 봅의 교섭력이 $\left(\frac{Y-V-Z-E}{Y-V-Z}\right)$보다 크면 $Y - W < E$일 것이고 에이브는 일자리를 제안하지 않을 것이다.

불행하게도 이 모형은 사실에 잘 부합하지 않는다. 우리는 실업이 '경기순환(business cycle)' 과정에서 상당히 변동하는 것을 관찰하며 실직 노동자의 '외부 선택지' Z는 실업과 역관계로 변동하는 것 같을 것이다. 예컨대, 실업이 증가할 때 새 일자리를 위한 평균 대기 기간이 길어질 것이며 일자리 제안의 확률이 저하할 것이고 이 두 가지가 Z를 감소시킬 것이다. 그러나 식 (20)을 사용하여 우리는 임금이 β에 의해서 결정되는 비율로 Z, 그리고 따라서 실업과 함께 변동할 것으로 기대할 것이다. 그러나 이 변동의 증거는 없고 정반대로 임금은 '경기순환' 과정에서 경직적인 것 같다. 이것은 거시경제학자들로 하여금 협상이 실업의 외부 선택지에 의하여 영향을 받지 않을지 모르는 비협조적 협상의 모형과 같은, 협상 이론에 대한 다른 접근방법을 탐구하도록 유도했다.

9. 현실 세계의 협상을 위한 실용적 결론

협상 이론은 상당히 추상적이지만 동시에 협상은 사업과 일상생활에서 매우 흔하다. 실제의 협상 상황에서 우리는 협상자가 알 수 있다고 이론이 가정하는 것보다 아마 덜 알 것이며 한정된 지식을 갖고 협상하는 이 상황은 대체로 장래의 연구 대상으로 열려 있다. 그럼에도 불구하고 우리는 추상적 이론으로부터 우리가 협상상황에서 적용할 수도 있을 어떤 것을 배울 수 있는가?

협상자들이 많이 아는 것으로 가정된 많은 협상모형에서 정말로 '협상과정'이 없지만 대신 협상자들이 최종합의를 위해서 즉시 타결한다. 우리는 현대의 비협조적 협상의 모형으로부터 협상에서 불완전 지식이 지연과 제안의 교환을 유도할 수 있다는 것을 안다. 특히, 협상자들이 UPF에 대하여 많이, 적어도 '당신을 위한 $1의 추가는 나를 위한 $1의 감소'라는 정도까지 알지 모른다. 그러나 그들은 불일치 이득, w_A와 w_B를 모를 것이며 그 결과로 $g(w_A) > w_B$일 수 있으므로 도대체 상호 편익이 있는지 여부를 정말로 알지 못한다. 반대로 협상자가 양보할 때 그 양보는 정보의 공유이다 – "당신이 q를 지불할 의사가 있다면 나는 그것을 수용할 용의가 있다."라는 것은 "나의 불일치 이득 w는 q 이하이다."라는 정보를 전달한다. 상대 협상자는 자신의 협상전략을 정련하기 위하여 그 정보를 이용할 수 있으므로 그 정보는 그에게 유용하다. 그리고 그 정보는 w와 q 사이의 이득을 얻을 가능성을 포기한다는 것이라는 점에서 그것을 제안하는 협상자에 의한 희생이다. 우리가 성공적 협상을 관찰할 때 특히 협상자들이 자기가 수용할 용의가 있는 것에 관한 정보를 호혜적으로 공유하고 정보교환에 호혜성이 없으면 협상이 실패할 수도 있다는 점에서 흔히 호혜(reciprocity)의 감각을 갖는다.

아래에 그것을 염두에 두면서 이 장의 다른 발상들로부터 도출한 몇 개의 지침을 제시한다. 그것들은 상식이지만 우리는 그것들이 협상 이론에 연유한다는 것을 발견할 것이다.

(1) 모든 것을 당신 자신의 방식으로 하려고 하지 마라.
   a. 당신은 다른 협상자에게 적어도 그가 합의하지 않고 얻을 수 있는 것을 주어야 한다.
   b. 일반적으로, 다른 협상자가 협상력을 갖고 있다면 그는 그 최소치 이상을 얻을 것이다.

(2) 당신 무엇을 원하는지, 당신이 수용할 최소치는 무엇인지 정확히 알라.

(3) 당신에 대한 당신의 상대방의 믿음과 그에 대하여 당신이 믿는 바에 대한 그의 믿음이 그가 합리적으로 제안하거나 수용할 것을 결정하는 데 중요하다.
   a. 당신의 상대방이 수용할 것에 대하여 알 수 있는 모든 것을 알라.
   b. 당신이 포기할 의향이 있는 모든 것을 처음에 제안하지 말라. 당신의 상대방은 당신이 무엇인가를 유보하고 있다고 가정할 것이다. 그러므로 당신의 최선반응은 당신의 제안을 위한 합의를 얻을 수 있다고 확신할 때까지 그렇게 하는 것이다.

10. 요약

협상 이론은 사람들이 어떤 협조적 설정에서 함께 일할 수 있고, 그래서 그들이 분리되어 얻을 수 있는 이상으로 잉여를 실현할 수 있다고 가정하면 그들은 어떻게 그 잉여를 분배할 것인가라는 문제를 다룬다. 이것은 협상 문제이다. 첫 단계로서 우리는 그들이 그들의 잉여를 분배할 수 있을 다양한 방법을 UPF로 표현한다. 우리는 내시 균형 자체는 우리에게 우리가 찾는 답을 제공하지 않는다는 것을 인식한다. 우리는 협상 문제를 비협조 게임으로 취급하여 UPF 상의 각 점이 파레토 적정하며 내시 균형이라는 것을 배울 따름이다. 우리는 대신 협상 문제에 대한 합리적 해가 무엇인지 또는 협상자들이 협상이나 내시 균형의 정련에서 어떻게 위험과 편익의 균형을 맞출 것인지에 관하여 몇 가지 가정을 세울 수 있을 것이다. 어떤 것은 협조 게임 이론이고 어떤 것은 비협조 게임 이론인 이 방향의 접근방법은 2인의 협상자가 가져가는 순이득의 곱셈을 최대화하는 해를 도출한다. TU 게임을 위하여 이것은 협상자들이 독립적으로 얻을 수 있는 이득을 제한 연합의 순가치의 균등한 분배를 의미한다. 그들의 협상력이 불균등하면 이것은 순이득의 콥-더글러스 함수를 최대화하는 해로 일반화될 수 있다. 대신 우리가 흔히 협상에서 관찰하는 교호적 제안의 비협조 게임에 초점을 두면, 우리는 다수의 상이한 결과가 있다는 것을 발견한다. 최소한 협상자의 인내심이 강할수록 그의 협상력이 클 가능성이 있다. 곱셈함수 해는 협상자들이 협상의 결렬을 우려할 이유가 있는 특별한 경우에 다시 발견될 수 있다. 협상 이론이 적용될 수 있는 중요한 일례는 피용자와 직장을 짝짓기하는 거래비용이 있을 때의 임금 결정이다.

Q17. 연습문제

Q17.1 보조금의 귀착 4절 톰과 제리의 예에서 20의 세금 대신 톰과 제리에 생산된 위젯당 20의 보조금이 지급된다고 가정하라. 그러면 균등한 교섭력을 가정할 때 그들의 이득과 측면보상은 무엇일까? 생산수량과 무관한 80의 정액세를 상정하라. 다시, 협상 내용은 무엇이며 조세부담은 어떻게 분배될 것인가? 그 경우에 초과 조세부담은 무엇일까?

Q17.2 무관한 대안 애나와 바바라는 그림 17.7a에 나타난 UPF 내부에서 그들 사이의 지불을 해결하기 위하여 협상을 하고 있다.

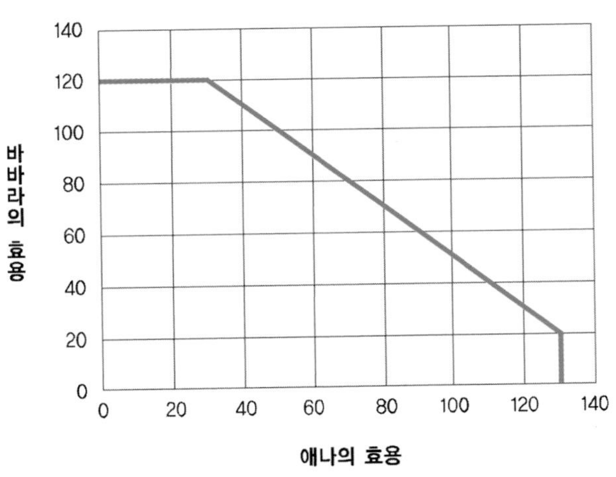

그림 17.7a 애나와 바바라의 이득

다음의 문항에 답하기 위하여 초이텐-내시 협상 이론과 무관한 대안의 독립성을 이용하라. (힌트 : 곡선의 하향부분상에서 애나와 바바라에 대한 총이득은 150이다.)

a. 그들의 협상력이 균등하다면 그들의 이득은 무엇일까?

b. 애나가 바바라보다 2배나 많은 교섭력을 갖는다면 그들의 이득은 무엇일까?

부록 : 대수를 사용한 협상 이론

초이텐과 내시로부터 도출된 협상 이론은 불균등 협상력을 감안하여 다음과 같이 묘사된다.

$$\text{Max } (u_A - w_A)^{\beta}(u_A - w_A)^{(1-\beta)}$$
$$u_B = g(u_A)$$

단 효용으로 표현된 u_A와 u_B는 각각 A와 B를 위한 편익이고 w_A와 w_B는 협약이 없을 때 그들의 편익이며 β는 A의 상대적 교섭력이고 $g(u_A)$는 UPF이다.

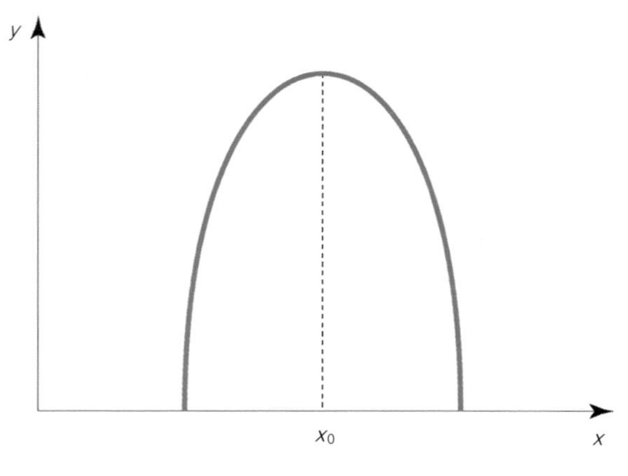

그림 17.A1 최대치의 가시화

우리가 최대치를 발견하는 문제에 대수를 적용할 때 우리는 편도함수를 사용하면서 '필요조건'에 의존한다. 이 배후에 있는 직관은 그림 17.A1에 도시되어 있다. 그림은 x가 변화함에 따라 변수 y가 어떻게 변화하는가를 보여 준다. 우리는 y의 최대치에 해당하는 값, x_0를 발견하기를 원한다. 우리는 y에 관한 x의 도함수는 곡선에 대한 접선의 기울기로 볼 수 있다는 것을 기억한다. 곡선의 정점에서 접선은 수평선이 된다. 즉, 그것의 기울기는 0이다. 그러므로 그림 17.A1과 같은 단순한 경우에 최대치를 위한 '필요조건'은 $\frac{dy}{dx} = 0$이다. 기울기가 0인 x의 다른 값이 있으나 y가 최대치에 있지 않다. 예컨대, y가 최저치에 있을 때에도 기울기는 평평할 것이다. 그러므로 필요조건은 충분하지 않다. 우리는 추가적인 '충분'조건들을 필요로 한다. 그러나 우리는 이 부록의 이하 부분에서 이 복잡성에 대하여 신경 쓰지 않고 오로지 필요조건의 의미만 탐구할 것이다.

그래서 대입하면,

$$F(u_A) = (u_A - w_A)^{\beta}(g(u_A) - w_B)^{(1-\beta)} \tag{A1}$$

이 식을 미분하면,

$$\frac{\partial F(u_A)}{\partial u_A} = \beta(u_A - w_A)^{\beta-1}(g(u_A) - w_B)^{1-\beta}$$

$$+ \frac{\partial g(u_A)}{\partial u_A}(1-\beta)(u_A - w_B)^{\beta}(g(u_A) - w_B)^{1-\beta-1} = 0 \tag{A2}$$

우리는 지수의 대수로부터 아래의 등식을 적용할 수 있을 것이다.

모든 정의 실수 x, y, k, n에 대하여

$$x^{-k} = \frac{1}{x^k}; \ x^k x^n = x^k x^n = x^{(k+n)}; \ \frac{y^k}{x^k} = \left(\frac{y}{x}\right)^k$$

그러므로 (A2)로부터

$$\beta\left[\frac{(g(u_A) - w_B)}{(u_A - w_A)}\right]^{1-\beta} = -\frac{\partial g(u_A)}{\partial u_A}(1-\beta)\left[\frac{(u_A - w_A)}{(g(u_A) - w_B)}\right]^{\beta} \tag{A3}$$

$\frac{\partial g(u_A)}{\partial u_A} < 0$이므로 (A3)의 양변이 정이라는 것을 주목하라.

(A3)으로부터

$$u_A = w_A + \left[\frac{\beta}{1-\beta}\frac{1}{\left(-\frac{\partial g(u_A)}{\partial u_A}\right)}\right](u_B - w_B) \tag{A4}$$

다시 $\frac{\partial g(u_A)}{\partial u_A} < 0$이므로 꺾쇠괄호 안의 항은 정이다. 그림 17.2의 예를 위해서

$$g(u_A) = 120 - 0.3u_A - 0.0117u_A^2 \tag{A5}$$

$$\frac{\partial g(u_A)}{\partial u_A} = -0.3 - 0.0234u_A^2 \tag{A6}$$

그 예에서 협상자들이 균등한 협상력을 갖고 있으므로 $\frac{\beta}{1-\beta}=1$이고 (A4)는 다음과 같이 된다.

$$(u_A - w_A)(0.3 + 0.0234u_A^2) = 120 - 0.3u_A - 0.0117u_A^2 - w_B \tag{A7}$$

이것은 u_A의 2차 함수이다. 그림 17.2는 그것의 정의 해를 도시한다.

그림 17.6의 예를 위하여 모든 것이 유사하지만 $\frac{\beta}{1-\beta}=\frac{\frac{2}{3}}{\frac{1}{3}}=2$만 다른데 이 경우에 (A7) 대신 (A8)이 된다.

$$(u_A - w_A)(0.3 + 0.0234u_A^2) = 2(120 - 0.3u_A - 0.0117u_A^2 - w_B) \tag{A8}$$

그림 17.3의 예를 위해서

$$g(u_A) = 250 - u_A \tag{A9}$$

$$\frac{\partial g(u_A)}{\partial u_A} = -1 \tag{A10}$$

더욱이 $\frac{\beta}{1-\beta}=1$이고 $w_A = w_B = 0$이므로 (A4)로부터

$$u_A = u_B \tag{A11}$$

제18장

게임, 실험과 행동 게임 이론

> **이 장의 내용을 가장 잘 이해하려면** 제1장~제5장, 제7장, 제9장과 제12장~제15장의 내용을 학습하고 이해할 필요가 있다.

게임 이론과 실험방법은 모두 균일성(uniformity)의 가정에서 출발한다. 실험방법은 자연이 균일하므로 실험실에서 관찰하는 규칙성이 다른 장소와 시간에도 적용될 것이라는 가정에 입각한다. 20세기를 통하여 실험방법은 인간 행동에 점차 많이 적용되어 왔다. 실험방법이 인간 행동에 적용될 때 균일성의 가정은 인간 행동에 관한 가정, 즉 실험실 안에서 인간 행동에 대하여 관찰하는 것이 실험실 밖에서도 적용될 것이라는 가정이 된다. 이것은 비동물계 자연이 균일하다는 발상만큼 강하지 않다. 인간 행동에서는 전후 관계가 중요하며, 실험실 환경은 행동을 중요한 점에서 변화시킬 수 있다. 그럼에도 불구하고 실험방법은 인간 행동을 다루는 여러 학문 분야에 걸쳐 통찰을 제공하는 강력한 원천이 되어 왔다.

게임 이론에서 가정은 역시 인간 행동의 균일성에 관한 것이므로 우리가 게임에서 인간 행동에 대하여 배우는 것은 다른 종류의 상호작용에 적용될 수 있다. 이것은 실험 연구가 채택하는 균일성의 가정과 밀접하게 관련된다. 정말로 우리는 '님'과 같은 게임을 특정한 형태의 인간 행동에 대한 실험으로 간주할 수 있을 것이다. 여기서 다시 한 번 전후 관계가 인간 행동에서 중요하며, 균일성의 가정에 대하여 조금 조심할 필요가 있다. 그러나 동시에 게임과 실험 간의 평행적 관계가 중요하다. 그리고 그것은 게임 이론의 기초이다.

따라서 초창기부터 게임 이론에서 실험 연구가 진행되어 왔다는 사실은 놀라운 일이 아닐 것이다. 실로 실험적 게임 이론은 1950년대에 시작되었다.

중요 개념

실험으로서의 게임(Game as Experiment) : 우리는 흔히 실제의 사람들에게 게임을 연출하도록 시키고 그들이 선택하는 전략들을 관찰함으로써 게임 이론으로부터 얻은 발상을 점검할 수 있다.

제한적 합리성(Bounded Rationality) : 사람들이 최선 반응의 선택이나 이득의 최대화에 항상 성공하지는 않지만 근접하려고 시도할 때 제한적으로 합리적이라고 말한다.

상호성(Reciprocity) : 사람들이 남으로부터 받은 편익이나 잘못을 되갚기 위하여 자기이익을 추구하는 합리성을 이탈할 때 그들은 상호성을 갖고 행동한다.

최후통첩 게임(Ultimatum Game) : 한 플레이어가 다른 플레이어에게 자기가 선택하는 비율로 금액을 나누자고 제안하고 다른 플레이어가 동의해야만 둘이 이득을 얻는 게임이다. 이 게임은 실험에서 널리 연출되어 왔다.

지네 게임(Centipede Game) : 한 플레이어가 편익의 더 큰 부분을 자기 몫으로 요구할 수 있으나 누구도 이 기회를 잡지 않으면 더 큰 몫을 얻을 수 있는 게임이다. 이 게임도 실험에서 중요한 역할을 연출해 왔다.

1. 죄수의 딜레마 실험

수정된 죄수의 딜레마 실험이 게임 이론에서 최초의 실험이었다는 것은 거의 확실하며, 게임 이론이 발달하기 시작한 초기의 수십여 년 동안 죄수의 딜레마는 실험자들의 많은 관심을 끌었다. 1950년 1월에 있었던 최초의 실험에서 랜드연구소(RAND)의 메릴 플러드(Merrill Flood)와 멜빈 드레셔(Melvin Dresher)가 실험자였다. 플러드-드레셔의 실험적 게임의 한 변형을 표 18.1에서 볼 수 있다(실험 대상자들이 균형전략을 어림할 수 있는지를 알려고 하는 것이 실험의 목적이었으므로 실험에 사용된 표는 이 표와 다르고 다소 혼동을 주도록 고안되었다). 실험 대상자는 UCLA의 경제학 교수인 아멘 앨치언(Armen Alchian)과 랜드연구소의 수학부장인 존 윌리엄스(John Williams)였다. 표 18.1이 보여 주듯이, 이 게임은 비대칭적이라는 점에서 이 책의 앞부분에서 보았던 죄수의 딜레마와 다르다. 둘이 모두 협력하거나 이탈하는 경우를 포함하여 4개의 전략조합 중 3개에서 윌리엄스가 앨치언보다 많은 이득을 얻는다. 이것이 실험에서 복잡한 문제가 되었다.

표 18.1 수정된 죄수의 딜레마

		윌리엄스	
		협조한다	이탈한다
앨치언	협조한다	1/2, 1	−1, 2
	이탈한다	1, −1	0, 1/2

플러드-드레셔 실험에서 앨치언과 윌리엄스는 게임을 연속해서 100회 연출하였다. 그들의 전략뿐만 아니라 코멘트도 기록되었다. 이러한 '모두 말해 버리는(talking through)' 실험방식은 최근 수십여 년간 인식 학자들의 실험에서 널리 사용되어 왔고 실험 대상자들의 사고 과정에 대한 통찰을 제공한다.[1] 그들이 서로 다른 기대를 갖고 시작하였고 상당히 다른 각자의 기대가 어느 정도 지속되었다는 것은 분명하다. 앨치언은 윌리엄스가 이탈할 것으로 기대한 반면, 윌리엄스는 협조로 시작하고 방아쇠 전략을 연출함으로써 협조

1) 이것에 관한 보고는 다음을 참조하라. William Poundstone's, *Prisoner's Dilemma* (New York: Doubleday, 1992), pp. 108-116.

결과를 실현하려고 시도하였다. 앨치언은 처음에 윌리엄스의 의도를 알아차리지 못했고 윌리엄스가 혼합전략을 연출하고 있다고 가정하였다(윌리엄스는 앨치언을 보고 멍청이라고 말했다). 결국, 앨치언은 윌리엄스가 협조 연출을 위한 신호를 보내고 있다고 생각하였다. 그러나 비대칭적 이득표의 희생자로서 앨치언은 윌리엄스가 자기, 즉 앨치언이 가끔 이탈하는 것을 허용함으로써 이득을 다소 균등하게 분배해야 한다고 생각하였다. 앨치언은 100라운드의 연출이 끝나면 (복수할 다음의 연출이 없기 때문에) 마지막 연출에서 협조가 없을 것을 걱정하고, 이득을 얻기 위해 그 전에 이탈하는 것을 고려하였다. 실제로 두 사람은 83~98라운드의 연출에서 협조하였고 100라운드의 연출에서 이탈하였다.

윌리엄 파운드스톤은 "윌리엄스가 '공유'하고 싶어 하지 않는다고 앨치언이 말한다. 그의 말이 무슨 뜻인지 분명하지 않다."고 적었다.[2)] 앨치언이 무슨 생각을 했는지를 이해하기 위해서 잠시 멈추자. 그는 계속 혼합전략의 관점에서 생각하고 다음의 '상관' 혼합전략과 같은 것을 염두에 두었던 것 같다. 시행 가능한 협약이 있을 수 있다면 둘이 함께 (C, C)와 (D, C)[3)]를 각각 p와 $(1-p)$의 확률로 혼합하여 연출하는 공동 혼합전략에 합의할 수 있었을 것이다. (D, C)의 연출로 두 사람의 총 이득은 다소 줄어들지만 앨치언은 그 이득을 다소 늘릴 수 있다. 연출당 총이득은 $1.5p$이지만 앨치언의 이득은 $1-0.5p$이므로 p의 하락이 그에게 도움이 된다. 윌리엄스의 이득은 $2p-1$이다. $p=4/5$일 때, 두 사람의 기대이득이 같다.[4)] 앨치언은 윌리엄스가 p를 4/5로 낮추지는 않더라도 그에 가깝게 내려 자기(앨치언)의 협조를 살 것으로 기대하였다. 상관전략은 윌리엄스가 연출하기 쉬울 것이다. 어차피 그는 항상 C를 연출한다. 그러나 상관전략에서는 앨치언이 p를 조정할 수 있으며, 윌리엄스는 앨치언이 연출하고 있는 확률을 추산하기 위해 앨치언의 연출을 몇 라운드에 걸쳐 관찰해야 할 것이고 그다음에야 보복할 것이다. 그러나 앨치언은 윌리엄스가 항상 보복하는 것을 관찰하고, 그것을 이기심 때문에 편익을 공유하고 싶어 하지 않는 것으로 해석하였다.

이러한 혼동에도 불구하고 두 플레이어는 100라운드 중 60번을 협조할 수 있었다. 내시

---

2) 주 1의 전게서, p. 107.

3) 앨치언의 전략을 먼저 적는다. C는 협조, D는 이탈을 뜻한다.

4) 이 상관 혼합전략은 확률들이 최선반응이 아니므로 균형이 아니다. 그것이 총이득을 최대화하지 않는다는 사실은 효율적이 아니고, 따라서 협조 해가 아니라는 것을 시사하지만 그것은 별로 옳지 않다. '이전 가능 효용'이 없기 때문에 측면보상을 할 수 없다. 상관 혼합전략은 어떤 플레이어도 다른 플레이어를 나쁘게 하지 않고 좋게 될 수 없다는 의미에서 효율적이며, 앨치언 같은 경제학자는 효율성을 그렇게 이해할 것이다. 따라서 상관 혼합전략은 이 게임에 대한 협조 해일 수 있다.

균형인 상호 이탈은 14번만 발생하였다. 플러드와 드레셔는 이 실험 결과를 존 내시에게 보여 주었고, 내시는 반복 연출로 분석이 많이 달라졌기 때문에 실제로 1회 한정 죄수의 딜레마의 검증이 아니라고 지적하였다. 물론 내시가 옳지만, 우리는 그 이후 이와 같은 게임에서는 매 라운드에 이탈하는 것이 '하부 게임 완전' 내시 균형이라는 것을 알았다. 어느 플레이어도 그렇게 하지 않았다. 앨치언은 게임이 그 방향으로 전개될 것으로 기대하고 시작하였으나 자신의 기대를 수정하고, 상당히 다르지만 마찬가지로 비균형인 접근 방법을 배웠다. 윌리엄스는 상호 협조의 편익을 얻으려는 희망을 갖고 의식적으로 비균형 전략을 연출하였다.

2. 행동 게임 이론

이 최초 실험의 결과는 죄수의 딜레마에 관한 많은 실험 결과를 예시한다. 일반적으로 실험 대상자들은 항상 우월전략 균형만을 연출하지 않고 흔히 협조전략을 연출한다. 이 결과는 두 가지 다른 의미로 해석될 수 있고, 무엇이 더 나은 해석인지에 대해 논쟁이 계속되어 왔다. 해석은 다음과 같다.

(1) 사람들은 게임 이론이 가정하는 것처럼 합리적이지 않고 게임을 이해하지 못하기 때문에 우월전략을 연출할 수 없다.
(2) 아마 사람들은 항상 자기 이익만을 추구하여 행동하지 않기 때문에 게임 이론가들이 가정하는 것보다 사회적 딜레마를 더 잘 해결할 수 있다.

죄수의 딜레마의 해석에 관한 논쟁은 흔히 하나의 해석만이 옳다고 가정한다. 그러나 플러드-드레셔 실험이 이미 보인 것처럼 각 해석에는 어느 정도 맞는 부분과 틀린 부분이 있다. 여러 해에 걸쳐 게임과 게임 같은 상황에서의 의사결정에 대한 실험 연구는 행동 게임 이론(behavioral game theory)이라고 불리는 독자적인 하부 분야로 성장했다. 방법론은 심리학과 실험경제학 그리고 특별히 게임 이론의 상황을 위해 개발된 — 선택된 전략들의 상호작용에 결과가 의존하는 — 실험방법론에서 빌려 왔다. 위험 회피를 감안하는 실험 방법도 개발되어 왔다. 이 특화된 연구 전통과 함께 몇 가지 중요한 결과들이 축적되었다.

많은 죄수의 딜레마 실험(및 다른 실험)의 결과는 다음과 같이 요약할 수 있다.

- 진정한 인간적 합리성은 제한적 합리성이다. 사람들은 게임에 대한 수학적으로 합리적인 해를 자동적으로 선택하지 않고, 복잡하고 틀리기 쉬운 방법으로 생각한다. 사

람들은 많은 경우에 잘 작동하지만 틀리기 쉬운 팃-탯과 같은 발견적 규칙, 즉 '경험적 규칙(rules of thumb)'에 따라 연출하는 경향이 있다.

- 사람들은 특히 시행착오를 통해 학습할 기회를 가지면서 단순한 게임을 푸는 방법을 발견할 수 있다. 많은 게임에서 경험과 학습에 의하여 연출이 균형으로 점근하지만, 적어도 죄수의 딜레마에서는 (앨치언이 플러드-드레셔 실험에서 하였듯이) 사람들이 협조하는 것을 배운다는 점에서 학습이 반대 효과를 가질 수 있다.
- 상이한 사람들이 상이한 동기와 문제해결 방법을 갖고 사회적 딜레마에 접근할 수 있다. 몇 개의 연구들은 세 가지 유형의 플레이어가 있다는 것을 제시한다.
- 다른 실험 연구들은 플러드-드레셔의 실험에 동성의 사람들만 참여하였기 때문에 얻을 수 없었을 결과를 시사한다. 여자가 남자와 다르게 행동한다는 것을 흔히 발견한다.[5)]

우리는 우선 몇 개의 초기 연구에서 발생한 많은 난점을 다룬 대표적 실험연구를 고려한다. 어떻게 이기적인 동기가 게임 이론으로 들어올 수 있는지와 어떻게 실험이 이것을 드러낼 수 있는지를 예시하기 위해 최후통첩 게임과 지네 게임의 실험을 살펴보고, 이 연구로부터 생기는 아이디어의 일부를 기업 사례에 응용할 것이다. 그리고 제한적 합리성이 연출할 수 있는 역할을 예시하기 위해 최근 다수의 실험연구를 조장한 수준 k 이론(level-k theory)을 탐구할 것이다. 이것은 행동 게임 이론의 매우 선별적인 개관이며 이용할 만한 다른 관념과 실험이 많다. 그러나 이 장을 위해서는 이것만으로 충분하다.

3. 혼합 실험

플러드-드레셔 실험 후 반세기 동안의 실험 게임 이론의 발전을 보기 위하여 상당히 일반적인 예로 1980년대 말에 아이오와대학교에서 한 실험연구[6)]를 보자. 실험 대상자는 경영

---

5) 조금 조심스럽게 말하면, 대체로 여자들이 협조적 결과를 얻으려 하고 실제로 얻을 가능성이 남자들보다 많은 것 같다. 두뇌 영상을 포함하여 최근 신경학자들이 연구한 결과는 (여자 실험 대상자의 경우에) 죄수의 딜레마 실험에서 협조 연출과 연관된 두뇌 활동이 협조가 감정적으로 득이 된다는 가설과 일치한다는 것을 제시한다. 이 두뇌 활동은 다른 플레이어가 인간일 때 관찰되며, 실험 대상자가 컴퓨터를 상대로 연출할 때는 볼 수 없다. Natalie Angier, "Why we're so nice: we're wired to cooperate," *New York Times*, Tuesday, Section F, July 23, 2002, pp. 1-8. 한편, Anatole Rapoport and Albert M. Chammah, *Prisoner's Dilemma* (University of Michigan Press, 1965)에 발표된 초기의 한 연구는 여자들이 협조할 가능성이 적다는 것을 발견했다.

6) Russell W. Cooper, Douglas V. DeJong, Robert Forsythe, and Thomas W. Ross, "Selection criteria in coordination games: some experimental results," *American Economic Review*, 80(1) (March, 1990), pp.

학과 학생들이었다. 그들은 게임을 연출하기 위하여 무작위로 짝지어졌으며, 서로 볼 수 없게 컴퓨터를 통해서 익명으로 연출하였다. 이 실험은 학생들이 실험자가 설계한 1회 한정 게임을 연출하고 복잡한 반복 게임을 연출하지 않는다는 것을 보장하였다. 이득은 위험 회피와 같은 고려 사항들을 상쇄하도록 조정되어 숫자로 나타난 이득이 주관적 이득에 밀접하게 상응하였다.[7] 저자들은 이렇게 적었다. "…우월전략이 연출될 것이라는 예측과 내시 균형이 성립할 것이라는 예측을 강력하게 지지할 수 있다…."[8]

그들이 연출한 게임은 많은 경우에 사회적 딜레마의 요소와 조정 게임의 요소를 혼합하도록 설계되었다. 표 18.2는 하나의 예이다. 이 게임에서 위의 왼쪽에 있는 네 칸은 2개의 균형에 대하여 두 플레이어가 매긴 순위가 같다는 점에서 통나무 옮기기와 다소 유사한 조정 게임을 정의한다. 이 표에서 균형은 (1, 1)과 (2, 2)의 2개인데 두 플레이어가 모두 (2, 2)를 (1, 1)보다 선호한다. 이 상황에서는 두 (2, 2)가 셸링 초점일 것이며, 따라서 균형이 발생할 가능성이 매우 큰 것처럼 보였다. 그러나 (2, 2)는 협조 해가 아니다. 전략 (3, 3)은 두 플레이어에게 더욱 좋은 결과를 초래한다. 한편, 전략 3은 사회적 딜레마의 협조전략과 마찬가지로 열등전략이다.

표 18.2 실험적 3-전략 게임

		Q		
		1	2	3
P	1	350, 350	350, 250	1000, 0
	2	250, 350	550, 550	0, 0
	3	0, 1000	0, 0	600, 600

표 18.3 또 하나의 3-전략 게임

		Q		
		1	2	3
P	1	350, 350	350, 250	1000, 0
	2	250, 350	550, 550	0, 0
	3	0, 1000	0, 0	500, 500

이 실험들에서는 통상적으로 내시 균형을 볼 수 있었다. 소수의 플레이어들이 협조전략, 3을 연출하였다. 그러나 표 18.2에서 가장 통상적인 내시 균형은 (1, 1)이지 (2, 2)에서의 더 좋은 균형이 아니었다. 실험자들은 (1, 1)이 선택된 이유가 실험 대상자인 플레이어들이 다른 플레이어가 협조전략, 3을 연출하는 경우에 정의 확률을 배정했기 때문이라고 판단하였다. 만일 Q가 협조전략, 3을 연출하고 P가 1을 연출하면 P가 1,000점으로 크게 번다. P는 자기가 3을 선택할 것이라고 Q가 생각하기 때문에 1을 선택할 것이라고 추론할 수 있을 것이다. 이 가설을 검증하기 위해 실험자는 표 18.3과 같이 조금 달라진 게임을 실험해 보았다. 표 18.3의 게임에서는 (2, 2)가 협조 해이므로 협조 해와 내시 균형 중

218-233.

7) 실제의 이득은 게임 점수에 의거한 이득과 확률을 가진 추첨에 의해서 결정되었으므로 위험 회피는 전략의 선택에 영향을 주지 않았을 것이다. 상세한 내용은 이 책과 같은 입문서의 수준에 맞지 않는다.

8) 주 6의 전게서, p. 223.

더 좋은 것이 다르지 않다. 이 게임에서는 (2, 2)가 거의 항상 선택되었다.

실험자들은 협조전략이 열등하더라도 복수의 내시 균형 중에서 어느 것을 선택하는지에 영향을 준다고 결론을 내렸다. 플러드-드레셔 실험에서 제기된 문제들이 대부분 해결될 수 있다는 것을 보여 준 이 실험은 게임 이론의 실험 연구를 보여 준 좋은 예이다. 이 실험은 특히 게임이 원래 의도대로 전개되고, 게임이 매우 단순하며, 내시 균형과 협조 결과가 상충하지 않을 때, 내시 균형과 우월전략 균형이 실험에서 실현될 수 있다는 것을 보여 주는 다른 많은 결과와 일치한다. 플레이어들은 협조 해와 균형 해 간의 상충 때문에 갈피를 잡지 못하지 않는 한 셸링 초점을 발견하며, 사실상 그러한 상충이 존재하면 실제로 셸링 초점이 존재하지 않기 때문에 셸링 초점 이론이 적어도 반은 유용하다.

4. 최후통첩 게임

최후통첩 게임은 균형과 실험 결과 간의 상충을 더욱 강조하여 보여 준다. 일정한 금액($50라고 하자)이 2명의 플레이어 간에 분배되어야 한다. 한 플레이어(제안자)가 다른 플레이어(응답자)에게 이 돈을 나누자고 제안한다. 제안자는 응답자가 갖게 될 금액을 제안하고 응답자는 가부만 말한다. 협상이나 반복은 없다.[9] 제안자와 응답자가 금액을 나누는 비율에 합의하면 각자 합의한 금액을 갖는다. 합의하지 못하면, 즉 응답자가 제안을 거절하면 어느 플레이어도 돈을 갖지 못한다.

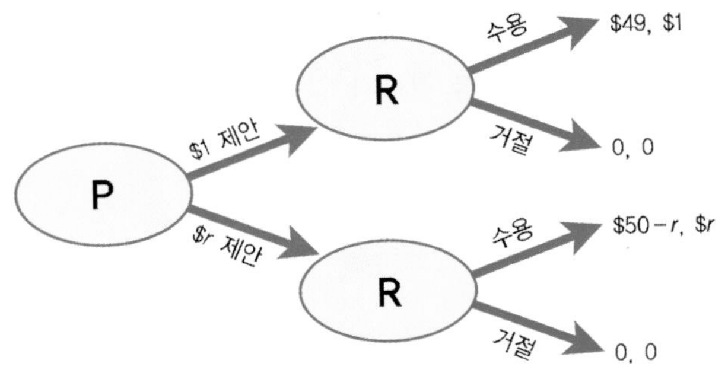

그림 18.1 최후통첩 게임

문제를 좀 더 단순하게 하기 위해 제안자가 정수의 금액만을 응답자에게 제안할 수 있다고 하자. 그러면 응답자는 51개의 전략, $0, $1, ⋯, $50를 갖는다. 그림 18.1은 전개형 게임에서 '$1 제안'과 '$r 제안'의 2개 전략만 나타낸다. 미지의 금액 r은 '$1 제안' 이외의 다른 전략을 나타낼 수 있으므로 이 그림으로 최후통첩 게임을 분석할 수 있다. 그림에서 제안된 금액이 $1이면 $1는 한 푼도 못 갖는 것보다 좋으므로 응답자의 최선반응은 수용하는 것이다. 먼저 $r > 1$이라고 가정하자. 제안자가 $r를 제안하면

9) 어떤 실험자들은 반복된 최후통첩 게임을 연구하였으나 여기서 우리는 분명한 비협조 균형을 가진 1회 한정 게임에 초점을 두려고 한다.

응답자의 최선반응은 역시 수용하는 것이다. 그러나 $r = 0$이라고 가정하라. 0의 제안을 받은 응답자는 거절하더라도 잃을 것이 없다. 이 경우에 거절의 확률이 2%보다 크면 제안자는 제안할 수 있는 정의 최소금액인 $1를 제안함으로써 자기의 이득을 최대화할 것이고, 그것이 이 게임의 하부 게임 완전균형이다.

그러나 실험 결과는 사뭇 다르다. 한편으로 응답자는 통상적으로 판돈의 30%에 미달하는 제안을 거절한다. $1나 $5가 한 푼도 갖지 못하는 것보다 좋고 응답자가 거절하면 한 푼도 갖지 못하게 되므로 응답자의 그러한 전략은 자기 이익을 희생하는 것이다. 거꾸로, 제안자는 통상적으로 최저 비율 이상의 금액을 응답자에게 제안한다. 이것은 원칙상 자기 이익을 추구하는 합리적인 전략일 수 있다. 소액의 제안이 거절될 확률이 있다는 것을 아는 제안자는 소액을 제안하여 수용되면 이득이 크지만, 그 대신 거절당할 위험이 크기 때문에 자기 이득의 기대치를 최대화하는 제안을 선택할 것이다. 그러나 제안자는 흔히 자기 이득의 기대치를 최대화할 비율보다 큰 몫을 제안하며, 50 : 50의 분배가 매우 통상적이라는 증거가 있다.

최후통첩 게임은 서양 문명권에 속하지 않는 몇몇 나라에서도 연구되어 왔다. 문화가 다르면 세부적인 면에서 차이가 있고, 같은 서양 문화권에서도 남녀 간에 다르다는 증거가 있다. 그러나 질적인 관점에서는 이 결과들이 비슷하며 앞 절에서 제시된 것과 같다.

우리는 이 결과들을 어떻게 설명할 수 있는가? 가장 단순한 형태의 애타주의(altruism)로는 설명할 수 없을 것이다. 총이득을 최대화하려는 애타주의자는 어떤 제안, 심지어 0의 제안도 절대로 거절하지 않을 것이다. 한편으로, 의사결정자가 공평성을 선호하면 그것은 실험 결과와 일치할 수 있을 것이다. 많은 게임에서 공평성을 어떻게 인식하는지가 결과에 영향을 준다는 증거가 있다. 그럼에도 불구하고 우리는 이 문제를 좀 더 깊게 탐구할 필요가 있다.

> **상호성** : 한 플레이어가 인식한 다른 플레이어의 자기희생에 보상을 주기 위해서나 그가 인식한 다른 플레이어의 공격성을 보복하기 위해 더 큰 이득을 포기할 때 그것을 *상호성*이라고 한다. 첫 번째 경우의 보상은 긍정적 상호성, 두 번째 경우의 보복은 부정적 상호성이라고 불린다.

최근 **상호성**의 가설에 기초를 둔 연구가 급증하고 있다. 상호성 가설은 사람들이 호의나 냉대를 받았다고 인식하면 그것을 되갚으려고 자기 이익을 벗어난 행동을 한다는 것이다. 그래서 예컨대, 최후통첩 게임에서 $5를 제안받은 응답자는 제안자가 판돈의 90%를 차지하므로 그 제안을 잘못된 것으로 보고 제안자가 한 푼도 갖지 못하도록 보복하기 위해 $5의 제안을 거절하는 반응을 보인다. 이것을 '부정적 상호성'이라 하고, 다른 사람의 선행을 보상하기 위해 '자기

이익을 희생하는 것을 '긍정적 상호성'이라 한다. 상호성 가설은 실제의 인간 행동이 흔히 긍정적인 것이든 부정적인 것이든 상호성을 지향하여 자기 이익을 벗어난다고 주장한다. 전반적으로 최후통첩 게임의 실험 결과는 상호성과 일치하는 것으로 보인다.

상호성 가설의 예는 지네 게임의 실험 연구에서도 볼 수 있다.

5. 지네 게임과 상호성

제12장에서는 하부 게임 완전균형을 예시하기 위해 지네 게임을 이용하였다. 그림 18.2는 가장 단순한 형태의 지네 게임이다. 게임이 판돈 5의 이득으로 시작한다는 것을 상기하라. 플레이어 A는 판돈 중 4를 잡고 1을 플레이어 B에게 남겨 주든가 판돈을 모두 B에게로 통과시킬 수 있다. 판돈을 가진 B는 그것을 잡거나 통과시킬 수 있다. 판돈이 통과될 때마다 커지므로 A가 통과시키면 B가 8에서 6을 잡고 2를 남길 수 있지만, 판돈이 두 번 통과되면 두 플레이어는 판돈 10을 (5, 5)로 똑같이 나누어 갖는다.

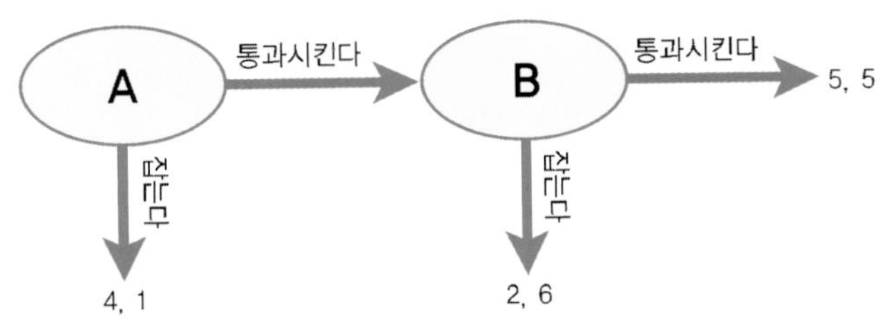

(제12장의 그림 12.7를 재현)

그림 18.2 단순한 지네 게임

하부 게임 완전균형이 첫째 연출에서 잡는 것이고, 이것은 게임을 100라운드 이상 연출해도 마찬가지라는 것을 상기하자. 실험 연구에서는 판돈이 종점까지 통과되어 똑같이 양분되는 경우가 통상적이며 첫째 단계에서 잡는 경우는 드물다. 셋 이상의 단계를 가진 실험에서는 게임의 마지막 단계에 판돈을 잡은 경우가 몇 개 있었다.

어떤 학생들은 이 결과를 주로 긍정적 상호성에 의거한 상호성 가설로 설명한다. 플레이어 B는 플레이어 A가 판돈의 더 큰 몫을 차지할 수 있다는 것을 알며, 플레이어 A가 판돈을 통과시키면 플레이어 B는 이것을 호의를 나타내는 행동으로 보고 자기도 통과시켜 자기의 이득이 6에서 5로 줄어들지만, 플레이어 A가 판돈을 통과시키느라 놓친 4보다 큰 5의 이득을 갖도록 함으로써 플레이어 A의 긍정적 행동에 보답할 수 있다. 플레이어 A가 상호성에 의하여 행동하면 그는 플레이어 B의 희생을 예상할 것이며 플레이어 B가 기대한 호의에 보답할 것이다. 둘이 모두 상호성에 의하여 행동하면 판돈이 게임의 종점까지 통과될 것이다. 플레이어 A가 이기적 유형이지만 플레이어 B가 상호성에 의하여 행동한다고 믿으면, 그는 플레이어 B가 보답할 것이라고 기대하여 통과시킬 것이다(그러나

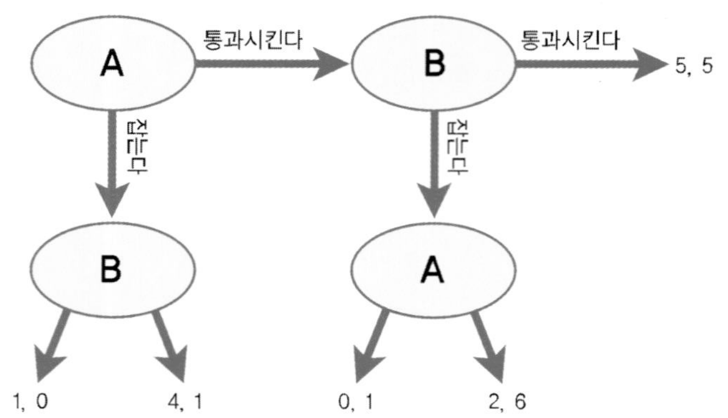

그림 18.3 보복이 있는 지네 게임

이기적 유형은 다단계 지네 게임의 나중 단계에서 판돈을 잡을 수 있다).

연습문제 : A와 B가 A, B, A, B의 순서로 4단계 지네 게임을 연출한다고 가정하자. A는 이기적 유형이고, 그는 B가 상호성에 의하여 행동한다고 믿는다고 가정하자. 그러면 A의 최선전략은 무엇인가?*

그러므로 최후통첩 게임에서는 부정적 상호성이 주역인 반면, 지네 게임에서는 긍정적 상호성이 주역이다. 그러나 부정적 상호성과 긍정적 상호성은 서로 강화할 수 있다. 그림 18.3의 전개형으로 나타낸 수정된 지네 게임을 보자. '잡는다' 단계 후에 다른 플레이어가 '왼쪽'을 선택하여 보복할 기회를 갖거나 '오른쪽'을 선택하여 보복하지 않을 수 있다. 보복을 하면 두 플레이어가 모두 나빠진다. 보복자는 자기의 몫인 판돈의 작은 부분도 포기한다. 이것은 최후통첩 게임에서 긍정적 제안을 거절한 응답자가 자기의 작은 몫을 포기한 것과 흡사하다. 요컨대, 두 경우 모두 보복자가 다른 플레이어를 응징하기 위해 자기 (잠재적) 이득의 일부를 포기한다.

그러나 그것이 지네 게임의 결과를 달라지게 하는가? 이 게임에서 보복이 절대로 최선 반응이 아니라는 점을 주목하라. 따라서 보복할 수 있는 기회가 있다는 것은 하부 게임 완전균형과 무관하다. 첫째 단계에서는 (잡는다, 보복 안 한다) 전략이 하부 게임 완전균형이다. 따라서 우리는 (하부 게임 완전균형에 의거하여) 그림 18.2의 실험과 그림 18.3의 실험 간에 아무런 차이가 없을 것으로 기대한다. 그러나 실제의 실험에서는 '통과시킨다' 전략이 그림 18.2와 같은 게임보다 그림 18.3과 같은 게임에서 좀 더 많이 채택된다. 분명히 잡기보다 통과시키도록 연출자들을 유인하는 데 자기희생적인 부정적 상호성의 위협이 자기희생적인 긍정적 상호성의 약속을 강화한다.

* 해답은 이 장의 끝에 있다.

6. 기업에 대한 응용 : 고용 관계의 상호성

경제학자들은 전통적으로 합리적 자기 이익 추구의 가정을 주어진 것으로 받아들였기 때문에 상호성 가설에 기초를 둔 경제학적 연구가 드물었다. 그러나 고용자와 피용자 간의 상호성에 관한 한 경제학자의 연구[10)]는 상호적 증여가 성공적인 고용 관계의 핵심이라고 주장하였고, 그의 사고는 기업 경영에서 가장 유명한 실험 연구와 연결될 수 있다.

애컬로프는 고용자들이 흔히 노동 시장의 현행 임금보다 많이 지불한다는 관찰에서 출발하였다. 따라서 피용자들은 직장을 잃으면 잃는 것이 있다. 어차피 노동 시장에서 얻을 수 있을 만큼 임금을 받는 피용자는 해고되더라도 잃을 것이 없다. 그들은 다음 날 같은 임금으로 다른 일자리를 얻을 수 있다.[11)] 애컬로프의 발상은 임금이 높으면 생산성이 높아진다는 것이다. 잃을 것이 있는 피용자는 더 열심히 일할 것이고, 그 결과로 생산성과 이윤이 증가할 것이다. 고용자가 시장 임금보다 높은 임금을 지불하고 이것이 생산성을 향상시킴으로써 이윤을 최대화할 때, 이 높은 임금을 **효율성 임금**(efficiency wage)이라고 부른다. 그러나 그러한 생산성의 향상은 어떻게 달성되는가? 애컬로프는 통상적으로 피용자들이 해야 할 양보다 정말로 많이 일한다고 주장한다. 항상 감독할 수 없고, 한 사례 연구에서 자세히 관찰한 것처럼 피용자들은 게으름을 부리다가 적발당하지 않으려고 필요한 작업량 이상으로 작업한다는 것이 드러났다. 애컬로프의 추론은 피용자들이 인식한 고용자의 관대함에 대하여 긍정적 상호성으로 반응한다는 것이다. 애컬로프는 다양한 문화의 사람들에게서 관찰된 행동을 상호성의 증거로 해석한 인류학적 연구를 원용하였다. 그러한 다수의 연구에서 상호성이 선물 교환의 형태로 나타났다. 애컬로프는 피용자들이 시장임금보다 높은 자신들의 임금을 '선물'로 인식하고 노력의 증대라는 '선물'로 반응한다는 점에서 고용 관계와 인류학적 연구의 유사성을 발견하였다. 그러나 이 인류학적 연구는 인식된 호의를 갚기 위해 (또는 인식된 냉대에 보복하기 위해) 자기 이익을 희생하는 경향을 지적하는 게임 이론적 실험과도 부합한다.

이 결과가 시사하는 바는 새로운 발상이 아니지만 흔히 간과되는 것이다. 그것은 고용 관계가 단순한 이해 갈등의 경우가 아니면 더 많은 이윤을 창출한다는 것이다. 불만을 품

---

10) G. A. Akerlof, Labor contracts as a partial gift exchange, *Quarterly Journal of Economics*, 98(4) (November, 1982), pp. 543-570.

11) 한 사람이 매일 다른 고용자를 위해서 일하는 일용 노동 시장과 고용 안내소 시장처럼 이것이 말 그대로 사실인 노동시장은 선진국에서 매우 적다. 이런 시장들은 후진국에서 더 많이 볼 수 있다. 임시고용의 증가가 이 주장에 대하여 무엇을 의미하는지가 분명하지 않다.

은 피용자는 생산성이 낮으므로 똑똑한 고용자는 피용자들을 '만족시키기' 위한 (돈을 포함하지만 그것만이 아닌) 방법을 찾는다.

7. 수준 k

게임 이론의 대부분에서 우리는 합리성만이 아니라 합리성의 공통 지식도 가정한다. 그것은 누구를 상대하든 꾀로 이기려고 시도하는 것은 소용이 없다는 말이다. 내가 다른 플레이어들도 바로 내가 합리적이라는 것과 같은 의미로 합리적이라는 것을 알면 내가 누구든 꾀로 이기려고 하는 것이 소용없다. 이 분석의 결과는 게임과 다른 플레이어들의 반응을 경험한 사람들의 연출에 상당히 근접한 것일 수 있다. 그래도 많은 경우에 사람들은 (게임이 한 번만 연출되거나 처음으로 연출되고 있다면) 경험이나 다른 정보나 훈련 없이 전략을 선택해야 한다. 이 종류의 경우에 합리성의 공통 지식을 가정하는 접근은 적어도 두 가지 이유 때문에 사실에 대한 서투른 근사치일지 모른다. 첫째, 증거를 보면 실제로 인간의 합리성이 제한되어 있다. 합리성의 공통 지식을 가진 게임에 대한 해는 매우 복잡하고 실제로 사람들 경험이나 훈련이 없이 문제를 푸는 능력을 초월할 수 있다. 둘째, 사람들이 자주 남들을 꾀로 이기려고 한다는 증거가 있다. 내 적수의 합리성이 제한되어 있고 내가 그보다 조금 '더 합리적'일지 모른다는 것을 알면 내가 그를 꾀로 이긴다는 것이 일리가 있을 수 있다. 요컨대, '마치' 여러 유형의 플레이어들이 있는 것처럼 어떤 플레이어들은 남보다 '더 합리적'인 것처럼 행동하는 것 같다.

이 발상은 1회 한정 게임에서 전략적 사고에 대한 '수준 k' 접근방법에 중심적이다. 이 접근방법에서 게임의 의사결정자들은 (적어도) 다음과 같은 유형이다.

수준 0 : 수준 0에 있는 플레이어는 전략적 사고를 전혀 하지 않고 별 생각 없이 아마 무작위로 전략을 선택한다.

수준 1 : 수준 1에 있는 플레이어는 수준 0에 있는 플레이어의 결정에 대한 최선반응을 선택한다.

수준 k : $k > 0$일 때마다 수준 k에 있는 플레이어는 $k-1$ 수준에 있는 플레이어에 대한 최선반응을 선택한다. 예컨대, 수준 2 플레이어는 수준 1에 있는 플레이어에 대한 최선반응을 선택한다.

추가적으로 2개의 다른 플레이어 유형 — 내시 균형만 연출하는 '균형' 플레이어와, 다른

표 18.4 위치선정 게임의 이득
(제4장의 표 4.22a를 재현)

		게이시즈			
		업타운	센터 시티	이스트 사이드	웨스트 사이드
밈블즈	업타운	30, 40	50, 95	55, 95	55, 120
	센터 시티	115, 40	100, 100	130, 85	120, 95
	이스트 사이드	125, 45	95, 65	60, 40	115, 120
	웨스트 사이드	105, 50	75, 75	95, 95	35, 55

표 18.5 게이시즈가 수준 0일 경우 밈블즈의 기대이득

			합계
밈블즈	업타운	30/4 + 50/4 + 55/4 + 55/4	47.5
	센터 시티	115/4 + 100/4 + 130/4 + 120/4	116.25
	이스트 사이드	125/4 + 95/4 + 60/4 + 115/4	98.75
	웨스트 사이드	105/4 + 75/4 + 95/4 + 35/4	77.5

표 18.6 밈블즈가 수준 0일 경우 게이시즈의 기대이득

			합계
게이시즈	업타운	40/4 + 115/4 + 125/4 + 105/4	96.25
	센터 시티	95/4 + 100/4 + 65/4 + 75/4	83.75
	이스트 사이드	95/4 + 85/4 + 40/4 + 95/4	78.75
	웨스트 사이드	120/4 + 95/4 + 120/4 + 55/4	97.5

유형의 플레이어를 다시 상대할 가능성을 추산하려고 시도하고 거기에 의거해서 최선의 이득 기대치를 얻기 위하여 최선반응을 선택하는 세련된 플레이어 — 이 있을지 모른다.

예로서 제4장의 연습문제 Q4.2, 위치선정 게임으로 돌아가자. 그 게임을 위한 이득을 편의상 표 18.4로 옮겼다. 우리는 두 백화점, 밈블즈와 게이시즈가 본점을 위한 위치를 선정해야 한다는 것을 상기한다.

우리는 수준 0 플레이어들이 네 가지 전략 가운데 각각 1/4의 확률로 무작위로 선택한다고 가정한다. 이제 밈블즈는 게이시즈가 수준 0에 있는 것으로 믿는다고 가정하라. 그러면 밈블즈의 전략에 대한 기대치는 표 18.5와 같다. 우리는 수준 1 플레이어로서 밈블즈의 최선반응은 116.25의 기대이득을 위한 센터시티라는 것을 본다.

이제 게이시즈는 밈블즈가 수준 0 플레이어라고 가정하고, 4개의 전략 가운데 무작위로 선택할 것이라고 가정하라. 그러면 게이시즈는 표 18.6과 같은 이득을 기대할 것이다. 우리는 수준 0의 연출에 대한 게이시즈의 최선반응이 97.5의 기대이득을 위한 웨스트 사이드라는 것을 본다.

우리는 밈블즈가 수준 1 연출자이면 센터 시티를 연출하는 한편, 게이시즈가 수준 1 연출자이면 웨스트 사이드를 연출할 것임을 보았다. 수준 2에 대해서는 어떠한가? 밈블즈가 수준 2 연출자라면 게이시즈의 수준 1 전략에 대한 최선반응을 연출할 것이고, 그것은 다시 센터 시티이다. 게이시즈가 수준 2 연출자라면 밈블즈의 수준 1 전략에 대한 최선반응인 센터 시티를 연출할 것이다. 수준 3에서 다시 한 번 각자는 센터 시티에 대한 최선반응 — 센터 시티 — 을 연출할 것이다. 따라서 더 높은 모든 수준에서 같은 결과가 된다. 이 게임을 위한 내시 균형이 두 플레이어가 모두 센터 시티를 연출하는 것이므로 두 플레이어가 적어도 수준 3에서 연출하면 그들은 내시 균형을 연출할 것이다. 우리는 균형 플레이어와 수준 2 이상에 있는 플레이어를 구별할 수 없다. 세련된 플레이어의 경우에는 수준 0, 1과 더 높은 수준의 플레이어들의 비율에 달려 있기 때문에 우리는 더 많은 정보가 없으면 말할 수 없다.

수준 k 이론은 1회 한정 게임, 즉 한 번만 연출되거나 처음으로 연출되는 게임을 위한 연출의 이론이다. 실험에서 전형적으로 실험 대상자들은 돌아가면서 게임을 연출하도록 짝이 지어지므로 각 쌍은 한 번만 연출한다. 이 설계는 실험자가 설계한 1회 한정 게임을 실험 대상자들이 연출하고 어떤 더 복잡한 반복되는 게임을 연출하지 않도록 보장한다. 각 연출에서 선택된 전략들을 기록한다. 수준 1과 2 또는 다른 수준의 연출에 상응하는 전략들이 무작위로 발생하는 것보다 훨씬 더 일반적이면 증거는 수준 k 이론을 지지하는 경향에 있다. 이것을 바탕으로 이 이론은 견실한 지지를 받고 있으며, 수준 1과 2의 연출이 가장 일반적인 것 같지만 약간의 균형 플레이어들과 때때로 소수의 수준 3 플레이어들, 세련된 플레이어들을 볼 수 있다. 수준 0 플레이어는 있다고 하더라도 거의 볼 수 없다. 수준 k 이론에서 수준 0은 의사결정자에 의한 연출의 이론이라기보다 어떤 플레이어들이 적수나 파트너의 연출을 모형화하는 방법에 관한 가설이다. 위치선정 게임은 실험방법에 의해 연구되지 않았지만, 그렇게 해야 한다면 우리는 게이시즈와 밈블즈의 역할을 맡은 주체에게서 상당히 다른 연출을 볼 것으로 기대할 것이다. 밈블즈의 경우에 균형전략인 센터 시티가 압도적으로 가장 일반적인 전략 선택이라고 기대할 것이다. 그러나 게이시즈의 경우에 수준 1 연출자의 비율에 관한 실마리를 줄 만한 상대적 빈도로 웨스트 사이드와 센터 시티가 다른 2개보다 자주 선택되리라 기대할 것이다. 우리가 그것을 관찰한다면 그것은 수준 k 이론을 확인하는 경향이 있을 것이다. 다른 전략을 선택하는 비율이 대체로 같거나 게이시즈와 밈블즈 플레이어들 사이에 차이가 없는 것 같은 상당히 다른 결과가 나오면 우리는 수준 k 이론을 의심할 것이다.

표 18.7 매 대 비둘기
(제5장의 표 5.7을 재현)

		새 B	
		매	비둘기
새 A	매	−25, −25	14, −9
	비둘기	−9, 14	5, 5

우리는 (위치선정 게임과 같은) 어떤 게임에서 플레이어들이 충분히 높은 수준에서 결정하면 내시 균형이 연출될 것을 안다. 그러나 그것은 일반적으로 맞지 않는다. 이를 예시하기 위해 제5장 7절과 제10장 4절의 또 다른 친숙한 예인 매 대 비둘기 게임으로 돌아갈 수 있다. 편의상 이 게임의 이득표를 표 18.7에 옮겼다.

평소대로 수준 0 플레이어들이 2개의 전략을 같은 확률로 무작위로 선택한다고 가정한다. 새 A가 수준 1 플레이어라면 새 A는 매 전략에 대하여 −11/2의 이득, 비둘기 전략에 대하여 −4/2의 이득을 기대한다. 음수를 오해하지 말라. −4/2가 −11/2보다 크다. 따라서 수준 1 플레이어는 비둘기를 연출할 것이다. 수준 2 플레이어는 비둘기에 대한 최선반응인 매를 연출할 것이고, 수준 3 플레이어는 매에 대한 최선반응인 비둘기를 연출할 것이고…. 모든 홀수 플레이어들은 비둘기를 연출할 것이고 모든 짝수 플레이어들은 매를 연출할 것이다. 우리는 어느 전략도 균형에 해당할 수 있으므로 균형 플레이어가 무엇을 연출할지 말할 수 없다. 세련된 플레이어의 경우에 우리는 이미 (제10장 4절에서) 동물 집단 내 개체의 약 36% 이상이 매이면 비둘기가 최선반응이고 그렇지 않으면 매가 최선반응이라는 것을 보았다. 따라서 이 게임을 위해서 세련된 플레이어는 짝수 수준 플레이어들이 집단 내 개체의 36%라고 생각해야만 매를 연출할 것이고, 그렇지 않으면 비둘기를 선택할 것이다.

수준 k 이론의 난점은 수준 0 플레이어들이 무엇을 할 것인가 — 그들이 전혀 전략적 사고를 하지 않는다는 것은 무엇을 의미하는가 — 를 결정하는 것이다. 어떤 게임에서는 생각하지 않는 플레이어가 실제로 전략을 무작위로 선택하는 것 같지 않다. 어떤 전략은 그들의 주의를 끄는 어떤 특별한 성질을 가져서 생각하지 않는 의사결정자가 그 전략을 선택하는 경향이 있을지 모른다. 이와 같은 성질을 지칭하는 용어는 **인식**

인식적 특징(Cognitive Salience) : 모든 결정이나 추론의 문제에서 어떤 특별한 특성이나 성질 때문에 주의를 끄는 대안이 있을지 모른다. 그 대안을 *인식적 특징*이라고 한다. 이 용어는 도약에 해당하는 라틴어에 연원을 둔다. 인식적으로 뚜렷한 대안은 바로 마음속으로 도약하는 대안이다.

표 18.8 탐욕 게임의 이득

		Q			
		1	2	3	4
P	1	0, 0	0, 400	0, 500	1000, 0
	2	400, 0	300, 300	0, 0	400, 0
	3	500, 0	0, 0	100, 100	0, 0
	4	0, 1000	0, 400	0, 0	0, 0

적 특징이다. '특징'은 두드러짐, 특정한 전략을 지도상의 산이나 반도처럼 뚜렷하게 만드는 특징이므로 '인식적 특징'은 단순한 사고의 단계에서 전략을 두드러지게 만드는 특징이다. 해소되지 않은 문제는 생각하지 않는 플레이어가 무작위로 선택할 것인지, 높은 확률로 인식적 특징의 전략을 선택할 것인지 여부이다.

문제를 예시하는 게임이 있다. 거기에 부수하는 이야기는 없지만 그것은 탐욕이 어떻게 차이를 만들 수 있는지를 보여 줄 것이므로 탐욕 게임이라고 부를 것이다. 플레이어 P와 Q는 4개의 전략 1, 2, 3, 4 가운데 한다. 그러면 수준 1 플레이어는 그의 기대이득표는 표 18.8이다. 우리는 이 게임이 전략조합 (2, 2)와 (3, 3)에 해당하는 2개의 내시 균형을 갖는다는 것을 본다.

첫째, 수준 0 플레이어가 4개 전략을 무작위로 선택한다고 가정하라. 그러면 수준 1 플레이어는 자기의 기대이익을 표 18.9처럼 추산하고, 따라서 전략 2를 연출할 것이다. 수준 2 플레이어는 전략 2로 반응할 것이고 더 높은 수준의 플레이어들도 그렇게 할 것이다. 우리는 수준 0 이상의 모든 플레이어들이 전략 (2, 2)에서 균형을 연출할 것으로 기대할 것이다.

그러나 전략조합 (1, 4) 혹은 (4, 1)에서 1,000의 이득은 게임 안의 다른 모든 이득보다 2배나 큰 대박 이득이다. 이것은 수준 0 플레이어의 주의를 끌지 모른다. 이 경우에 더 큰 이득은 탐욕의 감정을 자극하기 때문에 두드러질지 모른다. 그러면 수준 0 플레이어가 무작위로 선택하는 대신 전략 1을 선택함으로써 '노다지를 노린다'고 가정하라. 그러면 수준 1 플레이어가 선택한 최선반응은 전략 3이고, 수준 2나 더 높은 수준의 플레이어는 전략조합 (3, 3)에서 내시 균형을 연출하면서 전략 3으로 반응할 것이다.

우리가 보듯이 이 게임에서 수준 0 연출의 다른 모형들은 상당히 다른 예측을 유도한다. 사실, 각자는 내시 균형의 연출을 예측하지만 서로 다른 균형 — 수준 0이 무작위로 선택

표 18.9 탐욕 게임에서 무작위적 플레이어를 상대로 한 기대이득

			합계
P 또는 Q	1	0/4 + 0/4 + 0/4 + 1000/4	250
	2	400/4 + 300/4 + 0/4 + 400/4	275
	3	500/4 + 0/4 + 100/4 + 0/4	150
	4	0/4 + 0/4 + 0/4 + 0/4	0

하면 (2, 2)이고 수준 0이 인식적 특징에 따라 선택하면 (3, 3) ― 을 예측한다. 한편으로 항상 수준 0 연출의 단일 모형을 확인할 수 있으면 수준 k 이론은 확실히 좀 더 구체적일 테지만, 다른 한편으로 우리는 증거가 스스로 말하도록 할 수 있다. 탐욕 게임의 실험 ― 아직 이루어지지 않은 실험 ― 은 어느 수준 0 연출의 모형이 더 좋은가를 보여 줄지 모를 것이다. 만일 (2, 2)가 (3, 3)보다 훨씬 더 일반적이면 이 특정한 게임을 위해서는 수준 0 플레이어의 임의적 해석이 더 좋다고 추론할 것이다. 거꾸로 전략 1과 4가 자주 선택되면 이것은 수준 k 이론에 반대되는 증거일 것이다.

수준 k 이론은 전략의 선택에서 제한된 합리성을 플레이어들의 전략적 상호 의존성과 다른 플레이어들에 관한 그들의 모형을 직접 반영하고, 플레이어들의 유형이 다를지 모른다고 가정하는 방법으로 나타내는 이점이 있다. 수준 k 이론을 검증하는 실험의 대부분은 이 예들보다 복잡하다. 이 연구들에서 우리는 이 이론 그리고 특히 상이한 유형의 존재를 지지하는 상당한 증거를 발견한다.

대체 이론도 다른 실험 연구에서 어느 정도 지지를 받아 왔다. 1회 한정 게임의 일련의 중요한 대체모형들은 의사결정자들이 최선반응을 선택하지만 어느 정도의 확률로 실수도 저지른다고 가정한다. 통상적으로 의사결정자는 과오를 범함으로써 잃는 것이 많아질수록 실수할 가능성이 줄어든다. 동시에 플레이어들이 다른 플레이어들이 실수할 수 있다는 것을 알면 (제11장 4절에서 보았듯이) 그것은 그들의 전략 선택에 영향을 줄 것이다. 이 가정들은 상당히 복잡한 수학적 균형 모형을 도출하는데 그것은 이 책의 범위를 벗어난다. 이 종류의 모형들은 과오 축소의 과정으로서 학습(learning)을 고려하는 이점이 있다.

그러나 우리는 그것을 모형화하고, 제한된 합리성을 지지하는 증거는 매우 강하다. 행동 게임 이론에서 우리는 게임과 게임 같은 상황하의 합리성이 제한된 의사결정을 모형화하고 최선의 모형을 선정하기 위해 실험 증거에 의존한다. 이것은 게임 이론에서 가장 중요한 연구와 응용의 최전선에 머물러 있다.

8. 과제(설문)

실험 게임 이론은 다른 분야, 특히 심리학과 실험경제학의 실험방법을 채용하였고 어떤 경우에는 그러한 연구의 결과를 확장하였다. (특히 심리학에서) 상당수의 실험 연구는 설문(framing)이라는 현상에 초점을 두어 왔다. 이 연구들에 따르면 인간은 질문을 받는 방법에 따라 다르게 결정할 수 있다. 즉, 결정은 결정의 '설문' 방법에 의하여 영향을 받는다. 예를 들어, 당신은 95% 무지방인 제품을 살 것인가 아니면 5% 지방인 제품을 살 것인가? 물론 두 질문의 뜻은 같지만 5% 지방이라고 광고하는 제품을 본 적이 있는가?

설문은 2명의 심리학자, 트버스키(Amos Tversky)와 카너먼(Daniel Kahneman)의 고전적인 실험에 의하여 예시된다. 그것은 게임 이론 실험이 아니라 게임과 밀접하게 연관된 분야인 위험 인식에 관한 실험이다. 실험은 예방 조치를 취하지 않으면 600명이 죽을 것이라는, 가상적인 정체불명의 열대 전염병에 대한 위협에 기초를 둔 것이다. 취할 수 있는 예방 조치에는 두 가지가 있으나 상충되기 때문에 한 방법만 사용될 수 있다. 실험 대상자들은 두 가지 방법 가운데 선택하라는 요구를 받았다.

- 한 집단의 실험 대상자들에게는 다음과 같이 말했다.
  - A 방법을 사용하면 200명이 생존할 것이다.
  - B 방법을 사용하면 1/3의 확률로 600명이 생존하고 2/3의 확률로 아무도 생존하지 못할 것이다.

- 다른 집단의 실험 대상자들에게는 다음과 같이 말했다.
  - A 방법을 사용하면 400명이 죽을 것이다.
  - B 방법을 사용하면 아무도 죽지 않을 확률이 1/3이고 2/3의 확률로 600명이 죽을 것이다.

이 두 설명은 같은 사건을 말하지만, 첫 번째 것은 A 방법을 사용하면 200명이 확실히 살 것이라는 사실을 강조하는 한편, 두 번째 것은 같은 방법을 사용하면 400명이 확실히 죽을 것이라는 사실에 주의를 환기시킨다는 점을 주목하라. 어떤 경우든 선택은 같다. 하나는 200 : 400의 확실한 생사의 구분, 다른 하나는 죽을 확률이 더 높지만 600명의 사망 아니면 생존이다.

두 설명이 같은 내용임에도 불구하고 두 실험 대상자 집단은 다르게 반응하였다. 200명이 생존할 것이라고 들은 집단은 72 : 28의 차이로 A 방법을 선택한 반면, 400명이 사망할 것이라고 들은 집단은 78 : 22의 차이로 B 방법을 선택하였다! 분명히 설문방식이 A 방법에 긍정적인지 부정적인지에 따라 결정이 달라졌다.

게임 이론의 실험자들은 겨우 최근에야 설문의 역할에 대한 연구를 시작하였다. 이렇게 늦어진 이유는 아마 게임 이론의 근원이 합리적 행동 이론에 있기 때문일 것이다. 전통적 게임 이론의 모형은 합리성과 합리성에 대한 공통 지식을 가정하므로 한 플레이어의 결정에 필요한 사실은 다른 플레이어가 합리적이라는 것뿐이다. 그러나 결정이 상호성에 의하여 영향을 받을 때에는 상호성의 인식이 게임의 틀이 짜이는 방식에 의존할 수 있기 때문에 설문이 중요할 것이다. 자기 이익, 애타심, 제한적 합리성 때문에 결정이 설문방식에 따라 달라질 수 있다.

바라건대, 앞으로 더 많은 실험 연구를 통해 게임에서 설문이 가진 역할에 대하여 훨씬 많은 것을 알게 될 것이다.

9. 현재의 상황

대체로 실험 연구는 인간의 전략적 행동에 관한 이론으로서의 비협조 게임 이론 모형에 대하여 몇 가지 심오한 의문을 제기한다. 다음의 논점은 분명한 것 같다.

- 실제 인간의 합리성은 제한되어 있으며 합리성의 공통 지식 가설이 함축하듯이 제한되어 있다.
- 게임에서 실제의 인간 행동은 때때로 비협조 결과보다 협조 결과에 가까워진다.
- 게임에서 실제의 인간 행동은 상호성과 같은 비이기적 동기에 의하여 영향을 받는다.
- 게임에서 실제의 인간 행동은 설문에 의하여 영향을 받을 수 있다.
- 게임에서 실제의 인간 행동은 복잡하고 사실상 그 일부는 무작위적이다.

그러나

- 광범위한 실험과 관찰에서 비협조 게임이 관찰된 행동을 묘사한다. 이 중에는 사람들이 경험을 통해 배우고 자신의 행동을 정련할 기회가 많은 게임들이 포함된다.
- 비협조 해와 협조 해는 함께 실제의 인간 행동의 많은 부분을 설명할 수 있다.
- 게임 이론은 부분적으로만 인간 행동의 이론이다. 그것은 부분적으로 '이상적' 이론, 즉 사람들이 (어떤 의미에서든) 합리적이라면 어떻게 행동할 것인가를 설명하는 이

론이기도 하다.

요약하면, 몇 개의 중요한 예시적인 게임에서 나타난 이론과 실험 간의 괴리를 해석하는 방법은 두 가지가 있다. 한 방법은 그것을 합리성의 가정과 게임 이론의 일반적 적용성에 대한 반증으로 해석하는 것이다. 다른 방법은 그것을 합리성의 가정을 넘어 좀 더 일반적이고 현실적인 전략적 행동의 이론으로서 게임 이론을 연장하기 위한 단계로 해석하는 것이다. (이 책의 저자에게는) 두 번째 해석이 이론·실험·관찰이 잘 일치하는 광범위한 게임과 응용을 유지할 수 있도록 해 주므로 바람직한 것처럼 보인다.

10. 요약

게임과 실험은 관찰된 것의 균일성에 기초를 둔다는 점에서 비슷하며 게임은 실험 연구에 적합하다. 그러므로 게임 이론의 초창기에 랜드연구소에서 실시된 이래 게임 이론의 실험 연구가 광범위하게 진행되어 왔다. (죄수의 딜레마를 탄생시킨) 초기의 실험들은 몇 가지 점에서 그 후에 나타날 것의 전조였다. 첫째, 무엇이 실험되고 있는지 애매할 수 있다. 예컨대, 연출이 반복되는 실험은 1회 한정 게임에 관한 가설을 직접적으로 검증하는 데 사용될 수 없다. 그러나 애매성을 제거하기 위한 모든 조치가 취해졌을 때에도 실험 결과는 분명히 비협조 균형 이론의 한계를 초월한다. 어떤 균형의 예는 실험에 의해서 확인되지만, 다른 예에서는 실험 결과가 무제한적인 합리성과 자기 이익에 의문을 제기한다. 실험적 게임의 협조 해와 비협조 해가 상충할 때 관찰된 행동은 흔히 협조 해의 방향으로 움직이거나 그렇지 않으면 그것에 의해 영향을 받는 경향이 크다. 비이기적이고 합리성이 제한된 플레이어들을 폭넓게 감안할 필요가 있을지 모른다. 그러나 인간의 전략적 행동은 상호성에 의하여 수정된 자기 이익을 제한적 합리성의 조건하에 표현하는 것이라고 이해할 수도 있을 것이다.

Q18. 연습문제

Q18.1 **전진귀납법** 제13장처럼 게임의 균형이 '외부의 선택'에 의하여 영향을 받는다는 가설과 전진귀납법을 연구하기 위한 실험을 제안하라. 이 실험은 실험 대상자들에게 경험에 의하여 학습할 기회를 허용해야 하지만 '반복 연출'의 고려에 의하여 영향을 받아서는 안 된다.

Q18.2 도로의 분노 제12장의 '도로의 분노' 게임을 기억하라. 밥의 전략은 '공격한다'와 '공격 안 한다'이고, 앨의 전략은 (밥이 공격하면) '보복한다'와 '보복 안 한다'이다. 표 18.10a는 이 게임의 이득표이다.

표 18.10a 도로의 분노 게임
(제12장의 표 12.3a를 재현)

		밥	
		공격한다	공격 안 한다
앨	밥이 공격하면 보복하고, 공격하지 않으면 가만히 있는다.	−50, −100	5, 4
	밥이 공격하면 보복하지 않고, 공격하지 않으면 가만히 있는다.	4, 5	5, 4

이 게임의 하부 게임 완전균형에서 밥은 공격하고 앨은 보복하지 않는다. 그러나 운전자들이 항상 공격하지는 않으며, 공격하는 때에는 가끔 보복을 볼 수 있고 심지어 (드물기는 하지만) 공격자에게 총을 쏘는 경우도 있다. 이 사실을 이 장의 개념들을 사용하여 설명하라. 밥과 앨이 애타주의자라면 어떻게 행동할 것인가? 초경쟁적이라면? 상호성에 의하여 움직인다면? 워싱턴 주의 경찰은 공격적 운전자에 대한 범칙금을 올려 도로의 분노를 억제하려는 정책을 채택하였다. 이 장의 논의에 비추어 볼 때 이 정책은 타당한가?

Q18.3 환불 게임 플레이어 1이 돈을 얻는다. 그는 이 돈을 모두 갖거나 그중 일부를 플레이어 2에게 넘겨줄 수 있다. 플레이어 1이 돈의 일부를 플레이어 2에게 넘겨주면 실험자가 그것과 같은 금액을 더해 준다. 따라서 플레이어 2에게 넘어가는 금액은 플레이어 1이 넘겨준 액수의 2배가 된다. 그러면 플레이어 2는 받은 금액의 전부나 일부를 플레이어 1에게 되돌려줄 수 있다. 이때 실험자는 다시 플레이어 2가 환불한 금액의 1/2만큼 더해 준다. 따라서 플레이어 1은 플레이어 2가 돌려준 금액의 1.5배를 받는다. 그러므로 플레이어 1이 $10로 시작하고 그 돈을 모두 플레이어 2에게 넘겨주면 플레이어 2는 $20를 얻고, 플레이어 2가 이 돈을 모두 플레이어 1에게 돌려주면 플레이어 1은 $30를 얻는다.

이 게임의 하부 게임 완전균형은 무엇인가? (총 이득을 최대화하는) 애타주의자는 이 게임을 어떻게 연출할 것인가? 초경쟁적 유형의 플레이어는 어떠한가? 플레이어들이 상호성에 의하여 움직인다면 어떻게 될 것인가? 이 장의 정보를 이용하면 당신은 이 실험의 결과가 어떨 것으로 예상할 것인가?

Q18.4 환경 게임 초록 교수는 삼림지와 지하수 등 환경자원을 보존하려는 동기에 관심을 갖고 있다. 이 자원은 후손들에게 편익을 줄 수 있지만 어떤 세대라도 삼림을 벌채

하거나 지하수를 오염시킴으로써 자원을 고갈시킬 수 있다. 그 경우에 자원은 미래의 세대에게 쓸모가 적거나 없어진다. 초록 교수는 실험용으로 다음과 같은 게임을 설정한다. 참가자의 수는 N 이상이고 순서대로 게임을 연출한다. 첫째 플레이어에게 '자원'(종이 1장)이 주어지고 그는 이것을 둘째 플레이어에게 넘기거나 실험자에게 돌려줄 수 있다. 종이가 넘겨질 때마다 각 플레이어는 똑같은 선택 대안을 가지며 종이가 실험자에게 반환되면 게임이 끝난다. 다음 플레이어에게 종이를 넘긴 플레이어는 1점을 얻는 한편, 실험자에게 종이를 반환한 플레이어는 (1점을 얻는 마지막 플레이어가 아닌 한) 2점을 얻는다.

이 게임에 3인의 플레이어가 있다고 가정하고 게임을 전개형으로 그려라. 플레이어들이 합리적이고 이기적이라고 가정하면 당신은 이 게임의 결과가 무엇일 것으로 기대하는가? 당신은 무엇이 발생할 것이라고 생각하는가? 그 이유는? 플레이어의 수가 많으면 어떤 차이가 생길까?

Q18.5 노력 딜레마 노력 딜레마는 협조 해가 (열심히) 일하는 것이고 비협조 해가 게으름을 피우는 사회적 딜레마라는 것을 상기하라. 무한정 반복 게임의 이론에 의하면, 연출이 계속될 확률이 충분히 클 때 협조 연출이 이루어질 수 있다. 반복의 확률이 높아지면 노력 딜레마에 어떤 영향을 줄 것인지를 검증하기 위한 실험을 설계하라.

Q18.6 수준 *k* 수준 0 연출이 모든 전략에 대하여 같은 확률로 무작위적이라고 가정하고 제4장의 연습문제 Q4.4~Q4.7과 제5장의 연습문제 Q5.2, Q5.3을 위한 수준 1, 2, 3 연출을 결정하라.

346쪽 문제의 해답 그림 18.2처럼 4회의 통과 후 협조 이득이 A가 첫째 단계에서 잡으면 얻을 이득을 능가한다고 가정하라. B가 상호성에 의하여 움직인다고 A가 믿으면 A는 통과시킬 것이다. 그리고 B가 통과시키면, A는 자기가 다시 통과시킬 경우 B가 다음에도 통과시킴으로써 자기(A)의 '호의에 보답'할 것으로 예상하여 통과시킬 것이다. 따라서 A가 협조 이득을 더 많이 얻는다. 플레이어들이 '합리적 · 이기적'이 아니라는 것을 아는 합리적 · 이기적 플레이어는 그렇지 않다면 합리적이지 않을 방식으로 행동할 것이다.

제19장

진화와 적응적 학습

이 장의 내용을 가장 잘 이해하려면 제1장~제5장, 제7장~제9장, 제12장~제15장과 제18장의 내용을 학습하고 이해할 필요가 있다.

중요 개념 

집단 게임(Population Game) : 한 집단에서 임의로 추출된 구성원들이 다른 전략을 연출하는 유형의 구성원들과 적수가 되어 게임을 연출하면 전체의 연출과정이 집단 게임이다.

동태적 복제 과정(Replicator Dynamics) : 동태적 복제 과정이 있는 집단 게임에서 각 유형의 비율은 그 유형이 연출한 전략의 이득이 평균이득보다 많은가 적은가에 따라 집단 전체에 대비하여 증가하거나 감소한다.

진화적 안정전략(Evolutionarily Stable Strategy, ESS) : 동태적 복제 과정 하에서 안정적인 내시 균형은 진화적으로 안정적인 전략 균형이다.

제5장의 매 대 비둘기 게임을 다시 생각해 보라. 이 예에서는 2마리의 새가 대결하고 각각 공격적 전략과 후퇴 전략 중에 선택해야 한다. 그러나 새는 게임 이론의 시각에서 우리가 인간에 대하여 상정하는 것과 같이 계산을 하는 합리적 존재가 아니다. 새의 경우에 관찰되는 행동의 대부분은 유전적으로 결정되는 것 같다. 매가 공격적인 것은 매가 그렇게 선택하였기 때문이 아니라 그러한 유전적 특징을 갖고 있기 때문이다. 마찬가지로 비둘기도 그 유전인자가 시키는 대로 후퇴하는 것이다.

그럼에도 불구하고 게임 이론은 진화생물학에 영향을 주어 왔다. 생물학자들은 효과가 없는 전략은 진화에 의하여 제거되므로 게임 이론이 이 진화 과정의 결과를 예측할지 모른다고 말한다. 특히 생물학자 존 메이너드 스미스는 진화적 안정전략(ESS)의 개념을 진화생물학에 적절한 게임 이론적 접근방법으로 제안하였다.

그러나 인간의 경우에도 고전적 게임 이론이 채택한 완전 합리성의 가정이 지나친 것일지 모른다. 많은 인간 행동의 관찰자들은 인간의 합리성이 '제한되어 있다(bounded)'고 한다. 인간의 인식 능력이 제한되어 있으므로 게임 이론에서 묘사된 최선반응 전략에 필요한 복잡한 계산을 다 하는 것은 불가능할지 모른다. 한 가능성은 '제한적으로 합리적인' 인간이 통상적으로 습관, 일상적 관행과 경험 법칙에 따라 행동한다는 것이다. 그렇다고 하더라도 인간은 배운다. 인간은 배우고 실수를 제거할 수 있다는 점에서 합리적인 존재이다. 그래서 인간의 학습은 진화와 매우 다르지 않을지 모르며, 생물학자들이 게임 이론에 도입한 개념들은 제한적으로 합리적인 인간 행동에 똑같이 적용될 수 있을 것이다.

이 장에서는 ESS의 개념과 함께 이 개념이 생물학과 제약하의 합리적 학습에 응용된 결과를 탐구한다.

1. 매 대 비둘기

표 19.1 매 대 비둘기
(제5장의 표 5.7을 재현)

		새 B	
		매	비둘기
새 A	매	−25, −25	14, −9
	비둘기	−9, 14	5, 5

제5장의 매 대 비둘기 게임은 2개의 균형을 가진 2×2 게임의 예로 제시되었다. 이득표는 표 19.1에 나타나 있다. 새들의 이득은 내포적 적합성(inclusive fitness), 즉 전체 집단의 평균 번식률에 대비한 개체 번식률의 변화이다. 집단생물학의 가정은 임의로 선정된 2마리의 새가 대결하고 원칙상 각각 공격적 전략(매)이나 회피적 전략(비둘기)을 선택할 수 있다는 것이다. 물론 새들의 전략은 유전적 구성에 의하여 결정되지만, (예컨대) 집단 내 개체의 25%가 매이고 75%가 비둘기라면 1마리 새의 입장에서는 적이 25%의 확률로 '매', 75%의 확률로 '비둘기'를 선택하는 혼합전략 하에서 매 전략과 비둘기 전략을 선택하는 것과 거의 같은 상황에 있는 것이다. 이 경우에 1마리의 새가 비둘기를 상대할 확률이 매를 상대할 확률의 3배이므로 매는 그다지 많이 싸우지 않으며 쉬운 상대를 만난다. 따라서 매의 이득이 상대적으로 높을 것이다.

혼합전략의 이득은 확률에 의하여 결정되므로 우리는 기대이득을 계산해야 한다. z를 집단 내 매의 비율(위의 예에서는 0.25)이라고 가정하라. 그러면 $(1-z)$가 비둘기의 비율(위의 예에서는 0.75)이다. 매의 기대이득은 매가 다른 매와 대결할 때 −25이고 비둘기와 대결할 때 14이므로,

$$EV(\text{매}) = -25z + 14(1-z) = 14 - 39z$$

이다. 예와 같이 $z = 0.25$일 때 $EV(\text{매}) = 4.25$이다. 비둘기의 기대이득은 비둘기가 매와 대결할 때 −9이고 다른 비둘기와 대결할 때 5이므로,

$$EV(\text{비둘기}) = -9z + 5(1 - z) = 5 - 14z$$

이다. 예에서 $z = 0.25$이므로 $EV(\text{비둘기}) = 1.5$이다.

이 이득은 대체 수준을 초과한 번식률에 비례한다는 것을 기억하라. 그러나 매 집단이 더 빨리 증가할 것이다. (가중) 평균이득은 $1.5(1 - z) + 4.25z = 2.1875$이다. 따라서 매 집단이 전체 새 집단보다 $4.25/2.1875 = 1.9$ – 거의 2배 – 나 빨리 증가하는 반면, 비둘기 집단의 성장률은 전체 새 집단의 2/3에 불과하다.

존 메이너드 스미스
(John Maynard Smith, 1920~2004)

1920년 영국 런던에서 태어났다. 원래 케임브리지대학교에서 항공기 엔지니어로 교육을 받았으나 런던대학교의 유니버시티대학에서 동물학을 전공하였다. 그는 1951~1965년에 유니버시티대학에서 교수로 있다가 서섹스대학교로 옮겨 1999년 그곳에서 은퇴하였다. 게임 이론에 대한 그의 기여는 진화론에 관한 응용, 특히 진화의 요인으로서 진화적 안정전략의 개념을 포함한다.

이 상대적 번식률은 '장기적'으로 집단의 구성을 결정한다. 그림 19.1은 매의 비율이 변화함에 따른 두 종류 새의 기대이득을 보여 준다. 매의 비율 z가 수평축에 있다. 파란 선은 z가 0에서 1로 증가함에 따른 매의 기대이득을 나타내고, 검은 선은 비둘기의 기대이득을 나타낸다. 두 선의 교차점에서 집단의 구성이 안정적이다. 혼합전략 내시 균형처럼 기대이득이 같다. 약간의 수학적 조작으로 $z = 9/25 = 0.36$이라는 것을 알 수 있다.[1)]

이것이 진화적 안정전략, ESS이다. 페르난도 베가-레돈도에 의하면, "어떤 전략이 일단 전체 집단에 의하여 채택될 때, 집단 내 임의의 작은 부분에 의하여 채택된 이 전략의 돌

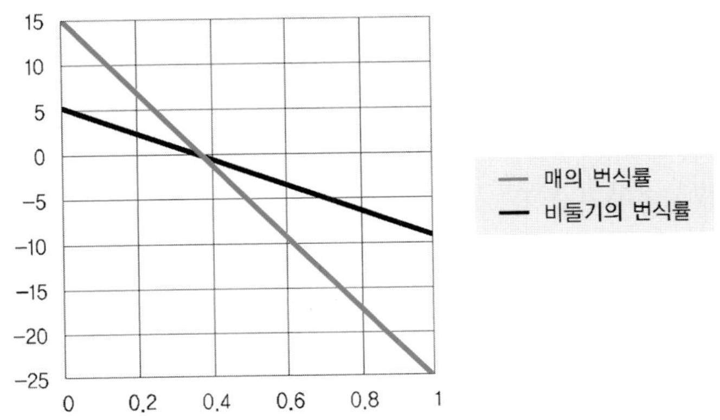

그림 19.1 매 대 비둘기 게임에서의 상대적 번식률

1) $5 - 14z = 14 - 39z$
$(39 - 14)z = 14 - 5$
$25z = 9$
$z = 9/25 = 0.36.$

연변이(mutation)가 최소한 이 전략과 동등한 이득을 얻음으로써 침입(즉, 진입하여 생존)할 수 없다면 그 전략은 진화적 안정전략이다."[2] 이 개념을 매 대 비둘기 게임에 적용하려면 균형 비율 9/25를 각 새가 9/25의 확률로 매를 연출하는 혼합전략을 채택하는 혼합전략으로 해석해야 한다. 그렇다면 작은 집단이 다른 확률을 채택하면 더 많은 이득을 얻을까? 그 답은 부정적이다. $z = 9/25$의 혼합전략은 내시 균형인데, 이는 각 소집단이 집단 내의 다른 개체나 소집단들에 대한 '최선반응'을 채택한다는 것을 의미한다. '돌연변이'는 최선반응이 아니며 심지어 더 나쁜 결과가 될 것이다.

ESS의 저변에 있는 동태적 발상이 '동태적 복제 과정'이다. 베가-레돈도를 다시 인용하면, 동태적 복제 과정에서 "주어진 전략을 연출하는 집단의 비율은 그 상대적 이득에 비례하여(즉, 평균이득과의 차이에 비례하여) 변화한다."[3] 위의 매 대 비둘기 예의 논의에서 우리는 (a) $z < 9/25$일 때, 매의 이득이 집단 평균보다 높아 그 비율 z가 증가할 것이나, (b) $z > 9/25$일 때, 매의 이득이 집단 평균보다 낮아 그 비율 z가 감소할 것이라는 점을 주목하면서 동태적 복제 과정을 적용할 수 있다. 따라서 그림 19.1을 보면, z가 9/25와 다르면 항상 z가 9/25를 향하여 움직이고 $z = 9/25$일 때에만 안정적이다. 동태적 복제 과정하의 안정적인 상태는 ESS와 같다.

우리는 두 가지 결론을 도출할 수 있다.

(1) ESS는 내시 균형이다. "임의의 작은 부분에 의하여 채택된 이 전략의 돌연변이가 최소한 이 전략과 동등한 이득을 얻음으로써 '침입'(즉, 진입하여 생존)할 수 없다면 그 전략은 진화적으로 안정적인 전략이다."라고 말하는 것은, 모든 생물은 자신이 속한 집단이 ESS에 있을 때 자기의 최선반응을 연출하고 있다고 말하는 것과 같다.

(2) 동태적 복제 과정하에서 모든 내시 균형이 반드시 균형은 아니므로 모든 내시 균형이 ESS는 아니다.

2. 하수 게임

에셔리키아 콜리(*Escherichia coli*), 약칭 E. 콜리는 하수에 흔한 박테리아이다. 뉴욕 타임스에 의하면 E. 콜리의 세 가지 변종은 가위바위보 게임과 같은 것을 연출한다.[4] 가위바위

---

2) Fernando Vega-Redondo, *Evolution, Games and Economic Behavior,* (Oxford, England: Oxford University Press, 1996), p. 14.

3) 전게서, p. 45.

보 게임에서는 두 어린이가 세 전략 중에서 선택한다. 보자기가 바위를 '덮고(이기고)' 바위가 가위를 '부수며(이기며)' 가위가 보자기를 '자른다(이긴다)'. 전략이 예측될 수 있으면 지므로 모든 전략을 1/3의 확률로 연출하는 혼합전략이 유일한 내시 균형이다.

E. 콜리의 세 가지 변종은 다음과 같다. 변종 1은 치명적 독과 자신을 그 독으로부터 보호하기 위한 단백질 해독제를 만들어 낸다. 변종 2는 해독제만 만들어 낸다. 변종 3은 둘 다 만들지 않는다. 그러나 박테리아는 각 화학물질을 생산하기 위해 비용을 치르며 그 때문에 박테리아의 번식이 늦어진다. 그래서 변종 1의 번식이 변종 2보다 늦고 (독이 없을 경우) 변종 2가 변종 3보다 번식이 늦다. ESS는 무엇일까?

첫째, 완전히 하나의 변종으로만 구성된 집단은 ESS가 아닐 것이다. 가령 집단이 모두 변종 1이라고 가정하라. 그러면 변종 2의 소집단을 만드는 돌연변이가 침입해서 변종 1의 집단보다 빨리 증가하여 집단 전체를 탈취할 수 있을 것이다. 집단이 모두 변종 2라고 가정하라. 그러면 돌연변이한 변종 3의 소집단이 침입하여 압도할 수 있을 것이다. 끝으로, 집단이 모두 변종 3이라면 돌연변이한 변종 1의 소집단이 침입하여 변종 1을 독살하고 압도할 수 있다.

실험자들이 배양판 위에 박테리아를 배양할 때, 배양 박테리아가 각 변종의 작은 덩어리를 형성하고 덩어리 간의 경계선에서만 변종 간에 경쟁이 발생하였다. 변종 1이 변종 2와 경쟁한 곳에서는 변종 2가 변종 1보다 더 빨리 증가하여 빽빽하게 들어차면서 변종 1이 경계선에서 후퇴하는 한편, 변종 1이 변종 3과 경쟁한 곳에서는 변종 3이 변종 1이 생산한 독을 피하여 후퇴하고 변종 1이 전진하였다. 어느 두 변종이든 그 가운데 압도적으로 수가 많은 한 변종이 전진하고 다른 경쟁적 변종이 감소한다. 그래서 경계선이 끊임없이 바뀐다. 그러나 세 변종의 비율은 각각 1/3로 거의 같은 수준을 유지하였다. 그 이유는 다음과 같다. A, B, C를 각각 집단 내 변종 1, 2, 3의 비율로 40, 30, 30이라고 가정하라. 변종 3 박테리아가 변종 1과 대결(변종 3 패배)할 확률이 변종 2와 대결(변종 3 승리)할 확률보다 1/3만큼 더 크다. 그러나 같은 이유로 변종 2가 증가할 것이다. 변종 1의 관점에서 이 두 가지 상황 전개는 나쁜 소식이다. 변종 1이 이길 변종 3의 감소와 변종 1을 이길 변종 2의 증가가 변종 1을 위한 기회를 감소시키므로 변종 1이 감소하기 시작할 것이다. 동태적 과정은 복잡하지만 그것은 집단이 안정적으로 될 필요충분조건이 A/B = B/C = C/A라는 결론을 도출한다. 이것은 가위바위보와 마찬가지로 각 변종이 집단의 1/3이라는

4) Henry Fountain, "Bacteria's 3-Way Game," The *New York Times,* (Tuesday, July 30, 2002), Section F, p. 3.

뜻이다.

게임 이론을 진화생물학에 응용한 예는 허다하다. 그래서 게임 이론은 인간이 아닌 존재에 유용하게 적용될 수 있는 것 같다. 그러나 생물학적 응용을 위한 핵심 개념인 진화적 안정전략과 동태적 복제 과정은 인간과 인간이 습관적으로 선택하는 전략의 진화에도 적용될 수 있다.

3. 제한적 합리성

신고전파 경제학과 게임 이론의 대부분에서는 사람들이 최대화하거나 전혀 틀림없이 최선 반응을 선택한다고 가정되어 있다. 이에 대한 반론은 실제의 사람들이 그렇게 할 수 없고 실제 인간의 합리성이 제한되어 있다고 주장한다. 이를 표현하는 몇 가지 방법이 있는데 대부분 허버트 사이먼의 연구에서 도출된 것이다. 초기의 제안 중 하나는 사람들이 문제에 대한 만족스러운 해답을 갖고 있다면 더 이상 최대화를 추구하지 않고 현실적 제약을 수용하여 '현실적으로 만족한다(satisfice)'는 것이다. 다른 접근방법은 사람들이 매우 복잡하더라도 규칙에 따라 행동한다는 생산체계(production system)의 개념에 의하여 표현된다. 이 발상은 인공지능에 관한 연구에 연원을 두지만[5] '팃-탯'과 같은 전략 원칙과 잘 부합한다. 우리는 이러한 발상들을 함께 묶을 수 있고 사람들이 자신의 이득을 최대화하는 이상적 원칙이 아닌 다른 원칙에 따라 행동한다는 것을 말할 수 있다(그러한 원칙들은 발견적 해법으로도 알려져 있다). 제18장에서 본 바와 같이 이 발상을 지지하는 증거가 많다.

이것은 사람들이 배우지 않는다는 말이 아니다. 게임에서 학습은 중요하고 게임 이론은 완전 합리적 학습(perfectly rational learning)의 모형을 포함한다.[6] 그러나 완전 합리적 존재는 이용할 수 있는 정보를 모두 이용하고 확률의 관점에서 생각하며 자기가 추산한 확률을 증거와 부합하도록 베이즈 법칙을 적용할 것이다. 게임 이론에는 이 종류의 '베이즈 학습(Bayesian learning)'에 기초를 둔 모형이 있으나 입문서인 이 책에서는 다루지 않는

5) 노벨상을 받은 고 허버트 사이먼은 이 두 해석의 혁신자였으며 따라서 제한적 합리선이라는 발상의 근원에서 가장 중요한 인물이었다. 현실적 만족에 관하여 많은 저작 중에서 H. A. Simon, A behavioral model of rational choice, *Quarterly Journal of Economics*, 69(1) (February, 1955), pp. 99-118과 생산체계 접근방법의 예를 위해서 H. A. Simon, The information-processing explanation of gestalt phenomena, *Computers in Human Behavior*, 2 (1986), pp. 241-255를 보라.

6) 게임 이론, 경제학, 사회철학에 걸쳐 연구한 존 하사니는 게임에서의 완전 합리적 학습의 모형을 개발한 공으로 존 내시, 라인하르트 젤텐과 함께 노벨 경제학상을 받았다. 이 이론은 중요하기는 하지만 이 입문서의 범위를 벗어나는 것이다.

다.[7] 여기서 우리의 관심 대상은 제한적 합리성이다. 제한적으로 합리적인 인간은 '경험법칙', 발견적 방법에 의거해서 결정을 내리고 상당히 비체계적으로 배운다. 그럼에도 불구하고 합리성이 제한된 학습(boundedly rational learning)은 합리성이 제한된 인간이 모든 가용 정보를 이용하지 않고 베이즈 법칙을 적용하지 않더라도 경험에 입각하여 전략을 변경한다는 것을 뜻한다. 인간은 경험에 비추어 낮은 이득을 가져오는 **발견적 원칙**과 전략을 제거할 것이다. 이것이 **적응적 학습**이다. 그들은 서로 모방함으로써도 배울 수 있다. 사회적 딜레마에서 나의 이웃이 팃-탯을 연출하여 내가 항상 협조 전략을 연출할 때 내가 얻는 이득보다 큰 이득을 얻는 것을 보면, 나도 전략을 바꾸어 팃-탯을 연출할 수 있다. 이 두 가지 점을 고려하면, 합리성이 제한된 학습을 상대적으로 부적합한 원칙이 제거되고 최적 규칙만 남는 진화과정으로 생각할 수 있을 것이다. 적자생존 원칙(the fittest rule)은 물론 평균적으로 최대의 이득을 주는 원칙이다. 따라서 동태적 복제 과정은 적응적 학습의 단순한 모형으로 취급될 수 있다. 우리는 이 점을 2개의 예를 통해 탐구할 것이다.

허버트 사이먼
(Herbert Simon, 1916~2001)

허버트 사이먼은 미국 위스콘신 주의 밀워키에서 전기 기술자 · 발명가의 아들로 태어났다. 그는 1933년에 수리 사회과학자가 되려는 목적을 갖고 시카고대학교에 들어갔지만 당시 그 분야의 교과 과정이 없었다. 그는 관리행동에 관한 논문으로 1942년에 시카고대학교에서 정치학 박사 학위를 받았고, 일리노이 기술대학교에서 정치학 교수로 있으면서 수리경제학의 연구도 계속하였다. 1949년에 카네기-멜론대학교 산업경영 대학원을 설립한 교수진의 일원이 되었고 그곳에서 여생을 보냈다. 그는 앨런 뉴웰(Allen Newell)과 협력하여 컴퓨터 시뮬레이션에 의한 인간문제의 해결을 연구하기 시작하여 인식과학 창시자의 일원이 되었다. 1978년에 조직 내 의사결정에 관한 연구 업적으로 노벨 경제학상을 받았다.

발견적 원칙(Heuristic Rule) : 문제 해결을 위한 발견적 원칙은 신속하고 통상 신뢰할 수 있으나 일반적이지 않은 경우에 실패할 수 있기 때문에 비정형적이고 결론을 내지 못하는 원칙이다. 팃-탯이 한 예이다.

적응적 학습(Adaptive Learning) : 사람들이 발견적 원칙의 규칙에 따라 결정하지만 때때로 새 규칙을 시도하고 경험상 상대적으로 성과가 나쁜 규칙을 제거할 때, 적응적으로 학습한다고 말한다.

4. 진화와 반복되는 사회적 딜레마

대표자들의 인구가 표 19.2에 나타난 사회적 딜레마를 연출한다고 가정하라. 2인의 대표자가 매 라운드의 연출에서 무작위적으로 추출된다. 대표자들은 게임을 반복해서 연출하지만 반복의 횟수는 정해져 있지 않다. 시간과 다음 라운드의 연출이 없을 확률을 모두

7) 제8장의 부록 B는 베이즈 법칙의 예를 보여 준다.

표 19.2 사회적 딜레마

		Q	
		C	D
P	C	4, 4	1, 5
	D	5, 1	2, 2

표 19.3 반복되는 사회적 딜레마의 전략 규칙과 이득

		Q		
		항상 C	항상 D	팃-탯
P.	항상 C	$10\frac{2}{3}$, $10\frac{2}{3}$	$2\frac{2}{3}$, $13\frac{1}{3}$	$10\frac{2}{3}$, $10\frac{2}{3}$
	항상 D	$13\frac{1}{3}$, $2\frac{2}{3}$	$5\frac{1}{3}$, $5\frac{1}{3}$	$8\frac{1}{3}$, $4\frac{1}{3}$
	팃-탯	$10\frac{2}{3}$, $10\frac{2}{3}$	$4\frac{1}{3}$, $8\frac{1}{3}$	$10\frac{2}{3}$, $10\frac{2}{3}$

감안한 할인인자는 5/8 = 0.625이다.

이 게임을 연출하는 인구는 다음의 세 규칙에 따라 연출한다는 점에서 합리성이 제한된다.

- 항상 C
- 항상 D
- 팃-탯

이 세 전략에 대한 이득의 현재 할인가치는 표 19.3이 보여 준다. 이것은 제15장 8절처럼 슈퍼 게임의 개념을 적용한다.

어느 때라도 한 대표자가 작은 확률로 전략을 전환할 수 있다. 그 대표자는 전략 S의 이득에 대한 전략 R의 이득의 비에 비례하는 확률로 전략 R에서 전략 S로 전환할 것이다. 예를 들어, '항상 C'가 평균적으로 2의 이득을 얻고 '팃-탯'이 2.5의 이득을 얻는다면 이득의 비가 2.5 : 2 = 5 : 4이므로 C를 팃-탯으로 전환할 확률이 팃-탯을 C로 전환할 확률보다 비례적으로 크다. 따라서 팃-탯을 다른 전략으로 전환하는 대표자보다 다른 전략을 팃-탯으로 전환하는 대표자가 많고 팃-탯을 연출하는 비율이 증가할 것이다. 일반적으로 이득을 많이 주는 규칙일수록 그 규칙을 연출하는 인구의 비율이 높아진다. 이것은 적응적 학습의 예이고, 따라서 동태적 복제 과정이 적용될 수 있다.

게임의 연출자로 짝짓기 되는 대표자들이 임의로 추출되므로 C 플레이어, D 플레이어, 팃-탯 플레이어를 상대할 확률은 각각 인구 내 C 플레이어, D 플레이어, 팃-탯 플레이어의 비율에 의하여 결정된다. 우리가 고려해야 할 비율이 두 가지이므로 복잡해진다. 그러나 '항상 C'가 열등전략이므로 우리가 팃-탯 플레이어의 여러 비율에 대하여 C 플레이어의 비율을 0으로 하고 몇 개의 경우만을 고려함으로써 간단화할 수 있다. 몇 개의 경우가 표 19.4에 나타나 있다. 가운데 3개 열이 3개 전략 규칙의 기대이득이다. 이 표를 보면 균형이 출발점에 따라 다르다. 출발점에서 팃-탯 플레이어가 적으면 D가 우월하고 '팃-탯'이 사라질 것이나, 팃-탯 플레이어의 비율이 0.3을 넘으면 팃-탯이 우월하고 '항상 D'가 사라질 것이다.

따라서 동태적 복제 과정하에 2개의 안정적 균형이 존재한다. 하나는 협조 결과를 초래하고 다른 하나는 그렇지 않다. 팃-탯 규칙 하에 더 많은 인구가 출발점으로부터 균형에

표 19.4 동태적 복제 과정을 가진 사회적 딜레마의 경향

팃-탯의 비율	기대치(항상 C)	기대치(항상 D)	기대치(팃-탯)	결과
0.9	9.87	8.03	10.03	팃-탯의 비율이 증가하고 D가 사라진다.
0.7	8.27	7.43	8.77	위와 같다.
0.5	6.67	6.83	7.5	위와 같다.
0.3	5.07	6.23	6.23	D와 팃-탯의 상대적 비율이 지속적으로 안정되어 있다.
0.1	3.47	5.63	4.97	D가 점진적으로 압도하고 팃-탯이 사라진다.

도달한다는 점에서 팃-탯 규칙을 통해 협조 행동을 야기하는 균형의 가능성이 다른 균형보다 크다. 그래서 어떤 경우에는 합리성이 제한된 학습자가 협조 균형에 도달할 희망이 있어 보인다. 물론 이 예의 결과는 구체적 숫자에 따라 크게 달라지며, 숫자가 다르면 협조 균형을 찾을 확률이 다를 수 있을 것이다.

5. 정보적으로 (거의) 효율적인 시장

많은 경제학자와 금융 이론가들은 금융 시장이 정보의 관점에서 효율적이라고 주장해 왔다. 이것은 (예컨대) XYZ 회사 주식의 현재 가격이 XYZ에 대한 투자의 이윤성과 위험에 관하여 일반 대중이 얻을 수 있는 모든 정보를 반영한다는 것을 뜻한다. 주가는 입수 가능한 모든 정보를 반영하기 때문에 그것은 새로운 정보에 대한 반응으로서만 변화할 것이다. 이것은 다시 XYZ 주가를 예측할 수 없다는 것, 즉 주가가 장래에 '난보(random walk)'[8]로 변화할 것임을 뜻한다. 이것이 '효율적 시장 이론'이다. 그러므로 이 견해에 의하면, 우리는 주식에 대하여 배울 수 있는 모든 것을 배우기 위해 개별 주식들을 연구할 필요가 없다. 주식을 임의적으로 사거나 널리 인용되는 어떤 주가지수를 구성하는 모든 주식들을 묶은 '지수' 펀드(index fund)를 사도 된다. 그리고 실제로 최근 수십 년 이래 지수 펀드는 소액 투자자들에게 상당히 인기가 있다.[9]

8) 역자 주 : '취보', 즉 '주정뱅이의 걸음(drunkard's walk)'이라고도 불리는데, 수학, 컴퓨터과학, 물리학에서 예컨대 액체 내 분자의 이동 경로처럼 각 순차적 단계가 임의의 방향으로 움직이는 현상을 지칭한다.

9) 이 발상은 일반독자를 위해서 Burton Malkiel, *A Random Walk Down Wall Street*, 7th ed. (New York: W. W. Norton & Co.), June 2000에 의하여 제시되었다.

효율적 시장 이론은 거의 맞을 수 있겠지만 그로스먼과 스티글리츠는 그것이 정확하게 맞을 수 없다고 주장한다.[10] 왜냐하면, 만일 그 이론이 맞는다면 아무도 성가신 시장조사를 하려고 하지 않을 것이며, 사실상 입수할 수 있는 정보가 주가에 반영되지 않을 것이기 때문이다. 결국, 입수할 수 있는 정보는 공짜가 아니다. 기업의 연차 보고서와 금융 관련 뉴스를 읽으려면 노력이 필요하고 노력은 비용이다. 최상의 정보에는 금전적 비용도 들 것이다. 누구든지 아무 때나 살 수 있거나 비용을 들이지 않고 다른 사람들의 결정을 모방할 수 있다면 왜 그 모든 비용을 부담하려고 하겠는가?

효율적 시장 이론은 다른 투자자들이 정보를 갖고 있는 세계에서 개별 투자자의 상황을 논리적으로 정확하게 표현한다. 그러나 만일 모든 투자자들이 정보적으로 효율적인 시장에 있는 것처럼 행동한다면 시장이 정보적으로 효율적일 수 없다. 그것만이 아니다. 우리는 어떤 투자자들은 지수 펀드를 사고 어려운 시장조사를 하지 않는 한편, 다른 투자자들은 시장조사에 시간과 돈을 많이 쓰는 것을 관찰하여 알고 있다.

우리는 이것을 게임 이론적 시각에서 해석할 수도 있을 것이다. 개별 투자자는 적어도 2개의 전략을 갖는다. 그는 정보를 얻을 수 있거나(정보 보유) 얻지 않을 수 있다(정보 비보유).[11] 첫 단계로서 투자자가 2명밖에 없어 2×2 게임이 연출된다고 가정하라. 적어도 1명이 정보를 입수한다면 2명의 투자자가 8%의 투자 수익률을 얻을 수 있다. 그러나 정보를 얻는 노력과 비용이 수익률의 1% 하락과 동등하여 정보를 얻기로 선택한 투자자의 순이득은 7%이다. 만일 아무도 정보를 얻지 않으면 둘 다 4%의 수익률만 얻는다. 따라서 이득표는 표 19.5와 같다.

표 19.5 2인 투자 게임

		조지	
		정보 보유	정보 비보유
워렌	정보 보유	7, 7	7, 8
	정보 비보유	8, 7	4, 4

이 게임에는 순수전략으로 2개의 내시 균형이 있으며, 각각 한 투자자가 정보를 얻고 다른 투자자가 정보를 얻지 않을 때 발생한다. 그러므로 이 단순화된 게임에서 우리는 투자자의 반만 정보를 가지며 정보를 얻지 않은 투자자가 더 높은 이득을 얻는 균형을 발견한다.

10) S. Grossman and J. Stiglitz, On the impossibility of informationally efficient markets, *American Economic Review*, 70(1980), pp. 393-408.

11) 이 예를 제시한 크레스먼(R. Cressman)과 웬(J. F. Wen)은 투자자가 일련의 혼합전략 중에서도 선택할 수 있다고 지적하였으나, 우리는 여기서 단순화를 위해 그 가능성을 무시한다. 다음의 논문을 보라. R. Cressman and J. F. Wen (October 3, 2002), "Playing the Field: an Evolutionary Analysis of Investor Behavior with Mixed Strategies", working paper, GREQAM, Centre de la Ville Charite, 2 rue de la Charite, 13002 Marseille, France.

현실 세계에서 투자자는 2명보다 훨씬 많다. 투자자들 대부분이 정보를 갖고 있으면 정보가 없는 투자자들은 무작위적으로 투자하거나 지수 펀드를 사서 정보를 가진 투자자들과 마찬가지로 잘할 수 있을 것이다. 이러한 종류의 세계에서 지수 펀드를 사는 사람은 사실상 정보를 좀 더 많이 가진 투자자를 모방하는 것이며 모방을 매우 싸게 한다. 정보를 가진 투자자들이 충분히 많으면, 정보가 없는 투자자들은 모방에 의하여 그들이 정보를 얻으려고 노력한 경우에 할 수 있는 만큼 또는 그보다 낫게 할 수 있을 것이다. 사실, 우리가 확실히 알지는 못하지만 정보를 가진 소수의 투자자들은 주가를 효율적 수준으로 끌어올릴 수 있을 것 같다. 결국, 정보를 가진 사람들의 결정이 정보를 갖지 않은 사람들의 결정보다 더 많이 영향을 줄 수 있다. 정보를 가진 사람들의 결정은 주목의 대상이 되는 반면, 정보를 갖지 않은 사람들의 결정은 그렇지 않다. 우리는 또 투자자들이 최선전략의 선택을 적응적으로 배운다고 가정할 수도 있다. 그래서 우리는 동태적 복제 과정을 이 모형에 적용한다.

표 19.5의 게임을 2×2 게임 대신 제10장 3절의 통근자 게임과 같은 비율 게임으로 다루는 것이 더 좋을 것이다. 그림 19.2는 그러한 게임의 이득을 나타낸다. 파란 선이 정보를 갖지 않은 투자자들의 이득이다. 이 그림에 나타난 이득은 정보를 갖지 않은 투자자들의 이득이 정보를 가진 투자자의 수에 의존한다는 점에서 표 19.5의 이득과 조금 다르다. 정보를 갖지 않은 1명의 투자자는 정보를 가진 투자자들의 인구 속에서 유일하게 정보를 갖지 않은 투자자일 경우에만 8의 최대이득을 얻을 수 있다.

다른 극단으로, 모든 투자자들이 정보를 갖고 있지 않으면 그들은 진정 무작위적인 투자자가 얻을 수 있는 4%의 수익을 얻는다. 그러나 정보를 가진 투자자들의 비율이 증가함에 따라 시장 내 정보의 질이 빠르게 향상하여, 정보가 없어 무작위적으로 투자하거나 지수 펀드를 사는 투자자들의 수익이 상당히 가파르게 증가하다가 투자자들의 1/4 이상이 정보를 가질 때 상승률이 둔화한다.[12] 정보를 가진 투자자들은 그림에서 검은 선이 나타내는 것과 같이 항상 7%의 수익을 얻을 수 있다. 따라서 정보를 가진 투자자들의 비율이 31.6% 이하일 때는 정보를 갖는 것이 나으며, 투자자들의 31.6% 이상이 정보를 가질 때는 정보를 갖지 않는 것이 낫다.

---

12) 상승률의 둔화는 수확 체감의 예이다. 즉, 정보를 가진 투자자가 많을수록 시장조사에 투자하지 않는 사람들이 공짜로 얻을 수 있는 정보가 많아지지만 공짜 정보에는 수확 체감이 작용한다는 것이다. 이것은 p를 정보 보유 투자자들의 비율이라고 할 때, $4 + 4p^{0.25}$로 계산된다. 이 식은 예를 위해 임의로 선택된 것이지만 공짜 정보에 대한 수확 체감을 예시하려고 선택된 것이다.

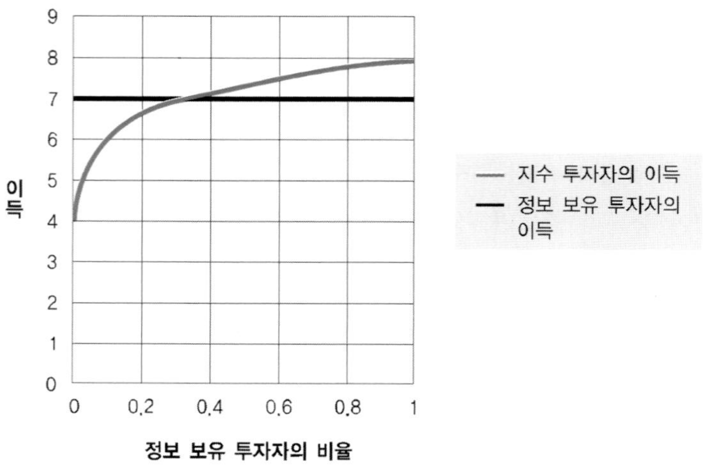

그림 19.2 정보 보유 투자자의 비율에 따른 투자자의 이득

이 게임을 비율 게임으로 생각하면 균형 조건은 투자자들의 31.6%가 정보를 갖는 것이다. 어느 투자자가 정보를 갖고 어느 투자자가 정보를 갖고 있지 않은가에 따라 다수의 내시 균형이 존재하지만, 각 균형에서는 투자자의 31.6%가 정보를 갖고 나머지는 정보를 갖고 있지 않다.

이는 진화적으로 안정된 것인가? 그렇다. 동태적 복제 과정은 정보를 갖기로 선택하는 비율이 상대적 이득에 비례하여 증감한다는 것을 보여 준다. 그림 19.3은 정보 보유의 이득을 전체 인구의 평균이득의 비율로 나타낸 것이다. 동태적 복제 과정하에서 이 비율은 시간이 흐르면서 정보 보유자의 비율이 변하는 정도를 결정한다. 이 비율이 균형 비율 31.6%와 다를 때 분명히 31.6%를 향하여 움직일 것이다. 그림 19.4는 투자자들이 배우고 전략을 수정하면서 균형을 향하여 움직이는 경로로서 0.7의 비율에서 시작하는 것(검은 선)과 0.1에서 시작하는 것(파란 선)의 2개를 나타낸다.

따라서 균형에 두 '종류'의 투자자가 있다. 소수인 한 종류는 광범위한 시장조사를 하고 조심스럽게 투자한다. 그들은 7%의 순 이득을 얻는다. 다른 종류는 지수 펀드를 사거나 무작위적으로 투자한다. 투자자의 31.6%가 시장조사를 하기 때문에 시장의 주가는 상당히 고도로 효율적이고, 시장조사를 하지 않는 투자자도 7%의 이득을 얻는다. 이것은 우리가 살고 있는 현실 세계와 조금 비슷한 것처럼 보인다. 누가 옳은가? 시장조사를 하는 투자자인가, 아니면 시장조사를 하지 않는 투자가인가? 둘 다 옳으며, 사실상 누가 시장조사를 하고 누가 하지 않는지는 문제가 되지 않는다. 두 '종류'의 투자자 간에는 전략 외에는 실

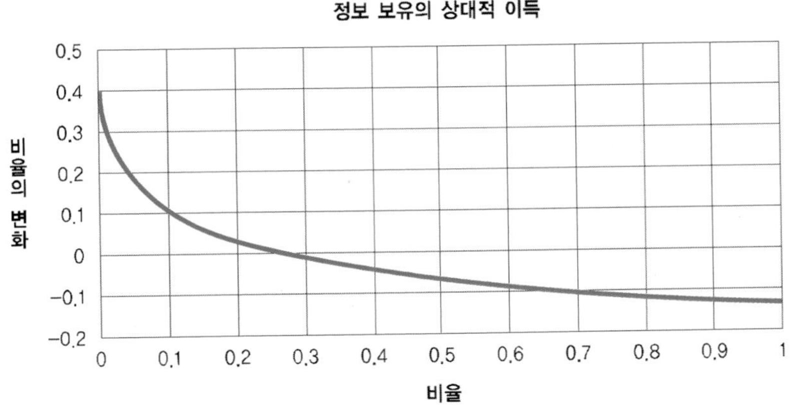

그림 19.3 정보 보유의 상대적 이득

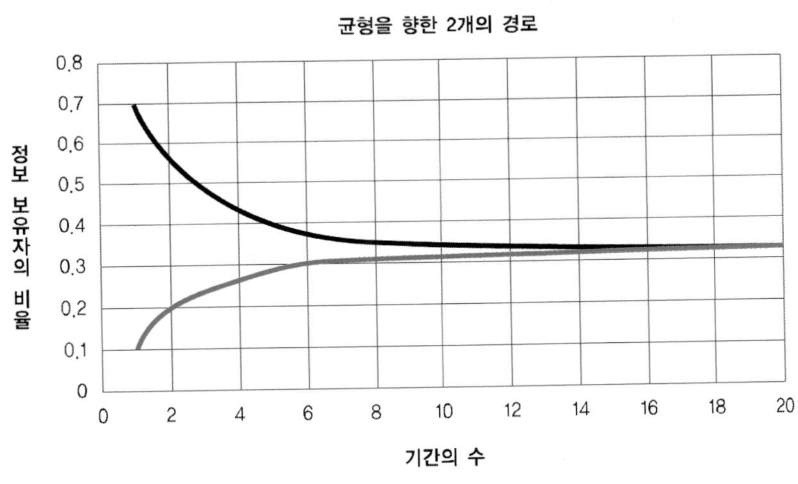

그림 19.4 균형을 향한 2개의 경로

질적 차이가 없다. 균형을 위하여 필요한 것은 투자자의 31.6%가 조사를 하고 정보를 얻는다는 것뿐이다.

6. 팃-탯, 상호성과 인류의 진화

팃-탯으로 알려진 관대한 방아쇠 전략은 합리적 자기이익에 기초를 두고 있으나, 앞서 본 바와 같이 다른 상황이라면 서로 이롭지 않은 비협조 균형이 발생할 많은 경우에 협조

로버트 액설로드(Robert Axelrod, 1943~)와 액설로드 토너먼트

1980년에 로버트 액설로드는 죄수의 딜레마를 위한 전략 규칙에 관하여 토너먼트를 실시하였다. 토너먼트는 팃-탯과 '항상 이탈한다' 같은 단순한 규칙과 좀 더 복잡한 규칙들을 포함하였다. 그는 유명한 게임 이론가들로부터 해법 프로그램을 받아 여러 전략 규칙 간의 1 : 1 연출을 컴퓨터로 시뮬레이션하였다. 널리 유명해진 이 결과의 보고서에서 액설로드는 1 : 1의 대결에서 항상 상대 전략을 '이기는' 완전한 규칙은 없으나 팃-탯이 전반적으로 최선의 전략이라고 지적하였다.

1943년에 미국 시카고에서 태어난 액설로드는 시카고 대학교와 예일대학교에서 공부하였고, 미시간대학교의 정치학 교수이다.

결과를 초래할 수 있다. 제18장에서 보았듯이 실험의 증거는 사람들이 항상 자기 이익만 추구하여 행동하지 않는다는 것을 시사하며, 많은 연구결과는 사람들이 종종 자기이익을 벗어나 상호성을 지향한다는 관념에 부합한다. 어떤 학자들은 이 상호성의 경향이 인간의 유전적 특징의 일부라고 믿는다. 즉, 인간은 유전인자에 의해 다른 인간에 대하여 상호성에 입각해 행동하거나 그렇게 행동하는 것을 배우도록 '설정되어 있다'는 것이다. 이 의미에서 우리는 팃-탯은 자기 이익과 부합하는 경우보다 상호성과 부합하는 경우가 더 많다는 것을 주목한다.

인간의 유전인자는 왜 인간이 상호성을 지향하도록 '설정'되었는가? 일부 진화심리학자들의 주장에 의하면, 인류와 선행인류의 조상들은 오랫동안 사회적 딜레마와 함께 살았으며, 상호성의 성향을 갖도록 되어 있는 농경시대 이전의 인간과 선행인들이 사회적 딜레마를 좀 더 쉽게 해결하기 때문에 생존하고 번식할 가능성이 더 크다는 것이다.[13]

한 학설은 농경 시대 이전의 인간과 선행인의 생존 수단인 수렵과 채취 활동에 팀 작업이 필요하였다고 한다. 예컨대, 아프리카의 어떤 농경 시대 이전의 사람들은 영양이 지쳐서 죽을 때까지 뒤쫓아가서 사냥을 하였다. 영양은 사람보다 지구력이 좋고 더 오랫동안 뛸 수 있기 때문에 한 사람이 그렇게 할 수는 없었을 것이다. 달리기는 영양의 전문 분야이다. 그래서 사람들은 팀으로 사냥을 하였고, 사냥꾼들의 팀은 한 사람을 예비로 남겨놓고 같은 간격으로 떨어져 있으면서 커다란 원의 모양을 이루었다. 그들이 원의 둘레에서 같은 간격을 두고 서 있는 모습을 상상으로 그려 보라. 그들이 서 있는 곳을 지점 A, 지점 B 등으로 부를 수 있다. 사냥은 이렇게 진행된다. A에 있는 사람이 영양을 B 쪽으로 몰면서 쫓아가면 B에 있는 사람이 이어서 영양을 C 쪽으로 몰고 가는 식으로 이어진다.

13) 인류가 진화하지 않고 지능을 가진 신에 의하여 현재의 상태로 창조되었다고 믿는 사람들은 왜 인간이 상호성이나 다른 비이기적 동기에 의하여 행동하는 성향을 세습하는가를 비교적 어렵지 않게 설명할 수 있을 것이다. 생물학자 도킨스(Richard Dawkins)가 그의 책 *The Selfish Gene* (Oxford University Press, 1976)에서 시사하였듯이, 진화는 본질적으로 이기적인 과정이므로 진화론이 더 어려운 문제를 제기한다. 도킨스의 발상을 사회적 진화에 적용한 최근의 유용한 연구는 Kate Distin, *The Selfish Meme*, (Cambridge: Cambridge University Press, 2005)를 보라.

A에서 B로 몰고 갔던 사람은 B에서 오랫동안 휴식을 취하고 예비 사냥꾼이 A에서 그의 위치를 대신한다. 일단 영양이 원을 돌아 지점 A로 오면 예비 사냥꾼이 이어받아 지점 B로 몰고 가고, 첫 번째로 몰고 가서 휴식을 취했던 사냥꾼이 다시 이어받아 뛴다. 이러한 방법으로 사람들은 영양이 거꾸러질 때까지 무한정 쫓을 수 있을 것이다. 이 방법은 각자가 정직하게 노력하고 아무도 게으름을 부리지 않을 때 최선의 효과를 거둔다. 이것은 예부터 내려오는 사회적 딜레마이다.

그러나 팀 작업이 아니더라도 많은 사람들이 사냥하고 같이 먹기 위해서 사람들을 모으는 관습에는 다른 목적도 있다. 어차피 사냥은 위험하고 유능한 사냥꾼조차 날이 저물 때 가족의 먹거리를 갖고 돌아오지 못할 수 있다. 농경 시대 이전의 많은 사람들은 먹이를 잡은 사냥꾼이 운이 없었던 사냥꾼들과 나누어 먹는 것이 당연하다고 알고 있었다.

다음의 예는 그것이 무엇을 뜻하는가를 보여 준다. '말'과 '소'라는 이름을 가진 농경 시대 이전의 사냥꾼 2명을 상정하자. 그들은 모두 사냥에 능숙하지만 어떤 날에는 그들 중 아무나 빈손으로 돌아올 수 있다. 예를 간단하게 하기 위해서, 어떤 특정한 날에 그들 중 1명이 성공하고 다른 1명이 성공하지 못하며 성공하지 못하는 사람이 말일 확률이 0.5, 따라서 소가 성공하지 못할 확률이 0.5라고 하자. 표 19.6은 말이 사냥에 성공하고 소가 성공하지 못하며, 각각 '나눈다'와 '안 나눈다'의 전략 간에 선택할 때의 이득을 보여 준다. 나누어 줄 것이 없으므로 소의 결정은 문제가 안 된다. (말이 나누어 주지 않을 경우) 소의 이득 −20은 소가 너무 약해서 내일도 성공하지 못하고 그로 인해 그의 생명이 위협을 받을 확률을 반영한다. 표 19.7은 소가 성공하고 말이 성공하지 못할 때의 이득을 보여 준다.

성공하지 못한 사냥꾼은 나누어 줄 것이 없어서 나누어 줌으로써 잃을 것이 없다. 이 비대칭성 때문에 이 게임들은 사회적 딜레마가 아니다. 그러나 어떤 특정한 날에 그들이 이 가운데 어떤 게임을 연출하는지 아무도 모른다. 따라서 기대이득을 계산해야 하며 그것이 표 19.8이다.

표 19.8은 사회적 딜레마이다. 2명의 사냥꾼이 나누어 가지면 둘 다 좋아지지만 나누기를 거절하는 것이 우월전략

표 19.6 말이 성공했을 때의 나누기 딜레마

		말	
		나눈다	안 나눈다
소	나눈다	5, 5	−20, 10
	안 나눈다	5, 5	−20, 10

표 19.7 소가 성공했을 때의 나누기 딜레마

		말	
		나눈다	안 나눈다
소	나눈다	5, 5	5, 5
	안 나눈다	10, −20	10, −20

표 19.8 2개의 나누기 딜레마의 기대이득

		말	
		나눈다	안 나눈다
소	나눈다	5, 5	−7.5, 7.5
	안 나눈다	7.5, −7.5	−5, −5

균형이다. 물론 사냥꾼들은 언제 끝날지 한정되지 않은 채 수시로 이 딜레마에 부딪힌다. 따라서 그들은 이기적인 팃-탯이나 그와 비슷한 방아쇠 전략에 의하여 협조 해에 도달할 수 있을 것이다. 그러나 방아쇠 전략하에서도 협조 결과는 복수의 안정적 결과 가운데 하나이며, 사람들이 실수를 하거나 사람의 수가 둘을 넘으면 결과는 더욱 확실치 않다. 대조적으로, 선천적으로 상호성에 따라 행동하려는 경향을 가진 사람들은 서로 나누어 갖고, 나누어 받으면 나누어 주며, 보답받길 바라면서 나누어 줄 가능성이 더욱 크므로 위험이 높은 형태의 수렵과 채취에서 살아남을 가능성이 더욱 크다.

그래서 게임 이론과 진화가 새롭게 연결되는 것 같다. 인간은 어떤 종류의 게임을 연출하도록 진화해 왔을지도 모른다.

7. 요약

게임을 전체 집단에서 무작위로 추출된 개체 간의 대결로 생각하고, 게임의 이득을 게임 '플레이어들'의 번식률 간의 차로 해석한다면 게임 이론은 인간 이외 동물의 진화에 적용될 수 있다. 이러한 발상은 진화적 안정전략(ESS)과 동태적 복제 과정의 개념을 도출한다. 동태적 복제 과정은 전체 집단 중 전략을 연출하는 개체들의 비율이 그 전략의 이득에 비례하여 증가하는 과정이다. 이 동태적 과정에서는 안정적인 내시 균형이 진화적 안정전략이다. 이 경우에 '전략'이 '혼합전략'일 수 있다. 즉, 각 전략을 연출하는 개체들이 전체 집단에서 차지하는 비율이 혼합전략 균형에서의 균형확률이다. 이 '게임들'은 기초적인 게임 이론에서 본 친숙한 게임들과 같은 균형을 갖는다.

합리성이 제한된 인간들이 비교적 단순하고 틀리기 쉬운 규칙에 따라 전략을 선택할 수 있다는 것을 인정하면, 우리는 진화적 안정전략을 규칙의 전체 집합에 적용함으로써 합리성이 제한된 학습의 모형을 구성할 수도 있을 것이다. 이렇게 하면 내시 균형을 도출할 수 있고, 어떤 경우에는 게임의 상세한 사항에 따라 내시 균형의 범위를 협조 해나 차선 해로 좁힐 수 있다.

Q19. 연습문제

Q19.1 개구리 짝짓기 게임 제7장의 연습문제 Q7.3의 개구리 짝짓기 게임을 상기하라. 개구리들은 모두 수컷으로 암컷을 유혹하기 위해 신호 전략(소리를 낸다)과 위성 전략

(가만히 있는다) 간에 선택할 수 있다. 한편으로, 암컷을 부르는 놈은 잡아먹힐 위험이 있지만 가만히 있는 놈은 그럴 위험이 비교적 작다. 다른 한편으로, 암컷을 부르지 않는 놈도 다른 놈의 소리에 이끌려 온 암컷을 만날 수 있다. 그래서 위성 전략의 이득은 다수의 다른 수컷들이 소리를 낼 때 더 크다.

표 19.9a는 세 마리의 개구리에 대한 이득표로 이득이 멍청이, 못난이, 외톨이의 순서로 적혀 있다. 이 게임을 연출하기 위해서 10,000마리의 개구리 수컷들이 무작위로 3마리씩 집합을 이루어 짝짓기를 한다고 가정하라. 이 게임이 진화적 안정전략(ESS)을 갖는지 여부와 갖는다면 무엇인지 결정하라.

표 19.9a 애타는 개구리들의 이득

		외톨이			
		신호		위성	
		못난이		못난이	
		신호	위성	신호	위성
멍청이	신호	5, 5, 5	4, 6, 4	4, 4, 6	7, 2, 2
	위성	6, 4, 4	2, 2, 7	2, 7, 2	1, 1, 1

Q19.2 가로등 가로등은 뉴멕시코 주의 산타페에 있는 주점으로 산타페 연구소의 카오스 연구자들이 자주 들르는 곳이다. 사람들은 흔히 가로등의 분위기는 너무 붐비지 않고 적당히 붐빌 때 가장 좋다고 한다. 제7장에서는 다소 비슷한 3인 게임의 예를 보았다. 이제 가로등에 가는 전략과 집에 남아 있는 전략 간에 선택하는 100명의 카오스 연구자들이 있다고 가정하라. 특정한 밤에 가로등에 가는 사람들의 수를 N이라 하고, 가는 사람들 각각의 이득을

$$P = N - 0.13N^2$$

이라고 가정하라.

이 게임에 진화적 안정전략(ESS)이 있는가? 그것은 효율적인가? 이유는 무엇인가?

Q19.3 이윤 최대화 경제학자들은 흔히 기업이 이윤을 최대화한다고 가정한다. 이윤 최대화는 대수로 나타낼 수 있다. 그러나 가격과 생산량을 어떻게 언제 바꿀 것인가를 결정하기 위해 대수를 사용하는 기업은 거의 없다고 널리 알려져 있다. 이 점을 이

장에서 제시한 개념들에 비추어 논하라. 당신은 기업인들이 ESS에서 어떤 결정을 매우 정확하게 하도록 배울 수 있다고 생각하는가? ESS에도 어려울 결정이 있는가?

Q19.4 은행업 은행가들은 (a) 신용이 우수한 차입자에게만 대출하거나, (b) 모든 차입자들에게 공정하거나 더 좋은 조건으로 신용을 제공하는 두 전략 사이에서 선택할 수 있다. 대부분의 은행가들이 전략 (a)를 선택할 때 자금의 공급 부족이 다수의 기업 실패를 야기하여 (a)가 더 유리한 전략이지만, 대부분이 (b)를 선택할 때 용이한 신용 공여는 기업 조건을 호전시키고 (b)가 유리한 전략이다. 구체적으로 y가 전략 (a)를 선택하는 은행들의 비율이면 (a)에 대한 이득은 $6 - 2y$인 한편, (b)에 대한 이득은 $5 + y/2$이다. 진화적 안정전략의 개념을 사용해서 이 예를 분석하라.

Q19.5 보복 게임 그림 19.5a에 전개형으로 나타난 게임 Y는 단순한 보복 게임이다.

다수의 대표자들이 이 게임을 연출하기 위해 무작위로 어떤 때는 A로서 또 어떤 때는 B로서 짝을 짓는다고 가정하라.

a. 이것을 N인 게임으로 표현하라. 수단변수는 무엇인가?

b. '보복한다'는 진화적 안정전략일 수 있는가?

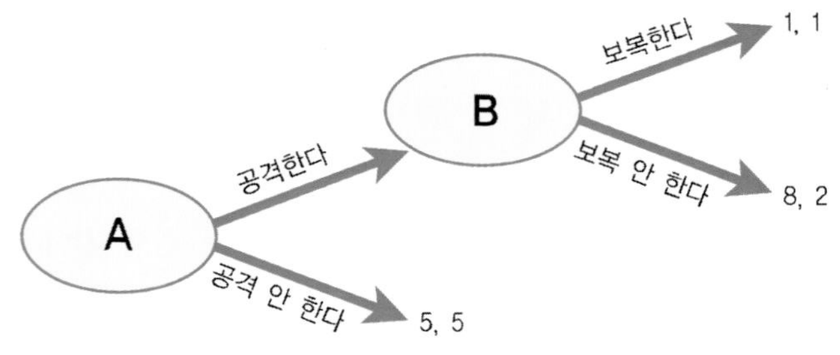

그림 19.5a 게임 Y, 보복 게임

Q19.6 물고기 딜레마 테시스 해의 어부들은 얄궂은 사회적 딜레마를 대면하고 있다. 테시스 해의 물고기 자원은 이미 남획으로 고갈되어 왔다. 신기술의 덕으로 어부들은 테시스 해의 가용 어자원을 더 많이 잡을 수 있다. 한편으로 신기술을 채용하지 않는 어부들은 다른 어부들보다 어획량이 적을 것이나 다른 한편으로 신기술은 구기술보다 테시스 해의 어자원을 더 빨리 고갈시킬 것이다. 더 많은 어부들이 신기술을 채용할수록 어부가 어느 기술을 사용하든 관계없이 그의 어획량은 적어질 것이다.

a. 이것을 N인 게임으로 나타내라.

i. 무엇이 상태변수인가?

ii. 두 전략에 대한 이득이 상태변수의 변화에 따라 어떻게 변할 것인지 논하거나 그림으로 묘사하라.

iii. 당신은 어떻게 내시 균형을 찾을 것인가?

b. 이 문제에 ESS 모형을 적용하라. 구기술의 계속적 사용이 안정적일 수 있다는 것이 가능할까?

모든 문제에 대한 당신의 답을 설명하라.

제 20 장

투표 게임

> **이 장의 내용을 가장 잘 이해하려면** 제1장~제5장, 제7장, 제10장과 제11장의 내용을 학습하고 이해할 필요가 있다.

선거에서는 사람들이 투표를 하여 어떤 쟁점을 결정한다. 선거는 게임과 같이 알려진 규칙이 있고 일반적으로 승자와 패자가 분명하므로 게임 이론의 과학적 비유에 적합하다. 선거 게임의 전략은 실제로 매우 복잡하겠지만 기본적으로 어떻게 투표할 것인가의 결정을 포함한다. 이 장은 투표의 게임 이론적 분석에서 사용되는 몇 개의 개념을 제시한다. 다른 장과 마찬가지로 우리는 예와 함께 논의를 시작한다. 예에서 여학생회의 운영위원회가 파티에 얼마를 쓸 것인가를 결정해야 한다.

1. 파티! 파티! 파티!

표 20.1 운영위원 3인의 선호

	$100	$150	$200	$250	$300
A	5	1	2	3	4
B	3	2	1	4	5
C	5	4	3	1	2

시그마파이 말괄량이 여학생회는 큰 파티를 계획하고 있으며, 운영위원회가 파티를 위해 학생회의 금고에서 얼마를 쓸 것인가를 결정해야 한다. 운영위원은 애나(A), 바바라(B), 캐롤(C)이다. 이들은 $100, $150, $200, $250 또는 $300를 쓸 수 있다. 표 20.1은 이들 3인의 선호를 보여 준다. 이 표에서 낮은 숫자일수록 선호도가 높다. 예컨대, 애나가 가장 선호하는 것은 $150를 쓰는 것인 반면, 가장 선호하지 않는 것, 즉 5개의 안 가운데 다섯 번째는 $100를 쓰는 것이다. 각 위원의 선호는 그림 20.1에 나타나 있다. 가장 선호하는 것이 도표의 정점에 표시되어 있다.

중요 개념

과반수(Majority) : 투표수의 반 이상.

다수(Plurality) : 다른 후보나 대안보다 많은 투표수.

단일정점 선호(Single-peaked Preference) : 어떤 척도의 관점에서 각 투표자의 선호 순서가 처음에 '최고'까지 상승한 다음에 감소한다면 투표자의 선호가 단일정점을 갖는다고 말한다.

중위 투표자(Median Voter) : 한 투표자의 정점 선호를 기준으로 총 투표자의 1/2이 이것보다 강한 선호를 갖고 총 투표자의 다른 1/2이 이보다 약한 선호를 가질 때 기준점에 있는 이 투표자가 중위 투표자이며, 그의 투표는 결정적일 수 있다.

전략적 투표(Strategic Voting) : 자신의 관점에서 투표결과를 개선하려는 희망을 갖고 자신의 첫째 선호가 아닌 것에 투표하는 것.

순진한 투표(Naïve Voting) : 결과에 개의치 않고 자기의 첫째 선호에 찬성투표를 하는 것.

콩도르세 규칙(The Condorcet Rule) : 콩도르세 후작이 제안한 것으로 모든 다른 후보를 1 : 1로 상대한 순진한 투표에서 이기는 후보가 선출되어야 한다는 것.

선호 투표(Preference Voting) : 각 투표자가 다수의 후보나 대안에 대하여 선호하는 순서를 매기고 복수의 후보나 대안을 선정하기 위하여 투표하는 제도.

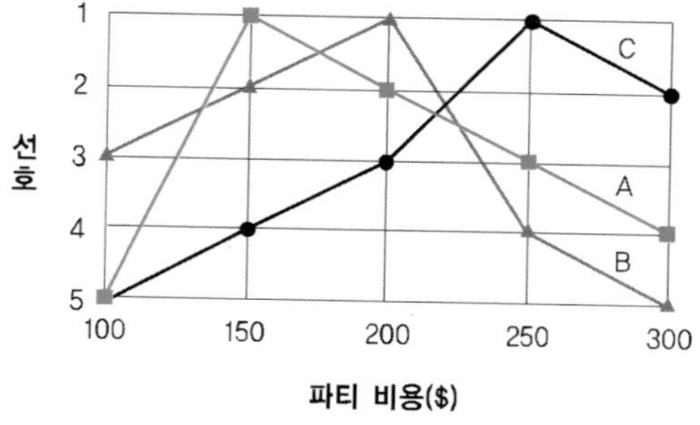

그림 20.1 **지출 수준에 대한 운영위원들의 선호**

애나는 경비를 $150 쓸 것을 제안한다. 바바라와 캐롤은 각각 이 안에 대한 수정을 제안한다. 바바라의 수정안은 금액을 $200로 늘리자는 것이다. 바바라와 캐롤은 $150보다 $200를 선호하므로 모두 그 수정안에 찬성한다($200는 바바라의 첫째 선호이고 캐롤의 셋째 선호이지만, $150는 바바라의 둘째 선호이고 캐롤의 넷째 선호이다). 캐롤의 수정안은 금액을 $250로 더 올리자는 것이다. 애나와 바바라는 $250보다 $200를 선호하므로 모두 이 수정안에 반대한다($200는 애나의 둘째 선호이다. $250는 애나의 셋째 선호이고 바바라의 넷째 선호이다). 따라서 최종 결정은 파티에 $200의 경비를 쓰는 것이다.

이 투표의 결과는 바바라가 제안한 대로 되었다. 그 이유는 무엇인가? 서로 연관된 두 가지 이유가 있다. 첫째, 그림 20.1에서 왼쪽으로부터 출발하면 각자의 선호가 (반드시 일정한 비율로 상승하지는 않지만) 계속 상승하여 정점에 달한 다음 다시 계속 하락한다. 선호가 이러한 성질을 가질 때 단일정점 선호라고 한다. 대조적으로, 그림 20.2에서 욜란다의 선호를 보라. 욜란다는 운영위원이 아니므로 투표하지 않지만 싸구려 파티를 선호한다. 또한 그녀는 어차피 $100 이상이 지출될 것이라면 여학생회가 파티를 크게 벌여 자기의 둘째 선호인 $300의 상한까지 쓰는 것이 좋겠다고 생각한다. 따라서 욜란다의 정점 선호는 애매하다. $100가 정점이지만 둘째 선호인 $300도 넷째와 다섯째 선호인 $250와 $200에 비하면 일종의 정점이다. 이것은 '국지적 정점(local peak)'이다. 모든 운영위원들이 단일정점 선호를 갖기 때문에 각 위원의 정점 선호를 분명하게 알 수 있다. 그리고 선호가 단일정점이라고 하는 것은 국지적 정점이 유일하다는 것을 의미한다.

운영위원회의 구성원들이 모두 단일정점 선호를 갖기 때문에 우리는 분명하게 각자의 정점 선호를 지적할 수 있으며, 이것은 또 한 사람이 그의 정점 선호를 향하여 움직인다는 것은 그 사람이 더 좋게 된다는 것을 의미한다.[1)]

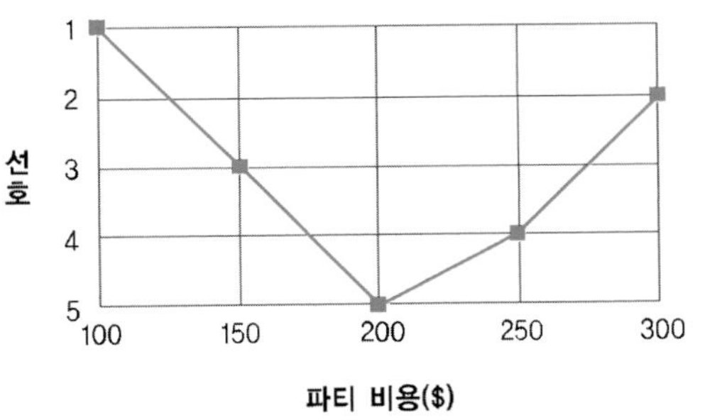

그림 20.2 욜란다의 선호

바바라가 자신이 원하는 결과를 얻는 이유는 다음과 같다. 우리가 정점 선호를 나열하면 표 20.2와 같다. 우리는 바바라의 선호가 가운데에 있다는 것을 본다. 바바라는 이 투표에서 **중위 투표자**이다. 바바라와 애나는 바바라의 첫째 선호, $200를 향한 어떤 움직임도 지지할 것이고, 바바라와 애나는 함께 절대다수를 차지한다. 바바라는 캐롤보다 지출 증가를 덜 선호하므로 바바라와 캐롤은 $200를 향한 어떤 움직임도 지지할 것이고 역시 바바라와 캐롤은 함께 절대다수를 차지한다. 양측을 합하면 바바라의 정점 선호를 향한 어떤 움직임도 절대다수의 지지를 얻을 것이다. 이것이 중위 투표자의 이점이다.

표 20.2 정점 선호

위원	정점 선호
애나	$150
바바라	$200
캐롤	$250

일반적으로 중위 투표자는 (투표자 수의 1/2 − 1)에 해당하는 투표자보다 많은 수를 원하고 (투표자 수의 1/2 + 1)에 해당하는 투표자보다 적은 수를 원하는 사람이다. 따라서 중위 투표자의 첫째 선호보다 높은 선호를 가진 모든 투표자들은 밑으로부터 중위 투표자의 첫째 선호에 가깝게 올라가는 것을 지지하므로 이들에 중위 투표자를 더하면 절대다수가 지지하는 것이다. 마찬가지로, 중위 투표자의 첫째 선호보다 낮은 선호를 가진 모든 투표자들은 위로부터 중위 투표자의 첫째 선호에 가깝게 내려가는 것을 지지하므로 이들에 중위 투표자를 더하면 역시 절대다수가 지지하는 것이다. 일반적으로 모든 투표자들이 단일정점 선호를 갖는 한 중위 투표자의 정점 선호를 향해 가는 것이 절대다수의 투표자에게 지지를 받는다. 그러므로 다수결 원칙 하에서는 중위 투표자의 선호가 중요하다.

이 예는 투표의 게임 이론적 분석의 몇 가지 중요한 측면을 보여 준다. 첫째, 투표가 게임의 전략으로 간주할 수 있고 **과반수** 의결 원칙(또는 어떤 다른 투표 제도)이 게임의

1) 이 논의는 다음 논문으로부터 많은 도움을 받았다. Howard Bowen, The interpretation of voting in the allocation of economic resources, *Quarterly Journal of Economics*, 58 (1943), pp. 27-48.

과반수 : *과반수*는 투표수의 반 이상을 의미한다는 것을 상기하라. 둘 이상의 대안이나 후보가 있으면 과반수를 얻는 대안이나 후보가 없을지 모른다. 이 경우에 가장 많이 득표한 대안이나 후보가 최다수를 가졌다고 말한다. 이 용어들은 일상의 토론에서 때때로 혼동되지만 이 책에서 과반수는 반수 이상이라는 엄밀한 의미로 사용한다.

규칙을 정의한다. 둘째, 여학생회 파티의 예는 몇 개의 중요한 단순화 가정을 포함한다. 단순화 가정은 선호가 단일정점만을 가지며 쟁점에 관한 선호가 하나의 척도 위에서 크기의 순서로 배열될 수 있다는 것이다. 그리고 각 위원이 단지 자기가 가장 선호하는 대안에 투표를 한다고도 가정하였다. 그러나 다음의 예가 보여 주겠지만 이것이 항상 합리적인 전략 선택은 아니다.

2. 파티의 테마

표 20.3 파티 테마에 관한 선호
(숫자는 서수를 나타낸다.)

투표자 유형	테마			득표율
	R	S	T	
X	1	2	3	31%
Y	2	1	3	29%
Z	3	2	1	40%

시그마파이 말괄량이 여학생회의 운영위원회는 파티의 장식과 의상을 위한 3개의 가능한 테마 가운데서 결정할 수 없었다. 그들이 고려한 세 가지 테마는 포효하는 20대(R), 스위스 알프스 산(S)과 열대 섬(T)이다. 위원회는 이 문제를 학생회 전체 회원 투표에 부치기로 결정하였다. 회원들 사이에서는 3개의 대안에 대한 선호가 다른 3개의 투표자 유형이 있다. 우리는 그 유형을 X, Y, Z라고 부를 것이다. 세 유형의 선호와 투표의 비율은 표 20.3에 나타나 있다.

이제 각 유형의 투표자가 자기의 첫째 선호에 투표한다고 가정하라. 대안 T가 상대적 다수(최다득표)를 얻지만 이 안은 투표자의 60%에게는 최악의 것이다. 이것이 다수결 투표제의 근본적인 문제이다. 투표자의 과반수가 승리한 대안에 반대한다는 점에서 과반수 의결제와 충돌할 수 있고, 흔히 충돌한다. 여학생회의 운영위원회가 과반수 의결을 원하면 다수결 원칙보다 다소 복잡한 표결 규칙을 선택해야 할 것이다. 하나의 가능성은 결선(runoff election), 즉 1차 투표에서 득표를 많이 한 2개의 대안을 놓고 2차 투표를 하는 것이다. 1차 투표에서 어느 한 대안에 대해 절대다수의 지지가 있으면 2차 투표를 취소한다. 위의 경우에 여전히 투표자들이 각자의 첫째 선호에 투표한다고 가정하면 1차 투표에서 S가 제거되고 R과 T 간의 2차 투표에서 R이 승리할 것이다.

3. 전략적 투표

투표자들이 합리적인 게임 플레이어라면 각자의 첫째 선호에 투표하지 않을 것이다. 예컨대, 표결이 한 번만 치러지고 최다득표를 한 대안이 채택되는 다수결 원칙을 가정하라. 그리고 유형 Y와 Z가 각자의 첫째 대안에 투표한다고 가정하라. 그러면 유형 X는 자기의 둘째 선호에 투표함으로써 표결 결과를 자기의 셋째 선호에서 둘째 선호로 개선할 수 있다. 이것이 **전략적 투표**의 예이다. 투표자가 더 좋은 결과를 얻기 위하여 자기의 첫째 선호가 아닌 것에 투표할 때 그는 전략적으로 투표하는 것이다. 투표자가 매 라운드에서 자기의 첫째 선호에만 투표하면 그는 **순진한 투표**를 하는 것이다.

전략적 투표 : *전략적 투표*는 자신의 관점에서 투표 결과를 개선하려는 희망을 갖고 첫째 선호가 아닌 것에 투표를 하는 것이다.

순진한 투표 : 결과에 개의치 않고 자기의 첫째 선호에 찬성투표를 하는 것이다.

사실상 유형 Y도 어떤 상황에서는 전략적으로 투표함으로써 편익을 받을 수 있다. 다수결 투표의 게임을 정규형 게임으로 보자. 전략은 첫째 선호에 투표하든지 둘째 선호에 투표하는 것이다. 가장 선호하지 않는 것에 투표하는 것은 약한 열등전략이므로 이 가능성은 무시한다. 이득은 X, Y, Z의 순서로 적는다.

이 게임에서는 이득이 선호이므로 낮은 숫자가 더 좋다는 것을 기억하라. 표 20.4를 검토하면 3개의 내시 균형이 있다는 것을 볼 수 있다. 그것들은 표에서 음영으로 나타나 있다. 그러나 둘째 선호에 투표하는 것이 유형 Z의 투표자들에게는 약한 열등전략이며, 만일 그들이 다른 플레이어들은 '떨리는 손'을 갖고 있고 최선이 아닌 반응을 선택한다고 가정하면서 실패할 수 없는 접근방법을 선택한다면, 우리는 표의 오른쪽 부분을 배제하고 왼쪽 부분에만 집중할 수 있다. 왼쪽 부분에 있는 것은 우리가 이미 어렵다고 알고 있는 조정 게임이다. 음영의 칸 2개가 모두 균형이지만 어느 것이 발생할까? 유형 X와 Y의 투표

표 20.4 파티 테마 게임에서의 다수결 투표
(숫자는 서수를 나타낸다.)

		유형 Z			
		1		2	
		유형 Y		유형 Y	
		1	2	1	2
유형 X	1	3, 3, 1	1, 2, 3	2, 1, 2	1, 2, 3
	2	2, 1, 2	3, 3, 1	2, 1, 2	2, 1, 2

자들이 잘못 추측하고 (첫째, 첫째) 또는 (둘째, 둘째)를 선택하여 어차피 그들의 셋째 선호가 승리하게 될 가능성도 어느 정도 있다(그러므로 유형 Z의 투표자들이 약한 열등전략을 멀리할 만한 이유가 있다).

이야기는 이것으로 끝나지 않는다. 또 하나의 가능성은 유형 X와 Y가 연합하여 간부회를 만들고 간부회의 투표에서 절대다수를 얻는 대안으로 전략을 조정하는 것이다. 그것이 대안 R, 포효하는 20대이다. 대안 R이 내시 균형이고 간부회의 투표로 그것이 셸링 초점이 되기 때문에 연합이 그것을 결과로 만들기 위해 강제할 필요는 없다.

과반수 결정을 확보하기 위하여 선거가 결선으로 시행된다면 더 좋지 않을 것이다. 결선 투표도 전략적 투표에 의하여 좌우될 수 있다는 점을 주목하라. 유형 Z의 투표자들은 1차 투표에서 둘째 선호에 투표함으로써 셋째 선호인 포효하는 20대 대신 첫째 선호인 스위스 알프스 산이 이기는 것을 보장할 수 있다.

4. 투표 문제와 평가기준

파티 테마 게임은 실제 표결에서의 문제와 가능성을 예시한다. 한편으로, 다수결은 그다지 만족스럽지 않다. 그것은 절대다수를 매우 불만족하게 만들고 결과를 예상하기가 아주 어려울 수 있다. 파티 테마 게임에서는 누가 전략적으로 투표하는지에 따라 어떤 결과도 가능하다. 연합과 간부회 투표도 실제 선거에서 흔히 볼 수 있는 것이다. 다른 한편으로, 절대다수를 얻으려면 결선과 같은 좀 더 복잡한 표결 절차가 필요하다. 그러나 결선 투표도 전략적 투표에 의하여 영향을 받을 수 있다. 더욱 나쁜 점은 어떤 결과가 '올바른지' 분명하지 않다는 것이다. 순진한 투표에서 절대다수의 득표가 없을 때, 어떤 결과가 '과반수 의결 원칙'을 나타내는가?

이것은 새로운 문제가 아니다! 1700년대 중반에[2] 콩도르세 후작은 이 문제에 대한 부분적인 답을 제안하였다. 콩도르세 규칙은 모든 대안을 상대로 한 1 : 1의 순진한 투표에서 이길 대안이 선택되도록 선거 제도가 이루어져야 한다는 것이다. 예컨

> 인물탐구
>
> **콩도르세 후작**
> (Marquis de Condorcet, 1743~1794)
>
> 콩도르세 후작인 드 카리타(Marie-Jean-Antoine-Nicolas de Caritat)는 계몽주의 시대의 주요 인물로서 적분학과 확률론에 중요한 기여를 하였고, 선거에 관한 수학적 연구를 창시한 수학자였다. 그는 프랑스 혁명을 지지하였지만 자코뱅당에 반대하여 자코뱅당에 의해 투옥되어 감금된 상태에서 알 수 없는 원인으로 사망하였다.

2) 당시 폭넓게 확산된 새로운 관념과 진보에 대한 신념이 발효했기 때문에 이 기간은 때때로 '계몽주의 시대'로 알려져 있다.

대, 파티 테마 게임에서 S는 69 : 31로 R을 이기고, 60 : 40으로 T를 이긴다. 따라서 S는 콩도르세 대안이다. 그러나 모든 투표 게임이 항상 콩도르세 대안을 갖는 것은 아니다.

20세기 중반에 노벨상 경제학자 케네스 애로우는 좋은 선거 제도를 위한 완결성이 높은 평가기준의 목록을 제안하고, 어떤 표결 제도도 그것을 모두 실현할 수 없다는 것을 증명하였다.[3] 그의 논점을 이해하려면 그 목록을 볼 필요가 있고, 정말로 그 목록은 자체로서 흥미로운 것이다. 애로우의 평가기준은 다음을 포함한다.

(1) **효율성** : 각 투표자가 승리한 대안보다 선호하는 대안이 없어야 한다.

(2) **완결성** : 투표 제도는 모든 대안들에 대하여 빠짐없고 일관성 있게 서열을 결정해야 한다.

(3) **중립성** : 임의의 두 대안의 서열은 (콩도르세 기준과 같이) 그 두 대안에 대한 투표자들의 선호에 의해서만 결정되어야 한다.

(4) **비독재성** : 다른 사람들의 선호에 관계없이 자신의 선호로 선거 결과를 결정하는 개인이 없다.[4]

계몽주의

유럽의 역사에서 18세기는 때때로 계몽주의 시대(Age of Enlightenment)로 불려 왔다. 계몽주의의 사고방식은 이성의 자치, 인간과 사회의 완전 가능성과 진보, 이성과 과학에 의하여 발견될 수 있는 자연의 질서, 반권위주의와 반민족주의 등에 대한 믿음이 결합된 것이다. 계몽주의의 주요 인물에는 데카르트, 파스칼, 몽테스키외, 흄, 볼테르, 루소, 애덤 스미스, 콩도르세 등이 포함된다.

케네스 애로우
(Kenneth Arrow, 1921~)

토박이 뉴요커인 케네스 애로우는 뉴욕시립대학에서 학부 과정을 이수하고 사회과학 분야에서 학사 학위를 받았지만 수학을 전공하였다. 그는 대학원 과정을 컬럼비아대학교에서 마쳤다. 그는 수학 석사를 받은 후 경제학으로 전공 분야를 바꾸었지만 전쟁과 다른 일 때문에 연구가 지연되었다. 1951년에 완성된 그의 학위 논문인 '사회적 선택과 개인적 가치(Social Choice and Individual Values)'는 바로 큰 관심을 끌었고 계속 영향력을 유지하였다. 불확실성하의 경쟁적 균형에 관한 그의 개척자적 연구는 경제학과 금융 시장의 혁신에 기여하였다. 그는 1972년에 '일반균형 이론과 후생 이론에 대한 선구자적 기여'의 공로로 존 힉스(John Hicks)와 함께 노벨 경제학상을 받았다. 애로우는 스탠퍼드대학교의 존 케네디 경제학 (명예) 교수이다.

이상의 모든 기준을 만족하는 투표방법 또는 좀 더 일반적으로 쟁점을 결정하는 방법이 없다는 애로우의 '일반적 불가능성 정리(general impossibility theorem)'는 게임 이론적 사고를 포함하여 표결에 대한 체계적 사고에 큰 영향을 주어 왔다. 그러나 '무관한 대안의 독립성'이라고도 하는 셋째 가정이 가장 많은 논란을 야기하였다. 그것은 본질적으로 전

3) 사실, 애로우의 명제는 훨씬 광범위한 것이다. 그것은 예컨대 시장 기구를 포함하여 사회적 선택을 위한 모든 장치에 적용된다.

4) 앞의 경비 규모를 결정하는 선거에서 바바라의 제안이 채택된 이유는 그녀가 중위 투표자이기 때문이고, 만일 애나와 캐롤의 선호가 달랐다면 결과가 달랐을 것이라는 점을 상기하라.

략적 투표를 배제한다. 앞서 보았듯이, 전략적 투표는 흔히 볼 수 있을 테지만 그것이 선거의 예측 가능성을 높인다고 생각할 이유는 없다. 오히려 그 반대이다.

애로우 정리에 대한 대부분의 비판은 애로우 기준 중 하나에 대한 조그만 희생 – 예컨대, 완결성이나 중립성이 조금 미흡한 제도[5] – 이 우리에게 전체적으로 만족할 만한 결과를 줄 수도 있다는 가능성에 초점을 두었다.

우리는 애로우의 결과가 위의 네 가지 기준이 어떤 선거에서도 만족될 수 없다고 말하는 것이 아니라는 점을 주목해야 한다. 그것은 사람들이 네 가지 조건 중 하나 이상을 만족할 수 없는 선호를 갖는 경우들이 있다고 말한다. 어떤 선거 제도는 다양한 선호의 분포에 대하여 그 조건들을 모두 충족할 수도 있을 것이다. 예컨대, 우리는 파티 테마 게임의 경우에 전략적 투표가 결부된 결선에서 콩도르세 대안이 승리한 것을 보았다. 그러나 다음 절에서 볼 것처럼 결과가 반대로 될 수도 있다. 우리는 대부분의 현실적 선호에 대하여 애로우의 기준에 부합할 선거 제도로 만족할지 모르지만, 그것은 깊고 해결되지 않은 수학적·심리정치적인 문제이다!

5. 투표방식의 선택

여러 형태의 투표방식이 제안되어 왔다. 그중 몇 개를 소개한다.

(1) **다수결 원칙**(plurality rule) : 문제가 많기는 하지만 영국의 국회의원 선거를 비롯하여 많은 표결이 영국에서 '결승점 최초 통과(first past the post, FPTP 또는 FPP)'[6]로 알려져 있는 다수결 원칙을 따른다.

(2) **결선** : 우리가 본 바와 같이, 결선은 한 후보에 대한 절대다수의 지지를 도출할 수 있지만 매우 전략적이고 예측하기 어려울 수 있다.

(3) **선호 투표** : 관례적인 투표방법에서 있을 수 있는 한 가지 문제는 첫째 선호에 대한

5) 미국의 많은 임의 단체들이 사용하는 의회식 절차에 대한 안내서인 '로버트의 회의 규칙(Robert's Rules of Order)'은 절대다수가 없으면 절대다수가 생길 때까지 투표를 계속하도록 규정한다. 그러나 안건을 제시하는 의사 일정의 순서가 분명히 결과에 영향을 주므로 로버트 규칙은 중립적 제도가 아니다.
역자 주 : 로버트(Henry Martyn Robert, 1837~1923)는 육군 공병장교 시절에 예고 없이 교회의 부탁으로 신도 회의를 주재하면서 진행 절차에 서툴러 크게 당황하였다. 그는 이 경험을 계기로 회의 절차에 대한 편람을 작성하기로 결심하고, 연구한 결과를 1876년에 출판하였다. 그는 장군으로 은퇴한 후에 본격적으로 수정 보완을 하였고 많은 조직에서 그 책을 준용하기에 이르렀다. 현재 10판이 출판되어 있다.

6) 역자 주 : 이 말은 경마의 '승자독식(winner-takes-all)'에서 유래한 것이다.

정보밖에 제공하지 않는다는 것이다. 선호 투표는 투표자들에게 그들의 선호의 순서로 대안들의 순위를 매기도록 허용함으로써 투표자들로부터 더 많은 정보를 얻도록 설계된 투표 제도이다.

a. **보르다 규칙** : 프랑스 계몽주의 시대의 또 다른 인물인 드 보르다가 제안한 보르다 규칙(Borda rule)이 그 일례이다. 보르다 규칙은 투표자가 각 대안에 대하여 선호의 역순으로 점수를 주도록 한다. 그러므로 3파전의 선거에서는 첫째 선호가 3점, 둘째 선호가 2점, 셋째 선호가 1점을 얻어 총점이 가장 많은 대안이 이긴다. 파티 테마 게임에서는 대안 T가 5점, R이 6점, S가 7점을 얻으므로 콩도르세 대안인 S가 이긴다. 그러나 항상 그렇지는 않다!

b. 즉시결선으로도 알려진, 투표의 1회 이전 가능 선호 투표로 각 투표자가 모든 대안에 대하여 가장 선호하는 것부터 가장 선호하지 않는 것까지 순서를 매긴다. 각 투표자의 첫째 선호 중 절대다수를 얻은 것이 있으면 그것이 채택된다. 첫째 선호가 절대다수를 얻지 못하면 첫째 선호로서 득표한 수가 가장 적은 대안이

드 보르다(Jean-Charles de Borda, 1733~1799)와 보르다 계산(Borda Count)

1770년에 프랑스의 수학자인 드 보르다는 새로운 투표 계산방법을 제안하였다. 투표자는 자신의 선호에 따라 후보자나 대안의 서열을 정한다. N개의 대안이 있으면 첫째 선호가 N점을 얻고 둘째 선호가 $N-1$점을 얻는 식으로 계속된다. 최다득점을 한 대안이 이긴다.

프랑스의 닥스에서 태어난 드 보르다는 공병장교로서 항해 도구, 물레바퀴, 펌프를 완성한 발명가였으며, 발명에 열중하면서도 미국의 독립전쟁에 참가하였다. 그는 미터 척도법을 만든 일원이었다.

이론탐구

투표방법에 대한 중요한 연구

전략적 투표는 때때로 공정하지 않은 것 같고 선거를 위한 '좋은 결과'의 상식적 관념인 애로우의 중립성 기준을 위반할 것으로 기대될 수 있다. 사람들이 전략적으로 투표하려고 하지 않을 방법을 고안하거나 발견하는 것이 가능할까? 애로우의 연구와 밀접하게 연관된 독립적 연구에서 미시간대학교의 철학 교수인 앨런 기바드(Alan Gibbard)와 노스웨스턴대학교의 경영학 교수인 마크 새터스웨이트(Mark Satterthwaite)는 각각 그런 제도가 없다는 것을 증명했다.

분명히 우리는 몇 번의 선거에서 애로우 기준의 일부를 포기해야 한다. 그러나 이 문제는 전부가 아니라 일부 선거에서만 출현한다. 대부분의 선거에서 또는 더 많은 선거에서 대부분의 다른 방법보다 많이 애로우 기준에 따른 좋은 결과를 생산할 선거방법이 있을까? 애로우 밑에서 박사 학위 공부를 한 에릭 매스킨(Eric Maskin)과 파르타 다스굽타(Partha Dasgupta)는 이 문제를 탐구했고, 콩도르세 토너먼트가 다수결 원칙 또는 보르다 계산방식이 작동하지 않을 때마다 상식적 기준을 만족하고, 그러므로 이 두 방법의 어느 것보다도 낫다는 의미에서 '잘 작동한다'는 것을 발견했다.

표 20.5 파티 테마 게임에서의 찬반 투표
(숫자는 서수를 나타낸다.)

		유형 Z			
		1에 찬성		1, 2에 찬성	
		유형 Y		유형 Y	
		1에 찬성	1, 2에 찬성	1에 찬성	1, 2에 찬성
유형 X	1에 찬성	3, 3, 1	1, 2, 3	2, 1, 2	2, 1, 2
	1, 2에 찬성	2, 1, 2	동점*	2, 1, 2	2, 1, 2

* 동점은 R과 S 간, X와 Y에 대해서는 1과 2 간, 그리고 Z에 대해서는 2와 3 간에 존재한다. 그러나 X와 Y 중 누구라도 일방적으로 '1'로 이전함으로써 첫째 선호를 확보할 수 있고 Z는 일방적으로 '1, 2'로 이전함으로써 둘째 선호를 확보할 수 있다. 따라서 동점은 아무에게도 최선반응이 아니고 내시 균형일 수 없다.

제거되고, 그 지지자들의 투표가 그들의 둘째 선호의 지지표에 가산된다. 만일 (대안이 2개를 넘을 때) 그렇게 하여도 절대다수가 나오지 않으면 절대다수가 나올 때까지 이 과정이 반복된다. 파티 테마 게임에서 즉시결선은 2단계 결선과 같은 결과를 초래하지만 항상 그렇지는 않다.

c. **콩도르세 토너먼트** : 이 접근방법에서는 각 투표자가 더 높게 서열을 매긴 후보로 투표가 계산되면서 모든 양자택일 대결이 평가된다. 콩도르세 후보가 있으면 그 대안이 승자로 선언된다. 항상 콩도르세 후보가 있는 것이 아니므로 이 방법이 모든 선거를 결정하는 않는다. 콩도르세 후보가 없을 때, 자기가 들어간 짝들에서 적어도 몇 개를 이긴 모든 후보 간에 일종의 무승부가 존재한다. 그 경우에 무승부를 깨기 위해 다른 방법 — 아마 보르다 서열 결정이나 '즉시결선' — 이 사용되어야 한다.

(4) **찬반 투표**(approval voting) : 이 경우에는 한 대안의 다른 대안에 대비한 선호의 순서를 매기지 않고 각 투표자가 각 대안에 대하여 '찬성'이나 '반대'만 투표하고 '찬성표'를 가장 많이 얻은 대안이 이긴다. 찬반 투표는 얼마나 많은 대안에 찬성할 것인가라는 문제에 대한 명백한(순진한) 답이 없기 때문에 매우 전략적이다. 예컨대, 파티 테마 게임에서 유형 Z가 첫째 선호와 둘째 선호만 찬성하고 유형 Y가 첫째 선호만 찬성한다고 가정하라. 이것은 X가 어떻게 하든 상관없이 내시 균형이다(약한 열등전략의 선택을 무시하는 표 20.5를 보라). 대안 S가 선택된다. 따라서 이 게임에서는 전략적 찬성투표가 콩도르세 대안을 만들지만 항상 그렇지는 않다.

이상의 투표방식과 그 대안들에 대하여 배워야 할 것이 많지만, 분명하게 최선이거나 모든 상황에서 만족스러운 방식은 없는 것 같다.

그러나 이상에서 본 모든 예는 '만들어진' 것이다. 이 어려움들이 현실 세계에서 발생하는가? 우리는 몇 개의 실례를 볼 것이며 사실상 그렇다는 것을 알게 될 것이다.

6. 사례 : 핀란드의 대통령 선거[7)]

핀란드 공화국은 북유럽의 스칸디나비아 반도에 위치하며 주 국경선이 러시아 공화국과 맞닿아 있고 북단으로는 스웨덴, 노르웨이와 국경을 공유한다. 우르호 케코넨(Urho Kekkonen)은 1956년부터 25년간 핀란드의 대통령이었다. 1956년 핀란드에서는 대통령 선거가 300인의 선거인단에 의해 치러졌다.[8)] 핀란드 선거인단은 특히 1차 투표에서 절대다수가 없으면 결선을 한다는 점에서 미국의 선거인단과 다르다.

1956년에 농민당, 공산당, 보수당, 사회당 등 4개 정당이 핀란드 대통령 선거에 참여하였다. 이 중 가장 작은 공산당은 후보를 내세우지 않았지만 다른 세 당은 각각 후보자를 내세웠다. 케코넨은 농민당의 후보였고, 현직 대통령인 파시키비(J. K. Paasikivi)는 보수당의 후보였으며, 파거홀름(K.-A. Fagerholm)은 사회당 후보였다. 표 20.6은 증거에 의해 재구성된 네 당의 선호와 각 당이 선거인단에서 던질 수 있는 투표수를 보여 준다(작은 숫자일수록 선호가 높은데, 예컨대 1은 첫째 선호이다). 표를 보면, 후보를 내세우지 않은 공산당은 케코넨을 지지하고[9)] 보수당은 소수파가 사회당의 파거홀름보다 농민당의 케코넨을 선호하면서 그들의 둘째 선호에서 다소 분열되어 있다.

이제 각 당이 매 라운드에서 순진하게 투표하면 어떻게 될 것인가를 보자. 첫째 라운드에서 케코넨이 56 + 88 = 144, 파시키비가 84, 파거홀름이 72를 얻는다. 결선은 케코넨과 파시키비의 대결일 것이고, 케코넨이 여전히 144를 얻는 한편 파시키비는 156을 얻을 것이다. 그래서 파시키비가 이기는데 이것은 공산당의 관점에서는 최악의 결과이다.

그러나 공산당은 순진하게 투표하지 않았다. 대신 1차 투표에서 56명의 공산당 선거인

---

7) 이 예는 제13장의 주 3에 언급된 체벨리스의 전게서 2~4쪽에서 옮긴 것이다.

8) 현재 핀란드의 대통령 선거는 일반 유권자의 투표에 의해 이루어지며, 1차 투표에서 절대다수가 없으면 2차로 '결선'을 한다.

9) 당시 러시아 공화국은 소련의 일부였고, 핀란드의 거대한 이웃 나라 소련과의 관계는 핀란드 정부의 주요한 문제였다. 핀란드는 15년 전에 소련의 침공을 받았다. 핀란드는 영토의 일부를 잃기는 했지만 독립을 유지하는 데 성공하였다. 공산당의 관점에서 파거홀름보다 케코넨이 소련과 우호 관계를 유지할 가능성이 컸을 수 있다.

표 20.6 핀란드 대통령 선거의 정당과 선호 (숫자는 서수를 나타낸다.)

정당	케코넨	파시키비	파거홀름	투표수
농민당	1	2	3	88
공산당	1	3	2	56
보수당(다수파)	3	1	2	77
보수당(소수파)	2	1	3	7
사회당	3	2	1	72

중 42명이 파거홀름에게 투표하였다. 이것은 상이한 개인적 선호의 문제가 아니었다. 당시 공산당은 일단 당론이 결정되면 개별 당원이 그것을 따른다는 '민주적 중앙집권주의'에 입각하여 움직였다. 어쨌든 선거의 결과는 케코넨의 승리였다. 1차 투표에서 파거홀름이 114표를 얻고 파시키비가 84표를 얻어 파시키비가 탈락하였다. 따라서 결선은 케코넨과 파거홀름 사이에 이루어졌다. 결선 투표에서 공산당은 전원 케코넨에게 투표하였고 케코넨이 151 : 149로 겨우 이겼다.

우리는 이와 같이 작은 정당이 전략적 투표에 의하여 결선 제도를 조종할 수 있었다는 것을 본다. 다른 기준과 방식을 적용하면 어떻게 되었을까?

(1) **콩도르세** : 파시키비가 케코넨을 156 : 144로 이기고 파거홀름을 165 : 135로 이기므로 파시키비가 콩도르세 후보이다.

(2) **보르다 규칙** : 케코넨의 595점, 파거홀름의 577점에 대하여 파시키비가 628점으로 이긴다.

(3) **1회 이전 가능 투표** : 2차 결선 투표에서 공산당이 1차 투표와 2차 투표 사이에 나타냈던 선호를 바꾸어 선거를 조종할 수 있었다. 그러나 '즉시결선', 즉 1회 이전 가능 투표에서는 그렇게 할 수 없다. 파거홀름을 결선 후보로 만들려면 적어도 13명의 공산당원이 케코넨보다 파거홀름을 첫째 선호로 삼아야 하지만, 이것은 파시키비가 탈락한 후 그들이 파거홀름에게 투표하고 파거홀름이 162(사회당 72, 보수당 77, 공산당 13) : 138로 이긴다는 것을 의미한다. 공산당이 파시키비보다 파거홀름을 얼마간 선호하였으므로 아마 그렇게 되었을 것이다. 파거홀름이 다른 두 후보 중 누구와도 1 : 1의 대결에서 질 것이라는 점을 주목하라.[10]

---

10) 사회당은 전략적으로 파거홀름보다 파시키비에게 투표함으로써 막을 수 있었으나 그렇게 하지 않았다. 그

(4) **찬반 투표** : 복수의 내시 균형이 존재하므로 결과를 예측할 수 없다.

7. 사례 : 1992년 미국의 대통령 선거

표 20.7 단순화된 1992년 미국 대통령 선거에서의 선호
(숫자는 서수를 나타낸다.)

	후보별 순위			일반 투표 득표율
	클린턴	부시	페로	
민주당원	1	2	3	43%
공화당원	3	1	2	37%
개혁당원	2	3	1	20%

핀란드의 예가 보여 주듯이, 대안이 2개를 넘고 투표 규칙이 복잡할 때 전략적 투표의 가능성이 특히 높다. 미국도 대통령 선거를 결정하는 선거인단이 있는데 4년마다 시행되는 꽤 복잡한 선거 절차의 일부이다. 미국 헌법의 저자들은 선거인단이 정당을 대통령 선거로부터 유리시키길 바랐으나, 사실상 1796년 존 애덤스의 당선 이래 정당들이 선거인단을 지배해 왔다. 그럼에도 불구하고, 유력한 후보가 2명만 있어 어느 1명이 일반 투표에서 절대다수를 얻을 때는 선거인단이 통상적으로 일반 투표와 같은 결과를 가져왔다.[11] 그러나 주요 후보가 3명 이상이었던 때는 결과를 쉽게 예측할 수 없었다. 1992년에 윌리엄 클린턴(William Clinton)의 당선은 중요한 예를 제공한다. 현직의 조지 부시(George Busch) 대통령과 억만장자인 로스 페로(Ross Perot)의 3파전에서 클린턴은 일반 투표의 43%를 얻어 최다득표자가 되었다. 부시와 페로는 각각 37%와 20%를 얻었다. 표 20.7에서 우리는 대체로 1992년의 선거와 유사한 예를 볼 수 있다. 이 표가 당시의 선거 결과와 대체로 유사하다는 것은 투표자의 유형이 3개밖에 없고, 각 유형별로 투표자들의 선호, 특히 둘째와 셋째 선호가 같다는 단순화 가정 때문이다. 이 사례의 경우에 둘째와 셋째 선호에 대한 정보가 거의 없으며 사실은 아마 더 복잡했을 것이다. 그러나 이 예는 우리가 1992년 선거에 대하여 알고 있는 것과 일치하며, 아래에서 보는 것처럼 그것만으로도 충분히 복잡하다!

다섯째 열은 세 가지 유형이 총 일반 유권자 중에서 차지하는 비중을 나타낸다. 이 수치는 소수점 이하를 끊어 버린 실제의 통계이다. 우리는 개혁당의 중요한 지도자들이 밝혔

이유는 사회당 투표인들이 그렇게 전략적으로 투표하면 전략적 투표를 용납하지 않을 당원들에 대해 책임을 져야 했기 때문인 것 같다. 즉, 그들의 투표 게임은 전략적 투표가 최선반응이 아닌 더 큰 정당정치의 게임에 내재되었다. 확실히 정당이 자신의 후보에 반대하여 투표하기는 매우 어렵다.

11) 1876년과 1888년의 선거는 예외였다. 1876년에 일부 주는 선거인단에 1명 이상의 대표단을 보냈으므로 결과는 실제로 의회에 의해서 결정되었다. 1888년에는 일반 투표의 차이가 매우 작았다. 2000년에는 대법원의 판결이 선거를 결정하였다.

듯이 개혁당원들이 부시보다 클린턴을 선호한다는 것, 그리고 공화당원들은 클린턴보다 자유주의 성향이 약한 페로를 선호하는 반면, 민주당원들은 아마 페로의 예측 불가능성 때문에 그보다 부시를 선호할 것이라고 가정하였다. 마지막의 이 두 가정은 예를 만들기 위한 추측이다.

핀란드 선거와 마찬가지로 이 선거에서 어떤 후보도 절대다수를 얻지 못했다. 모든 사람들이 순진하게 투표한다면 클린턴이 다수결로 이긴다(사실 그렇게 되었다). 의문은 왜 공화당원들이 전략적으로 투표하지 않았는지이다. 그들이 페로에게 투표했더라면 페로가 이겼고, 공화당원들은 그들의 셋째 선호보다 둘째 선호를 가질 수 있었을 것이다. 그러나 아마 그들은 공화당의 더 장기적인 힘을 염두에 두었을 것이다. 즉, 공화당원들의 시각에서 1992년 선거는 당시에 페로가 이기면 2000년에 공화당이 정권을 다시 집권하기가 더 어렵게 되는 더 큰 게임에 내재하였던 것일 수 있다.

미국의 대통령 선거 제도는 결선 규정이 없다는 점에서 핀란드의 제도와 다르다. 물론 일반 투표가 아닌 선거인단이 결정하는 것이고, 클린턴은 선거인단에서 370 : 168의 절대다수를 얻었다. 이런 결과가 생길 수 있는 이유는 한 주(또는 2개 주의 경우에는 연방의회 의원 선거구[12])에서 다수표를 얻는 후보가 그 주(또는 연방의회 의원 선거구)에 배정된 선거인단을 모두 차지하기 때문이다. 그러므로 각 주(선거구)에서 50.01%를 얻는 후보가 선거인단 투표의 100%를 얻게 된다.

다른 선거방식과 기준을 적용하면 어떻게 될까?

(1) **콩도르세** : 클린턴이 63 : 37로 부시를 이기고, 부시는 80 : 20으로 페로를 이기며, 페로는 57 : 43으로 클린턴을 이긴다. 이 순환은 이 선거에 콩도르세 후보가 없다는 것을 뜻한다. 이와 같은 순환은 선거에 관한 최근의 분석적 사고, 특히 애로우 불가능성 정리에서 중요한 역할을 한다. 이 순환은 모든 공화당원들이 클린턴과 페로의 대결에서 페로에게 투표할 것이라는 가정을 반영한다. 이것은 현실 세계에서는 맞지 않을 것이다. 클린턴 대 페로의 선거에서 공화당원의 25%만 클린턴을 지지한다면 클린턴이 콩도르세 후보가 되지만, 순환의 가능성이 가진 중요성과 선거에 따라서 콩도르세 후보가 없을 수 있다는 사실을 예시하기 위해 극단적인 가정들이 선택되었다.

12) 역자 주 : 메인 주와 네브래스카 주에서는 주 전체의 투표로 2명의 선거인을 선출하고 나머지 선거인들은 연방의회 의원 선거구별로 선출한다.

(2) **보르다 규칙** : 순진한 투표에서 부시가 36%의 득표율로 34%의 클린턴과 30%의 페로를 이긴다. 그러나 민주당원의 50%가 전략적으로 (또는 진정으로) 둘째 선호를 페로에게 두면 클린턴이 34 : 33(부시) : 33(페로)의 득표율로 이긴다.

(3) **2차 결선** : 순진한 투표에서는 클린턴이 63 : 37의 득표율로 결선에서 이기지만, 공화당원들이 1차 투표에서 전략적으로 페로에게 투표함으로써 그들의 둘째 선호인 페로에게 결선의 승리를 안겨 줄 수 있다.

(4) **1회 이전 가능 투표** : 2차 결선과 같다.

(5) **찬반 투표** : 내시 균형은 공화당원들이 부시와 페로를 찬성하지만 민주당원들과 개혁당원들이 각각 자기 당의 후보만을 찬성하고, 페로가 일반 투표 가운데 57%를 얻어 각각 43%와 37%를 얻은 클린턴과 부시를 이기는 것이다.

미국의 선거인단(Election College)

미국의 선거인단은 각 주에 의회 의원 수를 근거로 투표수를 배정한다. 선거인단에서 어느 후보도 과반수를 얻지 못하면 선거는 하원(House of Representatives)에서 각 주가 1표를 던져 결정한다. 이것은 1824년에만 발생하였다.

미국 헌법의 기안자들은 넓게 퍼진 미국 공화국의 모든 지역에 잘 알려진 후보가 없을 것이라고 생각한 나머지 선거인단 제도를 상당히 마지못해 채택한 것처럼 보인다. 대신 그들은 여러 지역 간의 타협을 예상하고 선거인단을 타협의 방법으로 보았다.

여러 해에 걸쳐 선거인단을 폐지하자는 제안이 나왔다가 사라지곤 했다. 2000년의 선거 후에 선거인단을 폐지하는 것은 비현실적이라고 흔히 주장되었다. 그 이유는 (1) 헌법 개정이 필요할 것이며, (2) 선거인단은 작은 주에 유리하고 작은 주의 수가 더 많기 때문에 반대에 부딪힌다는 것이었다.

작은 주들이 인구 대비로 선거인단에서 더 많은 표를 갖는다는 것은 사실이지만 선거인단이 항상 작은 주들에게 유리하다는 것은 분명하지 않다. 1960년 선거에서 후보자는 존 케네디와 리처드 닉슨이었고, 케네디가 선거인단 투표와 일반 투표에서 이겼으나 그의 득표 차는 일반 투표(0.1%)보다 선거인단 투표(거의 50%)에서 훨씬 컸다. 이 결과는 그가 큰 주에서 작은 차로 이기고 작은 주에서 큰 차로 졌기 때문이었다. 승자독식의 선거인단 투표 배정 제도 하에서 케네디는 표차에 관계없이 그가 이긴 큰 주의 투표의 100%를 얻었다.

이 경우에 분명히 선거인단은 작은 주에게 불리하게 작용했고 선거제도 개정에 대한 관심은 대부분 그들(그리고 공화당원들)로부터 나왔다. 2개의 작은 주, 네브래스카와 메인은 (주법의 소관 사항인) 승자독식을 폐지하고 대신 각 하원의원 선거구의 승자에게 선거인단 표 1개, 주 전체의 승자에게 표 2개를 주기로 했다. 그러나 이것이 그들에게 유리하게 작용했는지는 분명하지 않다. 2008년 선거에서 네브래스카는 맥케인 상원의원에게 4표, 오바마 상원의원에게 1표를 주어 논란의 여지가 있지만 네브래스카의 영향을 줄였다.

저자의 진실을 밝힌다는 정신에서, 나는 1960년 이래 선거인단의 폐지와 일반 투표에 의한 대통령 선출을 지지했고, 미국은 투표 계산의 첫 단계로서 콩도르세 토너먼트가 있는 선호 투표제를 채택해야 한다는 에릭 매스킨 교수의 논리에 설득되었다는 것을 말해야 한다. 그러나 나의 친구들은 내가 괴짜라고 말한다.

8. 요약

선거의 결과는 (1) 고려 대상이 되는 대안이 2개뿐이거나 모든 대안에 대한 선호의 서열을 정할 수 있고, (2) 모든 투표자들이 여러 대안에 대하여 단일정점 선호를 갖는다면 예측할 수 있다. 그 경우에 순진한 투표에서는 중위 투표자의 선호가 결정적이며 전략적 투표의 여지가 거의 없다. 우열의 순서를 매길 수 없는 대안이 3개 이상 있는 경우에는 어느 한 대안이 과반수의 득표를 할 수 없고 전략적 투표가 결과에 영향을 줄 수 있는 가능성이 출현한다. 어떤 경우에는 복수의 내시 균형을 가진 전략적 투표가 어떤 균형이 실현되는지에 따라 어느 대안에도 과반수를 줄지 모른다. 그러한 경우에 과반수를 찾기 위한 방식이 다양하게 있으나 모든 경우에 최선인 것은 없다. 심지어 무엇이 선거의 '옳은' 결과일 것인가에 대한 논쟁도 있을 수 있다. 모든 1 : 1의 대결에서 과반수를 얻는 대안, 즉 '콩도르세 후보'가 있으면 우리는 그 후보가 이기기를 바랄 수 있겠지만 콩도르세 후보가 없을지도 모르고, 있다고 하더라도 1 : 1의 선거를 모두 시행하지 않는 간단한 선거 과정에서는 때때로 콩도르세 후보가 탈락할 것이다. 케네스 애로우가 제안한 좀 더 광범한 (그러나 합리적인) 기준의 목록도 불가능하다는 것이 증명될 수 있다. 애로우 조건들을 모두 충족하는 장치는 없다. 결국, 모든 선거 과정에는 결점이 있게 마련이므로 서로 다른 결점 간의 득실을 비교할 수는 있어도 '최선의 선거방식이 무엇인가'에 대한 보편적으로 타당한 답은 없다.

Q20. 연습문제

Q20.1 난국에 처한 교수 평의회 (이것은 실화이며 다소간 무고한 사람들을 보호하기 위해 가명을 사용한다.) 교수 평의회의 회의에서 쇠파리 교수는 대다수의 지지를 받지만 2개의 조항에서 논란이 생긴 복잡한 동의안을 제출하였다. 어떤 평의원들은 어느 한 조항을 삭제하자는 수정안을 제의하였고, 다른 일부 평의원들은 두 조항을 모두 삭제하자는 수정안을 제의하였다. 의장인 매리언 도서관학과 교수는 3개의 안건을 함께 상정하였다. 투표 결과는 5 : 5 : 5였다. 그러자 매리언 교수는 두 조항을 모두 삭제하는 수정안에 찬성표를 던져 교착 상태를 해소하였다. 그러나 국회법학자인 뚱딴지 교수가 동의안에 대한 수정에는 과반수의 찬성이 필요한데 6표는 과반수가 아니라고 지적하였다. 이 장에서 다룬 개념들을 사용하여 매리언

교수의 문제를 분석하라. 당신은 매리언 교수에게 무엇을 권고할 것인가?

Q20.2 언어 유럽 언어 클럽은 새 회장을 선출해야 한다. 후보자로 장 자크, 프란체스카, 안젤라의 3인이 있다. 클럽에는 각각 프랑스어, 이탈리아어, 독일어를 전공하는 학생들로 구성된 3개의 주요 계파가 있다. 선거는 과반수 원칙에 따라 이루어질 것이다. 1차 단계에서 어느 후보자도 과반수를 얻지 못하는 경우에 2차 결선이 있을 것이다. 3개 계파의 투표 비율과 첫째, 둘째 선호는 표 20.8a와 같다.

표 20.8a 언어클럽 선호

계파	백분율	첫째	둘째
프랑스어	0.4	장 자크	안젤라
이탈리아어	0.25	프란체스카	장 자크
독일어	0.35	안젤라	프란체스카

a. 모든 계파가 고지식하게 투표하면 어느 후보자가 이길까?

b. 독일인들이 전략적으로 투표하면 어떻게 될까?

Q20.3 주말 여행 OAR은 회원들을 위하여 여행과 기타 여가활동을 주선하는 은퇴자들의 클럽이고 다음번의 주말여행을 계획하고 있다. 이 클럽에는 3개의 분파가 있다 – 자연지향지를 선호하는 흰머리수리, 활기찬 야간 생활을 선호하는 은여우, 쇼핑지를 좋아하는 회색 약탈자. 목적지의 대안은 (1) 랭캐스터 군, (2) 메이 곶, (3) 애트랜틱 시티이다. 그들의 선호는 표 20.8b와 같다.

표 20.8b 주말여행 분파

	선택			비율
	랭캐스터 군	메이 곶	AC	
흰머리수리	2	1	3	25%
은여우	3	2	1	35%
회색 약탈자	1	2	3	40%

a. 콩도르세 대안이 있는가?

b. 결정이 1회 이전 가능 투표, 즉 '즉시 결선' 규칙 의해서 이루어진다고 가정하라.

 i. 모두 순진하게 투표하면 어느 것이 이길까?

 ii. 전략적 투표가 있다면 어떻게 될까?

c. 결정이 보르다 규칙에 의해서 이루어진다고 가정하라.

 i. 모두 순진하게 투표하면 어느 것이 이길까?

 ii. 전략적 투표가 있다면 어떻게 될까?

Q20.4 **수혜자** 필라델피아 교외의 채식주의자 사교클럽인 BVOH는 맛있는 인도식 채식주의 요리를 특징으로 하는 금년도 모금 정찬회를 개최할 것이다. 그들은 수익금으로 어느 자선단체를 지원할 것인지를 결정해야 하며, 규칙 때문에 그들은 타협할 수 없으므로 수익금은 어느 한 단체에 기부될 것이다. 대안은 (1) 동물보호협회(P), (2) 스트렙 인후 연구기금(S), (3) 무주택자 지원협회(H)이다. 40인의 BVOH 회원들은 3개의 분파로 구분되며 그들의 선호는 다음 표와 같다.

분파	자선단체			분파 내 원수
	P	S	H	
A	1	3	2	18
B	2	1	3	12
C	2	3	1	10

(숫자는 서수를 나타낸다.)

a. 콩도르세 후보가 있는가?

a. 투표가 다수결에 의하여 결정되면 어느 대안이 이길까? 일부 분파들이 전략적으로 투표할까? 어느 분파가?

제 21장

경매

> **이 장의 내용을 가장 잘 이해하려면** 제1장~제4장, 제7장~제9장과 제12장, 제13장과 제18장의 내용을 학습하고 이해할 필요가 있다.

실비아 네이서는 존 내시의 일대기, 아름다운 마음(A Beautiful Mind)(Simon and Schuster, 1998, p. 375)에서 다음과 같이 적고 있다. "게임 이론의 가장 극적인 이용은 방송 주파수, 국채, 석유 탐사권, 목재, 오염권 등이 현재 게임 이론가들이 설계한 경매에서 팔린다는 사실에서 볼 수 있다…." 게임 이론가들은 정말로 20세기 말에 경매의 설계와 시행에서 핵심 역할을 하였다. 이 장에서는 경매의 게임 이론적 분석을 소개한다.

1. 카메라 경매

> 영국식 경매(English Auction) : 잠재적 구매자들이 순차적으로 더 높은 가격을 부르고 최고가를 입찰한 사람이 그 가격으로 경매품을 사는 경매를 *영국식 경매*라고 한다.

우리는 종전대로 예를 가지고 논의를 시작한다. 가장 친숙한 경매의 종류는 경매인이 가격을 낮은 수준부터 시작하여 올려 부르면 사람들이 번갈아 가면서 그 가격에 사겠다고 소리치는 경매 유형인 상향 입찰가 **영국식 경매**이다. 통상적으로 경매인은 아무도 더 이상 높은 가격을 지불하려고 하지 않을 때까지 가격을 일정한 주어진 액수만큼 계속 올려 부른다. 패트와 퀸시가 재판매용이 아니라 직접 사용할 목적으로 중고 카메라를 사기 위해 그러한 형태의 카메라 경매에서 경쟁적으로 입찰하고 있다고 가정하라. 퀸시는 100의 가격에서 입찰하고 입찰가격은 매번 5만큼 올라가므로 다음 입찰가격은 105이다. 게임 이론 관점에서 패트는 어떻게 입찰해야 하는가? 이 상황에 대한 그의 최선반응은 무엇인가?

중요 개념

독립적 개인가치(Independent Private Value) : 경매품에 대한 입찰자의 '가치'는 그가 포기하기보다 지불할 가격이다. 이 가치가 다른 사람들의 가치 평가에 의하여 영향을 받지 않을 때 입찰이 '독립적 개인가치' 입찰이다.

경매 유형(Auction Type) : 경매에는 영국식, 네덜란드식 등을 포함하여 다양한 유형이 있다. 영국식이 낮은 가격에서 시작하여 경매품이 팔릴 때까지 가격이 올라가는 데 반하여 네덜란드식은 높은 가격에서 시작하여 경매품이 팔릴 때까지 가격이 내려간다.

경매구조(Auction Frame) : 경매 전략과 결과는 입찰자들의 가치가 독립적 개인가치인지 재판매가치(순수 공통가치)인지와 같은 입찰자들의 성격에 의하여 결정될 것이다. 이 성격들이 경매구조를 구성한다.

물론 이 물음에 답하려면 패트의 이득과 아울러 퀸시의 이득에 대하여 우리는 물론 조금 알아야 할 필요가 있다. 패트의 이득은 그가 카메라를 얻는지 여부만이 아니라 어떤 가격에서 얻는지에도 달려 있다. 가격이 높을수록 이득이 작아진다. 확실히 가격이 매우 높으면 구매자는 물건을 구매함으로써 더 나빠진다. 개인 용도에 사용할 카메라를 $100,000를 주고 샀다면 나는 나빠졌다고 느낄 것이다.[1] 상한가격, 즉 사람이 지불할 수 있고 물건을 사서 더 나빠졌다고 느끼지 않을 가격이 있을 것이다. 이것은 경매경제학의 용어로 그 사람의 '가치'이다.[2] 그 사람이 바로 이 가격에 사면 그는 좋아지지도 나빠지지도 않는다. 그 사람은 이보다 높은 가격에 사면 나빠지고 이보다 낮은 가격에 사면 좋아진다.

따라서 우리는 패트의 가치가 114라고 가정한다. 그는 퀸시의 가치에 대하여 알지 못하지만 102나 108일 것이라고 생각한다. 패트는 105나 110에 입찰하거나, 입찰하지 않고 통과시킬 수 있다. 이것이 그의 전략이다. 패트는 110에 입찰하여 퀸시를 배제해야 하는가? 패트와 퀸시는 서로 상대방의 가치는 모르지만 지나간 모든 입찰을 알므로 정보집합이 없다. 따라서 우리는 경매를 전개형으로 분석하며 이것이 그림 21.1에 나타나 있다. 이 게임에서 첫째 이득은 패트, 둘째 이득은 퀸시의 것이다.

연습문제 : 이 게임에는 고유 하부 게임이 몇 개 있는가? 어느 것이 기초 하부 게임인가? 이 게임을 위한 하부 게임 완전균형은 무엇인가?*

1) 물론 내가 카메라를 역사적 골동품으로 여겨 $15만을 기꺼이 지불하려는 사람을 안다면 그것은 전혀 다른 문제이다. 그러나 이로 인한 복잡한 문제는 이 장의 다른 절에서 다루기로 한다. 그것이 패트와 퀸시가 재판매할 목적이 아니라 직접 사용하려고 카메라를 산다고 가정한 이유이다.

2) 구매자가 지불할 의사가 있는 최고가격이나 판매자가 수용할 의사가 있는 최저가격을 지칭하기 위해 '유보가격(reservation price)'이라는 용어가 경제학에서 널리 사용된다. 경매에서는 판매자가 수용할 의사가 있는 최저가격인 '유보가격'을 정할 수 있다. 아마 이것이 이 용어의 원래 뜻일 것이다. 경매에 대한 논의에서 '가치'라는 용어가 광범위하게 사용됨에 따라 연관되지만 다른 이 두 용어가 혼동되지 않는다.

* 해답은 이 장의 끝에 있다.

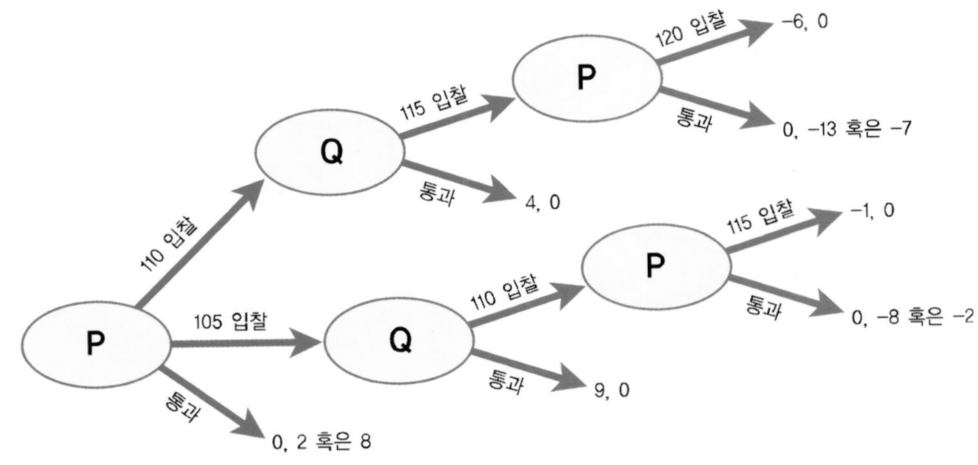

그림 21.1 **카메라 경매**

그림 21.2 **기초적 고유 하부 게임**

그림 21.3 **또 하나의 기초적 고유 하부 게임**

우리는 이 게임을 후진귀납법으로 분석한다. 이것이 어떻게 진행될지 보자. 이 게임은 그림 21.2와 21.3에 나타난 패트의 재입찰과 같이 2개의 기초 고유 게임을 갖는다. 두 경우에 모두 패트는 음의 이득을 얻으려고 입찰하기보다 통과시키고 0의 이득을 얻을 것이다. 따라서 각각의 하부 게임에서 균형이득 조합은 아래쪽에 있는 것이다. 하부 게임을 균형이득으로 대치하면 그림 21.4의 축소된 경매 게임을 얻는다.

이 게임은 그림 21.5와 21.6 같은 2개의 기초 고유 하부 게임을 갖는다. 이것들이 퀸시의 입찰 기회이다. 각 경우에 퀸시의 최선반응은 음의 이득을 얻으려고 입찰하기보다 통과시키고 0의 이득을 얻는 것이다. 따라서 역시 이 두 게임의 균형이득은 아랫부분에 있는 것이다. 우리는 균형이득으로 하부 게임을 대치하여 그림 21.7과 같이 경매 게임을 한 단계 더 축소할 수 있다. 분명히 패트를 위한 최선의 입찰가격은 105이다.

그러므로 하부 게임 완전균형은 패트가 105에 입찰하고 퀸시가 통과시키는 것이다. 사실상 퀸시의 가치가 무엇이든 상관이 없다. 퀸시의 가치가 예컨대 110보다 크면 이 예는

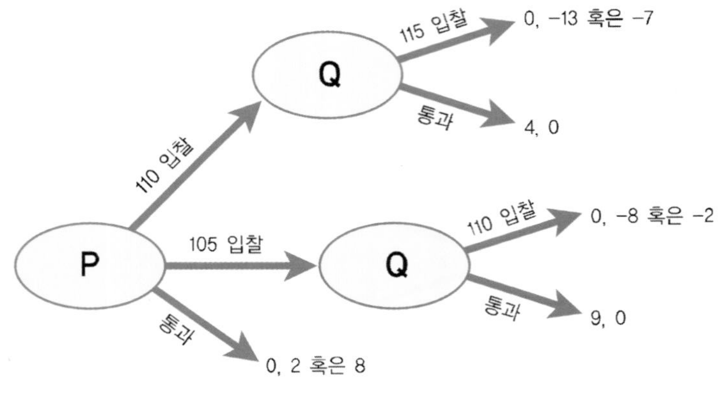

그림 21.4 **축소된 카메라 경매**

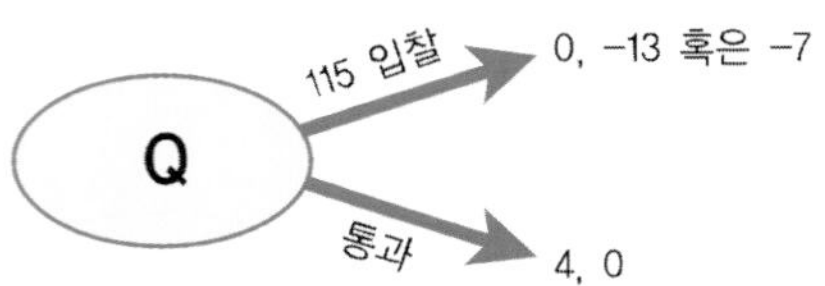

그림 21.5 **축소된 게임의 기초적 고유 하부 게임**

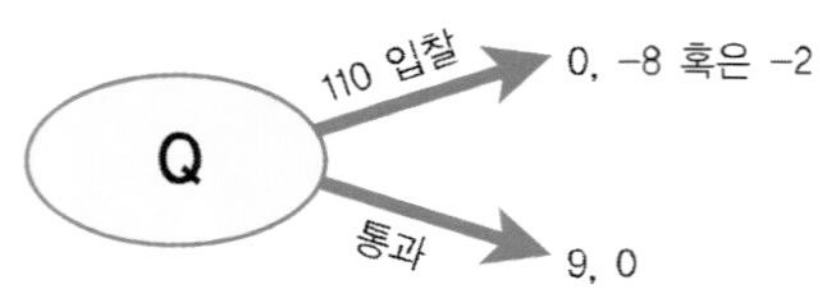

그림 21.6 **축소된 게임의 또 다른 기초적 고유 하부 게임**

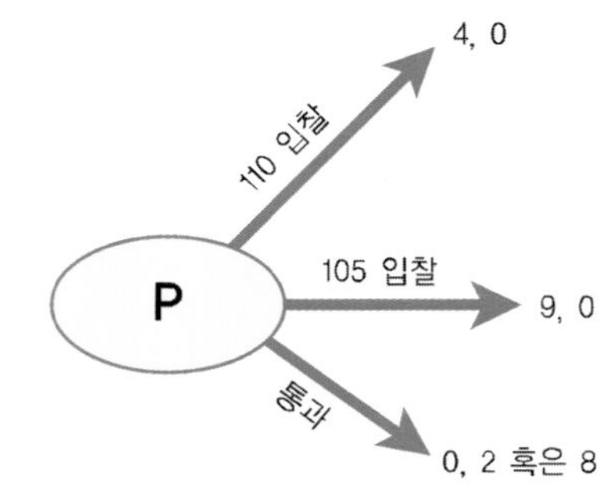

그림 21.7 **두 번째로 축소된 카메라 경매**

더 복잡해질 것이다. 그러나 입찰가격이 그의 가치보다 높지 않은 한 패트가 입찰가격을 올려야 한다는 결론은 변하지 않을 것이다.[3] 이것은 영국식 경매에서 입찰가격이 가치를 초과하지 않는 한 입찰가격을 최소 상승폭만큼 올리는 것이 항상 하부 게임 완전하다는 일반적인 경우를 예시한다. 패트가 어떻게 입찰할 것인가를 알기 위해 많은 정보를 필요로 하지 않는다는 점을 주목하라. 그가 알아야 할 필요가 있는 것은 그의 가치와 입찰가격 상승폭이다. 이것이 영국식 경매의 장점이다.

2. 효율성

우리는 이 예에 대하여 다른 것도 관찰한다. 두 경쟁자가 합리적으로 입찰하면(즉, 그들의 입찰 전략이 하부 게임 완전하면) 더 높은 가치를 가진 사람이 항상 경매 물건을 얻는다.

3) 물론 퀸시의 가치가 115 이상이면 패트는 카메라를 갖지 못할 것이다. 그러나 그러면 패트는 자기의 가치보다 낮은 가격에 카메라를 살 수 없으므로 카메라를 갖지 않음으로써 더 좋아진다. (퀸시가 입찰할 수 없는 가격에) 패트가 카메라를 사는 경우에는 패트가 나빠질 것이다.

그리고 이것은 효율적이다.

다음은 가치에 대한 일반적 사실이다. 최고의 가치를 가진 사람이 경매품을 갖는 것이 항상 효율적이다. 그 추론은 이렇다. 효율적 상황이란 아무도 남을 나쁘게 하지 않고 좋아질 수 있는 상황으로 정의된다는 것을 상기하라. 어떤 다른 사람도 나쁘게 만들지 않으면서 누군가를 좋게 만들 수 있다면 그것은 실현되지 않은 잠재적 가능성이며, 우리는 사람들을 더 좋게 만들 수 있는 모든 잠재적 가능성이 실현될 때에만 효율성을 달성할 수 있다. 그러면 사라가 또 하나의 중고 카메라를 갖고 있다고 가정하라. 루스의 가치는 $100이고 사라의 가치는 $70라고 하자. 그러면 카메라를 $70보다 높고 $100보다 낮은 가격으로 루스에게 이전함으로써 아무도 나빠지지 않으면서 두 사람이 모두 좋아지게 할 수 있다. 더 낮은 가치를 가진 사람이 물건을 갖고 있는 한, 더 높은 가치를 가진 사람에게 두 가치의 사이에 있는 어떤 가격으로 이전함으로써 제거될 수 있는 비효율성이 존재한다.

그러면 우리가 배운 것은 (위와 같은 예에서) 영국식 경매가 효율적이라는 것이다. 경매의 종류는 다양하므로 이것은 중요하다. 우리는 상이한 경매 형태 중에서 그 결과에 입각하여 선택하기를 원하며 효율성은 결과의 가장 중요한 성격 중 하나이다. 그러므로 우리는 상이한 경매 형태의 효율성에 관심을 가질 것이다.

이제 또 다른 예, 다르고 매우 주요한 종류의 입찰을 보자.

3. 이베이 사례

이베이(eBay) 경매 사이트는 1990년대 후반의 '전자상거래(e-commerce)' 붐에서 탄생한 가장 성공적이고 혁신적인 새로운 기업의 하나이다.[4] 이베이의 혁신 중 하나는 게임 이론을 사용하여 이해될 수 있는 방법으로 도입한 입찰과정의 부분적 자동화였다.

이베이가 그 이용자들에게 설명하였듯이 이용자는 경매를 추적할 수 있고 영국식 입찰에서 하듯이 필요한 대로 때때로 입찰할 수 있다. 그러나 그렇게 할 필요가 없다. 입찰자는 그냥 자기가 제안할 의사가 있는 최고가격 — 그의 가치 — 을 넣을 수 있다. 그러면 이베이 알고리즘(algorithm)이 기존의 내정가격을 최소 필요 상승폭만큼 인상한 내정가격을 넣을 것인데 이것은 입찰자가 넣는 최대치 이하이다. 만일 다른 입찰자가 더 높은 가격을 넣으면 이베이 알고리즘은 그것을 능가하기에 필요한 최소 상승폭만큼 가격을, 이 가격이

4) 이베이는 이후 다른 종류의 판매와 함께 사업을 확장했으나 2014년에도 경매를 계속 제공하고 있다. 이 논의는 이베이의 초기 성공을 도출한 혁신에 초점을 둔다.

이론탐구 입찰가격 상승폭

영국식 경매가 효율적이더라도 이 예에서 경매 규칙에 따라 각 입찰은 직전의 입찰보다 어떤 특정한 금액, 즉 최저 상승폭만큼 높아야 한다. 카메라 경매에서 입찰가격의 최저 상승폭은 $5인데 이는 비효율성을 초래할 수 있다. 두 입찰자의 가치가 카메라 경매의 예에서 가정된 것과 달랐다고 가정하라. 구체적으로 퀸시의 가치가 102이고 패트의 가치가 104라고 가정하라. 그리고 아울러 퀸시는 $100의 가격에서 입찰하였다고 가정하라. 그러면 그다음에 패트는 $105에 입찰해야 하고 그 결과로 $1를 잃게 되므로 퀸시보다 높은 가격에서 입찰할 수 없을 것이다. 패트가 퀸시보다 $2만큼 높게 카메라를 평가하였음에도 불구하고 퀸시가 카메라를 갖게 될 것이다. 이것은 비효율적이다. 그러나 이 원천으로부터의 비효율성에는 한계가 있다. 구매자의 가치가 구매하지 않은 사람의 가치보다 낮을 수 있지만 최저 상승폭, $5 이상 낮지는 않다. 유능한 경매인은 입찰 과정의 속도가 늦어짐에 따라 최저 상승폭을 낮추기 때문에 비효율성의 정도가 매우 작을 수 있지만 통상적으로 입찰가 최저 상승폭이 정해져 있다. 따라서 실제로 영국식 경매가 대체로 효율적일 수 있다고 말하는 것이 더 적절할 것이다.

이러한 세부 사항은 게임 이론적 분석에서 통상적으로 무시되며 아마 우리가 어떻든 현실세계에서 기대할 수 있는 것은 효율성의 근사치일 것이다.

2위 가격 경매(Second-price Auction) : 최고가 입찰자가 둘째로 높은 입찰가격으로 경매품을 사는 경매를 말한다. 이 경매는 봉인입찰 경매나 순차적 고가입찰 경매 방식으로 이루어질 수 있다.

봉인입찰 경매(Sealed-bid Auction) : 입찰가격이 동시에 제출되므로 어느 입찰자도 다른 입찰자의 입찰가격을 알지 못하는 경매를 말한다.

입찰자가 넣은 최고치보다 여전히 높지 않다는 전제하에서 다시 인상한다.

모든 입찰자들이 이베이의 권고를 따르고 그들이 지불할 의사가 있는 최고가를 넣으면 최고가 응찰자가 둘째로 높은 입찰가격에 최소 증가폭을 더한 가격으로 경매품을 구입한다. **저가 입찰자**(under-bidder)가 자신이 지불할 의사가 있는 최고가 이하를 넣으면 그것은 저가 입찰자를 더 좋게 만들 수 없고 그의 경쟁자가 저가 입찰자가 지불할 의사를 가졌을 가격으로 경매품을 구입할 수 있으므로 경쟁자를 더 좋게 만들 수도 있다.

이베이에서 입찰하는 것은 사실상 **2위 가격 경매**이다.[5] 2위 가격 경매에서 각 입찰자가 가격을 제시하고 최고가를 제시한 입찰자가 구매자가 되지만 그가 지불하는 가격은 둘째로 높은 입찰가격이다. 이 방식에서는 구매자가 자신이 평가한 물건의 가치로 입찰하면서도 다른 사람들이 자기만큼 높게 평가하지 않으면 편익을 얻는다.

2위 가격 경매는 (오프라인에서) 흔히 **봉인입찰 경매**로 이루어진다. 이 방식은 입찰자가 입찰하기 위해 출석할 필요가 없어 편리하다. 이베이 입찰은 원초 입찰가격의 최소치와 입찰가격 상승폭을 수정한 2위 가격 경매 과정이다. 뒤의 입찰가격이 최소 상승폭만큼 오르지 않는 한 앞의 입찰가격이 유

5) 좀 더 정확히 말하면, 이베이 경매는 두 가지 이유로 2위 가격 경매가 아니라 그것에 근사할 뿐이다. 첫째, 입찰가 최저 상승폭이 있기 때문에 최고가치를 가진 사람이 물건을 갖지 못할 수 있다. 앞서 본 바와 같이, 이는 비효율성을 초래하며 순수한 2위 가격 경매에서는 발생하지 않을 것이다. 둘째, 영국식 경매처럼 입찰이 시간을 두고 계속되므로 사람들은 남들을 응찰하지 못하도록 하기에 충분할 만큼 자신의 가격제시가 늦기를 바라고 가격제시를 늦출 수 있다. 이렇게 마지막 순간에 입찰하는 '저격(sniping)'이 이베이에서 발생하는데 이것은 2위 가격 경매의 성격이 아니다. 그러나 이베이가 주는 권고는 앞으로 우리가 볼 테지만 2위 가격 경매의 이점에 기초를 두고 있다.

2위 가격 경매

이베이가 존재하기 오래전에 본 저자는 한 번 뉴욕 스테이트 아일랜드에서 다음과 같이 진행된 경매에 참석한 적이 있다. 경매인은 낮은 가격을 외치고 그 가격을 지불할 의사를 가진 모든 사람들에게 손을 들고 경매인이 지불하려는 가격 이상으로 그가 외치는 가격이 올라 갈 때까지 그대로 있으라고 요청하였다. 그리고 그는 한 사람만 팔을 들 때까지 순차적으로 더 높은 가격을 외쳤다. 그러면 손을 든 사람이 그 가격에서 살 것이다. 그 가격이 둘째로 높은 가격의 원매인을 '때려서 나가떨어지게' 하므로 이베이 알고리즘같이 이것은 최저 상승폭이 있는 2위 가격 경매이다.

지된다. 그래서 봉인입찰 경매와 달리 이베이 경매에서는 경매가 진행됨에 따라 입찰자가 입찰가격을 올리면서 재입찰을 할 수 있다. 그러나 이베이의 경매 안내문과 같이 그렇게 할 필요가 없다. 최고가격을 입력하기만 하면 된다. 다른 사람들의 최고가격이 더 높지 않은 한, 당신은 2위의 최고가격 입찰자가 내려고 한 가격에서 경매품을 사게 된다.

이러한 맥락에서 독특한 품목에 대한 루스와 사라 간의 경매 게임을 살펴보자. 전과 같이 이 품목에 대한 루스의 가치는 100이고 사라의 가치는 70이다. 최저입찰가는 50이다. 그러나 입찰자들은 서로 상대방의 가치를 모른다. 루스의 관점에서 사라의 가치는 미지수이다. 그것을 x라고 하자. 루스는 p의 확률로 $x < 100$이고 $(1 - p)$의 확률로 $x \geq 100$이라고 믿는다. 사라는 루스의 가치가 q의 확률로 70 미만이고 $(1 - q)$의 확률로 70 이상이라고 믿는다. 우리는 p가 0.1보다 크다고 가정한다.

루스가 먼저 입찰하고 그녀의 전략은 첫째 라운드에서 50, 둘째 라운드에서 100을 입찰하거나 셋째 라운드에서 입찰하기를 기다리는 것이다. 사라는 70을 입찰하거나 통과시킬 수 있다. 그러면 루스가 다시 입찰할 수 있지만 3의 적은 (노력) 비용이 든다(재입찰이 자동화될 수 있으므로 노력 비용이 매우 적어야 한다고 주장할 수 있을 것이다. 그러나 노력 비용이 0보다 큰 한 얼마나 작은가는 문제가 안 된다).

그러면 이득은 그림 21.8이 보여주는 것과 같을 것이다. 이득은 게임의 시점에서 루스가 본 기대치로 적혀 있다. 사라의 입찰가격은 미지수로 나타나고 여러 점에서의 이득은 입찰자의 관점에서 그곳에 가는 확률을 가중치로 하여 적혀 있다. 마디 1과 4~6은 루스의 전략 선택이고, 마디 2와 3은 사라의 전략 선택이다. 이베이는 루스의 최고입찰가를 공개하지 않으므로 사라는 루스가 어떤 입찰가를 선택하였는지 알지 못한다. 그러므로 마디 2는 정보집합이다. 마디 4와 6은 기초 게임이고 다음과 같이 축소될 수 있다.

그림 21.9의 마디 4에서 ($p > 0.1$이라는 가정으로부터) $30p - 3 > 0$이므로 루스는 100을 입찰할 것이다. 그림 21.10에 나타난 것처럼 마디 5에서 루스는 위의 마디 4와 마찬가지로 100을 입찰할 것이다. 마디 6에서 루스는 50을 입찰하거나 100을 입찰하거나 마찬가지이다. 그러나 50을 입찰하여 이 금액에서 재입찰 노력 비용을 뺀 가격에 경매품의 편익

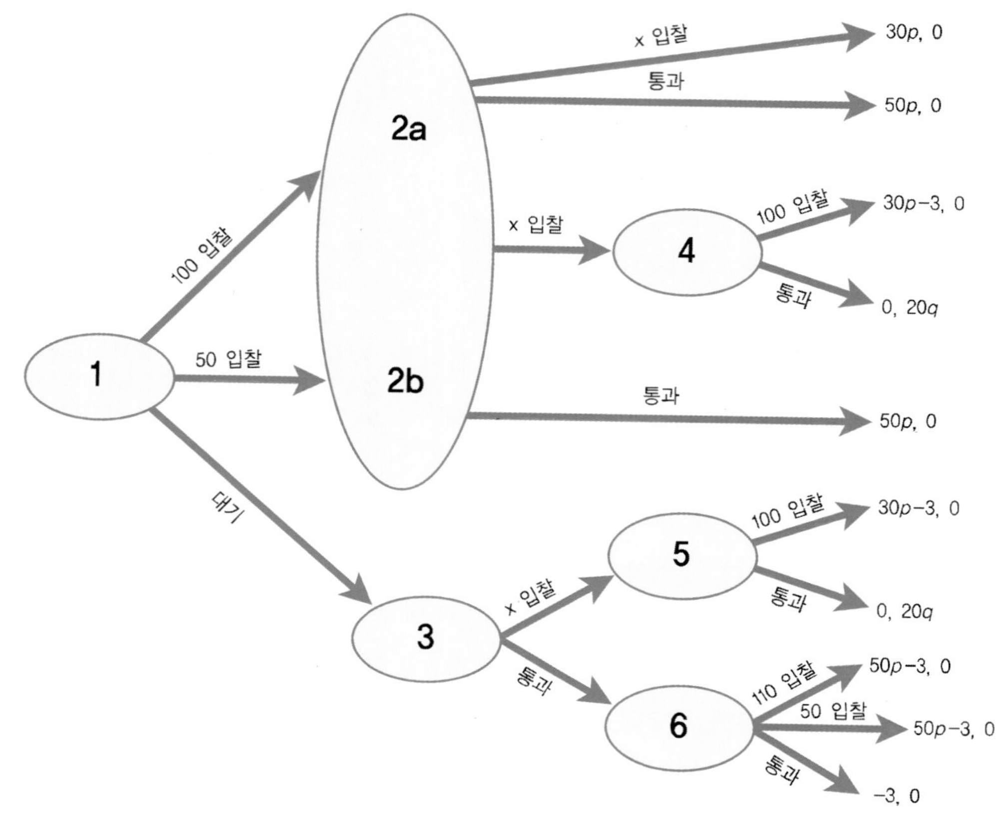

그림 21.8 **전개형 이베이 유사 게임**

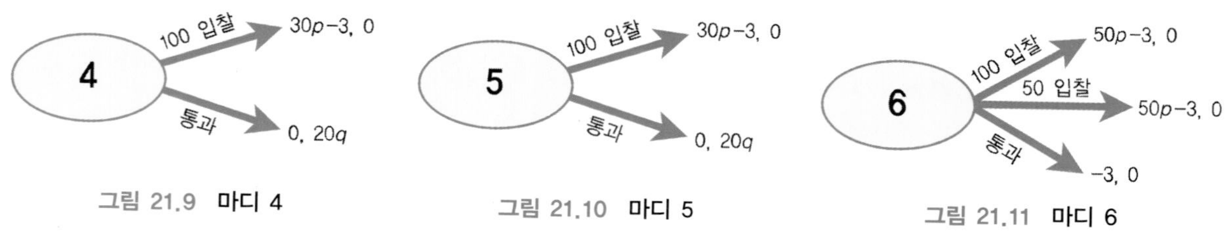

그림 21.9 **마디 4**

그림 21.10 **마디 5**

그림 21.11 **마디 6**

을 얻을 것이다.

이 마디들을 축소한 다음 그림 21.12에 나타난 전개형 게임이 남게 된다. 이것은 여전히 꽤 복잡한 게임이다. 한편으로, 루스가 입찰할 경우 루스의 입찰가격 상한을 알지 못하므로 마디 2에 정보집합이 있다. 다른 한편으로, 사라는 어느 정도 정보를 갖고 있다. 그녀는 루스가 첫째 라운드에서 입찰하였는지 여부를 안다. 이 게임을 다루기 위해 우리는 정규

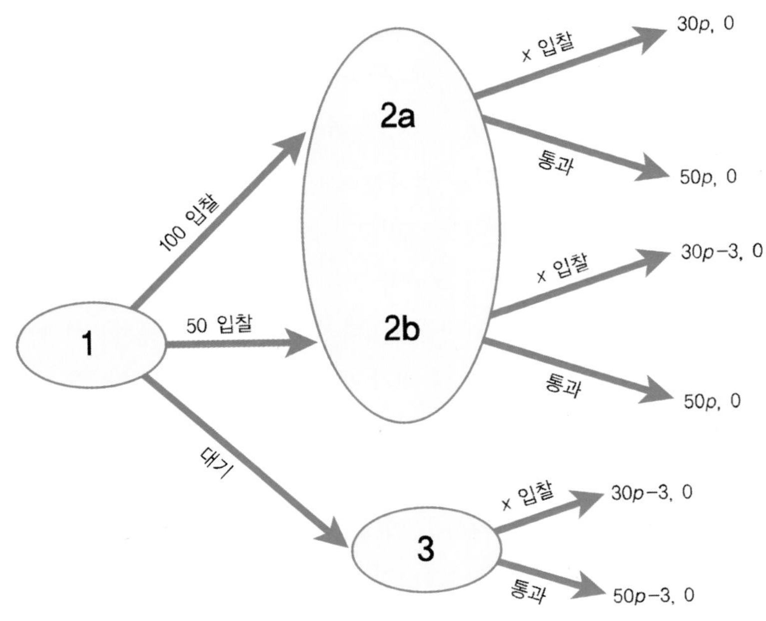

그림 21.12 **축소된 이베이 게임**

표 21.1 **축소된 이베이 게임의 이득**

		사라			
		루스가 입찰하면 70을 입찰하고 그렇지 않으면 70을 입찰한다.	루스가 입찰하면 통과시키고 그렇지 않으면 70을 입찰한다.	루스가 입찰하면 70을 입찰하고 그렇지 않으면 통과시킨다.	루스가 입찰하면 통과시키고 그렇지 않으면 통과시킨다.
루스	100을 입찰한다.	$30p$, $20q$	$50p$, 0	$30p$, $20q$	$50p$, 0
	50을 입찰한다.	$30p-3$, $20q$	$50p$, 0	$30p-3$, $20q$	$50p$, 0
	기다린다.	$30p-3$, $20q$	$30p-3$, $20q$	$50p-3$, 0	$50p-3$, 0

형 게임으로 이동한다. 정규형으로 나타낸 축소된 게임이 표 21.1에 나타나 있다.

우리는 단순 제거에 의해서 이 게임의 내시 균형이 위의 왼쪽 부분에 있다는 것을 발견한다. 즉, 루스가 100을 입찰하고 사라가 70을 입찰한다. 먼저 표의 오른쪽 부분을 제거한다. 루스가 기다릴 때 사라가 통과시키는 전략('그렇지 않으면 통과시킨다' 전략)의 어느 것에도 루스의 최선반응은 사라에게 $20q$보다 0을 남겨 주는 기다리는 것(아래 행)이다. 따라서 표의 오른쪽에는 절대로 균형이 있을 수 없다. 루스는 이것을 예상할 수 있다. 표의 왼쪽에서 그녀가 기다렸다 재입찰하는 전략으로부터 얻을 최선의 이득은 우리가 이미 발견하였듯이 $30p - 3$이므로 루스는 절대로 '기다린다'를 선택하지 않을 것이다. 그녀는 입찰한다는 전략을 선택함으로써 $30p - 3$보다 좋은, 최소한 $30p$를 얻을 수 있다. 따라서 우리는 4개의 음영이 없는 칸에 주의를 집중할 수 있다. 그것들 사이에서 사라는 첫째 라운드에서 역시 통과시키지 않을 것이다. 그리고 루스는 사라가 입찰할 것을 알고 $30p - 3$의 이득을 바라고 50을 입찰하기보다 $30p$의 이득을 얻으려고 100을 입찰할 것이다.

이것이 이베이 게임의 하부 게임 완전균형이다. 각 입찰자가 가능한 한 빨리 자기의 가치를 입찰한다는 것이다. 이 게임에서 우리가 발견한 것을 일반화할 수 있다. 2위 가격 경매에서는 이베이가 그 고객들에게 권고한 것과 똑같이 가능한 한 빨리 자기의 가치를 입찰하는 것이 합리적이다.

영국식 경매와 같이 이베이 경매에서는 입찰자가 그다지 많은 정보를 가질 필요가 없다. 입찰자가 알아야 할 필요가 있는 모든 것은 자기의 가치와 입찰가격 상승폭뿐이다. 그리고 영국식 경매와 달리 입찰자는 입찰 과정을 추적할 필요도 없다. 이러한 이베이 경매의 성격이 이베이가 성공한 이유인 것 같다.

4. 경매의 종류와 구조

네덜란드식 경매(Dutch Auction) : 판매자가 처음에 높은 가격을 제시하고 팔릴 때까지 단계적으로 가격을 낮추어 가는 경매를 *네덜란드식 경매*라고 한다.

경매는 긴 역사를 갖고 있으며 잘 알려져 있는 여러 유형의 경매가 있다. 앞에서 보았듯이 영국식 경매는 가장 일반적인 형태의 상향 입찰가 경매이다. 하향 입찰가 경매도 있는데, **네덜란드식 경매**에서는 경매인이 높은 가격을 부름으로써 경매가 시작되고, 경매인은 누군가가 가격을 수용할 때까지 가격을 단계적으로 내려서 부른다. 이것은 네덜란드에서 튤립을 팔기 위해 사용했던 경매 형태이며, 유명한 1630년대 **튤립 거품**(tulip bubble)[6] — 튤립 구근의 투기자들이 겪은 벼락 경기와 공황의 갈마듦 — 당시에도 사용되었다.

또 다른 경매 유형으로 봉인입찰 경매가 있다. 봉인입찰 경매에서는 입찰가격이 경매인

6) 역자 주 : 튤립은 1593년에 오스만 제국에서 네덜란드로 수입된 이래 그 색상의 다양함과 화려함으로 큰 인기를 얻게 되면서 튤립 구근의 값이 치솟기 시작하여 1635년 전후에는 한 달에 20배나 오르기도 하였다. 구근 1개 값이 네덜란드 인의 1년 평균수입과 맞먹을 정도가 되자 많은 사람들이 집과 토지를 팔면서까지 튤립에 투기하였다. 그러나 결국 투기 광풍이 멈추면서 투매가 시작되어 1637년에는 구근 1개의 값이 양파 1개의 값과 같을 정도로 폭락하였다.

에게 서면으로 제출되며 경매인만이 그것을 안다.

봉인입찰 경매는 다음과 같은 성격을 갖고 있다.

- **단일 라운드 최고가격** : 최고가를 제출한 입찰자가 경매품을 차지하고 자기가 입찰한 가격을 지불한다. 이것은 분명한 것 같지만 유일한 가능성이 아니다.
- **단일 라운드 2위 가격**[7] : 2위 가격 봉인입찰 경매에서는 각 입찰자가 가격을 제안하고 최고가를 제안한 입찰자가 구매자가 되지만 구매자가 지불하는 가격은 둘째로 높은 입찰가격이다. 이 방식에서는 원매자가 경매품에 대한 자신의 가치를 입찰하고 다른 원매자들이 자기만큼 경매품을 평가하지 않으면 가치의 차이만큼 편익을 받는다. 앞에서 보았듯이, 이베이는 2위 가격 봉인입찰 경매에 상향 입찰가 경매의 특징을 부분적으로 더한 방식을 사용하며, 2위 가격 입찰의 성격 때문에 이베이의 입찰자들은 적은 정보만 갖고서도 쉽게 입찰할 수 있다.
- **복수의 라운드** : 봉인입찰 경매는 여러 라운드에 걸쳐 시행될 수도 있다.

윌리엄 비크리
(William S. Vickrey, 1914~1996)

1914년 캐나다의 브리티시컬럼비아 주에서 태어난 윌리엄 비크리는 예일대학교에서 수학을 전공하였다. 그는 컬럼비아대학교에서 경제학 대학원 과정을 이수하였다. 1946년에 컬럼비아대학교의 교수가 되었고 1947년에 박사 학위를 받은 이래 평생을 컬럼비아대학교에서 보냈다. 그는 제2차 세계대전의 양심적 반대자였다. 그의 연구는 이론적으로 혁신적이며, 누진세에 대한 고전적인 학위 논문부터 1960년대의 경매에 관한 연구 그리고 공익 사업체의 효율적 가격결정에 이르기까지 광범위하게 응용되었다. 비크리는 1996년에 노벨 경제학상을 받았고, 상의 수여가 발표된 지 겨우 사흘 뒤에 향년 82세로 타계하였다.

그러므로 경매방식에는 여러 가지 유형이 있으며 우리는 특정한 거래를 위하여 그중에서 선택할 수 있다. 선택을 단순화하는 한 방법은 일부의 유형들이 동등하다는 것을 발견하는 것이다. 예컨대, 윌리엄 새뮤얼슨은 "(최고가) 봉인입찰 경매와 네덜란드식 경매가 전략적 관점에서 같다는 것은 쉽게 확인할 수 있다. … 각 입찰자는 가격이 떨어지기를 기다리는 대신 단지 자기가 최초로 입찰할 가격을 서면으로 제출할 수 있을 것이다."라고 적고 있다.[8] 이처럼 정확하게 같은 전략과 균형이 서로 다른 것 같은 경매에 적용된다. 그러나 이 두 가지 경매처럼 '전략적으로 동등'하지 않더라도 다른 두 가지 형태의 경매에서 구매자가 (기대치로 나타낸) 동등한 수입을 얻을 수 있으며, 이 경우에 두 형태의 경매가 '수입 동등(revenue equivalent)'하다고 말한다. 영국식 경매와 네덜란드식 경매는 매우

7) 역자 주 : 노벨상을 받은 경제학자인 윌리엄 비크리가 2위 가격 경매의 특별한 장점을 발견하였기 때문에 이 경매방식은 비크리 경매(Vickrey auction)로도 알려져 있다. 이 방식은 원래 우표 수집가들이 채용하였기 때문에 우표 수집가의 경매(philatelic auction)라고도 불린다.

8) Auctions in theory and practice, in K. Chatterjee and W. Samuelson, *Game Theory and Business Applications* (Kluwer, 2001).

다른 균형을 가지며, 따라서 전략적으로 동등하지 않지만 어떤 경우에는 수입 동등하다.

그러나 이제까지의 논의는 입찰자와 경매 환경에 대한 암묵적인 가정에 기초를 둔 것이다. 경매의 전략과 결과는 경매의 유형, 즉 게임의 규칙에 의하여 결정되지만 경매 환경, 즉 입찰자에 대한 이득과 이용할 수 있는 정보에 의해서도 영향을 받는다. 명시되지 않은 또 다른 가정은 입찰자들이 비대칭적이라는 것, 즉 '강한' 입찰자와 '약한' 입찰자로 알려진 사람들이 없다는 것이다. 오히려 각 입찰자가 '강하거나' '약할' 확률이 같다. 그러나 항상 그렇지는 않으며 그 확률이 다를 때 결과가 달라질 수 있다.

순수 공통가치(Pure Common Value) : 경매품에 대한 각 입찰자의 가치가 공통의 그러나 미지의 사용가치나 재판매 가치에 의존할 때 우리는 순수 상품가치를 갖는다.

독립적 개인가치 : 경매품에 대한 각 입찰자의 가치가 다른 사람들의 가치 평가나 입찰가격에 의하여 영향을 받지 않을 때 입찰이 '독립적 개인가치' 입찰이다.

이제까지는 1개의 물건이 입찰자의 개인적 용도를 위하여 팔렸다. 그리고 우리는 입찰자의 가치가 그의 취향 – 그가 카메라나 책을 얼마나 원하는가 – 에 의해서만 결정되는, 주어진 것으로 간주하였다. 그 대신 경매 물건이 석유 탐사용의 토지라고 가정하라. 아무도 지하에 석유가 매장되어 있는지 알지 못한다. 매장되어 있다면 입찰자 중 누군가가 발견하고 이윤을 얻을 것이다. 그러나 아무도 탐사로 얼마의 이윤을 얻을지 알지 못한다. 이 경우에 가치는 개인이 알고 있는 자기의 취향이 아니라 아무에게도 알려지지 않은(!) 객관적 상황에 의하여 결정된다. 이것은 **순수 공통가치**의 경우이다. 카메라와 이베이의 경우에 우리는 **독립적 개인가치**를 가정하였다. 개인가치의 범위에 관한 감을 갖기 위하여 우리는 두 가지 예를 더 고려할 것이다.

5. 승자의 저주

경매구조 간의 차이는 매우 중요하다. 아래에 그 자체로도 중요한 예가 있다. 이 예는 공통가치 경매를 예시한다.

3개의 석유 탐사 기업이 미개발 지구의 탐사권을 놓고 경쟁하고 있다. 그들은 봉인입찰 경매에서 경쟁할 것이다. 세 기업의 이름은 '홍색 개발', '갈색 탐사', '흑색 금'인데 줄여서 홍색, 갈색, 흑색으로 부르자. 이들은 모두 위험 중립적이므로 가능한 이득과 손실 간에 균형을 잡고 수학적 기대치로 기회를 평가한다. 각 기업은 석유가 없을 확률과 새로운 노다지일 확률을 감안하면서 채굴할 수 있는 석유의 시장가치를 추산하였다. 그러나 모든 추산에는 착오가 있게 마련이며, 각 추산치는 실제의 시장가치 $1,000만과 무작위적 오차

표 21.2 3개 기업이 추산한 시장가치

홍색	700만
갈색	1,100만
흑색	1,200만

의 두 가지 요소로 구성된다. 구체적으로 이들의 추산치가 표 21.2에 나타나 있다.

먼저, 경매방식이 최고가 경매라고 가정하라. 흑색은 단순하게 자신의 가치를 입찰하며, 그러면 그는 경매에서 이긴다. 그러나 후에 그 토지의 가치가 $1,000만에 불과하다는 것을 알게 될 것이므로 그는 $200만을 잃는다. 이것이 '승자의 저주(winner's curse)'이다. 공통가치 경매에서 입찰자들이 순진하게 자신의 추산치를 입찰하면 승자는 공통가치를 가장 많이 과대평가한 사람일 것이다.

경매방식이 2위 가격 경매라면 어떻게 될까?[9] 우리는 2위 가격 경매가 개별적 개인가치 경매에서 단순성과 효율성의 장점을 갖는다는 것을 보았다. 이 예의 경매는 공통가치 경매이므로 앞서 한 것과 같은 분석을 적용할 수 없다. 개별적 개인가치하의 2위 가격 경매와 마찬가지로 여기서 기대치를 그대로 입찰하는 것은 합리적이지 않을 것이다. 세 기업이 각각 자신의 기대치를 입찰하였다고 가정하라. 그러면 흑색이 이기지만 흑색은 2위 입찰가격인 갈색의 $1,100만을 지불해야 한다. 실제의 시장가치는 $1,000만이므로 흑색은 경매에서 '이긴' 결과로 $100만을 잃을 것이다. 최고가 봉인입찰 경매에서는 흑색이 그의 기대치를 입찰하는 것이 더 큰 손실을 초래할 것이나, 2위 가격 경매에서도 개별적 개인가치 경매방식이 가진 모든 이점에도 불구하고 승자의 저주가 생길 수 있다. 입찰자가 많으면 둘째로 높은 가격도 과대평가일 수 있으므로 '승자'가 돈을 잃게 된다.

물론 실제의 입찰자가 그렇게 어리석지는 않다. 합리적 입찰자는 '다른 입찰자들을 상대로 한 자신의 위치를 계산하여' 추산한 가치보다 낮게 입찰할 것이다. "석유 탐사권의 추산적 통계 모형에 대하여 균형전략은 기업의 편향되지 않은 추산치의 30~40% 범위 내에서 (입찰자의 수에 따라) 봉인입찰을 하는 것을 필요로 한다".[10] 이 전략적 반응은 최선의 경매 형식 선정이 개별적 개인가치의 경우와 공통가치의 경우에 매우 다르다는 것을 의미한다.

9) 이 경매방식은 아마 석유 탐사권의 경매에서 사용되지 않을 테지만, 개별적 개인가치 경매와 공통가치 경매의 차이를 지적하기 위하여 선택되었다.

10) R. Wilson, Bidding, in J. Eatwell, M. Milgate, and P. Newman, The New Palgrave (W. W. Norton, 1995)를 인용한 윌리엄 새뮤얼슨의 전게 논문.

6. 보완재 2개의 경매

앞에서 본 것처럼 단일 품목의 경매는 복잡할 수 있다. 그러나 복수의 품목이 동시에 경매될 때에는 더욱 복잡할 수 있다. 예를 들어, 전자기 주파수의 경매에서는 여러 인접한 지역에서 주파수를 사용할 권리를 매도하였다. (예컨대) 인접한 지역을 통합하여 전화 서비스 지역을 만들면 더 많은 이익을 얻을 수 있으므로 이동통신 서비스를 설치하려는 구매자는 분리된 여러 지역보다 인접한 지역의 집합에 더 높은 가치를 둘 것이다. 이 경우에 각 지역은 인접한 다른 지역의 가치를 높이므로 이 지역들은 **보완적**이다.

2개 지역에 대한 사용권만 경매되는 경우를 고려하자. 지역 X가 먼저 경매되고 지역 Y가 그다음으로 경매될 것이다. 입찰자는 A, B, C 세 기업이다. A는 두 지역을 묶어서 서비스를 제공하는 데 관심이 있으나 다른 두 기업은 그렇지 않다. B는 종래 서비스하던 인근 지역에 지역 X를 추가하는 데 관심이 있고, C는 이미 지역 Y에 인접한 지역을 서비스하는 기업 D와의 합병을 성사시킨다는 전제하에서 지역 Y에 관심을 갖고 있다. 지역 X, Y, 그리고 X와 Y의 결합에 대하여 입찰자들이 평가한 가치는 표 21.3과 같다.

표 21.3 전자기 주파수 경매에 나온 지역의 가치

입찰자	지역 X	지역 Y	X+Y
A	2	3	12
B	5	1	8
C	1	(4, 8)	9

이 표에서 지역 Y의 가치는 합병이 이루어지는지 여부에 영향을 받기 때문에 Y에 대한 기업 C의 입찰가격은 2개이다. C는 합병이 안 되면 Y의 가치를 4로 평가하고 합병이 이루어지면 8로 평가한다. 경매 시점에서 C는 합병이 이루어졌는지 여부를 알지만 다른 입찰자들은 모른다.

문제를 단순화하기 위해서 우리는 A가 경매에서 항상 먼저 입찰하고 이 표의 내용을 모두 안다고 가정한다. 즉, A는 지역 Y에 대한 C의 가치가 Y만 떼어 놓으면 4인지 8인지, 그리고 합병 시에는 5인지 9인지 알지 못한다는 것을 제외하면 자기, B, C의 가치를 알고 있다. 우리는 A가 4와 8의 가치에 각각 0.5의 확률을 배정하고 5와 9의 가치에도 각각 0.5의 같은 확률을 배정한다고 가정한다. 따라서 우리는 기업 A의 전략과 실제로 어느 가치가 실현되는가를 결정하는 '자연'의 전략에만 초점을 둘 수 있다. 이것들이 그림 21.13에 전개형으로 나타나 있다.

첫째 마디 A1에서 A는 B가 지역 X에 대하여 5에 입찰할 것을 알므로 자신이 그것을 얻으려면 적어도 5를 입찰해야 한다는 것을 안다. 만일 A가 5에 입찰하지 않는 것을 의미하는 '입찰 안 한다'를 선택하더라도, B는 실수를 하는 경우에 대비하여 2에 입찰할 것이

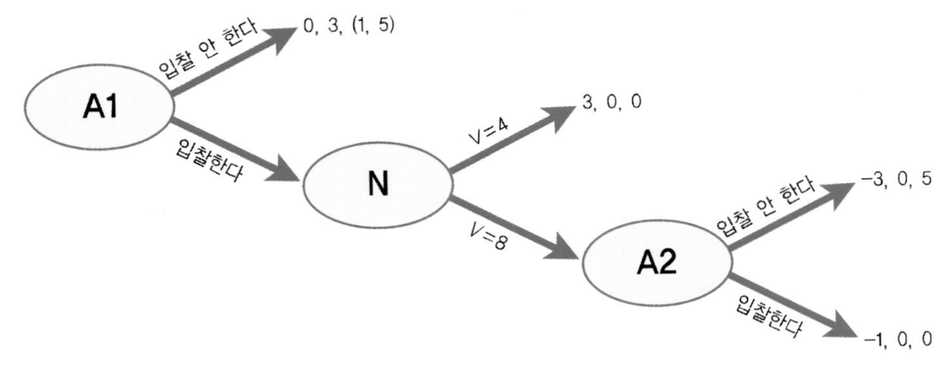

그림 21.13 전개형으로 나타낸 입찰자 A의 전략

므로 2를 조금 넘는 가격에 경매품을 얻는다. 그리고 A는 지역 Y에 대하여 3을 입찰할 것이므로 C는 3을 조금 넘는 가격에 그것을 얻는다.[11] 따라서 A, B, C의 이득은 각각 0, 3보다 조금 적은 금액, Y에 대한 C의 가치가 4인지 8인지에 따라 1보다 조금 적은 금액이나 5보다 조금 적은 금액이 된다. A가 (5에) '입찰한다'를 선택하면 (C의 입찰 행동을 보고) 합병이 이루어졌는지 여부를 안다. 우리는 합병을 0.5의 확률로 (가치) $V = 4$, 0.5의 확률로 $V = 8$의 혼합전략을 선택하는 '자연'에 의한 연출로 간주한다. C의 가치가 4인 마디 N의 위 화살표에서 A는 4의 입찰가격으로 Y를 얻고, 따라서 X와 Y를 모두 얻어 $12 - 5 - 4 = 3$의 이윤을 얻을 수 있는 한편, 다른 두 기업은 0을 얻는다. $V = 8$인 마디 A2의 아래 화살표에서는 A가 마지막으로 8에 입찰하여 지역 Y를 얻을 것인지 여부를 결정해야 한다. 입찰하지 않으면 A는 자신이 2로 평가하지만 5를 지불한 X만 갖게 되어 그의 이득이 −3인 반면, C는 3의 입찰가격으로 지역 Y를 얻고 5의 (혹은 5보다 조금 적은) 이윤을 얻으며, 기업 B는 아무것도 사지 않고 0의 이득을 얻는다. A는 8을 입찰하면 두 지역을 12로 평가하였지만 $5 + 8 = 13$의 총 가격을 지불하고 1의 손실을 입는다. 다른 입찰자들은 아무것도 얻지 않고 0의 이득을 얻는다.

이제 우리는 그림 21.13의 게임을 후진귀납법으로 푼다. 마디 A2에 있는 게임은 기초적 게임이다. 1의 손실이 3의 손실보다 좋으므로 기업 A는 8에 입찰하고 두 지역을 얻을 것이다. N에서 기업 A의 이득을 평가하기 위해 기대치를 취하면 $(0.5 \times 3) + (0.5 \times -1) = 1$이다. 따라서 이 게임은 그림 21.14의 게임으로 축소된다. 1의 기대치가 0보다 좋으므로

11) 이 그림이 정말로 완결되려면 전개형으로 나타낸 게임의 그림이 이러한 결정들도 포함해야 하지만 단순화를 위해서 지금과 같이 비정식으로 다룬다.

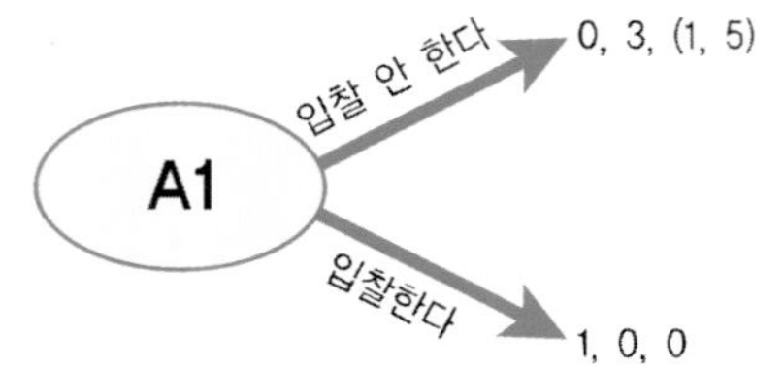

그림 21.14 **축소된 입찰 게임**

기업 A는 두 지역을 얻기 위해 입찰할 것이다.

이 예는 몇 개의 중요한 원칙을 예시한다.

- 기업 A는 만일 기업 C가 지역 Y에 대하여 높은 가격으로 입찰하면 손실에 노출될 것을 알고 있으므로 2보다 높게 입찰하는 것을 주저할 수 있다. 사실상 합병이 이루어질 것으로 기대하고 지역 Y에 대하여 8의 가치를 추산하면, 기업 A는 손실에 노출되는 것을 피하기 위해 지역 X에 대하여 2보다 높게 입찰하지 않을 것이다. 이 노출(exposure) 문제는 보완재가 있는 경매의 효율성과 판매 수입을 제한할 수 있다.
- 실제로 합병이 이루어졌다면 결과는 기업 A의 이윤을 낮출 뿐만 아니라 합병 전 두 지역의 총 가치가 13이고 12의 가치를 위하여 두 지역을 함께 사용하는 것이 덜 효율적이므로 비효율적이다.
- 일반적으로 보완재의 순차적 경매의 효율성은 대상으로 하는 예의 세부 사항에 의하여 결정된다.

구체적으로 이 경우에

- 경매의 결과는 경매품이 팔리는 순서에 의존한다. 가령 지역 Y가 먼저 팔렸다고 가정하라. 그러면 기업 C의 입찰은 기업 A가 기업 C에 대하여 알 필요가 있는 모든 정보를 알려 줄 것이며, 기업 C의 경매품에 대한 가치가 4이건 8이건 관계없이 경매의 결과는 효율적이다.

이런 종류의 문제가 생길 수 있다는 것을 알고 주파수 경매를 설계한 게임 이론가들은 실제로 다른 방법으로 설계하였다. 그들은 사용권을 순차적으로 팔지 않았다. 그 대신 모든 지역에 대한 동시 입찰을 허용하였다. 위에서 예로 든 경매가 이 방법으로 시행되었다면 기업 A가 지역 X에 대하여 높은 가격에 입찰하기로 확정하기 전 지역 Y에 대한 기업 C의 입찰을 관찰할 수 있을 것이다.

그러나 이것이 이야기의 전부는 아니다. 노출 문제에 더하여 '역무임승차자(converse free rider)' 문제가 있다. 지역 Y가 먼저 경매되고 기업 C에 대한 지역 Y의 가치가 8이라고 가정하라. 두 지역의 총 가격이 최소한 8인 한 기업 A는 입찰에 의하여 이윤을 얻을 수 없고, 그러므로 기업 B와 C가 두 지역을 얻을 것이다. 기업 C는 기업 B가 지역 X에 대해서 5에 입찰할 것으로 기대하고 자신의 입찰가격을 7로 제한하여 총 가격을 12로 할 수 있다.

기업 C는 기업 B의 입찰에 '무임승차'하지만 지역 Y가 먼저 팔리므로 문제가 되지 않는다. 기업 B는 자기의 가치대로 입찰할 수밖에 없다. 그러나 두 지역이 동시에 경매되면 기업 A와 B는 각각 상대방에 무임승차할 것을 기대하면서 각자의 가치대로 입찰하는 것을 삼갈 수도 있다. 그러면 기업 A가 비효율적인 지역 통합을 할 수 있을 것이다. 따라서 동시 경매의 이점은 '노출' 문제와 '무임승차자' 문제의 상대적 중요성에 의존할 것이다.

복수 품목의 경매는 다른 점에서 복잡할 수 있다. 예컨대, 경매품이 보완재가 아니라 대체재일 수 있다. 이것은 다른 문제들을 초래한다.

7. 경매 형태의 선택

앞에서 본 바와 같이 경매 결과는 경매구조의 세부 사항에 민감하다. 공통가치, 보완성 또는 대체성을 가진 복수의 경매품, 그리고 경매구조의 다른 측면들은 각 경매 형태의 결과를 바꾸고 상이한 경매 형태의 결과를 서로 다르게 바꿀 수 있다. 이 민감성과 경매의 구조, 형태, 목적의 다양성은 특정한 목적을 위한 경매 형태를 선정하거나 설계하는 것이 매우 힘든 일이라는 것을 뜻한다. (국채의 판매나 전자기 주파수의 배정과 같은) 특정한 목적을 위해서 경매를 설계한다면 환경에 따라 다른 경매 형태를 선택하려고 할 것이다. 이 점에서 동등성 결과가 중요하다.

경험은 선택을 위한 정보의 한 원천이다. 1990년대에 미국에서 전자기 주파수 경매가 매우 성공적이었지만 그 후 유럽에서 몇 개의 경매는 그렇지 않았고, 이것이 경매의 설계나 2000년대 초의 닷컴 파탄 아니면 이 둘을 반영한 것인지는 분명하지 않다.

경매의 설계도 여러 가지 목적을 가질 수 있다. 한 가지 분명한 목적은 판매자를 위하여 가능한 한 최대의 수입을 얻는 것이다. 전자기 주파수의 배정과 같은 공공 정책의 목적을 위해서 경매가 사용될 때 효율성도 목적일 것이다. 형평성도 목적일 것이다. 전자기 주파수를 배정하기 위한 미국 연방정부의 경매에서는 규모가 작고 여성이 CEO인 기업이 입찰하도록 장려하는 것이 한 목적이었다.

(각 목적을 위한) 각 경매 형태의 성공이 구조에 따라 다를 수 있으므로 우리는 경매 설계의 문제가 경매 형태를 경매의 구조와 목적에 맞추는 것으로 볼 수도 있다. 예컨대, 우리가 본 대로 영국식 경매는 독립적 개인가치가 있는 단일 품목 입찰의 효율성에서 우수하다.

일부 결합 형태의 경매는 게임 이론적 시각에서 아직 분석되지 않고 있으며 미해결의 문제로 남아 있다. 보완재의 경매에서 우리가 풀 수 있는 경우에도 문제가 발생하며, 그에 대하여 잠정적 해답을 제시할 수 있을 뿐이다. 그러나 전반적으로 우리는 실험 결과와 게임 이론적 분석을 포함하여 경매 형태에 관해 많은 정보를 갖고 있다. 우리는 몇 가지 실험 결과를 개략적으로 요약함으로써 이 장을 계속하려고 한다.

8. 몇 가지 실험 결과

8.1 개별적 개인가치

경매 설계자들은 흔히 효율성과 판매자에 대한 수입에 관심을 갖는다. 우리는 이미 독립적 개인가치와 최선반응 전략하에서 영국식 경매가 효율적이라는 것을 보았다. 영국식 경매는 또 판매자에게 최대의 기대수입을 부여한다. 게임 분석은 또 모든 영국식 경매, 네덜란드식 경매와 봉인입찰 경매가 효율성과 수입 최대화라는 두 가지 기준에서 모두 동등하다는 것을 보여 준다. 그러나 네덜란드식 경매와 최고가 봉인입찰 경매의 경우에는 균형에서 혼합전략이 사용될 것이므로 판매자의 수입이 좀 더 위험에 노출될 수 있다. 실험에서 얻은 증빙은 봉인입찰 경매가 다른 형태의 경매보다 더 많은 수입을 줄 수 있고, 영국식 경매가 매우 효율적인 경향을 갖는다고 제시한다.

8.2 순수 공통가치

입찰자들이 비대칭적이고 위험 중립적이라고 가정하면 이론적으로 모든 경매 형태는 똑같이 효율적이다. 그러나 영국식 경매는 장점을 갖고 있다. 입찰자는 다른 입찰자들이 어떻게 입찰하는가를 관찰함으로써 공통가치에 대한 자신의 추산을 수정할 수 있으므로, 자기 자신을 승자의 저주로부터 보호하기 위해 자신의 추정치보다 훨씬 낮게 입찰할 필요가 없다. 그 결과로 영국식 경매는 판매자에게 최대의 수입을 부여한다. 그러나 실험 결과는 실제로 입찰가격이 합리적 수준보다 높다는 것을 시사한다. 즉, 입찰자들은 자신의 추산을 과신하고 착오나 다른 입찰자들을 관찰하여 얻는 정보를 충분히 감안하지 않는다. 때때로 실제의 시장에서 승자의 저주를 볼 수 있다. 예컨대, 근해 석유 탐사에 대한 투자수익이 같은 규모의 다른 투자에 비하여 낮다는 증거가 있는데, 이것은 근해 석유 탐사권에 대한 경매에 승자의 저주가 있음을 나타낸다. 실험에서 나온 증거는 영국식 경매가 네덜란드식 경매보다 더 효율적이지만 수입이 적다는 것을 보여준다.

9. 요약

경매는 시장 자본주의에서 희소자원의 배분 수단으로서 이용이 늘고 있다. 경매는 게임 이론적 지식과 전문성이 현저하게 향상되고 있는 분야이기도 하다.

일반적으로 경매 참가자의 이득은 그의 가치평가와 지불한 가격에 의존한다. 개별 입찰자의 가치는 다른 사람의 정보와 입찰가의 영향을 받지 않으면 우리는 개별적 개인가치 경매의 구조를 갖는다. 상이한 경매 구조는 상이한 종류의 경매를 필요로 할지 모른다. 개별적 개인가치 경매에서 2위 가격 봉인입찰 경매는 이론상 이상적이지만, 공통가치 경매에서는 '승자의 저주'를 야기하여 비효율적일 수 있고 전통적인 '영국식 경매'에 비하여 판매자에게 적은 수입을 가져다준다. 불행하게도 현실 세계의 다른 응용과 마찬가지로 실제의 경우는 복잡하고 '구성적' 이론이 없으며 배워야 할 것이 아직도 많다.

Q21. 연습문제

Q21.1 이베이 인터넷상에서 이베이로 들어가 수일간 진행되어 왔고 이미 몇 개의 입찰가가 제시된 경매를 찾아라. 이 목적에는 골동품이 좋은 범주이며 다음의 URL[12]에서 찾을 수 있다. http://www.ebay.com/sch/Decorative-Arts/20086/i.html?_from=R40&_nkw=antique+decorative+arts&LH_Auction=1. 경매구조가 개별적 개인가치라는 가정하에 이 경매를 매일 지켜보고 제시된 입찰가격이 '합리적'인지 여부를 결정하라. 경매구조가 공통가치라고 가정하면 비합리적인 입찰가격이 있는가? 그렇다면 그것은 무엇인가? 그 이유는? 당신은 그것을 어떻게 설명할 수 있는가?

Q21.2 수집가의 딜레마 로코는 포그라비아 공화국의 우표를 수집한다. 그는 수집을 확실하게 완결하기 위해 $50만까지 지불할 용의가 있다. 포그라비아 우표의 수집에 로코의 경쟁자가 있다. 산도르는 포그라비아 우표가 나오는 경매에는 빠짐없이 참가한다. 산도르도 로코와 똑같이 수집을 완결하기로 작정하고 있다. 이 두 수집가가 거꾸로 인쇄된 36전짜리 포그라비아 우표가 나온 경매장에 출석하였다. 로코는 그 우표가 몇 장밖에 발행되지 않았고, 2장을 제하고 전부 박물관에 소장되어 있다는 것을 안다. 로코는 산도르가 그 우표 1장을 갖고 있는지 아닌지 알지 못한다. 이

---

12) 역자 주 : 인터넷상의 정보 원천을 지칭하는 'uniform resource locator'를 줄인 것이다.

경매는 개별적 개인가치 경매인가? 산도르가 이 우표에 대하여 입찰을 하지 않고 있는 것을 로코가 관찰한다고 가정하면 로코는 무엇을 추론할 수 있는가? 산도르가 입찰하는 것을 로코가 관찰한다고 가정하면 로코는 무엇을 추론할 수 있는가?

Q21.3 **경매구조** 아래에 경매구조의 몇 가지 예가 있다. 각각 독립적 개인가치 경매와 공통가치 경매 중 어느 것으로 간주하여 분석하는 것이 최선인가를 지적하고, 그 이유를 밝혀라.

a. 수집가의 개인적 수집을 위한 유일한 골동품 경매

b. 아이오와 주 더뷰크 시에서의 주파수 지역 경매

c. 파산한 고서 전문 서점의 재고품 경매

398쪽 문제의 해답 4개의 고유 하부 게임이 있으며 이 가운데 2개는 기초 게임이다. 문제 다음의 세 문단에서 지적한 바와 같이 하부 게임 완전균형은 (105 입찰, 통과)이다.

제22장

게임 이론, 법, 사회적 장치의 설계

> **이 장의 내용을 가장 잘 이해하려면** 제1장~제9장과 제12장, 제13장, 제16장, 제18장과 제21장의 내용을 학습하고 이해할 필요가 있다.

포커, 골프, 축구와 같은 경기는 그 규칙에 의하여 정의되고, 많은 경우에 규칙을 정의하고 개정하기 위한 국제적인 위원회나 협회가 있다. 경제적 경쟁이나 환경오염과 같이, 우리가 이 책에서 다룬 비유적 '게임'의 다수는 대체로 법이나 공공 정책에 의하여 정의된 '규칙'을 갖는다. 법과 정책을 만드는 사람들 – 국회의원, 판사, 시민 – 은 규칙이 좋은 결과를 갖기를 원할 것이다. 그러나 일단 규칙이 만들어지면 결과는 사람들이 어떻게 반응하고 상호작용하는가에 달려 있다. 사람들이 전체 집단의 행동을 효율적으로 조정하지 않고 타인의 행동에 대한 최선반응을 선택하면서 비협조적으로 행동하면 어떤 종류의 규칙은 예상하지 않은 나쁜 결과를 가져올 수도 있다. 사람들이 (아마 항상은 아니더라도) 자주 비협조적으로 행동한다는 증거가 있기 때문에, 사람들이 정말로 비협조적으로 행동할 때에도 목적을 달성할 수 있는 규칙을 설계하려고 시도하는 것이 타당할 것이다. 그러한 성질을 가진 규칙을 경제적 게임 이론의 용어로 유인 합치적이라고 하는데, 그 의미는 자기 이익을 추구하는 합리적인 사람이 규칙의 목적에 반하여 행동할 유인을 갖지 않는다는 것이다.

우리는 유인 합치적 규칙의 설계는 다음과 같은 방법으로 접근할 수 있다. (1) 규칙이 될 만한 것들의 집합으로 시작하라. (2) 규칙을 게임으로 고려하고, 사람들이 비협조적으로 행동한다는 가정 아래 예측되는 규칙의 결과로써 내시 균형을 결정하라. (3) 규칙이 만족스럽지 않으면 규칙의 집합을 바꾸어 다시 시도하라. 게임 이론적 분석은 규칙이 좀 더 효과를 갖기 위해서 어떻게 변경될 수 있는지에 대한 중요한 단서를 제공할지 모른다. (4) 이 과정이 만족할 만한 내시 균형을 가진 규칙을 도출하면 그것을 채택되어야 할 규칙

중요 개념

장치 설계(Mechanism Design) : 우리가 게임의 바람직한 결과를 주어진 것으로 간주하고 어떤 규칙이 내시 균형으로서 그 결과를 초래하는가를 발견하려고 시도할 때, 우리는 장치를 설계하고 있는 것이다.

책임(Liability) : 법에서 책임 규칙은 누가 사고나 불충분한 주의의 결과에 책임을 지는가를 결정한다. 책임 규칙이 다르면 다른 내시 균형이 성립하는 경우가 있을지 모른다.

유인 합치적(Incentive Compatible) : 바람직한 결과가 비협조적 플레이가 있는 게임의 규칙으로부터 초래되면 그 결과는 유인 합치적이다.

유형(Type) : 주체들의 유형이 다를지 모르고, 그러므로 같은 규칙에 다르게 반응할지 모른다.

공개(Revelation) : 성공적인 장치 설계를 위하여 설계자와 정부 당국이 갖고 있지 않은 정보를 가진 사람들에게 정보를 공개할 유인을 주는 것이 필요할지 모른다.

이론탐구 2007년 노벨 기념 상

2007년에 노벨 경제학상이 3명의 경제학자(그중 2명은 게임 이론가)에게 사회적 장치 설계의 효시적 업적의 공으로 수여되었다. 그들은 바로 허위즈(Leonid Hurwicz), 매스킨(Eric Maskin)과 마이어슨(Roger Myerson)이었다.

"장치 설계는 경제학의 역설계(reverse engineering) 부분으로 생각될 수 있다."라고 매스킨 교수는 설명하였다. 그는 '출발점은 더 깨끗한 환경, 더 공평한 소득분배 또는 더 많은 기술혁신처럼 현재 모색되고 있는 결과'라고 말하였다. 그리고 그는 "우리는 사적 유인을 공적 목표와 부합시키는 제도를 설계하기 위해서 일한다."고 첨언하였다(*New York Times*, 2007년 10월 16일).

으로 제안하라. 규칙이 사회적 장치를 정의하는 것으로 볼 수 있으므로 이 과정을 '사회적 장치 설계'라고 일컫는다.[1)] 사람들은 법을 흔히 '경기규칙'으로 생각하며 법에 대한 게임 이론의 응용이 우리의 출발점이 될 것이다.

1. 책임

법의 역할 가운데 한 가지 친숙한 것은 사고에 대한 책임을 정의하는 것이다. 예를 들어, 자동차 운전자와 보행자 사이의 '게임'을 고려하라. 각 플레이어는 사고를 피하기 위하여 '합당한 주의(due care)'를 하거나 주의하지 않는(부주의) 두 전략 가운데 선택할 수 있

1) 물론, 이것은 사회철학의 전통에 깊고 분명한 근원을 갖고 있다. 고전적 그리스 철학의 이상적 사회론으로 돌아가지 않더라도, 우리는 사회적 장치의 설계에서 벤담(Jeremy Bentham)의 '공리주의적(utilitarian)' 법철학과 위대한 자유주의 철학자 밀(John Stuart Mill)의 규칙 공리주의(rule-utilitarianism)의 강한 영향을 본다. 그러나 게임 이론의 적용은 합리적 자기 이익의 개념을 좀 더 정확하게 정의하고 협조 해법과 비협조 해법을 대비하는 데 크게 기여한다.
역자 주 : 벤담(1748~1832)의 공리주의는 '최대 다수의 최대 행복(the greatest happiness of the greatest number)'을 모든 법과 제도의 근본 원칙으로 제창하였다. 벤담의 공리주의를 계승한 밀(1806~1873)의 규칙 공리주의는 모든 사람들이 일관성 있게 준수할 때 최대의 행복을 초래하는 규칙이 사회적 도덕규범이 되어야 한다고 주장한다. 이와 달리 행동 공리주의(act-utilitarianism)는 행동을 선택할 때 잠재적 행동의 결과가 초래할 행복을 기준으로 해야 한다는 입장이다.

다.[2] 합당한 주의를 하려면 $10에 해당하는 노력 비용이 필요하다. 사고가 생기면 보행자가 $100로 가정된 비용을 부담한다. 각 플레이어가 합당한 주의를 하지 못하면 확실하게 사고가 생길 것이다. 그래서 예컨대, 어느 플레이어도 합당한 주의를 하지 않으면 보행자에 대한 이득은 −100이며 운전자에 대한 이득은 0이다. 두 플레이어가 합당한 주의를 하더라도 여전히 10%의 사고 확률이 있으므로 보행자의 사고 비용의 기대치는 −10이다. 그 결과, 각 플레이어가 합당한 주의를 하더라도 보행자의 이득은 노력 비용의 기대치 −10과 사고 비용의 기대치 −10의 합인 −20이다(물론 이 수치들은 자의적인 것이며 예시를 위하여 선택된 것이다). 표 22.1은 법이 사고 책임을 정의하지 않는다는 가정하에 작성된 이 게임의 이득표이다.

표 22.1 책임 부재

		운전자	
		부주의	합당한 주의
보행자	부주의	−100, 0	−100, −10
	합당한 주의	−110, 0	−20, −10

이전 가능 효용(Transferable Utility) : 어떤 게임에서 주관적 이득이 금전적 이득과 충분히 밀접하게 연관되어 있기 때문에 금전의 이전이 연합 내에서 이득을 조정하기 위하여 사용될 수 있다면 그 게임은 *이전 가능 효용*을 갖는다고 한다. 이전 가능 효용이 있는 게임에서는 측면보상이 항상 가능하지만 이전 가능 효용이 없는 게임에서는 가능하지 않을 수도 있다.

이 게임은 열등전략을 제거함으로써 풀릴 수 있다. 표 22.1에서 열등전략은 음영으로 표시되어 있다. 운전자의 입장에서는 부주의가 합당한 주의보다 우월하다. 보행자는 이를 감안하여 그의 최선(가장 덜 나쁜)반응인 '부주의'를 선택한다. 따라서 (부주의, 부주의)가 이 게임의 내시 균형이다.[3]

이것은 만족스럽지 않은 것 같다. **이전 가능 효용**이 있을 때 협조 해는 두 플레이어가 합당한 주의를 하여 총 이득의 최대치 −30을 얻는 것이다. 이것은 그 자체로 효율적이다. 법은 형평성도 중시하는데, 아래의 오른쪽 칸이 다치기 쉬운 보행자가 사고의 손실을 혼자 부담하지 않는 유일한 경우이므로, (이 예에서는) 협조 결과가 동시에 비교적 형평성에 부합하는 것 같다. 우리가 균형에서 서로 합당한 주의를 한 결과를 보고 싶어 한다는 것은 분명할 것이다. 그래서 우리는 덜 위험한 운전자에게 책임의 전부나 일부를 부과하는 손해배상법을 가진 법적 장치를 고려하기를 원하는 것일지 모른다.

순수 엄격책임(pure strict liability)을 규정한 법 체계에서는 운전자가 모든 사고에 대한

2) '합당한 주의'와 '고도의 주의' 같은 용어가 일반인에게는 애매할지라도 법원의 재판 과정에서는 그것이 입증될 수 있을 만큼 정확한 의미가 사법 관행에 의하여 진화해 왔다.

3) 이 절의 예는 다음의 영향을 받았다. Douglas Baird, Robert Gertner, and Randall Picker, *Game Theory and the Law* (Harvard University Press, 1994), Chapter 1.

표 22.2 엄격한 책임

		운전자	
		부주의	합당한 주의
보행자	부주의	0, −100	0, −110
	합당한 주의	−10, −100	−10, −20

표 22.3 부주의와 기여과실

		운전자	
		부주의	합당한 주의
보행자	부주의	−100, 0	−100, −10
	합당한 주의	−10, −100	−20, −10

책임을 지게 될 것이다. 따라서 사고가 발생하였다면 보행자가 법원에 운전자를 고소할 수 있고, 법원은 그에게 $100의 사고 비용을 재정함으로써 '보행자를 원상 복귀시킬(make the pedestrian whole)' 것이다.[4] 이 경우의 이득표는 표 22.2이다.

이 게임도 열등전략을 제거하여 풀 수 있다. 이 게임에서 보행자는 열등전략을 갖는다. 부주의가 합당한 주의보다 우월하다. 운전자는 이것을 알고 부주의함으로써 자신의 손실을 최소화하여, 이유는 다르지만 전과 같은 결과가 된다. 분명히 엄격한 책임은 해답이 아니다. 우리는 두 플레이어가 모두 합당한 주의를 하도록 유인을 만드는 법적 규칙을 원한다.

불법행위(tort)[5]에 대해 영국과 미국의 법에서 널리 적용되는 법적 기준은 운전자가 부주의하였고(합당한 주의를 하지 않았고) 보행자가 부주의하지 않은(합당한 주의를 한) 경우에만 보행자가 비용을 회복하도록 허용한다. 보행자가 합당한 주의를 하지 않았다면 그는 자신의 부주의로 사고의 위험에 기여한 것으로 인정되며, 이 '기여과실(contributory negligence)' 때문에 운전자는 책임이 없는 것으로 간주된다. 이 게임에 대한 이득은 표 22.3과 같다. 이 게임도 열등전략의 제거로 풀 수 있다. 보행자에게는 음영의 칸에 나타난 것처럼 '부주의'가 열등전략이다. 일단 이 칸들이 제거되면 '부주의'가 운전자에게 열등전략이 되고, 표 22.3에서 아래 오른쪽 칸만 남는다. 사고가 발생하면 자기가 책임을 지게 될 것을 아는 운전자와 보행자는 합당한 주의를 하는, 합리적이고 자기 이익에 충실한 선택을 한다. 부주의 규칙과 기여과실 규칙하의 비협조 균형은 협조 균형과 같다. 따라서 부주의의 규칙과 기여과실의 규칙은 함께 효율적 결과를 갖는 게임을 정의한다. 아마 이것은 그러한 규칙이 영미법에서 그렇게 널리 사용되어 온 이유 가운데 하나일 것이다.

4) 모든 소송은 돈에 관한 것이므로 희생자가 금전적 관점에서만 '원상 회복'될 수 있다는 것은 자명한 이치이다. 그래서 금전이 이전 가능 효용과 동등하다는 게임 이론적 가정이 법적 응용에 잘 맞는다. 동시에, 그러한 응용과 같이 인간 행동을 예측하기 위해 게임 이론 분석을 사용할 때, 우리는 현실의 인간들이 금전으로 쉽게 환산할 수 없는 위험 회피를 포함한 주관적 고려에 의하여 동기를 부여받을 수 있다는 것을 염두에 둠으로써 '합당한 주의'를 해야 한다. 물론 이 문제를 고려하는 모형은 매우 복잡하여 이 책과 같은 입문서에서 다룰 수 없다.

5) 법률 용어로서의 'tort'는 타인의 권리를 아무런 의도 없이 무심코 침해하는 행위를 말한다. 대조적으로 'crime(범죄)'은 의도적인 것이다. 'tort'라는 말은 일상에서 자주 사용되지는 않지만, 'torture(고문)'이나 'torturous(고문의)'와 같은 단어는 같은 어원에서 파생되었으며, 공통된 뜻은 '해친다'이다.

법은 효율성과 아울러 형평성도 강조한다. 장치 설계에서 이는 설계자에게 달려 있다. 설계자는 어떤 종류의 결과가 바람직한지를 결정한다. 효율성은 거의 언제나 평가기준에 포함되지만 (어떤 의미에서의) 형평성도 평가기준일 수 있다. 부주의와 기여과실의 법 체계에서 운전자와 보행자 쌍방이 합당한 주의를 하였더라도 보행자가 여전히 사고 비용을 부담할 확률은 10%이다. 다치기 쉬운 보행자가 위험을 줄이기 위해 할 수 있는 모든 것을 다 하였음에도 불구하고 그에게 비용이 부과되는 것이 형평에 어긋난다고 할 수 있을지 모른다(이 판단은 개인에 따라 다를 수 있지만 우리는 예를 들기 위해 잠정적으로 이 판단을 채택한다). 따라서 엄격한 책임의 법적 규칙이 항상 다칠 위험이 적은 운전자에게 책임을 지운다는 점에서 (비록 비효율적이지만) 좀 더 공평하게 보일 것이다. 우리는 형평성과 효율성 가운데 선택해야 하는가?

아마 아닐 것이다. 엄격한 책임은 기여과실과 결합될 수 있다. 이것은 보행자가 합당한 주의를 하지 않음으로써 위험에 기여하지 않는 한, 운전자가 책임을 진다는 것을 의미한다. 그래서 두 당사자가 합당한 주의를 하더라도 어쨌든 사고가 발생한다면, 다칠 위험이 적은 운전자가 비용을 부담한다. 표 22.4는 이 게임의 이득을 나타낸다.

표 22.4 엄격한 책임과 기여과실

		운전자	
		부주의	합당한 주의
보행자	부주의	−100, 0	−100, −10
	합당한 주의	−10, −100	−10, −20

이 게임의 균형도 두 플레이어가 합당한 주의를 하는 것으로 같다. 그러나 다치기 쉬운 보행자가 위험을 줄이기 위해 할 수 있는 모든 것을 다 하였음에도 불구하고 사고가 발생하면 그가 사고의 비용을 부담하지 않는다는 점에서 다르다.

그러므로 게임 이론은 우리가 여러 법적 규칙 가운데 바람직하다고 생각하는 결과를 유도하는 것을 찾도록 도와준다. 이 예는 장치 설계와 법률 분야에 게임 이론을 적용한 사례들에 공통되는 몇 가지 점을 보여 준다. 첫째, 우리는 비협조 균형을 게임 결과의 예측으로 고려한다. 둘째, 어떤 균형은 다른 균형보다 선호된다. 위의 예에서는 유일한 균형이 존재하고, 열등전략을 제거함으로써 그것을 결정할 수 있다. 우리는 어떤 게임에는 복수의 내시 균형이 존재하고, 그 경우에 예측이 (그리고 따라서 설계의 결과가) 확실하지 않다는 것을 상기한다. 한편으로 이 균형들 중에는 한 플레이어만 우월전략을 갖고 있으므로 우월전략 균형이 아닌 것도 있다. 장치가 협조전략인 동시에 우월전략 균형인 협조적인 우월 게임을 정의한다면 이상적일 것이다. 왜냐하면 그 경우에 우리는 게임의 균형이 실제로 발생할 것이라는 예측에 최대한의 신뢰를 가질 것이기 때문이다. 다른 한편으로, 설계는 설계자가 채택한 목적에 따라 결정된다. 효율성이 충분히 좋다면 그것을 달성할 수 있는 규칙의 집합이 여러 개 있을 수 있지만, 어떤 의미의 형평성이 목적에 포함되면 (또는 다른 목적이 있다면) 대안이 훨씬 제한될 것이다.

우리는 장치 설계를 일종의 내재 게임으로 생각할 수 있다. 이 경우에 보행자와 운전자 간의 게임이 설계자가 동시에 플레이어인 더 큰 게임에 내재한다. 설계자의 이득은 특정한 규칙하의 내시 균형이 설계자가 부과한 목적을 달성하는 정도에 달려 있다. 우리는 효율성과 형평성 가운데 어느 하나만 달성하는 결과의 이득이 1이고, 둘을 모두 달성하는 결과의 이득이 2라고 할 수 있을 것이다. 따라서 책임 부재가 0, 기여과실이 있는 엄격한 책임과 부주의가 1, 기여과실이 있는 엄격한 책임이 2의 이득을 (여기서 사용된 의미의) 효율성과 형평성을 똑같이 중시하는 설계자에게 준다. 설계자는 자신의 이득을 최대화하기 위해 기여과실이 있는 엄격한 책임을 선택할 것이다.

그러나 어떤 점에서 이 법적 예는 비교적 단순하다. 아래의 예는 가능한 복잡성을 지적할 것이다.

2. 팀 연구과제의 등급 평가

표 22.5 학생의 노력 딜레마

		세실리아			
		작업		게으름	
		빌		빌	
		작업	게으름	작업	게으름
오거스터	작업	4, 4, 4	3, 5, 3	3, 3, 5	0, 4, 4
	게으름	5, 3, 3	4, 4, 0	4, 0, 4	1, 1, 1

선심 박사는 그의 게임 이론 강좌 학생들에게 3명씩 팀을 짜서 연구과제를 수행하도록 요구한다.[6] 게임 이론가로서 선심 박사는 특히 학생들이 프로젝트에 대하여 모두 같은 성적을 얻는다면 노력 딜레마에 부딪힐 것을 걱정한다. 예컨대, 이 과목이 비디오 게임에 관한 것인 줄 알고 수강한 공과대학 1학년 학생 3명으로 구성된 기술 팀을 고려하라. 이 3명의 학생, 오거스터, 빌, 세실리아는 각각 팀 과제를 위해 많이 노력(작업)하거나 조금 노력(게으름)할 수 있다. 그들이 공통으로 받을 등급은 그들의 평균 노력에 달려 있다. 학생의 이득은 그가 '작업'을 선택하면 (등급 − 노력의 주관적 비용)이다. 이득은 표 22.5와 같다. 등급은 D = 0, C− = 1, C = 2, C+ = 3, B = 4, A = 5의 수로 측정한다(선심 박사의 대학교는 C에만 +와 −의 등급을 매긴다). 이 게임은 각자가 게으름을 부리고 팀이 C−를 얻는 우월전략 균형을 갖는다.

---

6) 이 게임은 다음 논문에서 시사점을 얻었다. Pablo Amoros, Luis C. Corchon, and Bernardo Moreno, "The scholarship assignment problem", *Games and Economic Behavior*, **38**(1) (January, 2002) pp. 1-18.

표 22.6 가산점 제도하의 학생 노력 딜레마

		세실리아			
		작업		게으름	
		빌		빌	
		작업	게으름	작업	게으름
오거스터	작업	$5\frac{2}{3}$, $5\frac{2}{3}$, $5\frac{2}{3}$	$6\frac{1}{3}$, 5, $6\frac{1}{3}$	$6\frac{1}{3}$, $6\frac{1}{3}$, 5	3, 5, 5
	게으름	5, $6\frac{1}{3}$, $6\frac{1}{3}$	5, 5, 3	5, 3, 5	$2\frac{2}{3}$, $2\frac{2}{3}$, $2\frac{2}{3}$

선심 박사는 학생들을 위하여 그들이 모두 작업하는 윗줄 왼쪽 칸의 협조 해를 선택하도록 유도할 등급결정 규칙을 만들려고 한다. 여기에는 두 가지 어려움이 있다. 첫째, 노력을 관찰할 수 없다. 관찰할 수 있는 것은 각 학생이 연구과제에 얼마나 많이 기여했는가 하는 노력의 결과뿐이다. 선심 박사는 작업하는 학생이 게으름 부리는 학생보다 항상 더 많이 기여한다고 가정한다. 따라서 팀 내 학생의 등급을 연구과제에 대한 기여에 따라 결정하고, 가장 많이 기여한 학생에게 추가점을 주면 학생들에게 게으름 부리기보다 작업을 하려는 유인을 줄 것이다. 그러나 두 번째 문제는 선심 박사가 각 팀에서 누가 가장 많이 기여했는지 알지 못한다는 것이다. 그것은 같은 팀에 있는 학생들만 알 수 있다. 그러나 우리는 당분간 두 번째 문제를 제쳐 놓고 첫 번째 문제에 초점을 맞춘다. 학생들은 기여에 따라 서열이 정해진다. 서열이 첫째인 학생이 3점, 둘째인 학생이 2점을 얻고 꼴찌인 학생은 점수를 얻지 못한다. 이제 이들이 모두 '작업'을 선택한다고 가정하라. 그러면 각자 1/3의 확률로 3점, 1/3의 확률로 2점의 가산점을 얻으므로 기대이득은 $4 + (\frac{1}{3} \times 3) + (\frac{1}{3} \times 2) = 5\frac{2}{3}$이다. 가산점 제도하의 이득이 표 22.6에 기록되어 있다.

우리는 이 수정된 게임에서는 '작업'이 우월전략이라는 것을 본다. 게임은 이제 협조적 우월전략의 게임이다. 우리가 원하는 대로 장치가 효율적 결과를 유도한 것이다!

그러나 이제 두 번째 문제를 처리해야 한다. 선심 박사는 어떤 학생이 가장 많이 기여하였는지 모른다. 그는 학생들이 완성한 논문만 받을 뿐이다. 학생들 자신은 누가 가장 많이 기여했는지를 알기 때문에 선심 박사는 이들로부터 정보를 얻어야 한다. 문제는 각 학생이 정보를 왜곡하여 보고하려는 유인을 갖는다는 것이다. 각자는 어쨌든 가산점을 얻을 가능성을 높이기 위해 자신의 기여에 관계없이 자신을 최상으로 평가하려고 할 것이다. 선심 박사는 이 문제를 해결할 장치를 설계해야 한다.

여기에 그의 계획이 있다. 각 학생이 다른 두 학생을 평가한다. 선심 박사는 학생들이

표 22.7 기술 팀 학생들이 결정한 다른 학생들의 등급 (숫자는 서수를 나타낸다.)

		학생의 등급		
		A	B	C
학생에 의한 등급	A		1	2
	B	1		2
	C	1	2	
최저치		1	2	2

이론탐구 정보

원칙적으로 모든 사회적 장치나 권력기구는 정보가 필요할 것이며, 정보는 내재 게임의 플레이어들로부터 나와야 할지 모른다. 플레이어들은 정보를 기만하거나 은폐함으로써 '제도를 게임의 대상으로 하려는' 유인을 가질 수 있을 것이다. 등급 평가의 예에서 학생들은 자신을 1위로 평가하는 것이 허용된다면 그렇게 함으로써 편익을 받을 수 있다. 성공적인 장치를 만들기 위해 설계자는 플레이어들이 보유한 정보를 기만하거나 은폐하지 않고 사실대로 공개하려는 유인을 갖도록 유의해야 한다. 이것이 장치 설계의 중요한 원칙이다.

자신의 보상이 영향을 받지 않는다면 가장 많이 기여한 학생이 최고의 보상을 받아야 한다는 데 동의한다고 믿는다.[7] 그러므로 각 학생은 다른 두 학생의 기여에 대하여 얼마간 정직하게 평가할 것이다. 선심 박사는 일차적 접근으로 각 학생에게 다른 두 학생이 준 등급의 최저치를 배정한다. 그러나 이 단계에서 동점이 있을 수 있다. 두 학생이 동점을 얻으면 선심 박사는 동점을 얻지 않은 셋째 학생이 그들을 평가한 대로 평가한다.

기술 팀에서 오거스터와 빌은 작업을 하였지만 세실리아는 게으름을 피웠다.[8] 오거스터와 빌은 제비를 뽑았고 오거스터가 논문 중 중요한 부분을 작성하게 되었다. 그래서 오거스터의 기여가 가장 크고, 빌이 두 번째였으며, 세실리아는 게으름 탓으로 세 번째였다. 그들의 순위가 표 22.7에 나타나 있다. 이 표에서 순위를 매긴 학생들의 이름은 왼쪽에 수직으로 나열되어 있고, 평가받은 학생들의 이름은 수평으로 나열되어 있다. 그래서 예컨대, 학생 B(빌)는 자기는 제외하고 학생 A(오거스터)를 1위, 학생 C(세실리아)를 2위로 평가한다. 대각선의 칸들은 자기 자신을 평가하는 것이 허용되지 않으므로 비어 있다. 가장 밑에 있는 행은 각 학생에 대한 평가 중 최저치, 즉 열에 있는 평가 중 최저치를 보인다. 선심 박사는 첫 단계로 그 순위를 적용한다. 이는 오거스터가 당연히 받아야 할 3점의 가산점을 얻는다는 것을 뜻한다. 그러나 빌과 세실리아는 동점을 얻는다. 선심 박사는 동점에 들지 않은 셋째 학생인 오거스터가 한 평가를 보고

7) 두 학생이 나머지 한 학생이 모든 작업을 하도록 만들고 자기들끼리 서로 일등으로 평가하기로 합의하면 이 계획은 결탁 때문에 실패한다. 이는 둘 사이의 협조 협약일 것이며, 선심 박사는 게임에서 사람들의 행동을 예측하기 위하여 비협조 균형에 의지하는 사회적 장치의 표준 관행을 따르고 있다. 그러나 이 경우와 몇 개의 다른 경우에 결탁과 비합리성도 감안한다면 도움이 될 수 있을 것이다. 아마 장래의 연구는 이 방향으로 진행될 것이다.

8) 이 학생은 우월전략을 이해하지 못했을 것이다! 이것은 예를 들기 위해 규칙을 분명히 하려는 예시에 불과하다는 것을 상기하라.

동점을 깬다. 선심 박사는 세실리아를 3위로 내리고, 빌은 당연히 받아야 할 2점의 가산점을 얻는다.

따라서 선심 박사는 목적을 이루었다. 그는 (1) 노력 딜레마를 제거하고 '작업'을 우월전략으로 만들며, (2) 그렇게 하기 위하여 학생들로부터 정보를 얻어 냈고, (3) 학생들에게 정보를 왜곡하여 자신의 등급을 올릴 수 있는 기회를 주지 않았다.

이 예가 보여 주는 것과 같이, 정보는 흔히 성공적인 장치 설계의 열쇠이다. 사람들이 장치를 관리하기 위하여 필요한 정보를 갖고 있으나 그 정보를 공개하려는 결정, 사실대로 공개하려는 결정은 전략적 선택이다! 만일 정보를 기만하거나 은폐하는 것이 최선반응이면 (모두는 아니더라도) 어떤 사람들은 정보를 기만하거나 은폐할 것이다. 성공적인 장치는 이 경향에 대한 방어 수단을 갖고 있어야 한다.

3. 유형의 게임

앤, 봅, 캐롤은 세 가지 다른 작업을 요구하는 프로젝트를 함께 하기로 되어 있다. 앤, 봅, 캐롤은 다른 '유형'이다. 그들은 세 가지 작업 가운데 배정받은 작업에 따라 보완적이거나 충돌할지 모를 서로 다른 적성을 가졌다는 점과 각각 다른 선호를 가졌다는 점에서 다르다. 이름의 머리글자를 사용하여 앤은 A 유형, 봅은 B 유형, 캐롤은 C 유형이라고 하자. 이 3인 게임의 이득표는 표 22.8이다.

표에서 보는 것처럼 (이전 가능 효용하의) 협조 해는 세 가지 작업을 A : 1, B : 2, C : 3의 순서로 하는 것이다. 그러나 이 세 사람들은 비효율적 선호를 가졌고 사실 각각 협조해와 다른 우월전략을 가졌다. A, B, C 세 유형을 위한 우월전략은 각각 2, 3, 1이다. 이

표 22.8 세 유형의 연출자가 있는 게임

		C								
		1			2			3		
		B			B			B		
		1	2	3	1	2	3	1	2	3
A	1	2, 2, 2	0, 0, 11	0, 3, 7	2, 2, 2	1, 2, 4	8, 4, 1	2, 2, 1	10, 10, 10	0, 11, 0
	2	3, 0, 8	4, 0, 4	3, 3, 3	4, 2, 2	2, 2, 2	9, 3, 0	4, 2, 7	11, 0, 0	2, 4, 2
	3	2, 2, 4	2, 7, 4	0, 8, 3	2, 2, 2	1, 2, 2	2, 4, 2	2, 4, 2	2, 2, 2	0, 5, 0

최선반응 전략들은 표에서 밑줄이 그어져 있다. 우리는 2, 3, 1에서 순수전략으로 유일한 내시 균형, 우월전략 균형을 본다. 협조 해는 10, 10, 10을 지불하는 반면 우월전략 균형은 3, 3, 3을 지불하여 매우 비효율적이다.

따라서 앤, 봅, 캐롤은 중립적 당국자가 그들에게 할 작업을 배정하는 데 합의한다. 당국자의 문제는 세 사람들에게 효율적으로 작업을 배당하는 것이다. 앤, 봅, 캐롤이 각각 A 유형, B 유형, C 유형이라는 것을 알면 그가 할 작업은 간단하다. 그들에게 작업 1, 2, 3을 배정하는 것이다. 그러나 당국자는 어떤 사람이 어떤 유형인지 알지 못한다. 그렇기 때문에 문제가 그렇게 단순하지 않다. 정말로 이것은 사회적 장치의 설계에서 매우 공통적인 문제이다. 만족스러운 장치를 설계하기 위해 당국자는 그들이 장치에 어떻게 반응할 것인가를 알 필요가 있다. 다른 유형의 주체들이 같은 장치에 다르게 반응할 것이므로 한 주체가 어떻게 반응할지를 예측하는 것은 그 주체의 유형을 알아내는 것과 같다.

하나의 가능성은 그들에게 물어보는 것이다. 그러나 그것은 그들이 주장하는 유형이 전략으로 되는 새로운 종류의 문제를 만든다. 앤은 실제로 A 유형이지만, 그의 우월전략은 자기의 우월전략 작업인 작업 2를 배정받을 것을 희망하여 B 유형이라고 보고하는 것이다. 마찬가지로 봅과 캐롤의 우월전략은 각각 자기가 3 유형과 1 유형이라고 보고하는 것이다. 만일 작업이 각 주체가 보고하는 유형에 따라 배정된다면 우리는 3, 3, 3의 비효율적 이득을 가진 우월전략 균형으로 돌아간다. 요컨대, 사회적 장치를 설계하는 일은 실패할 것이다.

주체들로 하여금 그들 자신의 이익을 위해서 자기의 유형을 정확하게 공개하도록 유인하는 것이 사회적 장치 설계의 근본적 문제이다. 사회적 장치가 이 일을 하지 못하면 그것은 유인 합치적이 될 수 없다. 즉, 사람들이 비협조적일 때 성공할 수 없다.

그러나 아마 문제가 다음과 같은 방식으로 해결될 수 있을 것이다. 당국자는 3명 가운데 유형별로 정확하게 1명만 있다는 것을 알고 각 유형을 효율적으로 작업에 배당하는 방법을 안다. 당국자는 단순하게 물어보는 대신 다음의 장치를 확립한다.

(1) 3명의 주체는 각각 자기가 특정한 유형으로 지정되고 A : 1, B : 2, C : 3에 따라 해당하는 작업을 배정받을 것을 요청한다.

(2) 한 사람만 특정한 유형으로 지정될 수 있다. 즉, 특정한 작업에 배정될 수 있다. 따라서,

(a) 두 사람이 같은 유형이라고 주장하면 둘 다 1의 벌점을 받고 둘이 요청한 유형

지정과 작업을 배정받기 위해 입찰해야 한다.

i. 셋째 연출자는 본인이 원하는 대로 지정되고 배정받는다.

ii. 패자는 남는 유형에 지정되고 배정받는다.

iii. 아무도 둘이 주장했던 작업을 위해 입찰하지 않으면 그들은 대신 남은 유형과 작업을 위해 경쟁해야 한다.

iv. 여전히 아무도 입찰하지 않으면 아직 배당되지 않은 유형과 작업이 무작위로 배정된다.

v. 입찰은 당국자가 1, 2, …의 가격을 입찰자 1명이 탈락할 때까지 계속 외치는 네덜란드식 가격 상승 입찰이다.

vi. 벌점과 입찰가 지불액은 입찰에 참가하지 않은 셋째 연출자가 갖는다.

(b) 3명이 같은 유형을 주장하면 2개의 입찰 단계가 있다.

i. 1단계에서 그들은 자신들이 주장하는 유형을 위해 경쟁한다.

ii. 지불은 2명의 패자 사이에 배분된다.

iii. 2단계에서 그들은 번호가 낮은 업무와 그것에 해당하는 유형 배정을 위해 경쟁한다.

iv. 어느 단계에서나 아무도 입찰하지 않으면 입찰은 위의 (a)의 (iii)과 (iv)를 따라 개정될 것이다.

(c) 상충이 없다면 유형 지정은 요청한 대로 이루어진다.

(d) 일단 유형 지정이 이 입찰 절차에 의해서 낙착되면 업무는 장치에 의하여 배분된 유형 지정을 사용해서 A : 1, B : 2, C : 3으로 배정된다.

3명의 작업자들은 이제 2개 이상의 단계를 가진 훨씬 복잡한 게임을 연출할 것이다. 1단계는 그들이 원하는 유형 지정과 업무이지만 후속 단계는 그들의 입찰 전략이다. 입찰 게임은 더 큰 게임의 하부 게임일 것이다. 따라서 우리는 후진귀납법을 사용하여 게임을 표 22.8과 아주 닮은 다른 ― 유형과 업무를 3인 작업자들의 전략으로 하지만 이득은 장치가 적용된 후 실현되는 ― 게임으로 축소할 수 있다. 이것은 1단계에 27개의 전략조합이 있으므로 매우 복잡한 게임이고 어떤 게임에는 1개 이상의 입찰 단계가 있다. 그러므로 그것들의 후진귀납 해를 모두 보여 줄 수 없을 것이고 소수의 예만 보여 줄 것이다. 축소된 게임은 표 22.10과 같다.

첫째, A, B, C가 신청한 유형 지정이 각각 2, 2, 3이라고 가정하라. 즉, B와 C는 협조(진정한) 해를 선택하나 A는 원래의 게임에서 그의 우월전략일 것을 선택함으로써 이탈한다. 그러면 A와 B는 유형 2로 지정받기 위해 경쟁해야 한다. A가 이기면 순서는 2, 1, 3이고 이득은 (표 22.8로부터) 2, 1, 7이다. B가 이기면 순서는 10, 10, 10의 이득을 갖는 협조해 1, 2, 3이다. A는 이김으로써 나빠지므로 입찰하지 않을 것인 반면, B는 8로 높게 입찰하고도 좋아질 것이다. B는 1의 입찰로 이기고 순 이득을 9, 8, 13으로 만들어 놓는다.

요청이 2, 2, 2라고 가정하라(물론 이것은 순전히 가상적이다). 그러면 3인은 유형 2로 지정받기 위해 경쟁해야 한다. (1) A가 1차 라운드를 이긴다고 가정하라. 그러면 B와 C가 유형 1로 지정받기 위해 경쟁할 것으로 기대된다. B가 이 2차 라운드를 이기면 (입찰금을 지불하기 전) 이득이 4, 2, 7인 반면, C가 2차 라운드를 이기면 이득이 3, 3, 3이다. 각자는 이기더라도 나빠지므로 입찰하지 않을 것이다. 따라서 그들은 대신 유형 3이 되려고 경쟁한다. 이제 이득은 거꾸로 되고 B는 1을 입찰하지만 C가 2로 이길 것이므로 (입찰금 지불 전) 이득은 4, 2, 7이다. (2) B가 1차 라운드를 이긴다고 가정하라. 그러면 A와 C가 유형 1로 지정받기 위해 경쟁한다. 승리는 A에게 10, 10, 10의 이득을 의미하는 반면 C에게는 2, 7, 4를 의미한다. 따라서 C는 입찰하지 않을 것이다. A가 1의 입찰로 이기고 (입찰금 지불 전) 이득은 10, 10, 10이다. (3) C가 1차 라운드를 이긴다고 가정하라. 그러면 A와 B가 경쟁하고 누가 이기든 이득은 각각 8, 4, 1 또는 2, 2, 2이다. B는 1을 입찰할 것이나 A는 2로 이기고, 그러므로 (입찰금 지불 전) 이득은 8, 4, 1이다. 표 22.9는 이득과 3명이 각각 1차 라운드에서 이길 경우의 입찰 이전을 보여 준다. 분명히 B의 승리가 우월하므로 A와 C는 1단계에서 입찰하지 않을 것이고 이득은 9.5, 10, 10.5이다.

신청이 1, 3, 2라고 가정하라. 그러면 이해 충돌이 없으므로 작업이 신청한 대로 배정되고 이득은 8, 4, 1이다.

표 22.10에서 최선반응에 밑줄이 그어져 있다. 각 주체가 다시 우월전략을 가지며 그것은 그의 유형을 진실하게 나타내므로 조심스럽게 설계된 이 게임의 우월전략 균형은 원 게임의 협조 해이다. (표 22.10에 나타나 있는 축소된 게임에서 협조전략은 강하게 우월하

표 22.9 1차 라운드의 결과에 따른 이득

1차 라운드의 승자	지불 전 이득	2차 라운드 후의 지불	1차 라운드 후의 지불
A	4, 2, 7	6, 3, 5	5, 3.5, 5.5
B	10, 10, 10	9, 11, 10	9.5, 10, 10.5
C	8, 4, 1	6, 4, 3	6.5, 4.5, 2

표 22.10 장치가 있는 게임의 이득

		C								
		1			2			3		
		B			B			B		
		1	2	3	1	2	3	1	2	3
A	1	10, 9.5, 10.5	8, 13, 9	4, 9, 0	6, 3, 4	13, 8, 9	8, 4, 1	8, 9, 13	10, 10, 10	13, 9, 8
	2	8, 1, 4	1, 4, 8	3, 3, 3	2, 5, 6	9.5, 10, 10.5	5, 9, 0	4, 2, 7	9, 8, 13	8, 1, 4
	3	5, 6, 2	2, 7, 4	1, 4, 8	2, 2, 2	5, 6, 2	7, 2, 4	2, 5, 6	9, 13, 8	9.5, 10.5, 10

고 입찰 하부 게임에서 균형전략은 약하게 우월하다.) 플레이어들이 비협조적 합리성으로 행동하면 사실 입찰과 배정 · 직무 · 이득의 이전이 없을 것이다. 대신 3인의 작업자들은 다만 진실하게 보고하고 그것에 따라 배정받을 따름이다. 그러나 설계된 ─ 당국자 · 입찰 · 이전이 있는 ─ 게임 장치는 진실하게 보고하고 협조적으로 행동할 유인을 만들어 준다.

이 예는 간단하게 일반화될 수 없다. 결과는 표 22.8과 함께 시작한 게임에 매우 크게 의존한다. 다른 게임으로 시작했다면 같은 장치가 아주 다르고 덜 성공적인 결과를 초래했을 것이다.

그럼에도 불구하고 이 예는 사회적 장치의 설계에 관한 중요한 점들을 보여 준다.

- 원 게임의 협조 해가 장치를 갖는 우월전략 균형이므로 우리는 장치가 **우월전략으로 협조 해를 시행한다**고 말할 수 있다. 이것이 장치 설계의 황금률이다. 목적은 항상 장치가 적용될 때 협조 해를 우월하게 만드는 것이다. 그러면 플레이어들은 자기의 최선반응을 결정하기 위해 다른 플레이어들이 무슨 전략을 선택할 것인가를 추측할 필요가 없다. 만일 협조 해가 장치하의 내시 균형이지만 우월전략 균형이 아니면, 플레이어는 다른 플레이어들이 무엇을 할 것인가를 알아야 한다. 그 경우에 우리는 학습이 있을 때 안정적인 내시 균형을 원할 것이다. 플레이어들이 '베이즈 법칙' ─ 자기의 믿음을 새 정보에 적응시키는 '완전하게 합리적인' 방법(제8장의 부록을 보라) ─ 을 적용함으로써 배운다면 균형을 베이지언 내시 균형이라 부르고, 이것은 장치 설계를 위하여 조금 덜 엄격한 기준이다. 어떤 학자들은 사람들이 실제로 '완전하게 합리적'이라는 것을 의심하고 수준 k 행동(제18장, 6절)과 같은 형태의 제한적으로 합리적인 의사결정을 위해 안정적일 장치를 희망할 것이다.
- 입찰, 벌금 및 유사한 제도는 사람들에게 그들의 '유형'을 진실하게 공개할 유인을

줄 수 있으므로 장치 설계의 공통적 특징이다. 다음 절에서 볼 테지만 이것은 미국에서 광범하게 지지를 받는 정책, 오염을 제한하기 위한 '상한과 거래(cap and trade)' 접근방법에 중심적이다.

- 이 장치는 결탁에 의해서 교란될지 모른다. 예컨대, A와 C가 연합을 만들고 처음에 각각 1과 2를 신청한다고 가정하라. 그러면 B의 최선반응은 2이고 입찰과 지불이 이루어진 다음 이득은 13, 8, 9이다. 그래서 A와 C는 이득이 8로 줄어드는 B의 비용으로 함께 22를 얻는다. A는 연합을 만드는 보람을 주기 위해 C에게 측면보상을 해야 할 것이다 — 2의 측면보상으로 결탁자들은 나쁘게 얻은 이득을 11, 8, 11로 균등하게 차지할 것이다. 그러므로 C는 A를 믿어야 한다. '도둑들 사이에 명예'가 있어야 한다. 그러나 그것은 성공적 결탁을 위해서 통상 필요하고 때때로 결탁은 어쨌든 일어난다.
- 우리는 입찰 과정을 수행하고 지불을 관리 · 시행하는 데 실제로 요구될 시간과 자원에도 불구하고 장치에 비용이 들지 않는다고 가정해 왔다. 위의 예에서 작업자들이 비협조적으로 연출하면 1, 2, 3을 연출할 것이고 관리해야 할 입찰이나 이전이 없기 때문에 그것은 (크게) 문제되지 않을 것이다. 그러나 아마 당국자는 장치를 충분히 신뢰할 만하게 만들기 위해 자원을 사용해야 할 것이고, 만일 위의 방점과 같이 결탁이 있으면 전체 장치가 가동되어야 한다. 따라서 실제로 비용이 들지 않을 가능성이 없을 것 같고, 우리는 그것이 초래할 수 있는 효율성 증가의 편익과 대비하여 비용이 조금만 들 것을 바라야 한다.

4. 상한과 거래9)

장치 설계의 가장 중요한 적용 가능성은 부분적으로 환경경제학의 분야에 있고 우리는 어느 정도 이 분야의 경험을 갖고 있다. 비효율적인 환경오염과 물이나 어류 같은 환경자원의 고갈은 공공 정책을 위한 문제로 인정되었다. 이 문제들은 비협조 게임 이론의 관점에서 쉽게 이해될 수 있다. 이런 경우에 협조방식은 오염이나 자원 감모의 효율적 제한이다. 이것은 오염이나 감모가 완전히 배제된다는 것을 의미하지 않는다. 일반적으로, 효율적인 오염률이나 감모율이 있지만 그것이 오염률이나 감모율을 선택하는 '게임'의 비협조 균형은 아니다. 일반적으로, 비효율적으로 과다한 오염률이나 감모율은 우월전략의 결과

9) 아래 논점 가운데 몇 가지에 대한 더 상세한 논의는 Roger A. McCain, *Game Theory and Public Policy* (Elgar, 2009), Chapter 5를 보라.

이므로 오염이나 감모의 '게임'은 *N*인 사회적 딜레마, '공유자원의 비극'이다. 오염이나 감모를 제한하기 위한 정부 행동이 적절하다는 것은 이제 심지어 많은 자유시장 보수주의자들 사이에서도 광범하게 인정받고 있다. 난점은 이 일을 효율적으로 할 공적 장치를 설계하는 것이다.

여기서 장치 설계의 두 가지 문제가 있다. 하나는 정부가 항상 효율성을 촉진할 것이라고 신뢰할 수 없고 사실상 비효율성의 중요한 원천이라는 증명된 사실로부터 발생한다. 우리는 그것을 이렇게 표현할 수 있을 것이다. 정부의 게임에서 '협조' 해는 시민들의 상호 이익을 증진하는 방법으로 행동하는 정부이다. 그러면 어떻게 시민들의 상호 이익을 위한 효율적 수단으로 행동하기 위해서 최선을 다할 정부를 보장하는 정치적 장치를 설계할 수 있는가? 우리는 이것을 제20장에서 논의했고 투표방법과 정치 제도의 설계가 사회적 장치 설계의 분과라는 것 외에 더 이상 말할 필요가 거의 없다.

여기서 우리는 두 번째 문제에 더 관심이 있다. 정부가 정말로 효율적인 오염률이나 감모율을 실행하기 위해 진력한다고 가정하면, 정부는 그렇게 하기 위해 정보가 필요할 것이다. 예컨대, 어떤 '유형'의 회사들과 사람들은 오염과 감모를 매우 낮은 비용으로 줄일 수 있는 한편, 다른 '유형'은 매우 높은 비용으로만 그렇게 할 수 있다. 별로 비용을 들이지 않고 감축할 수 있는 자들이 많이 감축하는 한편, 높은 비용으로만 감축할 수 있는 자들이 조금만 감축하도록 요청받으면 효율적이다(이것은 정당한 것 같지 않지만 우리는 당장 정의보다 효율성에 관심이 있다. 우리는 효율성과 정의를 목표로 할지 모르지만 우선 도대체 효율성을 달성할 수 있는지 보기로 하자).

당국자가 회사들과 사람들에게 '저비용 유형'인지 '고비용 유형'인지 말하도록 요청한다고 가정하라. 비협조적으로 행동하면 각자는 많이 감축하도록 요청받지 않을 것을 희망해서 '고비용'이라고 주장할 것이다.

'상한과 거래' 방식은 이것을 다룬다. '상한과 거래' 방식에서 어부나 전력 회사 같은 특정 범주의 주체들은 모두 집단으로서 그들의 오염이나 감모를 어떤 비율로, 예컨대 어부들은 최근 5년간 평균 어획량의 75%를 잡도록 허용될지 모르고 또는 공장들이 오염 방출을 50% 낮추도록 요구받을지 모른다. 이것은 각 범주 내의 개인이나 조직의 오염이나 감모 활동에 대한 '상한'을 확정한다. 상한에 해당하는 허용량이 있다. 각 오염자나 감모자는 상한 수준까지 계속 오염물질을 방출하거나 자원을 추출하도록 허용된다. 그러나 '저비용 유형'인 개인은 그의 상한까지 오염시키지 않거나 상한이 허용하는 모든 자원을 추출하기로 선택할지 모른다. 대신 그는 자신의 허용량 전부나 일부를 '고비용 유형'에게 팔 수 있고, 그러면 이 유형은 구입한 허용량을 자신의 허용량에 부가하고 합법적으로 각자의 원래 '상한' 이상으로 오염물질을 방출하거나 자원을 추출할지 모른다. 저비용 유형과 고비용 유형은 각각 최소 희생으로 포기할 수 있는 항목 — 저비용 유형은 오염이나 감모 허용량, 고비용 유형은 돈 — 을 주면서 교환한다. 따라서 상한의 부과 다음에 거래가 따른다 — 상한과 거래.

이것을 경제 이론의 관점에서 보면, 저비용 유형으로부터 오염이나 감모 허용량의 공급과 고비용 유형으로부터 그것에 대한 수요가 있다. 공급량이 수요량과 같도록 가격이 충분히 같다면 허용량을 위한 시장에서 균형을 갖는다. 더욱이 방출이나 감모의 감축이 최소 비용으로 할 수 있는 사람들에 의해서 수행되므로 이 시장균형이 효율적이라고 기대할 이유가 어느 정도 있다.

'상한과 거래' 방식에 입각한 규제는 미국이 '산성 비'의 한 이유인 이산화황 방출을 감축하는 이 방법을 채택한 1980년대 이래 적용되어 왔다. 온실가스에 대하여 '상한과 거래' 방출 한도가 교토 의정서(Kyoto Protocol)[10]에 의해서 의무화되었고, 그 결과 많은 나라에서 채택되어 왔다. 특히 지하자원, 수자원, 어자원의 배분에도 적용되어 왔다. 이 경험으로부터 얻은 몇 가지 교훈이 있다.

- '학습기간'이 상당히 길지 모른다. 적어도 초기의 적용에서 규제 아래 있는 의사결정자들이 정책의 성공을 위해 필요할 거래를 시작하기까지 여러 해가 걸린 것 같다.
- 시간이 주어지면 상한과 거래 규제는 비효율성을 줄이는 데 효과적일 수 있고, 효율적 방법에 의하여 오염과 감모를 줄이는 비용이 피규제자들 사이의 차이를 참작하지 않는 획일적 접근보다 현저하게 낮을 수 있다.
- 통상적으로 오염이나 감모 활동을 줄이는 비용은 예상했던 것보다 낮았다. 이는 단순한 비협조적 행동에 의하여 저비용 유형이 고비용 유형임을 자처하기 때문에 놀라운 일이 아닐 것이다. 그러나 정직한 추산에도 편향이 있었을지 모른다. 저비용 유형이 실제로 오염이나 감모를 줄이려고 시도하기까지 착오로 자신이 고비용 유형이라고 생각했을지 모른다.

'상한과 거래' 접근방식은 정말로 장치 설계의 예이지 게임 이론의 예가 아니다. 논리와

10) 역자 주 : 교토 의정서는 지구 온난화에 대처할 목적으로 모든 온실가스의 인위적 방출을 규제하기 위한 유엔 기후변화협약(United Nations Framework Convention on Climate Change, UNFCCC)의 구체적 이행 방안으로 1997년 채택되어 1998년부터 여러 나라에서 비준되기 시작하여 2005년 국제조약으로 정식 발효되었다.

특히 시장균형의 기대 효율성은 '완전경쟁' 시장과 시장실패(market failure)의 이론에 기초를 두고 있다. 시장균형은 몇 가지 게임에서 내시 균형의 예이지만 제6장에서 보았듯이 시장에서 유일한 내시 균형은 아니다. 정말로 이산화황 배출을 위한 시장이 때때로 불완전경쟁, 즉 허용량의 독점·과점가격 설정에 의하여 왜곡되었다고 믿을 이유가 있다.

5. 요약

게임은 규칙에 의하여 정의되고, 규칙은 다시 게임의 비합리적 플레이어들의 비협조 균형에 영향을 준다. 사회적 장치 설계에서는 이 관계가 역전되어 먼저 목표로 하는 비협조 균형을 확인한 다음에 (가능한 한) 이 균형을 달성하기 위해 규칙을 조정한다. 우리는 장치 설계의 문제를 내재 게임으로 생각할 수 있다. 즉, 설계되어야 할 게임이 더 큰 게임에 내재되어 내재 게임의 규칙은 더 큰 상위 게임에서 설계자가 채택하는 전략이 된다. 법과 '상한과 거래'에 대한 게임 이론의 적용은 '장치 설계'라는 용어가 이 영역에서 항상 사용되지는 않았더라도 이 유형에 맞는다. 법에서 예컨대, 책임 규칙은 균형에서 모든 주체들이 사고를 방지하기 위하여 필요한 주의를 할 유인을 갖도록 조정될지 모른다. 그러나 장치 설계는 정보에 의해서도 제한되며, 내재 게임의 플레이어 중 일부가 장치의 효과적 작동에 필요한 정보를 갖고 있을 때는 장치의 당국이 장치를 작동하도록 만들 필요가 있으며 그들에게 그 정보를 공개하거나 활용할 유인을 주도록 장치가 설계되어야 한다.

Q22. 연습문제

표 22.11a 홍수 들판의 이득

		완다	
		쌓는다	안 쌓는다
빅토리아	쌓는다	−1, −1	−6, −5
	안 쌓는다	−5, −6	−5 −5

Q22.1 둑 쌓기 지주인 빅토리아와 완다는 굽은 강을 따라 나란히 이웃한 땅을 소유하고 있는데 그 땅은 때때로 홍수가 덮친다. 각자는 둑을 쌓거나 쌓지 않을 수 있다. 각자가 (1의 비용으로) 둑을 쌓으면 두 사람의 땅이 홍수 피해를 입지 않는다. 둘 가운데 어느 한 사람이라도 둑을 쌓지 않으면 그들은 모두 홍수로 5의 손실을 입는다. 표 22.11a는 이득을 보여 준다.

이 게임에는 2개의 균형이 있고 그중 하나는 비효율적이다. 우리는 효율적인 홍수 대비책을 확보하는 사회적 장치를 원한다. 이제 공공 당국이 모든 홍수 피해를 보상하는 홍수보험 계획을 제안한다고 가정하라. 보험료는 두 지주가 모두 둑을 쌓으면 1, 어느 한 지주가 쌓고 다른 지주가 쌓지 않으면 3, 어느 지주도 쌓지 않으면 4이다.

2명의 지주가 보험에 가입한 경우의 이득표를 작성하라. 두 지주가 보험에 가입하거나 가입하지 않을 수 있는 내재 게임을 나무그림으로 표현하라. 후진귀납법과 전진귀납법을 모두 사용하여 더 큰 상위 게임의 부분 게임 완전균형을 결정하라. 이 균형은 효율적인가? 보험 기금이 보험 비용을 메울 수 있는가?

Q22.2 **자유방임**(laissez faire) 시장 제도는 희소자원을 가장 생산적인 용도에 배정하는 장치로 볼 수 있다. 경제학자 하이에크(Friedrich von Hayek)에 의하면 자원의 가용성에 대한 정보는 인구에 널리 분포되어 있고 그 정보 중 더 많은 부분을 가진 중앙 집단이 없다. 하이에크는 자원의 배정을 위해서는 시장 제도가 다른 제도들보다 우월하다고 주장한다. 하이에크의 주장을 이 장의 개념과 발상의 관점에서 해석하라.

찾아보기

【ㄱ】

【기타】

역자 소개

이규억

서울대학교 경제학과를 졸업한 후 뉴욕대학교에서 경제학 석·박사 학위를 받았다. 대학원생 시절 '게임 이론'의 창시자인 모겐스턴의 조교수로서 사사하였고, 일리노이 주립대학교 조교수를 지낸 후 귀국하여 한국개발연구원에서 30년 연구 인생을 시작하면서 서울대학교, 고려대학교, 한국과학기술원에서 강의를 하였다. 산업연구원 원장을 거친 다음 아주대학교 경영대학 교수로 정년퇴직하였다. 우리나라에 경쟁과 전략의 학문인 산업조직론과 이를 바탕으로 한 공정거래법제의 도입과 시행을 주도하고, 공정거래위원회 위원과 경쟁정책자문위원장, 한국산업조직학회장을 역임한 그는 국민훈장 모란장(1990)과 정진기 언론문화상(2006)을 받기도 하였다. 20여 권의 책과 50여 편의 논문 등 수많은 저작물을 국내외에 내놓았고, 주요저서로는 『기업과 시장』, 『기업집단과 경제력 집중』, 『싸우지 않고 이기는 리더십 : 손자병법에서 배우다』, 『경영인을 위한 미시경제학』, 『시장자본주의의 전개』, 『현대자본주의의 이해』 등이 있다.